四字熟語

礼器第十

【原文】

　　礼器，是故大备；大备，盛德也。

　　礼，释回，增美质；措则正，施则行。其在人也，如竹箭之有筠也，如松柏之有心也。二者居天下之大端矣，故贯四时而不改柯易叶。故君子有礼，则外谐而内无怨。故物无不怀仁，鬼神飨德。

　　先王之立礼也，有本有文。忠信，礼之本也；义理，礼之文也。无本不立，无文不行。礼也者，合于天时，设于地财，顺于鬼神，合于人心，理万物者也。是故天时有生也，地理有宜也，人官有能也，物曲有利也。故天不生，地不养，君子不以为礼，鬼神弗飨也。居山以鱼鳖为礼，居泽以鹿豕为礼，君子谓之不知礼。故必举其定国之数，以为礼之大经；礼之大伦，以地广狭；礼之薄厚，与年之上下。是故年虽大杀，众不匡惧，则上之制礼也节矣。

　　礼，时为大，顺次之，体次之，宜次之，称次之。尧授舜，舜授禹，汤放桀，武王伐纣，时也。《诗》云："匪革其犹，聿追来孝。"天地之祭，宗庙之事，父子之道，君臣之义，伦也。社稷山川之事，鬼神之祭，体也。丧祭之用，宾客之交，义也。羔豚而祭，百官皆足；大牢而祭，不必有馀：此之谓称也。

　　诸侯以龟为宝，以圭为瑞；家不宝龟、不藏圭、不台门，言有称也。

　　礼有以多为贵者：天子七庙，诸侯五，大夫三，士一。天子之豆二十有六，诸公十有六，诸侯十有二，上大夫八，下大夫六。诸侯七介七牢，大夫五介五牢。天子之席五重，诸侯之席三重，大夫再重。天子崩，七月而葬，五重八翣；诸侯五月而葬，三重六翣；大夫三月而葬，再重四翣。此以多为贵也。

　　有以少为贵者：天子无介，祭天特牲。天子适诸侯，诸侯膳以犊。诸侯相朝，灌用郁鬯，无笾豆之荐。大夫聘礼以脯醢。天子一食，诸侯再，大夫、士三，食力无数。大路繁缨一就，次路繁缨（七）〔五〕就。圭璋特，琥璜爵。鬼神之祭单席。诸侯视朝，大夫特，士旅之。此以少为贵也。

　　有以大为贵者：宫室之量，器皿之度，棺椁之厚，丘封之大，此以大为贵也。

　　有以小为贵者：宗庙之祭，贵者献以爵，贱者献以散；尊者举觯，卑者举角。五献之尊，门外缶，门内壶，君尊瓦甒。此以小为贵也。

　　有以高为贵者：天子之堂九尺，诸侯七尺，大夫五尺，士三尺。天子、诸侯台门。此以高为贵也。

　　有以下为贵者：至敬不坛，扫地而祭；天子、诸侯之尊废禁，大夫、士棜禁。此以下为贵也。

礼有以文为贵者：天子龙衮，诸侯黼，大夫黻，士玄衣纁裳。天子之冕朱绿藻，十有二旒，诸侯九，上大夫七，下大夫五，士三。此以文为贵也。

有以素为贵者：至敬无文，父党无容，大圭不琢。大羹不和，大路素而越席。牺尊疏布幂。樿杓。此以素为贵也。

孔子曰："礼不可不省也。"礼，不同、不丰、不杀，此之谓也。盖言称也。

礼之以多为贵者，以其外心者也。德发扬，诩万物，大理物博。如此则得不以多为贵乎？故君子乐其发也。礼之以少为贵者，以其内心者也。德产之致也精微，观天下之物无可以称其德者。如此则得不以少为贵乎？是故君子慎其独也。古之圣人，内之为尊，外之为乐；少之为贵，多之为美。是故先王之制礼也，不可多也，不可寡也，唯其称也。

是故君子大牢而祭，谓之礼；匹士大牢而祭，谓之攘。管仲镂簋、朱纮，山节、藻棁，君子以为滥矣。晏平仲祀其先人，豚肩不掩豆，浣衣濯冠以朝，君子以为隘矣。是故君子之行礼也，不可不慎也。众之纪也，纪散而众乱。孔子曰："'我战则克，祭则受福。'盖得其道矣。"

君子曰："祭祀不祈，不麾蚤，不乐葆大。不善嘉事。牲不及肥大。荐不美多品。"

孔子曰："臧文仲安知礼？夏父弗綦逆祀，而弗止也。燔柴于奥。夫奥者，老妇之祭也，盛于盆，尊于瓶。"

礼也者，犹体也。体不备，君子谓之不成人。设之不当，犹不备也。礼有大，有小，有显，有微。大者不可损，小者不可益，显者不可掩，微者不可大也。故经礼三百，曲礼三千，其致一也，未有入室而不由户者。

君子之于礼也，有所竭情尽慎，致其敬而诚若；有美而文而诚若。君子之于礼也，有直而行也，有曲而杀也，有经而等也，有顺而讨也，有摭而播也，有推而进也，有放而文也。有放而不致也，有顺而撫也。三代之礼，一也，民共由之。或素或青，夏造殷因。

（夏立尸而卒祭。殷坐尸；）周坐尸，诏侑（武）〔无〕方，其礼亦然。其道一也。（夏立尸而卒祭，殷坐尸，）周旅酬六尸。曾子曰："周礼其犹醵与？"

君子曰：礼之近人情者，非其至者也。郊血，大飨腥，三献爓，一献孰。是故君子之于礼也，非作而致其情也，此有由始也。是故七介以相见也，不然则已悫；三辞三让而至，不然则已蹙。故鲁人将有事于上帝，必先有事于頖宫；晋人将有事于河，必先有事于恶池；齐人将有事于泰山，必先有事于配林。三月系，七日戒，三日宿，慎之至也。故礼有摈诏，乐有相步，温之至也。

礼也者，反本（修）〔循〕古，不忘其初者也。故凶事不诏，朝事以乐；醴酒之用，玄酒之尚；割刀之用，鸾刀之贵；莞簟之安，而槁鞂之设。是故先王之制礼也，必有主也，故可述而多学也。

君子曰："无节于内者，观物弗之察矣；欲察物而不由礼，弗之得矣。"故作事不以礼，弗之敬矣；出言不以礼，弗之信矣。故曰：礼也者，物之致也。

是故昔先王之制礼也，因其财物而致其义焉尔。故作大事必顺天时，为朝夕必放于日月。为高必因丘陵，为下必因川泽。是故天时雨泽，君子达亹焉。

是故昔先王尚有德，尊有道，任有能，举贤而置之，聚众而誓之。是故因天事天，因地事地，因名山升中于天，因吉土以飨帝于郊。升中于天，而凤皇降，龟龙假；飨帝于郊，而风雨节，寒暑时。是故圣人南面而立，而天下大治。

天道至教，圣人至德。庙堂之上，罍尊在阼，牺尊在西。庙堂之下，县鼓在西，应鼓在东。君在阼，夫人在房。大明生于东，月生于西。此阴阳之分，夫妇之位也。君西酌牺象，夫人东酌罍尊，礼交动乎上，乐交应乎下，和之至也。

礼也者，反其所自生；乐也者，乐其所自成。是故先王之制礼也以节事，修乐以道志。故观其礼乐，而治乱可知也。蘧伯玉曰："君子之人达。"故观其器而知其工之巧，观其发而知其人之知。故曰：君子慎其所以与人者。

大庙之内敬矣！君亲牵牲，大夫赞币而从。君亲制祭，夫人荐盎。君亲割牲，夫人荐酒。卿大夫从君，命妇从夫人，洞洞乎其敬也！属属乎其忠也，勿勿乎其欲其飨之也。纳牲诏于庭，血毛诏于室，羹定诏于堂。三诏皆不同位，盖道求而未之得也。设祭于堂，为祊乎外。故曰："于彼乎？于此乎？"

一献质，三献文，五献察，七献神。

大飨其王事与？三牲鱼腊，四海九州之美味也；笾豆之荐，四时之和气也。内金，示和也；束帛加璧，尊德也。龟为前列，先知也；金次之，见情也。丹、漆、丝、纩、竹、箭，与众共财也。其馀无常货，各以其国之所有，则致远物也。其出也，《肆夏》而送之，盖重礼也。

祀帝于郊，敬之至也；宗庙之祭，仁之至也；丧礼，忠之至也；备服器，仁之至也；宾客之用币，义之至也。故君子欲观仁义之道，礼其本也。

君子曰："甘受和，白受采；忠信之人，可以学礼。苟无忠信之人，则礼不虚道。是以得其人之为贵也。"

孔子曰："诵诗三百，不足以一献。一献之礼，不足以大飨。大飨之礼，不足以大旅。大旅具矣，不足以飨帝。""毋轻议礼！"

子路为季氏宰。季氏祭，逮暗而祭；日不足，继之以烛。虽有强力之容，肃敬之心，皆倦怠矣。有司跛倚以临祭，其为不敬大矣！他日祭，子路与。室事交乎户，堂事交乎阶。质明而始行事，晏朝而退。孔子闻之曰："谁谓由也而不知礼乎？"

【译文】

礼的功用充分发展，礼才能至于完备；而礼的完备，正是德行完善的表现。礼可以去除邪恶，增进人的本质之美；用之于身，可以使人正直；运用于事，则无所不达。礼对于人来说，好比竹箭有了皮，可以修饰其外；又好比松柏有了心，可以坚固其内。这外内两个方面，正是天下万物的大本。有了大本，所以就能历经春夏秋冬而不改变

其枝叶的茂盛。君子如果有了礼，就能与外界和谐相处，而内心也无所怨恨。于是天下万物都把仁爱之名赠送给他，连鬼神也来歆飨他的美德。

　　先王制定礼，既有根本原则，又有外表的文采。忠信，是礼的根本；义理，是礼的文采。没有根本，礼不能成立；没有文采，礼无法施行。礼，符合天时，配合地利，顺应鬼神，符合人心，使万物各明其理。四时有不同的生物，土地有不同的物产，人体各有不同的官能，万物有不同的用途。凡是天不生、地不长的东西，君子是不会用来行礼的，因为鬼神也不会享用。居住在山中，却用产于水里的鱼鳖来行礼；居住在水滨，却用产于山里的鹿豕来行礼——这样做，君子认为是不知礼。所以一定要根据国内物产的多少，制定礼的法度。礼的大体，要视一国土地的广狭而定；礼的厚薄，要依据一年收成的好坏而定。这样，即使在年成很不好的时候，民众也不会忧虑畏惧。这样做，在上的人制定礼制就是有分寸的。

　　制礼的原则：首先要适应时代，其次要顺乎伦常，再次要适合于对象，再次要合于事宜，再次要与身份相称。尧传位给舜，舜传位给禹；商汤放逐夏桀，武王讨伐商纣，这些都是适应不同的时代。《诗经》上说："并非急于施用谋略，而是追怀先人的功业，显示自己的孝心。"意思就是说迫于时势，不得不这样做。王者祭祀天地，宗庙里祭祀祖先，父子之间的道德，君臣之间的大义，这些就是礼所顺应的伦常。对社稷、山川、鬼神的祭祀，要适合不同的对象。丧葬祭祀及宾客交往所需的费用，必须合于事宜。大夫及士的祭祀，仅用一只羔羊，一头小猪，看似微薄，却也足够参加祭祀的人分享；天子诸侯的祭祀，用牛、羊、豕三牲，看似丰盛，但也不会多余浪费，这便是与身份相称！诸侯可以收藏龟甲和圭璧，当做吉祥宝物，而大夫家中却不可收藏龟甲、圭璧，也不可像天子、诸侯那样筑起台门。这就是说礼与身份要相称。

　　礼仪有的是以多为尊贵。如天子有七所祖庙，诸侯有五所，大夫有三所，士只有一所。又如，天子的豆馔有二十六个，公爵有十六个，诸侯有十二个，上大夫有八个，下大夫有六个。诸侯出聘，带有七个副员，主国馈以七大牢；大夫奉诸侯之命出聘则只带六个副员，主国馈六大牢。天子的坐席有五层，诸侯的坐席有三层，大夫只有两层。天子去世，七个月以后才下葬，葬时，茵和抗木各用五重，翣用八个。诸侯去世，五个月后便下葬，葬时用三重、六翣。大夫去世，三个月便下葬，葬时，用两重、四翣。这就是以多为尊贵。

　　但也有以少为尊贵的：如天子出巡，不设副员。最隆重的祭天仪式，却只用一头牛。天子来到诸侯国，诸侯也只用一头牛犊招待。又如诸侯相互朝聘，只用郁鬯相献，不摆设笾豆；而大夫来聘，却用脯醢款待。又如用餐时，天子一食便告饱，诸侯则两食，大夫和士三食，而从事体力劳动的下等人则可以不计数。祭天所用的大车，只用一圈繁缨来装饰马匹；而平常杂事所用的车马却用七圈。圭璋是玉中最贵重的，因而进献时可以单独进献；而次一等的琥璜，则需在进爵时一道进献。祭祀鬼神却只用一层席。又如诸侯临朝时，对大夫须个别地行拜见之礼，而对士则向众人行一次拜见之礼。这些都是以少为尊贵。

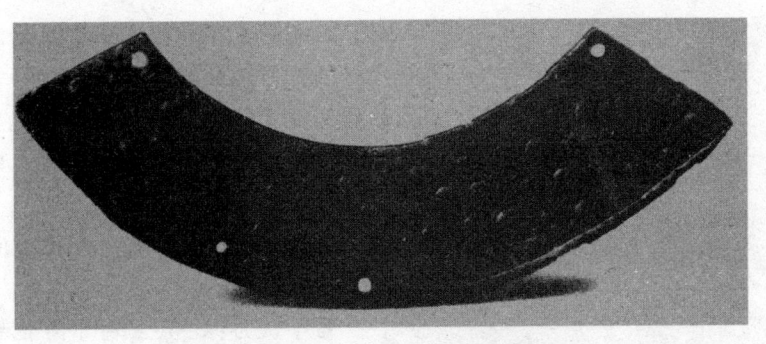
战国时期玉璜，江苏苏州浒关真山大墓出土。

礼仪有的是以大为尊贵的。比如宫室的规模，器皿的规格，棺椁的厚薄，坟丘的大小，这些都以大为尊贵。但也有以小为尊贵的。如宗庙祭祀时，贵者用很小的爵来献尸，贱者却用很大的散；尸入以后，尊者举起较小的觯，卑者举起较大的角。"五献"放置酒器的方法，是把最大的盛酒器缶置于门外，较大的壶置于门内，而君侯与宾用的是较小的瓦觯，置于堂上。这些就是以小为尊贵。

礼仪有的是以高为尊贵的。如天子的堂阶高九尺，诸侯的七尺，大夫的五尺，士的只有三尺。只有天子和诸侯才可以筑起高高的台门。这些就是以高为尊贵。但也有的以低为尊贵。如郊祀祭天燔柴是致敬的礼仪，但却并不登坛，只是在坛下扫地而祭。天子诸侯放置酒樽不用禁，而大夫和士却把酒器置于不同高度的案架上。这些都是以低为尊贵的。

礼仪有的以文饰为尊贵。如天子的礼服绘有龙纹，诸侯礼服以黼为饰，大夫礼服以黻为饰，而士只穿上黑下绛的衣服。天子的冕有朱绿二色的花纹，又用十二条旒来装饰。诸侯则有九条旒，上大夫七条，下大夫五条，士三条。这些都是以文饰为尊贵的，但也有以朴素为尊贵的。如祭天时袭裘服而不见文采，在父亲面前不必讲究繁文缛节。上等的圭玉不加雕琢，上等的羹汤不加调料，祭天的大车朴素无华，只铺着蒲席，牺尊用粗布覆盖，杓是用白色的木料制成的，这些都是以朴素为尊贵的。

孔子说："礼不可不加审察。各种礼不可混同，不可增添，也不可减少。"这就是说要做到相称。礼仪中以多为贵的，是因为那些是关于心外之物的。王者的德行发扬于外，普施于万物，治理天下，使万物丰盛。像这样，难道能不以多为尊贵吗？所以君子乐于发扬于外啊！礼仪中以少为贵的，是因为那些是关系到内心之德的。德的产生是极其细致精微的，看天下之物虽多，但没有一样是可以和内心的德相比的。要表达内心之德，怎能不以少为尊贵呢？所以君子要慎审自己内心的虔诚。古代的圣人，既尊重内心的诚德，又喜爱外在的文饰；既重视少的真诚，又赞美多的展示。所以先王制礼，该少的不可多，该多的不可少，只求达到相称。

所以卿大夫用太牢祭祀，是合于礼的；而士若是用太牢来祭祀，就等于是盗窃。管仲在他的祭器上雕刻精美的花纹，冠冕上配以天子才用的红色系带，又在斗拱上刻山，短柱上刻藻。君子认为他这种过分的行为超出了大夫之礼。而晏平仲在祭祀祖先

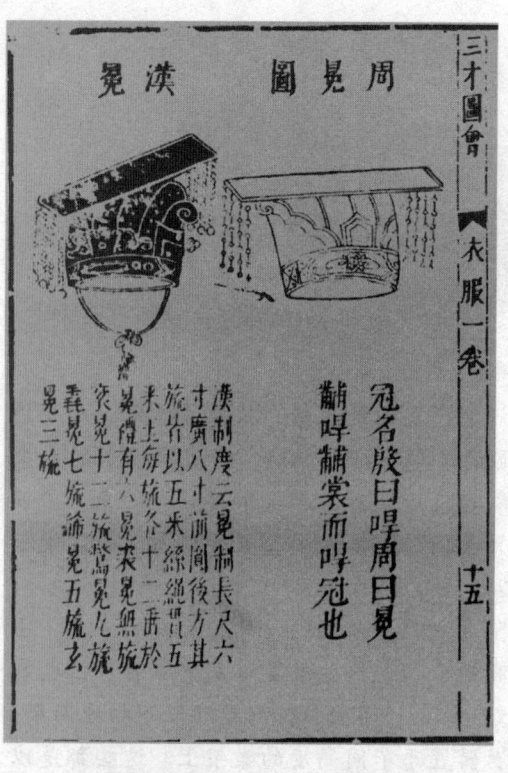

周冕和汉冕,选自《三才图会》。

时,只用一只小猪腿,小得盖不满碗,而且穿着洗过多次的旧衣帽去上朝。君子认为他的行为过于节俭,也是不合于礼。所以君子行礼不可不慎重,因为礼是众人的纲纪。纲纪涣散,众人就乱了。孔子说:"我战则得胜,祭则得福。"大概就是因为他懂得礼要相称的道理。

君子认为:"祭祀时不可把祈求福佑当做目的,不可求早求快。仪式的规模不可一味求大,不可特别偏爱喜庆礼仪。牲的规格并非越肥大越好,供品的种类也不是越多越好。"孔子说:"臧文仲哪里懂得礼啊?夏父弗綦颠倒祭祀的次序,他也不制止。而且在灶神面前进行燔柴之祭。祭灶神是老妇人的事,只需用盆来盛供品,用瓶来盛酒浆就可以了。"

礼,就好比是人的身体,身体不完备,君子就称之为不完善的人。礼安排得不适当,那就与不完善的人一样。礼仪有的是大礼,有的是小礼,有的礼的意义是明显的,有的礼是微妙的。该大的礼不可缩小,该小的礼不可扩大;明显的不必掩盖,微妙的不必张扬。礼的纲要有三百,礼的细目有三千,而最终都要归结到一个诚字。这就像人要进屋,不可不经过门一样。君子对于礼,是竭尽情感和诚心的,表达内心的敬意是出于诚,完成外在的美好文饰也是出于诚。君子对于礼,有的直接顺着自己的情感而实行,有的则要克制自己才能实行,有的是不分贵贱一律等同的,有的却是从尊到卑、顺次减损的,有的是除其上者而及于下者的,有的却是自下而上、逐级推进的,有的是向上仿效而更加文饰的,有的却是向上仿效、但不可以达到的,还有的是下级顺次拾取上级的礼仪的。

夏商周三代的礼,本质上是一样的,为民众所共同遵循。而形式上,有的以素白色为贵,有的以青黑色为贵。夏代开始创立,殷代有所因循。如夏代的尸无事时站着,直到祭祀结束。殷代则无事有事,尸总是坐着。周代的尸也是坐着,至于告尸、劝尸无常规,三代也是这样,因为所依据的道理是相同的。周代还把六庙之尸聚集到太庙,一起互相酬酢。所以曾子说:"周代的礼,就像众人凑钱喝酒吧!"

君子认为:礼仪中与现在人情相近的内容,倒反而不是至上的礼。比如祭天用血,大飨用生肉,"三献"用半生不熟的肉,一献才用熟肉。所以君子对于礼,并不只为表达情感的需要而随意创作,而是从古代有所继承。诸侯相见,一定要有七名"介"来协助宾方行礼,不这样就显得太简单直率了。相见时,主客要三请三让,然后才进入府中，不这样就显得太急迫了。所以鲁国人将要祭上帝，一定先在泮宫里禀告；晋国人将要祭黄河，必定先祭较小的滹沱河；齐国人将要祭泰山，必定先祭较小的配林。祭祀前三个月，就要把牲畜系在牢中作好准备，前七天便开始半斋戒状态，前三天实行严格斋戒。真是极其谨慎啊！行礼，必须有司仪，乐师必须有人扶持引路，真是极其温文尔雅、从容不迫啊！

所谓礼，是要使人返回人的本心，追念远古，不忘自己的祖先。所以凶丧之事，不必

战国错金银牺尊，江苏涟水三里墩墓葬。

诏告，人们自然会哀痛；朝廷聚会，演奏音乐，人们自然欢乐。现在人们饮用的是甘甜的醴酒，但祭祀时却尊尚古人的清水酒；有锋利的快刀可以使用，而祭祀时却以古人粗笨的鸾刀为贵；有了舒服的莞簟之席，而祭祀时却用古人的草垫子。这就是追念远古，不忘祖先的表示。所以先王制礼，一定是有着源于本心或继承先古的意思，后人也可以追述而学习。君子说："内心没有礼的标准，观察事物就不明了。观察事物不通过礼是不行的，做事不按照礼是不恭敬的，说话不符合礼是不可信的。所以说，礼是一切事物的准则。"

所以过去先王制礼，是顺着自然物质来表达礼的意义的。举行祭祀一定符合天时；朝日和夕月的安排，必然根据日月的运行。就好比筑高必须凭借丘陵，掘地必须凭借河泽。所以当天时调和、雨露滋润的时候，君子也就更加勤勉。所以过去先王崇尚有德的人，尊敬有道的人，重用有能的人，举拔贤人，安置职位。把众人聚集起来，宣誓告诫。于是借天生之物以祭天，借地产之物以祭地。登上名山，举行封禅之礼，选择吉地，郊祀天帝。登山封禅，于是凤凰来仪，龟龙皆至；郊祀天帝，于是风调雨顺，寒暑得时；这样，圣人只要南面而立，天下也就太平了。

天道是礼教的最高法则，而圣人则具有最高的德行。庙堂之上，罍尊置于东阶，牺尊象尊置于西阶。庙堂之下，大鼓置于西面，小鼓置于东面。国君站在东阶，夫人立在东房。这就象征着太阳从东方升起，新月在西方出现。这便是阴阳的区别，夫妇的位置。然后国君来到西阶从牺尊象尊中酌酒，而夫人则来到东阶从罍尊中酌酒。当堂上在进行象征阴阳交动的礼仪时，堂下东西两边的鼓乐也交相呼应。这真是和谐到极点啊！

商代象尊，盛酒器，湖南省醴陵县出土。

制礼就要追溯产生礼的本源，作乐则是表达对礼教完成的喜悦。先王制礼，用来节制人们的行为；而修乐则是要引导人们的情志。所以观察一国的礼乐，便可以知道其治乱的情况。蘧伯玉说："君子是达观明察的。"所以观察器物，便能知道工匠的巧拙；观察其外在的表现，便能知道那个人的内在智慧。所以说：君子对于用来跟人交接的礼乐，一定要十分谨慎。

太庙之内是多么恭敬！君王亲自将牲牵入，大夫协助国君持着币帛跟随在后。君王亲自制祭，夫人献上盎齐之酒。然后君王又亲自割取牲体，夫人再次献酒。卿大夫们跟随着国君，命妇们跟随着夫人，诚心而又恭敬，专心而又忠诚，十分勤勉地一献再献，希望祖先们来歆享。牵牲入庙时，在庭中向神禀告；荐血毛时，在室内禀告；荐熟食时，在堂上禀告。三次禀告不在同一个地方，表示求神而不敢肯定神在哪里。正祭设在堂上，而祊祭却设在门外，好像是在问："神在哪里啊？神在这里吗？"一献之礼还比较质朴粗略，三献则稍加文饰，五献就更加显盛，七献之礼就好像神真的在眼前了。

太祖庙中的大飨之礼只有天子才能举行吧！祭祀用的三牲鱼腊，收集了四海五州的美味；笾豆中盛放的供品，包罗了四季和气的产物。四方诸侯的贡金，显示着天子和诸侯们的和睦融洽；贡献的币帛加上玉璧，表示对于美德的尊重；贡品排列的次序以龟在最前，因为龟可以占卜吉凶，预知未来；金放在第二位，因为金可以用来照见物情。再次是丹砂、油漆、蚕丝、绵絮、竹箭，表示天子与民众同享这些日用财物。其余贡品则没有固定品种，都是各国就其所有而贡献的特产，显示着天子能够招致远方之物。诸侯礼毕而出，便奏起《陔夏》为他们送别，显示礼节的隆重。在郊外祭祀天帝，体现着最高的崇敬；宗庙祭祀，体现着极端的仁爱；丧礼，体现着极端的忠心；服器的完备，表现了对死者极大的孝敬；宾客前来赠送币帛，体现了极高的道义。所以，君子要观察仁义之道，礼就是根本的依据。

君子说："甘味可以用来调和五味，白色可以用来绘上五色；忠信的人，才可以学礼。如果没有忠信的人，那么礼也不会凭空实行。所以得到可以实行礼的人是十分可贵的。"孔子说："纵使能诵读《诗三百》，但却未必能承担一献之礼。懂得了一献之礼，却还不足以承担大飨之礼。懂得了大飨之礼，却还不足以承担大旅之礼。懂得了大旅之礼,却还不足以祭祀上帝。所以切不可轻率地议论礼。"

子路做季桓子的家宰。过去季氏举行庙祭,天未亮就开始,忙了一天还没完,又点起蜡烛继续干。即使是身强力壮,有虔诚恭敬之心的人,也都疲惫不堪了。以至于管事的人拖着腿歪歪倒倒地执掌祭事,简直是不大敬啊!后来有一次子路参与庙祭,室事在门口交接,堂事在阶下交接。天亮开始祭祀,傍晚便结束,孔子听到这件事,说道:"谁能说子路不懂得礼呢?"

郊特牲第十一

【原文】

郊特牲,而社稷大牢。天子适诸侯,诸侯膳用犊。诸侯适天子,天子赐之礼大牢。贵诚之义也,故天子牲孕弗食也,祭帝弗用也。

大路繁缨一就,先路三就,次路五就。

郊血,大飨腥,三献爓,一献孰。至敬不飨味,而贵气臭也。诸侯为宾,灌用郁鬯。灌用臭也,大飨尚腶脩而已矣。

大飨,君三重席而酢焉。三献之介,君专席而酢焉。此降尊以就卑也。

飨(禘)〔祫〕有乐,而食尝无乐,阴阳之义也。凡饮,养阳气也。凡食,养阴气也。故春(禘)〔祫〕而秋尝,春飨孤子,秋食耆老,其义一也,而食尝无乐。饮,养阳气也,故有乐。食,养阴气也,故无声。凡声,阳也。

鼎俎奇而笾豆偶,阴阳之义也。笾豆之实,水土之品也,不敢用亵味而贵多品,所以交于旦明之义也。

宾入大门而奏《肆夏》,示易以敬也。卒爵而乐阕,孔子屡叹之。奠酬而工升歌,发德也。歌者在上,匏竹在下,贵人声也。乐由阳来者也,礼由阴作者也,阴阳和而万物得。

旅币无方,所以别土地之宜,而节远迩之期也。龟为前列,先知也。以钟次之,以和居参之也。虎豹之皮,示服猛也。束帛加璧,往德也。

庭燎之百,由齐桓公始也。大夫之奏《肆夏》也,由赵文子始也。

朝觐,大夫之私觌非礼也。大夫执圭而使,所以申信也;不敢私觌,所以致敬也。而庭实私觌,何为乎诸侯之庭?为人臣者无外交,不敢贰君也。

大夫而飨君,非礼也。大夫强而君杀之,义也(由三桓始也)。天子无客礼,莫敢为主焉。君适其臣,升自阼阶,不敢有其室也。

觐礼,天子不下堂而见诸侯。下堂而见诸侯,天子之失礼也,由夷王以下。

诸侯之宫县,而祭以白牡,击玉磬,朱干设钖,冕而舞《大武》,乘大路,诸侯之

僭礼也。台门而旅树，反坫，绣黼丹朱中衣，大夫之僭礼也。

故天子微，诸侯僭；大夫强，诸侯胁；于此相贵以等，相觌以货，相赂以利，而天下之礼乱矣。诸侯不敢祖天子，大夫不敢祖诸侯，而公庙之设于私家，非礼也，由三桓始也。

天子存二代之后，犹尊贤也。尊贤不过二代。

诸侯不臣寓公，故古者寓公不继世。

君之南乡，答阳之义也。臣之北面，答君也。大夫之臣不稽首，非尊家臣，以辟君也。

大夫有献弗亲，君有赐不面拜，为君之答己也。

乡人祃。孔子朝服立于阼，存室神也。

孔子曰："射之以乐也，何以听？何以射？"孔子曰："士，使之射，不能则辞以疾。县弧之义也。"

孔子曰："三日齐，一日用之，犹恐不敬。二日伐鼓，何居？"

孔子曰："绎之于库门内，祊之于东方，朝市之于西方，失之矣。"

社祭土而主阴气也，君南乡于北墉下，答阴之义也。日用甲，用日之始也。天子大社，必受霜露风雨，以达天地之气也。是故丧国之社屋之，不受天阳也；薄社北牖，使阴明也。

社，所以神地之道也。地载万物，天垂象。取财于地，取法于天，是以尊天而亲地也，故教民美报焉。家主中霤，而国主社，示本也。唯为社事，单出里；唯为社田，国人毕作；唯社，丘乘共粢盛：所以报本反始也。

季春出火，为焚也。然后简其车赋而历其卒伍，而君亲誓社，以习军旅，左之右之，坐之起之，以观其习变也。而流示之禽，而盐诸利，以观其不犯命也。求服其志，不贪其得。故以战则克，以祭则受福。

天子适四方，先柴。

郊之祭也，迎长日之至也，大报天而主日也。兆于南郊，就阳位也。扫地而祭，于其质也。器用陶匏，以象天地之性也。于郊，故谓之郊。牲用骍，尚赤也；用犊，贵诚也。

郊之用辛也。周之始郊，日以至。

卜郊，受命于祖庙，作龟于祢宫，尊祖亲考之义也。卜之日，王立于泽，亲听誓命，受教谏之义也。献命库门之内，戒百官也。大庙之命，戒百姓也。

祭之日，王皮弁以听祭报，示民严上也。丧者不哭，不敢凶服，泛扫反道，乡为田烛。弗命而民听上。

祭之日，王被衮以象天；戴冕璪十有二旒，则天数也；乘素车，贵其质也；旂十有二旒，龙章而设日月，以象天也。天垂象，圣人则之，郊所以明天道也。

帝牛不吉，以为稷牛。帝牛必在涤三月，稷牛唯具，所以别事天神与人鬼也。

万物本乎天，人本乎祖，此所以配上帝也。郊之祭也，大报本反始也。

天子大蜡八。伊耆氏始为蜡。蜡也者，索也；岁十二月，合聚万物而索飨之也。蜡之祭也，主先啬而祭司啬也。祭百种，以报啬也。

飨农及邮表畷、禽兽，仁之至，义之尽也。古之君子，使之必报之。迎猫，为其食田鼠也。迎虎，为其食田豕也。迎而祭之也。

祭坊与水庸，事也。曰："土反其宅，水归其壑，昆虫毋作，草木归其泽。"

皮弁素服而祭。素服，以送终也。葛带榛杖，丧杀也。蜡之祭，仁之至，义之尽也。黄衣黄冠而祭，息田夫也。野夫黄冠。黄冠，草服也。

大罗氏，天子之掌鸟兽者也。诸侯贡属焉，草笠而至，尊野服也。罗氏致鹿与女，而诏客告，以戒诸侯曰："好田、好女者亡其国。"

天子树瓜华，不敛藏之种也。八蜡，以记四方。四方年不顺成，八蜡不通，以谨民财也。顺成之方，其蜡乃通，以移民也。既蜡而收，民息已，故既蜡君子不兴功。

恒豆之菹，水草之和气也；其醢，陆产之物也。加豆，陆产也；其醢，水物也。笾豆之荐，水土之品也，不敢用常亵味而贵多品，所以交于神明之义也，非食味之道也。

先王之荐可食也，而不可耆也。卷冕路车，可陈也，而不可好也。《武》，壮而不可乐也。宗庙之威，而不可安也。宗庙之器，可用也，而不可便其利也。所以交于神明者，不可以同于所安乐之义也。

酒醴之美，玄酒明水之尚，贵五味之本也。黼黻文绣之美，疏布之尚，反女功之始也。莞簟之安，而蒲越、稾鞂之尚，明之也。大羹不和，贵其质也。大圭不琢，美其质也。丹漆雕几之美，素车之乘，尊其朴也。贵其质而已矣，所以交于神明者，不可同于所安亵之甚也，如是而后宜。

鼎俎奇而笾豆偶，阴阳之义也。黄目，郁气之上尊也。黄者，中也；目者，气之清明者也；言酌于中而清明于外也。

祭天，扫地而祭焉，于其质而已矣。醯醢之美，而煎盐之尚，贵天产也。割刀之用，而鸾刀之贵，贵其义也，声和而后断也。

冠义：始冠之，缁布之冠也。大古冠布，齐则缁之。其緌也，孔子曰："吾未之闻也。"冠而敝之可也。适子冠于阼，以著代也；醮于客位，加有成也；三加弥尊，喻其志也；冠而字之，敬其名也。委貌，周道也。章甫，殷道也。毋追，夏后氏之道也。周弁，殷冔，夏收，三王共皮弁素积。

无大夫冠礼，而有其昏礼。古者五十而后爵，何大夫冠礼之有？诸侯之有冠礼，夏之末造也。

天子之元子，士也。天下无生而贵者也。继世以立诸侯，象贤也。以官爵人，德之杀也。

死而谥，今也。古者生无爵，死无谥。

礼之所尊，尊其义也。失其义，陈其数，祝史之事也。故其数可陈也，其义难知也；知其义而敬守之，天子之所以治天下也。

天地合，而后万物兴焉。夫昏礼，万世之始也。取于异姓，所以附远厚别也。

币必诚，辞无不腆，告之以直信。信，事人也。信，妇德也。壹与之齐，终身不改，故夫死不嫁。

男子亲迎，男先于女，刚柔之义也。天先乎地，君先乎臣，其义一也。

执挚以相见，敬章别也。男女有别，然后父子亲；父子亲，然后义生；义生，然后礼作；礼作，然后万物安。无别无义，禽兽之道也。

婿亲御授绥，亲之也。亲之也者，亲之也。敬而亲之，先王之所以得天下也。出乎大门而先，男帅女，女从男，夫妇之义由此始也。

妇人，从人者也，幼从父兄，嫁从夫，夫死从子。夫也者，夫也。夫也者，以知帅人者也。玄冕齐戒，鬼神阴阳也。将以为社稷主，为先祖后，而可以不致敬乎？

共牢而食，同尊卑也；故妇人无爵，从夫之爵，坐以夫之齿。器用陶匏，尚礼然也。三王作牢，用陶匏。

厥明（妇盥馈），舅姑卒食。妇馂馀，私之也。舅姑降自西阶，妇降自阼阶，授之室也。

昏礼不用乐，幽阴之义也。乐，阳气也。昏礼不贺，人之序也。

有虞氏之祭也，尚用气。血、腥、爓，祭用气也。殷人尚声：臭味未成，涤荡其声；乐三阕，然后出迎牲。声音之号，所以诏告于天地之间也。周人尚臭：灌用鬯臭，郁合鬯，臭阴达于渊泉。灌以圭璋，用玉气也；既灌，然后迎牲，致阴气也。萧合黍稷，臭阳达于墙屋，故既奠，然后焫萧合（膻）〔馨〕芗。凡祭，慎诸此。魂气归于天，形魄归于地，故祭求诸阴阳之义也。殷人先求诸阳。周人先求诸阴。

诏祝于室，坐尸于堂，用牲于庭，升首于室。直祭祝于主，索祭祝于祊。不知神之所在，于彼乎？于此乎？或诸远人乎？祭于祊，尚曰求诸远者与？

祊之为言倞也。肵之为言敬也。富也者，福也。首也者，直也。相，飨之也。嘏，长也，大也。尸，陈也。毛、血，告幽全之物也；告幽全之物者，贵纯之道也。血祭，盛气也。祭肺肝心，贵气主也。祭黍稷加肺，祭齐加明水，报阴也。取膟菅燔燎，升首，报阳也。明水涚齐，贵新也。凡涚，新之也。其谓之明水也。由主人之絜著此水也。

君再拜稽首，肉袒亲割，敬之至也。敬之至也，服也。拜，服也。稽首，服之甚也。肉袒，服之尽也。

祭称"孝孙孝子"，以其义称也；称"曾孙某"，谓国家也。祭祀之相，主人自致其敬，尽其嘉，而无与让也。腥、肆、爓、腍祭，岂知神之所飨也？主人自尽其敬而已矣。

举斝角，诏妥尸。古者尸无事则立，有事而后坐也。尸，神象也。祝，将命也。

缩酌用茅，明酌也。醆酒涚于清，汁献涚于醆酒，犹明、清与醆酒于旧泽之酒也。

祭有祈焉，有报焉，有由辟焉。

齐之玄也，以阴幽思也，故君子三日齐，必见其所祭者。

【译文】

　　郊祀祭天时用一头牛,而祭祀土神和谷神时要用牛、羊、猪三牲。天子到诸侯国,诸侯供膳只用一头小牛。而诸侯朝见天子,天子设宴则用牛、羊、猪三牲。这是因为尊重真诚之心的缘故。所以天子不吃怀孕的牲畜,祭祀上帝也不用怀孕的牲畜。

　　祭祀所乘用的车是大路,驾车的马,只有一条马缨;其次是先路,驾车的马有三条马缨;再次是次路,驾车的马则有五条马缨。

　　郊祀祭天用牲血,宗庙大祭供奉生肉,祭祀土神和谷神用半熟的肉,只有祭祀小神才用熟肴。表达最崇高的敬意,不必用佳美的滋味,而以食物的强烈气味为贵。诸侯朝见天子,天子敬以郁鬯,因为郁鬯有香气;行飨礼时,最先上的菜是有姜桂香味的干肉。

　　诸侯之间互相聘问,举行大飨礼时,国君互相敬酒,可以坐在三重席上。如果向来聘的副使敬酒,就要把三重席减为单席。这是降低自己的身份以接近身份较低的对方。

　　春夏举行飨礼、祭祀祖先

战国早期彩绘浮雕龙纹盖豆

时,都有音乐伴奏,而秋冬举行食礼、祭祀祖先时,都不用音乐。这是因为它们所属阴阳不同。凡是饮酒,都是为了保养阳气;凡是吃饭,则是为了扶持阴气。所以春夏举行禘祭,秋冬举行尝祭;春天用飨礼招待孤子,秋天用食礼招待耆老,也是因为其时所属阴阳不同。为什么飨礼和禘祭有音乐而食礼和尝祭没有音乐呢?饮酒为增强阳气,所以用音乐助兴。而吃饭为了养护阴气,就不宜有乐声了,凡是乐声都属阳。

　　祭祀和宴会上所用的鼎和俎的数目都是单数的,而笾和豆的数目都是双数的,这也是取"阴""阳"相配之义。笾和豆里边盛的食物,都是生长在水中或陆地上的东西。祭祀不敢用味美可口品类繁多的食品,因为祭祀的食物是用来供奉神灵的。

　　举行飨、宴时,宾走进大门,就开始奏《肆夏》的乐章,这是表示主人和善有敬意。到主人把杯中的酒饮完,乐曲正好奏完。孔子对这种礼乐配合的情况,曾多次赞叹。主人斟好酒准备劝众宾客同饮时,歌唱的人便登堂歌唱,这是颂扬主人的德行。唱歌的人在堂上,伴奏的乐工在堂下,这是尊重人声的缘故。乐曲是有声音可以听见的,属阳;而礼仪是人的德行的外部表现,属阴。所以人的礼仪行止要与乐曲的节拍

一致，这就是阴阳配合协调，阴阳配合协调，才能使万物得宜。

四方各国诸侯朝聘所贡的众多礼物，其品种没有具体规定，视各国所产物品而定，各国的朝聘次数也要根据距离远近而定。把礼物陈列在庭中时，要把龟甲放在最前面，因为它能卜知未来。所贡的金属放在龟甲的后面，因为金属铸钟可以协调礼仪，所以放在龟甲和其他礼物的中间。礼物中的虎皮和豹皮，是表示天子威德能降服凶猛。用束帛加上璧玉为礼物，这是表示朝聘有德之君。

诸侯僭用天子的礼仪，在大门内设一百支火炬，这是从齐桓公开始的。大夫僭用诸侯之礼，行礼时奏《肆夏》，这是从晋国的赵文子开始的。诸侯相朝，随从的大夫以私人的名义拜访主国国君，这是不合礼的。如果大夫奉命为使者出聘，带着玉圭拜见主国国君，是以玉圭证明自己是受君之命而出使的，这是合礼的。至于随从国君出使，不敢以自己的名义拜访主国国君，这是表示对自己国君的敬重。如果随从的大夫另外带了礼物作为庭实，又私下相见，那怎能像个诸侯之庭呢？作为国君的臣子，就不能有私自的外交。这是为臣者不敢有贰心啊！大夫宴请国君，这是不合礼制的。如果大夫的权势强于国君，国君可以杀掉大夫，这样做是合乎义的。天子之所以没有做客的礼仪，因为他至高无上，没有人敢自为主人而宴请天子。国君到他的臣子家里去，臣子应请国君从东侧的台阶登堂，以表示臣子不敢自以为是室的主人。古时诸侯进见天子的礼仪，天子不下堂迎接诸侯。天子下堂迎接诸侯，这是天子的失礼，这种失礼之事，是从周夷王开始的。

诸侯奏乐用宫悬，祭祀用纯白的公牛，乐器中有玉磬，手里拿着用黄金装饰的红色盾牌，戴着冕冠演"万舞"，乘大辂之车，这些都是诸侯僭用天子礼仪的行为。大夫建造高门楼，门内又用屏风，行礼时在堂上设置反坫，穿着领子上有绣花的大红丝绸内衣，这是大夫僭用诸侯礼仪的行为。所以天子的权势衰微了，诸侯就会越礼自比天子；大夫的权势强盛了，诸侯的地位就受到威胁。到了这种地步的时候，诸侯、大夫们都无视天子而擅自加爵升等。互相往来则带着如同朝见天子的礼币，甚至互相勾结，行贿营私。天下礼法就完全被搅乱了。

天子的庶子被封为诸侯，不能设天子祖庙；诸侯的庶子被封为大夫，也不能设诸侯的祖庙。大夫立有诸侯的祖庙是不合礼法的，是从鲁国的三桓开始的。

天子保存前两个朝代天子的宗庙。准许他们的子孙依时祭祀，这是尊重前代的贤者。然而尊贤只限于前面两个朝代。诸侯不把流亡在外而来投靠的寓公当做自己的臣子，但只有寓公本人能享受这样优待，所以古代寓公不能传世。

君王的座位朝南，是臣服于天的意思。群臣面向北朝见君主，是臣服于君主的意思。大夫的家臣向大夫行礼，只拜不叩头，这并不是尊重家臣，而是因为大夫向君王行叩头礼，就要违避别人也向自己行叩头礼。大夫向国君进献物品都派家臣送去；国君有赏赐，臣子也不须当面拜谢。这都是为了不让国君答拜。

乡里的人在庙中举行驱逐强鬼的祭祀，孔子穿着朝服站在东面的台阶上，使家神有所依附，不被惊扰。

孔子说:"举行射礼时有音乐来协调各人的仪容举止。如果没有音乐,射的人依据什么来节制自己呢?大家都没有节制,还谈什么射礼呢?"孔子说:"作为一个男人,假如让他参加射礼,即使不会射,也只能推辞有病,不能说不会。因为男子生下来的时候曾经在门口挂过弓,表示自己长大了能射。"孔子说:"为了一天的祭祀而斋戒三天,还唯恐不虔诚。而三天斋戒中却有两天打鼓作乐,为什么呢?"

孔子说:"在库门之内举行绎祭,又到庙门的东面去请神;就像把朝市设在大市的

清康熙帝在校场阅兵,选自《康熙帝南巡图卷》,清宫廷画家绘。

西边,是失礼的。"

社祭是祭祀土神,土神是主宰地上阴气的。祭社时君王面向南,立在社坛的北围墙外边,其用意是要对着社坛的阴面。举行社祭的日期要用甲日,即每十天的第一天。天子的社坛叫"大社",上面没有遮盖,让它承受霜露风雨,使天气与地气相通。亡国的社坛,上面有屋顶,以隔断天上的阳气。殷代留下的亳社上有屋顶,只有北面开着窗子,以通阴明。祭社,是尊重土神的表示。大地能孕育万物,天上有日月星辰。人类根据天象而知四时变化,按时耕种,得到财物,所以要尊重天地。因而教导人民用美物祭祀土神作为报答。每家每户都要祭祀土神所依附的中霤,诸侯国则祭社,表示不忘大地之恩。每里有民社,民社有事,里中人都要出力帮忙。诸侯为祭社准备供品而举行田猎,国中人都要参加。天子祭祀大社,各地都要按"丘乘"为单位供应谷物作为粢盛。这样人人祭社,为的是报答大地的养育之恩,尊敬生产谷物的始祖。

仲春二月,用火焚烧田野杂草,举行田猎,以便检阅各地供应的兵车、战马及士兵的数量。国君亲临,宣布军法,告诫士兵,然后就操练军队。指挥军队或左或右,或进或退,或坐或起,从而观察士兵对各种动作的熟练程度。操练结束,命令士兵追猎禽兽,所获禽兽,大的用于祭社,小的归己所有。观察士兵在可以得到利益的情况下,能否执行命令,若有违背命令者,必罚。这样做是为了使士兵服从命令而不贪利。经过这样训练之后,若有战事则能取胜,祭祀鬼神也能得福。

天子到各地去巡狩，事先要燔柴祭天。在郊外举行祭天之礼，迎接夏至日到来，报答天的恩惠，用日作为祭的主体。郊祭在国都的南郊筑坛并划定界域，因为天帝是代表阳的，所以要到南面阳位祭祀。郊祭的正祭不在坛上举行，只要把地上打扫干净，这是用地本来的样子。祭祀用的器具，都是原始的瓦器，也是用其自然之性。祭天在郊外举行，所以祭天称"郊"。用黄赤色的小牛祭天，因为周代崇尚赤色。至于用小牛，那是因为祭祀贵在诚实。

郊祭的日期要选用辛日，因为周代第一次举行郊祭是在冬至，那天正是辛日，后来就被继承下来了。选定郊祭的日期，还要用龟卜问凶吉，卜人在太祖庙里接受命令，然后到君王的父庙里占卜，表示尊重祖先的意思。卜人占卜那天，君王立在泽宫恭候卜问结果，这是取义于听从祖先的教诲或劝阻。日期选定后在王宫的库门内颁布郊祭之事，这是命令大小官员进行准备工作。又在大庙里发布命令，通知亲族准备。

郊祀的那一天，天子穿着皮弁服听取百官报告郊祭的准备情况，这样做是向人民显示天子恭敬行事。郊祭这一天，有丧事的人家也不能哭泣，更不能穿着丧服出门。凡是郊祭所经过的道路，都要打扫，并把路上表土层翻过来筑成新路；路两边的田野里都有点燃的火炬。这些都不要发布命令，人民就会办得很好。祭祀的时候，天子穿衮衣，衮衣象征天；戴着冕，冕前端有用玉珠装饰的十二条流苏，这是取法于十二月之数。天子郊祭乘的车子没有任何装饰，是取质朴之义。车上竖的旗帜有十二根飘带，旗帜上画着龙、太阳和月亮等，也是仿照天上日月星辰的，天有日月星辰，天子就依

清雍正帝祭先农坛，清宫廷画家绘。

据天象来治理天下。举行郊祭，就是为了发扬天道。

如果原来准备用于祭上帝的牛，占卜后不吉利，就改用原来准备祭后稷的牛。祭上帝的牛一定要在打扫得干干净净的牛舍里饲养三个月，而祭后稷的牛只要毛色符合标准就行了，这就是祭天神和祭人鬼的区别。世间万物都是靠天而生，而世人又是从始祖繁衍而来的。所以祭天时配祭始祖。郊祭，就是体现"报本反始"之礼。

天子在年终时举行蜡祭，祭祀八神。蜡这种祭祀是从伊耆氏开始举行的。所谓

"蜡",就是寻求各方之神而祭。周历的每年十二月,邀请万物之神聚集在一起而祭祀它们。蜡祭主要是祭祀先啬神农氏,也兼祭司啬后稷。祭祀百谷之神都是为了报答先啬和司啬,因为有了先啬、司啬,而后才有百谷的。祭祀时附带宴请田官之神、阡陌之神、田舍之神和禽兽之神,这是广报恩惠,尽仁尽义之举。古代仁义之人,对于有利于人的东西,都一定要报答它们的功劳。譬如迎请猫神,因为它曾帮助农民吃掉田鼠;迎请虎神,因为它曾帮助农民消灭了田里的野猪,所以要把它们请来并祭祀它们。至于祭祀堤岸与沟渠,因为它们对农业有功劳。蜡祭时的祝词说:"堤岸不要崩坏,洪水不要泛滥,虫儿不要为灾,草木都生长于薮泽。"

天子穿着皮弁素服参加蜡祭。用素服,表示送农事的结束;系葛带、执榛杖是表示略差于丧礼。天子举行这样的蜡祭,也是仁至义尽的表现,农夫在蜡祭时都穿黄衣戴黄冠,表示他们已结束了一年的农事。野草到冬天都枯黄了,所以农民的衣冠就用冬天的草黄色,表示结束农事。

大罗氏是天子设立的掌管捕捉鸟兽的官,所以诸侯进献给天子的物品都归属他掌管。蜡祭之日,诸侯都派遣使者戴着草笠来进献物品,特别尊重农夫的打扮。大罗氏收下了诸侯的贡物,便用鹿和亡国的女子给使者看,并要使者回去向诸侯转达天子的告诫:"如果沉溺于田猎和女色,将要亡国。"天子种植的瓜果等物,都是不能长久收藏的品种,这是因为不能和人民争利。蜡祭八神也是用来记载四方各地收成好坏的。如果一地收成不好,就不举行这种祭祀,可节省人民的开支。只有收成好的地方举行蜡祭,让当地的人民欢乐一下。蜡祭之后就把谷物都收藏起来,让农民休养生息。所以在蜡祭之后,君子就不再征发人民出徒役了。

君王平时食用的豆中所盛的菹是用水中随着节气而生长的菜类制成的,醢则是用生长在陆地上的动物的肉类制成的。而正献之后加荐的食品

士皮弁,选自《三才图会》。

恰恰相反,菹是用陆地上生长的菜类制成,醢是用水中动物制成的。祭祀时装盛在笾豆里的供品,也都是水中和土地上生长的。这些供品,不敢用常人可口的味道,也不能品类繁多,因为这些供品是用来供奉神明的,而不同于人的口味的。

祭祀祖先的供品,虽然也可以食用,但不是人所爱吃的。天子穿戴的衮冕,乘坐的辂车,平时只能陈设,而不能供玩好。大武之舞虽然雄壮,但平时不能用来取乐;宗庙的建筑很威武,但那是供奉祖先的地方,不能供人居住;宗庙祭器,只有祭祀行礼时才用,平时用不甚便利。这些东西都是用于祭祀神灵的,跟人们日常所用的不同。

醴酒的滋味醇美可口，但祭祀时却以玄酒、露水为上，这是看重五味之本，五味是从无味发展而来的。人们喜爱画绣的色彩，但祭祀却用又粗又稀的疏布覆盖鼎俎笾豆，这是追溯纺织的原始。生人的席位是下莞上簟，而祭祀时设置的神位，只用蒲草或庄稼的秸秆铺成，因为那是神所坐的。太羹不加任何佐料调和，是尊重它自身的味道。大圭不雕琢花纹，以其质朴为美，平常乘用的车辆，都要涂上红色，刷上油漆并雕刻或镶嵌成各种图案，而祭祀所乘的车辆，却不加任何装饰，这是以质朴为尊，以无装饰为贵。凡是用于神灵的物品，都不能像人们日常所用的东西那样讲究装饰华丽，因为神灵和祖先都是重视质朴的。只有按照神灵的习惯去祭祀，才是最适宜的。

　　祭祀的鼎俎用单数，而笾豆用双数，这是取阴阳相配之义。有一种叫做"黄目"的酒樽，是用来装盛郁鬯酒的。它是最尊贵的酒器，外面有用黄金刻镂的眼睛形状。黄色代表中央，眼睛代表清明的天地之气，这是说给樽中斟满香酒，四方就遍受清明之气。祭天的礼典，只要把地上打扫干净就可进行，也是取质朴之义。肉酱和醋是美味，而祭祀必先供奉煮炼的盐，因为盐是大自然的产物，比人工制作的物品尊贵。割取祭祀的牲肉，都用刀把上有小铃的鸾刀，这表示先有和谐的铃声而后割取。

　　冠礼的意义：举行加冠礼，先戴缁布冠。因为上古的时候，人们都是戴白麻布冠，到斋戒时才用缁布冠。现在先用缁布冠，也是尊重古制。古时候缁布冠的帽带有没有下垂部分呢？孔子说："我没有听说过。"缁布冠只是在行冠礼时用一下，行过礼之后就可以丢掉，因为后代人不再用了。嫡长子的加冠礼，要在堂前东侧的主阶上进行，这意味着他将来要继承主人之位。又把他请到堂西侧的宾客座位上，给他敬酒，这表示他已经是成人了，可以交际应酬了。在冠礼中，要给冠者戴三次帽子：第一次是缁布帽，第二次是皮弁，第三次是爵弁。这三种帽子一个比一个贵重，这是勉励他要不断上进，求取功名。行冠礼时，宾要给被加冠的人取个字，以后人们都称呼他的字，因为名是他父母取的，应当受尊重。平常戴的帽子，周代叫"委貌"，殷代叫"章甫"，夏代叫"毋追"。祭祀时戴的帽子，周代叫"弁"，殷代叫"爵"，夏代叫"收"，但是三个朝代的天子祭祀时都是戴皮弁，穿白色有裥的裳。

　　大夫没有冠礼而有婚礼。因为古时候五十岁以后才有大夫的爵位，而冠礼是二十岁时就举行的，怎么会有大夫的冠礼呢？诸侯有冠礼，是到夏朝末年，诸侯可以世袭后才有的。天子的嫡长子，是王位的继承人，但也只是个士，所以加冠时也用士冠礼。天下没有生下来就尊贵的人。能够被封为诸侯的，都是保持着他先人的贤行的人。用官爵封赏，都是视其人的德行大小来决定官爵的高低。人死后都追加谥号，是现今的礼俗；古时候活着的时候没有封爵，死后也就不加谥号。

　　各种礼典所尊重的是它们所表达的特定意义。如果不明白它们的特定意义，而去摆设各类物品，那是祝史的事情。所以行礼按规定陈列各种物品是容易的，而要通晓它们所表达的意义就难了。深知礼的意义而恭敬地举行各种礼典，这就是天子用来治理天下的法术。

　　天地之气相合，而后生出万物。男女举行婚礼，才能衍生后代而传至万世。不同

新郎新娘喝合卺酒，选自《清俗纪闻》。

姓氏的男娶女嫁，是用来联系两个关系疏远的氏族和严格区分同姓的方法。男方送的聘礼必须实在，不得虚伪，言辞中不要有客套话，要把真实情况告诉对方。诚实，是做人的根本。诚实，也是妇女必备的德行。所以女子跟男子喝过交杯酒之后，终身不改，即使丈夫死了，也不能改嫁。结婚的时候，男子亲自到女家去迎接，男的在前面领着女的，这是刚柔相配的意思。天在地之前，君在臣之前，都是同样的道理。女婿到女家去迎亲，要带一只鹅作为拜见岳父的见面礼，在见过岳父之后才能见新娘，这是尊重男女之别。男女有分别，才有父子之情；有了父子之情，才有君臣之义；有了君臣之义，各种礼节才会出现；有了礼节，社会才能安定。如果男女无别，也就不会有道义礼节，那么就与禽兽一样了。

女婿从女家出来，自己先登车，然后把车上的拉手绳递给新娘。这样做是表示尊敬女方。所谓尊敬女方，就是相亲相爱的意思。尊敬而又亲近自己的妻室，继而把这种德行施及人民。这就是先前的贤明帝王能够得到天下的原因。从出女家的大门开始，男的走在前面引导女的，女的走在后面跟随着男的，这种夫唱妇随的关系就表现出来了。所谓"妇人"，是说她必须听从别人的，所以一个女子，年幼时听从父兄，出嫁后听从丈夫，丈夫死后就听从儿子。所谓"丈夫"，是说他应像"师傅"一样，师傅要用自己的才智去教导别人。

婚礼前，夫妇双方都要穿着祭祀的服装斋戒沐浴，要像祭祀鬼神那样恭敬。因为结婚之后就得主持祭祀社稷，为祖先传宗接代，怎么能不恭敬呢？夫妇同用一俎而食，这表示夫妇双方地位相等。所以妇人不受封爵，而跟着享受丈夫的爵位，排座次时都按丈夫的辈分和年龄入座。婚礼中所用饮食器具，都是原始的瓦器，遵照过去的礼法应该如此。因为夏、殷、周三代开始的时候，结婚所用饮食器具都是质朴的瓦器。婚礼的第二天清晨，新娘就要起床梳洗打扮，然后给公婆送早饭。公婆吃过之后，把剩

迎娶新妇，清人绘。

余的食物赏给新娘，新娘就把这些食物吃掉，这样做表示公婆的偏爱。公婆从西侧台阶下堂，新娘则从东侧的台阶下堂，这表示公婆把这个家交给媳妇了。婚礼不用音乐，因为婚礼是属于阴的，而音乐是属于阳的。举行婚礼，亲朋好友不必相贺，因为每个人都有这一过程。

  虞舜时祭祀，特别崇尚生腥的气味。祭祀时先进献的供品是牲血、生肉和半熟的肉，这是崇尚生腥气味的缘故。殷代人的祭祀，崇尚声音，在未杀牲、尚无腥气、口味时，先演奏抑扬顿挫的音乐。等奏完三个乐章后，主祭人才到大门外把牲畜牵进来。用音乐的响声召唤天地之间的鬼神来受飨。周代人特别崇尚酒的香气，所以用香气浓烈的酒请鬼神来受祭。用郁金草浸过的酒，浇在束茅之上，香气可以直透到地下。灌酒用玉瓒，是要借助玉的洁润之气。行过灌礼后才到大门外迎牲，这样做都是为了招致地下阴气。焚烧裹上动物油脂并粘有黍稷的艾蒿，使焦香气味弥漫于墙屋之间，这是招致天上的阳气。所以在尸未入室之前，助祭的巫祝把酒和熟食陈设好，然后就把艾蒿加以脂和黍稷点燃，让它缓慢地燃烧，散发出焦香味来。凡是祭祀，都要特别注意这些仪式。

  人死之后，灵魂升上天，而形体埋入地下，所以祭祀时，要上致阳气，下致阴气。殷代祭祀先求阳气于天，周代祭祀先求阴气于地。祭礼一般都在宗庙的室内告请神灵，在堂上北边给尸设立座位，在庭中宰杀牲畜，还要把牲畜的头送到室内供奉神灵。如果是正祭，只要直接祭祀神主；如果不知道要祭祀的众神灵在何处，就要在庙门旁边求请神灵并祭祀。因为不知道神灵在什么地方，或者有的在这儿，有的在那儿，有的在离人更远的地方，那么在庙门旁边告请众神，差不多可以说是连远方的神灵都请到了。这种祭祀之所以叫做"祊"，就是把神灵请到亮处来祭祀的意思。盛放牲畜心、舌的方木盘叫"肵俎"，"肵"是表示尊敬的意思。所谓"福"，就是齐全完备的意思。把牲畜的头送到室内去供奉神灵，因为牲首最尊，只有它才配得上飨神。劝尸多饮酒

婚礼，杨柳青年画。

多食饭菜，就等于飨神。尸受祭后让祝给主人祝福，就叫做"嘏"，"嘏"是长的意思、大的意思。尸是主的意思。

祭祀用牲，要先进献血和毛，这两样是向神灵报告祭祀用的牲畜体质是否健壮，毛色是否齐纯的东西。用于祭祀的牲畜，最看重的是体质健壮，毛色齐纯。用牲血祭神，还有一个含义，就是血是生气最盛的东西。用肺、肝、心祭神，主要看重它们是产生血气的器官。用黍稷加肺祭祀，用连浆带糟的酒掺和露水祭祀，是为了报答阴气。把肠上的脂肪裹在艾蒿上焚烧，用牲首供奉神灵，是为了报答阳气。用露水冲淡浊酒，是看重它的清洁透明。凡是酒加水冲淡，都是为了使酒变得清新。至于把露水称作"明水"，是取义于主人心地洁净就像露水所显示的一样。

国君祭祀时行礼要再拜，俯首至地。脱去左臂衣服，宰杀牲畜，肢解牲体，这样做表示对神极虔诚尊敬。极其虔诚尊敬，意味着服从。行拜礼表示服从；又俯首至地，表示极端的尊敬服从；肉袒则表示内心也彻底服从。

祭宗庙时自称孝孙孝子，这是按照伦常的名义称呼的；祭祀天神地祇等外神时，就自称"曾孙某"，这是代表国家对神的自称。祭祀时有助祭的"相"。虽然各种佳美供品是主人为了表达敬意而准备的，但"相"也应该像主人一样努力劝尸多多饮用。祭祀所供奉的物品，有生腥的，有整块的牲体，有半生的肉，也有全熟的肉，怎么能知道神灵到底享用哪些呢？所以主人只要准备齐全，全数进献，尽自己的敬意就行了。把尸迎入室内后，当尸举起他面前的酒杯时，担任"祝"的人就提示主人向尸行再拜稽首礼，请尸安坐。因为古时候祭祀，没有饮食之事时，尸是站立着的，如果有饮食

之事，就要请尸坐下来。尸，代表神。担任祝的人，先把主人的话告诉神，然后代神向主人祝福，所以祝的职责就是传达话语。

醴酒最浑浊，要加入新酿造的清酒冲淡，再用茅束滤去酒糟，才能用于祭祀；盎酒要加入清酒冲淡，再除去酒糟；郁鬯酒要用盎酒冲和。这些古代的做法就像如今的清酒和盎酒都用多年的醇酒冲和一样。祭祀主要有三种：一是祈求鬼神降福的，二是报答恩惠的，三是祷告消灾除难的。祭祀前斋戒时的服装都用黑色，这是依顺鬼神所处幽暗之意，也表示人思念阴幽鬼神。所以有德的人斋戒三天，到祭祀时就好像能看到他所祭祀的鬼神。

内则第十二

【原文】

后王命冢宰，降德于众兆民。

子事父母：鸡初鸣，咸盥漱，栉、縰、笄、总、拂髦、冠、緌缨、端、韠、绅、搢笏。左右佩用，左佩纷帨、刀、砺、小觿、金燧，右佩玦、捍、管、遰、大觿、木燧。偪、屦、著綦。妇事舅姑，如事父母：鸡初鸣，咸盥漱，栉、縰、笄、总、衣绅；左佩纷帨、刀、砺、小觿、金燧，右佩箴、管、线、纩、施縏袠、大觿、木燧、衿缨、綦屦。以适父母、舅姑之所。

及所，下气怡声，问衣燠寒；疾痛苛痒，而敬抑搔之。出入则或先或后，而敬扶持之。进盥，少者奉槃，长者奉水，请沃盥；盥卒，授巾。问所欲而敬进之，柔色以温之。饘、酏、酒、醴、芼、羹、菽、麦、蕡、稻、黍、粱、秫，唯所欲。枣、栗、饴、蜜以甘之，堇、荁、枌、榆、免、薧、滫、瀡以滑之，脂、膏以膏之。父母、舅姑必尝之而后退。

男女未冠笄者，鸡初鸣，咸盥漱，栉、縰、拂髦；总角、衿缨，皆佩容臭，昧爽而朝，问"何食饮矣"、若已食则退，若未食则左长者视具。

凡内外，鸡初鸣，咸盥漱，衣服，敛枕簟，洒扫室堂及庭，布席，各从其事。孺子蚤寝晏起，唯所欲，食无时。由命士以上，父子皆异宫。昧爽而朝，慈以旨甘。日出而退，各从其事。日入而夕，慈以旨甘。

父母、舅姑将坐，奉席请何乡；将衽，长者奉席请何趾。少者执床与坐。御者举几，敛席与簟，县衾，篋枕，敛簟而襡之。

父母、舅姑之衣、衾、簟、席、枕、几，不传；杖、屦，祇敬之，勿敢近；敦、牟、卮、匜，非馂莫敢用。与恒食饮，非馂，莫之敢饮食。父母在，朝夕恒食，子妇佐馂，既食恒馂。父没母存，冢子御食，群子妇佐馂如初。旨甘〔柔〕滑，孺子馂。

在父母、舅姑之所，有命之，应"唯"，敬对，进退周旋慎齐。升降出入揖游，不敢哕噫、嚏咳、欠伸、跛倚、睇视，不敢唾洟。寒不敢袭，痒不敢搔，不有敬事，不敢袒裼。不涉不撅。亵衣衾不见里。父母唾洟不见；冠带垢，和灰请漱；衣裳垢，和灰请浣；衣裳绽裂，纫箴请补缀。五日则燂汤请浴，三日具沐。其间面垢，燂潘请靧；足垢，燂汤请洗。少事长，贱事贵，共帅时。

男不言内，女不言外。非祭非丧，不相授器。其相授，则女受以篚。其无篚，则皆坐，奠之，而后取之。外内不共井，不共湢浴，不通寝席，不通乞假。男女不通衣裳。内言不出，外言不入。

男子入内，不啸不指；夜行以烛，无烛则止。女子出门，必拥蔽其面；夜行以烛，无烛则止。道路，男子由右，女子由左。

天子诏令

子妇孝者敬者，父母、舅姑之命勿逆勿怠。若饮食之，虽不耆，必尝而待。加之衣服，虽不欲，必服而待。加之事，人（待）〔代〕之，已虽弗欲，姑与之，而姑使之，而后复之。子妇有勤劳之事，虽甚爱之，姑纵之，而宁数休之。

子妇未孝未敬，勿庸疾怨，姑教之。若不可教，而后怒之；不可怒，子放妇出，而不表礼焉。

父母有过，下气怡色，柔声以谏。谏若不入，起敬起孝，说则复谏；不说，与其得罪于乡党州闾，宁孰谏。父母怒，不说，而挞之流血，不敢疾怨，起敬起孝。

父母有婢子若庶子庶孙，甚爱之；虽父母没，没身敬之不衰。子有二妾，父母爱一人焉，子爱一人焉，由衣服饮食，由执事，毋敢视父母所爱，虽父母没不衰。子甚宜其妻，父母不说，出。子不宜其妻，父母曰："是善事我。"子行夫妇之礼焉，没身不衰。

父母虽没，将为善，思贻父母令名，必果。将为不善，思贻父母羞辱，必不果。

舅没则姑老，冢妇所祭祀宾客，每事必请于姑。介妇请于冢妇。舅姑使冢妇，毋怠、不友、无礼于介妇。舅姑若使介妇，毋敢敌耦于冢妇，不敢并行，不敢并命，不敢并坐。

凡妇不命适私室，不敢退。妇将有事，大小必请于舅姑。子妇无私货，无私蓄，无私器，不敢私假，不敢私与。妇或赐之饮食、衣服、布帛、佩帨、茝兰，则受而献诸舅姑；舅姑受之，则喜，如新受赐；若反赐之，则辞；不得命，如更受赐，藏以待乏。妇若有私亲兄弟，将与之，则必复请其故赐而后与之。

適子庶子，祇事宗子宗妇；虽贵富，不敢以贵富入宗子之家；虽众车徒舍于外，以寡约入。子弟犹归器、衣服、裘衾、车马，则必献其上，而后敢服用其次也；若非所献，则不敢以入于宗子之门，不敢以贵富加于父兄宗族。若富，则具二牲，献其贤者于宗子，夫妇皆齐而宗敬焉；终事，而后敢私祭。

饭：黍，稷，稻，粱，白黍，黄粱。稌，穄。

膳：犬，臐，膮，（醢）牛炙；醢，牛胾，醢，牛脍；羊炙，羊胾，醢，豕炙；醢，豕胾，芥酱，鱼脍；雉，兔，鹑，鷃。

饮：重醴，稻醴，清糟；黍醴，清糟；粱醴，清糟。或以酏为醴，黍酏，浆，水，醷，滥。

酒：清，白。

羞：糗饵粉，〔餈、〕（酏）〔餐〕。

食：蜗醢而苽食、雉羹，麦食、脯羹、鸡羹、析稌、犬羹、兔羹；和糁不蓼。濡豚，包苦实蓼；濡鸡，醢，酱，实蓼；濡鱼，卵酱实蓼；濡鳖，醢，酱，实蓼。腶修，蚳醢；脯羹，兔醢；麋肤，鱼醢；鱼脍，芥酱；麋腥，醢，酱；桃诸，梅诸，卵盐。

凡食齐视春时，羹齐视夏时，酱齐视秋时，饮齐视冬时。凡和，春多酸，夏多苦，秋多辛，冬多咸，调以滑甘。牛宜稌；羊宜黍，豕宜稷，犬宜粱，雁宜麦，鱼宜苽。春宜羔豚，膳膏芗；夏宜腒鱐，膳膏臊；秋宜犊麛，膳膏腥；冬宜鲜羽，膳膏膻。牛修，鹿脯，田豕脯，麋脯，麇脯，麋、鹿、田豕、麇皆有轩；雉、兔，皆有芼。爵、鴳、蜩、范。芝，栭，菱，椇，枣，栗，榛，柿，瓜，桃，李，梅，杏，（楂）〔柤〕，梨，姜，桂。

大夫燕食，有脍无脯，有脯无脍。士不贰羹胾。庶人耆老不徒食。

脍，春用葱，秋用芥。豚，春用韭，秋用蓼。脂用葱，膏用薤。三牲用藙。和用醯。兽用梅。鹑羹，鸡羹，鴽，酿之蓼。鲂鱮烝，雏烧，雉，芗无蓼。

不食雏鳖。狼去肠，狗去肾，狸去正脊，兔去尻，狐去首，豚去脑，鱼去乙，鳖去丑。

肉曰脱之，鱼曰作之，枣曰新之，栗曰撰之，桃曰胆之，柤、梨曰攒之。

牛夜鸣则庮，羊泠毛而毳，膻。狗赤股而躁，臊。鸟麃色而沙鸣，郁。豕望视而交睫，腥。马黑脊而般臂，漏。雏尾不盈握，弗食；舒雁翠，鹄鸮胖，舒凫翠，鸡肝，雁肾，鸨奥，鹿胃。

肉腥，细者为脍，大者为轩。或曰：麋鹿鱼为菹，麇为辟鸡，野豕为轩，兔为宛脾。切葱若薤，实诸醯以柔之。

羹食：自诸侯以下至于庶人，无等。大夫无秩膳。大夫七十而有阁。天子之阁，左达五，右达五。公、侯、伯于房中五。大夫于阁三。士于坫一。

凡养老，有虞氏以燕礼，夏后氏以飨礼，殷人以食礼，周人修而兼用之。凡五十养于乡，六十养于国，七十养于学，达于诸侯。八十拜君命，一坐再至，瞽亦如之；九十者使人受。五十异粻，六十宿肉，七十贰膳，八十常珍；九十饮食不违寝，膳饮从于游可也。六十岁制，七十时制，八十月制；九十日修，唯绞纾衾冒死而后制。五十始衰，六十非肉不饱，七十非帛不暖，八十非人不暖，九十虽得人不暖矣。五十杖于家，六十杖于乡，七十杖于国，八十杖于朝；九十者，天子欲有问焉，则就其室，以珍从。七十不俟朝，八十月告存，九十日有秩。五十不从力政，六十不与服戎，七十不与宾客之事，八十齐、丧之事弗及也。五十而爵，六十不亲学，七十致政。凡自七十以上，唯衰麻为丧。凡三王养老，皆引年。八十者，一子不从政；九十者，其家不从政，瞽亦如之。凡父母在，子虽老不坐。有虞氏养国老于上庠，养庶老于下庠。夏后氏养国老于东序，养庶老于西序。殷人养国老于右学，养庶老于左学。周人养国老于东胶，养庶老于虞庠，虞庠在国之（西）〔四〕郊。有虞氏皇而祭，深衣而养老。夏后氏收而祭，燕衣而养老。殷人冔而祭，缟衣而养老。周人冕而祭，玄衣而养老。

　　曾子曰："孝子之养老也。乐其心，不违其志；乐其耳目，安其寝处，以其饮食（忠）〔中心〕养之。孝子之身终，终身也者，非终父母之身，终其身也。是故父母之所爱亦爱之，父母之所敬亦敬之，至于犬马尽然，而况于人乎？"

　　凡养老，五帝宪，三王有乞言。五帝宪，养气体而不乞言，有善则记之为惇史。三王亦宪，既养老而后乞言，亦微其礼，皆有惇史。

　　淳熬：煎醢加于陆稻上，沃之以膏，曰淳熬。淳毋：煎醢加于黍食上，沃之以膏，曰淳毋。炮：取豚若（将）〔牂〕，刲之刳之，实枣于其腹中，编萑以苴之，涂之以（谨）〔墐〕涂。炮之，涂皆干，擘之。濯手以摩之，去其皽。为稻粉糔溲之以为酏，以付豚；煎诸膏，膏必灭之；钜镬汤，以小鼎芗脯于其中，使其汤毋灭鼎。三日三夜毋绝火，而后调之以醯醢。

　　捣珍：取牛、羊、麋、鹿、麕之肉，必脄，每物与牛若一；捶，反侧之，去其饵，孰出之，去其皽，柔其肉。

　　渍：取牛肉必新杀者，薄切之必绝其理，湛诸美酒，期朝而食之以醢若醯、醷。

　　为熬：捶之，去其皽，编萑，布牛肉焉；屑桂与姜，以洒诸上而盐之，干而食之。施羊亦如之。施麋、施鹿、施麕，皆如牛羊。欲濡肉，则释而煎之以醢。欲干肉，则捶而食之。

　　糁：取牛、羊、豕之肉，三如一，小切之，与稻米，稻米二肉一，合以为饵煎之。

　　肝膋：取狗肝一，幪之以其膋，濡炙之，举焦其膋，不蓼。取稻米，举糔溲之，小切狼臅膏，以与稻米为（酏）〔餐〕。

　　礼始于谨夫妇。为宫室，辨外内。男子居外，女子居内。深宫固门，阍寺守之；男不入，女不出。男女不同椸（枷）。不敢县于夫之楎椸，不敢藏于夫之箧笥。不敢共湢浴。夫不在，敛枕箧簟席，襡器而藏之。少事长，贱事贵，咸如之。

　　夫妇之礼，唯及七十，同藏无间，故妾虽老，年未满五十，必与五日之御。将御者，齐、漱、浣，慎衣服，栉、縰、笄、总（角）、拂髦、衿缨、綦屦。虽婢妾，衣服饮食，必后长者。妻不在，妾御莫敢当夕。

　　妻将生子，及月辰，居侧室。夫使人日再问之，作而自问之，妻不敢见，使姆衣

服而对。至于子生，夫复使人日再问之。夫齐，则不入侧室之门。子生，男子设弧于门左，女子设帨于门右。三日始负子，男射女否。

国君世子生，告于君。接以大牢，宰掌具。三日，卜士负之，吉者宿齐，朝服寝门外，诗负之。射人以桑弧蓬矢六，射天地四方。保受乃负之。宰醴负子，赐之束帛。卜士之妻，大夫之妾，使食子。

凡接子择日，冢子则大牢，庶人特豚，士特豕，大夫少牢，国君世子大牢。其非冢子，则皆降一等。

异为孺子室于宫中。择于诸母与可者，必求其宽裕、慈惠、温良、恭敬、慎而寡言者，使为子师；其次为慈母，其次为保母，皆居子室。他人无事不往。

三月之末，择日，翦发为鬌，男角女羁，否则男左女右。是日也，妻以子见于父，贵人则为衣服，由命士以下皆漱浣。男女夙兴，沐浴，衣服，具视朔食。夫入门，升自阼阶，立于阼，西乡；妻抱子出自房，当楣立，东面。姆先，相曰："母某敢用时日，祗见孺子。"夫对曰："钦有帅！"父执子之右手，咳而名之。妻对曰："记有成！"遂左还授师。子师辩告诸妇诸母名。妻遂适寝。夫告宰名。宰辩告诸男名。书曰"某年某月某日某生"而藏之。宰告闾史。闾史书为二，其一藏诸闾府，其一献诸州史。州史献诸州伯，州伯命藏诸州府。夫人，食如养礼。

世子生，则君沐浴，朝服，夫人亦如之，皆立于阼阶，西乡；世妇抱子，升自西阶；君名之，乃降。適子、庶子见于外寝，抚其首，咳而名之，礼帅初，无辞。

凡名子，不以日月，不以国，不以隐疾。大夫、士之子，不敢与世子同名。

妾将生子，及月辰，夫使人日一问之。子生三月之末，漱浣夙齐，见于内寝，礼之如始入室。君已食，彻焉，使之特馂。遂入御。

公庶子生，就侧室。三月之末，其母沐浴，朝服见于君，摈者以其子见。君所有赐，君名之。众子，则使有司名之。

庶人无侧室者，及月辰，夫出居群室。其问之也，与子见父之礼，无以异也。

凡父在，孙见于祖，祖亦名之；礼如子见父，无辞。

食子者三年而出，见于公宫，则劬。大夫之子有食母。士之妻自养其子。

由命士以上及大夫之子，旬而见。冢子，未食而见，必执其右手。適子、庶子，已食而见，必循其首。

子能食食，教以右手；能言，男"唯"女"俞"；男鞶革，女鞶丝。六年，教之数与方名。七年，男女不同席，不共食。八年，出入门户及即席饮食，必后长者；始教之让。九年，教之数日。十年，出就外傅，居宿于外，学书计；衣不帛襦袴；礼帅初，朝夕学幼仪，请肄简、谅。十有三年，学乐诵《诗》，舞《勺》。成童，舞《象》，学射御。二十而冠，始学礼，可以衣裘帛，舞《大夏》，惇行孝弟，博学不教，内而不出。三十而有室，始理男事，博学无方，孙友视志。四十始仕，方物出谋发虑，道合则服从，不可则去。五十命为大夫，服官政。七十致事。凡男拜，尚左手。

女子十年不出，姆教婉娩听从，执麻枲，治丝茧，织纴组紃，学女事，以共衣服。

观于祭祀，纳酒浆、笾豆、菹醢，礼相助奠。十有五年而笄。二十而嫁，有故，二十三年而嫁。聘则为妻，奔则为妾。凡女拜，尚右手。

【译文】

天子命令冢宰向天下百姓发布教令。

儿子事奉父母，应该在早晨鸡初鸣时就都洗手漱口，梳理头发，用缌把头发裹成髻，用簪子固定好，再用丝带把它束起来，拂去髦上的尘土，戴好冠，系好冠带，让缨委下垂，穿上玄端、蔽膝，系好大带，在带里插上笏。身子左右佩戴以下东西：左边佩纷帨、小刀、磨刀石、小觿和金燧，右边佩玦、捍、笔管、刀鞘、大觿和木燧。打好绑腿，穿上鞋，系好鞋带。

儿媳妇事奉公婆，要和事奉父母一样。在早晨鸡初鸣时就都洗手漱口，梳理头发，用缌把头发裹成髻，用簪子固定好，用丝带把它束起来。穿上玄端绡衣，系上绅带。左边佩上纷帨、小刀、磨刀石、小觿、金燧五种东西，右边佩上针、管、线、丝绵、大觿、木燧六种东西。针、管、线、丝绵都用小囊装起来。系上香囊、鞋带。这样穿戴好了以后，到父母公婆那里去。

到了父母公婆的住处，要低声下气地问寒问暖。如果他们身上疼痛或疥疮作痒，要恭恭敬敬地给他们按摩爬搔。他们进出走动时，儿子和媳妇要或前或后，恭恭敬敬地扶着他们。送水给他们洗手的时候，年龄小的捧着槃在下面等水，年龄大的捧着装水的匜，从上面浇。洗好以后递给他们拭巾。然后，请问他们想吃些什么，恭恭敬敬地送上去。厚粥、薄粥、酒、甜酒、菜、肉、豆、麦、子麻、稻、黍、粱、秫，这些食物完全由他们选择，并且用枣、栗、糖、蜜使食物甘甜，用新鲜的或干的堇、苣、粉、榆经过淘洗、拌和来使食物柔滑，用油脂拌和使食物香美。一定要等到父母公婆尝过食物以后，儿子和媳妇才能告退。

未成年的子女在鸡初鸣时都要洗手漱口，梳理头发，拂去髦上的灰尘，把头发扎成两个向上分开的发发髻，系上香囊，佩戴香物。在天将亮未亮时去问候父母，问他们吃了些什么。如果父母已经吃过了，那就告退；如果还没有吃，就协助兄嫂在旁边视膳。

全家上下人等，都要在鸡初鸣时起身洗漱，穿戴整齐，把枕席收起来，打扫房室、堂屋及庭院，铺设坐席，各人做自己份内的事。只有小孩子不必如此，早睡晚起，随他高兴，吃饭也没有固定的时间。

儿子是命士以上有官职的，那么父子分居。儿子必须在天将亮的时候来问候父母，恭敬地将好吃的东西进呈给父母吃。等到太阳已出，父母用完早膳以后才能告退，去从事自己的事。日落的时候，再来问候父母，并恭敬地送好吃的东西给父母吃。

父母公婆将坐，子辈捧着坐席请示父母公婆坐席安置的方向；父母公婆要更换卧处，子辈中年长者捧着卧席请示脚在哪个方向。在晨起时，由子辈中年少的拿着坐榻给他坐，侍者捧上小几让他凭靠。然后，把他们睡觉的席与簟收起来，把被子悬挂起来，枕头放进箱子里，又把簟包扎收藏好。

父母公婆的衣服、被子、簟席、枕头、小几等物不得随意转移到其他地方。对他们的手杖和鞋更应尊敬，不要去碰。他们用的敦、牟、卮、匜，子辈如果不是吃他们剩在里面的食物，就不能使用。他们的日常饮食之物，如果不是吃剩下的，子辈就不能去吃。

父母都在世的时候，日常早、晚吃饭都由儿子、媳妇在旁边劝告加餐，并在他们吃好以后把剩余的食物吃掉。如果父亲去世而母亲还在，则由嫡长子侍候母亲吃饭，其他的儿子、媳妇仍和以前一样在旁劝食并将母亲吃剩的食物吃完。吃剩食物中肥美甘甜柔滑的食品，则由小孩子吃掉。

在父母公婆面前，他们有什么吩咐，要立即答应说"唯"，然后回答。进退周旋的态度要严肃庄重；升降堂阶、出入门户时要俯身而行。在他们面前不能打呃、嘘气、打喷嚏、咳嗽、打呵欠、伸懒腰，不能一脚站立或倚着其他东西，眼睛也不能斜视，不能吐唾沫、擤鼻涕。身上嫌冷不能当着他们的面加衣，身上痒不能当着他们的面搔。如果不是重要的事，就不能脱衣露臂。不是涉水，就不揭起衣服。内衣和被子不要把里子露出来。

父母的衣服上应该看不见唾沫和鼻涕。他们的冠带脏了，就用草木灰浸汁，用手搓洗；他们的衣服脏了，就用草木灰浸汁，用脚踏洗；衣裳破了，用针穿好线，为他们补缀。每五天就烧热水请他们洗澡，每三天就烧热水请他们洗头。这期间如果脸脏了，就烧热淘米水请他们洗；脚脏了，就烧热水请他们洗。

年少的事奉年长的，身份低贱的事奉身份高贵的，都遵循这样做。

男子在外不讲内庭的事，女子在内不讲门外的事。如果不是举行祭祀或办丧事，则男女之间不能直接互相传递物品。当传递物品时，女的要用竹筐来承接；如果没有竹筐，就要由递东西的人坐着把东西放在地上，然后接东西的人坐着从地上取走。内外不共用一口水井，不在同一个浴室洗澡，不共用寝席，不互相讨东西或借东西，男女不共衣裳。内庭讲的话不传到外面去，门外讲的话也不传入内庭。

男子进入内庭，不要呵叱人，不要用手指指点点。夜晚行走时要点烛照明，没有烛就不走动。女子出门，要把脸遮起来。夜晚行路要点烛照明，没有烛就不走动。走路，男子从右边走，女子从左边走。

儿子、媳妇孝敬父母公婆，不能对他们的吩咐有所违背或怠惰。如果父母公婆赐给食物，自己虽不爱吃，也一定要尝一下，再听吩咐；父母公婆赐给衣服，自己虽不想穿，也一定要穿上，再听吩咐；父母公婆交付事情给自己做，可是后来又叫其他人代做，这时自己心里虽然不愿意，但也姑且让给代替的人做，并且教他怎样做。等到代替自己的人休息了或者确实做不好，然后再自己动手做。

儿子、媳妇在干劳苦的工作，这时做父母公婆的虽然很爱他们，但也应让他们去做，宁可时时让他们休息一下。如果儿子媳妇不孝敬，也用不着生气埋怨，姑且先教育他们。如果无法教育，这才谴责他们。如果连谴责也不起作用，那就把儿子赶出去，把媳妇休回家，但也不对外人明说他们违背了礼义。

父母有过错，子女要低声下气，和颜悦色地劝谏。如果谏而不听，子女要对父母更加孝顺恭敬，看到父母心情高兴了，就再次去劝谏。如果父母对劝谏不高兴，在这种情况下，与其使父母因为有过错而得罪乡党州间，宁可自己反复恳切地劝谏而得罪父母。如果父母发怒不高兴，把自己打得皮破血流，也不能怨恨父母，而要更加恭敬孝顺。

父母有十分宠爱的婢子或庶子、庶孙，即使父母去世了，子女仍旧要终身敬重他们。如果儿子有两个妾，父母爱其中的一人，儿子爱另一人，儿子所爱的那一个无论在衣服、饮食、干活方面，都不能和父母所爱的那一个相比。即使父母去世了，也仍旧如此。儿子很爱他的妻子，可是如果父母不喜欢，那就应该把她休了；如果儿子不喜欢他的妻子，可是父母说："她对我们服侍得很好。"那么儿子就必须终身以夫妇之礼对她。

父母虽然去世了，当子女将要做一件好事的时候，想到这会给父母带来好名声，就一定要做成；将要做一件不好的事，想到这会给父母带来羞辱，就一定不做。

公公去世了，婆婆就要把家政传给冢妇。冢妇在祭祀及接待宾客时，凡事都要请示婆婆。其他媳妇则要请示冢妇。

公婆使唤冢妇，冢妇做事不能懈怠，不能对介妇不友爱，甚至无礼。公婆如果使唤介妇，介妇不能要求和冢妇匹敌，不能比肩而行，不能像冢妇一样命令他人，也不能和冢妇并肩而坐。

凡是媳妇，公婆不叫她们回自己的房间去，不能退下。媳妇有私事要处理，不论大小都一定要请示公婆。

儿子、媳妇没有属于自己的财物，没有属于自己的牲畜和用器。他们不能私自把东西借给人或送给人。

媳妇得到娘家亲戚赠送给她饮食、衣服、布帛、佩巾或芷兰等香草，媳妇就收下来献给公婆。公婆接受了，自己心里就很高兴，如同自己刚刚受到亲友的馈赠一样。如果公婆把东西转赐给自己，那就要推辞。实在推辞不了，就要像重新受到公婆赏赐一样接受下来，并且把这些东西收藏好，以备公婆缺乏时用。媳妇如果要赠送东西给娘家兄弟亲戚，那就要先向公婆禀明原因，公婆拿出东西赏赐自己，才能去送礼。

一家的嫡子、庶子对待全族的宗子、宗妇必须十分恭敬有礼。即使自己地位高贵、很有钱财，也决不能以自己的富贵到宗子的家里去炫耀。虽然车马随从很多，但必须把他们驻扎在门外，只带少量随从到宗子家去。子弟中若有人得到器物、衣服、裘衾、车马等赏赐，则一定先把其中质量好的献给宗子，然后自己才敢服用那些次等的。如果那些东西不是宗子的爵位所应当服用的，因而不能献，那自己也不可以服用这些东西到宗子家里去。不能以自己的富贵凌驾于父兄宗族之上。如果富裕，在祭祀的时候就用二牲。把二牲中好的献给宗子，夫妇都斋戒助祭，以表示对宗庙的敬意。等大宗祭祀完毕，然后才用较次的二牲去祭自己的父祖。

吃的饭有黄黍、稷、稻、白粱、白黍、黄粱六种，每种又有生获、熟获的区别。

吃的肉食有：牛肉、羊肉、猪肉、烤牛肉，这四种分盛四豆，放在第一行；肉酱、大块牛肉、肉酱、切细的牛肉，这四种分盛四豆，放在第二行；烤羊肉、大块羊肉、肉酱、烤猪肉，这四种为第三行；肉酱、大块猪肉、芥酱、切细的鱼肉四种为第四行。四行共十六豆，这是下大夫之礼。如果再加雉、兔、鹑、鴽四豆排在第五行，那就是上大夫之礼。

饮料有下列几种：凡醴酒有清与糟两种，用稻米酿的酒有清、有糟；用黍或梁酿的酒也各有清、有糟；其他有用稀粥代酒，如用黍煮的稀粥、酢浆、水、梅浆、凉粥等。

酒有清酒和白酒两种。

盛放在笾里的食物是糗饵、粉餈和糁。

人君燕食所用的食物有以下若干种：田螺酱、菰米饭、野鸡羹相配；麦饭、肉羹、鸡羹相配；淘净的米煮成的饭与犬羹、兔羹相配。这些羹要用米屑加进去煮成糊状，但不加蓼菜。在煮小猪的时候，用苦菜把它包起来，在肚子里塞进蓼；在煮鸡的时候，加入肉酱，肚子里塞进蓼；煮鱼的时候，加入鱼子酱，在鱼肚子里塞进蓼；煮鳖的时候，加入肉酱，在鳖肚子里塞蓼。吃胾脩的时候配以蚁卵制成的酱；吃牛羊猪肉羹时配以兔肉酱；吃切开的麋肉时配以鱼酱；吃鱼脍时配以芥子酱；吃生麋肉时配以肉酱；吃桃干梅干时则配以大盐。

调剂食品的温度，要根据食品的性质来决定：饭食宜温，羹汤宜热，酱类宜凉，饮料宜寒。调味时，春天多用酸味，夏天多用苦味，秋天多用辣味，冬天多用咸味。但四季都要加入滑脆甘甜的食物进行调配。

吃牛肉宜配稻，吃羊肉宜配黍，吃猪肉宜配稷，吃狗肉宜配粱，吃雁肉宜配麦，吃鱼宜配菰米。

春天宜食羔羊、小猪，用牛油来煎；夏天宜食干野鸡和干鱼，用狗油来煎；秋天宜食牛犊和小鹿，用鸡油来煎；冬天宜食鱼和雁，用羊油来煎。

人君燕食所用的美肴如：牛肉干、鹿脯、野猪脯、麋脯、麇脯，其中麋、鹿、野猪、麇还可以切成薄片。野鸡羹、兔羹则都加菜煮。还有雀、鹌、蝉、蜂、芝、栭、菱、棋、枣、栗、榛、柿、瓜、桃、李、梅、杏、楂、梨、姜、桂等物。

大夫朝夕常食，有了胾就不再吃脯，有了脯就不再吃胾。士朝夕常食不能有两种羹和载。庶人中六十岁以上的老人朝夕常食一定有肉。

细切的生肉，春天和以葱，秋天和以芥子酱。煮小猪，春天用韭菜塞在它肚子里煮，秋天用蓼菜塞在它肚子里煮。凝固的脂肪用葱调味，油用薤调味。牛羊豕三牲用煎茱萸和醋调味，野兽类用梅调味。鹑羹、鸡羹及鴽和蓼菜一起杂煮。鲂和鳝蒸来吃，小鸟放在火中烤熟了吃，野鸡或烧或蒸或煮羹，这三种动物调味时用芗，不用蓼。

不吃幼鳖，狼要把肠去掉，狗把肾去掉，狸把正脊去掉，兔子把屁股去掉，狐把头去掉，小猪把脑子去掉，鱼把肠子去掉，鳖把鳖窍去掉。

肉类要剔除筋膜骨头，这叫做"脱"；鱼类要用手摇动，看它新鲜不新鲜，这叫做"作"；枣类要擦拭，使之光洁，这叫做"新"；栗子要把有虫的拣去，这叫做"撰"；桃子要把表面的毛擦掉，这叫做"胆"；柤、梨要一一钻看虫孔，这叫"攒"。

　　牛夜里叫，它的肉一定有恶臭；羊毛很稀少而又粘连在一起，它的肉就有膻味；狗的两股里面没有毛而又举动急躁，它的肉味臊恶；羽毛不润泽而又鸣声嘶哑的鸟，它的肉必定腐臭；猪的眼睛向高处、远处看，眼睫毛长而相交，它的肉中有许多星星点点的小息肉；黑脊梁而前胫毛色斑杂的马，它的肉臭如蝼蛄。

　　尾部还不满一握的小鸟不能吃。还有鹅尾、天鹅和猫头鹰的胁侧薄肉、鸭尾、鸡肝、鹅肾、鸨脾、鹿胃等等，都是不能吃的东西。

　　凡是生肉切碎杂煮而后食，细切就叫做脍；切成大片就叫轩。又有人说：麋、鹿、鱼粗切叫做菹；麋细切叫做辟鸡；野猪肉粗切叫轩；兔肉细切叫宛脾。再把葱或薤切碎，和肉一起浸在醋中，可使肉变软。

　　羹与饭是日常主食，从诸侯到庶人日常都有羹与饭，没有差别。

　　大夫没有常置于左右以备食的佳肴，但七十岁以上的大夫就有专门存放食物的阁。天子的阁，在燕寝左边的夹室中有五个，右边夹室中也有五个。公、侯、伯每人五阁，放在燕寝的房中。大夫的阁有三个。士没有阁，只能在房内做一个坫存放食物。

　　凡人君养老之礼，有虞氏用燕礼，夏后氏用飨礼，殷代用食礼，周代遵循古法而三礼兼用。五十岁就能参加乡里的养老宴，六十岁就能参加国家在小学举行的养老宴，七十岁以上就能参加大学里的养老宴。这种规定从天子到诸侯国都适用。八十岁的老人拜受君命时只要跪下去磕头两次就可以了，盲人拜受君命也可这样。九十岁的老人可以让别人代拜君命。五十岁以上可以吃与壮年人不同的细粮，六十岁以上可以有预备的肉食，七十岁以上可有两份膳食，八十岁以上可以常吃时鲜珍馐，九十岁以上可以在寝室里就餐，出游时也可以让人随带食物。

　　人到六十岁，就开始置备需一年时间才能做好的丧葬用品，七十岁以后开始置备一个季度能做好的丧葬用品，八十岁以后开始置备一个月能做好的丧葬用品，九十岁以后就置备一天能做好的丧葬用品，只有装殓尸体用的绞、绋、衾、冒等，到死后才制作。人到五十岁以后就开始衰老，六十岁以后没有肉食就营养不足，七十岁以后没有丝绵就不得温暖，八十岁以后没人陪睡就不能暖和，九十岁以后即使有人陪睡也不觉得暖和了。五十岁以后可以存家中用手杖，六十岁以后可以在乡里柱手杖走路，七十岁以后可以在国中挂手杖走路，八十岁以后可以挂手杖上朝，九十岁以后，天子若有事询问，就派人到家里请教，并且要带时鲜珍品为礼物。七十岁以后，朝见天子时可以提早退出，八十岁以后，天子每月派人问候安康，九十岁以后，天子每天派人送膳食到家中。五十岁以后不服劳役，六十岁以后不参与征战，七十岁以后不参与会见宾客，八十岁以后不服齐衰以下的丧服。五十岁以后得到封爵，六十岁以后不亲自向别人求教，七十岁后辞官告老。凡是七十岁以上，遇到丧事只服丧服，不参加丧事仪式。

夏、殷、周三代的天子，都根据户籍核定年龄，确定参加养老会的人员。家有八十岁的老人，可以有一人不应力役之政；家有九十岁的老人，全家都可不应力役征召；家中有盲人也是如此。凡是家中有年老的父母健在，他们的儿子即使年纪也很大了，但在父母面前也不能坐着，必须立侍在旁。有虞氏的时代，在上庠宴飨国老，在下庠宴飨庶老；夏后氏在东序宴飨国老，在西序宴飨庶老；殷代在右学宴飨国老，在左学宴飨庶老；周代在东胶宴飨国老，在虞庠宴飨庶老，虞庠在王城的西郊。有虞氏的时代，祭祀时戴"皇"，养老时穿深衣；夏代祭祀时戴"收"，养老时穿燕衣；殷代祭祀时戴"冔"，养老时穿纯白的深衣；周代祭祀时戴"冕"，养老时穿玄衣白裳。

曾子说："孝子养老，要使父母内心快乐，不违背他们的意愿；用礼乐使他们的耳目愉悦，使他们起居安适，在饮食方面更要发自内心照料，要直到孝子身终。所谓'终身'孝养父母，并不是说终父母的一生，而是终孝子自己一生。凡是父母所爱的，自己也爱；凡是父母所敬的，自己也敬。连对犬马也都如此，何况对于人呢。"

凡养老，五帝时代着重是效法他们的德行，三王时代除效法他们的德行外，又向他们乞求善言。五帝效法老人的德行，为了颐养他们的身体，不向他们乞求善言。如果他们有好的德行就记录下来，成为敦厚之史。三王也效法他们的德行，而在恭敬地奉行养老之礼之后又向他们乞求善言，乞求善言时也并不坚持，不急切，以免影响老人养气养体。三王也都把老人的善言、德行记下来，成为敦厚之史。

用陆稻做饭，把煎醢加在饭上，再浇上油，这就是淳熬。用黍米做饭，把煎醢加在饭上，再浇上油，这就是淳母。

"炮"的方法是：取小猪或公羊，杀死以后除去内脏，把枣子塞在腹腔内，编芦苇箔把它裹起来，涂上黏土，然后放在火上烤。等泥全部烤干了，用手把泥剥去，洗净手，把皮肉表面的薄膜搓掉。用米粉加水调成稀粥，敷在小猪身上，再放到小鼎里用油煎，油一定要淹没小猪。羊肉则切成薄片像脯一样，外面涂粥，放在油里煎。把盛有小猪或羊脯的小鼎放在大鼎的热水里，大鼎的水不能把小鼎淹没，用小火烧三天三夜。吃的时候再加醋和肉酱调味。

捣珍制法是：取牛、羊、麋、鹿、麇的里脊肉，每种与牛肉分量一样多，反复拍打，把筋腱除去，煮熟以后取出，把肉膜去掉，再用醋和醢调拌。

古时庖厨，汉画像石，山东临沂白庄。

渍的制法是：取新宰杀的牛，把牛肉切成薄片，切时一定要切断肉的纹理，在美酒里浸一天一夜，然后用醓或醋、梅浆拌了吃。

熬的制法是：把牛肉放在火上烤熟，然后捶捣去掉肉膜，把肉放在芦苇箔上，把桂和姜捣成屑洒在上面，用盐腌一下，晒干以后就可以吃了。用羊肉、麋、鹿、麕肉做熬也都一样。如果要吃浸软了的肉，就用水把它润泽一下，再用醓煎了吃。如果想吃干肉，那么捶捣一下就可以吃了。

糁食的制法是：取等量的牛、羊、猪肉各一份，切碎，与稻米粉拌和，稻米粉与肉的比例是二比一，合在一起做成糕，用油煎食。

肝膋的制法是：取一副狗肝，用它的肠脂把它包起来使肝濡润，放在火上烤。到外面包的背全部烤焦了，这时肝就烤熟了。吃的时候不用蓼。

取稻米粉加水调和，加入切碎的狼脂肪，一起做成饼。

慎重地对待夫妇关系，这是礼的开始。建造宫室，严分内外。男子常在外面的正寝，妇女常在里面的燕寝。深宫固门，有阍人、寺人负责看守。男子不到里面去，妇女不到外面来。

男女不共用衣架。妇女不把衣服挂在丈夫的衣架上，也不收藏在丈夫的衣箱里。妇女不和丈夫在同一个浴室洗澡。丈夫不在家，把他的枕头放到衣箱里，簟、席收起来，丈夫的其他器物也都收藏起来。年少的侍奉年长的，身份低贱的侍奉身份高贵的，都应如此。

夫妇之礼，只有到了七十岁时，才可以两个人一直同居共寝。所以妾即使年老了，只要还不满五十岁，就要每隔五天侍夜一次。将要侍夜的妻妾要斋戒，洗净内衣，穿戴好礼服，梳理好头发，系上香囊、鞋带。轮到正妻侍夜的日子，即使这天正妻不在家，妾也不能到丈夫寝室中去侍夜。

妻将要生小孩，到了临产的月份，就由燕寝迁到侧室居住，丈夫每天派人问候两次。到了阵痛发作时，丈夫亲自去问候。这时妻子不能来见，由女师穿戴整齐去回答。小孩生下以后，丈夫又每天派人问候两次。如果妻子产时适值丈夫斋戒，丈夫就不到侧室去问候。

孩子生下来，如果是男孩，就在门的左边挂一张木弓；如果是女孩，就在门的右边挂一条佩巾。到了第三天才抱小孩出来。如果是男孩，就行射礼；如果是女孩就不用了。

国君的嫡长子出生了，要报告国君，在房间里陈设太牢来迎接他的降生，由膳宰负责。到了第三天，占卜，选择一个士抱小孩，占卜结果吉的那个士必须前一天就斋戒，穿上朝服，在路寝门外等候，然后把小孩接过来抱着。这时射人用桑木弓和六支蓬草做的箭向天地四方发射。然后，保姆接过小孩抱着，膳宰用一献之礼及五匹帛酬谢抱小孩的士。此外，还要通过占卜，选择一个士的妻或大夫的妾来担任小孩的乳母。

举行接子仪式，一定要选择三天之内的吉日。接天子的嫡长子用牛羊豕三牲，接庶人的嫡长子用一只小猪，接士的嫡长子用一只猪，接大夫的嫡长子用一只羊和一

浴婴图，佚名绘，（美）弗利尔美术馆藏。

猪，接国君的嫡长子用牛羊豕三牲。如果不是嫡长子，接子之礼就都降一等。

国君生子，要为小孩在宫中单独辟一室居住。从国君的众妾及妃嫔和傅姆中，选择性情宽厚慈惠、态度温良恭敬、为人谨慎寡言的人做小孩的老师。其次还要从这些人中挑选小孩的慈母和保姆。她们都和小孩住在一起，其他人无事，不到小孩居室去。

小孩出生第三个月之末，要选择吉日为小孩剪发，男孩剪成"角"，女孩剪成"羁"，否则男孩留左边，女孩留右边。这一天，妻子带着小孩去见孩子的父亲。如果是卿大夫，则夫妇都要制作新衣服。命士以下虽不制新衣，但也都要把衣服洗干净。男男女女都要一早起身，洗头洗澡，穿戴整齐。准备给夫妇吃的食物比照每月初一的规格。丈夫走入正寝的门，从东阶登，站在东阶上，面向西；妻子抱着小孩由东房出；站在楣的下方，面向东。

这时，保姆站在妻子的前侧，帮助她传话说："孩子的母亲某某，今天恭敬地把孩子抱给他的父亲看。"丈夫回答说："你要教导他恭敬地遵循善道。"父亲一手拉着孩子的右手，一手托着孩子的下颔，给他取名。妻子回答说："我要谨记您的话，教育他将来有所成就。"妻子说完，就转身向左，把孩子交给老师。老师把小孩的名字逐一告诉在场的诸妇、诸母，然后妻子就到燕寝去。丈夫把小孩的名字告诉家宰，家宰再遍告在场的同宗男子，并在简策上写道："某年某月某日某生"，藏于家中。家宰又把小孩的生辰、名字告诉闾史，闾史记下来，一式二份。一份藏在闾府，一份献给州史。州史献给州长，州长命令收藏在州府里。丈夫进入燕寝，按照平时夫妇供养的常礼与妻子共同进食。

国君的嫡长子出世，在命名的那一天，国君要洗头洗澡，穿上朝服，夫人也一样，都站在正寝的东阶上，面向西。世妇抱着小孩由西阶上，在国君给他命名以后就下去。

如果是世子的同母弟弟或庶子生，国君就在外寝与他见面，用手抚摸他的头，托着他的下巴，给他取名。其他礼节与世子相同，但没有"钦有帅"、"记有成"等对答之辞。

凡是替孩子取名，不用"日"、"月"等字，不用国名，不用身上隐疾的名称。大夫、士的儿子不能取与世子相同的名字。

大夫或士的妾将要生小孩，到了临产的月份，丈夫派人每天问候一次。小孩生下满三个月的那一天，大家都要洗漱整洁，而且前一天就斋戒，在内寝相见，丈夫用妾刚刚来嫁时的礼节对待她。丈夫吃过了，把食物撤下，由她一个人吃剩下的食品。随后她就侍候丈夫过夜。

国君的妾生小孩，要到侧室去生。小孩生下满三个月的那一天，他的母亲要洗头洗澡，穿朝服，由傧者抱着小孩一起见君。如果国君对这个妾比较宠爱，那么这个小孩就由国君自己命名。其他众妾之子则由下属官员命名。

老百姓家中没有侧室的，在妻子到了临产月份以后，丈夫要离开寝室，住到其他房间去。至于他问候妻子的礼节以及小孩满三个月时带小孩出来见父亲的礼节，与大夫、士并无不同。

凡是父亲在世，那么刚出世的孙子去见祖父时，祖父也要给他取名，礼节和子见父一样，但没有应对之辞。

替国君哺育孩子的士妻或大夫之妾，在三年之后离开公宫回家。在回家之前到公宫告辞，这时国君要有所赏赐以表慰劳。大夫之子有母乳喂养，士妻则自己喂养小孩。

小孩满三个月行父子相见之礼，由命士以上直到大夫之子，都是在夫妇礼食以前进行。国君的世子是在国君与后夫人礼食之前相见，见面时国君一定拉着他的右手。世子之弟及庶子，则是在国君与后夫人或妾礼食之后再相见，见面时国君一定用手抚摸他的头。

小孩能吃饭了，要教他使用右手；小孩会讲话了，要教男孩说"唯"，女孩说"俞"。男孩的小囊用革做，女孩的小囊用缯做。

孩子到了六岁，教他识数和辨认东南西北。七岁开始，男孩、女孩不同在一张坐席上吃饭。八岁开始教他们学习礼让，出入门户以及坐到席位上吃饭，一定要让年长的人在先。九岁时，教他懂得朔、望以及用干支记日。十岁，男孩就离开内室，到外面跟着老师学习"六书"、"九数"，住宿也在外面；穿的短袄和套裤都不能用帛做；行礼动作都要遵循以前所学的那些礼节；早晚学习幼仪，学习教师所书写的课文和应对之辞。十三岁时学习音乐，诵读《诗经》，学会舞勺。到了十五岁就学舞象和射箭驾车。

二十岁时加冠,开始学礼。这时可以穿裘衣、帛衣,舞大夏之舞。要诚笃地孝顺父母,友爱兄弟,广博地学习各种知识,但尚不能教育别人,要努力地积累德行,但尚不能出而治事。三十岁时娶妻成家,这才开始料理成年男子的事务。这时要广博地学习,没有什么固定的学习内容。要与朋友和顺相处,并观察他们的志向。四十岁开始做官,根据事物自然之理而定计谋、出主意。如果君臣道义相合,那就在国君手下干事;如果不合,那就离开。五十岁为大夫,参与邦国大事。七十岁告老退休。凡男子行拜礼,左手在右手之上。

女孩到了十岁就不再外出。女师要教导她们言语婉顺、表情柔媚、服从长者,教她们绩麻、养蚕、纺丝、织造缯帛丝带等妇女之事,以供制作衣服。要让她们参观祭祀仪式,把酒、浆、笾、豆、菹、醢一一装好,按照礼节规定帮助长者安置祭品。女孩到了十五岁行笄礼,二十岁出嫁。如果这时遭父母之丧,就到二十三岁再嫁。如果男方是以礼聘问娶去的,那就是正妻;如果是不待礼聘就嫁给对方,那就叫奔,嫁过去只能做妾。凡是女子行拜礼,右手在左手上。

哺乳俑

玉藻第十三

【原文】

天子玉藻,十有二旒,前后邃延,龙卷以祭。玄(端)〔冕〕而朝日于东门之外,听朔于南门之外,闰月则阖门左扉,立于其中。皮弁以日视朝,遂以食;日中而馂,奏而食;日少牢,朔月大牢;五饮:上水、浆、酒、醴、酏;卒食,玄端而居。动则左史书之,言则右史书之。御瞽几声之上下。年不顺成,则天子素服,乘素车,食无乐。

诸侯玄(端)〔冕〕以祭,裨冕以朝,皮弁以听朔于大庙,朝服以日视朝于内朝。

朝，辨色始入；君日出而视之，退适路寝听政，使人视大夫；大夫退，然后适小寝，释服。又朝服以食，特牲三俎，祭肺。夕深衣，祭牢肉。朔月少牢，五俎四簋。子卯，稷食菜羹。夫人与君同庖。

君无故不杀牛，大夫无故不杀羊，士无故不杀犬、豕。君子远庖厨，凡有血气之类，弗身践也。至于八月不雨，君不举。年不顺成，君衣布搢本，关梁不租，山泽列而不赋，土功不兴，大夫不得造车马。

卜人定龟，史定墨，君定体。

君羔幦虎犆。大夫齐车，鹿幦豹犆，朝车。士齐车，鹿幦豹犆。

君子之居恒当户，寝恒东首。若有疾风、迅雷、甚雨，则必变，虽夜必兴，衣服冠而坐。

日五盥，沐稷而靧粱，栉用樿栉，发晞用象栉，进禨进羞，工乃升歌。

浴用二巾，上絺下绤。出杅，履蒯席，连用汤；履蒲席，衣布晞身，乃屦，进饮。

将适公所，宿齐戒，居外寝，沐浴。史进象笏，书思对命。既服，习容观，玉声乃出。揖私朝，辉如也，登车则有光矣。

天子搢珽，方正于天下也。诸侯荼，前诎后直，让于天子也。大夫前诎后诎，无所不让也。

侍坐则必退席；不退，则必引而去君之党。登席不由前，为躐席。徒坐不尽席尺，读书、食则齐，豆，去席尺。

若赐之食，而君客之，则命之祭，然后祭。先饭，辩尝羞，饮而俟。若有尝羞者，则俟君之食，然后饭，饭饮而俟。君命之羞，羞近者。命之品尝之，然后唯所欲。凡尝远食，必顺近食。君未覆手，不敢飧。君既食，又饭飧。饭飧者，三饭也。君既彻，执饭与酱，乃出授从者。

凡侑食，不尽食，食于人不饱。唯水浆不祭，若祭，为已㑄卑。

君若赐之爵，则越席再拜稽首受，登席，祭之，饮卒爵，而俟君卒爵，然后授虚爵。

君子之饮酒也，受一爵而色洒如也，二爵而言言斯，礼已三爵而油油以退。退则坐取屦，隐辟而后屦，坐左纳右，坐右纳左。

凡尊，必上玄酒。唯君面尊。唯飨野人皆酒。大夫侧尊用棜，士侧尊用禁。

始冠，缁布冠，自诸侯下达，冠而敝之可也。玄冠朱组缨，天子之冠也。缁布冠缋緌，诸侯之冠也。玄冠丹组缨，诸侯之齐冠也。玄冠綦组缨，士之齐冠也。缟冠玄武，子姓之冠也。缟冠素纰，既祥之冠也。垂緌五寸，惰游之士也。玄冠缟武，不齿之服出。居冠属武。自天子下达，有事然后缕。五十不散送，亲没不髦，大帛不缕。玄冠紫緌，自鲁桓公始也。

朝玄端。夕深衣。深衣三祛，缝齐倍要，衽当旁，袂可以回肘。长、中继掩尺。袷二寸，祛尺二寸，缘广寸半。以帛里布，非礼也。士不衣织。无君者不贰采。衣正色，裳间色。非列采不入公门，振絺绤不入公门，表裘不入公门，袭裘不入公门。纩

为茧，缊为袍，禅为䌹，帛为褶。朝服之以缟也，自季康子始也。

孔子曰："朝服而朝，卒朔然后服之。"曰："国家未道，则不充其服焉。"唯君有黼裘以誓省，大裘非古也。

君衣狐白裘，锦衣以裼之。君之右虎裘，厥左狼裘。士不衣狐白。君子狐青裘豹褎，玄绡衣以裼之；麂裘青犴褎，绞衣以裼之；羔裘豹饰，缁衣以裼之；狐裘，黄衣以裼之。锦衣狐裘，诸侯之服也。犬羊之裘不裼。不文饰也，不裼。裘之裼也，见美也。吊则袭，不尽饰也。君在则裼，尽饰也。服之袭也，充美也。是故尸袭，执玉、龟，袭。无事则裼，弗敢充也。

笏：天子以球玉，诸侯以象，大夫以鱼（须）〔颁〕文竹，士竹本象可也。见于天子，与射，无说笏。入大庙说笏，非古也。小功不说笏，当事免则说之。既搢必盥；虽有执于朝，

国君视朝

弗有盥矣。凡有指画于君前，用笏；造受命于君前，则书于笏。笏毕用也，因饰焉。笏度：二尺有六寸，其中博三寸，其杀六分而去一。

〔天子素带朱里，终辟。〕而〔诸侯〕素带，终辟。大夫素带，辟垂。士练带，率下辟。居士锦带。弟子缟带。并纽约用组，〔三寸，长齐于带。绅长制：士三尺，有司二尺有五寸。子游曰："参分带下，绅居二焉。"绅、韠结三齐。大夫大带四寸。杂带：君朱绿，大夫玄华，士缁辟二寸，再缭四寸。凡带有率无箴功。肆束及带，勤者有事则收之，走则拥之。〕韠：君朱，大夫素，士爵韦；圜，杀，直，天子直，公侯前后方，大夫前方、后挫角，士前后正。韠下广二尺，上广一尺，长三尺，其颈五寸，肩、革带博二寸。（大夫大带四寸。杂带：君朱绿，大夫玄华，士缁辟二寸，再缭四寸。凡带有率无箴功。）一命缊韨幽衡，再命赤韨幽衡，三命赤韨葱衡。（天子素带朱里，终辟。）

王后袆衣，夫人揄狄。（三寸，长齐于带。绅长制：士三尺，有司二尺有五寸，子游曰："参分带下，绅居二焉。"绅韠结三齐。）君命屈狄，再命（袆）〔鞠〕衣，一命襢衣，士褖衣。唯世妇命于奠茧，其他则皆从男子。

凡侍于君，绅垂，足如履齐，颐霤，垂拱，视下而听上，视带以及袷，听乡任左。

凡君召以三节，二节以走，一节以趋。在官不俟屦，在外不俟车。

士于大夫，不敢拜迎，而拜送。士于尊者先拜，进面，答之拜则走。

士于君所言，大夫没矣则称谥若字，名士。与大夫言，名士，字大夫。

于大夫所，有公讳，无私讳。凡祭不讳，庙中不讳。教学临文不讳。

古之君子必佩玉。右徵角，左宫（月）〔羽〕趋以《采齐》，行以《肆夏》。周还中规，折还中矩。进则揖之，退则扬之，然后玉锵鸣也。故君子在车则闻鸾和之声，行则鸣佩玉，是以非辟之心无自入也。

君在不佩玉，左结佩，右设佩，居则设佩，朝则结佩，齐则綪结佩而爵韠。凡带必有佩玉，唯丧否。佩玉有冲牙。

君子无故，玉不去身。君子于玉比德焉。天子佩白玉而玄组绶。公侯佩山玄玉而朱组绶。大夫佩水苍玉而（纯）〔缁〕组绶，世子佩瑜玉而綦组绶。士佩瓀玟而缊组绶。孔子佩象环五寸而綦组绶。

童子之节也：缁布衣，锦缘，锦绅并纽，锦束发，皆朱锦也。（肆束及带，勤者有事则收之，走则拥之。）童子不裘不帛，不屦絇，无缌服；听事不麻，无事则立主人之（北南）〔南，北〕面；见先生，从人而入。

侍食于先生、异爵者，后祭先饭。客祭，主人辞曰："不足祭也。"客飧，主人辞以疏。主人自置其酱，则客自彻之。一室之人，非宾客，一人彻。壹食之人，一人彻。凡燕食，妇人不彻。

食枣、桃、李，弗致于核。瓜祭上环，食中，弃所操。凡食果实者，后君子；火孰者，先君子。

有庆，非君赐，不贺。有忧者……（勤者有事则收之，走则拥之。）

孔子食于季氏，不辞，不食肉而飧。

君赐车马，乘以拜赐；衣服，服以拜赐。君未有命，弗敢即乘、服也。君赐，稽首，据掌，致诸地。酒肉之赐弗再拜。凡赐，君子与小人不同日。

凡献于君，大夫使宰，士亲，皆再拜稽首送之。膳于君，有荤、桃、茢，于大夫去茢，于士去荤，皆造于膳宰。大夫不亲拜，为君之答己也。

大夫拜赐而退。士待诺而退；又拜；弗答拜。大夫亲赐士，士拜受，又拜于其室，衣服弗服以拜。敌者不在，拜于其室。凡于尊者有献，而弗敢以闻。士于大夫不承贺。下大夫于上大夫承贺。亲在，行礼于人称父；人或赐之，则称父拜之。

礼不盛，服不充，故大裘不裼，乘路车不式。

父命呼，"唯"而不"诺"，手执业则投之，食在口则吐之，走而不趋。亲老，出不易方，复不过时；亲癠，色容不盛：此孝子之疏节也。父没而不能读父之书，手泽存焉尔。母没而杯圈不能饮焉，口泽之气存焉尔。

君入门，介拂闑；大夫，中枨与闑之间；士介拂枨。宾入不中门，不履阈。公事自闑西，私事自闑东。

君与尸行，接武；大夫，继武；士，中武。徐趋皆用是；疾趋则欲发，而手足毋移。圈豚行，不举足，齐如流，席上亦然。端行，颐霤如矢；弁行，剡剡起屦。执龟玉，举前曳踵，蹜蹜如也。

凡行容惕惕，庙中齐齐，朝廷济济翔翔。

君子之容舒迟，见所尊者齐遫。足容重，手容恭，目容端，口容止，声容静，头

容直，气容肃，立容德，色容庄。坐如尸。燕居告温温。

凡祭，容貌颜色，如见所祭者。

丧容累累，色容颠颠，视容瞿瞿梅梅，言容茧茧。

戎容暨暨，言容詻詻，色容厉肃，视容清明。立容辨，卑毋诌；头颈必中，山立，时行；盛气颠实，扬休，玉色。

凡自称：天子曰"予一人"，伯曰"天子之力臣"。诸侯之于天子，曰"某土之守臣某"；其在边邑，曰"某屏之臣某"。其于敌以下，曰"寡人"。小国之君曰"孤"，摈者亦曰"孤"。上大夫曰"下臣"，摈者曰"寡君之老"。下大夫自名，摈者曰"寡大夫"。世子自名，摈者曰"寡君之适"。公子曰"臣孽"。士曰"传遽之臣"，于大夫曰"外私"。大夫私事使，私人摈则称名；公士摈，则曰"寡大夫"、"寡君之老"。大夫有所往，必与公士为宾也。

【译文】

天子戴着有玉琉的冕，前有十二琉，冕上的延前后都长出于冕；身上穿着画龙的衮衣祭祀。

在春分这一天，天子究冕在东门之外行朝日之礼。每月初一，天子玄衣、玄冕在南门外的明堂里行听朔之礼。如果是闰月，那就把明堂门的左边的门关上，站在门中行听朔之礼。

天子平日戴着白鹿皮弁视朝，退朝以后吃早饭。到了中午，吃朝食剩下来的东西。每次吃饭都奏乐。天子平日每天是一羊一猪，每月初一这一天则要用牛羊豕三牲。天子的饮料有五种，以水为上，另外还有浆、酒、甜酒和粥汤。中午吃过以后，就换上玄端服休息闲居。

天子的一举一动都由左史记下来，他的言论都由右史记下来。天子身旁侍御的乐工察辨音乐之声的高下，以了解政令的得失。年成不好，天子就要穿素服，乘没有油漆的素车，吃饭时也不奏乐。

诸侯到宗庙祭祀祖先时，穿着玄冕之服；去朝见天子时，则服裨冕；到太庙行听朔礼时，服皮弁服；平日在内朝视朝时服朝服。

群臣在天色微明可以辨色时开始入应门上朝。国君在日出时视朝，与群臣相见，然后退到路寝听政。国君派人去看大夫，如果大夫已将政事处理完毕退朝，那么国君就回到自己的燕寝，脱去朝服，换上玄端。

国君在朝食时，要换上朝服，吃的是猪、鱼、腊三俎，将食之前先祭肺。夕食时，穿深衣，将食之前先祭牢肉。每月初一则用羊、豕二牲，吃的是羊、豕鱼、腊、肤五俎和黍、稷各二簋。逢到子卯忌日，不杀牲，只吃饭食和菜羹。国君的夫人和国君同牢。

没有特别的缘故，国君不杀牛，大夫不杀羊，士不杀犬豕。君子要远离厨房，凡是有血有气的动物，决不自己动手宰杀。

如果八个月不下雨，国君吃饭就不杀牲。年成不好，国君要穿麻布之衣，插竹笏；在关口和桥梁处不收租税；禁止在山泽采伐渔猎，也不征赋税；不搞建筑。大夫也不许造新车。

凡是占卜，首先由卜师选定龟甲；烧灼以后，太史根据较粗的裂纹是否顺着所画的墨线来判定吉凶。国君则观看整个兆象的形体而判定其吉凶。

国君的斋车用羔皮覆轼，用虎皮镶边；大夫的斋车朝车、士的斋车都用鹿皮覆轼而用豹皮镶边。

君子居处总是对着门户，睡觉头总是向东。如果有烈风暴雷大雨，则心庄敬严肃，即使是夜里也一定起身，穿戴整齐，恭恭敬敬地坐着。

每天洗手五次。用淘稷的水洗头发，用淘粱的水洗脸。洗湿了的头发用白木梳梳理；头发干了有些发涩，用象牙梳来梳，然后喝一点酒，吃一点东西，这时乐工就升堂唱歌。洗澡要用两种浴巾，上身用细葛巾，下身用粗葛巾。出了浴盆以后，站在蒯草做的席子上，用热水冲洗双脚，再站到蒲席上；穿上麻布衣服以吸干身上的水。然后就穿上鞋，喝酒。

啼发图，明陈洪绶绘，重庆市博物馆藏。

臣子将要去朝见国君，必须前一天就斋戒沐浴，居住于正寝，史呈上象笏，把想要回答国君的话写在上面。朝服穿戴已毕，要练习自己的仪容神态举止，使佩玉之声和行步举止的节拍相合，然后才出发。由于内心恭敬严肃，仪表又修饰整齐，所以在私朝作揖分手时显得精神饱满；到了登车时，就更是容光焕发了。

天子插的笏叫做珽，这是向天下人表示天子的端方正直；诸侯插的笏叫做荼，上面的两角是圆的，下面两角是方的，这是表示诸侯应让于天子；大夫的笏上下四角都是圆的，表示他处处都必须退让。

臣子陪侍国君坐，一定要把自己的坐席向侧后退一点。如果不好移席后退或者国君不让后退，就一定要向后坐，离开国君所坐之处。登席入座不应该由前面跨上去，而应该由后面上，否则就叫蹴席。空坐的时候，身体离开席前缘一尺，在读书、进食时则要坐到靠近席前缘的地方。盛食物的豆放在距席一尺的地方。

国君赐给臣子吃饭，如果国君以客礼待臣，那么臣子应在得到国君的命令以后才祭。臣子要先遍尝各种食品，然后喝一点饮料，等国君先食。

如果有膳宰尝食，则臣既不祭，也不尝，而是先喝一点饮料，等国君先吃，然后自己再吃。国君命令他吃菜，只吃靠近身前的；国君叫他遍尝菜肴，才一一品尝一下，然后根据自己的嗜好进食。凡是尝远处的食物，要从近处的食品顺序吃过去。

臣子陪侍国君吃饭，国君还未用手抹嘴，臣子不能用汤泡饭。在国君吃好以后，臣子才用汤浇饭吃，但也只吃三口。国君把食器撤下去以后，侍食的臣子才可以拿自己剩下的饭与酱出去给随从带回去。

凡是陪侍尊者吃饭，不能把食物吃光。凡是做客，都不要吃饱。在地位相当的人家吃饭，凡食物都应该先祭，只有水、浆不祭。如果水、浆也祭的话，那就太降低自己的身份了。

国君如果赐给侍宴的臣子喝酒，臣子就要越过自己的坐席，行再拜稽首礼，恭敬地接过来，然后回到自己的坐席，先祭而后饮。饮干以后，等国君也饮干，然后把空酒杯递给赞者。君子饮酒，饮第一杯时脸色庄重，饮第二杯时意气和悦，按礼，臣子侍君宴饮，饮酒止于三杯，三杯饮过，则和悦恭敬地退席。退的时候要坐着拿起脱下的鞋，到隐僻处穿起来。穿右脚鞋时跪左腿，穿左脚鞋时跪右腿。

凡是陈设酒樽，必以玄酒为上。在国君宴请臣下的时候，只有国君才能正对着酒樽。只有请乡野平民饮酒时，才全部用酒而不用玄酒。在大夫、士宴客的时候，酒樽不能正对着主人，而要放在旁侧的扜或禁里，以表示主人与客人共有这一樽酒。

行冠礼时，第一次加的冠是缁布冠，从诸侯下至士都是如此。这种缁布冠在行冠礼后就不再戴，随它去敝弃。天子行冠礼时，第一次加的冠则是玄冠，而以朱红色的丝带为缨。诸侯虽也用缁布冠，但是配有杂采的缨绥。玄冠而用丹红色的丝带做缨，这是诸侯斋戒用的冠；玄冠而用青白色的帛做缨，这是士斋戒

明代八仙庆寿纹象笏，旧藏岱庙。

用的冠。用白色的生绢制冠而冠卷是玄色，这种上半示凶、下半示吉的冠，是孙子在祖父去世以后父亲丧服未除而自己已经除服时戴的。用白色的生绢制冠，用白绫做冠两边及冠卷下缘的镶边，这是孝子在大祥以后戴的冠。惰游者戴的冠和孝子大祥以后戴的冠一样，只是下垂的冠带只有五寸长。那些不服从教化而不再录用的人所戴的冠

则是玄冠而以生绢做冠卷。闲居时戴的冠，把下垂的冠带分别固定在冠卷两侧，这是自天子下至平民都如此，到有事时才垂下来。满五十岁的人，有了丧事，不须散麻送葬。父母去世以后，做子女的就不要再戴髦了。用白缯制的素冠没有下垂的冠带。玄冠配上紫色的垂带，这是自鲁桓公开始的。

大夫、士在家朝食时服玄端，夕食时服深衣。深衣的大小尺寸是：腰的尺寸是袖口的三倍，下摆是腰的一倍。衣襟开在旁边，袖子的宽度是可以让手肘在里面回转自如。长衣、中衣与深衣规格相同，只是袖子再接长一尺。曲领宽二寸，袖口宽一尺二寸，镶边宽一寸半。如果外面的衣服是布的，里面的中衣却用帛制，那就不合于礼。

士不能用先染色而后织制的衣料做衣服。已离位的士大夫穿的衣和裳颜色应该一样。凡衣服的颜色应该用正色，裳的颜色用间色。穿同颜色的衣裳不可去见国君；外面穿着絺、绤夏服，不可以去见国君；外面穿着裘衣不可以去见国君；用礼服遮住了裘衣外面的裼衣，也不能去朝见国君。

用新丝绵放在夹衣中的叫做茧，用旧丝绵放在夹衣中的叫做袍，有面无里的单衣叫做䌷，用帛做面和里的夹衣叫做褶。

用生绢制朝服，这是从季康子开始的。孔子说："国君和群臣在上朝时都应穿朝服。国君在听朔时穿皮弁服，听朔结束又换上朝服。"又说："如果国家未到政治清平的时候，那么国君就不用制备那么多的礼服了。"

狐裘，选自《三才图会》。

只有国君有黼裘，在秋季打猎誓师时用，大裘是不合古制的。国君穿狐白裘的时候，要用锦衣罩在上面作为裼衣。国君右面的卫士穿虎皮裘，左面的卫士穿狼皮裘。士不能穿狐白裘。

大夫、士穿着青狐裘，用豹皮为袖口，加黑色绢衣作为裼衣。穿麛裘、用青豻皮为袖口，加苍黄色的裼衣。穿羔皮裘，以豹皮为袖口，加黑色的裼衣。穿狐裘，加黄色的裼衣。

狐裘外加锦衣为裼衣，这是诸侯之服。犬羊之裘不加裼衣。凡不须文饰的情况下，都不需要露裼衣。在裘衣外面加裼衣，并且解开上服，把裼衣露出一部分来，是为了表现它的华美。在吊丧的时候要袭，这是因为吊丧不能表现文饰的缘故。在国君面前则要袒露裼衣，这是为了尽量表现文饰。袭是为了掩盖裼衣的华美。所以尸要袭，手中执玉或龟甲行礼时要袭。在行礼结束以后则要袒露出裼衣来，不能掩盖它的华美。

天子的笏用美玉制成，诸侯的笏以象牙制成，大夫的笏用竹制成而饰以鲛鱼之皮，

臣下拜见皇帝，选自《仿金廷标孝经图》，清黎明绘。

士的笏用竹制成而以象牙镶在下部。

诸侯、士大夫在朝见天子的时候，在参加射礼的时候，笏都不可离身；到太庙中祭祀时也应带笏，不带笏是不合古制的。有小功之丧时也不脱笏，只有在进行殡殓时才可以不带笏。臣朝君时，把笏插进大带以后一定要洗手。洗过以后，到了朝廷上拿笏的时候就无须再洗了。

臣子凡有意见在国君面前指画陈说时，要用笏；到国君面前接受命令，则记在笏上。不管指画、记事都要用到的，所以后来就对它加以装饰，以区别尊卑。

笏的长度是二尺六寸，中间宽三寸。天子、诸侯的笏上部逐渐削减六分之一。大夫、士的笏则上、下两端都要逐渐削减六分之一。

天子的大带用熟绢制，衬里是朱红色的，而且全部镶边；诸侯的大带也用熟绢制，全部镶边，但没有朱红的衬里；大夫也用熟绢制大带，但只在身体两侧及下垂的绅这些部位加镶边，腰后的部分就不加镶边；士的大带用缯制，两边用针线像编辫子一样交叉缝纫而无镶边，只有下垂的绅加上镶边；居士用锦制的大带；在校的学生用生绢制的大带。

大带围腰交结之处两端重合，用三寸宽的丝带把它结起来，丝带下垂的部分与绅相齐。绅长的规定是：士三尺，有司因为要便于趋走，所以只有二尺五寸。子游说："绅带的长度，为带以下的三分之二。"绅、蔽膝以及下垂的丝带三样东西的长度都是三尺，下端相齐。

大夫的大带宽四寸。大带的镶边，国君在腰围部分用朱红色，绅用绿色；大夫外面用玄色，里面用黄色。士的大带在绅的部分内外都用缁色镶边，大带只有二寸宽，在腰部再绕一圈，也成为四寸宽。凡大带用针线交叉缝的部分，针线活都不须考究。

遇到有事的时候，要把结大带剩余的丝带和绅握在手中，以便行动做事；遇到要趋走的时候，则要把它们拥在怀里。

韨的礼制是：国君用朱红色的革，大夫用素色的革，士用赤而微黑色的革。韨的外形在圆、杀、直三方面的规定是：天子的韨四角都是直的，设有圆、杀；公、侯的韨上下是方的；大夫的韨下端是方的，上端则裁成圆角；士的韨与国君相同，上下都是方的。韨下端宽二尺，上端宽一尺，长三尺，中间系带之处的"颈"宽五寸，两角及皮带的宽都是二寸。

一命之士用赤黄色的韍，黑色的玉衡；二命的大夫用赤色的韍，黑色的玉衡；三命的卿用赤色的韍，赤色的玉衡。

王后穿的衣服是袆衣，侯、伯的夫人穿揄狄，子、男的夫人如果得到王后的命令则可以穿屈狄。子男之国的卿的妻子穿黄色的鞠衣，大夫的妻子穿白色的襢衣，士的妻穿黑色的褖衣。只有世妇在献茧给国君时，她可穿上禮衣；其他贵族妇女都根据自己丈夫的地位高低穿她们应穿的服装。

凡侍立于国君之旁，上身要前倾，使绅带下垂，脚好像踩着裳的下边一样，头微低，两颊下垂，两手交拱垂在下面，视线向下，而耳朵却注意倾听国君的讲话。视线应在国君的大带以上交领以下。听国君讲话时，要把头侧过来，用左耳听。

凡国君派使者召臣下，共有三符节。用二符节召，表示事情紧急，臣子在奔跑赴命；用一符节去召，表示事情不十分迫切，臣子要快步行走以赴命。臣子接到命令时，如果正在朝廷办事之处，那要不等穿鞋就去；如果不在朝廷办事之处，那就应不等驾车就去。

士在大夫来看自己的时候，不能迎出门外而拜，因为拜迎是身份相等的人之间的礼节；只在大夫走的时候再拜送客。士往见卿大夫时，卿大夫在门内等候。士在门外先拜，然后进门相见。若卿大夫在门内答拜。士要赶紧避门，不敢当礼。

士在国君处讲话，提到已故的大夫，就称他的谥号或字；提到已故的士，则直称其名。士在与大夫讲话时，提到活着的士时称名，提到活着的大夫时称字。士在大夫面前，只避本国先君的讳，而不避自己父母的讳。凡祭祀群神时不避讳，庙中祭祀祖宗，在祝辞中不避祖先的讳。在老师教学生的时候以及书写简策、诵读法律等时，都不避讳。

战国玉佩，鸟兽纹。

古时候的君子身上都佩玉，行走时右边的玉发出的声音合于徵和角，左边的玉发出的声音合于宫和羽。在路寝门外至应门趋走时，与《采齐》之乐节相应；在路寝门内至堂上行走时，与《肆夏》之乐节相应。反身时所走的路线要成圆形，转弯时所走的路线要走直角。前进时身体略俯，像作揖一样，后退时身体微仰。这样，玉佩在行走时就发出铿锵的鸣声。君子乘车的时候，则听到鸾铃、和铃之声；步行的时候，则听到佩玉的鸣声，因此一切邪僻的意念就无从进入君子之心了。

　　士大夫在国君面前不佩玉。所谓"不佩玉"，是把左边的佩玉用丝带结起来，右边的佩玉还是正常佩戴。在家闲居的时候则左右都佩玉，上朝时则结左佩。斋戒时穿爵

唐金银平脱鸾鸟衔绶纹铜镜

色的鞸，这时不但把玉用绶带结住，而且把绶带向上折收起来，使佩玉不能碰击发声。

　　从天子到士在革带上都系有佩玉，只有服丧时例外。佩玉中间一块是冲牙。君子没有特殊的原因，玉佩不离身，因为君子是以玉来象征德行的。

　　天子佩白玉，用玄色丝带为绶；公侯佩山玄色的玉，用朱红的丝带为绶；大夫佩水苍色的玉，用缁色丝带为绶；世子佩美玉，用杂采的丝带为绶；士佩瓀玟，用赤黄色的丝带为绶。孔子闲居时佩直径五寸的象牙环，用杂采丝带为绶。

　　童子的礼节：穿缁布深衣，用锦滚边，绅及大带围腰交结处也用锦滚边，束发用锦带。以上全都用朱红色的锦。童子不穿裘衣，不穿丝帛，鞋头上没有约。如果有缌亲之丧，他不用穿丧服，到有丧事的人家帮忙干活，身上不加麻绖。没有事的时候就

站在主人之南，面向北。去见老师的时候，要跟着成人进去。

陪侍年龄长于自己的或爵位高于自己的人吃饭，要后祭而先尝食。客人祭的时候，主人要推辞说："饭菜不丰盛，不值得祭。"在客人用汤浇饭吃时，主人要推辞说："粗茶淡饭，不值得吃饱。"主人为表示敬客，自己动手陈设酱，那么吃过以后，客人要自己动手把它撤下去。同事而共居一室的人一起吃饭，其中并无宾主之分，吃过饭以后，由年纪轻的一个人撤去食具。因事而暂时聚在一起吃饭，吃完以后，也由其中年纪轻的人把食具撤下去。凡是平常朝食、夕食，妇女不动手撤食具，因为她们体弱无力。

吃枣、桃、李的时候，不把果核抛在地上。吃瓜的时候要先祭，祭时用有瓜蒂的一半，然后吃中间部分，而把手拿着的地方扔掉。凡吃果实，要在君子之后；凡吃熟食，为先尝食，要在君子之先。

家中有喜庆之事，如果国君没有赏赐，则自己家里也不互相拜贺。有忧伤之事的人家……

孔子在季氏那里吃饭，开始的时候既不推辞，吃的时候又不吃肉就直接用饮料浇饭吃。

国君赐给臣下车马，在拜受之后，第二天要乘着所赐的车马再去拜谢；国君赐给臣下衣服，在拜受之后，第二天要穿着所赐的衣服再去拜谢。凡国君所赐，如果国君不命令他可以乘这驾车马、穿这件衣服，那么，他就只好把它们收起来，不敢使用。拜谢国君的赏赐时，要行稽首礼，左手按在右手上，头和手一起碰到地。如果赏赐的东西是酒肉，那就只在当时拜受，不需要第二天再登门拜谢。赏赐君子与赏赐小人不可以在同一天。

臣下凡献东西给国君，大夫派家臣去，士则亲自去，都是再拜行稽首礼，然后把礼物送去。送美味的食品给国君，要伴以荤、桃和苔帚；送给大夫，则减去苔帚；送给士，则再减去荤。送的东西都是请膳宰代受。

大夫不亲自拜献，为的是避免国君答拜自己。大夫去拜谢国君的赏赐时，只在国君门口请小臣进去通报，这样，大夫就可以走了。士则要在门口等到小臣出来说"国君知道了"，然后才能回去，临走的时候还要拜谢国君这个回音，而国君则不必答拜。

大夫赏赐东西给士，亲自送去，士拜谢接受，第二天又到大夫家中去拜谢。如果赏赐的是衣服，不用穿在身上去拜谢。身份相等的人来赠送东西，如果当时自己不在家，回家以后就一定要去登门拜谢。凡是献东西给尊者，不能直接说献给某人，只能说是赠给从者之类。士如果有喜庆之事，不敢接受大夫亲自来庆贺；下大夫可以接受上大夫亲自来庆贺。如果父亲健在，在庆、吊送别人礼的时候都要以父亲的名义；人家送给自己东西，也要以父亲的名义拜谢。

不是很隆重的盛礼，则裼。而盛礼则相反。所以天子行祭天大礼时，穿大裘则袭而不裼，乘玉路车经过门闾时，也不俯身凭轼以示敬。

父亲喊叫自己的时候，要答应"唯"而不是"诺"，手头有事要立即停下来，嘴里有食物要立即吐出来，要迅速地奔过去而不是快步走过去。双亲年老，自己出门不改变原定的方向，回家也不超过预定的时间。双亲生病或者面有忧色，这就是孝子的疏略了。父亲去世了，自己不忍心翻阅父亲的书籍，因为上面有他手汗沾润的痕迹；母亲去世了，自己不忍心使用她用过的碗杯，因为上面有她口液沾润的痕迹。

两君相见时，来朝的国君从大门中央进入，上介紧靠着闑，大夫介在枨和闑之间，士介紧靠枨。邻国来聘的卿大夫进门时不能由正中，而应由稍偏东靠近闑的地方，脚不能踩门限。如果是公事，那就从闑的西边进入，这是用宾礼。如果是私事来见主国的国君，那就从闑的东边进入，这是用臣见君之礼。

在宗庙中，天子、诸侯与尸在行走时步子小，速度慢，后脚的脚印要压在前脚脚印的一半，这叫"接武"；大夫行走时步子稍大，速度稍快，后脚脚印和前脚脚印相连，这叫"继武"；士走时步子更大，速度更快，前后两脚之间相隔一足的距离，这叫"中武"。只要是徐趋，都用这种步伐走路。在疾趋的时候，脚跟抬起离地，这时要注意手足不要摇摆。在圈豚行的时候足不离地，衣裳下边像水流一样，在就席或离席时也应如此。端行时身体端直，头微前倾，两颊下垂如屋檐，走的路线要如箭一般直。在弁行时，脚离地，身体竦起。手中持有龟、玉等宝器的时候，走路要徐趋：足尖举起，足跟在地面上拖过去，足不速地，步伐碎小。

在道路上行走时身体姿势端正，步伐迅速；在宗庙中神态要恭敬诚恳；在朝廷里神态要庄敬严肃。君子的神态要闲雅，但在自己尊重的人面前要显得谦卑恭敬。举足要缓慢稳重，举手高而且正，目不斜视，口不妄动，不咳嗽，不低头，屏气敛息，站立时俨然有德的气象，面容庄重矜持，坐的时候像尸一样端正敬慎。闲居的时候，如果教育人或使唤人，态度要温和。

凡祭祀时，祭者的容貌脸色要恭敬温和，就像看见所祭的鬼神那样。居丧者的身体形态要显得瘦弱疲惫，脸色显得很忧伤，眼神显得惊惧而又茫然，说话的声音低微无力。身着戎装的时候要显得刚毅果敢，教令严明。表情威严，眼神明察。站立的姿态应有谦卑的样子，但不能近于谄媚。站立时头颈一定保持正直。站在那儿要像一座山，毫不动摇，该移动的时候才移动。全身内气充盛，因而内美表现于外，脸色温润如玉。

天子自称为"予一人"，州伯自称为"天子的力臣"。诸侯对于天子，自称"某个地方的守臣某"；如果诸侯在边邑，则自称"某方的屏卫之臣某人"；对于和自己身份相等及以下的人，则自称"寡人"。小国的国君自称"孤"，摈者在代他传话时，也称"孤"。

上大夫在自己国君前自称"下臣某"，如果出使他国，摈者代他传话时称他为"寡君之老"；下大夫在自己国君前直接称自己的名，如果出使他国，摈者称他为"寡大夫"；世子在父王面前称名，出使时摈者称他为"寡君之適子"；诸侯的庶子在父王前自称"臣孽某"。

士在国君面前自称"传遽之臣"，在他国大夫面前称"外私"。大夫为国君的私事而出使他国，以自己的家臣为摈相，摈者称大夫的名；如果是奉君命出使，由公士为摈相，传辞时称"寡大夫"或"寡君之老"。大夫奉命出使行聘礼，一定以公士为介。

明堂位第十四

【原文】

　　昔者周公朝诸侯于明堂之位，天子负斧依南乡而立。三公中阶之前，北面东上。诸侯之位，阼阶之东，西面北上。诸伯之国，西阶之西，东面北上。诸子之国，门东，北面东上。诸男之国，门西，北面东上。九夷之国，东门之外，西面北上。八蛮之国，南门之外，北面东上。六戎之国，西门之外，东面南上。五狄之国，北门之外，南面东上。九采之国，应门之外，北面东上。四塞，世告至。此周公明堂之位也。

　　明堂也者，明诸侯之尊卑也。

　　昔殷纣乱天下，脯鬼侯以飨诸侯，是以周公相武王以伐纣。武王崩，成王幼弱，周公践天子之位，以治天下。六年，朝诸侯于明堂，制礼作乐，颁度量，而天下大服。七年，致政于成王。成王以周公为有勋劳于天下，是以封周公于曲阜，地方七百里，革车千乘，命鲁公世世祀周公以天子之礼乐。

　　是以，鲁君孟春乘大路，载弧韣，旂十有二旒，日月之章，祀帝于郊，配以后稷，天子之礼也。季夏六月，以禘礼祀周公于太庙，牲用白牡，尊用牺、象、山罍，郁尊用黄目。灌用玉瓒大圭，荐用玉豆、雕篹，爵用玉琖，仍雕。加以璧散、璧角。俎用梡、嶡。升歌《清庙》，下管《象》，朱干玉戚，冕而舞《大武》；皮弁素积，裼而舞《大夏》。昧，东夷之乐也；《任》，南蛮之乐也。纳夷蛮之乐于太庙，言广鲁于天下也。君卷冕立于阼，夫人副袆立于房中。君肉袒迎牲于门，夫人荐豆笾。卿大夫赞君，命妇赞夫人；各扬其职。百官废职服大刑，而天下大服。是故夏礿、秋尝、冬烝、春社、秋省而遂大蜡，天子之祭也。

　　太庙，天子明堂；库门，天子皋门；雉门，天子应门。振木铎于朝，天子之政也。山节，藻棁，复庙，重檐，刮楹，达乡；反坫出尊，崇坫康圭；疏屏，天子之庙饰也。

　　鸾车，有虞氏之路也；钩车，夏后氏之路也；大路，殷路也。乘路，周路也。

　　有虞氏之旂，夏后氏之绥。殷之大白。周之大赤。

　　夏后氏骆马黑鬣，殷人白马黑首，周人黄马蕃鬣。夏后氏牲尚黑。殷白牡。周骍刚。

　　泰，有虞氏之尊也；山罍，夏后氏之尊也。著，殷尊也。牺、象，周尊也。

　　爵，夏后氏以琖，殷以斝，周以爵。

　　灌尊，夏后氏以鸡夷，殷以斝，周以黄目。其勺，夏后氏以龙勺，殷以疏勺，周以蒲勺。

土鼓、蒉桴、苇龠，伊耆氏之乐也。拊搏、玉磬、揩击、大琴、大瑟、中琴、小瑟，四代之乐器也。

鲁公之庙，文世室也。武公之庙，武世室也。

米廪，有虞氏之庠也；序，夏后氏之序也；瞽宗，殷学也；颊宫，周学也。

崇鼎、贯鼎、大璜、封父龟，天子之器也。越棘大弓，天子之戎器也。

夏后氏之（鼓）足〔鼓〕，殷楹鼓，周县鼓。垂之和钟，叔之离磬，女娲之笙簧。夏后氏之龙簨虡，殷之崇牙，周之璧翣。有虞氏之两敦，夏后氏之四琏，殷之六瑚，周之八簋。

俎，有虞氏以梡，夏后氏以嶡，殷以椇，周以房俎。

夏后氏以楬豆，殷玉豆，周献豆。

有虞氏服韨，夏后氏山，殷火，周龙章。

有虞氏祭首，夏后氏祭心，殷祭肝，周祭肺。夏后氏尚明水，殷尚醴，周尚酒。

有虞氏官五十，夏后氏官百，殷二百，周三百。

有虞氏之绥，夏后氏之绸练，殷之崇牙，周之璧翣。

凡四代之服、器、官，鲁兼用之。是故，鲁王礼也，天下传之久矣。君臣未尝相弑也，礼乐、刑法、政俗未尝相变也，天下以为有道之国。是故，天下资礼乐焉。

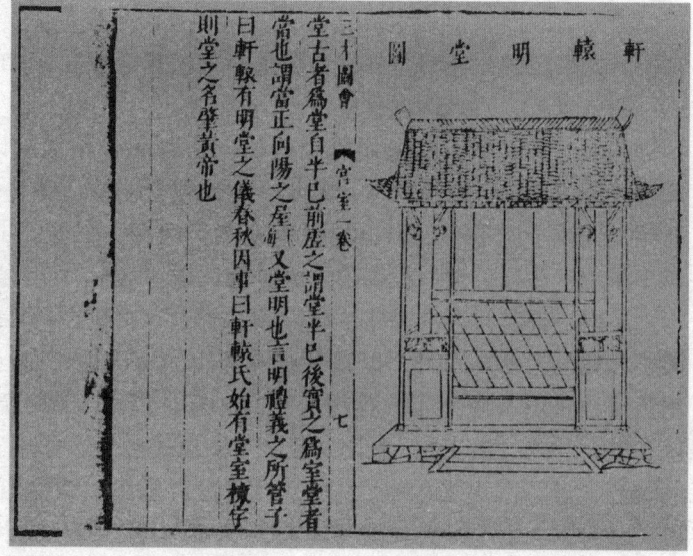

轩辕明堂，选自《三才图会》。

【译文】

过去周公在明堂接受诸侯朝见时的位置：天子背朝斧扆面向南站立。三公立于明堂南面中间台阶的前面，面向北，以东边为上位；侯爵的位置，在阼阶的东面，面向西，以北边为上位；伯爵的位置，在西面台阶之西，面向东，以北边为上位；子爵的位置在应门的东面，面向北，以东边为上位；男爵的位置在应门之西，面向北，以东边为上位；夷族诸部的君长，立于东门之外，面向西，以北边为上位；蛮族诸部的君长，立于南门之外，面向北，以东边为上位；戎族诸部的君长，立于西门之外，面向东以南边为上位；狄族诸部的君长，立于北门之外，面向南，以东边为上位；位于王畿千里之外的诸侯，立于应门之外，面向北，以东边为上位。四方边塞地区的君长，每当新君即位时，才朝见。以上是周公所订明堂朝诸侯的列位。所以明堂，用以显示诸侯地位的尊卑。

从前殷的君主纣在全国实行暴政，杀了鬼国的国君，并将他的肉制成干肉，用来招待其他诸侯。因此周公辅助武王讨伐纣王。武王驾崩，成王年幼，周公登天子之位，治理天下。摄政的第六年，在明堂接受诸侯的朝拜，制定各种礼仪和乐曲，颁布标准的度量衡，全国上下都心悦诚服。摄政的第七年，归政于成王，成王因为周公治理天下有大功勋，所以封周公于曲阜，国土七百里见方，兵车千乘，命令鲁国的国君世世代代以天子的礼乐祭祀周公。

因以上原因，鲁国的国君在孟春正月乘大路的车子，车上的旗有带套的弧，旗上缀有十二旒，画有日月的图案，祭祀帝在东郊，并以后稷配祭，这些都是天子的礼仪。当季夏六月之时，行禘礼祭祀周公于太庙，祭祀用的是白色的公牛；盛酒的尊，有牛形的牺尊、象形的象尊、还有刻画着山云花纹的山罍；盛郁鬯酒的尊是黄彝。向尸献酒时，用有圭柄的玉瓒，祭时进献食品，用的是玉豆和有花纹的笾，君向尸献酒的爵，是雕饰花纹的盏。

诸臣献酒时，用璧玉装饰的散、角。俎用的是梡和嶡。登堂唱《清庙》乐曲，堂下吹奏着《武》的乐曲；舞者手执朱色的盾和玉斧等舞具，戴着冕跳《大武》舞；戴着皮弁，服白缯裳，袒开衣领跳着《大夏》舞；同时还演奏来自东夷的乐曲《昧》，演奏来自南蛮的乐曲《任》，鲁国能在太庙中用东夷、南蛮的音乐，这是显示鲁国的地位高于天下其他各国。

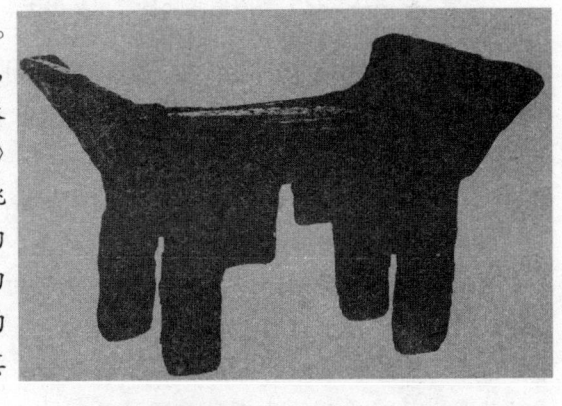

春秋彩绘动物纹漆俎，当阳赵巷4号墓出土。

鲁国国君在祭祀周公时，穿起衮服戴上冕冠，站立在阼阶，夫人头上插上首饰，穿上袆服，站立在房中。鲁君袒上衣，到门口迎接祭祀用的牺牲，夫人献上放好祭品的豆笾等祭器。卿大夫辅佐鲁君，命妇辅佐夫人，各人都要承担自己的职责，如百官中有人荒废本职的，要处重刑，这样使全国人民都能服从。鲁国夏季有礿祭，秋季有尝祭，冬季有烝祭；春天向土神祈求丰收，秋天报答土神的恩典，接着举行对百神的蜡祭，这些都本属于天子的祭典。

鲁国太庙的形制与天子明堂相当：库门，相当于天子的皋门；雉门，相当于天子的应门。在朝中摇动木铎，发号施令，与天子发布政令相同。庙中有山形的斗拱，画有纹彩的短柱，两层的屋顶，双层的房檐，刮摩光滑的楹柱，高大显亮的窗；献酒还爵有坫，在酒尊南面，还有高的坫，置放玉圭；刻有云气虫兽的屏风，这些都是天子太庙才有的饰物。

铜爵，二里头文化，河南省偃师县二里头出土。

车衡上挂鸾铃的鸾车，是有虞氏祭天所乘的车；车箱栏杆弯曲的钩车，是夏后氏祭天所乘的车；木路，是殷代祭天所乘的车；车上饰有金玉的玉路，是周代祭天所乘的车。有虞氏在旗杆头上饰以牦牛尾当做旗，夏后氏用黑旗，殷代用白旗，周代用赤旗。夏后氏驾车用的是黑鬣的白马，殷代君主驾车用的是黑头的白马，周代君主驾车用的是赤鬣的黄马。夏后氏祭牲用黑牛，殷君祭牲用白公牛，周君祭牲用赤色的公牛。

有虞氏的尊是泰；夏后氏的尊是山罍；殷代的尊是著；周代的尊有牛形的牺尊和象形的象尊。爵，夏后氏名琖，殷代名斝，周代名爵。行灌礼时用的酒尊，夏后氏用鸡彝，殷代用斝，周代用黄彝。酒勺，夏后氏的勺刻为龙头形状，殷代的勺通体刻有花纹，周代勺刻为张口的凫头形。用土作成鼓，以土块作鼓槌，截苇作篪，这些是伊耆氏时代的乐器。拊搏、玉磬、柷敔、大琴、大瑟、中琴、小瑟，是虞夏殷周四代的乐器。

伯禽的庙，相当于文王的世室；教的庙，相当于武王的世室。鲁国学校名米廪，源于有虞氏的庠；鲁国学校名序，源于夏代的序；鲁国的学校名瞽宗，源于殷代；鲁国学校名頖宫，源于周天子的学校。

崇国的宝鼎，贯国的宝鼎，夏代的大璜，封国的宝龟，都是天子所有的器物。越国的戟和大弓，是天子才有的兵器。夏代有足的鼓，殷代有柱的鼓，周代的悬鼓。舜时垂做的和钟，叔做的编磬，女娲做的笙簧。夏代龙形的簨虡，殷代簨上有齿形的大版，周代簨上加璧翣。这些也都是天子之器。

虞代祭祀时盛黍稷用两敦，夏用四琏，殷以六瑚，周代用八簋。俎的形制：虞代只有四足的棜，夏代在两足间有横木相连，名为嶡，殷代的俎两足间相连的横木作弯曲形，名为椇，周代的俎两足下又有跗，名为房俎。夏代的豆无饰物；殷代有玉装饰；周代的豆，不仅有玉装饰，还刻镂花纹。虞代的祭服有熟皮作的韨，夏代的韨上画有山形，殷代的韨又增画有火的图案，周代在韨上绘有龙的花纹。虞代饮食之祭用牲的头，夏代祭用牲的心，殷代祭用牲的肝，周代祭用牲的肺。夏代祭祀时尊崇用清水，殷代崇尚用甜酒祭祀，周代崇尚用清酒祭祀。

有虞氏有官五十人，夏后氏有官一百人，殷代有官二百人，周代有官三百人。虞代在丧葬时，旗杆上饰以牦牛尾；夏代以练缠绕旗杆，并且还有旒；殷代又在旗侧饰

春秋彩绘几何纹漆豆，当阳赵巷 4 号墓出土。

以齿形的刻缯；周代加用扇形的璧翣。

　　凡属于虞、夏、殷、周四个朝代的服饰、器物、祭祀所需执事官员，鲁国都可以取法应用。因为这样，鲁国所用的是天子的礼仪，这件事已家喻户晓，流传久远了。鲁国君臣之间没有发生过互相仇杀的事，礼乐、刑法、政令、习俗等从未发生过变革，全国公认鲁国是一个政权稳定、治理有方的国家。因此，其他国家都到鲁国来学习采用礼乐。

丧服小记第十五

【原文】

　　斩衰，括髮以麻。为母括髮以麻，免而以布。齐衰，恶笄、〔带〕以终丧。男子冠而妇人笄，男子免而妇人髽。其义：为男子则免，为妇人则髽。

　　苴杖，竹也。削杖，桐也。

　　祖父卒，而后为祖母后者三年。

　　为父母、长子稽颡。大夫吊之，虽緦必稽颡。妇人为夫与长子稽颡，其馀则否。

　　男主必使同姓。妇主必使异姓。

　　为父后者，为出母无服。

　　亲亲以三为五，以五为九，上杀，下杀，旁杀，而亲毕矣。

　　王者禘其祖之所自出，以其祖配之，而立四庙。庶子王亦如之。

孝子祭父

别子为祖，继别为宗，继祢者为小宗。有五世而迁之宗，其继高祖者也，是故祖迁于上，宗易于下。尊祖故敬宗，敬宗所以尊祖祢也。庶子不祭祖者，明其宗也。

庶子不为长子斩，不继祖与祢故也。庶子不祭殇与无后者。殇与无后者从祖祔食。庶子不祭祢者，明其宗也。

亲亲，尊尊，长长，男女之有别，人道之大者也。

从服者，所从亡则已。属从者，所从虽没也，服。妾从女君而出，则不为女君之子服。

礼，不王不禘。

世子不降妻之父母。其为妻也，与大夫之适子同。

父为士，子为天子、诸侯，则祭以天子、诸侯；其尸服以士服。父为天子、诸侯，子为士，祭以士；其尸服以士服。

妇当丧而出，则除之。为父母丧：未练而出，则三年；既练而出，则已；未练而反，则期；既练而反，则遂之。

再期之丧，三年也。期之丧，二年也。九月、七月之丧，三时也。五月之丧，二时也。三月之丧，一时也。故期而祭，礼也；期而除丧，道也；祭不为除丧也。三年而后葬者，必再祭；其祭之间不同时，而除丧。大功者，主人之丧；有三年者，则必为之再祭。朋友，虞、祔而已。士妾有子而为之缌，无子则已。

生不及祖父母、诸父昆弟，而父税丧，己则否。（为君之父、母、妻、长子，君已除丧而后闻丧，则不税。）降而在缌、小功者，则税之。〔为君之父、母、妻、长子，君已除丧而后闻丧，则不税。〕近臣，君服斯服矣。其馀从而服，不从而税。君虽未知丧，臣服已。

虞杖不入于室，祔杖不升于堂。

为君母后者，君母卒，则不为君母之党服。

绖杀五分而去一。杖大如绖。

妾为君之长子，与女君同。

除丧者，先重者。易服者，易轻者。

无事不辟庙门。哭皆于其次。

复与书铭，自天子达于士，其辞一也。男子称名。妇人书姓与伯仲，如不知姓，则书氏。

斩衰之葛，与齐衰之麻同。齐衰之葛与大功之麻同。麻同，皆兼服之。

报葬者报虞，三月而后卒哭。

父母之丧偕，先葬者不虞、祔，待后事。其葬服斩衰。

大夫降其庶子。其孙不降其父。大夫不主士之丧。

为慈母之父母无服。夫为人后者，其妻为舅姑大功。

士祔于大夫，则易牲。

继父不同居也者，必尝同居，皆无主后。同财而祭其祖祢为同居，有主后者为异居。

哭朋友者，于门外之右，南面。

祔葬者，不筮宅。士、大夫不得祔于诸侯，祔于诸祖父之为士、大夫者，其妻祔于诸祖姑，妾祔于妾祖姑。亡则中一以上而祔，祔必以其昭穆。诸侯不得祔于天子，天子、诸侯、大夫可以祔于士。

为母之君母，母卒则不服。

宗子，母在为妻禫。

为慈母后者，为庶母可也，为祖庶母可也。为父、母、妻、长子禫。慈母与妾母，不世祭也。

丈夫冠而不为殇，妇人笄而不为殇。为殇后者，以其服服之。

久而不葬者，唯主丧者不除。其馀以麻终月数者，除丧则已。箭笄、〔带〕终丧三年。

齐衰三月，与大功同者绳屦。

练，筮日筮尸，视濯，皆要绖、杖、绳屦。有司告具而后去杖。筮日筮尸，有司告事毕而后杖，拜送宾。大祥，吉服而筮尸。

庶子在父之室，则为其母不禫。庶子不以杖即位。父不主庶子之丧，则孙以杖即位可也。父在，庶子为妻，以杖即位可也。

诸侯吊于异国之臣，则其君为主。诸侯吊，必皮弁锡衰。所吊虽已葬，主人必免。主人未丧服，则君亦不锡衰。

养有疾者不丧服，遂以主其丧。非养者入主人之丧，则不易己之丧服。养尊者必易服，养卑者否。

妾无妾祖姑者，易牲而祔于女君可也。

妇之丧，虞、卒哭，其夫若子主之，祔则舅主之。士不摄大夫，士摄大夫唯宗子。主人未除丧，有兄弟自他国至，则主人不免而为主。

陈器之道，多陈之而省纳之可也。省陈之而尽纳之可也。

奔兄弟之丧，先之墓而后之家，为位而哭。所知之丧，则哭于宫而后之墓。

父不为众子次于外。

与诸侯为兄弟者，服斩。

下殇小功，带澡麻不绝（本），诎而反以报之。

妇祔于祖姑，祖姑有三人，则祔于亲者。其妻为大夫而卒，而后其夫不为大夫，而祔于其妻，则不易牲；妻卒而后夫为大夫，而祔于其妻，则以大夫牲。

为父后者，为出母无服。无服也者，丧者不祭故也。

妇人不为主而杖者，姑在为夫杖。母为长子，削杖。女子子在室，为父母，其主丧者不杖，则子一人杖。

缌、小功，虞、卒器则免。既葬而不报虞，则虽主人皆冠，及虞则皆免。为兄弟既除丧已，及其葬也，反服其服；报虞，卒哭则免，如不报虞则除之。远葬者，比反哭者皆冠，及郊而后免，反哭。君吊，虽不当免时也，主人必免，不散麻；虽异国之君，免也，亲者皆免。

除殇之丧者，其祭也必玄。除成丧者，其祭也朝服缟冠。

奔父之丧，括髪于堂上，袒，降踊，袭绖于东方；奔母之丧，不括髪，袒于堂上，降踊，袭免于东方，绖。即位成踊，出门，哭止。三日而五哭三袒。

适妇不为舅后者，则姑为之小功。

【译文】

孝子为父亲服丧穿斩衰丧服，未成服前，用麻括发。母亲死，先用麻括发，然后改用麻布免。媳妇为公婆服丧穿齐衰丧服，用榛木的枝条作发笄，并系上麻带，一直到服丧结束才除掉。成年人平时的装束，男人有冠，妇女有笄。到服丧的时候，男子用"免"，女子用"髽"。它们的具体含义是：作为男子就用"免"，作为妇女就用"髽"，以示区别。为父亲服丧用的哭丧棒叫苴杖，是竹子做的，为母亲服丧用的哭丧棒叫削杖，是桐木削成的。

祖父比祖母先死，到祖母死的时候，祖母的承重孙要为祖母服丧三年。父母亲去世的时候，长子对来吊唁的宾客要行稽颡礼。如果是大夫来吊丧，即使是服缌麻丧服的亲属，也都要行稽颡礼。妇人只在自己丈夫、长子死的时候才向人行稽颡礼，其他的丧事中都不行稽颡礼。如果死者没有后嗣，代理男丧主一定要请同姓的男子，代理女丧主一定要请异姓的妇人。作为父亲继承人的儿子，不为被父亲休弃的生母服丧。

有血缘关系的亲属中，与自己最亲近的，上有父，下有子，由这三代亲属关系扩展为五代，即上至祖父，下至孙子。由五代再扩展为九代，上至高祖，下至玄孙。丧服的轻重就是依据这亲疏关系安排的，由父亲向上逐代减损，由儿子向下逐代减损。至于非直系的族亲，血缘关系越远就减损越多，直到没有亲情为止。

天子祭宗庙行禘礼时，祭祀始祖所自出的天帝，让始祖配食。设立高祖、曾祖、祖父、父四亲庙。如果庶子继位，也是这样。诸侯的庶子，成为他的后代的始祖，叫做别子。别子的嫡长子直接承嗣别子，是大宗；而别子的庶子从父庙中分出来的，是小宗。传了五代以后就要迁易的，这就是从高祖分出来的小宗。所以上面的祖庙有变迁，后代的小宗也就有分化。尊崇祖先就要敬守宗法，敬守宗法就是尊重祖庙，所以庶子不祭祀祖庙，为的是使宗法严明；庶子不为自己的长子服斩衰丧服，因为庶子不是承嗣祖庙和父庙的人。庶子不祭祀未成年而死的人和没有后嗣的人。因为这两种人

祭祖，清孙温绘。

都附从在祖庙中受食，由宗子供祭。庶子不主祭父庙，因为父庙由长子主祭，为的是使宗法严明。敬重父母、尊崇祖先、服从兄长、男女有别，这些是人伦道义中最主要的东西。

凡从服的，如果所跟从的人已死，就不需要从服了。但如果是有间接亲属关系的从服，即使所跟从的人已死，仍要服丧。媵妾随着主妇被遗弃而离开夫家，就不必为主妇的儿子服丧。依照礼的规定，不是天子就不能举行禘礼。诸侯的嫡长子不因地位高贵而减轻为岳父母的丧服；如果是为自己的妻子服丧，所用丧服与大夫的适子为妻所服丧服相同。父亲生前的爵位是士，而儿子却当了天子或诸侯，那就可以用天子或诸侯的祭礼祭祀父亲，但尸还是穿士的服饰。父亲是天子或诸侯，而儿子只是个士，就只能用士礼祭祀，尸的服饰也是士服。

媳妇在为公婆服丧期间被丈夫休弃后，就除去丧服；如果为自己的父母服丧，在练祭前被休弃，就和兄弟一样服丧三年；在练祭之后被休弃，因为已经除丧了，就不再为父母服丧。妇女被丈夫休弃后遇到父母死丧，在练祭之前又被召回，到练祭后才可除丧；已经举行了练祭才被召回，那就服丧三年。

服丧满二年，就算三年。服丧满一年，就算二年。服丧满九个月或七个月的，都算三个季节。服丧满五个月的，算两个季节。服丧满三个月的，算一个季节。所以服满一年或二年的时候，都要祭祀死者，这是依礼行事；祭祀后可以逐渐除去丧服，这是合乎道义的事，不能认为是因为要除丧服才祭祀的。如果有死后三年才安葬的，葬后一定要举行两次祭祀后才可除去丧服，而且这两次祭祀不能在同一个月内进行。如果为有大功丧服关系的堂兄弟主持丧事，死者还有妻子或年幼的子女，一定要在替他们举行了两次祥祭后才除去丧服。如果是为朋友主持丧事，只要在举行过虞祭和祔祭后就可以除丧了。凡是士，只为他的生过儿子的妾服缌麻丧服，如果是没有生过儿子的妾，就不为她服丧。

自己出生在外地，从未见过祖父母及叔伯父母和族中兄弟，当这些人的死讯传来而丧期已过，父亲要为他们追服最轻的丧服，而自己不必追服。如果降等后，仍需服缌麻或小功丧服，那就要追服。臣子出使在外，久留未归。听到国君的父母、嫡妻或长子的死讯后，如果这时国君已经除丧，那就不必追服丧服。跟随国君出外久而未归的近臣，听到王室的凶讯后，国君服丧，近臣也跟着服丧；其余的随行人员，在丧期之内就跟着服丧，过了丧期就不追服。国君外出不知道王室有死丧之事而未服丧，但留在国内的大小官员仍要按从服规定服丧。

从虞祭开始，不把丧棒带入寝室；从祔祭开始，不把丧棒带入庙堂。庶子过继给国君嫡妻做儿子的，养母死后，就不为养母的娘家亲族服丧。各种丧服经带的递减，都以五分之一为度，丧棒的规格与腰经相同。妾为丈夫的嫡长子所服丧服，与嫡妻为长子所服丧服相同。除丧应先除重的，但重复遭丧时改换丧服要改换轻的。没有宾客吊丧，就不打开殡宫的门，平常的哀哭都在倚庐或垩室中。

为死者招魂时喊的名字，以及写在棺柩前的铭上的文字，从天子到士，都是一样的格式。男子称呼他的名，妇人称呼她的姓和排行，如果不知道她的姓，就称她的氏。斩衰丧服在卒哭后要改服的葛经，其粗细与齐衰丧服在卒哭前所服的麻经相同。齐衰丧服

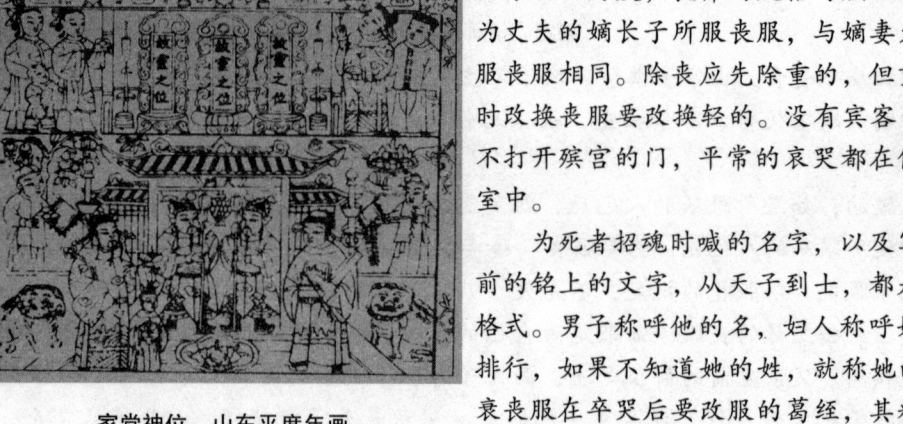

家堂神位，山东平度年画。

卒哭后所服的葛经，其粗细与大功丧服卒哭前所服麻经相同。葛经、麻经的宽度相同，所表示的丧服轻重也相同，所以遭双重丧事的人兼服麻经与葛经。提前入葬就要提前举行虞祭，但必须等到三个月之后才举行卒哭祭祀。如果父母同时死亡，应先埋葬母亲，但葬后不举行虞祭和祔祭，要等父亲入葬以后，再先为父后为母举行虞祭和祔祭。葬母时因父亲未葬，仍须服斩衰丧服。

大夫为他的庶子服丧要降为大功丧服，但庶子的儿子为父亲服丧不能降低等级。大夫不为士主持丧事。不为慈母的父母服丧。丈夫是过继给别人做后嗣的，妻子要为丈夫的亲生父母降服大功丧服。士死后，如果附于大夫的祖庙，要改用少牢举行祔祭。所谓不同居的继父，是指曾经同居过而后来分居的继父。继父既无堂兄弟又无亲生子，随母而来的儿子与继父住在一起，财产为二人共有，并能祭祀自己的祖庙、父庙，这才叫同居。如果继父有儿子或堂兄弟，那就叫异居。

为朋友吊丧哭泣时，应在寝门外西边，面向南哭泣。附葬于祖墓不占筮墓地吉凶。士、大夫不能附葬于曾经做过诸侯的祖父的墓旁，只能附葬在做过士或大夫的叔伯祖

父墓旁；士、大夫的妻子也只能附葬在叔伯祖母的墓旁；士、大夫的妾附葬在妾祖母墓旁。如果没有适于附葬的祖父辈，那么就要间隔一代而附葬于高祖。附葬一定要按照昭穆次序。诸侯不能附葬于天子，但当过天子、诸侯或大夫的子孙可以附葬于当过士的祖父。

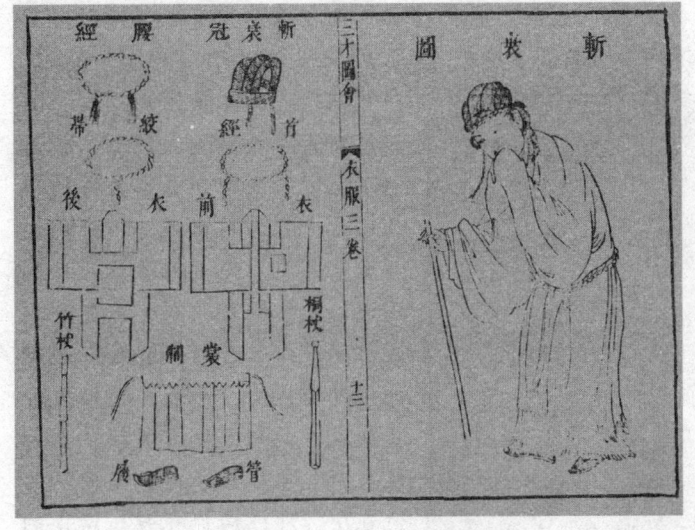

斩衰服图，选自《三才图会》。

生母是外祖父的庶出之女，儿子要跟着母亲为外祖父的正妻服从服，但如母亲已死，就不从服。宗子的母亲在世，宗子也可以为他的正妻举行禫祭。妾的儿子为慈母服丧三年，也就可以为庶母服丧三年，也可以为祖庶母服丧三年。为亲生父母、为正妻、为长子服丧的人都在举行了禫祭后除丧。妾的儿子与慈母、庶母的丧服关系只限于本身，他的子孙不再祭祀慈母、庶母。

男子行冠礼之后死，就不算殇死；女子行笄礼之后死，也不算殇死。被立为殇死者后嗣的人要按丧服的规定为殇死者服丧。死后时间很久而不葬，只有主持丧事的人等到葬后才除丧服，其余的人都服麻到规定的月数就除丧，到出葬时也不再服丧。丧服用箭笄和麻带的女子，要服丧三年，到除丧时才除去箭笄和麻带。服期为三个月的齐衰丧服与服期为九个月的大功丧服有相同的地方，就是这两种丧服都穿用麻绳编成的鞋。

服丧满一年举行小祥祭，事前的筮日筮尸和检视洗涤的祭器时，主人都是腰系葛绖，手执丧棒，脚穿麻绳草鞋，等到有司报告准备就绪，可以开始时，主人才放下丧棒。筮日和筮尸时都有来宾参加，所以到有司报告占筮结束时，主人又拿起丧棒拜送宾客。服丧满二年后举行大祥祭时，主人要脱去丧服改穿朝服，举行筮日筮尸和视濯仪式。庶子如与父亲同宅而居，不能为生母举行祔祭。父母死，朝夕哭泣时，庶子不能手执丧棒站在哭泣的位置上。父亲不为庶子主持丧事，由庶子的儿子主持，所以庶子的儿子可以手执丧棒站到朝夕哭泣的位置上。父亲在世，庶子为自己的妻子主持丧事，可以带着丧棒站到自己的位置上。

诸侯到别的国家的大臣家去吊丧，主国的国君要代做丧主。诸侯吊丧时，要在皮弁上加一个麻绳圈，穿细麻布做的衣服。这时，即使死者已经入葬，丧家的主人也要用麻束发。假如诸侯在死者未殡之前去吊丧，丧主还没穿丧服，诸侯也就不穿细麻布衣服。侍奉病人的人，即使遇到丧事也不穿丧服，等到病人死了，就为他主持丧事。

已有丧服在身的人，为别人主持丧事，不改换原来的丧服。奉养长辈病人，一定要换掉丧服；服侍小辈病人就不必换掉丧服。

妾如果没有妾祖姑，在妾死后就改用特牲祔于嫡祖姑。妻妾的虞祭和卒哭祭由她的丈夫或儿子主持，祔祭则要由丈夫的父亲主持。士，不能代替主持大夫的丧事，只有宗子可以以士的身份代替主持大夫的丧事。主人没有除丧之前，倘有兄弟辈的从国外来奔丧，主人接待他时可以不用麻束发。

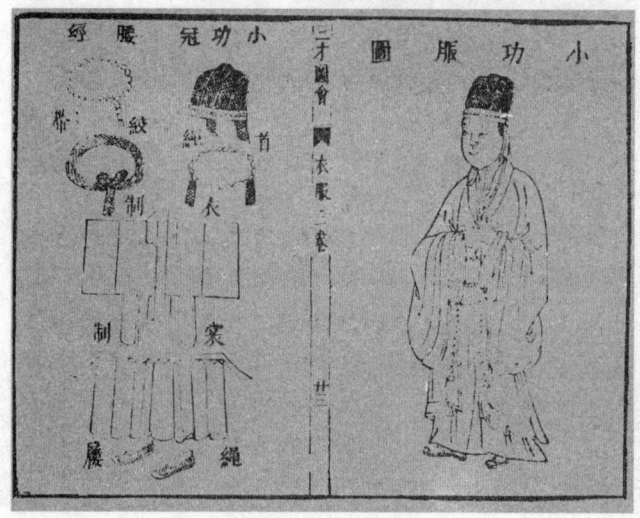

小功丧服，选自《三才图会》。

陈列陪葬器物的原则是：宾客馈赠的器物要尽数陈列，但可以不全放入墓中；自家自备的器物不必全部陈列出来，但可以全部放入墓中。死者入葬后，从别国来为兄弟奔丧的人，应先到坟墓上哭吊，然后到殡宫站在规定的位置上哭泣；如果是为朋友奔丧的人，就先到殡宫哭泣，再到坟墓上哭吊。庶子死，父亲不为他在中门外设倚庐守丧。诸侯的兄弟要为诸侯服斩衰丧服。为下殇服丧只用小功丧服，绖带用沤制过的麻，不把根去掉，腰带系结后，把多余部分的下端反屈过来搭在腰带上。

媳妇死后附葬于丈夫的祖母之墓，如果有几个祖母，应该附葬于关系最亲的祖母。妻子是在丈夫做大夫的时候死的，而丈夫后来又不是大夫，那么合葬的祔祭礼就不改换祭牲，仍用一只猪；如果丈夫在妻子死后才做大夫的，那他死后与妻子合葬的祔祭要用大夫的祔祭礼，用少牢。留在父亲身边做继承人的儿子，不为已被父亲休弃的生母服丧。其所以不服丧，因为生母已成为别家人，不当祭祀。妇人不做丧主但仍要拿丧棒的情况是：夫之母在世而丈夫死，妻子要用丧棒；母亲为长子服丧时要用桐木削成的丧棒；女儿出嫁前父母死亡，又无兄弟做丧主，别的亲属代做丧主但不用丧棒，那么长女要用丧棒。

服缌麻和小功丧服的亲属，到虞祭和卒哭祭时要戴免。葬后不随即举行虞祭的，即使是丧主也可以和其他亲属一样戴冠，等到举行虞祭时再全体去冠戴免。为兄弟服丧的人，有的在死者入葬前已经除去丧服，但到下葬的时候，还要穿上原先的丧服。葬后随即举行虞祭和卒哭祭，要戴免；如果不随即举行虞祭，就把丧服除掉。死者葬在郊外远处，亲属送葬及送葬回来的路上都戴冠，走到城与郊的交界处，才去冠戴免，回到庙中哭泣。国君来吊丧，即使是不该戴免的时候，丧主也要戴免、系麻腰绖，腰带的末梢不下垂。即使是别国的国君来吊丧，全体亲属都要戴免。为未成年而死的人服丧，到除丧的祭祀时穿戴黑色的衣冠；为成年人服丧，在除丧的祭祀时穿黑色朝服，戴白色的冠。

父亲死，从别国来奔丧的儿子，到家后应在堂上用麻把头发束起来，脱衣露出左臂，走下台阶，边哭边踩脚，然后在庭东边把衣服穿起来，系上麻绖。如果是为母亲奔丧，就不束头发，而在堂上脱衣露出左臂，走下台阶，边哭边踩脚，然后在庭东边穿好衣服，用麻布条束住头发，系好腰带，走到哭位上边哭边踩脚，但出了殡宫门就停止哭泣。孝子为父母奔丧，头三天内哭踊五次，脱衣露臂三次。嫡长子如果有废疾或无子，就不能做父亲的继承人，那么他的妻子死后，丈夫的母亲只为她服小功丧服。

送葬仪式，选自《澳门民俗志》。

大传第十六

【原文】

礼，不王不禘。王者禘其所自出，以其祖配之。诸侯及其大祖。大夫、士有大事，省于其君，干祫及其高祖。

牧之野，武王之大事也。既事而退，柴于上帝，祈于社，设奠于牧室；遂率天下诸侯，执豆笾，逡奔走，追王大王亶父、王季历、文王昌，不以卑临尊也。

上治祖祢，尊尊也。下治子孙，亲亲也。旁治昆弟，合族以食，序以昭缪，别之以礼义，人道竭矣。

圣人南面而听天下，所且先者五，民不与焉。一曰治亲，二曰报功，三曰举贤，四曰使能，五曰存爱。五者一得于天下，民无不足、无不赡者。五者一物纰缪，民莫得其死。圣人南面而治天下，必自人道始矣。立权度量，考文章，改正朔，易服色，殊徽号，异器械，别衣服，此其所得与民变革者也。其不可得变革者则有矣：亲亲也，尊尊也，长长也，男女有别，此其不可得与民变革者也。

同姓从宗，合族属。异姓主名，治际会。名著而男女有别。

其夫属乎父道者，妻皆母道也。其夫属乎子道者，妻皆妇道也。谓弟之妻妇者，是嫂亦可谓之母乎？名者，人治之大者也，可无慎乎！

四世而缌，服之穷也。五世祖免，杀同姓也。六世，亲属竭矣。其庶姓别于上，而戚单于下，昏姻可以通乎？系之以姓而弗别，缀之以食而弗殊，虽百世而昏姻不通者，周道然也。

服术有六：一曰亲亲，二曰尊尊，三曰名，四曰出入，五曰长幼，六曰从服。从服有六：有属从，有徒从，有从有服而无服，有从无服而有服，有从重而轻，有从轻而重。自仁率亲，等而上之至于祖，名曰轻。自义率祖，顺而下之至于祢，名曰重。一轻一重，其义然也。

君有合族之道，族人不得以其戚戚君，位也。

庶子不祭，明其宗也。庶子不得为长子三年，不继祖也。别子为祖，继别为宗，继祢者为小宗。有百世不迁之宗，有五世则迁之宗。百世不迁者，别子之后也。宗其继别子（之所自出）者，百世不迁者也。宗其继高祖者，五世则迁者也。尊祖故敬宗，敬宗，尊祖之义也。

天子祭宗庙

有小宗而无大宗者，有大宗而无小宗者，有无宗亦莫之宗者，公子是也。公子有宗道。公子之公，为其士大夫之庶者，宗其士大夫之适者，公子之宗道也。

绝族无移服。亲者属也。自仁率亲，等而上之至于祖。自义率祖，顺而下之至于祢。是故人道亲亲也，亲亲故尊祖，尊祖故敬宗，敬宗故收族，收族故宗庙严，宗庙严故重社稷，重社稷故爱百姓，爱百姓故刑罚中，刑罚中故庶民安，庶民安故财用足，财用足故百志成，百志成故礼俗刑，礼俗刑然后乐。《诗》云："不显不承，无斁于人斯。"此之谓也。

【译文】

礼的规定，不是天子就不能举行禘祭。天子大祭宗庙时，以禘始祖所受命的天帝，而让始祖配食。诸侯大祭宗庙时，只能祭太祖以下的祖先。大夫、士在合祭祖先时，礼数应比诸侯简省，追祭祖宗也只能上及高祖。

周武王在牧野战胜商纣，是武王建立周朝的一件大事。战争结束后，燔柴祭告上帝，祭告土神，在牧野的馆内祭祀行主以告知祖先。接着又带领各地诸侯，端着祭祀供品，匆匆忙忙地返回祖庙，追认古公亶父、季历、西伯昌为王，这样就避免了后辈的爵位高于前辈。正确排列宗庙的位次，是为了尊崇祖先；正确排列子孙后代的次序，是为了亲近自己的血统；从旁又排列亲兄弟、堂兄弟的关系，在宗庙内会食同族的人，以父昭子穆的次序排列座次，制订彼此相应的礼节。这样，人道伦常就都体现出来了。

圣人执掌政权治理天下，必须首先注意五件事，而治理人民的事还不在其中。第一是治理好自己的家族，第二是报答有功的人，第三是选拔有德行的人，第四是任用才能出众的人，第五是访察并举用有仁爱之心的人。这五件事如果都能做到，那人民就没有不满意的，也没有不富足的；这五件事，如果哪一件有差错，那人民就不能很好生活。所以圣明的君王治理天下，一定要从人道伦常做起。制定重量、长度、容积的标准，考订各种礼法，改订历法，变易所崇尚的颜色，区别旌旗上各种徽号，区别各种礼器及军械的用途，区分吉凶服制，这些事情都是可以随着时代的不同，与人民一起变换更改的。但是，也有不能因时而改变的，如亲近亲属，尊崇祖先，敬奉长者，严格男女之间的界限，这些就是不能让人民随意变换更改的。

　　同姓的男子随着各自的宗子，组成一个氏族单位。从外族嫁过来的女子，依靠称呼确定名分，族中举行集会时，依据名分排列座次。名分确定之后，男女就有区别了。丈夫属于父辈的，其妻就属母辈；丈夫是子辈，其妻就属媳妇辈。如果称呼弟弟的妻子为媳妇，那么难道可以称呼嫂嫂为母亲吗？所以，名分是人伦中最重要的事情，不可不特别慎重。

　　为出自同一高祖而相隔四代的族人服丧，只穿缌麻丧服，丧服关系只到这一代为止。相隔五代的人之丧，只要脱衣露出左臂，用麻布条束住头发表示哀悼，所用的礼比同族的人轻。相隔六代的人，虽同姓，可以说族亲关系已经没有了。这些同姓的人，从高祖以上，已不认为同族；从玄孙以下，已无丧服。这种同姓的人可以通婚吗？这些人用老祖宗的姓联系起来没有分别，在宗庙聚会时也排在同一个辈分上，所以凡同姓者，即使相隔百代，也不能通婚，周代的规定就是这样。

　　丧服的原则有六项：第一是为有血缘关系的亲人服丧，如子为父母等；第二是为尊贵者服丧，如臣为君；第三是为有名分关系的异姓服丧，如为叔母、伯母等；第四是为族中已嫁及未嫁的女子服丧有不同；第五是为成年人服丧和为未成年人服丧有不同；第六是从服。从服又可分为六种情况：第一是因亲属关系而跟着服丧的，如为母亲的娘家亲属服丧；第二是因徒属关系而跟着服丧的，如臣子为君主的家属服丧；第三是本应有从服而不服丧的，如国君的庶子，怕犯国君的禁忌，就不为岳父母服丧；第四是本无从服而又跟着服丧的，如国君的庶子不为他的母党之亲服丧，但他的妻子仍要服丧；第五是本应跟着服重服而服轻服的，如妻为父母服重服，而夫为岳父母服轻服；第六是本服轻而从服重的，如庶子为生母只服轻服，而妻子反而服重服。

　　如果用对自己的恩情深浅来分别亲疏关系，那就得沿着父亲往上推，到了远祖，恩情就最轻。如果从道义上看，就应沿着远祖往下推，直至父庙，愈早的祖先义愈重。这样，远祖的恩情虽轻，但在道义上最重要；父母的恩情虽重，但道义上较轻。丧服的轻重就是根据这两方面的道理制订的。国君有统领全族的权力，族中人不能用亲属关系而把国君当做亲属看待，这是他的尊贵地位所决定的。

　　庶子不主祭祖庙，为的是严明宗法。庶子不能为长子服丧三年，因为庶子不继承始祖庙。国君的庶子有了封地，成为别子，他的子孙以他为始祖，别子的嫡长子继承别子，这就是大宗；别子的庶子只能继承父庙，成为小宗。这些宗，有一直继承下去百代不迁易的，也有超过五代就要迁易的。百代不迁易的，就是别子的嫡长子所继承的一支。继承别子的宗，就是百世不迁易的大宗；只能继承高祖的宗，超过五代就要迁易，是小宗。尊崇祖先就要敬守宗法；敬守宗法，是尊崇祖先最合宜的道德行为。

第一是只有小宗而没有大宗的，第二是只有大宗而没有小宗的，第三是既无人可宗，又无人来宗。诸侯公子的宗法是有三种情况的。诸侯的公子有宗法的，是继位当国君的嫡长子立一个嫡亲弟弟作为其余当士和大夫的异母弟的宗子。这就是公子的宗法。亲属关系断绝，就没有丧服关系了，只有有亲属关系的人，才统属于同一个宗。

如果用对自己的恩情来分别亲疏关系，那就得沿着父母往上推至远祖，但如果从道义上看，就应沿着远祖往下推至父庙，所以人的天性是亲近自己的亲人。亲近亲人就会尊崇祖先；尊崇祖先就会敬守宗法；敬守宗法就会团结族人；团结族人，宗庙之中就严整有序；宗庙严整有序，就会敬重社稷之神；敬重社稷之神就能和同姓氏族友好相待；同姓氏族友好相待，刑罚就能公正合理；刑罚公正合理，人民就能安居乐业；人民安居乐业，各种财用就丰足；财用丰足，一切愿望都能实现；愿望实现了，各种礼仪就有一定规范；礼仪有规范，万民都能欢乐。《清庙》诗中有这样的话："文王的功绩伟大而光辉，广泛地流传下来，后人永远敬重他。"说的正是这个意思啊！

少仪第十七

【原文】

闻始见君子者，辞曰："某固愿闻名于将命者。"不得阶主。敌者，曰："某固愿见。"

罕见曰闻名。亟见曰朝夕。瞽曰闻名。适有丧者曰比。童子曰听事。适公卿之丧，则曰听役于司徒。

君将适他，臣如致金玉货贝于君，则曰"致马资于有司"。敌者，曰"赠从者"。

臣致禭于君，则曰"致废衣于贾人"。敌者，曰"禭"。亲者兄弟，不以禭进。

臣为君丧，纳货贝于君，则曰"纳甸于有司"。

赗马入庙门。赙马与其币、大白兵车，不入庙门。赗者既致命，坐委之，摈者举之，主人无亲受也。

受立，授立，不坐。性之直者，则有之矣。

始入而辞，曰："辞矣。"即席，曰："可矣。"排阖说屦于户内者，一人而已矣。有尊长在则否。

问品味，曰："子亟食于某乎？"问道艺，曰："子习于某乎？子善于某乎？"

不疑在躬。不度民械。不愿于大家。不訾重器。

泛扫曰扫。扫席前曰拚。拚席不以鬣。执箕膺揲。

不贰问。问卜筮，曰："义与？志与？"义则可问。志则否。

尊长于己逾等，不敢问其年。燕见不将命。遇于道，见则面，不请所之。丧俟事，不特吊。侍坐弗使：不执琴瑟，不画地，手无容，不翣也。寝则坐而将命。侍射则约矢，侍投则拥矢，胜则洗而以请，客亦如之；不角，不擢马。

执君之乘车则坐。仆者右带剑，负良绥，申之面，拖诸幦。以散绥升。执辔然后步。

请见不请退。朝廷曰退。燕游曰归。师役曰罢。

侍坐于君子，君子欠伸、运笏、泽剑首、还屦、问日之蚤莫，虽请退可也。

事君者量而后入，不入而后量。凡乞假于人，为人从事者亦然。然，故上无怨，而下远罪也。

不窥密。不旁狎。不道旧故。不戏色。

为人臣下者，有谏而无讪，有亡而无疾。颂而无谄，谏而无骄。怠则张而相之，废则扫而更之，谓之社稷之役。

毋拔来。毋报往。毋渎神。毋循枉。毋测未至。士依于德，游于艺。工依于法，游于说。毋訾衣服成器。毋身质言语。

言语之美，穆穆皇皇。朝廷之美，济济翔翔。祭祀之美，齐齐皇皇。车马之美，匪匪翼翼。鸾和之美，肃肃雍雍。

问国君之子长幼，长，则曰："能从社稷之事矣。"幼，则曰："能御。""未能御。"问大夫之子长幼，长，则曰："能从乐人之事矣。"幼，则曰："能正于乐人。""未能正于乐人。"问士之子长幼，长，则曰："能耕矣。"幼，则曰："能负薪。""未能负薪。"

执玉，执龟策，不趋。堂上不趋，城上不趋。武车不式，介者不拜。

妇人吉事，虽有君赐，肃拜。为尸坐则不手拜，肃拜。为丧主则不手拜。

葛绖而麻带。

取俎进俎，不坐。执虚如执盈，入虚如有人。

凡祭于室中，堂上无跣。燕则有之。

未尝，不食新。

仆于君子，君子升下则授绥，始乘则式。君子下行，然后还立。乘贰车则式，佐车则否。贰车者，诸侯七乘，上大夫五乘，下大夫三乘。有贰车者之乘马（服车），不齿，观君子之衣服、服剑、乘马、〔服车〕，弗贾。

其以乘壶酒、束脩、一犬赐人若献人，则陈酒、执脩以将命，亦曰"乘壶酒、束脩、一犬"。其以鼎肉，则执以将命。其禽，加于一双，则执一双以将命，委其馀。犬则执绁。守犬、田犬，则授摈者；既受，乃问犬名。牛则执纼，马则执靮，皆右之；臣则左之。车则说绥，执以将命。甲若有以前之，则执以将命；无以前之，则袒櫜奉

胄。器则执盖。弓则以左手屈韣执拊。剑则启椟盖袭之，加夫襓与剑焉。笏、书、脩、苞苴、弓、茵、席、枕、〔颖〕、几、（颖）杖、琴、瑟、戈有刃者椟、策、籥，其执之，皆尚左手。刀却刃，授颖；削授拊。凡有刺刃者，以授人则辟刃。

乘兵车，出先刃，入后刃。军尚左，卒尚右。

宾客主恭，祭祀主敬，丧事主哀，会同主诩。

军旅思险，隐情以虞。

燕侍食于君子，则先饭而后已。毋放饭，毋流歠。小饭而亟之。数噍，毋为口容。客自彻，辞焉，则止。

客爵居左，其饮居右。介爵、酢爵、僎爵，皆居右。

羞濡鱼者，进尾。冬右腴，夏右鳍。祭䏝。

凡齐，执之以右，居之于左。赞币自左，诏辞自右。

酌尸之仆，如君之仆。其在车，则左执辔，右受爵，祭左右轨范，乃饮。

凡羞有俎者，则于俎内祭。君子不食圂腴。小子走而不趋。举爵则坐祭立饮。凡洗必盥。牛羊之肺，离而不提心。凡羞有（湆）〔湇〕者，不以齐。为君子择葱薤，则绝其本末。羞首者，进喙祭耳。尊者，以酌者之左为上尊。尊壶者面其鼻。饮酒者、肌者、醮者，有折俎不坐。未步爵，不尝羞。牛与羊、鱼之腥，聂而切之为脍。麋鹿为菹，野豕为轩，皆聂而不切。麕为辟鸡，兔为宛脾，皆聂而切之。切葱若薤，实之醯以柔之。其有折俎者，取祭反之，不坐；燔亦如之。尸则坐。

衣服在躬而不知其名，为罔。

其未有烛而〔有〕后至者，则以在者告；道瞽亦然。凡饮酒，为献主者，执烛抱燋，客作而辞，然后以授人。执烛不让，不辞，不歌。

洗、盥、执食饮者，勿气。有问焉，则辟咡而对。

为人祭曰致福，为己祭而致膳于君子曰膳，袝练曰告。凡膳告于君子，主人展之，以授使者于阼阶之南，南面再拜稽首送；反命，主人又再拜稽首。其礼：大牢，则以牛左肩臂臑，折九个；少牢，则以羊左肩七个；特豕，则以豕左肩五个。

国家靡敝，则车不雕几，甲不组縢，食器不刻镂，君子不履丝屦，马不常秣。

【译文】

听说第一次去求见君子时，应该这样说："某人非常希望将名字通报您的传达。"不能径直说要见主人。如果自己的地位与求见者相等，就说："我很想见到您的传达。"

平时少见面的，求见时就说："某人很希望将名字通报您的传达。"如果经常与对方见面，就说："某人常常麻烦您通报。"如果是盲人求见，说："某人希望将名字通报您的传达。"

到有丧事的人家去，应该说："我希望和您的传达一同效劳。"未成年的小孩则说："我来听命做事。"去参加公卿的丧礼，则说："我来听候司徒的吩咐。"

国君将到其他地方去，臣下如果要赠送金玉财物宝贝给国君，应该说："送一点养马的费用给有司。"如果送给与自己身份相等的人,就说:"这点东西送给您的随行人员。"

臣下送殓衣给国君,应该说:"我来送一些赎衣给贾人。"如果死者与自己地位相等,那就说:"我来送殓衣。"如果与死者的关系是大功以上的兄弟之亲,那就直接把殓衣送去,无须通过传话的人。

臣下为国君的丧事赠送财货宝贝,应该说:"这是交纳给有司的田野之物。"送给死者马,可以进入祖庙大门;而赠给生者办丧事的马及币帛、插有太白旗的兵车,都不能入祖庙大门。

赠赙币的人在说明来意以后,坐着将所赠财物陈放于地,由接待宾客的人从地上拿起来,主人是不亲自接受的。

一般都是站着接受人家之物,站着送物给人家,不坐着授受。如果是个生来身材高大的人,那就得坐着接受或呈送礼品,这也是有的。

在宾客入门的时候,摈者要告诉主人:"请您向客人致谦让之辞。"及至宾主升堂,各自就席的时候,摈者就说:"各位请坐,不须辞让。"如果坐席铺设在室内,在宾主推开门入室时,只有地位最尊或年龄最长的一个人可以把鞋脱在室内席侧,其他都脱在户外。如果室内原来已经有尊长,则后来的人就得全部把鞋脱在户外。

宾主之间如果询问对方的口味嗜好,要说:"您常常吃某种食品吗?"询问对方的学问、技能时要说:"您熟悉某一方面的学问吗?""您擅长某种技能吗?"

对自己的一言一行都有充足的自信,不猜度人家家里兵械的多少,不羡慕富贵人家的财产,不说人家的珍宝之器不好。

室内室外都扫叫做"扫",只扫坐席前面叫"拚"。扫席子不用扫地的帚,拿畚箕时要把箕舌对着自己的胸口。

在问卜的时候,不可因为占卜的结果不合己意而再一次占卜。在有人占卜的时候,要问他:"你所求卜的是正事呢,还是个人的私事?"如果是正事,就可以再问下去;如果是私事,就不要再问。

地位低、年纪轻的人对于辈分比自己高的尊长,不能询问他的年龄。私下去见他时,不要让摈者进去传话。在路上遇到尊长,如果尊长看见了,就上前请安,但不要询问他到哪儿去。尊长有丧事,要等主人朝夕哭的时候才去吊唁,不是时候不单独去吊丧。在陪侍尊长坐的时候,没有尊长的吩咐就不要拿起琴瑟来弹奏。不要无故画地。不要玩弄自己的手指。也不摇扇子。

投壶,清任渭长绘。

当尊长寝卧的时候，要坐着为尊长传话。当陪侍尊长射箭时，要一次将四支箭取在手中；当陪侍尊长行投壶礼时，则必须把四支箭都握在手上。在射箭和投壶时，如果自己赢了，那就洗爵斟酒，到尊长席前请他喝下这杯罚酒；如果是客人输了，那么主人也应该这样做。位卑年幼者请尊长喝罚酒。不能使用罚酒专用的酒杯"角"，而应用平常献酬用的爵。位卑年幼者在投壶中如果得了二马，也不能撤取尊长的一马以凑成自己的三马。

当国君不在车上时，驾车人手执马缰，坐在中间。驾车人把剑佩在身体右边，把国君登车时拉的绳子从自己左腋下穿过，加在左肩上，再绕过后背入右腋下，绳子的末端垂在自己面前，再搭在轼幜上。他自己拉着散绥登车，执马鞭，分马缰，然后试车。

位卑的人对于尊者可以请求见面，但既见面之后，不主动请求离开。从朝廷下来叫做"退"，燕饮后回家叫做"归"，军队或劳役结束回家叫做"罢"。

陪侍君子座谈的时候，如果他打呵欠，伸懒腰，转弄笏极，抚摩剑柄，拨转鞋头，或者问时间早晚，这时就应该请求退出。

事奉国君的人，要先衡量一下是否可以事奉，不要做了官然后才考虑。凡是向别人借贷，或者承担别人的什么事情，也都应如此。这样事君，国君对自己无所怨恨，自己也能远离罪责。

不窥视人家隐秘之处，不随便与人亲热，不讲别人以前的过失，不要有嬉笑侮慢的神态。

做臣子的对国君只能当面劝谏，而不能背后讪谤；劝而不听，可以离开，却不可怨恨。国君有德应当称颂，但不能变成谄媚；国君有过应当劝谏，但不能生骄慢之心。国君急惰时要鼓励他，帮助他；如果国政已经败坏，则要扫除弊政，更创新政。能够这样，那就叫做社稷之臣。

凡做一件事，不要仓促动手，又随意放弃。对神不能渎慢，不要再犯以前的错误。对于未来的事不要妄加猜测。士应当以道德为依归，遂游于六艺。工匠应当以规矩尺度为依据，努力学习有关道理。不要诋毁别人的衣服重器。对于可疑的传闻，不要妄加证实。

言语之美，要语气和静安详，辞旨显豁；朝廷之美，要动作整齐，威仪厚重宽舒；祭祀之美，在于诚恳恭敬，心系鬼神；车马之美，在于行列整齐，齐步前进；车上鸾铃与和铃之美，在于其鸣声的庄重和谐。

人问国君之子的年龄，如果已经长大，国君就回答说："他已经能够参与社稷之事了。"如果年纪还轻，就回答说："已经能驾车了。"或者说："还不能驾车。"人问大夫之子的年龄，如果已经长大，大夫就回答说："他已经学会音乐了。"如果年龄还小，就说："已经能够接受大司乐的教育了。"或者说："还不能去跟着乐人学习。"人问士之子的年龄，如果已经长大，士就回答说："已经能耕种了。"如果年龄还小，就说："已经能背柴禾了。"或者说："还不能背柴禾。"

手中拿着珪璋等玉器或者龟甲蓍草等卜筮用物，不能快步走；在堂上以及在城上的时候也不能快步走。在兵车上的时候不行轼礼，身穿甲胄时不下拜。

妇女在行吉礼时，即使是拜谢国君赏赐，都是肃拜。作尸坐着时，也不手拜，而用肃拜。如果为丧主，也不手拜，而是稽颡。

妇人在卒哭以后，头上改戴葛绖，但腰间仍用麻绖。

祭祀时，从俎上取肉或者把肉放到俎上去时，不用坐下。手里拿着空器皿时，要像拿着装满了东西的器皿一样谨慎，进入空房间时要像进入有人的房间一样恭敬。

凡在室中或堂上进行祭祀，都不能脱鞋。行燕礼到无算爵的时候，则把鞋脱于堂下而后升堂。

在把新鲜食物荐祭行尝礼之前，不可先食。

为尊长驾车，驾车人在尊长登车或下车时，都要把绥交给他。尊长尚未上车之前，驾车人要低首凭轼，等候他上车。尊长下车步行了，驾车人才能把车转到旁边停下来等候。

乘贰车要行轼礼，乘佐车则不必行轼礼。贰车，诸侯七辆，上大夫五辆，下大夫三辆。对于贰车，不要评论马的老幼。观看尊长的衣服、佩剑、乘马及车子时，不要议论其价值贵贱。

如果以四壶酒、十条干肉、一只菜狗赐给人，或者以这些东西献给尊者，都是把酒和狗放在门外而手持干肉进去传达辞命，说："送来四壶酒、十条干肉、一只狗。"如果赠送已经解割、可置于鼎的肉，那就拿着肉进去传达辞命。如果赠送的是禽鸟，数量在一双以上，则只拿着一双进去传达辞命，其余的都放在门外。赠狗的时候，要牵着系狗的绳子。如果是看家狗、猎狗，则主人拜受以后，就交给摈者，摈者接过来以后就询问狗的名字。如果赠送牛、马，也要牵着缰绳，都用右手牵。如果所献的是俘虏，那就用左手抓住他。

如果赠车，则把车上的绥解下，拿着绥去传达辞命。赠送甲胄时，如果有其他礼品，就先送去传达辞命；如果没有，就把櫜打开，露出甲，而捧着头盔去传达辞命。送有盖的器物时，拿着盖子进去传达辞命。送弓时则把弓衣褪下，左手抓着中央把手。送剑时就打开剑匣的盖，把匣盖合在剑匣底下，然后把剑衣垫在匣内，剑放在剑衣上。凡赠送笏、书、干肉、鱼肉、弓、褥、席、枕头、警枕、小几、手杖、琴、瑟、用木盒装着的有刃的戈、蓍草、萧等物给人，在拿的时候都以左手为敬。送刀给人时，要把刀刃向后，把刀环递给人。送曲刀给人时，则把刀把递给人。凡有锋刃的东西，在给人时都不要把锋刃正对着人。

在兵车上的人，出城时刀刃向前，入城时刀刃向后。军队中的行列，将军以左为上，士卒以右为上。

接待宾客，主人要谦恭有礼；举行祭祀，主人要内心诚敬；丧事以内心悲哀为主；诸侯会同时要表现敏勇的精神。行军作战，要时时想到各种危险，要对自己方面的军情严加保密而经常测度对方的情况。

平时陪侍尊长吃饭，要在尊长之前开始吃，而在尊长之后吃完。不要把手上的剩饭拂到盛饭的器皿中去，不要大口大口地喝汤。吃饭要小口小口地吃而很快地咽下去。食物在口中要多咀嚼，但不要留在口中，鼓腮、咂嘴。客人想自己收拾食具，这时主人要加以劝阻，客人也就不动手。

主人酬宾的爵放在宾的左边；主人初献之爵，宾将举饮，所以放在右边。主人献给介的爵、宾回敬主人的爵以及主人献给来观礼者的爵，都放在各自的右边。

日常吃鲜鱼，要把鱼尾放在前。冬天上鱼时把鱼肚在右，夏天则鱼脊在右。祭祀则用鱼块。

使用盐、梅等调味品，用右手拿着，而把羹菜等放在左边。

相礼者为国君授予币帛时，从国君的左边出；在为国君传达诏令辞命时，由国君的右边出。

给替尸驾车的人斟酒，其礼节与给替国君驾车的人斟酒相同。如果驾车人在车上，就左手拿着缰绳，右手接过酒杯，先用酒祭左右车毂头，以及车轼前面，然后饮酒。

凡上食时有用俎盛食物的，就在俎内祭。君子不吃猪、犬的肠胃。未成年的弟子在举行各种礼节时，只能奔走供役使，而不能趋步；如果得到酒将饮，就先坐祭，然后站起来喝掉。凡洗酒杯之前一定先洗手。牛羊的肺切开时，中央留一点不切断，到吃的时候再用手拉断，先祭后食。凡是上有煮肉汁的食物，就不再加盐梅之类的调味品，为君子择葱、薤的时候，要把根、梢都去掉。凡上牲头，要把嘴部对着尊者。尊者如果要祭，就先割下牲耳来祭。

设酒尊者以斟酒人的左方为上尊。陈设酒壶者要使壶嘴朝外向着人。行燕礼以及洗过头以后饮酒、敬冠者酒，凡在有折俎的时候，都不能坐着饮酒。折俎撤下，才能坐饮。在旅酬和无算爵之前，不吃菜肴。

生的牛、羊、鱼肉，先切成片，再细切成脍。麋、鹿肉切得粗、野猪肉切成大片，都不再细切。麕肉细切叫"辟鸡"，兔肉细切叫"宛脾"，都是先切成片而后再细切。再把葱或薤切碎，和肉一起浸在醋中，使肉变软。

如果有盛着解割了牲体的俎，宾客就从俎中取肺而祭，祭后又放回俎内。取祭与放回时都不坐。取炙肉祭也是如此。在做这些事时，尸坐着。

衣服穿在身上，却不知道它的制度、等级，这就是无知。

在宴集时，如果天色已暗而尚未点烛，这时又有人后至，则主人应当把在座的人一一告诉后来的人。作盲人向导时也是这样。凡饮酒时作献主的人，拿来已经点燃的烛和引火的火炬，这时客人要站起来表示谢意，主人然后把烛和火炬交给仆人。手中拿着点燃的烛时，不和客人互相谦让，不辞谢，不唱歌。

为尊长洗爵以及拿食物、饮料时，不要使自己的气息直冲爵或食物。如果尊长有所询问，则要把嘴巴偏向一侧回话。

代人主祭，把胙肉送人时，应该说："把祭祀之福送给您。"如果是自己祭祀，则应该说："送点美味给您尝尝。"如果是祔、练等丧祭，则说："我刚刚举行了祔（或练)祭,特来禀告。"凡是送胙肉给国君,主人要亲自检查所送的物品。在阼阶南面交给使者,并且面向南再拜稽首送使者出发。使者完成任务回来,主人又在阼阶南面堂下,面向南再拜稽首,接受使者复命。所送礼品:如果祭祀时用大牢,那就送牛的左肩、臂、臑共九段;如果祭祀时用少牢,就送羊的左肩,析为七段;如果祭祀时只用一只猪,那就送猪的左肩,析为五段。

当国家在战乱饥馑凋敝之时,车子不要雕刻、油漆,铠甲不要用丝组缘饰,日常用的食器不雕刻花纹,君子不穿丝鞋,马不经常喂谷物。

学记第十八

【原文】

发虑宪,求善良,足以謏闻,不足以动众。就贤体远,足以动众,未足以化民。君子如欲化民成俗,其必由学乎!

玉不琢,不成器;人不学,不知道。是故古之王者建国君民,教学为先。《兑命》曰:"念终始,典于学。"其此之谓乎!

虽有嘉肴,弗食,不知其旨也;虽有至道,弗学,不知其善也。是故学然后知不足,教然后知困。知不足,然后能自反也;知困,然后能自强也。故曰:教学相长也。《兑命》曰:"学学半。"其此之谓乎。

古之教者,家有塾,党有庠,术有序,国有学。比年入学,中年考校。一年视离经辨志,三年视敬业乐群,五年视博习亲师,七年视论学取友,谓之小成。九年知类通达,强立而不反,谓之大成。夫然后足以化民易俗,近者说服而远者怀之,此大学之道也。《记》曰:"蛾子时术之。"其此之谓乎。

大学始教,皮弁祭菜,示敬道也。《宵雅》肄三,官其始也。入学鼓箧,孙其业也。夏、楚二物,收其威也。未卜禘不视学,游其志也。时观而弗语,存其心也。幼者听而弗问,学不躐等也。此七者,教之大伦也。《记》曰:"凡学,官先事,士先志。"其此之谓乎。

大学之教也,时教必有正业,退息必有居学。不学操缦,不能安弦;不学博依,不能安《诗》;不学杂服,不能安礼;不兴其艺,不能乐学。故君子之于学也,藏焉,修焉,息焉,游焉。夫然,故安其学而亲其师,乐其友而信其道。是以虽离师辅而不反。《兑命》曰:"敬孙务时敏,厥修乃来。"其此之谓乎!

今之教者,呻其佔毕,多其讯言,及于数进,而不顾其安,使人不由其诚,教人不尽其材。其施之也悖,其求之也佛。夫然,故隐其学而疾其师,苦其难而不知其益也,虽终其业,其去之必速。教之不刑,其此之由乎!

大学之法，禁于未发之谓豫，当其可之谓时，不陵节而施之谓孙，相观而善之谓摩。此四者，教之所由兴也。

发然后禁，则扞格而不胜；时过然后学，则勤苦而难成；杂施而不孙，则坏乱而不修；独学而无友，则孤陋而寡闻；燕朋逆其师；燕辟废其学。此六者，教之所由废也。

君子既知教之所由兴，又知教之所由废，然后可以为人师也。故君子之教喻也，道而弗牵，强而弗抑，开而弗达。道而弗牵则和，强而弗抑则易，开而弗达则思。和易以思，可谓善喻矣。

学者有四失，教者必知之。人之学也，或失则多，或失则寡，或失则易，或失则止。此四者，心之莫同也。知其心，然后能救其失也。教也者，长善而救其失者也。善歌者，使人继其声；善教者，使人继其志。其言也约而达，微而臧，罕譬而喻，可谓继志矣。

君子知至学之难易，而知其美恶，然后能博喻，能博喻然后能为师；能为师然后能为长，能为长然后能为君。故师也者，所以学为君也。是故择师不可不慎也。《记》曰："三王四代唯其师。"此之谓乎！

凡学之道，严师为难。师严然后道尊，道尊然后民知敬学。是故君之所不臣于其臣者二：当其为尸，则弗臣也；当其为师，则弗臣也。大学之礼，虽诏于天子，无北面，所以尊师也。

善学者，师逸而功倍，又从而庸之。不善学者，师勤而功半，又从而怨之。善问者，如攻坚木，先其易者，后其节目，及其久也，相说以解；不善问者反此。善待问者，如撞钟，叩之以小者则小鸣，叩之以大者则大鸣，待其从容，然后尽其声。不善答问者反此。此皆进学之道也。

记问之学，不足以为人师。必也其听语乎！力不能问，然后语之；语之而不知，虽舍之可也。

良冶之子必学为裘；良弓之子必学为箕；始驾马者反之，车在马前。君子察于此三者，可以有志于学矣。

古之学者，比物丑类。鼓无当于五声，五声弗得不和；水无当于五色，五色弗得不章；学无当于五官，五官弗得不治；师无当于五服，五服弗得不亲。

君子曰："大德不官，大道不器，大信不约，大时不齐。察于此四者，可以有志于学矣。"三王之祭川也，皆先河而后海，或源也，或委也。此之谓务本。

【译文】

多思考问题，广为招求善良之人，这样做只能使自己小有名声，却还不足以感动群众。亲近贤人，体察疏远之士的内心，这样做能够感动群众，却不足以转变民心，改变风俗。君子如果想转变民心、形成良好的风俗，恐怕一定要从教育入手吧！

美玉不经过雕琢，不会成为有用的器物；人不经过学习，就不会懂得道理。因此，古代的帝王建立国家、统治人民，都把教学放在最前面。《尚书·兑命》说："要自始至终常常想着学习。"就是这个意思吧！

虽然有好的菜肴，但不吃就不会知道它的美味；虽然有极高明的道理，但不学就不会知道它好在何处。所以只有通过学习，然后才能了解自己的不足；只有通过教别人，才能知道自己哪些问题没有弄通、感到困辱。知道了自己的不足之处，然后才能反过来要求自己加强学习；感到了困辱，然后才能自我勉励，发愤图强。所以说，教和学是相互促进的。《兑命》说："教别人，相当于自己学习功效的一半。"大概就是这个意思吧。

古时教学，二十五家则有塾，一党则有庠，一遂则有序，一国则有学。每年都有入学的人，每隔一年考核其学习情况。入学第一年结束时，考察他给经文断句的能力，辨别经文之主旨何在；第三年考察他是否专心学业、是否乐于和同学相处；第五年考察他是否广博学习、亲近师长；第七年考察他能否在学术上有

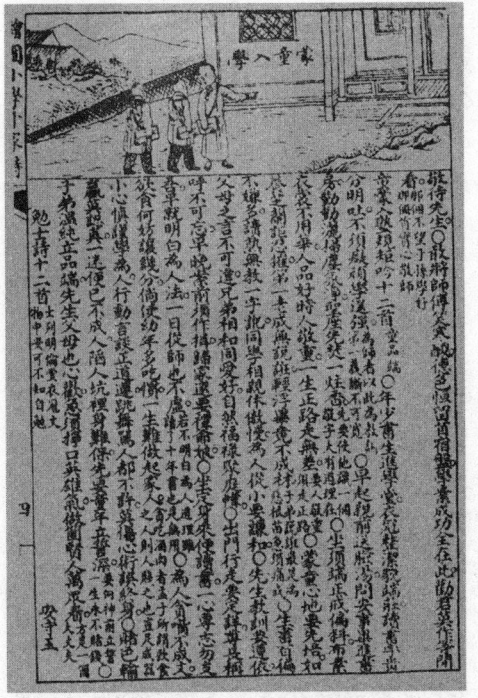

蒙童入学，选自清刊本《绘图小学千家诗》。

自己的见解，能否选择有益的人作朋友。如果能做到这些，这就叫做"小成"。第九年考察他能否触类旁通、遇事有定见、不为外物所左右。如果能做到这些，就叫"大成"。这样才能教化人民、改变风俗，使近处的人心悦诚服而远方的人都来归顺。这就是大学教育人的步骤。古书记载说："小蚂蚁时时向大蚂蚁学习衔泥。"说的就是这个意思吧。

天子、诸侯在学生刚入大学的时候，派负责官员穿皮弁服，用蘋、藻一类的物品祭先圣先师，以向学生显示对道艺的尊敬。在祭先圣、先师时，让学生练习歌唱2《小雅》中的《鹿鸣》、《四牡》、《皇皇者华》三首诗，以使他们入学之初就明白为官之道。学生入学时，先击鼓把他们召集到一起，然后打开书箱拿出书籍等物，要他们谦逊谨慎地对待学业。夏和楚两样东西是用来答罚学生的，使他们有所畏惧，整顿威仪。在卜禘以前，天子、诸侯不去视察学校，考查学生，目的是让学生有较充足的时间按自己的志向努力学习。教师时时观察学生学习，发现学生有疑难问题时，先不讲给他听，让学生多思考。年幼的学生只听老师的讲解而不随便提问题，学习不逾越一定进度。这七条，是教学的大道理。古代的记载说："凡是学习，如果学做官，就先教给他与职务有关的事；如果学做士，就先教给他学士应有的志向。"就是说的这个意思吧。

大学的教学，要顺着时序。所教的都有正常的科目，在休息时，也一定有课外温习项目。如不练习指法，琴瑟就弹不好；不多学譬喻，诗就写不好；不学洒扫应对等

细碎的事，行礼就行不好；不能喜欢学习技艺，学习正业的兴趣也就高不了。所以君子心里常常想着学业，每天学而不辍，休息时也在学，闲游时也在学，无论何时何刻，不离学习。正因为这样，所以他能安于学习，亲近老师，乐于和同学相处，对自己所学的道理有深刻的信念。因此，即使离开了老师、朋友，也不会违反自己所信奉的道理。《兑命》说："敬重所学的道，恭顺地对待学业，时时刻刻不停止努力，那么，所修的学业就一定成功。"就是说的这个意思吧。

如今教人的人，只是看着简册念，讲解多而快，进度太快而不考虑学生能否接受，不是诚心地教育学生，不考虑学生才能的高低而因材施教。他们教育学生既违背了情理，学生求学也就不可能顺利。因此，学生就厌恶学习、憎恶老师，只感到学习的困难而不知道学习的益处。即使最后勉强完成了学业，也一定很快就会忘记。教育的不成功，就是由于这个原因吧！

大学的教育方法，在学生不正当的欲望发生之前就加以禁止，这就叫做防患未然；抓住最合适的时机进行教育，这就叫做合乎时宜；不超越正常的顺序进行教育，这就叫做循序渐进；学生互相观摩，学习他人的长处，这就叫做切磋琢磨。这四条是教育成功的方法。

在学生不正当的欲望已经发生以后再去禁止，这就和学生的想法抵触格格不入，因而不起作用；适宜的学习时期已经

塾师授课，选自《点石斋画报》。

过去了，才来学习，则学起来很费力而又不易取得成就；教育时不按部就班、循序渐进，而是杂乱无章，则学生的学业就会搞得杂乱以致无法收拾；单独学习而没有朋友一起切磋琢磨，就会学识浅陋，见闻不广；与不好的朋友相交往，就会导致不听师训；宠幸女子小人，就会导致荒废学业。这六条是教育失败的原因。

君子只有既明白了教育成功的方法，又明白了教育失败的原因，然后才可以做老师。所以君子在教育学生的时候，只加引导，而不是拉着逼他前进；对学生要多加鼓励，而不是使他沮丧压抑；讲解时在于启发，不把全部讲尽。只引导而不强逼，则师生之间就感情融洽；多鼓励而不是压抑，则学生学习时就会感到比较容易；只启发而不详尽讲解，则学生就用心思考。能做到这三点，就可称得上是善于教育人了。

学习的人会犯四种过失，做老师的一定要知道。人在学习的时候，有的一味贪多，有的不肯多读书，有的见异思迁，有的浅尝辄止。这四种情况的产生，是人心不同的缘故。做教师的一定要先了解学生的心理，然后才能加以补救。所谓教育，就是培养、发扬学生的优点而挽救他们的过失。

善于唱歌的人，能使听众跟在他后面唱起来；善于教学的人，能使学生能举一反三。他讲话辞简而意明，所讲的道理幽深而解说精妙，讲时比喻虽少却使人易懂。这样就能够使学生举一反三了。

君子知道求学的深浅次第，又知道学生资质的高低，然后才能够采用多种教学方法。能做到这一点，才能够做老师；能做老师，才能做官长；能做官长，才能做国君。学生跟着老师学习，也就是学习做国君的德行，因此选择老师不能不慎重。古代记载说："虞、夏、商、周三王四代无不以择师为重。"就是这个意思吧。

在学习中最难做到的是尊敬老师。老师受到尊重，那么他所传的道艺才能受到尊重；道艺受到尊重，然后人民才会把学习看得很重要。因此，国君不以对待臣子的态度来对待臣子的情形只有两种：一是当臣子在祭祀中担任尸的时候，一是当臣子做自己老师的时候。按照大学里的礼节，即使是对天子讲课，老师也不面朝北。这就是为了表示对老师的尊重。

善于学习的人，老师很轻松而教学效果却双倍，并且把功劳归于老师；不善于学习的人，老师很辛勤而教学效果却只有一半，并且还怨恨老师。善于提问题的人，就像砍伐坚硬的木头，先从容易的地方开始，而把较硬的节疤留在后面，时间一久，那些节疤也就脱落分解了；不善于提问的人则与此相反。善于回答人家问题的人就像撞钟一样，轻轻地敲打，钟声就小；用力敲打，钟声就大；打钟的人一定要从容不迫有间歇，然后钟声才会余音悠扬。不善答问的人则与此相反。这些都是增进学问的方法。

只会记诵书本而没有领会，这种人不能做人家的老师。做老师的一定要根据学生的问题加以解答。如果学生不会提问，那老师应讲给他听。如果讲给他听了他还是不懂，那就暂时不再讲了。

击鼓，汉画像石。

好的铁匠的儿子，一定会用零碎的兽皮补缀成裘衣；好的弓匠的儿子，一定会把柳条弯曲编成畚箕；刚开始学驾车的小马，一定要先把它系在车的后面，让它跟在老马后面逐步适应。君子观察这三件事，就可以立定学习的志向了。

古代的学者以同类事物相比方。鼓的声音并不相当于五声中的哪一声，但是当乐器演奏时，没有鼓则五声就没有和谐的节奏；水的颜色并不相当于五色中的哪一色，但是当绘画的时候，没有水则五色就不鲜明；有学问并不等于就可以做官，可是做官的如果没有学问就做不好工作；老师并不相当于五服中的哪一种亲属，但是五服之亲如果没有老师的教诲，则他们之间的感情就不亲密。

君子说："具有伟大德行的圣人，并不专门担任某一种官职；作为宇宙万物的大道，并不局限于一种事物；最大的诚信不需要订立盟约；天之四时虽不相同，却运转不停，是最准确的守时。一个人明白了这四种情况，就有志于学之本了。"夏、商、周三代天子在祭川的时候，都是先祭河，后祭海，这是因为河是海的源头，海是河的末尾。这就叫务本。

乐记第十九

【原文】

凡音之起，由人心生也。人心之动，物使之然也。感于物而动，故形于声。声相应，故生变。变成方，谓之音。比音而乐之，及干戚羽旄谓之乐。

乐者，音之所由生也，其本在人心之感于物也。是故其哀心感者，其声噍以杀；其乐心感者，其声啴以缓；其喜心感者，其声发以散；其怒心感者，其声粗以厉；其敬心感者，其声直以廉；其爱心感者，其声和以柔。六者，非性也，感于物而后动。是故先王慎所以感之者。故礼以道其志，乐以和其声，政以一其行，刑以防其奸。礼乐刑政，其极一也，所以同民心而出治道也。

凡音者，生人心者也。情动于中，故形于声。声成文，谓之音。是故治世之音安以乐，其政和。乱世之音怨以怒，其政乖。亡国之音哀以思，其民困。声音之道，与政通矣。

宫为君，商为臣，角为民，徵为事，羽为物，五者不乱，则无怗懘之音矣。宫乱则荒，其君骄；商乱则陂，其官坏；角乱则忧，其民怨；徵乱则哀，其事勤；羽乱则危，其材匮。五者皆乱，迭相陵，谓之慢，如此则国之灭亡无日矣。

郑、卫之音，乱世之音也，比于慢矣。桑间濮上之音，亡国之音也，其政散，其民流，诬上行私而不可止也。

凡音者，生于人心者也；乐者，通伦理者也。是故知声而不知音者，禽兽是也；知音而不知乐者，众庶是也。唯君子为能知乐。是故审声以知音，审音以知乐，审乐以知政，而治道备矣。是故不知声者不可与言音，不知音者不可与言乐。知乐，则几于礼矣。礼乐皆得，谓之有德。德者，得也。是故乐之隆，非极音也；食飨之礼，非致味也。《清庙》之瑟，朱弦而疏越，一倡而三叹，有遗音者矣。大飨之礼，尚玄酒而俎腥鱼，大羹不和，有遗味者矣。是故先王之制礼乐也，非以极口腹耳目之欲也，将以教民平好恶而反人道之正也。

人生而静，天之性也；感于物而动，性之欲也。物至知知，然后好恶形焉。好恶无节于内，知诱于外，不能反躬，天理灭矣。夫物之感人无穷，而人之好恶无节，则是物至而人化物也。人化物也者，灭天理而穷人欲者也。于是有悖逆诈伪之心，有淫泆作乱之事。是故，强者胁弱，众者暴寡，知者诈愚，勇者苦怯，疾病不养，老幼孤独不得其所，此大乱之道也。是故先王之制礼乐，人为之节。衰麻哭泣，所以节丧纪也；钟鼓干戚，所以和安乐也；昏姻冠笄，所以别男女也；射乡食飨，所以正交接也。礼节民心，乐和民声，政以行之，刑以防之。礼乐刑政，四达而不悖，则王道备矣。

乐者为同，礼者为异。同则相亲，异则相敬。乐胜则流，礼胜则离。合情饰貌者，礼乐之事也。礼义立，则贵贱等矣；乐文同，则上下和矣。好恶着，则贤不肖别矣。刑禁暴，爵举贤，则政均矣。仁以爱之，义以正之，如此则民治行矣。

乐由中出，礼自外作。乐由中出，故静；礼自外作，故文。大乐必易，大礼必简。乐至则无怨，礼至则不争。揖让而治天下者，礼乐之谓也。暴民不作，诸侯宾服，兵革不试，五刑不用，百姓无患，天子不怒，如此则乐达矣。合父子之亲，明长幼之序，以敬四海之内，天子如此，则礼行矣。

大乐与天地同和，大礼与天地同节。和故百物不失，节故祀天祭地。明则有礼乐，幽则有鬼神，如此则四海之内合敬同爱矣。礼者，殊事合敬者也；乐者，异文合爱者也。礼乐之情同，故明王以相沿也，故事与时并，名与功偕。

故钟鼓管磬，羽钥干戚，乐之器也；屈伸俯仰，缀兆舒疾，乐之文也。簠簋俎豆，制度文章，礼之器也；升降上下，周还裼袭，礼之文也。故知礼乐之情者能作，识礼乐之文者能述。作者之谓圣，述者之谓明。明圣者，述作之谓也。

乐者，天地之和也。礼者，天地之序也。和，故百物皆化；序，故群物皆别。乐由天作，礼以地制。过制则乱，过作则暴。明于天地，然后能兴礼乐也。

论伦无患，乐之情也；欣喜欢爱，乐之官也。中正无邪，礼之质也；庄敬恭顺，礼之制也。若夫礼乐之施于金石，越于声音，用于宗庙社稷，事乎山川鬼神，则此所与民同也。

王者功成作乐，治定制礼。其功大者其乐备，其治辩者其礼具。干戚之舞非备乐也，孰亨而祀非达礼也。五帝殊时，不相沿乐；三王异世，不相袭礼。乐极则忧，礼粗则偏矣。及夫敦乐而无忧，礼备而不偏者，其唯大圣乎。

天高地下，万物散殊，而礼制行矣。流而不息，合同而化，而乐兴焉。春作夏长，仁也；秋敛冬藏，义也。仁近于乐，义近于礼。乐者敦和，率神而从天；礼者别宜，居鬼而从地。故圣人作乐以应天，制礼以配地。礼乐明备，天地官矣。

天尊地卑，君臣定矣。卑高已陈，贵贱位矣。动静有常，小大殊矣。方以类聚，物以群分，则性命不同矣。在天成象，在地成形，如此，则礼者天地之别也。地气上齐，天气下降，阴阳相摩，天地相荡，鼓之以雷霆，奋之以风雨，动之以四时，煖之

以日月，而百化兴焉。如此，则乐者天地之和也。化不时则不生，男女无辨则乱升，天地之情也。

及夫礼乐之极乎天而蟠乎地，行乎阴阳而通乎鬼神，穷高极远而测深厚。乐著大始，而礼居成物。著不息者天也，著不动者地也。一动一静者，天地之间也。故圣人曰礼乐云。

昔者，舜作五弦之琴以歌《南风》，夔始制乐以赏诸侯。故天子之为乐也，以赏诸侯之有德者也。德盛而教尊，五谷时孰，然后赏之以乐。故其治民劳者，其舞行缀远；其治民逸者，其舞行缀短。故观其舞，知其德；闻其谥，知其行也。

《大章》，章之也。《咸池》，备矣。《韶》，继也。《夏》，大也。殷周之乐，尽矣。

天地之道，寒暑不时则疾，风雨不节则饥。教者，民之寒暑也，教不时则伤世。事者，民之风雨也，事不节则无功。然则先王之为乐也，以法治也，善则行象德矣。

夫豢豕为酒，非以为祸也，而狱讼益繁，则酒之流生祸也。是故先王因为酒礼。一献之礼，宾主百拜，终日饮酒而不得醉焉，此先王之所以备酒祸也。故酒食者所以合欢也，乐者所以象德也，礼者所以缀淫也。是故先王有大事，必有礼以哀之；有大福，必有礼以乐之。哀乐之分，皆以礼终。乐者，圣人之所乐也，而可以善民心。其感人深，其移风易俗，故先王著其教焉。

夫民有血气心知之性，而无哀乐喜怒之常，应感起物而动，然后心术形焉。是故志微、噍杀之音作，而民思忧。啴谐、慢易、繁文、简节之音作，而民康乐。粗厉、猛起、奋末、广贲之音作，而民刚毅。廉直、劲正、庄诚之音作，而民肃敬。宽裕、肉好、顺成、和动之音作，而民慈爱。流辟、邪散、狄成、涤滥之音作，而民淫乱。是故，先王本之情性，稽之度数，制之礼义，合生气之和，道五常之行，使之阳而不散，阴而不密，刚气不怒，柔气不慑。四畅交于中而发作于外，皆安其位而不相夺也。然后立之学等，广其节奏，省其文采，以绳德厚。律小大之称，比终始之序，以象事行，使亲疏、贵贱、长幼、男女之理皆形见于乐，故曰："乐观其深矣。"

土敝则草木不长，水烦则鱼鳖不大，气衰则生物不遂，世乱则礼慝而乐淫。是故其声哀而不庄，乐而不安，慢易以犯节，流湎以忘本，广则容奸，狭则思欲，感条畅之气，而灭平和之德，是以君子贱之也。

凡奸声感人而逆气应之，逆气成象而淫乐兴焉。正声感人而顺气应之，顺气成象而和乐兴焉。倡和有应，回邪曲直各归其分，而万物之理各以类相动也。是故君子反情以和其志，比类以成其行。奸声乱色不留聪明，淫乐慝礼不接心术，惰慢邪辟之气不设于身体，使耳、目、鼻、口、心知、百体皆由顺正，以行其义。然后发以声音，而文以琴瑟，动以干戚，饰以羽旄，从以箫管。奋至德之光，动四气之和，以著万物之理。是故清明象天，广大象地，终始象四时，周还象风雨。五色成文而不乱，八风从律而不奸，百度得数而有常，小大相成，终始相生。倡和清浊，迭相为经。故乐行而伦清，耳目聪明，血气和平，移风易俗，天下皆宁。故曰："乐者，乐也。"君子乐得其道，小人乐得其欲。以道制欲，则乐而不乱；以欲忘道，则惑而不乐。

是故君子反情以和其志，广乐以成其教。乐行，而民乡方，可以观德矣。德者，性之端也；乐者，德之华也。金石丝竹，乐之器也。诗，言其志也；歌，咏其声也；舞，动其容也。三者本于心，然后乐器从之。是故情深而文明，气盛而化神。和顺积中而英华发外，唯乐不可以为伪。

乐者，心之动也。声者，乐之象也。文采节奏，声之饰也。君子动其本，乐其象，然后治其饰。是故先鼓以警戒，三步以见方，再始以著往，复乱以饬归，奋疾而不拔，极幽而不隐。独乐其志，不厌其道；备举其道，不私其欲。是故情见而义立，乐终而德尊。君子以好善，小人以听过。故曰："生民之道，乐为大焉。"

乐也者，施也；礼也者，报也。乐，乐其所自生，而礼反其所自始。乐章德，礼报情反始也。所谓大辂者，天子之车也；龙旂九旒，天子之旌也；青黑缘者，天子之宝龟也；从之以牛羊之群，则所以赠诸侯也。

乐也者，情之不可变者也。礼也者，理之不可易者也。乐统同，礼辨异。礼乐之说，管乎人情矣。

穷本知变，乐之情也。著诚去伪，礼之经也。礼乐偩天地之情，达神明之德，降兴上下之神，而凝是精粗之体，领父子君臣之节。是故大人举礼乐，则天地将为昭焉。天地䜣合，阴阳相得，煦妪覆育万物；然后草木茂，区萌达，羽翼奋，角觡生，蛰虫昭苏，羽者妪伏，毛者孕鬻，胎生者不殰，而卵生者不殈，则乐之道归焉耳。

乐者，非谓黄钟、大吕、弦歌、干扬也，乐之末节也，故童者舞之。铺筵席，陈尊俎，列笾豆，以升降为礼者，礼之末节也，故有司掌之。乐师辨乎声诗，故北面而弦。宗祝辨乎宗庙之礼，故后尸。商祝辨乎丧礼，故后主人。是故德成而上，艺成而下，行成而先，事成而后。是故先王有上有下，有先有后，然后可以有制于天下也。

魏文侯问于子夏曰："吾端冕而听古乐，则唯恐卧。听郑、卫之音，则不知倦。敢问古乐之如彼何也？新乐之如此何也？"

子夏对曰："今夫古乐：进旅退旅，和正以广；弦匏笙簧，会守拊鼓；始奏以文，复乱以武；治乱以相，讯疾以雅；君子于是语，于是道古，修身及家，平均天下。此古乐之发也。今夫新乐：进俯退俯，奸声以滥，溺而不止；及优侏儒，（猱）〔獶〕杂子女，不知父子；乐终不可以语，不可以道古。此新乐之发也。今君之所问者乐也，所好者音也。夫乐者，与音相近而不同。"

文侯曰："敢问何如？"

子夏对曰："夫古者天地顺而四时当，民有德而五榖昌，疾疢不作而无妖祥，此之谓大当。然后圣人作，为父子君臣，以为纪纲。纪纲既正，天下大定。天下大定，然后正六律，和五声，弦歌《诗·颂》。此之谓德音。德音之谓乐。《诗》云：'莫其德音，其德克明。克明克类，克长克君，王此大邦。克顺克俾，俾于文王。其德靡悔，既受帝祉，施于孙子。'此之谓也。今君之所好者，其溺音乎！"

文侯曰："敢问溺音何从出也？"

子夏对曰："郑音好滥淫志，宋音燕女溺志，卫音趋数烦志，齐音敖辟乔志，此四者，皆淫于色而害于德，是以祭祀弗用也。《诗》云：'肃雍和鸣，先祖是听。'夫肃，敬也；雍雍，和也。夫敬以和，何事不行？为人君者，谨其所好恶而已矣。君好之，则臣为之。上行之，则民从之。《诗》云：'诱民孔易。'此之谓也。然后圣人作，为鞉、鼓、椌、楬、埙、篪，此六者，德音之音也。然后钟、磬、竽、瑟以和之，干、戚、旄、狄以舞之，此所以祭先王之庙也，所以献酬酳酢也。所以官序贵贱、各得其宜也，所以示后世有尊卑长幼之序也。

"钟声铿，铿以立号，号以立横，横以立武。君子听钟声，则思武臣。石声磬，磬以立辨，辨以致死。君子听磬声，则思死封疆之臣。丝声哀，哀以立廉，廉以立志。君子听琴瑟之声，则思志义之臣。竹声滥，滥以立会，会以聚众。君子听竽笙箫管之声，则思畜聚之臣。鼓鼙之声讙，讙以立动，动以进众。君子听鼓鼙之声，则思将帅之臣。君子之听音，非听其铿锵而已也，彼亦有所合之也。"

宾牟贾侍坐于孔子。孔子与之言及乐。曰："夫《武》之备戒之已久，何也？"对曰："病不得其众也。""咏叹之，淫液之，何也？"对曰："恐不逮事也。""发扬蹈厉之已蚤，何也？"对曰："及时事也。""《武》，坐致右，宪左，何也？"对曰："非《武》坐也。""声淫及商，何也？"对曰："非《武》音也。"子曰："若非《武》音，则何音也？"对曰："有司失其传也。若非有司失其传，则武王之志荒矣。"子曰："唯。丘之闻诸苌弘，亦若吾子之言是也。"

宾牟贾起，免席而请曰："夫《武》之备戒之已久，则既闻命矣。敢问迟之迟而又久，何也？"

子曰："居，吾语女。夫乐者，象成者也。摠干而山立，武王之事也。发扬蹈厉，大公之志也。《武》乱皆坐，周召之治也。且夫《武》始而北出，再成而灭商，三成而南，四成而南国是疆；五成而分〔陕〕，周公左，召公右；六成复缀以崇天子。夹振之而驷伐，盛威于中国也；分夹而进，事蚤济也；久立于缀，以待诸侯之至也。且女独未闻牧野之语乎？武王克殷，（反）〔及〕商，未及下车，而封黄帝之后于蓟，封帝尧之后于祝，封帝舜之后于陈；下车而封夏后氏之后于杞，投殷之后于宋，封王子比干之墓，释箕子之囚，使之行商容而复其位；庶民弛政，庶士倍禄；济河而西，马散之华山之阳而弗复乘，牛散之桃林之野而弗复服，车甲衅而藏之府库而弗复用，倒载干戈，包之以虎皮，将帅之士使为诸侯，名之曰'建櫜'。然后天下知武王之不复用兵也。散军而郊射：左射，《狸首》；右射，《驺虞》；而贯革之射息也。裨冕，搢笏，而虎贲之士说剑也。祀乎明堂，而民知孝。朝觐，然后诸侯知所以臣。耕藉，然后诸侯知所以敬。五者天下之大教也。食三老五更于大学，天子袒而割牲，执酱而馈，执爵而酳，冕而摠干，所以教诸侯之弟也。若此，则周道四达，礼乐交通，则夫《武》之迟久，不亦宜乎！"

君子曰：礼乐不可斯须去身。致乐以治心，则易直子谅之心油然生矣。易直子谅之心生则乐，乐则安，安则久，久则天，天则神，天则不言而信，神则不怒而威：致乐以治心者也。致礼以治躬则庄敬，庄敬则严威。心中斯须不和不乐，而鄙诈之心入之矣。外貌斯须不庄不敬，而易慢之心入之矣。故乐也者，动于内者也；礼也者，动于外者也。乐极和，礼极顺，内和而外顺，则民瞻其颜色而弗与争也。望其容貌而民不生易（僈）〔慢〕焉。故德辉动于内，而民莫不承听；理发诸外，而民莫不承顺。故曰：致礼乐之道，举而错之天下，无难矣。

乐也者，动于内者也。礼也者，动于外者也。故礼主其减，乐主其盈。礼减而进，以进为文；乐盈而反，以反为文。礼减而不进则销，乐盈而不反则放。故礼有报，而乐有反。礼得其报则乐，乐得其反则安。礼之报，乐之反，其义一也。

夫乐者，乐也，人情之所不能免也。乐必发于声音，形于动静，人之道也。声音、动静，性术之变，尽于此矣。故人不耐无乐，乐不耐无形；形而不为道，不耐无乱。先王耻其乱，故制《雅》、《颂》之声以道之，使其声足乐而不流，使其文足论而不息，使其曲直、繁（瘠）〔省〕、廉肉、节奏足以感动人之善心而已矣，不使放心邪气得接焉。是先王立乐之方也。

是故乐在宗庙之中，君臣上下同听之，则莫不和敬；在族长乡里之中，长幼同听之，则莫不和顺；在闺门之内，父子兄弟同听之，则莫不和亲。故乐者，审一以定和，比物以饰节，节奏合以成文，所以合和父子君臣、附亲万民也。是先王立乐之方也。

故听其《雅》、《颂》之声，志意得广焉；执其干戚，习其俯仰诎伸，容貌得庄焉；行其缀兆，要其节奏，行列得正焉，进退得齐焉。故乐者，天地之（命）〔齐〕，中和之纪，人情之所不能免也。

夫乐者，先王之所以饰喜也；军旅铁钺者，先王之所以饰怒也。故先王之喜怒，皆得其侪焉：喜则天下和之，怒则暴乱者畏之。先王之道，礼乐可谓盛矣！

子赣见师乙而问焉，曰："赐闻声歌各有宜也。如赐者宜何歌也？"

师乙曰："乙，贱工也，何足以问所宜？请诵其所闻，而吾子自执焉。（爱者，宜歌《商》。故《商》者，五帝之遗声也。）宽而静、柔而正者，宜歌《颂》。广大而静、疏达而信者，宜歌《大雅》。恭俭而好礼者，宜歌《小雅》。正直而静、廉而谦者，宜歌《风》。肆直而慈爱〔者，宜歌《商》。温良而能断者，宜歌《齐》。夫歌者，直己而陈德也，动己而天地应焉，四时和焉，星辰理焉，万物育焉。故《商》者，五帝之遗声也〕；（商之遗声也。）商人识之，故谓之《商》。《齐》者，三代之遗声也；齐人识之，故谓之《齐》。明乎《商》之音者，临事而屡断。明乎《齐》之音者，见利而让。临事而屡断，勇也。见利而让，义也。有勇有义，非歌孰能保此？故歌者上如抗，下如队；曲如折，止如槁木；倨中矩，句中钩；累累乎端如贯珠。故歌之为言也，长言之也。说之，故言之；言之不足，故长言之；长言之不足，故嗟叹之；嗟叹之不足，故不知手之舞之、足之蹈之也。"

——子贡问乐

【译文】

大凡声音的兴起，都是从人心中发生的；而人心的活动，是由于受到外物的触发。

人心有感于外物而产生活动，因而表现于声响；不同的声音互相配合，因而产生变化；变化形成一定的规律，就称之为音律。排比音律成为曲调，并配以干戚和羽旄，这便叫做"乐"。

乐，是声音从中产生的东西；而其根本则在于人心对外物的感受。心中有哀伤的感受，发出的声音便焦急而衰弱。心中有了快乐的感受，声音便宽松舒缓。心中有了喜悦的感受，声音便焕发而流畅。心中有了愤怒的感受，声音便粗暴而严厉。心中有了恭敬的感受，声音便正直而端方。心中有了爱慕的感受，声音便温和而柔顺。这六种声音，并非天性如此，而是受到外物的感触而产生的活动。所以先王十分重视用来感动人心的事物。所以用礼义来引导人们的志向，用音乐来调和人们的声音，用政令来统一人们的行动，用刑罚来防备人们的奸邪。礼、乐、刑、政，最终目的是一个，就是用来统一民心，走上治国的正道。

凡是音乐，都产生于人心。感情发动于心中，于是表现于声音，声音按规律变化成文，便称之为音乐。所以太平社会的音乐安详而欢乐，其政治便是和谐的。混乱社会的音乐怨恨而恼怒，其政治便是紊乱的。亡国的音乐哀伤而忧思，其人民的生活也是困苦的。所以音乐的原理与政治是相通的。五音之中，宫好比君，商好比臣，角好比民，徵好比事，羽好比物。五音不混乱，便不会有不和谐的声音。

宫音混乱便显得荒淫，好比国君骄横。商音混乱便显得倾斜，好比官吏腐败。角音混乱便显得忧伤，好比民众有怨恨。徵音混乱便显得衰竭，好比工作劳累。羽音混乱便显得危急，好比资财匮乏。如果五音都混乱，互相交替凌越，就叫做散慢之音。像这样，就离国家的灭亡没有多少日子了。郑、卫的音乐，是混乱社会的音乐，接近于上面所说的散慢之音。桑间、濮上的音乐，是亡国的音乐，反映出政事涣散，人民流亡，做官的人欺上瞒下、徇私枉法，而且无法禁止。

凡是音乐，都是从人心中产生的。所谓"乐"，是和伦理相通的。所以只知声音而不知音调的，便是禽兽。只知音调而不懂音乐的，便是众多的庶人。只有君子才能懂得音乐。所以，由审察声音进而懂得音调，由审察音乐进而懂得政治，这样治国的方法也就完备了。所以，不知道声音的人，不可以跟他谈音调；不知道音调的人，不可以跟他谈"乐"。懂得了"乐"，也就接近于懂得礼了。礼乐两者都有所得，就叫做"有德"。德，也就是"得"的意思。

所以，隆重的乐，并不在于最高妙之音乐；大的宴飨的礼节，并不在于罗致各种美味。演唱《清庙》之诗时所用的瑟，配以朱弦，疏通底孔，发生迟缓凝重的朴素之音，一人领唱，和唱的只有三人，并非把高妙之音包括无遗。大飨的礼仪，推重上古的玄酒，俎上放着生肉生鱼，大羹不用调料，可见并非把一切美味搜罗尽致。所以先王制定礼乐，并非用以满足人们口腹和耳目的欲望，而是用来教导民众爱憎分明，回到做人的正道上来。

人生来是宁静的，这是人的天性。感受到外物便有所触动，这也是人性的本能。外物到来，心智就会有知觉，然后便表现为爱好和厌恶。心中对爱好和厌恶没有节制，心智受到外物的引诱，又不能时常自我反省，这样天理就要灭绝了。外物给予人的感受是没有穷尽的。若是人的好恶没有节制，那么外物一来，人就随物而变化了。人随物化，也就是灭绝天理，放纵人欲。于是便会有犯上作乱、欺诈虚伪的心思，出现情欲泛滥，胡作非为的事情。于是，强大的人就要胁迫弱小的人，多数人就要欺凌少数人，聪明人就要欺骗愚钝的人，勇敢的人就要迫害怯弱的人。生病的人得不到照看，孤寡老幼无所依靠，这便是天下大乱的由来。

所以先王制定礼乐，作为人们的节制。丧服、哭泣的规格，用来节制人们的丧事。钟鼓干戚等乐舞器具，用来调和人们的享受。婚姻和冠笄的礼仪，用来区别男女的不同。大射、乡饮酒、食、飨的礼仪，用来调整人们的交往。用礼来节制民众的心志，用乐来调和民众的声音，用行政力量加以推行，用刑罚手段加以防范。礼、乐、刑、政四个方面，互相沟通而不矛盾，这样王道就完备了。

乐的作用是调和同一，礼的作用是区别差异。能同一便相互亲近，有差异便相互尊敬。乐超过了限度，就会流于散慢不恭敬；礼超过了限度，就会造成隔离不亲近。调和感情，检束仪容，便是礼乐所作的事情。礼仪确立了，贵贱便有了等级。乐章调和了，上下便能和睦相处。好恶的标准明确了，贤与不肖就容易区别。用刑罚禁止暴乱，用赏爵举拔贤能，政事就公平了。用仁来爱护民众，用义来纠正邪恶，像这样，治理民众的方法就得以施行了。

管乐演奏，五代顾闳中绘。

乐是从内心发出的，礼则表现于外表。乐从内心发出，所以能使心情宁静。礼表现于外表，所以能使动作有所修饰。盛大的音乐一定是平易的，隆重的礼仪一定是简朴的。乐教通行，心中就没有怨恨；礼教通行，人们就不会争斗。古代圣王所以能用谦恭礼让的态度治理天下，就是运用了礼乐。暴民不敢作乱，诸侯都来朝拜顺服，不必使用武力，不必施加刑罚，百姓自然没有灾患，天子不须显示威怒。这样便是乐教推行了。使父子关系密切，长幼秩序分明，以此推广到四海之内。天子如果能这样做，这便是礼教推行了。

盛大的音乐与天地调和一致，隆重的礼仪与天地同一秩序。能调和一致，所以万物各得其所；有秩序，所以着重祭祀天地。人间有礼乐，阴间有鬼神。这样，四海之内就能互相尊敬，互相亲爱了。礼虽有不同的仪式，却都能表达恭敬；乐虽有不同的声律，却都能表达亲爱。礼乐的实质总是相同的，所以圣明的君王都继承这一实质。只是行礼的具体方法应当与不同的时事相应；乐曲的具体名目应当与王者的功绩相称而已。

所以钟鼓管磬，羽籥干戚，是乐的器具；屈伸俯仰，步伐快慢，是乐的表现形式。簠簋、俎豆、规格、文饰是礼的器具，升降、上下、周旋、裼袭，是礼的表现形式，所以懂得礼乐本质的人，才能创制礼乐；了解礼乐形式的人，才能传授礼乐。能创制的称之为"圣"，能传授的称之为"明"。"明"和"圣"，就是说的传授和创制。

乐，体现着天地的和谐；礼，体现着天地的秩序。因为和谐，所以万事万物都能生长变化；因为有秩序，所以万事万物又各有区别。乐依照天的规律制作，礼依照地的规律制作。礼的制作超越了秩序，就会出现混乱；乐的制作破坏了和谐，就会显得粗暴。只有明白天地的规律，然后才能制作礼乐。歌辞和乐曲都没有危害，是乐的实情；使人高兴喜欢，是乐的功能。公平正直没有邪念，是礼的实质，使人庄重、恭敬，是礼的作用。至于使礼乐借助钟磬，发出声音，运用于宗庙社稷，用来祭祀山川鬼神，这便是与民众共同使用了。

王者大功告成才作乐，政治安定才制礼。功劳巨大，他的乐也就完善；治理全面，他的礼也就齐备。只有干戚之舞，不能算完备的乐；用熟食祭祀，不能算至上的礼。五帝不同时，因而不沿用相同的音乐。三王不同代，因而不继承同样的礼仪。乐走向极端便会使人忧虑，礼没有限度就会出现偏邪。至于能够使乐隆重却不产生忧虑，使礼完备却不出现偏邪的，大概只有大圣人吧！

宫廷乐舞，选自《仿金廷标孝经图》，清黎明绘。

天在上，地在下，万物各不相同，礼就是按照这种差异制定的。天地之气流动不停,调和万物一同进化,乐就是依据这种规律兴起的。春生夏长,体现着仁的精神;秋收冬藏,体现着义的精神。仁接近于乐,义接近于礼。乐的作用是增进和同,跟随着神而归属于天;礼的作用是辨别差异,跟随着鬼而归属于地;所以圣人作乐来顺应天,制礼来配合地。礼乐明确而完备,也就是天地各自发挥其职能了。

天尊在上,地卑在下,君臣关系就依此确定了。高山低泽已经分布,贵贱的位置也就确定了。运动和静止有一定的常态,大与小也就区分开来了。动物按照类别聚集,植物按照群属区分,各自不同的天性就显示出来了。在天上有日月星辰之象,在地上有万物的不同形态,礼就是这样体现着天地之间的各种区别。地气上升,天气下降,阴阳互相摩擦,天地互相激荡,雷霆来鼓动,风雨来振奋,四时来运转,日月来照耀。万物化育生长。乐也就是这样体现着天地间的和谐。化育不合时节,就不会生长;男女不加区别,混乱就会产生。这是天地间的常情。

至于礼乐,上达于天,下布于地,随着阴阳之气流行,跟鬼神相通,一切最高最远最深之处无不到达。乐显示创始万物的天,礼依托着完成万物的地。显示着不停运动的是天,显示着凝聚静止的是地。一动一静,就生成了天地间的一切。所以圣人所说的礼乐就是这样。

从前舜制作了五弦琴,用来演奏《南风》之歌;夔开始创作音乐,用来奖赏诸侯。所以天子制作音乐,是为了奖赏诸侯中有德行的人。诸侯品德完善、政教严明,不失农时,五谷丰登,这样天子才把乐赏给他。所以那些治国不好,使得民众劳苦的诸侯,他的舞队人数也就少;而那些治国较好,使得民众安逸的诸侯,他的舞队人数也就较多。所以观察他的舞,就能知道他的品德如何;好比听到他的谥号,就能知道他的行为如何。《大章》,便是表彰尧的德行。《咸池》,便是歌颂黄帝德政的全面。《韶》,便是歌颂舜能继承尧的品德。《夏》,便是歌颂禹能发扬光大尧舜之德。殷周两代的音乐,是十分详尽的了。

天地的规律,寒暑不适时就出现疾病,风雨没有节制就会发生饥荒。教化,就好比民众的寒暑,教化不适时,就会伤害世风。劳作,好比民众的风雨,劳作没有节制,就不会有功效。所以先王制作乐,也就是效法天地来治理国家,做得好,民众的行动就会表现出高尚的道德。人们养猪酿酒,本来不是为了惹祸,然而诉讼纠纷却日益增多,这就是饮酒过度引出的祸患。所以先王制定了酒礼,光是"一献"的礼,就要求宾主互相多次拜谢,这样即使整天饮酒也不会醉倒,这就是先王用来防备饮酒惹祸的方法。

所以酒食是用来使大家欢聚的,乐是用来表现道德的,礼是用来制止淫乱的。所以先王有死丧的大事,必定有礼节来表现悲哀;有吉庆的大喜,也必定有礼节来表达欢乐。悲哀和欢乐的程度,都以礼来限制。乐,是圣人所喜爱的,它可以改善民众之心。它深深地感动人,用它来改变社会风气比较容易,所以先王注重乐的教化。

人具有血气和心知的本性,但喜怒哀乐的情感却没有不变的常态。人心受外物的感应而动作,然后内心情感才表现出来。所以发出细微急促的音乐,人的情感就忧伤;

发出宽和平缓、乐音丰富而节奏简略的音乐，人的情感就安闲愉悦；发出粗犷猛烈，奋发宽广的音乐，人的情感就刚强坚毅；发出清明、正直、端庄、诚实的音乐，人的情感就严肃恭敬；发出宽舒、圆润、流畅、柔和的音乐，人的情感就慈祥仁爱。发出邪辟、散乱、拖沓、泛滥的音乐，人的情感就淫邪紊乱。

所以先王以人的性情为根本出发点，审核音律的度数，制定礼义，配合天地之气的和谐，遵循五行的规律，使其阳气奋发而不流散，阴气收敛而不闭塞，刚气坚强而不暴怒，柔气和顺而不畏缩。四个方面通畅交融于内部，表现于外表，各得其所而不互相妨害。然后制定进学的级别，逐渐增益音乐的节奏，审察音乐的文采，用以衡量道德仁厚。配合音律的大小高低，排列五音的先后次序，用来表现人伦关系。使亲疏、贵贱、长幼、男女之间的伦理关系都表现于音乐。所以说：通过对音乐的观察，可以看到很深刻的道理。

宴饮，明陈洪绶绘。

土地贫瘠，草木就不生长；水流不安定，鱼鳖就长不大；天地之气衰竭，生物就不能生长成熟；社会混乱，礼制就会偏邪，音乐就会淫纵。因此这时的音乐，悲哀却不庄重，喜悦却不安详，散漫简易，破坏节奏，放纵不拘，离开了根本。这时宽缓的音乐包含着邪念，短促的音乐挑逗着淫欲，感发出人们的放荡之气，而减少人们的平和之德。因此，君子鄙视这种音乐。

凡是奸邪的声音感染了人，心中逆乱之气就与之呼应，逆乱之气表现于外，淫邪的音乐就产生了。纯正的声音感染了人，心中顺服之气就与之呼应，顺服之气表现于外，调和的音乐就产生了。一唱一和互相呼应，邪正曲直各自归属于一定的分类。万物的原理，就是按照各自的类别互相触动。所以君子回到人的本性来调和人们的志向，比照善恶的类别来促成人们的行为。奸邪的声音、淫乱的颜色，不听不看。荒淫的音乐、邪恶的礼仪，心里不去感受。惰慢歪邪的习气，不沾染到身上。使耳、目、鼻、口、思想以至整个身体，都随着正气、依照道义而行动。然后发作为声音，用琴瑟来伴奏，用干戚来舞动，用羽旄来装饰，用箫管来配合。焕发出至上道德的光彩，调动起四气的和谐，表明万物的原理。所以这种音乐，清明就像天，广大就像地，终始循环就像一年四季，周旋流动就像风雨。好像五色配成文采而毫不混乱，八风配合律吕而不相干扰。各种度数都有常规。十二律互相配合，轮流为宫音。有唱有和有清有浊，互相交替形成条理。所以这样的音乐流行能使伦理清楚，使人耳聪目明，心平气和，能改变社会风俗，使天下都安宁。所以说：音乐就是快乐。君子快乐是因为找到了正道，小人快乐是因为满足了欲望。用正道来控制欲望，这样快乐就不会导致淫乱；为了欲望而忘记正道，就会陷入迷惑而得不到真正的快乐。所以君子回到人的本性来调和志向，推广音乐来完成教化，乐教完成，人民也就走上了正道，所以从音乐可以观察到德行。所谓德，是人性的发端。而音乐，则是由德开放出来的花朵。金石丝竹，则是奏乐的工具。诗，表达人们的志向；歌，唱出人们的心声；舞，体现人们的仪容动态。三者都是从人心中发出，然后以乐器相配合。所以情感深厚，文理鲜明；气氛浓烈，变化如神。和顺的品德积聚在心中，才能使音乐的美妙光华表现于外。只有音乐所表现的快乐是不好伪装的。

乐，是心灵的感动；声音，是乐的表现形式；施律节奏，是对声音的修饰。君子从心灵的感动出发，喜爱音乐的形式，然后加以整理修饰。所以《大武》之乐的表演，先敲鼓叫众人心中作好准备，再走三步表示将要舞蹈。开始重复一次，再往下进行；结束曲也重复一次，舞者才退下。舞者步伐迅疾，但不乱套离谱，音乐极其幽深，但却不隐晦。既能独自满足个人的意志，又不厌弃其中包含的道理；全面地体现了仁义之道，因而不至于私自放纵情欲。这种音乐既表现了情感，又树立了道义。乐舞结束，武王的德性也就得到了尊重。君子听了这样的音乐，更加爱好善德；小人听了这样的音乐，也可以用来防备自己的过错。所以说：治民的方法，乐是最重要的。

乐，是一种施与；礼，则是一种报答。乐。用来表现对王者功业的喜爱；礼，用来追念王者祖先的恩情。乐表彰功德，礼报答恩情、追念始祖。称作"大辂"的，那是天子的车子；龙旗有九旒，那是天子的旌旗；有青黑色边缘的龟甲，那是天子的宝龟。再加上成群的牛羊，那便是天子赐给有功诸侯的礼物。

乐，表达人的不可改变的情感；礼，体现了永恒不变的伦理。乐调和同一，礼辨别差异。礼乐的学说，贯通了全部人情。追究心灵的本源而了解其变化，这是乐的真情；表明诚实的精神而消除虚伪的态度，这是礼的纲领。礼乐依顺天地的规律，贯彻神明的德行，调动上下的精神，形成大小不同的仪式，调整父子君臣之间的规矩。所以伟大的人物施行礼乐，天地也将要为之大放光明。天地之间，阴阳二气蒸发，互相配合，温润覆载，养育万物。这样草木就茂盛了，萌芽就出土了，鸟类就奋飞了，兽类就生长了，蛰伏的虫子也复苏了。飞禽在孵卵，走兽怀了胎。胎生的不会流产，卵生的不会蛋破。乐的道理，也就归于这样一种境界。

乐，并不就是说的黄钟大吕、奏乐跳舞，这只不过是乐的次要部分，所以由儿童来充当舞者。铺设筵席，陈列祭器，依上下进退的动作来行礼，这也是礼的次要部分，所以只需由司仪小官执掌。乐师只能辨别声律和诗句，所以只能在堂下面朝北弹琴。宗祝只不过了解宗庙的具体仪式，所以只能站在尸的后面。商祝只懂得丧葬的礼仪，所以只能站在主人后面。所以，能懂得礼乐的道德意义的属上乘，而只是在礼乐的具体仪式和技能上有所成就的则属下乘。德行的完善是首要的，而具体事务的完成是次要的。所以先王有上有下，有主有次，这样才能制作礼乐，推行于天下。

魏文侯问子夏说："我要是穿戴礼服礼帽听古乐，就怕很快就要睡着了；而要是去听郑、卫之音，则不知疲倦。请问古乐使我那样，是何原因？新乐叫我如此，又作何解释呢？"

子夏回答说："所谓古乐，表演时进退整齐，和平宽广。各种管弦乐器，等领乐的拊和鼓敲响后才一齐演奏。开始以鼓声领起，结尾以金铙收束。用相来调整结束的音乐，用雅来控制音乐的速度。君子说明此乐舞的深刻意义，或称道古代圣王的业绩。用以修养自身、影响到家庭，以至于治国平天下。这是古乐的表现。而所谓新乐，表演杂乱不齐，淫邪的声音泛滥，使人沉溺而难以自拔，甚至还加上倡优侏儒丑态百出的表演，男女混杂，父子不分，音乐终了，无法说明什么道理，也不能讲述古代圣王的业绩。这就是新乐的表现。现在你问的是'乐'，而你喜好的却是'音'。所谓'乐'和'音'虽然相似，但却是不同的！"

文侯问："请问乐与音究竟是怎样不同呢？"子夏回答说："古时候，天地正常，四时风调雨顺，人民有德行，五谷丰盛，疾病灾祸不发生，反常现象不出现，这就叫做天下太平。这时就有圣人起来，制定了君臣父子的名分，作为人们的纲常。纲常确定了，天下就安定了。天下安定，然后再制定六律，调和五声，演奏乐器来歌唱，创作诗篇来赞颂。这样的音乐，就叫做德音；德音才能称作'乐'。《诗经》上说：'德音多么淡漠，德行多么光明。光明而合伦类，能够担任君长，统治伟大国家；恭顺而能择善，传到文王时代，德行无所遗憾。接受天帝福佑，传给子孙万代。'这就是说的德音啊！而你所喜好的大概是那种令人沉湎的'溺音'吧。"

文侯又问："请问溺音是从何而来的呢？"子夏说："郑国的音乐轻佻放纵，使人心淫荡；宋国的音乐缠绵纤柔，使人心沉湎；卫国的音乐节奏急促，使人心烦躁；齐国的音乐傲慢邪僻，使人心骄横。这四种音乐都使人沉溺于声色而有害于德行，所以祭祀时不采用。"

《诗》上说："肃雍和鸣之音，先祖才愿意听。"肃肃，是恭敬的意思；雍雍，是温和的意思，恭敬而又温和，还有什么事情做不成呢？作为人君，只要对自己的好恶十分谨慎就行了。人君所喜爱的，大臣就会去做；上面流行的，民众就会跟从。《诗》上说："诱导民众，十分容易。"就是说的这个啊。然后圣人起来，制作鞉、鼓、椌、楬、埙、箎等六种乐器，这六种乐器发出的声音都是符合"德音"的要求的，然后再用钟磬竽瑟来调和，用干戚旄狄来舞蹈，这样的音乐，才可以用来祭祀先王的宗庙，用来配合宴饮宾客的各种礼仪，用来排列官职贵贱的等级，使他们各得其所，用来告知后人，应该有尊卑长幼的次序。

钟的声音铿锵响亮，可以用作号令。号令能使人振奋，振奋就能建立武功。所以君子听到钟声，就想到勇武之臣。石磬的声音坚定有力，可以树立正义，有了正义就不怕死。所以君子听到石磬的声音，就想起死守疆土的将士。丝弦的声音哀恸，哀恸能使人廉明正直，廉明正直就能确立志向。所以君子听到琴瑟的声音，就想起有志有节的忠臣。竹管的声音传播广泛，传播广泛就能会合，能会合就能招集众人。所以君

击钟，汉画像石，山东沂南北寨村。

子听到竽笙箫管的声音，就想起能够安抚团结众人的大臣。鼓鼙的声音喧闹，喧闹就使人激动，激动就能促使众人前进，所以君子听到鼓鼙的声音，就想起带兵打仗的将领。总之，君子听音乐，不只是听那铿锵的声音而已，他们都能从中体会到某种契合于心的含义。

宾牟贾陪伴孔子坐着，孔子跟他谈到乐舞的问题。孔子问他："《武》乐表演开始前长时间击鼓作准备，这是为什么？"宾牟贾说："象征武王开始伐纣时担心得不到众人的支持。""《武》的音乐声调漫长留连不绝，这是为什么？"答道："这是象征武王担心时机不成熟，干不成大事。""舞蹈一开始就奋发威武地手舞足蹈，这是为什么？"答道："这是象征抓住时机及时行动。""《武》舞跪姿右膝着地。左膝不着地，这是为什么？"答道："那不是《武》舞的跪法吧！""《武》乐包含着象征杀伐的商声，这是为什么？"答道："那不是《武》乐的声音吧！"孔子说："如果不是《武》乐的声音，那又是什么声音呢？"宾牟贾回答道："恐怕是乐官传授有差错，如果不是乐官传授有差错，那就是武王的心思迷乱了。"孔子说："我从苌弘那儿听来的，也如同你所说的一样，是这样的。"

宾牟贾立起身来，离开坐席向孔子请教道："关于《武》舞开始前戒备已久的问题，我已经听说过了。那么请问《武》乐为什么表演的时间这么长呢？"孔子说："你坐下，我告诉你。乐，是用来象征那已完成的功业。手持盾牌长久地站立不动，象征着武王将要有大事；奋发威武，手舞足蹈，象征太公以武力讨伐殷纣的意志；到《武》的尾声时一齐跪下，象征周公召公在战争结束后实行文治。《武》乐开始第一段，舞者向北行进，象征武王出兵北方；第二段象征消灭了殷商。第三段向南行进，第四段象征南方各国被征服，成为周朝的疆土。第五段舞者分为两列，象征周公召公一左一右辅佐天子。第六段恢复原先的舞位，象征对天子的尊崇。两队舞者振动铃铎，向四面出击，象征天子的威力震撼中国。分队前进，象征战事及早完成。舞者长久地站在舞位上，那是象征周武王等待诸侯的到来。再说，你难道没有听说过关于武王在牧野讨伐殷纣王的故事吗？武王打败了殷王来到商都，还没来得及下车，就把黄帝的后代封于蓟，把帝尧的后代封于祝，把帝舜的后代封于陈，下了车又把夏的后代封于杞，把殷的后代安置在宋，还修整了王子比干的墓，释放了箕子，并让他去探视商容，恢复他的官职。于是民众解除了苛政，士人增加了俸禄。然后渡过黄河回到西边，把战马放到华山南面，不再用来拉战车；牛也放到桃林的郊野，不再为战争服役。兵车铠甲

收藏到仓库里，不再使用。盾和矛都倒着放好，包上虎皮。带兵的将领，都封为诸侯。当时叫做'建櫜'。这样，天下人都知道武王不再使用武力了。解散了军队。举行了郊射之礼，行礼时，左边唱《狸首》之诗，右边唱《驺虞》之诗。战场上那种穿透铠甲的射箭停止了。穿上礼服，戴上礼帽，插上笏板，武士身上的剑就解除了。在明堂祭祀祖先，民众就知道孝悌了。定期朝见天子，诸侯就知道怎样为臣了。天子亲自耕种籍田，诸侯就知道恭敬了。这五个方面，是天下最大的教化措施。在大学中供养三老五更，天子袒开衣襟亲自宰割牲肉，捧着佐餐的酱给老人进食，又捧上酒爵请他们漱口，还头戴冠冕手执盾牌为他们起舞。这就是教导诸侯要尊敬长者的悌道。像这样，周朝的道德教化便传遍四方，礼和乐交相配合。由此看来，《武》乐表演时间长，不是很应该的吗？"

君子说：礼乐是人们不可片刻离开的。运用乐来陶冶内心，平和正直慈爱诚实的心情就自然产生了。有了这样的心情就会快乐，快乐就能平安，平安就能长久，长久就能上通于天，上通于天就能与神交会。天不必说话，就能使人相信，神不须发怒

清宫廷舞蹈，选自清刊本《启蒙画报》。

就使人敬畏。这就是运用乐来陶冶内心。而运用礼来修治自己的容貌仪表，就会使人庄重恭敬。庄重恭敬就会有威严。心中如有片刻不平和、不快乐，卑鄙奸诈的心思就会侵入。外貌有片刻不庄重、不恭敬，轻率急慢的念头就会出现。所以乐是发动于内心，礼是作用于外表。乐极其平和，礼极其恭顺。内心平和外表恭顺，那么民众看到他这样的脸色，也就不会跟他争执了；看到他的容貌，民众也就不会产生轻率急慢的行为了。所以道德的光辉发动于内，民众就没有人会不听他的命令；礼的准则表现在外表，民众就没有人会不顺从他的领导。所以说：运用礼乐教化，推行于全天下，一切都没有困难了。

乐，是发动于内心的；礼，是作用于外表的。礼的意义在于减损；乐的意义在于充盈。因为礼教人克制、减损，做起来比较困难，所以要加以鼓励；以努力去做为美。而乐使人抒发、充盈，做起来比较容易，所以要有所控制，以有所控制为美。礼是减损的，如果不鼓励，就会渐渐消亡。乐是充盈的，如果不控制就会走向放纵。所以礼应该有鼓励，乐应该有控制。礼有了鼓励人们就乐于实行，乐有了控制，人的情感才会安稳。对礼的鼓励、对乐的控制，道理是相通的。

乐就是快乐，是人情不能缺少的。乐必定是发自声音，表现于动作，这是人性的通常道理。声音和动作，人的各种心情和心理变化，全部在这上面表现出来。所以人

不能没有快乐,快乐不能没有表现形式,表现出来不加引导就不会不乱。先王以乱为羞耻,所以制定《雅》、《颂》那样的音乐来引导,使声音足以表达快乐而又不至于流湎,使乐章足以表达义理而又不至于平息,使音乐的曲直、繁简、节奏等等都足以感动人的善心,不让放荡之心、邪恶之念接触人的情感,这就是先王制定音乐的目的。

所以音乐演奏在宗庙之中,君臣上下一同来听,大家无不平和恭敬;在乡邻之间演奏,长幼老少一同来听,大家无不和睦顺畅;在家门里演奏,父子兄弟一同来听,大家无不和谐亲热。所以这音乐,审定一个基音,调和众音,用各种乐器来配合节奏,节奏合在一起便成为乐章,这样就可以用来调和君臣父子的关系,使天下的民众团结亲爱,这是先王制定音乐的目的。所以听了《雅》、《颂》一类的音乐,心胸就变得宽广了;拿起干戚,演习那俯仰屈伸的动作,容貌就变得庄严了;按照舞步行走,配合着节奏,行列就端正了,一进一退的动作也就整齐了。所以音乐仿佛是天地的命令,是协调一切关系的纲纪,是人情不可缺少的东西。

乐,是先王用来表达喜悦的;军队和武器,是先王用来表达威怒的。所以先王的喜悦和威怒,都有与之相配的东西来表达。表达喜悦则整个天下都和睦,显示威怒则暴乱的人都敬畏。先王治天下的道理,在礼乐中可以说是充分地表现出来了。

子赣会见师乙,向他请教说:"我听说唱歌要适合各人的性格,像我这样的人,适合唱什么歌呢?"师乙说:"我只是个低贱的乐工,哪配回答你适合唱什么歌的问题?我只能说说我所听到的说法,由你自己判断吧。宽厚宁静、柔和正直的人适合唱《颂》;豁达安静、开通诚信的人适合唱《大雅》;恭敬谨慎、喜好礼节的人适合唱《小雅》;正直清静、廉洁谦让的人适合唱《风》;坦率耿直、慈祥仁爱的人适合唱《商》;温厚易良、敢于决断的人适合唱《齐》。歌声直接表达自己、展示自己的品德,触动了自己,天地就会有感应,四时就会协调配合,星辰运行就会有条不紊,万物就会生长发育。《商》是五帝遗留下来的声音,商人还记着它,所以称之

汉说唱俑

为《商》。《齐》是三代遗留下来的声音,齐人还记着它,所以称之为《齐》。精通《商》音的人,遇事总是能决断;精通《齐》音的人,见利总是能谦让。遇事能决断,就是勇;见利能谦让,就是义。有勇有义,离开了音乐,怎么能保持下去呢?歌声的

旋律，向上高亢有力，向下深沉厚重；变化时好像突然折断，休止时好像一段枯木；平直时符合矩尺，曲折时好像环钩，连绵不断头绪分明好像一串珍珠。唱歌其实也是一种语言，只是把语言的音调拉长罢了。心中喜悦就要用语言来表达，语言不够用，就拉长其音调，拉长音调不够，就发出咏叹，咏叹不够，就不知不觉地手舞足蹈起来了。"

——以上是"子贡问乐"

杂记上第二十

【原文】

诸侯行而死于馆，则其复如于其国。如于道，则升其乘车之左毂，以其绥复，其车青有裧，缁布裳帷，素锦以为屋，而行。至于庙门，不毁墙，遂入适所殡，唯輤为说于庙门外。

大夫、士死于道，则升其乘车之左毂，以其绥复。如于馆死，则其复如于家。大夫以布为輤而行，至于家而说輤，载以輲车；入自门，至于阼阶下而说车；举自阼阶，升适所殡。士輤，苇席以为屋，蒲席以为裳帷。

凡讣于其君，曰："君之臣某死。"父、母、妻、长子，曰："君之臣某之某死。"君，讣于他国之君，曰："寡君不禄，敢告于执事。"夫人，曰："寡小君不禄。"大子之丧，曰："寡君之適子某死。"

大夫，讣于同国適者，曰："某不禄。"讣于士，亦曰："某不禄。"讣于他国之君，曰："君之外臣寡大夫某死。"讣于適者，曰："吾子之外私寡大夫某不禄，使某实。"讣于士，亦曰："吾子之外私寡大夫某不禄，使某实。"

士，讣于同国大夫，曰："某死。"讣于士，亦曰："某死。"讣于他国之君，曰："君之外臣某死。"讣于大夫，曰："吾子之外私某死。"讣于士，亦曰："吾子之外私

诸侯出行图

某死。"

大夫次于公馆以终丧。士练而归。士次于公馆。大夫居庐，士居垩室。

大夫为其父母兄弟之未为大夫者之丧服如士服。士为其父母兄弟之为大夫者之丧服如士服。大夫之適子，服大夫之服。大夫之庶子为大夫，则为其父母服大夫服，其位与未为大夫者齿。士之子为大夫，则其父母弗能主也，使其子主之，无子则为之置后。

大夫卜宅与葬日，有司麻衣、布衰、布带，因丧屦，缁布冠不蕤；占者皮弁。如筮，则〔筮〕史练冠、长衣以筮，占者朝服。

大夫之丧，既荐马，荐马者哭踊出，乃包奠而读书。

大夫之丧，大宗人相，小宗人命龟，卜人作龟。

（内子以鞠衣、褒衣、素沙，下大夫以襢衣；其馀如士。）复：诸侯，以褒衣、冕服、爵弁服；夫人，税衣揄狄，狄税素沙；〔内子，以鞠衣、褒衣、素沙；下大夫，以襢衣；其馀如士。〕复西上。

大夫不揄绞，属于池下。

大夫附于士。士不附于大夫，附于大夫之昆弟，无昆弟则。从其昭穆；虽王父母在亦然。

妇附于其夫之所附之妃，无妃则亦从其昭穆之妃。妾附于妾祖姑，无妾祖姑则亦从其昭穆之妾。

男子附于王父则配，女子附于王母则不配。

公子附于公子。

君薨，大子号称子，待犹君也。

有三年之练冠，则以大功之麻易之，唯杖、屦不易。

有父母之丧，尚功衰，而附兄弟之殇，则练冠附于殇，称"阳童某甫"；不名，神也。

凡异居，始闻兄弟之丧，唯以哭对可也。其始麻，散带绖。未服麻而奔丧，及主人之未成绖也，疏者与主人皆成之，亲者终其麻带绖之日数。

主妾之丧，则自祔至于练、祥，皆使其子主之。其殡、祭不于正室。君不抚仆妾。

女君死，则妾为女君之党服。摄女君，则不为先女君之党服。

闻兄弟之丧，大功以上，见丧者之乡而哭。適兄弟之送葬者弗及遇主人于道，则遂之于墓。凡主兄弟之丧，虽疏亦虞之。

凡丧服未毕，有吊者，则为位而哭，拜，踊。

大夫之哭大夫，弁绖。大夫与殡，亦弁绖。

大夫有私丧之葛，则于其兄弟之轻丧则弁绖。

为长子杖，则其子不以杖即位。为妻，父母在，不杖，不稽颡；母在，不稽颡。稽颡者，其赠也拜。

违诸侯，之大夫，不反服。违大夫，之诸侯，不反服。

丧冠条属，以别吉凶。三年之练冠，亦条属、右缝。小功以下，左。缌冠缫缨。大功以上散带。

朝服十五升，去其半，而缌加灰，锡也。

诸侯相襚，以后路与冕服。先路与褒衣不以襚。

遣车视牢具。

疏布輤，四面有章，置于四隅。

载粻，有子曰："非礼也。"丧奠，脯醢而已。

祭称"孝子孝孙"。丧称"哀子哀孙"。

端衰，丧车，皆无等。

大白冠，缁布之冠，皆不蕤。委武，玄、缟而后蕤。

大夫冕而祭于公，弁而祭于（已）〔己〕。士弁而祭于公，冠而祭于（已）〔己〕。士弁而亲迎，然则士弁而祭于（已）〔己〕可也。

畅，臼以椈，杵以梧。枕以桑，长三尺，或曰五尺。毕用桑，长三尺，刊其柄与末。

率带，诸侯、大夫皆五采，士二采。

醴者，稻醴也。瓮、甒、筲、衡。实见间，而后折入。

重，既虞而埋之。

凡妇人，从其夫之爵位。

小敛，大敛，启，皆辩拜。

朝夕哭，不帷。无柩者，不帷。

君若载而后吊之，则主人东面而拜，门右北面而踊，出待，反而后奠。

子羔之袭也，茧衣裳与税衣纁袡为一，素端一，皮弁一，爵弁一，玄冕一。曾子曰："不袭妇服。"

为君使而死，公馆复，私馆不复。公馆者，公宫与公所为也。私馆者，自卿大夫以下之家也。

公七踊，大夫五踊。妇人居间。士三踊。妇人皆居间。

公袭卷衣一，玄端一，朝服一，素积一，纁裳一，爵弁二，玄冕一，褒衣一，朱绿带，申加大带于上。

小敛，环绖，公、大夫、士一也。

公视大敛，公升，商祝铺席，乃敛。

鲁人之赠也，三玄二纁，广尺，长终幅。

吊者即位于门西，东面。其介在其东南，北面西上，西于门。主孤西面。相者受命曰："孤某使某请事。"客曰："寡君使某。如何不淑！"相者入告，出曰："孤某须矣。"吊者入，主人升堂西面，吊者升自西阶，东面致命曰："寡君闻君之丧，寡君使某。如何不淑！"子拜稽颡。吊者降，〔出〕反位。

含者执币将命曰："寡君使某含。"相者入告，出曰："孤某须矣。"含者入，升堂致命，再拜稽颡。含者坐委于殡东南，有苇席；既葬，蒲席。降，出反位。宰（夫）朝服即丧屦，升自西阶，西面坐取璧，降自西阶以东。

襚者曰："寡君使某襚。"相者入告，出曰："孤某须矣。"襚者执冕服，左执领，右执要；入，升堂致命曰："寡君使某襚。"子拜稽颡。委衣于殡东；襚者降，受爵弁服（而）〔于〕门内霤，将命；子拜稽颡如初。受皮弁服于中庭，自西阶受朝服，自堂受玄端，将命；子拜稽颡皆如初。襚者降，出反位。宰夫五人，举以东，降自西阶，其举亦西面。

上介赗，执圭将命曰："寡君使某赗。"相者入告，反命曰："孤某须矣。"陈乘黄、大路于中庭，北輈；执圭将命，客使自下由路西。子拜稽颡。坐委于殡东南隅。宰举以东。

凡将命，乡殡将命。子拜稽颡。西面而坐委之。宰举璧与圭，宰夫举襚，升自西阶，西面坐取之，降自西阶。

赗者出，反位于门外。上客临，曰："寡君有宗庙之事，不得承事，使一介老某相执绋。"相者反命曰："孤某须矣。"临者入门右，介者皆从之，立于其左，东上。宗人纳宾，升，受命于君，降曰："孤敢辞吾子之辱。请吾子之复位。"客对曰："寡君命某，毋敢视宾客。敢辞。"宗人反命曰："孤敢固辞吾子之辱，请吾子之复位！"客对曰："寡君命某，毋敢视宾客。敢固辞！"宗人反命曰："孤敢固辞吾子之辱，请吾子之复位！"客对曰："寡君命使臣某，毋敢视宾客，是以敢固辞。固辞不获命，敢不敬从！"客立于门西，介立于其左，东上。孤降自阼阶拜之，升哭，与客拾踊三。客出。送于门外，拜稽颡。

其国有君丧，不敢受吊。

外宗房中南面。小臣铺席。商祝铺绞紟衾。士盥于盘北。举迁尸于敛上。卒敛，宰告。子冯之踊，夫人东面坐冯之，兴踊。

士丧有与天子同者三：其终夜燎，及乘人，专道而行。

【译文】

诸侯出行，死在别国的宾馆里，举行的招魂仪式和死在自己国内一样；假如是死在半路上，招魂的人就站到国君所乘车的左轮轴头，拿着车上所竖旌旗顶端的飘带招魂。载尸车的篷盖四周有下垂的缘边，用褐色布作四周帷幕，内部用白锦作小帐。这一切都装饰齐备后再把尸车送回家。到家时，不必在外墙上打洞，载尸车直接从大门进入，停在殡的地方，再将车的篷盖卸下来放到大门外。

大夫、士出行，死在半路上，招魂的人站在死者所乘车左轮轴头，拿着车上所竖旌旗顶端的飘带招魂；如果死在别国的宾馆里，招魂仪式和死在家里一样。大夫死，载尸的车子用布拉起篷顶后再上路。到达自家门口时，卸下篷顶，把尸体移到輴车上，从大门进去，到东阶下，撤去輴车，把尸体从车阶上抬到停尸的地方。士所用的载尸的车子也要有篷盖，用芦席作小帐，用蒲席作裳帷。

大夫、士死了，凡是向自己的国君报丧，应当说："君的臣子某某死。"如果是大夫、士的父、母、妻室或长子死，报丧时应当说："君的臣子某某家中某某死。"国君死，向别国君王报丧时应说："寡君不禄，敢向执事禀告。"如果国君夫人死，报丧时就说："寡小君不禄。"太子死，报丧时就说："寡君的適子某某死。"

大夫死了，在国内报丧时，如果是地位相等的人，应说："某某不禄。"向士报丧，也说："某某不禄。"向别国的国君报丧，应说："君的外臣寡大夫某某死。"向别国的大夫报丧，说："您的国外好友寡大夫某某不禄，派我来报丧。"向别国的士报丧，也说："您的国外好友寡大夫某某不禄，派我来报丧。"

士死，向本国大夫报丧，应说："某某死了。"向本国的士报丧，也说："某某死了。"向别国国君报丧，应说："君的外臣某某死。"向别国大夫报丧，应说："您的国外好友某某死了。"向别国的士报丧，也说："您的国外好友某某死。"

遇到国君死丧，大夫要在国君客馆的次舍中守丧至丧期结束，士只要守丧到练祭就可以回去，在国君客馆中守丧，大夫住在倚庐中，士住在垩室中。

身为大夫的人，给他没有做过大夫的父母或兄弟服丧，只依士礼服丧。身为士的人，给做过大夫的父母或兄弟服丧，也只能依士礼服丧。大夫的嫡长子，可以按大夫礼服丧。大夫的庶子如果也是大夫，可以依大夫礼为父母服丧；但哭泣的位置只能与没有当大夫的人同列。士的儿子当了大夫之后，他的父母就不能为他主持丧事，而应由他的儿子主持。假如他没有儿子，就要为他立一个承嗣的人。

大夫死后，用龟卜的方式选择墓地和下葬的日期，这时候掌事的人穿着缀有布衰的白布深衣，腰扎布带，脚穿绳屦，头戴没有缨带的便帽；占者戴皮弁。如果是用筮选择葬地与日期，筮史就戴白练布帽，穿素色深衣行筮，占者穿朝服。

大夫的丧礼，朝祖、遣奠完毕，将马牵进庙门后，牵马的人就哀哭踊脚。柩车既出庙门，于是包裹大遣奠所用的牲体，宣读附葬物品的清单。大夫的丧事，大宗人佐助主人行礼，小宗人把要占卜的事告诉龟甲，卜人再占卜。

招魂用的衣服：诸侯用天子赏赐的衣服、冕服和爵弁服。夫人用彩饰有翟雉的褖衣，褖衣是由白纱裹子。内子用鞠衣和白纱裹子的赐衣。下大夫用没有文彩的礼服，其余的人都和士一样用黑色褖衣。招魂的位置以西为上。大夫的丧车不用飘动的揄绞，应该把它压在"池"的下面。

大夫死后，他的神主可以排在当过士的祖父后面，而士死后，他的神主却不能排在当过大夫的祖父后面，只能排在当过士的叔伯祖父后面。如果没有这样的叔伯祖父，就应该依昭穆顺序祔于高祖。即使祖父母还在世，也是这样。媳妇应祔于她丈夫所祔的祖先的配偶祖姑，如果没有祖姑可祔，也应按昭穆顺序祔于高祖之妃。妾祔于祖父之妾，如祖父无妾，也应按昭穆顺序祔于祖辈之妾或高祖之妾。男子祔于祖父时要同时配祭祖母，未嫁女子祔于祖母时不配祭祖父。国居的庶子只能祔于祖辈的庶子。国君死的当年，太子只称子，但他的地位和国君一样。

原来有父母三年丧服，在小祥后改用练冠以后，又遇大功丧服，只要改戴麻绖就行了，唯有为父母服丧用的丧棒和丧屦不变。为父母服丧，身上还有大功孝服，而遇到未成年兄弟的祔祭时，仍然戴练冠。为殇死者举行祔祭时，称"阳童字某某"，不呼他的名，是因为把他看做鬼神了。

凡是分居两地的兄弟，刚听到兄弟死的讣告时，只用哀哭来对答报丧人，是可以的。此时为兄弟披孝，腰带的多余部分要散垂着。如果没有披麻就回去奔丧，到家时丧主还没有成服绞腰绖时，亲属关系较远的，就和丧主一起成服；关系亲近的，要披麻散带到规定的期限再成服。

妾被扶为继室后而死，丈夫亲自为她主持祔祭，而练祭和大祥，都让她的儿子主持，但是殡和丧祭都不在正室。丈夫不抚摸仆妾的尸体哭泣。主妇死后，妾仍要为主妇的娘家人服丧，但妾被扶为继室后，就不为原先的主妇娘家人服丧。

听到兄弟的讣告而去奔丧，有大功丧服关系以上的亲属，在望见死者所住的地方就要开始哭泣。去给兄弟送葬而没有赶得上，即使在路上遇到主人已葬毕返回，自己也要到墓地去哭吊。凡是为兄弟主持丧事的人，即使亲属关系很疏远，也要为死者举行虞祭。

只要丧服在身，服期未完，遇有来吊丧的人，都要站在规定的位置上哭泣，拜宾，成踊。大夫哭吊大夫时，在爵弁上加环绖，大夫参加入殡仪式时，也在爵弁上加环绖。大夫有妻子之丧，但已到换成葛衣之后，遇到亲属关系较远的兄弟死丧，也可以在爵弁上加环绖去吊丧。

父亲为长子服丧时持丧棒，长子的儿子就不能拿着丧棒即孝子之位。为妻服丧，父母俱在时，不能拿丧棒，也不得行稽颡礼；仅有母亲在世，可以拿丧棒而不稽颡，只有拜谢来赠的人时才稽颡。离开诸侯，到大夫家做事的人，不再为诸侯服丧；离开大夫而成为诸侯之臣的人，不再为大夫服丧。

丧冠的沿边和缨是用同一条绳子做成的，以此来区别吉凶。服三年的丧服到小祥后用的练冠，也是用一条绳子作沿边又作缨，但帽顶的摺缝向右。只有小功以下才向左，缌麻丧冠用缫麻布作缨。大功以上的腰带，系结之外的部分散垂着。朝服所用布有一千二百根经线，抽去一半经线就是缌麻所用布；如果再加灰练治滑润，就是锡衰所用布。

诸侯相互赠送殓葬的衣物，可以用随行的副车和礼服。自己乘坐的车和天子赏赐的衣服，不能用来赠送死者。送葬用的遣车数量要看包裹的多少而定。遣车用粗布做篷顶，四面也用粗布遮掩起来，放在棺椁的四角。遣车上载有谷物，有子说："这不合礼制。丧时设奠的供品，仅仅用干肉片和肉酱罢了。"平常祭祀时自称"孝子"或"孝孙"，但在丧事中，要自称"哀子"或"哀孙"。

端衰和衰车，都没有等级差别。土白色的布帽和黑褐色的布帽，帽缨下都没有下垂的穗子。有帽沿的黑帽和白帽才有帽带穗子。大夫戴着冕去参加国君的祭祀，而在家祭祀就戴弁。士戴着弁去参加国君的祭祀，而在家里祭祀只戴平常戴的冠。士结婚那天戴着弁去接新娘，那么他戴着弁在家里祭祀也是可以的。

捣鬯的臼用柏木制成，杵用梧木制成。捞牲体的大匕用桑木制成，长三尺，有人说长五尺。捞牲体的木杖也用桑木制成，长三尺，柄部与杖尖要砍削。绋带，诸侯、大夫都用五种色彩装饰，士只用二种色彩装饰。随葬的醴要用稻米酿的。瓮、瓶筲和搁置的木架，都放在棺饰与棺柩之间，然后把椁盖板放入坑中盖好。重木在虞祭之后埋掉。

凡是妇人的丧礼，都依照她丈夫的爵位而定等级高低。小敛、大敛、启殡时，主人都要遍拜来宾。早晚在灵堂哭泣时，不用布幕遮殡。棺柩已殡就不再用帷幕。国君如果在棺柩已经装载在柩车上的时候来吊丧，主人要先站在西侧的宾位向东拜谢，再到门内右边向北哭踊。送国君时，主人先出门等待，送走国君之后返回庭中设奠祭。子羔死，小敛时用的衣服有：丝绵衣裳和滚红边的黑衣合为一套，素端一套，皮弁一套，爵弁一套，玄冕一套。曾子说："不该用那滚红边的妇人衣服。"

替国君出使而死在公家的客馆里，就举行招魂仪式；如果死在私人的客馆里就不举行招魂仪式。所谓公家的客馆里，是指国君的客馆和国君指定的客馆。所谓私人的客馆，是指卿大夫以下的私宅。从始死到入殡，诸侯丧，哭踊七次，大夫丧，哭踊五次，士丧，哭踊三次。妇人哭踊在男子之后而在来宾之前。

诸侯死，小敛所用衣有衮衣一套，玄端一套，朝服一套，纁裳一条，爵弁二套，玄冕一套，褒衣一套，用朱绿带系结，再加上大带。小敛时主人头戴环绖，这是公、大夫、士都一样的。国君来察看大敛，升堂之后，商祝才铺敛席，开始行大敛。鲁国人用币送死者入墓，是用三块黑色的和两块绛色的布，每块只有一尺宽，二尺二寸长，这不符合礼的规定。

列国诸侯派来吊丧的使者站在大门外西侧，面向东；随行人员都依次排列在他东南方，面向北，以西方为上位，但所有人员都要在门西不能直当着门口。主人站在庭中东阶下，面向西。相者接受主人的吩咐，出门对来使说："嗣子某某派我某某来请问行何事。"使者说："敝国主君派我们来转达他的哀悼。"相者入门告知主人，又走出门对吊者说："嗣子某某已在里边恭候。"吊者入门。主人从东阶升堂，面向西立。吊者从西阶升堂，面向东立，向主人表达来意说："敝国主君听到您遭大丧，特派我某某来向您转达他的哀悼之意。"主人拜谢磕头至地。吊者下堂，出门，返回原位。

致含的人端着璧向相者转述国君的吩咐，说："敝国主君派我某某来致含礼。"相者进去告知主人后，又出来，说："嗣子某某已在恭候。"含者入门，走到堂上，面对着殡致词。主人拜谢磕头。含者跪下，将璧玉放在殡东南方的苇席上。如果棺柩已葬，苇席换成蒲席。然后下堂，出门，返回原位。丧家的宰官身穿朝服，换上绳屦，从西阶上堂，面向西，跪下拿起璧，再从西阶下堂向东走。

致禭的人向相者说："敝国主君派我某某来送禭。"相者入门告知主人，然后出门向禭者说："嗣子某某已在里边恭候。"禭者拿起冕服，左手持衣领，右手持衣腰，入门，从西阶走上堂向殡致词："敝国主君派我来送禭。"主人拜谢磕头至地。禭者把冕服放在殡东，然后下堂，走到门内屋檐正中处接过贾人递过来的爵弁服，走上堂致词。

主人拜谢磕头至地和前次一样。禭者把爵弁服放在殡东，又到中庭接过皮弁，登堂致词委衣，再到西阶上接过朝服、登堂致词委衣，最后就在堂上接过玄端，致词委衣。每禭一衣，主人都拜谢磕头至地。禭者从西阶下堂，出门，返回原位。丧家的宰夫五人，身穿朝服，换上绳屦，从西阶上堂，取衣下堂向东走。下堂要从西阶，取衣时面也向西。

副使致赗，手里捧着圭向相者说："敝国主君派我来致赗。"相者入门告知主人，又返回门外传达主人的话，说："嗣子已在里面恭候。"于是副使命令自己的助手把四匹黄马和一辆大辂车陈设到庭院中间，车辕向北。副使捧圭登堂向主人致词，陈设车马的人牵着马站在大辂的西面。主人拜谢磕头至地。副使跪下把圭放在殡东南角。丧家的宰官上堂取圭，下堂向东走。通例：凡是致词时，客人都面向着殡致词，丧主拜谢磕头至地，然后客人走到殡东面向西跪下，放下礼物。丧家的宰官取璧和圭、宰夫取禭衣，都从西阶升堂，面向西跪下取物，再从西阶下堂。

致赗的副使出门，返回原来的位置。正使接着行临哭礼，先对相者说："敝国主君因要守护宗庙，不能亲来帮助料理丧事，所以派我这个老臣某某来协助牵引柩车。"相者入告主人，又出来对正使说："嗣子某某已在恭候了。"于是正使入门，站在门内东侧，随行人员都跟着进门，依次站在正使的左边，以东边为上位。丧家的宗人迎进这些客人后，升堂听受主人的命令，再下堂对客人说："嗣子不敢当你们厚意，请你们站到西侧宾位上。"正使对答说："敝国主君命令我们不要把自己当做宾客，我们冒昧地辞谢主人盛情。"宗人请示主人，又对正使说："嗣子冒昧地坚决不敢当你们的厚意，请你们站到宾位上。"正使再答："敝国主君命令我们不要把自己当做宾客，我们冒昧地辞谢主人的盛情。"宗人又请示主人，然后对正使说："嗣子还是冒昧地坚决不敢当你们的厚意，请你们站到宾位上。"正使答："敝国主君命令我们这些出使的，不要把自己当做宾客，因此我们坚决推辞。坚决推辞却得不到允许，我们岂敢不听从吩咐？"于是正使站到大门西侧，随行人员仍站在他的左边，以东面为上。主人从东阶下堂，拜谢正使，然后主人从东阶，客人从西阶升堂哀哭，并轮流顿足而哭各三次。客人出门时，主人送到门外，又拜谢磕头至地。一个国家有国君的丧事，所有的臣子就都不敢接受别国宾客的吊丧。

同宗的妇女站在房中，面向南。近臣在堂上当东阶的地方铺好席条，商祝在席上依次铺设大敛绞、单被、夹被、大敛衣。丧祝的属下上在盘北洗手，把尸体抬起来移到铺好的大敛衣上。大敛完毕，诸侯的总管向世子报告，世子跪到尸旁抱尸哭泣，并站起来踩脚。夫人在尸西，面向东跪下，抱尸哭泣，然后站起来踩脚。

士的丧事中，有三处是与天子的丧事相同的：一是出殡的夜里通宵设置火炬照明；二是柩车用人拉而不用马；三是柩车独占一条道路而行。

杂记下第二十一

【原文】

　　有父之丧,如未没丧而母死,其除父之丧也,服其除服;卒事,反丧服。虽诸父、昆弟之丧,如当父母之丧,其除诸父、昆弟之丧也,皆服其除丧之服;卒事,反丧服。如三年之丧,则既颖,其练、祥皆行。王父死,未练、祥而孙又死,犹是附于王父也。

　　有殡,闻外丧,哭之他室。入奠,卒奠出,改服即位,如始即位之礼。

　　大夫、士将与祭于公,既视濯而父母死,则犹是与祭也,次于异宫;既祭,释服出公门外,哭而归。其它如奔丧之礼,如未视濯,则使人告,告者反而后哭。如诸父、昆弟、姑、姊妹之丧,则既宿则与祭;卒事,出公门,释服而后归。其它如奔丧之礼。如同宫,则次于异宫。

　　曾子问曰:"卿大夫将为尸于公,受宿矣,而有齐衰内丧,则如之何?"孔子曰:"出舍乎公宫以待事,礼也。"孔子曰:"尸弁冕而出,卿、大夫、士皆下之。尸必式,必有前驱。"

　　父母之丧,将祭,而昆弟死,既殡而祭。如同宫,则虽臣妾,葬而后祭。祭,主人之升、降、散等,执事者亦散等;虽虞、附亦然。

　　自诸侯达诸士,小祥之祭,主人之酢也哜之,众宾、兄弟则皆啐之。大祥,主人啐之,众宾、兄弟皆饮之可也。

　　凡侍祭丧者,告宾祭荐而不食。

　　子贡问丧,子曰:"敬为上,哀次之,瘠为下。颜色称其情,戚容称其服。"

　　请问兄弟之丧。子曰:"兄弟之丧,则存乎书策矣。君子不夺人之丧,亦不可夺丧也。"

　　孔子曰:"少连、大连善居丧,三日不怠,三月不解,期悲哀,三年忧,东夷之子也!"

　　三年之丧,言而不语,对而不问,庐垩室之中,不与人坐焉。在垩室之中,非时见乎母也,不入门。疏衰皆居垩室,不庐。庐,严者也。

　　妻视叔父母。姑、姊妹视兄弟。长、中、下殇视成人。

　　亲丧外除。兄弟之丧内除。

　　视君之母与妻,比之兄弟。发诸颜色者,亦不饮食也。

　　免丧之外,行于道路,见似目瞿,闻名心瞿,吊死而问疾,颜色戚容必有以异于人也。如此而后可以服三年之丧,其余则直道而行之是也。

　　祥,主人之除也。于夕为期,朝服。祥,因其故服。

子贡问丧

子游曰:"既祥,虽不当缟者,必缟然后反服。"

当祖,大夫至,虽当踊,绝踊而拜之;反改成踊,乃袭。于士,既事成踊,袭,而后拜之,不改成踊。

上大夫之虞也,少牢;卒哭成事,附,皆大牢。下大夫之虞也,特牲;卒哭成事,附,皆少牢。

祝称"卜葬虞"。子孙曰"哀",夫曰"乃",兄弟曰"某卜葬其兄弟曰伯子某"。

古者贵贱皆杖。叔孙武叔朝,见轮人以其杖关毂而辇轮者,于是有爵而后杖也。

凿巾以饭,公羊贾为之也。

冒者何也?所以掩形也。自袭以至小敛,不设冒则形,是以袭而(后)设冒也。

或问于曾子曰:"夫既遣而包其馀,犹既食而裹其馀与?君子既食则裹其馀乎?"

曾子曰:"吾子不见大飨乎?夫大飨,既飨,牲之俎归于宾馆。父母而宾客之,所以为哀也。子不见大飨乎?"

……非为人丧,问与?赐与?

三年之丧,以其丧拜。非三年之丧,以吉拜。

三年之丧,如或遗之酒肉,则受之必三辞,主人衰绖而受之;如君命,则不敢辞,受而荐之。丧者不遗人。人遗之,虽酒肉,受也。从父昆弟以下,既卒哭,遗人可也。

县子曰:三年之丧如斩,期之丧如剡。

(期之丧,十一月而练,十三月而祥,十五月而禫。)三年之丧,虽功衰,不吊,自诸侯达诸士。如有服而将往哭之,则服其服而往。〔期之丧,十一月而练,十三月而祥,十五月而禫,〕练则吊。既葬,大功,吊,哭而退,不听事焉。期之丧,未葬,吊于乡人,哭而退,不听事焉;功衰,吊,待事不执事;小功缌,执事,不与于礼。

相趋也,出宫而退。相揖也,哀次而退。相问也,既封而退。相见也,反哭而退。朋友,虞(附)而退。

吊,非从主人也。四十者执绋。乡人,五十者从反哭,四十者待盈坎。

丧食虽恶,必充饥。饥而废事,非礼也。饱而忘哀,亦非礼也。视不明,听不聪,行不正,不知哀,君子病之。故有疾饮酒食肉,五十不致毁,六十不毁,七十饮酒食肉,皆为疑死。

有服,人召之食,不往。大功以下,既葬,适人。人食之,其党也,食之;非其党,弗食也。

功衰，食菜果，饮水浆；无盐酪，不能食食，盐酪可也。

孔子曰："身有疡则浴，首有创则沐，病则饮酒食肉。毁瘠为病，君子弗为也。毁而死，君子谓之无子。"

非从柩与反哭，无免于堩。

凡丧，小功以上，非虞、附、练、祥，无沐浴。疏衰之丧，既葬，人请见之则见，不请见人。小功，请见人可也。大功，不以执挚。唯父母之丧，不辟涕泣而见人。

三年之丧，祥而从政。期之丧，卒哭而从政。九月之丧，既葬而从政。小功缌之丧，既殡而从政。

曾申问于曾子曰："哭父母有常声乎？"曰："中路婴儿失其母焉，何常声之有？"

卒哭而讳。

王父母、兄弟、世父、叔父、姑、姊妹，子与父同讳。

母之讳，宫中讳。妻之讳，不举诸其侧。与从祖昆弟同名，则讳。

以丧冠者，虽三年之丧可也。既冠于次，入，哭、踊三者三，乃出。

大功之末，可以冠子，可以嫁子。父（小）〔大〕功之末可以冠子，可以嫁子，可以取妇。己虽小功，既卒哭，可以冠、取妻；下殇之小功则不可。

凡弁绖，其衰侈袂。

父有服，宫中子不与于乐。母有服，声闻焉，不举乐。妻有服，不举乐于其侧。大功将至，辟琴瑟。小功至，不绝乐。

姑、姊妹，其夫死，而夫党无兄弟，使夫之族人主丧；妻之党，虽亲弗主。夫若无族矣，则前后家、东西家；无有，则里尹主之。或曰：主之而附于夫之党。

麻者不绅。执玉不麻。麻不加于采。

国禁哭则止，朝夕之奠即位自因也。

童子哭不偯，不踊，不杖，不菲，不庐。

孔子曰："伯母、叔母疏衰，踊不绝地。姑、姊妹之大功，踊绝于地。如知此者，由文矣哉！由文矣哉！"

世柳之母死，相者由左。世柳死，其徒由右相。由右相，世柳之徒为之也。

天子饭九贝，诸侯七，大夫五，士三。

士三月而葬，是月也卒哭。大夫三月而葬，五月而卒哭。诸侯五月而葬，七月而卒哭。士三虞，大夫五，诸侯七。

诸侯使人吊、（其次）含、襚、赗、临，皆同日而毕事者也。其次如此也。

卿大夫疾，君问之无算。士，壹问之。君于卿大夫，比葬不食肉，比卒哭不举乐；为士，比殡不举乐。

升正柩，诸侯，执绋五百人，四绋皆衔枚；司马执铎，左八人，右八人；匠人执羽葆御柩。大夫之丧，其升正柩也，执引者三百人，执铎者左右各四人，御柩以茅。

孔子曰："管仲镂簋而朱纮，旅树而反坫，山节而藻棁，贤大夫也，而难为上也。晏平仲祀其先人，豚肩不掩豆，贤大夫也，而难为下也。君子上不僭上，下不偪下。"

妇人非三年之丧，不逾封而吊。如三年之丧，则君夫人归。夫人：其归也，以诸侯之吊礼；其待之也，若待诸侯然。夫人至，入自闱门，升自侧阶，君在阼；其他如奔丧礼然。

嫂不抚叔，叔不抚嫂。

君子有三患：未之闻，患弗得闻也；既闻之，患弗得学也；既学之，患弗能行也。君子有五耻：居其位，无其言，君子耻之；有其言，无其行，君子耻之；既得之而又失之，君子耻之；地有馀而民不足，君子耻之；众寡均而倍焉，君子耻之。

孔子曰："凶年则乘驽马，祀以下牲。"

恤由之丧，哀公使孺悲之孔子，学士丧礼。《士丧礼》于是乎书。

子贡观于蜡。孔子曰："赐也乐乎？"对曰："一国之人皆若狂，赐未知其乐也。"子曰："百日之蜡，一日之泽，非尔所知也。张而不弛，文、武弗能也。弛而不张，文、武弗为也。一张一弛，文、武之道也。"

孟献子曰："正月日至，可以有事于上帝。七月日至，可以有事于祖。"七月而禘，献子为之也。

夫人之不命于天子，自鲁昭公始也。

外宗为君、夫人，犹内宗也。

厩焚。孔子拜乡人为火来者。拜之，士壹，大夫再。亦相吊之道也。

孔子曰："管仲遇盗，取二人焉，上以为公臣，曰：'其所与游，辟也。可人也。'管仲死，桓公使为之服。（官）〔宦〕于大夫者之为之服也，自管仲始也，有君命焉尔也。"

过而举君之讳，则起。与君之讳同，则称字。

内乱不与焉。外患弗辟也。

《赞大行》曰：圭，公九寸，侯、伯七寸，子、男五寸；博三寸，厚半寸，剡上左右各寸半，玉也。藻，三采六等。

哀公问子羔曰："子之食奚当？"对曰："文公之下执事也。"

成庙则衅之，其礼：祝、宗人、宰夫、雍人皆爵弁纯衣，雍人拭羊，宗人视之，宰夫北面于碑南，东上。雍人举羊升屋，自中；中屋南面，刲羊，血流于前，乃降。门、夹室，皆用鸡，先门而后夹室。其衈皆于屋下。割鸡：门，当门；夹室，中室。有司皆乡室而立，门则有司当门北面。既事，宗人告事毕，乃皆退。反命于君曰："衅某庙事毕。"反命于寝，君南乡于门内，朝服。既反命，乃退。路寝成，则考之而不衅。衅屋者，交神明之道也。凡宗庙之器，其名者成，则衅之以豭豚。

诸侯出夫人，夫人比至于其国，以夫人之礼行；至，以夫人入。使者将命曰："寡君不敏，不能从而事社稷宗庙，使使臣某敢告于执事。"主人对曰："寡君固前辞不教矣。寡君敢不敬须以俟命！"有司官陈器皿，主人有司亦官受之。

妻出，夫使人致之曰："某不敏，不能从而共粢盛，使某也敢告于侍者。"主人对曰："某之子不肖，不敢辟诛，敢不敬须以俟命！"使者退，主人拜送之。如舅在则称

舅，舅没则称兄，无兄则称夫。主人之辞曰："某之子不肖。"如姑、姊妹，亦皆称之。

孔子曰："吾食于少施氏而饱，少施氏食我以礼。吾祭，作而辞曰：'疏食不足祭也。'吾飧，作而辞曰：'疏食也，不敢以伤吾子。'"

纳币一束，束五两，两五寻。

妇见舅姑，兄弟、（姑）姊妹皆立于堂下，西面北上，是见已。见诸父，各就其寝。

女虽未许嫁，年二十而笄，礼之。妇人执其礼。燕则鬈首。

韠长三尺，下广二尺，上广一尺。会去上五寸。纰以爵韦六寸，不至下五寸。纯以素。紃以五采。

【译文】

有父亲的丧服在身，如果丧期未满而母亲又死，那么在为父亲举行大祥祭的时候，应改服除丧的服装。大祥祭结束后，再继续为母穿丧服。即使在为叔伯父母和兄弟服丧期间，遇到父母之丧要服双重丧服，在为叔伯兄弟除丧时，都要改服除丧的服装。事毕之后再穿上为父母所服丧服。如果同时遇到两个三年的丧服，那么在后一个丧事的虞祭卒哭之后，前一个丧事的小祥和大祥，都要按上面的方法进行。祖父死后还没有举行练祭和大祥祭，而孙子又死了，孙子的灵位还是附在祖父后面。

父母死，灵柩在殡，又听到居于别处的亲属的死讯，应当到别的房间中去哭泣。第二天早晨先到殡宫设奠祭父母，奠祭完毕后出殡宫，换去原来的丧服到另外的房间去即位哭泣新死的人，仪节就和刚遭丧即位时一样。

大夫、士将要参加公家的祭祀典礼，在检视祭器的洗涤之后，而遭父母之丧，那还是要参加祭祀，但应该住在另外的地方，不和家人住一起。祭祀结束后，脱去祭服再出公门，沿途哀哭回家。其余的仪节和奔丧礼一样。如果还没有举行检视祭器的仪式而遇到父母之丧，就应派人向公家报告，等到报告的人回来之后，才能哀哭，如果遇到伯父、叔父或兄弟、姑、姊妹死丧，只要是在宿宾斋戒之后，都要参加祭祀，祭祀结束后，走出公门再脱去祭服回家。其余的仪节也和奔丧礼一样。如果死者与自己同住在一处，祭前也要住到别的地方去。

曾子问道："卿大夫即将要做国君祭祀的尸，已经接受了邀请并斋戒了，突然遇到自己家族中有服齐衰的丧事，该怎么办呢?"孔子说："那就离开家，住到国君的客馆里去等待祭祀，这是合乎礼法的。"孔子又说："做尸的人冠戴而出家门，卿大夫碰见他，都要下车致敬，做尸的人必须倚靠着车轼作为答礼。做尸的人出门，前面必定要有开道的人。"

父母的丧事，到了即将举行小祥或大祥的时候，又遇到兄弟死丧，要等兄弟的灵柩入殡之后，再为父母举行小祥祭或大祥祭。如果后死的人与父母同住在一起，即使后死的人是臣妾，也要等把他埋葬之后才能为父母举行小祥祭或大祥祭。遇到上面的情况，举行祥祭时，主人上下台阶要用"历阶"步法，协助祭祀的人也用"历阶"步法，即使是举行虞祭和祔祭时也是如此。

从诸侯到士，举行小祥祭时，主人接过宾长回敬的酒，只用嘴唇沾一下。众宾和兄弟接过主人进献的酒，都只喝一小口。到大祥祭时，主人对宾长回敬的酒可以喝一小口。众宾和兄弟对主人的献酒，全喝完是可以的。在祥祭时，凡是司仪告知宾客祭荐时，宾客只祭荐而不食。

子贡问怎样为父母守丧。孔子说："诚心守丧是最重要的，有哀伤的表情则在其次，哀伤得枯槁憔悴是最不可取的。守丧时，脸色要和哀情相称，悲伤的仪容要和所服丧服相称。"子贡又问怎样为兄弟守丧。孔子说："为兄弟守丧的礼节，书本上都有记载了。有德行的人既不剥夺他人守丧的礼节，也不减省自己的守丧礼节。"孔子说："少连和大连二人都很懂守丧的礼节。父母刚死的三天内，各种礼节都不怠慢；三月之内，哭奠等事不松懈，周年之内经常哀哭，除丧之前还都有忧伤的表情。他们是东夷地方的人，也能如此懂礼。"

为父母守丧三年，和别人讲话时只谈自己的丧事而不论及其他，只回答别人的问话而不向别人提问。在倚庐与垩室之中，不和别人坐在一起。住在垩室中的人，如果不是因为依时节拜见母亲，就不进家门。服齐衰丧服的人都住在垩室中不住倚庐。倚庐是最哀敬严肃的地方。为妻守丧，可以比照为叔父母；为姑、姊妹守丧，可以比照为兄弟；为长殇、中殇、下殇守丧，可以比照为成人。为父母亲守丧，丧期已尽而哀情不尽；为兄弟服丧，哀情随丧期而尽。为国君的母亲或妻子服丧，可以比照为兄弟服丧。食后会影响脸部哀容的食物，不要吃喝。除去丧服之后，走在路上见到有与死去的亲人相像的人或听到与死去的亲人相同的名字，心中都会突然感到惊骇；到人家去吊丧或探视病人，仪容要哀戚，显得和一般人不同。只有做到这些，才能真正服三年的大丧。为其他人服丧，只是按丧礼规定的程序直行其事罢了。

大祥祭，主人除丧服的仪节是：前一天傍晚穿上朝服宣布大祥祭的日期。大祥祭时就穿着朝服。子游说："大祥祭以后，有宾客来吊时，主人虽然已不穿素缟麻衣了，也必须穿上素缟麻衣接受来宾吊丧，完事之后再穿原来的衣服。"小敛和大敛，主人袒露左臂踊脚哭泣，这时如果有大夫来吊丧，主人即使正在哭泣踊脚，也要停下来先出门拜大夫，拜完后返回原位重新哭泣踊脚后，再穿上衣服。如果是士来吊，那就等敛事完毕踊脚哭泣之后，穿上衣服再去拜谢他，拜后不再哭踊。

上大夫死后的虞祭用羊豕二牲，卒哭和祔祭都用牛、羊、豕三牲。下大夫死后的虞祭用一豕，卒哭和祔祭都用羊、豕二牲。在卜葬日和虞祭时用的祝词：子、孙自称"哀子或哀孙某某"，夫自称"乃夫某某"，兄弟自称"某某"。如果是为兄弟卜葬，就称死者为"伯子某某"。

古时候，无论地位高低，走路都可以用手杖。有一次叔孙武叔上朝，看见制作车轮的匠人用手杖穿在轴孔中转动车轮，从这以后就有了得到爵位后才能用手杖的规定。用中间有孔的布巾盖在尸面上再饭含是大夫用的礼，而公羊贾是士人，也这样做了，冒是什么东西呢，就是用来遮掩尸体形状的布袋。从尸体沐浴后穿了衣服到小敛之前，

秦错金银鸠杖首，西安市郊征集，西安市文物库房藏。

假使不用"冒"套起来，那可怕的形状仍然会露出来，所以尸体穿了衣服后就用"冒"套起来。

　　有人问曾子说："大遗奠之后又把陈设的牲体包裹起来送入墓中，这不像吃饱之后还把剩下的酒菜都带走吗？难道有德行的人吃过之后还要把剩下的都带走吗？"曾子说："你没有见过国君大宴宾客吧？大宴之后还把吃剩的牛羊猪肉包卷好送到宾馆去。父母将葬就像宾客一样，就用这种方法来表达哀情。你大概没有见过大宴吧？"

　　守丧时对于不是为了丧事而来的馈赠和赏赐怎么办呢，如果是为父母守丧的人，接受时用丧拜，不是为父母守丧的人用吉拜。为父母守丧时，如果有人馈送酒肉，接受时先要再三推辞，推辞不掉，主人便穿着丧服接受下来。如果是国君的赏赐，就不敢推辞，接受下来供祭父母。守丧的人不能给别人送东西，而别人可以送东西给他，所以即使是酒肉，也可以收下来。如果是叔伯兄弟以下的丧事，在卒哭之后，馈赠别人是可以的。

　　县子说："遇到三年的丧事，哀痛如刀斩；期年的丧事，哀痛如刀割。"有三年的丧服，即使到练祭后换成大功布做的丧服的时候，也不出外吊丧，这是从诸侯到士都一样的。如果遇到五服之内的亲属死，要去哭吊的时候，要换成自己应该服的丧服再去。期年的丧期，第十一个月举行练祭，第十三个月举行大祥祭，第十五个月举行禫祭。练祭之后，服一年丧服的人可以出外吊丧。入葬之后，服大功丧服的人可以出外吊丧，但哭泣后就退出来，不等待其他仪节进行。服一年丧服的人，在自己的亲人未葬之前，到同乡人家中吊丧，也是哭泣后就退出来，不等待其他仪节进行。身有功衰而出外吊丧的人，虽然可以等候丧事进行，但不去帮忙。服小功和缌麻丧服的人出外吊丧，虽然可以帮忙，但不参加行礼。

　　吊丧在丧家所停留的时间：如本无交往而慕名往吊的人，等到灵柩出了门就可退出。有过点头之交的人去吊丧，等到灵柩过了门外的倚庐或垩室再退出。曾经相互馈赠过物品的人，等到灵柩入墓坑后再退出。行过相见礼的人，葬后要随主人回家反哭后才退出。交情很深的朋友,要到虞祭之后才退出。吊丧,不只是跟随主人走走,而要帮着干事,所以四十岁以下的吊丧者都要帮着牵引柩车。到同乡人家去吊丧,五十岁的人在灵柩入坑后随着主人还家反哭,四十岁的人要留在墓地帮助填土筑墓。

守丧的人吃的饭食虽然粗恶,但必须能够充饥。如果饿得不能行礼,那就是失礼了。但因温饱而忘记悲哀,也是失礼。守丧时眼睛看不清,耳朵听不清,行走不稳,就不知道哀伤了,这是有道德的人所担心的,因此守丧时有病,就可以喝酒吃肉。守丧时,五十岁的人不要因哀伤而变得很憔悴,六十岁的人可以不显出憔悴,七十岁的人可以照常喝酒吃肉,这些都是因为担心死去。有丧服在身的人,别人邀请吃饭也不能去。如果是大功以下的丧服,到了死者入葬之后,可以走访亲友;人家请他吃饭,如果是自己的亲属,就接受,不是自己的亲属就不接受。为父母守丧的人到了练祭之后可以吃菜肴果物,喝水浆,但不能食用醯酱之类的食物。在有病吃不下饭的时候,可以用醯酱。孔子说:"守丧的人身上有疮就要洗澡,头上有疮就要洗头,有病就喝酒吃肉。过分哀伤憔悴而病倒,有德行的人是不这样做的。如果憔悴而死,有德行的人就认为那是没有尽孝道。"

如果不是送葬和葬后返家的时候,服丧的人都不要戴着"免"走在道路上。凡是守丧的人,从小功以上,不遇到虞、祔、练、祥等祭祀,都不洗头洗澡。服齐衰丧服的人,在亲人入葬后,别人来求见时就出来接见,但不能去求见别人。服小功丧服的人可以求见别人。服大功丧服的人去求见别人时不能带见面礼。只有遇到父母的丧事时,可以带着眼泪接待别人。守三年丧的人,在大祥之后才服徭役。守一年丧的人,在卒哭之后才服徭役。守九月丧的人,在葬后才服徭役。守五月以下丧的人,灵柩入殡后才服徭役。

曾申问曾子说:"哭父母有规定的哭法吗?"曾子说:"就像婴儿在半路上找不到母亲时哭泣一样,哪有什么规定的哭法呢?"

从卒哭祭祀开始,就避免直称死者的名。父亲应避讳已死去的祖父母、兄弟、伯父、叔父、姑及姊妹的名。儿子与父亲所避讳的名相同。母亲为其亲避讳的人名,全家人在家中都不要直呼其名。妻室为其亲所避讳的名,只要不在她们身旁直呼其名。如果母亲和妻室所避讳的人名中有和自己的从祖兄弟同名的,那在别的地方也要避讳直称。

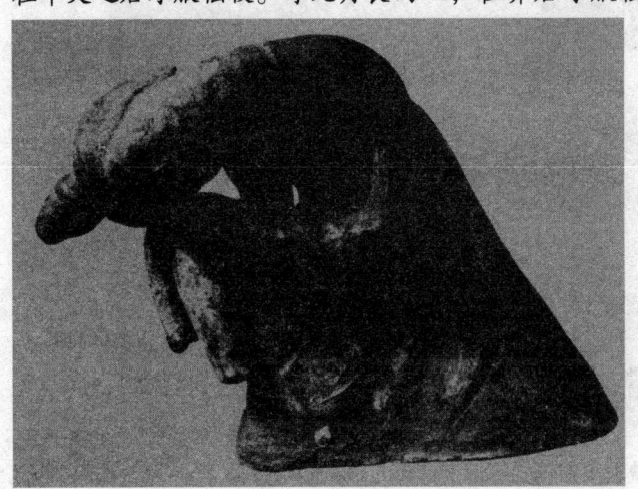

唐哭泣陶俑,山西长治市唐墓出土。

即将行冠礼而遇到丧事,就穿着丧服加冠,即使是三年的丧服也是可以的。在丧次加冠后，就到灵堂里哭踊，每哭三踊，连哭三次，才出灵堂。服大功丧服的人在即将除丧服的时候，可以给儿子举行冠礼，可以嫁女儿。父亲在即将除小功丧服的时候，可以为儿子举行冠礼，可以嫁女儿，可以娶儿媳。自身虽有小功丧服，在卒哭之后，也可以行加冠礼和娶妻。只有为下殇服小功丧服的人，卒哭之后不能行冠礼和娶妻。

凡是吊丧的人都戴有麻绖的弁帽，穿的丧服袖口特大。父亲有丧服，在家中子女就不能奏乐。母亲有丧服，在她能听到的范围内不弹奏音乐。妻有丧服，就不能在她身旁弹奏音乐。有大功丧服的人即将来访，要把乐器收起来。有小功丧服的来访时，可以不停止奏乐。

姑、姊妹无子，而丈夫已死，她的丈夫又无兄弟，她们死后就要请他的族人主持丧事，而妻子的娘家人虽然是骨肉至亲也不主丧。如果夫家连族人也没有，就要请前后左右的邻居主丧。如果没有邻居，就请地方官主丧。也有人说，妻子的娘家人可以主丧，但神主仍要附在丈夫的祖母后面。

穿麻衣丧服的人不用大带，执玉行礼的人不穿麻衣丧服，麻衣丧服不能套在吉服上面。国家有大祭祀禁止哭泣，遭丧的人家要停止哭泣，早晚设奠时，只是站在原来的位置上。儿童在丧期中，哭声不必拉长，也不踩脚，不拿丧棒，不穿绳屦，不住倚庐。孔子说："为伯母叔母服齐衰丧服，哭踊时足尖不离地。但为姑、姊妹服大功丧服，哭踊时脚要离地踩足。如果能够知道这些区别的人，就能依礼文行礼了！就能依礼文行礼了！"世柳的母亲死时，协助行礼的人站在左边。世柳死时，他的门徒却都站

清光绪皇帝大婚图中的嫁妆队伍（局部），清人绘。

在右边协助行礼。站在右边协助行礼，是世柳的门徒做出来的。

天子死后，饭含用九个贝壳，诸侯用七个，大夫用五个，士用三个。士死后第三个月入葬，当月举行卒哭祭祀。大夫死后第三个月入葬，第五个月举行卒哭祭祀。诸侯死后第五个月入葬，第七个月举行卒哭祭祀。士葬后有三次虞祭，大夫有五次，诸侯有七次。诸侯派使者吊、含、襚、赗、临，这些事都在同一天内做完，它们的次序

就是如此。卿大夫有疾，国君探望无次数，士有病，国君只探望一次。国君对于卿大夫的丧事，到入葬的那天不吃肉，到卒哭的那天不奏音乐。对于士的丧事，只到殡的那天不奏音乐。

灵柩出殡后朝祖庙，从西阶升堂，放在两楹正中。诸侯出葬，牵引柩车用五百人，分别拉四根大绳，拉柩车的人嘴里都衔着枚。司马手里拿着铃铎指挥，柩车左边八人，右边八人。匠人手里举着羽葆，指挥牵引柩车的人。大夫死丧，在升柩正柩时，有三百人帮拉柩车。执铎的人左右各四个，指挥牵引柩车的人手中拿的棍子上绑有白茅。

孔子说："管仲用雕花的簋、朱红的帽带，竖屏风，设反爵的坫，梲栌上雕刻，短柱上绘花，他虽然是个有才能的大夫，但做他的国君却很难。晏平仲祭祀祖先，所用的小猪蹄膀不够装满豆，他虽然也是个能干的大夫，但做他的下级却很难。有德行的人既要不僭上，又要不逼下。"

妇人如果不是遇到父母之丧，就不越境到别国去吊丧。如果遇到父母的丧事，国君夫人也可回娘家。国君夫人回去的礼节，与诸侯出吊的礼节一样。娘家人接待也像接待诸侯一样。夫人从侧门进去，从边阶升堂。主君站在东阶上而不下堂迎接。其他仪节都和奔丧礼一样。嫂子不抚着小叔子的尸体哀哭，小叔子也不抚着嫂子的尸体哀哭。

有德行的人有三种忧虑：第一是对自己没有听说过的知识，忧虑不能听到；第二是对自己已听说过的知识，忧虑不能学会；第三是对自己已学会的知识，忧虑不能用起来。有德行的人又有五种羞耻：第一是身居官职但拿不出自己的主见，会感到羞耻；第二是虽有主见却不实施，会感到羞耻；第三是已经得到的东西又失掉了，会感到羞耻；第四是所管辖的土地很多而人民逃散，地有余而民不足，会感到羞耻；第五是役用人数彼此相等，而他人的功绩倍多于自己，会感到羞耻。

孔子说："收成不好的年份，只能骑最不好的马，祭祀用的牲牢也比平常降低一级规格。"恤由死的时候，鲁哀公派孺悲到孔子那儿去学士丧礼，《士丧礼》从此以后才记载下来，子贡观看年终的蜡祭后，孔子问他说："你觉得他们快乐吗？"子贡说："全国的人都像发了狂似的，我不能理解他们的快乐。"孔子说："他们一年到头辛苦，只有这一天受国君的恩泽才能这样，你是不能理解他们的快乐的。一直紧张而没有松弛，即使文王、武王也吃不消；一直松弛而没有紧张，文王、武王也不愿意这样干；有紧张又有松弛，是文王、武王治理天下的办法。"

孟献子曾说："周时正月冬至，可以郊祀上帝。七月夏至，可以祭祀宗庙。"七月里举行禘祭，是孟献子这样做的。国君的夫人没有受过天子的赐命，是从鲁昭公开始的。外姓嫁来的命妇为国君、夫人服丧，要与本姓的妇女一样。

孔子的马棚遭火灾，乡里有人来慰问，孔子拜谢他们时，向士行一拜，向大夫行两拜，也是用吊丧的礼节。孔子说："从前管仲遇到一群小偷，就从他们中间选择了两个人，推荐给齐桓公做臣子，并说：'这两人是因为与邪僻的人交游才做小偷的，但却是可以被造就的人。'到管仲死的时候，齐桓公让这两人为管仲服丧。给大夫当差的人为大夫服丧，是从管仲开始的，因为有国君的命令才这样做的。"

　　由于一时疏忽而说出应该避讳的国君名字，要站起身来表示歉意。自己的名与应避讳的君名相同时，自称就改称自己的字。卿大夫对于国内的暴乱若不能制止，就不应参与其事；对于外部侵略不能躲避。瓒：大行人又把它叫做圭，公所执的圭长九寸，侯伯所执的七寸，子男所执的五寸，但都是宽度三寸，厚半寸，上端每边各削去半寸，这些圭都是以玉制成的。垫圭的布上装饰的彩带有红白青三种颜色，根据彩带的多少分为六等。鲁哀公问子羔："你的祖先开始做官时拿多少俸禄？"子羔回答说："从卫文公时开始做低级办事员。"

　　诸侯有新庙建成都要举行衅庙的仪式。衅庙的礼节是：祝宗人、宰夫、雍人等，都头戴爵弁，身穿玄衣纁裳。雍人先把羊洗刷干净，送交宗人检视，宰夫面向北站在拴牲畜的石柱南面，其余人员依次站在他西面。雍人扛起羊从前檐正中登上屋顶，站在屋脊正中，面向南，然后杀羊，让羊血从屋脊向前檐流，血流完后，雍人再下来。衅门和夹室都是用鸡血，叫衈。先衅门而后衅夹室。都是在屋下行衈礼。衅门时对着门杀鸡，衅夹室时在夹室中央杀鸡。衅夹室时，宰夫、宗人、祝要面向夹室而立，衅门时则面向门。衅礼完毕，宗人向宰夫报告事情已经完毕，于是全体退出，去向国君回报说："某庙的衅礼已经完毕。"向国君回报在国君住的地方进行，国君穿着朝服，面向南站在寝门内。回报完毕才退出。国君的正寝建成之后就摆设盛宴庆祝而不用衅礼。衅庙，是和鬼神交接的礼节。凡是祭祀宗庙的器具，只要是比较重要的，作成之后都要用小公猪来衅。

　　诸侯休弃夫人，在把她送回娘家的路上，仍用夫人的礼仪，进入娘家所在国时也用夫人的礼仪。负责遣送的使者在向主国国君致词时说："敝国主君不聪明，没有能力使她跟随着祭祀社稷和宗庙。派遣使者某某，冒昧地向您的左右报告这件事。"主国国君派人对答说："敝国主君本来在纳采时就拒绝过这桩婚事，因为她没有受过多少教育，敝国主君岂敢不恭敬地等待着你们主君的吩咐。"于是跟随来的人就按规定把以前的陪嫁陈设出来，主国的接待人员也依礼接受。

　　士大夫休弃妻子，丈夫派人把她送到娘家，对娘家人说："某某不聪明，没能力使她跟随着祭祀祖宗，派我来冒昧地告诉你家的侍从。"主人对答说："我的女儿不贤惠，我不敢逃避责任，岂敢不恭敬地等待吩咐。"使者离开时，主人仍以礼拜谢送别。使者传话时，如果被遣回的妇人有公公，就用公公的名义说："某之子不敏"；没有公公就用伯兄的名义说："某之弟不敏"；没有伯兄就只好用丈夫的名义说："某不敏"。娘家人的对话是："某之子不肖"。如果是姑、姊妹被遣回，就说："某之姑不肖"、"某之姊不肖"或"某之妹不肖"。

　　孔子说："我在少施氏家做客能吃得很饱，因为少施氏能依礼招待我。我祭食时，他便起身辞谢说：'粗疏的食物用不着祭食。'我开始吃饭时，他又起身辞谢说：'这样粗疏的食物，真不敢拿出来损您的胃口。'"

　　定婚的聘礼用一束帛，一束就是五两，每两长四丈。新媳妇拜见公婆的时候，丈夫的兄弟和姑姊妹都站在堂下，面向西，以北首为上位，这样就算和他们行过见面礼了。拜见丈夫的伯父叔父，要分别到他们的住处去。女子即使还没有许嫁，到二十岁时就一定得加笄，为她行笄礼，由一般的妇人主持。虽已加笄，但平常在家仍梳成双角髻，表示还没有许嫁。

韦的形制：长三尺，下边宽二尺，上边宽一尺。上边系腰的"会"距上端五寸，两旁的滚边"纰"用爵韦，宽六寸，空出下端五寸不用纰。下滚边的"纯"用白绢，嵌在四周滚边缝中的"紃"用五色彩带。

丧大记第二十二

【原文】

疾病，外内皆扫。君、大夫彻县，士去琴瑟。寝东首于北牖下。废床，彻亵衣，加新衣，体一人。男女改服。属纩以俟绝气。男子不死于妇人之手，妇人不死于男子之手。

君、夫人卒于路寝。大夫、世妇卒于适寝。内子未命，则死于下室，迁尸于寝。〔士〕士之妻皆死于寝。

复，有林麓则虞人设阶，无林麓则狄人设阶。

小臣复。复者朝服。君，以卷。夫人，以屈狄。大夫，以玄赪。世妇，以襢衣。士，以爵弁。士妻，以税衣。皆升自东荣，中屋履危，北面三号。卷衣投于前，司服受之，降自西北荣。

其为宾，则公馆复，私馆不复。其在野，则升其乘车之左毂而复。

复衣，不以衣尸，不以敛。妇人复，不以袡。

凡复，男子称名，妇人称字。

唯哭先复。复而后行死事。

始卒，主人啼，兄弟哭，妇人哭踊。

既正尸，子坐于东方，卿、大夫、父兄、子姓立于东方。有司庶士哭于堂下，北面。夫人坐于西方。内命妇、姑、姊妹、子姓立于西方。外命妇率外宗哭于堂上，北面。

大夫之丧，主人坐于东方，主妇坐于西方。其有命夫、命妇则坐，无则皆立。士之丧，主人、父兄、子姓皆坐于东方，主妇、姑、姊妹、子姓皆坐于西方。凡哭尸于室者，主人二手承衾而哭。

君之丧未小敛，为寄公、国宾出。大夫之丧未小敛，为君命出。士之丧，于大夫，不当敛则出。

凡主人之出也，徒跣，扱衽，拊心，降自西阶。君拜寄公、国宾于位。大夫于君命，迎于寝门外；使者升堂致命，主人拜于下。士于大夫亲吊，则与之哭，不逆于门外。

夫人为寄公夫人出。命妇为夫人之命出。士妻不当敛，则为命妇出。

小敛，主人即位于户内，主妇东面，乃敛。卒敛，主人冯之踊，主妇亦如之。主人袒，说髦，括发以麻。妇人髽，带麻于房中。

彻帷，男女奉尸夷于堂，降拜。

君拜寄公、国宾、大夫、士，拜卿、大夫于位，于士旁三拜。夫人亦拜寄公夫人于堂上。大夫内子、士妻特拜命妇，泛拜众宾于堂上。

主人即位，袭带绖、踊。母之丧，即位而免。乃奠。吊者袭裘，加武，带绖，与主人拾踊。

君丧，虞人出木、角，狄人出壶，雍人出鼎，司马县之。乃官代哭。大夫，官代哭，不县壶。士，代哭，不以官。君，堂上二烛，下二烛。大夫，堂上一烛，下二烛。士，堂上一烛，下一烛。

宾出彻帷。

哭尸于堂上，主人在东方，由外来者在西方，诸妇南乡。

妇人迎客、送客不下堂，下堂不哭。男子出寝门见人，不哭。

其无女主，则男主拜女宾于寝门内。其无男主，则女主拜男宾于阼阶下。子幼，则以衰抱之，人为之拜。为后者不在，则有爵者辞，无爵者人为之拜。在竟内则俟之，在竟外则殡葬可也。丧有无后，无无主。

君之丧三日，子、夫人杖。五日，既殡，授大夫、世妇杖；子、大夫，寝门之外杖，寝门之内辑之；夫人、世妇，在其次则杖，即位则使人执之；子有王命则去杖，国君之命则辑杖，听卜、有事于尸则去杖；大夫于君所则辑杖，于大夫所则杖。

大夫之丧，三日之朝既殡，主人、主妇、室老皆杖。大夫有君命则去杖，大夫之命则辑杖。内子为夫人之命去杖，为世妇之命授人杖。

士之丧，二日而殡。三日之朝，主人杖，妇人皆杖。于君命、大人之命，如大夫。于大夫、世妇之命，如大夫。

子皆杖，不以即位。大夫、士，哭殡则杖，哭柩则辑杖。弃杖者，断而弃之于隐者。

（君设大盘，造冰焉。大夫设夷盘，造冰焉。士并瓦盘，无冰。设床襢笫，有枕。含一床，袭一床，迁尸于堂又一床，皆有枕席：君、大夫、士一也。）

始死，迁尸于床。帱用敛衾，去死衣。小臣楔齿用角柶，缀足用燕几。君、大夫、士一也。

管人汲，不说绠，屈之。尽阶，不升堂。授御者，御者入浴。小臣四人抗衾，御者二人浴。浴水用盆，沃水用枓。浴用絺巾，挋用浴衣，如它日。小臣爪足。浴馀水弃于坎。其母之丧，则内御者抗衾而浴。

管人汲，授御者。御者差沐于堂上，君沐粱，大夫沐稷，士沐粱。甸人为垼于西墙下，陶人出重鬲，管人受沐，乃煮之。甸人取所彻庙之西北厞薪，用爨之。管人授御者沐，乃沐。沐用瓦盘，挋用巾，如它日。小臣爪手翦须。（濡）〔澡〕濯弃于坎。

〔君设大盘，造冰焉。大夫设夷盘，造冰焉。士并瓦盘，无冰。设床襢笫，有枕。含一床，袭一床，迁尸于堂又一床，皆有枕席：君、大夫、士一也。〕

君之丧，子、大夫、公子、众士皆三日不食。子、大夫、公子、〔众士〕食粥，纳财，朝一溢米，莫一溢米，食之无算。士，疏食水饮，食之无算。夫人、世妇、诸妻皆疏食水饮，食之无算。大夫之丧，主人、室老、子姓皆食粥，众士疏食水饮，妻妾疏食水饮。士亦如之。

既葬，主人疏食水饮，不食菜果，妇人亦如之：君、大夫、士一也。练而食菜果，祥而食肉。

食粥于盛不盥，食于篹者盥。食菜以醯酱。始食肉者，先食干肉。始饮酒者，先饮醴酒。

期之丧，三不食。食，疏食水饮，不食菜果。三月既葬，食肉饮酒。期，终丧不食肉，不饮酒，父在为母，为妻。九月之丧，食饮犹期之丧也。食肉饮酒，不与人乐之。

五月、三月之丧，壹不食，再不食，可也。比葬，食肉饮酒，不与人乐之。叔母、世母、故主、宗子，食肉饮酒。不能食粥，羹之以菜可也。有疾，食肉饮酒可也。

五十不成丧。七十唯衰麻在身。

既葬，若君食之，则食之。大夫、父之友食之，则食之矣。不辟粱肉，若有酒醴则辞。

小敛于户内，大敛于阼。君以簟席，大夫以蒲席，士以苇席。

小敛：布绞，缩者一，横者三。君锦衾，大夫缟衾，士缁衾，皆一。衣十有九称。君陈衣于序东，大夫、士陈衣于房中，皆西领北上。绞、紟不在列。

大敛：布绞，缩者三，横者五；布紟，二衾。君、大夫、士一也。君陈衣于庭，百称，北领西上。大夫陈衣于序东，五十称，西领南上。士陈衣于序东，三十称，西领南上。绞、紟如朝服。绞一幅为三，不辟。紟五幅，无纥。

小敛之衣，祭服不倒。

君无襚。大夫、士毕主人之祭服。亲戚之衣，受之，不以即陈。小敛，君、大夫、士皆用复衣复衾。大敛，君、大夫、士祭服无算，君褶衣褶衾，大夫、士犹小敛也。

袍必有表，不禅；衣必有裳。谓之一称。

凡陈衣者实之箧，取衣者亦以箧。升降者自西阶。凡陈衣不诎，非列采不入，絺、绤、紵不入。

凡敛者袒，迁尸者袭。

君之丧，大（胥）〔祝〕是敛，众（胥）〔祝〕佐之。大夫之丧，大（胥）〔祝〕侍之，众（胥）〔祝〕是敛。士之丧，（胥）〔祝〕为侍，士是敛。

小敛大敛，祭服不倒，皆左衽，结绞不纽。

敛者既敛必哭。士与（其）〔共〕执事则敛，敛焉则为之壹不食。凡敛者六人。

君锦冒黼杀，缀旁七。大夫玄冒黼杀，缀旁五。士缁冒赪杀，缀旁三。凡冒，质长与手齐，杀三尺，自小敛以往用夷衾。夷衾质杀之裁犹冒也。

君将大敛，子弁绖即位于序端，卿、大夫即位于堂廉楹西，北面东上，父兄堂下北面，夫人、命妇尸西、东面，外宗房中南面。小臣铺席，商祝铺绞、纷、衾、衣，士盥于盘上，士举迁尸于敛上。卒敛，宰告，子冯之踊，夫人东面亦如之。

大夫之丧，将大敛，既铺绞、纷、衾、衣；君至；主人迎，先入（门）右。巫止（于门外）。君释菜。祝先入，升堂，君即位于序端，卿、大夫即位于堂廉楹西，北面东上，主人房外南面，主妇尸西东面。迁尸，卒敛，宰告，主人降，北面于堂下。君抚之，主人拜稽颡。君降，升主人冯之，命主妇冯之。

士之丧，将大敛，君不在，其馀礼犹大夫也。

铺绞、纷，踊。铺衾，踊。铺衣，踊。迁尸，踊。敛衣，踊。敛衾，踊。敛绞、纷，踊。

君抚大夫，抚内命妇。大夫抚室老，抚侄娣。

君、大夫冯父、母、妻、长子，不冯庶子。士冯父、母、妻、长子、庶子。庶子有子，则父母不冯其尸。凡冯尸者，父母先，妻子后。

君于臣抚之。父母于子执之。子于父母冯之。妇于舅姑奉之。舅姑于妇抚之。妻于夫拘之。夫于妻、于昆弟，执之。

冯尸不当君所。凡冯尸，兴必踊。

父母之丧，居倚庐，不涂，寝苫枕块，非丧事不言。君为庐，宫之。大夫、士，襢之。既葬，柱楣涂庐，不于显者；君、大夫、士皆宫之。

凡非适子者，自未葬，以于隐者为庐。

既葬，与人立，君言王事，不言国事；大夫、士言公事，不言家事。

君，既葬，王政入于国；既卒哭，而服王事。大夫、士既葬，公政入于家；既卒哭，弁绖、带，金革之事无辟也。

既练，居垩室，不与人居。君谋国政，大夫、士谋家事。既祥，黝垩。祥而外无哭者，禫而内无哭者，乐作矣故也。

禫而从御，吉祭而复寝。

期居庐，终丧不御于内者，父在为母、为妻齐衰期者，大功布衰九月者，皆三月不御于内。妇人不居庐，不寝苫；丧父母，既练而归；期、九月者，既葬而归。公之丧，大夫俟练，士卒哭而归。

大夫、士，父母之丧，既练而归；朔月忌日，则归哭于宗室。诸父、兄弟之丧，既卒哭而归。

父不次于子，兄不次于弟。

君于大夫、世妇，大敛焉；为之赐，则小敛焉。于外命妇，既加盖而君至。于士，既殡而往；为之赐，大敛焉。夫人于世妇，大敛焉；为之赐，小敛焉。于诸妻，为之赐，大敛焉。于大夫、外命妇，既殡而往。

大夫、士既殡，而君往焉，使人戒之。主人具殷奠之礼，俟于门外；见马首，先入门右。巫止于门外。祝代之先。君释菜于门内。祝先升自阼阶，负墉南面。君即位于阼，小臣二人执戈立于前，二人立于后。摈者进，主人拜稽颡。君称言，视祝而踊。主人踊。大夫则奠可也；士则出俟于门外，命之反奠，乃反奠。卒奠，主人先俟于门外。君退，主人送于门外，拜稽颡。

君于大夫疾，三问之；在殡，三往焉。士疾，壹问之；在殡，壹往焉。

君吊，则复殡服。

夫人吊于大夫、士，主人出迎于门外。见马首，先入门右。夫人入，升堂即位。主妇降自西阶，拜稽颡于下。夫人视世子而踊，奠如君至之礼。夫人退，主妇送于门内，拜稽颡；主人送于大门之外，不拜。

大夫君，不迎于门外，入即位于堂下。主人北面，众主人南面，妇人即位于房中。若有君命、命夫命妇之命、四邻宾客，其君后主人而拜。

君吊，见尸柩而后踊。

大夫、士，若君不戒而往，不具殷奠，君退必奠。

君大棺八寸，属六寸，椑四寸。上大夫大棺八寸，属六寸。下大夫大棺六寸，属四寸。士棺六寸。

君里棺用朱（绿）〔禄〕，用杂金镮。大夫里棺用玄（绿）〔禄〕，用牛骨镮。士不（绿）〔禄〕。

君盖用漆，三衽三束。大夫盖用漆，二衽二束。士盖不用漆，二衽二束。

君、大夫鬊爪实于（绿）〔禄〕中。士埋之。

君殡用輴，欑至于上，毕涂屋。大夫殡以帱，欑置于西序，涂不暨于棺。士殡见衽，涂上帷之。

熬，君四种八筐，大夫三种六筐，士二种四筐，加鱼、腊焉。

饰棺：君龙帷、三池、振容、黼荒，火三列，黻三列，素锦褚，加伪荒；纁纽六，齐五采，五贝；黼翣二，黻翣二，画翣二，皆戴圭；鱼跃拂池。君纁戴六，纁披六。大夫画帷，二池，不振容，画荒，火三列，黻三列，素锦褚；纁纽二，玄纽二，齐三采，二贝；黻翣二，画翣二，皆戴绥；鱼跃拂池。大夫戴，前纁后玄，披亦如之。士布帷，布荒，一池，揄绞；纁纽二，缁纽二，齐三采，一贝，画翣二，皆戴绥。士戴，前纁后缁，二披用纁。

君葬用（輴）〔辁〕，四绰二碑，御棺用羽葆。大夫葬用（輴）〔辁〕，二绰二碑，御棺用茅。士葬用（国）〔辁〕车，二绰无碑，比出宫，御棺用功布。

凡封，用绰，去碑负引。君封以衡，大夫、士以咸。君命毋哗，以鼓封。大夫命毋哭。士哭者相止也。

君松椁。大夫柏椁。士杂木椁。

棺椁之间，君容柷，大夫容壶，士容甒。
君里椁、虞筐。大夫不里椁。士不虞筐。

【译文】

病危之后，寝室内外都要打扫干净。诸侯、大夫要把乐器撤去，士把琴瑟收藏起来。病人睡在正寝的北墙下，头朝东，不用床，只用席条铺在地上。为病人脱去身上的衣服，换上新做的衣服，四肢都有一人抓住摇动，以防痉挛。主人主妇也都换成深衣。在病人的口鼻前放些丝绵，用来观察等待他断气。男子不死在妇女的手里，妇女也不死在男子的手里。诸侯的夫人应死在丈夫的正寝里，大夫的正妻应死在丈夫的正寝里。卿大夫如果没有在太庙中受过爵命，他们的妻子只能死在她自己的寝室里，死后把尸体移到丈夫的正寝里。士的妻，不管有无爵命，都应死在丈夫的正寝里。

诸侯死，举行招魂仪式时，封邑内有山林，就由虞人安放登屋的梯子，如果没有山林，就由狄人安放梯子。由平日服侍的近臣招魂，招魂的人身穿朝服。用以招魂的衣服：公爵的诸侯用衮衣，诸侯的夫人用屈狄礼服，大夫用玄衣赤裳，大夫的妻用展衣礼服，士用爵弁服，士妻用褖衣。招魂的人从东南屋檐角上屋，走到屋脊中央，而朝北长喊三声，将招魂的衣服卷起来向前檐扔下，司服在檐下接住。招魂的人从西北屋檐角下来。

到国外聘问时死亡的人，如果死在别国的公家馆舍里，就举行招魂仪式；如果死在卿大夫的家庙里，就不招魂；如果死在野外路途中，招魂的人就站在死者所乘车的轴头招魂。招魂用的衣服，不再穿到死尸身上，也不用来做敛衣。为妇女招魂用的衣服，不能用她出嫁时穿的绛色滚边的上衣。招魂时，死者是男，就喊他的名；死者是女，就喊她的字。只有哭泣可以在招魂之前开始，招魂之后才能办丧事。

招魂，选自《点石斋画报》。

死者刚断气的时候，他的儿子们都像婴儿一样呜咽啼哭，兄弟们嚎啕大哭，妇女则边哭边跳脚。等到死尸移到南墙窗下放正之后就需排定哭位：诸侯的丧事，世子跪

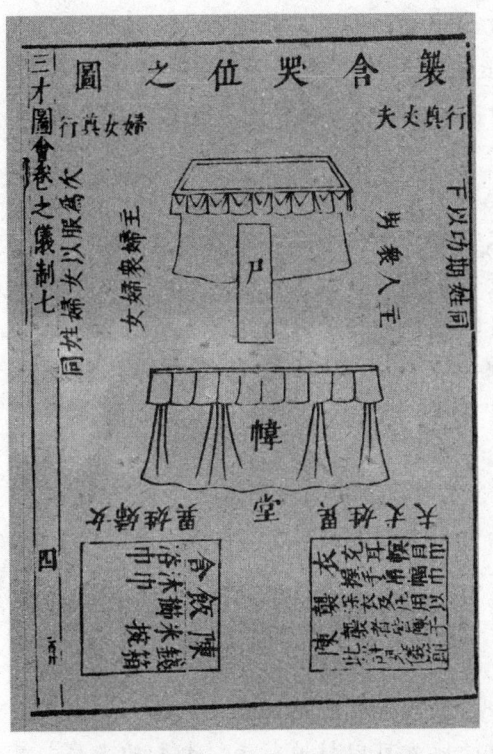

袭含哭位之图，选自《三才图会》。

在尸体之东，卿大夫、父辈及同辈的亲属以及男性子孙都站在尸东、世子的后面。帮助办理丧事的官和众士站在堂下，面朝北哭泣。诸侯的夫人跪在尸体之西、世妇、姑姑、姊妹、女性子孙都站在尸西、夫人的后面，卿大夫的妻领着同宗的妇女站在堂上，面朝北哭泣。

大夫之丧，其哭位是：嫡长子跪在尸东，嫡长妇跪在尸西；来哭泣的士及士妻，有爵命的就跪着哭，没有爵命的就站着哭。士死丧，其哭位是：嫡长子、父辈及同辈的亲属、男性子孙都跪在尸东，嫡长妇、姑、姊妹、女性子孙都跪在尸西。凡是在寝室里哭泣时，嫡长子都要用两只手托着覆盖死尸的被子。

诸侯的丧事，在没有小殓之前，遇有失地而寄居本国的诸侯和在本国做客的诸侯来吊丧，丧主要出房迎接。大夫的丧事，在没有小殓以前遇有国君派来吊丧和送礼的使者，丧主要出房迎接。士的丧事中，当大夫来吊丧时，只要不是正在小殓，丧主就要出房迎接。丧主出房时，赤脚不穿鞋，衣襟下摆扱在腰里，双手捶胸，从西阶下堂。诸侯之丧，丧主在庭中向寄公、国宾所站的方位而拜。大夫之丧，丧主在寝门外迎接国君派来的使者，使者到堂上转达国君的旨意时，在堂下拜谢。士对于亲自来吊问的大夫，只在西阶下面对着大夫哭泣，不到大门外迎接。国君的夫人出房迎接来吊问的寄公夫人。大夫的命妇出房迎接国君夫人派来的吊问使者。士的妻除了正在小殓的时候，都出房迎接来吊的命妇。

将要小殓时，主人就位，在室门之内偏东，面向西；主妇在门内偏西，面向东，于是进行小殓。小殓结束，主人抚尸哭泣踊脚，主妇也是这样。然后主人袒露左臂，脱去髽，用麻括发；主妇到房东房内改髻为髽，并系上麻腰带。撤去幕帷，主人主妇帮着把尸体抬到堂上放好，然后下堂拜宾客。国君拜寄居本国的诸侯和来做客的诸侯。大夫和士，到来吊问的卿和大夫的面前一个一个拜谢；拜士，只朝他们站的方位笼统地拜三拜。国君的夫人在堂上一个一个向寄公的夫人拜谢；大夫的夫人和士妻，在堂上向命妇一个一个拜谢，对士妻也是笼统地拜三拜。

主人站在东阶下的位置上，穿好左臂的衣服，然后系上腰带和首绖，哭泣踊脚。如果是母亲的丧事，主人站在位置上，将"括发"改成"免"，其他事情与父丧一样。于是设小殓奠。从这时开始，来吊丧的人要袭裘，帽子的冠圈上加环绖，哭泣时跟在主人主妇后面踊脚。国君的丧事，虞人供应木柴和角制水枓，狄人提供漏壶，雍人提供烧水的鼎，司马负责悬挂漏壶，并安排属下轮流号哭。大夫的丧事，有属下轮流号哭，但不用漏壶计时。士的丧事，有轮流哭泣的人，但不是他的属下。国君的丧事，堂上有两根火炬，堂下也有两根火炬。大夫的丧事，堂上一根，堂下两根。士的丧事，堂上一根，堂下一根。

　　宾客出门，撤去堂上帷幕。在堂上对着死尸哭泣，主人在东方，来吊丧的宾客在四方，妇人都在北方面朝南。妇人迎送客人不下堂，即使有事下堂就不哭泣；男子出寝门见到人也不哭泣。拜谢吊丧宾客，如果没有主妇，男主人就站在寝门内向女宾代拜；如果没有男主人，女主人就在东阶下向男宾代拜。如果做丧主的儿子很幼小，就用丧衰裹住抱着，让别人代拜。如果做丧主的后代不在家，遇到有爵命的人来吊丧，就向他说明而不拜，如果吊丧者没有爵命，就由别人代拜。丧主不在家而在国内的，要等他回来主持丧事；如果在国外，由别人代替主持丧事，棺柩入殡、出葬之事也不必等他回来。总之，丧事可以没有子孙主持，但不可以没有主丧的人。

　　诸侯的丧事，死后第三天，孝子和诸侯的夫人开始用丧棒。第五天，棺柩入殡以后，发给大夫及世妇丧棒。庶子和大夫，在殡宫门外可以用丧棒挂地，到殡宫门内就只能提在手中不挂地；诸侯的夫人和大夫的世妇，在守丧的地方可以以丧棒挂地，走上哭位时就让别人代拿着；嫡长子在接待天子派来吊禭的使者时要将丧棒丢开，接待其他诸侯的使者时就将丧棒提着，听取卜筮和用尸的祭祀时就把哭丧棒丢开。大夫在嗣君居丧的地方应将哭丧棒提着，在夫人居丧的地方可以挂地行走。大夫的丧事，死后第三天早晨，在棺柩入殡以后，主人、主妇和年老的家臣都开始用丧棒。继位的大夫在接待国君派来的使者时丢开丧棒，接待来吊丧的大夫时就提着不挂地。卿大夫的妻子在接待国君夫人派来的使者时丢开丧棒，接待来吊丧的世妇时，让别人代拿着。士的丧事，死了两天就入殡，第三天早晨，主人用丧棒，妇人也用丧棒。他们在接待国君及夫人派来的使者时，和大夫一样，将哭丧棒丢开；接待大夫及世妇派来的使者时，也和大夫一样。庶子也都用丧棒，但不带着它走上哭位。大夫和士在殡宫哭泣时可以杖挂地，启殡后对着棺柩哭泣时就提着不挂地。到除丧时就把丧棒折断，丢弃在隐蔽的地方。

　　诸侯的尸床下有大盘，盛冰于其中。大夫的尸床下有夷盘，盛冰于其中。士的尸床下用两只瓦盘相并，里边装水而不用冰。尸床上只用竹编的垫子不铺席，有枕头。饭含的时候用一张床，为尸体穿衣时换一张床，尸体抬到堂上再换一张床。这些事，在诸侯、大夫和士的丧礼中都一样。

　　死者断气之后，就把死尸搬到室中南窗下的尸床上，用大殓时的裹尸被盖住，脱掉断气时的衣服。近臣用角栖撑开尸口的上下牙，用燕几的腿卡住双足。这些也是诸侯、大夫、士都一样。

　　管人从井中汲水，不解开井瓶的绳子，而是屈绕在手中，捧着井瓶上台阶，走到最高一级但不跨入堂内，把水交给御者。御者捧起水进屋为死尸洗澡。四个近臣各拉一个被角把盖尸被抬高，两个御者给死尸洗身子。尸床下用盆承水，用枃子将水浇在尸身上。擦洗用细葛巾，揩干身子用浴衣，就像生前洗澡一样。近臣给尸剪足趾甲。洗过的水倒在两阶之间的小坑里。如果是母亲死，那么举被子和擦洗等事都由女奴婢进行。

管人从井中汲水交给御者，御者在堂上用水淘米取泔水，诸侯用粱米的泔水，大夫用稷米的泔水，士也用粱米的泔水。甸人在庭中西墙下垒一个土灶，陶人供应烧煮的甗。管人接过御者准备好的洗头水，放到土灶上烧煮；甸人用从寝室西北角隐蔽处拆来的柴草烧火。煮好之后，管人将洗头水递给御者，御者为死尸洗头。用瓦盘承洗头水，揩干头发用布巾，就像生前洗头一样。近臣为死尸修剪指甲和胡须。用过的洗头水也倒入两阶之间的小坑内。

诸侯的丧事，世子、大夫、庶子和众士在开头三天都不吃东西。三天以后，世子、大夫和庶子只吃稀饭，每天所食的谷物数量，早上一溢米，晚上一溢米，但不规定顿数。众士吃糙米饭喝水，不规定顿数。诸侯的夫人、大夫的世妇、众士之妻也都是吃糙米饭喝水，也不规定顿数。大夫的丧事，丧主、老家臣及子孙辈都吃稀饭，众士吃糙米饭喝水，妻妾也是吃糙米饭喝水。士的丧事也是如此。

死者出葬之后，丧主开始吃糙米饭喝水，不吃蔬菜和果品。为诸侯、大夫、士守丧的人都一样。守丧满一年小祥祭之后开始吃蔬菜和果品，守丧满两年大祥之后才开始吃肉。吃盛在碗里的粥不需洗手，从饭篮里用手抓饭吃就要洗手。吃蔬菜可以用醋、酱腌渍。开始吃肉的人，只能先吃干肉；开始饮酒的人，先喝甜酒。

服一整年齐衰丧服的人，只在开始时停食三顿；其后开始吃东西，吃糙米饭喝水，不能吃蔬菜和果品；到三个月葬后，可以吃肉饮酒。一年的丧服，在服丧期间自始至终不能吃肉、不能饮酒的人，是指那些父亲在世时为母亲，以及为妻子服丧的人。服九个月大功丧服的人，饮食规定与服齐衰一年的人相同。在葬后吃肉饮酒时，不能与别人在一起作乐。五个月的小功丧服、三个月的缌麻丧服，停食一顿或停食两顿都可以。从守丧开始到死者出葬期间，可以吃肉饮酒，但不能边吃边与人作乐。为叔母、伯母、以前的国君、宗子等人守丧时可以吃肉喝酒。规定只能吃粥的守丧期，如果吃不下粥，可用菜羹佐餐；如果生病，可以吃肉饮酒。五十岁以上的人服丧，不必事事都按规定，七十岁以上的人遇丧事，只要披麻戴孝就行了，饮食没有限制。死者出葬之后，如果国君赐给食物，就接受下来吃。如果是大夫或父亲的生前好友送来食物，也可以收下来吃。送来的食物中即使有精美的粱米或肉，也不必避忌，但如有烧酒、甜酒，应当辞谢不收。

小殓在寝室门内进行，大殓在当东阶的堂上进行。小殓、大殓用的席条，诸侯用细笾席，大夫用蒲席，士用芦席。小殓用的布绞，纵一幅，横三幅。诸侯用丝质的锦被，大夫用白色绸被，士用黑色布被，都是一条，小殓用十九套衣服。诸侯的小殓衣陈列在东堂，大夫、士的小殓衣陈列在房中，都是衣领在西，从北面向南排列。小殓绞和单被不在十九套之中。大殓用布绞，布绞纵三条，横五条；并用一条单被，两条夹被。这些是诸侯、大夫、士都一样的。诸侯的大殓衣陈列于庭中，用一百套，衣领

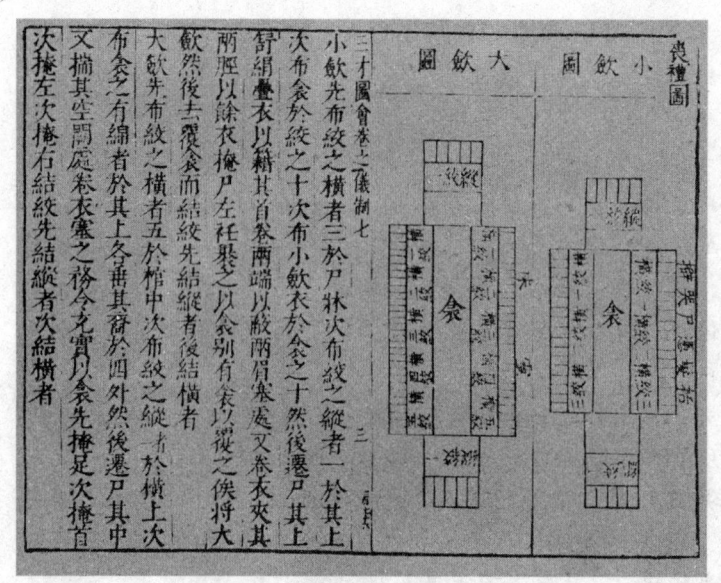

大殓、小殓之图，选自《三才图会》。

在北，从西向东排列。大夫的大殓衣陈列在东堂，用五十套，衣领在西，从南向北排列。士的大殓衣陈列在东堂，用三十套，衣领在西，从南向北排列。大殓用的绞和单被的质料与朝服一样。大殓绞用的布条是一幅布分为三条，每条的两端不再裁开。单被用五幅布拼缝，没有缝在被头的丝带。为死者裹小殓衣时，祭服不能倒放。

诸侯小殓时不用宾客送的衣被。大夫和士要把自家的祭服用完。亲属赠给死者的衣服，收下来不必陈列。小殓时，诸侯、大夫、士都是用铺有丝絮的棉衣棉被。大殓时，诸侯、大夫、士所用祭服没有规定，尽其所有；诸侯用夹衣夹被，大夫、士与小殓一样。作为殓衣的袍子必须配上罩衣，不能单独一件袍子；上衣必须配有下裳，这样才叫做一称。陈列殓衣都要装在箱子里，从陈列处取衣也是连箱子拿走，拿衣服的人从西阶上下堂。陈列的衣服不能折叠，平摆在箱子上，衣服不是正统的色彩不陈列，细绨布、粗葛布以及苎麻布做的衣服也不陈列。

凡是为死者小殓、大殓的人都袒露左臂，殓后穿好衣服再搬动死尸。诸侯的丧事，大祝亲自装殓，众祝在旁边做助手。大夫的丧事，大祝到场监察殓事，众祝动手装殓。士的丧事，祝到场监察殓事，他的属下动手装殓。小殓、大殓，祭服不倒放，所有的殓衣都是右襟在左襟之上。系绞都是死结不用活结。装殓死者的人在装殓完毕之后必须哭泣。丧祝属下的士参与丧事的就帮助装殓，帮助装殓就要为此停食一顿。参加装殓的一共六个人。

诸侯用的冒，上半截是织锦的，下半截画有斧头图案，旁边有七对结带。大夫用的冒，上半截为玄色，下半截画有斧头图案，旁边有五对结带。士用的冒，上半截黑色，下半截浅红色，旁边有三对结带。凡是韬尸的冒，上截的质长度与手齐，下截的杀长三尺。死尸从小殓以后用夷衾覆盖，夷衾的布料及颜色、图案、长度和冒一样。

诸侯的丧事，将要大殓时，世子戴皮弁加环绖，走到东序南端的位置上，面向西；卿大夫走到堂南边侧，东楹之西的位置，面向北，从东向西排列；父辈和同辈的亲属在堂下庭中，面向北；夫人、命妇在死尸西，面向东；同宗的妇女站在西房中，面向南。近臣在堂上当东阶的地方铺好席条。商祝先铺大殓绞，再依次铺设单被、夹被、大殓衣。丧祝的属士在盘上洗手，把死尸抬到铺设的衣服上。大殓完毕，诸侯的总管向世子报告，世子跪到尸旁抱尸哭泣并站起来踩脚，夫人在尸西，面向东，也是如此。凭尸完毕，才将尸体放入棺内。

大夫的丧事，将要举行大殓，已经铺好绞、单被、夹被和殓衣时，国君来了，主人就到大门外迎接。主人先进门，站在西边等国君进门，跟随国君来的巫就停在门外。国君先祭门神，祝在国君之前进门，走上堂，国君站到中堂东墙南端；卿大夫站到堂南边侧，东楹之西，面向北，从东向西排列；主人站在房外，面向南；主妇站在尸西，面向东。然后把死尸抬到殓衣上，大殓完毕，诸侯向国君报告，主人下堂，面朝北站在堂下。国君抚摸一下死尸，主人跪下行拜稽颡礼。国君下堂后，命令主人升堂凭尸，又命令主妇凭尸。士的丧事，将要举行大殓时，国君不亲临视殓，其他礼节都和大夫一样。

主人、主妇在大殓时，铺绞和单被，要踩脚；铺夹被，要踩脚；铺大殓衣，要踩脚；抬尸体，要踩脚；给尸体殓衣，要踩脚；包裹夹被，要踩脚；捆扎绞和单被，要踩脚。诸侯抚摸大夫的尸衣，抚摸世妇的尸衣。大夫抚摸老家臣的尸衣，抚摸媵妾侄娣的尸衣。诸侯和大夫对父、母、嫡妻、长子要抱尸哭泣，但不抱住庶子的尸体哭泣。士对父、母、妻、长子、庶子，都抱住尸体哭泣。庶子有儿子，他的父母就不抱尸哭泣。凡是抱住尸体哭泣，父母先哭，然后轮到妻和子。凡凭尸的方式：国君对臣下是抚摸尸衣；父母对儿子是紧抓着尸衣；儿子对父母是抱住尸衣；媳妇对公婆是双手捧住尸衣；公婆对媳妇是抚摸尸衣；妻对丈夫是牵拉尸衣；丈夫对妻、对兄弟是紧抓住尸衣。凡凭尸，亲属不能抓住国君抚摸过的地方。凡凭尸，站起来的时候都要踩脚。

为父母守丧的人，住在靠墙倚搭的茅棚里，不用泥土涂抹，睡在稻草编的席条上，用土块做枕头，不说与丧事无关的话。诸侯住的倚庐外用布帷遮隔，如宫墙。大夫、士居住的倚庐外没有遮隔，敞露着。死者出葬以后，把倚庐着地的一边用短柱和横木撑高，并涂上泥土，但有门的一边不涂。这时候，诸侯、大夫、士住的倚庐都可以用布帷围起来。凡不是嫡长子，守丧的地方，从死者没下葬之前，就在隐蔽的地方搭设茅棚。死者下葬以后，守丧者有事可与别人站在一起。诸侯只能谈及天子的事情，而不谈自己国家的事情；大夫和士只说国事，不谈家事。

诸侯死而下葬以后，天子的政令可下达到这个侯国，卒哭之后，就要听从天子征召。大夫、士死而下葬之后，国君的政令可下达到封地；卒哭之后，守丧者虽然还有丧冠和葛绖、葛带在身，但对征战的召令是不能逃避的。为父母守丧，练祭以后住到用土坯垒砌而不粉饰的小屋里，不与别的人一起居住。国君可以谋划国事，大夫、士可以谋划家事。大祥祭之后，可将殡宫的地面整治成黑色，将墙壁刷白。大祥祭以后，殡宫门外就无哭泣的人；禫祭以后，殡宫之内就无哭泣的人，因为演奏音乐也可以了。禫祭以后可以让妻妾服侍；禫祭之月如逢到四时的吉祭，就回到自己的寝室里居住。

服丧一年而住倚庐，并且在守丧期间自始至终不让妇女侍寝的规定，只限于父亲健在时为母亲以及丈夫为妻子服齐衰一年的人。服用大功布做成的丧服，服期为九个月的人，都是开始三个月内不让妇人侍寝。妇人守丧不住倚庐，不睡草编的席条。妇人遇到自己父母的丧事，就在娘家举行了小祥祭后回夫家；如果娘家是一年或九个月的丧服，那就在出葬之后回夫家。为国君守丧，异姓之大夫等到小祥祭之后回家，士等到卒哭之后回家。大夫、士如果是庶子，在嫡长子家为父母守丧，等到小祥祭后可以回家，但逢到每月初一，或是父母的忌日，都要到嫡长子的家里去哭泣。为伯父、叔父、哥哥守丧，到卒哭之后就可回家。父亲不在庶子家里搭棚守丧，哥哥不在弟弟家里搭棚守丧。

国君在大夫、世妇举行大殓时到场；如果另加恩宠，就连小殓时也到场。对大夫的命妇，在棺材加盖后，国君才到场。对士，通常是入殓之后国君才去；如果另加恩宠，就在大殓时到场。国君的夫人在世妇大殓时到场，如果另加恩宠，就连小殓时也到场。对其他妻妾，只有在另加恩宠时才参加她们的大殓。对大夫和大夫的命妇，在入殓之后才去。

大夫、士死而入殓之后，国君要去吊丧，就先让人去通知丧家。丧主备办大奠之礼，在大门外等候。看到国君所乘车的马头时，主人就先进门，站在西边。随来的巫停在门外，祝代替巫在前面领路。国君进门祭祀门神。祝先从东阶上堂，背靠着北墙面朝南站立。国君走到东阶上方的位置，两个近臣手里拿着戈站在国君前面，另外两个站在后面。摈者将主人领到堂下，向国君行拜稽颡礼。国君说些慰问的话，并根据祝的示意踊脚，主人也哭泣踊脚。这时，如果丧家是大夫，就可以供奠死者。如果是士，丧主就到门外去等着拜送国君，国君命他返回设奠他才返回设

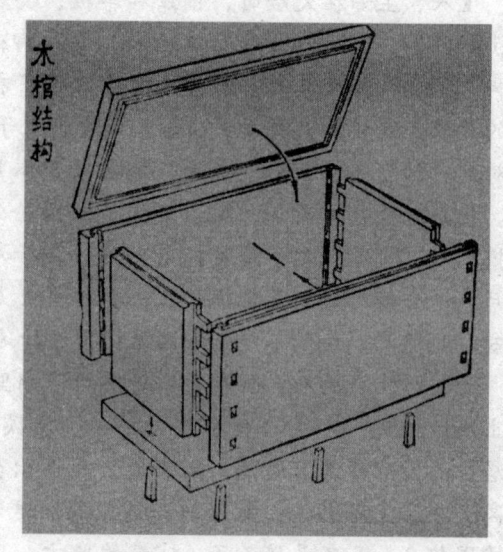

汉代木棺，长沙马王堆1号墓出土。

奠。供奠完毕，丧主先到门外等候。国君离开时，主人送到门外，行拜稽颡礼。

大夫死前生病期间，国君去探望三次；死及入殓后，再去三次。士生病期间，国君去探望一次，死及入殓后，再去一次。入殓后，国君去吊丧，死者亲属都要恢复入殓时的丧服。国君夫人去给大夫、士吊丧，主人要出大门迎接，看见夫人所乘车的马头后，就进门站在西边。夫人进门，从东阶上堂站在东阶上方的位置上。主妇从西阶下堂，到东阶下行拜稽颡礼。夫人根据女祝的示意踊脚。丧家设奠供死者与国君来吊丧的礼节一样。夫人离开时，主妇送到门口，不出门，行拜稽颡礼；主人送到大门外边，但不拜。

大夫的家臣死后，大夫去吊丧，丧主不到大门外迎接。大夫进门走到堂下东阶前的位置，面朝西。丧主站在他南边，面朝北，其他儿子站在丧主的北面，面朝南，妇女都在房中就位。大夫吊丧时，如果有国君的使者、命夫命妇的使者，或是四邻宾客

来吊丧，大夫就叫丧主站在身后，自己代为拜谢。国君吊丧，见到死尸或棺柩才踩脚。大夫、士在国君来吊丧前没有得到通知，因此没有备办丰盛的大奠之礼，到国君离开以后，一定要备办奠礼。

诸侯最外层的大棺厚八寸，第二层的属厚六寸，第三层的椁厚四寸。上大夫最外层的大棺厚八寸，里边的属厚六寸。下大夫最外层的大棺厚六寸，里边的属厚四寸。士只有一层棺，厚六寸。诸侯最里层的棺的内壁用大红色的缯作衬里，杂用金钉、银钉、铜钉钉在棺内壁。大夫里边一层棺的内壁用玄色的缯作衬里，用牛骨钉钉住。士的棺内壁没有衬里。诸侯的棺盖与棺壁之间用漆填缝，两侧各有三个小腰榫头连接，再用三道革带捆紧。大夫的棺盖和棺壁之间用漆填缝，两侧各有两个小腰榫头连接，再用两道革带捆紧。诸侯和大夫的乱头发及指甲放在棺内衬里中。士的乱头发和指甲埋在两阶间的小坑中。

诸侯的殡是将棺柩放在辒车上，四面用木料垒起来，上面堆成屋顶形状，整个屋都用泥涂抹。

布功、翼、灵车，选自《三才图会》。

大夫的殡，将棺柩放在西墙下，用棺衣罩在棺上，三面用木料垒起来，上部斜倚于西墙，涂抹时，自棺以下不涂。士的殡，将棺浅埋在地下，但地面上看得见小腰榫头，棺上铺木，用泥涂抹。殡都用布帷围起来。炒熟的谷物，诸侯用四种，分装八筐；大夫用三种，分装六筐；士用二种，分装四筐。每只筐上都放上干鱼、干肉。

出葬时装饰棺柩：诸侯用画有龙的帷帐，三面有折边的竹帘，折边下悬挂绞缯。棺柩上方是边缘有斧文的荒幕，荒幕中央画有三列火文、三列"亚"字文。白锦做的棺罩，棺罩的外面是帷帐和荒幕。帷和荒用六对绛色的纽带连结。荒幕中央有个葫芦顶，葫芦顶上有五条彩绳披散下来，每条彩绳上有五个贝壳。两面画有斧文的翼，两面画有"亚"字文的翼，两面画有云气的翼，翼的两上角都装饰着圭。竹帘的折边上悬挂着小铜鱼，枢车行进时铜鱼就跳跃不停。诸侯用六条绛色带子将棺柩与枢车捆在一起，还有六条伸出棺饰外的披。

大夫的棺饰，四周用画有云气的帷帐，两边有折边的竹帘，折边下不悬挂绞缯。棺柩上方是边缘画有云气的荒幕，荒幕中央画有三列火文，三列"亚"字文。白锦做的棺罩。帷荒用两对绛色的和两对玄色的纽带连结。荒幕顶上的葫芦有三条彩绳披散下来，每条彩绳上穿三个贝壳。两面画有"亚"字文的翼，两面画有云气的翼，翼的两上角都用五彩羽毛作装饰。竹帘的折边上挂有小铜鱼，枢车行进时就跳跃不停。大夫用来捆扎柩车的戴，前面是绛色，后面是玄色，牵持棺柩的披也是前面绛色，后面玄色。士的棺饰，用白布帷帐白布荒幕，方格竹帘只有前面折边，绞缯蒙在折边上。连结帷与荒的纽带两对是绛色，两对是黑色。荒幕顶部的葫芦有三条彩绳披散下来，每条彩绳只有一个贝壳。只有两面画有云气的翣，翣的两上角都用五彩羽毛作装饰。士用来捆扎柩车的带子是前面绛色，后面黑色，伸出来的二条披都是绛色。

诸侯出葬用辁车载柩，下棺入圹时用四根绳索，竖两根大木做碑，指挥柩车用羽葆。大夫出葬用辁车载柩，下棺时用两根绳索，竖两根大木做碑，指挥柩车用白茅。士出葬用辁车载柩，下棺时用两根绳索，没有碑，柩车出了宫门后，才用扎有大功布的木棒指挥。凡是下棺入圹，将绳索穿过碑上端的孔，拉绳索的人背对着碑向离开碑的方向牵拉，使棺徐徐下圹。诸侯下棺时，用一根大木头穿在束棺的革带下，四根绳索分别在木头两端。大夫、士下棺时，绳索直接扣在束棺的革带上。诸侯下棺时，指挥的人命令大家不要喧哗，听着鼓点拉绳下棺。大夫下棺时，就命令不要哭泣。士下棺时，正在哭泣的人要互相劝止。

诸侯用松木椁，大夫用柏木椁，士用杂木椁。棺椁之间的空隙，诸侯可以放得下瓶，大夫可以放得下壶，士可以放得下祝。诸侯的椁内壁有衬里，并有虞筐。大夫的椁不加衬里，士的椁没有虞筐。

祭法第二十三

【原文】

祭法：有虞氏禘黄帝而郊喾，祖颛顼而宗尧。夏后氏亦禘黄帝而郊鲧，祖颛顼而宗禹。殷人禘喾而郊冥，祖契而宗汤。周人禘喾而郊稷，祖文王而宗武王。

燔柴于泰坛，祭天也；瘗埋于泰折，祭地也。用骍犊。埋少牢于泰昭，祭时也。相近于坎坛，祭寒暑也。王宫，祭日也；夜明，祭月也；幽宗，祭星也；雩宗，祭水旱也；四坎坛，祭四方也。山林、川谷、丘陵，能出云，为风雨，见怪物，皆曰神。有天下者，祭百神。诸侯，在其地则祭之，亡其地则不祭。

大凡生于天地之间者皆曰命，其万物死皆曰折，人死曰鬼，此五代之所不变也。七代之所更立者，禘、郊、宗、祖，其余不变也。

天下有王，分地建国，置都立邑，设庙、祧、坛、墠而祭之，乃为亲疏多少之数。是故王立七庙、一坛、一墠。曰考庙，曰王考庙，曰皇考庙，曰显考庙，曰祖考庙，皆月祭之。远庙为祧，有二祧，享尝乃止。去祧为坛，去坛为墠。坛、墠，有祷焉祭之，无祷乃止。去墠曰鬼。诸侯立五庙、一坛、一墠。曰考庙，曰王考庙，曰皇考庙，皆月祭之；显考庙、祖考庙，享尝乃止。去祖为坛，去坛为墠。坛、墠有祷焉祭之，无祷乃止。去墠为鬼。大夫立三庙、二坛。曰考庙，曰王考庙，曰皇考庙，享尝乃止。显考、祖考无庙，有祷焉，为坛祭之。去坛为鬼。适士二庙、一坛。曰考庙，曰王考庙，享尝乃止。显考无庙，有祷焉，为坛祭之。去坛为鬼。官师一庙，曰考庙。王考无庙而祭之。去王考为鬼。庶士庶人无庙，死曰鬼。

王为群姓立社，曰大社。王自为立社，曰王社。诸侯为百姓立社，曰国社。诸侯自为立社，曰侯社。大夫以下，成群立社，曰置社。

王为群姓立七祀，曰司命，曰中霤，曰国门，曰国行，曰泰厉，曰户，曰灶。王自为立七祀。诸侯为国立五祀，曰司命，曰中霤，曰国门，曰国行，曰公厉。诸侯自为立五祀。大夫立三祀，曰族厉，曰门，曰行。适士立二祀，曰门，曰行。庶士庶人，立一祀，或立户，或立灶。

王下祭殇五：适子、适孙、适曾孙、适玄孙、适来孙。诸侯下祭三，大夫下祭二，适士及庶人，祭子而止。

夫圣王之制祭祀也：法施于民则祀之，以死勤事则祀之，以劳定国则祀之，能御大菑则祀之，能捍大患则祀之。是故厉山氏之有天下也，其子曰农，能殖百谷；夏之衰也，周弃继之，故祀以为稷。共工氏之霸九州也，其子曰后土，能平九州，故祀以为社。帝喾能序星辰以著众，尧能赏均刑法以义终，舜勤众事而野死，鲧障鸿水而殛死，禹能修鲧之功，黄帝正名百物以明民共财，颛顼能修之，契为司徒而民成，冥勤其官而水死，汤以宽治民而除其虐，文王以文治，武王以武功去民之菑。此皆有功烈于民者也。及夫日月星辰，民所瞻仰也；山林、川谷、丘陵，民所取财用也。非此族也，不在祀典。

【译文】

祭祀之法：有虞氏禘祭配以黄帝，郊祭配以帝喾；宗庙之祭祖颛顼，宗帝尧。夏后氏，禘祭配以黄帝，而郊祭则以鲧配食；宗庙之祭，祖颛顼，宗禹。殷代人禘祭配以帝喾，郊祭配以冥；宗庙之祭，祖契，宗汤。周代人禘祭配以帝喾，而郊祭则配以稷；宗庙之祭，祖文王，宗武王。

烧柴于泰坛之上，是祭天的礼仪。埋祭品于方丘之下，是祭地的礼仪。用赤色的小牛，把羊豕埋在泰昭坛下，是祭四时之神。在坎坛相迎，是祭寒暑之神。"王宫"之坛是用来祭日的，"夜明"之坛是用来祭月的，"幽宗"之坛是用来祭星的，"雩宗"之坛是用来祭水旱之神的，"四坎坛"是用来祭四方之神的。四方的山林、河谷、丘陵，能吞云吐雾、兴风作雨，表现出种种怪异现象，这都叫做神。统治天下的天子可以祭祀天下众神，诸侯只祭在自己国土上的神，国土上没有的神就不祭。

凡是生长在天地之间的，都叫做"命"。万物的死亡叫做"折"。而人的死亡叫做"鬼"。这是五代以来都没有改变的。七代以来，有所更改的只是禘、郊、宗、祖等祭祀的对象不同，其他却没有什么改变。

天下有了统一的王，于是划分土地，建立诸侯国，设置都邑，还设立庙、祧、坛、

埠来祭祀祖先。按照远近亲疏，安排祭祀次数的多少和祭祀规模的大小。所以帝王有七个庙、一坛、一埠。七庙中的父庙、祖父庙、曾祖庙、高祖庙以及始祖的庙，都是每月祭祀。高祖以上的远祖的庙，叫做祧，祧分为昭穆两个。只是在每年四季各祭祀一次。祧中的远祖迁出，则在坛上祭祀，更远的祖先则从坛上迁出，在埠上祭祀。坛、埠只是在有特殊祈祷的时候才祭祀，没有祈祷则不祭。从埠上迁出的更远的祖先，就泛称之为鬼，不再祭祀了。

诸侯设立五庙、一坛、一埠。五庙中父庙、祖父庙、曾祖庙是每月祭祀。高祖庙和始祖庙每季祭祀。高祖以上的祖先在坛上祭祀，再往上的在埠上祭祀。坛、埠只在有祈祷时祭祀，没有祈祷就不祭。再往上的则为鬼。大夫设立三庙和二坛。三庙是父庙、祖父庙和曾祖庙，四季各祭一次。高祖、始祖没有庙，只在有祈祷的时候在坛上祭祀。再往上的则为鬼。适士有二庙一坛：父庙、祖父庙，四季各祭一次。曾祖无庙，有祈祷时，在坛上祭祀。再往上则为鬼。官师只有一个父庙，祖父没有庙，但可以在父庙里祭祀。再往上的称之为鬼，不须祭祀。普通的士和庶民没有庙，死了即为鬼。

帝王为天下百姓所立的社，叫做大社。帝王为自己立的社叫做王社。诸侯为国内百姓立的社，叫做国社。诸侯为自家立的社叫做侯社，大夫以下的人按居住地共同立社，叫做置社。帝王还为天下百姓设立了"七祀"，祭祀司命、中霤、国门、国行、泰厉、户、灶等神。帝王也为自己设立上述七祀。诸侯为国内的百姓设立"五祀"，祭祀司命、中霤、国门、国行、公厉等神。诸侯也为自己设立这"五祀"。大夫则设立"三祀"，祭族厉、门、行。适士设立"二祀"，祭门和行。普通的士和庶民只设立一祀。或祭户，或祭灶。

对未成年而死的子孙，帝王可以往下祭到五代，即嫡子、嫡孙、嫡曾孙、嫡玄孙、嫡来孙。诸侯往下祭三代，大夫往下祭两代。适士和庶人只祭到适子为止。

圣王制定祭祀：凡是为民众树立典范的便祭祀，凡是为公众献身的便祭祀，凡是为安邦定国立下功劳的便祭祀，凡是能抵御大灾害的便祭祀，凡是能制止大祸患的便祭祀。所以，在厉山氏统治天下的时候，他有个儿子叫农，能教导人民种植百谷。到了夏代衰亡的时候，周人的祖先弃又继承了农的事业，后人就祭祀他们，称之为稷神。共工氏争霸九州的时候，他有个儿子叫后土，能平治九州，后人就祭祀他，称他为社神。帝喾能计算星辰的运行，为民众制定计时的方法。尧能尽平刑法，爱护百姓。舜为国家效力，而死在苍悟之野。鲧治洪水，大功未成而被处死。他的儿子禹能继承父亲未完成的事业。黄帝能确定各种事物的名称，明确众人的身份，共同开发财物。而颛顼能继承黄帝。契担任司徒，完成了民众的教化。冥担任水官而以身殉职。汤能以宽厚之道治民，除去暴君。文王运用文治，武王建立武功，为人民扫除灾害。这些都是有功于人民的人，所以死后受到人们的祭祀。此外如日月星辰，供人民仰望；山林、川谷、丘陵，是人民获取生活资源的地方，所以也应该祭祀。不属于上述种类的，便不在祭祀范围之内了。

祭义第二十四

【原文】

祭不欲数,数则烦,烦则不敬。祭不欲疏,疏则怠,怠则忘。是故君子合诸天道,春禘秋尝。

〔秋,〕霜露既降,君子履之,必有凄怆之心,非其寒之谓也。春,雨露既濡,君子履之,必有怵惕之心,如将见之。乐以迎来,哀以送往,故禘有乐而尝无乐。

致齐于内,散齐于外,齐之日,思其居处,思其笑语,思其志意,思其所乐,思其所嗜。齐三日,乃见其所为齐者。祭之日,入室,僾然必有见乎其位;周还出户,肃然必有闻乎其容声;出户而听,忾然必有闻乎其叹息之声。是故先王之孝也,色不忘乎目,声不绝乎耳,心志嗜欲不忘乎心;致爱则存,致悫则著,著存不忘乎心,夫安得不敬乎?

君子生则敬养,死则敬享,思终身弗辱也。君子有终身之丧,忌日之谓也。忌日不用,非不祥也,言夫日志有所至,而不敢尽其私也。

唯圣人为能飨帝,孝子为能飨亲。飨者乡也,乡之,然后能飨焉。是故孝子临尸而不怍。君牵牲,夫人奠盎;君献尸,夫人荐

祭祀图

豆;卿大夫相君,命妇相夫人。齐齐乎其敬也,愉愉乎其忠也,勿勿诸其欲其飨之也!

文王之祭也,事死者如事生,思死者如不欲生,忌日必哀,称讳如见亲。祀之忠也,如见亲之所爱,如欲色然,其文王与!《诗》云:"明发不寐,有怀二人。"文王之(诗)〔谓〕也。祭之明日,"明发不寐",飨而致之,又从而思之。祭之日,乐与哀半,飨之必乐,已至必哀。

仲尼尝,奉荐而进,其亲也悫,其行也趋趋以数。已祭,子赣问曰:"子之言'祭,济济漆漆然',今子之祭,无济济漆漆,何也?"子曰:"济济者,容也,远也;漆漆者,容也,自反也。容以远,若容以自反也,夫何神明之及交?夫何济济漆漆之有乎?反馈乐成,荐其荐俎,序其礼乐,备其百官,君子致其济济漆漆,夫何慌惚之

有乎？夫言岂一端而已，夫各有所当也。"

孝子将祭，虑事不可以不豫；比时具物，不可以不备；虚中以治之。宫室既修，墙屋既设，百物既备，夫妇齐戒，沐浴；盛服，奉承而进之，洞洞乎，属属乎，如弗胜，如将失之，其孝敬之心至也与！荐其荐俎，序其礼乐，备其百官，奉承而进之，于是谕其志意，以其慌惚以与神明交，庶或飨之，庶或飨之！孝子之志也！

孝子之祭也，尽其悫而悫焉，尽其信而信焉，尽其敬而敬焉，尽其礼而不过失焉。进退必敬，如亲听命，则或使之也。孝子之祭可知也：其立之也，敬以诎；其进之也，敬以愉；其荐之也，敬以欲，退而立，如将受命；已彻而退，敬齐之色不绝于面：孝子之祭也！立而不诎，固也；进而不愉，疏也；荐而不欲，不爱也；退立而不如受命，敖也；已彻而退，无敬齐之色，而忘本也：如是而祭，失之矣。

孝子之有深爱者，必有和气；有和气者，必有愉色；有愉色者，必有婉容。孝子如执玉，如奉盈，洞洞属属然如弗胜，如将失之。严威俨恪，非所以事亲也，成人之道也。

先王之所以治天下者五：贵有德，贵贵，贵老，敬长，慈幼。此五者，先王之所以定天下也。贵有德，何为也？为其近于道也。贵贵，为其近于君也。贵老，为其近于亲也。敬长，为其近于兄也。慈幼，为其近于子也。是故至孝近乎王，至弟近乎霸。至孝近乎王，虽天子必有父。至弟近乎霸，虽诸侯必有兄。先王之教，因而弗改，所以领天下国家也。

子曰："立爱自亲始，教民睦也。立敬自长始，教民顺也。教以慈睦，而民贵有亲。教以敬长，而民贵用命。孝以事亲，顺以听命，错诸天下，无所不行。"

郊之祭也，丧者不敢哭，凶服者不敢入国门，敬之至也。

祭之日，君牵牲，穆答君，卿、大夫序从。既入庙门，丽于碑；卿、大夫袒，而毛牛尚耳；鸾刀以刲，取膟菅，乃退；燔祭、祭腥而退，敬之至也。

郊之祭，大报天而主日，配以月。夏后氏祭其闇，殷人祭其阳。周人祭日，以朝及闇。祭日于坛，祭月于坎，以别幽明，以制上下。祭日于东，祭月于西，以别外内，以端其位。日出于东，月生于西，阴阳长短，终始相巡，以致天下之和。

天下之礼，致反始也，致鬼神也，致和用也，致义也，致让也。致反始，以厚其本也。致鬼神，以尊上也。致物用，以立民纪也。致义，则上下不悖逆矣。致让，以去争也。合此五者以治天下之礼也，虽有奇邪而不治者，则微矣。

宰我曰："吾闻鬼神之名，不知其所谓。"

子曰："气也者，神之盛也。魄也者，鬼之盛也。合鬼与神，教之至也。"

"众生必死，死必归土，此之谓鬼。骨肉毙于下，阴为野土。其气发扬于上，为昭明焄蒿凄怆，此百物之精也，神之著也。因物之精，制为之极，明命鬼神，以为黔首则，百众以畏，万民以服。圣人以是为未足也，筑为宫室，设为宗祧，以别亲疏远迩；教民反古复始，不忘其所由生也。众之服自此，故听且速也。二端既立，报以二礼：建设朝事，燔燎（膻）〔馨〕芗，（见）〔觉〕以萧光，以报气也。此教众反始也。荐黍稷，羞肝肺首心，（见间）〔间〕以侠甒，加以郁鬯，以报魄也。教民相爱，上下用情，礼之至也。"

"君子反古复始，不忘其所由生也，是以致其敬，发其情，竭力从事以报其亲，不敢弗尽也。是故昔者天子为藉千亩，冕而朱纮，躬秉耒；诸侯为藉百亩，冕而青纮，躬秉耒。以事天地、山川、社稷、先古，以为醴酪齐盛于是乎取之，敬之至也。"

"古者天子诸侯必有养兽之官，及岁时，齐戒沐浴而躬朝之，牺牷祭牲必于是取之，敬之至也。君召牛，纳而视之，择其毛而卜之吉，然后养之。君皮弁素积，朔月、月半君巡牲，所以致力，孝之至也。"

"古者天子诸侯必有公桑蚕室，近川而为之，筑宫仞有三尺，棘墙而外闭之。及大昕之朝，君皮弁素积，卜三宫之夫人、世妇之吉者，使入蚕于蚕室，奉种浴于川，桑于公桑，风戾以食之。岁既单矣，世妇卒蚕，奉茧以示于君，遂献茧于夫人。夫人曰：'此所以为君服与！'遂副袆而受之，因少牢以礼之。古之献茧者，其率用此与？及良日，夫人缫，三盆手，遂布于三宫夫人、世妇之吉者，使缫。遂朱绿之，玄黄之，以为黼黻文章。服既成，君服以祀先王先公，敬之至也。"

君子曰："礼乐不可斯须去身。"致乐以治心，则易、直、子、谅之心油然生矣。易、直、子、谅之心生则乐，乐则安，安则久，久则天，天则神。天则不言而信，神则不怒而威，致乐以治心者也。致礼以治躬则庄敬，庄敬则严威。心中斯须不和不乐，而鄙诈之心入之矣。外貌斯须不庄不敬，而慢易之心入之矣。故乐也者，动于内者也；礼也者，动于外者也。乐极和，礼极顺，内和而外顺，则民瞻其颜色而不与争也，望其容貌而众不生慢易焉。故德辉动乎内，而民莫不承听；理发乎外，而众莫不承顺。故曰："致礼乐之道，而天下塞焉，举而错之无难矣。"

乐也者，动于内者也；礼也者，动于外者也。故礼主其减，乐主其盈。礼减而进，以进为文；乐盈而反，以反为文。礼减而不进则销，乐盈而不反则放，故礼有报而乐有反。礼得其报则乐，乐得其反则安。礼之报，乐之反，其义一也。

曾子曰："孝有三，大孝尊亲，其次弗辱，其下能养。"公明仪问于曾子曰："夫子可以为孝乎？"曾子曰："是何言与！是何言与！君子之所为孝者，先意承志，谕父母于道。参直养者也！安能为孝乎？"

曾子曰："身也者，父母之遗体也。行父母之遗体，敢不敬乎？居处不庄，非孝也；事君不忠，非孝也；莅官不敬，非孝也；朋友不信，非孝也；战陈无勇，非孝也。五者不遂，灾及于亲，敢不敬乎？亨孰膻芗，尝而荐之，非孝也，养也。君子之所谓孝也者，国人称愿然，曰：'幸哉有子如此。'所谓孝也已。众之本教曰孝，其行曰养。养可能也，敬为难；敬可能也，安为难；安可能也，卒为难。父母既没，慎行其身，不遗父母恶名，可谓能终矣。仁者，仁此者也；礼者，履此者也；义者，宜此者也；信者，信此者也；强者，强此者也。乐自顺此生，刑自反此作。"

曾子曰："夫孝，置之而塞乎天地，溥之而横乎四海，施诸后世而无朝夕，推而放诸东海而准，推而放诸西海而准，推而放诸南海而准，推而放诸北海而准。《诗》云：

'自西自东，自南自北，无思不服。'此之谓也。"

曾子曰："树木以时伐焉，禽兽以时杀焉。夫子曰：'断一树，杀一兽，不以其时，非孝也。'孝有三：小孝用力，中孝用劳，大孝不匮。思慈爱忘劳，可谓用力矣。尊仁安义，可谓用劳矣。博施备物，可谓不匮矣。父母爱之，嘉而弗忘；父母恶之，惧而无怨。父母有过，谏而不逆；父母既没，必求仁者之粟以祀之。此之谓礼终。"

乐正子春下堂而伤其足，数月不出，犹有忧色。门弟子曰："夫子之足瘳矣，数月不出，犹有忧色，何也？"乐正子春曰："善如尔之问也！善如尔之问也！吾闻诸曾子，曾子闻诸夫子曰：'天之所生，地之所养，无人为大。父母全而生之，子全而归之，可谓孝矣。不亏其体，不辱其身，可谓全矣。故君子顷步而弗敢忘孝也。'今予忘孝之道，予是以有忧色也。一举足而不敢忘父母，一出言而不敢忘父母。一举足而不敢忘父母，是故道而不径，舟而不游，不敢以先父母之遗体行殆。一出言而不敢忘父母，是故恶言不出于口，忿言不反于身，不辱其身，不羞其亲，可谓孝矣。"

昔者有虞氏贵德而尚齿，夏后氏贵爵而尚齿，殷人贵富而尚齿，周人贵亲而尚齿。虞、夏、殷、周，天下之盛王也，未有遗年者。年之贵乎天下久矣，次乎事亲也。是故朝廷同爵则尚齿：七十杖于朝，君问则席；八十不俟朝，君问则就之：而弟达乎朝廷矣。行肩而不并，不错则随，见老者则车徒辟，斑白者不以其任行乎道路，而弟达乎道路矣。居乡以齿，而老穷不遗，强不犯弱，众不暴寡，而弟达乎州巷矣。古之道，五十不为甸徒，颁禽隆诸长者，而弟达乎蒐狩矣。军旅什伍，同爵则尚齿，而弟达乎军旅矣。孝弟发诸朝廷，行乎道路，至乎州巷，放乎蒐狩，（修）〔循〕乎军旅，众以义死之而弗敢犯也。

祀乎明堂，所以教诸侯之孝也。食三老五更于大学，所以教诸侯之弟也。祀先贤于西学，所以教诸侯之德也。耕藉，所以教诸侯之养也。朝觐，所以教诸侯之臣也。五者天下之大教也。

食三老五更于大学，天子袒而割牲，执酱而馈，执爵而酳，冕而揔干，所以教诸侯之弟也。是故乡里有齿而老穷不遗，强不犯弱，众不暴寡，此由大学来者也。天子设四学，当入学而大子齿。

天子巡守，诸侯待于竟，天子先见百年者。八十九十者东行，西行者弗敢过；西行，东行者弗敢过。欲言政者，君就之可也。

壹命齿于乡里，再命齿于族，三命不齿。族有七十者，弗敢先。七十者不有大故不入朝；若有大故而入，君必与之揖让，而后及爵者。

天子有善，让德于天。诸侯有善，归诸天子。卿大夫有善，荐于诸侯。士、庶人有善，本诸父母，（存）〔荐〕诸长老。禄爵庆赏，成诸宗庙，所以示顺也。

昔者圣人（建）〔达〕阴阳天地之情，立以为《易》。易抱龟南面。天子卷冕北面，虽有明知之心，必进断其志焉，示不敢专，以尊天也；善则称人，过则称己，教不伐，以尊贤也。

孝子将祭祀，必有齐庄之心以虑事，以具服物，以修宫室，以治百事。及祭之日，颜色必温，行必恐，如惧不及爱然。其奠之也，容貌必温，身必诎，如语焉而未之然。宿者皆出，其立卑静以正，如将弗见然。及祭之后，陶陶遂遂，如将复入然。是故悫善不违身，耳目不违心，思虑不违亲；结诸心，形诸色，而术省之。孝子之志也。

建国之神位，右社稷而左宗庙。

【译文】

祭祀不可太频繁，太频繁就倦烦，倦烦就失去了敬意；但祭祀又不可太疏阔，太疏阔就怠慢，怠慢了就要遗忘。所以君子按照天道运行的规律，春天举行禘祭，秋天举行尝祭。秋天霜露覆盖大地，君子踏上这霜露，心中产生凄怆的感情。这倒并非因为天气的寒冷，而是想起了死去的亲人。春天雨露滋润大地，君子踏上这雨露，必然会有所震动，疑惑将会见到死去的亲人。人们以喜悦的心情迎接春天到来，以哀伤的心情送别秋天归去，所以禘祭奏乐而尝祭不奏乐。

祭祀之前必须进行斋戒。致斋三天必须昼夜居于室内，散斋的七天则可以出外。在致斋的日子里要时时思念死者生前的起居、谈笑、思想、爱好、口味等等情形。致斋三天之后，眼前就好像真的见到所要祭祀的祖先了。到了祭祀的那一天，进入室内，隐隐约约似乎看见祖先容貌；转身出门，心中一惊，似乎真的听见了祖先说话声；出门再听，似乎还可听见祖先的喟然叹息声，所以先王是那样的孝敬。以至于祖先的容颜时刻在眼前，祖先的声音时刻不离耳，祖先的思想爱好时刻记在心上。对祖先的爱戴达到极点，所以祖先总是活在心上；虔诚之心达到极点，所以祖先的形象赫然出现在眼前。祖先的存在和形象时时不离心头，怎能不恭敬呢？

君子在父母生前尽心奉养，父母死后则诚心祭享。终身都想着不可辱没父母。君子终身要为父母服丧，这就是指每年父母的忌日。忌日里不做其他事情，并非这个日子本身是个不吉祥的日子，而是说在这个日子里，对父母的思念到了极点。不敢再为自己做私事了。只有圣人才能使上帝来飨用他的祭祀，也只有孝子才能使父母来飨用他的祭祀。因为"飨"就有"向"的意思，只有诚心向往，鬼神才会来飨。所以孝子在尸前站立，不会有不和悦的颜色。诸侯祭祀时，国君亲自牵牲，夫人献上盎齐之酒。杀牲后，国君亲自以血毛献尸，夫人也献上盛放在豆中的祭品。大夫们协助国君，有封号的妇人们协助夫人。整齐而又恭敬，和悦而又诚心，非常勤勉地忙碌着，希望鬼神来飨用。

文王祭祀时，事奉死者就好像事奉活人，思念死者好像不想活了。每到忌日，一定十分哀伤，提到父母的名讳，就好像看见了父母。文王祭祀时心中是多么忠诚啊，就好像见到父母生前所喜爱的东西一样，又好像世俗之人喜好美色一般，也只有文王才能这样吧！《诗》上说："天明尚未眠，心中想双亲。"这就是写文王的诗啊！正祭的第二天，直到天亮还没有入睡。进献祭品请双亲来飨用，又因此更加思念双亲。祭祀的日子里，又是喜悦又是哀伤。迎接双亲来飨时，心中十分喜悦；双亲既来之后，想到马上又要离去，心中就又十分哀伤。

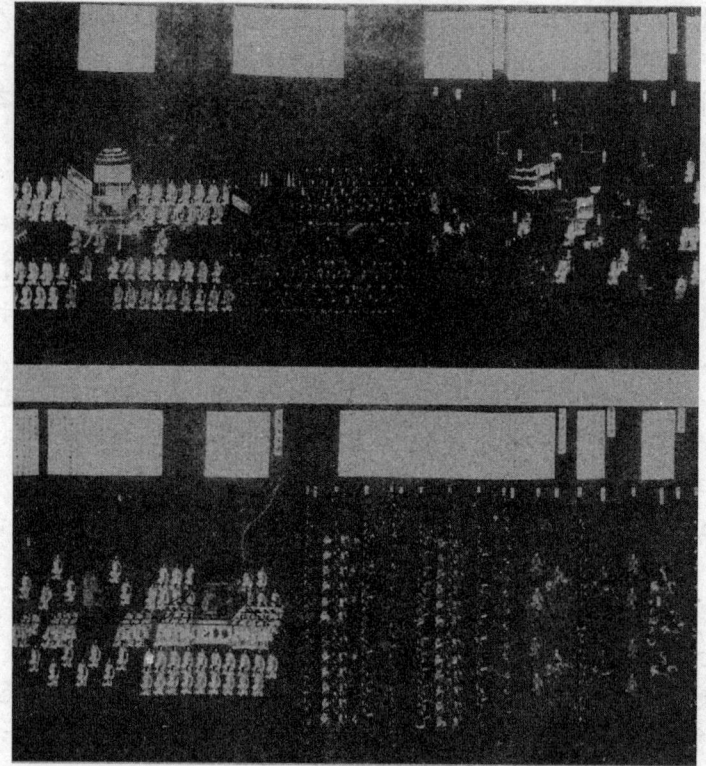

宋朝皇帝祭天仪仗，《大驾卤簿图书》局部。

孔子在尝祭时，亲自捧着祭品献尸，老实忠厚的样子，走得很快，步子急促。祭祀之后，子贡问道："您曾说祭祀时君子应该仪态从容，神情矜持，而您今天祭祀却不是这样，这是为什么呢？"孔子说："仪态从容，是一种疏远的表现；神情矜持，是自我专注的表现。疏远而又注重自我，怎么与神明交接呢？在这时怎么还能仪态从容，神情矜持呢？而当国君祭祀，我们作为宾客去参加时，反馈之礼完毕，奏起了音乐，荐上了牲体，按照礼乐的次序，大夫百官济济一堂，这时君子便可以仪态从容，神情矜持，这时怎么能像与神明交接时那样恍恍惚惚呢？说话岂能一概而论？应当针对各不相同的情况呀。"

孝子将要祭祀，考虑事情不可不预先准备。到了祭祀时，一切器物不可不准备齐全，而且要心无杂念地去做这些准备。宫室修理一新，墙屋整饰停当，各种物品都准备好。然后主人夫妇就穿上礼服斋戒沐浴。捧着供品献尸，神情是那样虔诚恭敬，小心谨慎，好像承受不了手中供品的重量，好像担心会从手中失落，其孝敬之心真是达到极点了吧！荐上牲体，奏起了音乐，百官宾客也按照礼节来协助。这时便通过祝词表达主人的心意，恍惚中仿佛真在和神灵交接，希望神灵来飨用！希望神灵来飨用！这便是孝子的心意。孝子的祭祀，能尽心于诚笃，因而行动也无不诚笃，尽心于相信，因而鬼神如在眼前；尽心于恭敬，因而举止也无不恭敬；尽心于礼仪，因而礼节没有过失。一进一退，都一定恭恭敬敬，好像真的在父母跟前，听命于父母的使唤。

从孝子的祭祀，可以知道他的心情。他站立时，恭敬地弯曲着腰；走上前时，恭敬地面带喜悦；献上祭品时，恭敬地满怀希望。退下来站定后，好像还将上前听候吩咐。直到撤掉祭品退下来时，恭敬庄重的神色仍未从脸上消失。相反，如果祭祀的时候，孝子站在那儿不弯腰，那就显得太鄙陋了；上前时脸上不愉快，那就和鬼神疏远了；献上供品时并不怀着鬼神来飨的希望，那就说明对祖先不是真心爱戴；退下来后并不像还要听候吩咐的样子，那就是傲慢的表现；撤掉祭品退下来，便失去了恭敬的神气，那就是忘记了祖先。像这样的祭祀，便失去了意义。孝子对父母有深深的爱戴，必然表现出和悦之色；有和悦之气，必然有愉快的神色；有愉快的神色，必然有温顺的容止。孝子祭祀时好像手上捧着一块玉，又好像是捧着一碗水，虔诚而又专心，仿佛自己力不胜任，生怕从手中落下。相反，那种威严肃穆、一本正经的样子，不是孝子用来事奉父母的态度，那只是大人对小辈的态度。

皇帝亲耕籍田

先王用来治理天下的有五条原则：重视有德的人，重视有地位的人，尊重年老的人，敬重长辈，爱护幼辈。这五条就是先王用来定天下的。重视有德的人，是为了什么呢？因为有德的人接近天道。重视有地位的人，是因为他近似于君王。尊重老年人是因为他近似于父母。敬重长辈，是因为他近似于兄长。爱护幼辈，是因为他近似于子女。因此，孝的极点，也就接近于王道；悌的极点，也就接近于霸道。孝的极点接近王道，是因为即使是称王的天子也一定孝其父母；悌的极点接近霸道，是因为即使是称霸的诸侯也一定敬其兄弟。先王的礼教，就是遵循上述原则而不加改变，所以能够领导天下国家。

孔子说："建立仁爱之心，应从孝顺父母开始，用以教导人民慈爱和睦。建立恭敬之心，应从尊敬兄长开始，用以教导人民顺从命令。教导人民慈爱和睦，人民就会以事奉双亲为美德；教导人民尊敬兄长，人民就会以顺从命令为光荣。以'孝'心来事奉双亲，以'顺'的态度来听从命令，这个方法放到天下任何地方，都不会行不通的。"

举行郊祀祭天时,有丧事的人也不敢哭,穿丧服的人连国门也不敢进。这是对天帝极其恭敬啊!祭祀的日子,国君亲自牵牲,他的儿子辈在对面协助他,卿大夫依次跟随。进了庙门,便把牲系在石碑上。卿大夫袒开左臂,动手杀牲。先取下告尸用的牛毛,以耳部的毛为最好。用鸾刀割牛,取出血和肠子间的脂肪。然后卿大夫就退下去,再等到生肉和熟肉相继献上去之后,国君才退下去,真是极其恭敬啊!

郊天之祭,是为了报答天上的众神,但以日神为主,以月神配祭。夏代人在黄昏祭日,商代人在中午祭日,周代人祭日,则从早晨到黄昏。祭日是在坛上,祭月是在坑中,以此区别幽暗和光明,划定上与下。祭日面向东,祭月面向西,以此来区分内与外,端正各自的位置。旭日从东方升起,新月在西天出现,日月一阴一阳,昼夜长短不断变化,终而又始,循环反复,使得天下和谐。

天下的礼有五项作用:追怀初始,沟通鬼神,开发物资,树立道义,提倡谦让。追怀初始,不忘本,用以增厚根基;沟通鬼神,使人懂得要尊重在上者;开发资源,建立人民的生活保障;树立道义,使上下的人不至于背叛作乱;提倡辞让,消除人与人之间的争夺。如能结合这五个方面的作用来运用天下的礼,那么即使还有奇异邪恶不听从治理的人,也一定只是极少数了。

下簇、采茧图,选自清《耕织图册》。

宰我说:"我听到鬼神这个名称,但不知它指的是什么。"孔子说:"气,便是由神的充盛而产生的;魄,便是由鬼的充盛而产生的。把鬼与神合起来祭祀,这是达到礼教的目的。一切有生命的东西都是要死的。死后其体魄必然归土,这就叫做鬼。骨肉在地下烂掉变成田野里的土,而它的气却升腾而上,焕发出光芒,蒸发出气味,使人悚然有所触动。这就是众生物的精灵,神的显示。圣人根据万物的精灵制定了极其尊严的称呼,明确命名为鬼神,用来作为老百姓的法则。于是众人因此而敬畏,万民因此而顺服。圣人认为这样做还不够，于是又筑起宫室，设立宗祧，以区别鬼神的亲疏远近，教导人民怀古寻根，纪念祖先，不要忘记自己是从哪里来的。民众由此而服从教化，并且很快地听从命令。鬼神二者的地位已经确立，就用两种礼仪来报答鬼神。一是行朝践之礼，烧烤肉类和谷物，让它们的香气和萧蒿燃烧的烟火一齐上升，这是用来报答'气'，也就是'神'的，可以教导民众追怀初始。二是献上黍稷，以及牲的肝、肺、头、心，夹以两瓶郁鬯之酒，这是用来报答'魄'，也就是'鬼'的，可以教导民众相亲相爱。这样对上对下都尽了情，礼也就十分完善了。君子追古寻根，不忘自己是从哪里来的，所以要向鬼神表达自己的敬意和感情，竭力工作，来报答亲人，不敢不尽心尽力。所以从前天子也有一千亩籍田，戴起系有红帽带的冠冕，亲自拿起农具去耕种。诸侯也有一百亩籍田，戴起系有绿帽带的冠冕，亲自拿起农具去耕种。所收的谷物用来事奉天地山川、社稷之神和列祖列宗。祭祀所用的醴酪齐盛，就是从他们籍田里收获而来的。这是多么恭敬啊！古代天子诸侯都设有养兽的官，每年到一定的时候，天子诸侯斋戒沐浴，然后亲自去察看所养的牲口。祭祀所用的牲畜就是从这里取来的。这真是十分恭敬啊！君主事先派人把牛牵来，由他亲自察看，选择毛色，进行占卜，得到吉利之兆，然后加以特别饲养。君主还穿上朝服，于每月初一、十五去巡视这些牲畜，表示他是很尽力的。这是多么孝敬啊！古代天子诸侯都有公家的桑园和养蚕的宫室，临近河边建造。筑起的宫室有一丈高，外面布满荆棘的围墙。每年到了三月初一的早晨，君主穿上朝服，通过占卜在三宫夫人和命妇中挑选有吉兆的人到蚕室去养蚕。她们捧着蚕种到河里去漂洗，到公家桑园去采桑，让风吹干桑叶上的露水，然后用来喂蚕。等到春季已尽，命妇们蚕事结束，奉上新结的蚕茧让君主过目，随后把蚕茧献给君主的夫人，夫人就说：'这是用来给君王做衣服的吧？'于是穿着礼服把蚕茧收下，并用一羊一豕来招待献茧的命妇。古代献茧的礼节，大概都是这样，以后再选定吉祥的日子开始缫丝。先由夫人三次把手伸入泡着蚕茧的盆里。抽出丝头，然后把蚕茧分发给有吉兆的贵族妇人去缫丝。此后还要用红、绿、黑、黄等颜色，染上黼黻花纹。制成礼服后，君王便穿着这样的礼服祭祀先王先公。这真是恭敬到极点了啊！"

　　君子说：礼乐是人们不可片刻离开的。推广乐来治理内心，平和正直慈爱诚实的心情就自然产生了。有了这样的心情就会快乐，快乐就能平安，平安就能长久，长久就能上通于天，上通于天就能与神交会。天不必说话，就能使人相信；神不须发怒，就使人敬畏。这就是运用乐来治理内心。运用礼来修治自己的容貌仪表，就会使人庄重恭敬。庄重恭敬就会有威严。心中如有片刻不平和不快乐，卑鄙奸诈的心思就会侵入。外貌有片刻不庄重不恭敬，轻率怠慢的念头就会出现。所以乐是发动于内心，礼是作用于外表。乐极其平和，礼极其恭顺。内心平和，外表恭顺，那么民众看到他这样的脸色，也就不会跟他争执了；看到他的容貌，众人也就不会产生轻率怠慢的作风了。

　　所以道德的光辉发动于内，民众就没有人会不听他的命令。礼的准则表现在外表，民众就没有人会不顺从他的领导。所以说：运用礼乐教化，使之充满天下，治理国家就不难了。乐，是发动于内心的；礼，是作用于外表的。礼的意义在于减损；乐的意义在于充盈，因为礼教人克制、减损，做起来比较困难，所以要加以鼓励，以努力去做为美。而乐使人抒发、充盈，做起来比较容易，所以要有所控制，以有所控制为美。礼是减损的，如果不鼓励，就会渐渐消亡。乐是充盈的，如果不控制就会走向放纵。所以礼应该有鼓励，乐应该有控制。礼有了鼓励人们就乐于实行；乐有了控制人的情感才会安稳。对礼的鼓励，对乐的控制，道理是相通的。

曾子说："孝可分为三等：上等是尊敬父母，次等是不使父母羞辱，下等是只能赡养父母。"公明仪问曾子道："你可以算是行孝道了吧？"曾子说："哪儿的话！哪儿的话！君子的孝，应该能在父母的意志没有表示之前就预先知道，并且按照父母的意志去做。同时又能晓谕父母，使他们的意志合于正道。我只不过做到赡养父母罢了。怎能算是孝呢？"

曾子说："身体是父母的遗物，用父母的遗物来行动，敢不慎重吗？日常起居不庄重，不是孝；为君主做事不忠诚，不是孝；做官不慎重，不是孝；与朋友交往不讲信用，不是孝；打仗不勇敢，不是孝。这五个方面不能做到，也就等于给父母带来了祸殃，能不慎重吗？如果只是在祭祀的日子里，煮一点牲肉黍稷奉献一下，那也不能算作'孝'，只能叫做'养'。君子所说的孝子是全国人都称赞美慕他，好像在说：'有这样的儿子多幸运啊！'像这样才算是孝。教化民众的根本是孝，而行动则是从养开始。养是容易的，有敬意则不容易了；有敬意能做到，不带勉强则不容易；能做到不带勉强，终身孝敬则不容易。父母去世之后，依然十分小心自身的行为，不使父母蒙上恶名，这样可以算是终身孝敬了。仁，就是要以孝为本；礼，就是要实践孝；义，就是行动要合乎孝；信，就是要用行动证实孝；强，就是要勉力做到孝。欢乐是由于顺着孝道而产生的，刑罚是由于违反孝道而招致的。"

曾子说："孝道精神树立起来，可以充满天地，散布开来，可以流行四海，传播到后代必将永远存在。推广到东海是正确的；推广到西海是正确的；推广到南海是正确的；推广到北海也是正确的。《诗》上说：'从西到东，从南到北，无不遵从。'就是说的这个情况。"

曾子说："树木要在适当的时节去砍伐，禽兽也要在适当的时节去捕杀。夫子说过：'砍一棵树，杀一头兽，如果不适时，便是不孝。'孝有三等：小孝出力气，中孝建功业，大孝无所欠缺。能思念父母的慈爱，因而忘掉自己的劳苦，就可以算是出力气了；能尊尚仁德，安然地按照正道行事，就可以建立功业，为父母争光了；如果德泽普施于天下，使天下万物丰盛，以此来祭祀父母，那便是无所欠缺了。父母喜爱他，他便很高兴地记在心上；父母厌恶他，他于是戒惧谨慎，但却没有一点怨恨。父母有过错，他婉言规劝却不违逆。父母死后，他一定以自己劳动的收获来祭祀。这样，孝的礼节才算终结。"

乐正子春一次从堂上下来扭伤了足，于是他一连几个月不出门，脸上带着忧虑的神色。他的弟子说:"您的足已经好了,您一连数月不出门,现在脸上还有忧虑的神色,这是为什么呢?"

乐正子春说:"你问得很好!你问得很好!我曾听曾子说过,而曾子又是听孔子说的:'天所生、地所养的一切生物,没有比人更伟大的。'父母把我们完整地生下来,我们也要使自己完整地还给他,这样才算是孝。不损伤自己的肉体,不辱没自己的人格,这样才算是完整的。所以君子哪怕是走半步路,也不敢忘记孝。而我一时竟忘了孝道,以至于伤了足,所以我很忧虑。君子每抬一次足都不敢忘记父母,每说一句话都不敢忘记父母。每抬一次足都不敢忘记父母,所以总是走大路而从不抄捷径,总是乘舟而从不游水,不敢用父母给我的身体去冒险。每说一句话都不敢忘记父母,所以从来不口吐恶言,自然也就不会招惹别人的辱骂;我自身不受侮辱,也不会给父母带来羞耻,这样可以算是孝了。"

从前虞舜的时代,重视道德,同时尊重年长的人。夏代则重视官爵,同时也尊重年长的人。殷代重视财富,同时也尊重年长的人。周代重视亲属关系,同时也尊重年长的人。虞、夏、殷、周四代,是天下王道全盛的时代,这四代都没有忽视对年长者的尊重。可见天下对年长者的尊重是由来已久,这仅次于孝敬父母。所以在朝廷上,官爵相同的人则以年长者为上,七十岁可以拄着手杖上朝,君王如有问,就要给他设坐席。八十岁的人上朝,行了朝见礼之后不必等朝事结束就可以先回去。君王如有所问,则亲自到他府上去。这就是悌道行于朝廷。在道路上行走,不同年龄的人不能并肩而行,不是斜错雁行,就是跟随在后。见到老年人,不论车辆行人都要让路;头发斑白的人,不可以让他背负重物在路上走。这就是悌道行于道路。居住在同一乡中,也应以年长的人为尊,即使是贫穷的老人也不可遗弃。不可以强凌弱,以众欺寡。这样悌道就行于乡间了。古代有规定,五十岁以上的人在田猎时就不充当徒役了。而分配猎获的禽兽,则长者多分。这样悌道就行于田猎之中了。军队的编制,官阶相同的人以年长者居上,这样悌道又行于军队中了。孝悌之道从朝廷开始,实行到道路上,传播到乡党间,田猎的时候也照样实行,军队里也遵守,大家都愿死守孝悌之道,而不敢违背。

在明堂举行大祭,用以教导诸侯实行孝道;在大学里宴请"三老五更",用以教导诸侯实行悌道;在西学里祭祀前代贤人,用以教导诸侯树立贤德;天子亲自耕种籍田,用以教导诸侯供奉祖先;安排朝觐之礼,用以教导诸侯臣服于天子。这五个方面,是天下最重要的教育。

在大学供养三老五更,天子袒开衣襟亲自割牲,捧着酱给老人进食,又捧上酒爵请他们漱口,还戴上冠冕,手执盾牌,为他们起舞。这就是教导诸侯要尊敬长者的悌道。于是乡邻里都按年龄排列上下,老人中的贫穷者也不会被遗漏。强不凌弱,众不欺寡。这种风尚就是从天子的大学里传下来的。天子设置了四处学校,到了年龄入学,即使是太子也和同学们一起按长幼排列位置。

天子巡狩,诸侯要在边境上迎候。天子到了一国,要先会见百岁老人。八十九的老人行走在大路的一侧，即使在大路另一侧的行人，也不敢超越而行。老人如果要发表政见，君主应亲自登门就教。乡间饮酒时排列座次，有一命官爵的人，仍然要和乡里人一道按年龄排次序。二命的人，在自己的族人中还须按年龄排次序。三命的人，不必按年龄排次序了，但遇到自己族中七十岁以上的人还是不敢越前的。七十以上的人没有大事是不用上朝的；如有大事上朝，君主应该先跟他拜揖谦让一番，然后才顾及爵位高的人。

　　天子有善行，应该把功德归之于天；诸侯有善行，要归功于天子；卿大夫有善行，要进献于诸侯；士、庶人有善行，要归功于父母的养育和长辈的教诲。颁发爵禄，施行奖赏，都是在宗庙里举行，表示归功于祖先，对祖先表达敬顺之意。从前圣人依照阴阳、天、地的情况制定了"易"。掌卜筮的人抱着用来占卜的龟南面而立，天子却穿着冕服北面而立，恭听神的意旨。即使天子有聪明智慧，也要请神来作出决断，表示自己不敢自专，而是尊重天意。有善绩，则归功于他人；有过错，则归咎于自己。教导民众不要骄傲自夸，而要尊重贤人。

　　孝子将要祭祀时，必定怀着谨慎而庄重的心情来考虑事情，准备祭服和祭品，修整宫室，处理各项事务。到祭祀的日子，脸色必须很温和，但走路却很紧张，好像担心见不到亲人的样子。祭奠的时候，面容一定要温和，身体要前屈，口中好像要说话而没有说出的样子。助祭的宾客都已出去时，孝子还沉默地躬身站在那儿，好像没有看见别人出去。祭祀结束后，孝子神情恍惚地跟着出来，又好像随时还要再进去的样子。孝子的忠厚善良时时表现在身上，耳目的功能完全受心情的支配，心中的思虑总不能离开亲人。这种感情郁结在心中，流露于外表，回忆和深思着，这就是孝子的心情啊！

　　设立国家的神位，社神稷神的庙在右边，列祖列宗的庙在左边。

祭统第二十五

【原文】

　　凡治人之道，莫急于礼。礼有五经，莫重于祭。夫祭者，非物自外至者也；自中出生于心也。心怵而奉之以礼，是故唯贤者能尽祭之义。

　　贤者之祭也，必受其福，非世所谓福也。福者备也，备者百顺之名也。无所不顺者（谓）之〔谓〕备，言内尽于己，而外顺于道也。忠臣以事其君，孝子以事其亲，其本一也。上则顺于鬼神，外则顺于君长，内则以孝于亲，如此之谓备。唯贤者能备，能备然后能祭。是故贤者之祭也，致其诚信与其忠敬，奉之以物，道之以礼，安之以乐，参之以时，明荐之而已矣。不求其为，此孝子之心也。

祭者，所以追养继孝也。孝者畜也。顺于道，不逆于伦，是之谓畜。是故孝子之事亲也有三道焉：生则养，没则丧，丧毕则祭。养则观其顺也，丧则观其哀也，祭则观其敬而时也。尽此三道者，孝子之行也。

既内自尽，又外求助，昏礼是也。故国君取夫人之辞曰："请君之玉女，与寡人共有敝邑，事宗庙社稷。"此求助之本也。

夫祭也者，必夫妇亲之，所以备外内之官也。官备则具备。水草之菹，陆产之醢，小物备矣。三牲之俎，八簋之实，美物备矣。昆虫之异，草木之实，阴阳之物备矣。凡天之所生、地之所长，苟可荐者，莫不咸在，示尽物也。外则尽物，内则尽志，此祭之心也。是故天子亲耕于南郊，以共齐盛；王后蚕于北郊，以共纯服；诸侯耕于东郊，亦以共齐盛；夫人蚕于北郊，以共冕服。天子、诸侯非莫耕也，王后、夫人非莫蚕也，身致其诚信，诚信之谓尽，尽之谓敬，敬尽然后可以事神明，此祭之道也。

孝子跪母

及时将祭，君子乃齐。齐之为言齐也，齐不齐以致齐者也。是以君子非有大事也，非有恭敬也，则不齐；不齐则于物无防也，嗜欲无止也。及其将齐也，防其邪物，讫其嗜欲，耳不听乐，故《记》曰："齐者不乐。"言不敢散其志也。心不苟虑，必依于道。手足不苟动，必依于礼。是故君子之齐也，专致其精明之德也，故散齐七日以定之，致齐三日以齐之。定之之谓齐，齐者精明之至也，然后可以交于神明也。

是故先期旬有一日，宫宰宿夫人，夫人亦散齐七日，致齐三日。君致齐于外，夫人致齐于内，然后会于大庙。君纯冕立于阼，夫人副袆立于东房。君执圭瓒祼尸，大宗执璋瓒亚祼。及迎牲，君执纼，卿大夫从，士执刍；宗妇执盎从夫人，荐涗水；君执鸾刀，羞哜；夫人荐豆。此之谓夫妇亲之。

及入舞，君执干戚就舞位。君为东上，冕而总干，率其群臣，以乐皇尸。是故天子之祭也，与天下乐之；诸侯之祭也，与竟内乐之。冕而总干，率其群臣，以乐皇尸，此与竟内乐之之义也。

夫祭有三重焉：献之属莫重于祼，声莫重于升歌，舞莫重于《武宿夜》，此周道也。凡三道者，所以假于外，而以增君子之志也，故与志进退，志轻则亦轻，志重则亦重。轻其志而求外之重也，虽圣人弗能得也，是故君子之祭也，必身自尽也，所以明重也。道之以礼，以奉三重而荐诸皇尸，此圣人之道也。

夫祭有馂，馂者祭之末也，不可不知也。是故古之人有言曰："善终者如始，馂其

是已。"是故古之君子曰："尸亦馂鬼神之馀也，惠术也，可以观政矣。"是故尸谡，君与卿四人馂；君起，大夫六人馂，臣馂君之馀也；大夫起，士八人馂，贱馂贵之馀也；士起，各执其具以出，陈于堂下，百官（进）〔馂〕，彻之，下馂上之馀也。凡馂之道，每变以众，所以别贵贱之等，而兴施惠之象也，是故以四簋黍见其（修）〔遍〕于庙中也。庙中者，竟内之象也。祭者泽之大者也。是故上有大泽，则惠必及下，顾上先下后耳，非上积重而下有冻馁之民也。是故上有大泽，则民夫人待于下流，知惠之必将至也，由馂见之矣。故曰："可以观政矣。"

夫祭之为物大矣，其兴物备矣，顺以备者也，其教之本与！是故君子之教也，外则教之以尊其君长，内则教之以孝于其亲，是故明君在上，则诸臣服从；崇事宗庙社稷，则子孙顺孝。尽其道，端其义，而教生焉。是故君子之事君也，必身行之；所不安于上，则不以使下；所恶于下，则不以事上。非诸人，行诸己，非教之道也。是故君子之教也，必由其本，顺之至也，祭其是与！故曰：祭者教之本也已。

夫祭有十伦焉：见事鬼神之道焉，见君臣之义焉，见父子之伦焉，见贵贱之等焉，见亲疏之杀焉，见爵赏之施焉，见夫妇之别焉，见政事之均焉，见长幼之序焉，见上下之际焉。此之谓十伦。

铺筵设同几，为依神也。诏祝于室，而出于祊，此交神明之道也。

君迎牲而不迎尸，别嫌也。尸在庙门外则疑于臣，在庙中则全于君。君在庙门外则疑于君，入庙门则全于臣、全于子。是故不出者，明君臣之义也。

夫祭之道，孙为王父尸。所使为尸者，于祭者子行也；父北面而事之，所以明子事父之道也。此父子之伦也。

尸饮五，君洗玉爵献卿。尸饮七，以瑶爵献大夫。尸饮九，以散爵献士及群有司，（皆以齿）明尊卑之等也。

夫祭有昭穆。昭穆者，所以别父子、远近、长幼、亲疏之序而无乱也。是故有事于大庙，则群昭群穆咸在而不失其伦。此之谓亲疏之杀也。

古者明君爵有德而禄有功，必赐爵禄于大庙，示不敢专也。故祭之日，一献，君降立于阼阶之南，南乡，所命北面，史由君右执策命之；再拜稽首受书以归，而舍奠于其庙。此爵赏之施也。

君卷冕立于阼，夫人副袆立于东房。夫人荐豆执校。执醴授之，执镫。尸酢，夫人执柄；夫人（授）〔受〕尸执足。夫妇相授受，不相袭处，酢必易爵，明夫妇之别也。

凡为俎者，以骨为主。骨有贵贱。殷人贵髀。周人贵肩，凡前贵于后。俎者，所以明祭之必有惠也。是故贵者取贵骨，贱者取贱骨，贵者不重，贱者不虚，示均也。惠均则政行，政行则事成，事成则功立。功之所以立者，不可不知也。俎者，所以明惠之必均也。善为政者如此。故曰：见政事之均焉。

凡赐爵，昭为一，穆为一，昭与昭齿，穆与穆齿。凡群有司皆以齿。此之谓长幼有序。

夫祭有畀煇、胞、翟、閽者，惠下之道也。唯有德之君为能行此，明足以见之，仁足以与之。畀之为言与也，能以其馀畀其下者也。煇者，甲吏之贱者也；胞者，肉吏之贱者也；翟者，乐吏之贱者也；阍者，守门之贱者也，古者不使刑人守门。此四守者，吏之至贱者也。尸又至尊，以至尊既祭之末，而不忘至贱，而以其馀畀之，是故明君在上，则竟内之民无冻馁者矣。此之谓上下之际。

凡祭有四时，春祭曰礿，夏祭曰禘，秋祭曰尝，冬祭曰烝。礿、禘，阳义也。尝、烝，阴义也。禘者阳之盛也，尝者阴之盛也。故曰"莫重于禘、尝"。古者于禘也发爵赐服，顺阳义也；于尝也，出田邑，发秋政，顺阴义也。故《记》曰："尝之日，发公室，示赏也。"草艾则墨，未发秋政，则民弗敢〔艾〕草也。故曰：禘、尝之义大矣，治国之本也，不可不知也。明其义者君也，能其事者臣也。不明其义，君人不全。不能其事，为臣不全。

夫义者，所以济志也，诸德之发也。是故其德盛者其志厚，其志厚者其义章，其义章者其祭也敬；祭敬，则竟内之子孙莫敢不敬矣。是故君子之祭也，必身知亲莅之，有故则使人可也。虽使人也，君不失其义者，君明其义故也。其德薄者其志轻，疑于其义而求祭，使之必敬也弗可得已；祭而不敬，何以为民父母矣？

夫鼎有铭，铭者自名也，自名以称扬其先祖之美，而明著之后世者也。为先祖者，莫不有美焉，莫不有恶焉。铭之义，称美而不称恶，此孝子孝孙之心也，唯贤者能之。铭者，论譔其先祖之有德善、功烈、勋劳、庆赏、声名，列于天下，而酌之祭器，自成其名焉，以祀其先祖者也。显扬先祖，所以崇孝也。身比焉，顺也。明示后世，教也。

夫铭者，壹称而上下皆得焉耳矣。是故君子之观于铭也，既美其所称，又美其所为。为之者，明足以见之，仁足以与之，知足以利之，可谓贤矣。贤而勿伐，可谓恭矣。

故卫孔悝之鼎铭曰："六月丁亥，公假于大庙，公曰：'叔舅！乃祖庄叔左右成公。成公乃命庄叔随难于汉阳，即宫于宗周，奔走无射。启右献公。献公乃命成叔纂乃祖服。乃考文叔，兴旧耆欲，作率庆士，躬恤卫国；其勤公家，夙夜不解，民咸曰："休哉！"。公曰：'叔舅！予女铭，若纂乃考服！'悝拜稽首曰：'对扬以辟之勤大命。'施于烝彝鼎。"此卫孔悝之鼎铭也。古之君子论譔其先祖之美，而明著之后世者也，以比其身，以重其国家如此。子孙之守宗庙社稷者，其先祖无美而称之，是诬也；有善而弗知，不明也；知而弗传，不仁也。此三者，君子之所耻也。

昔者周公旦有勋劳于天下，周公既没，成王、康王追念周公之所以勋劳者，而欲尊鲁，故赐之以重祭，外祭则郊、社是也，内祭则大尝禘是也。

夫大尝禘，升歌《清庙》，下而管《象》，朱干玉戚以舞《大武》，八佾以舞《大夏》，此天子之乐也。康周公，故以赐鲁也。子孙纂之，至于今不废，所以明周公之德，而又以重其国也。

【译文】

　　一切治理人民的措施，没有比礼更重要的。礼共有五大类。其中没有比祭礼更重要的。所谓祭礼，并非由外在的因素迫使人这样做，而是发自人们内心的一种行动。内心有所感动，于是通过礼来表达。所以只有内心真诚的贤者，才能最充分地表达祭的意义。

　　贤者的祭祀，一定会得到鬼神所赐的福，但却不是世俗之人所说的福。贤者的福，就是"备"的意思。所谓"备"，就是事事都顺于道理，没有一事是不顺当的，这就叫做"备"。对己尽心尽性，对外顺应大道。忠臣事奉君主，孝子事奉双亲，其根本都归结为"顺"。对上则顺于鬼神，对外则顺于君长，对内则孝敬双亲，这样就叫做"备"。只有贤者才能做到备，能做到备，才能进行祭祀。所以贤者的祭祀，就是竭尽自己的诚信忠敬之心，奉献礼物，进行礼仪，用音乐来协调，按照不同的时令，虔诚而净洁地荐献，如此而已，并不一心祈求神的福佑。这便是孝子的心。

　　祭祀，是为了继续在父母生前自己未完成的供养和孝敬。是一贯的孝敬之情积蓄于心中的表现。顺应于道德，不违背伦理，这就是孝的积蓄。所以孝子对父母的事奉包括三项内容：一是生前要供养，二是死后要服丧，三是丧期结束就要开始祭祀。供养的时候要看是否顺从，服丧的时候要看是否哀伤，祭祀则要看是否恭敬、是否按时。尽心做到这三项，便是孝子的行动。

　　既已竭尽自己的内心，又需求助于外。婚娶便是求助于外。所以国君娶夫人的时候，致辞说："请把您的玉女嫁给我，和我共同占有敝国，共同事奉宗庙和社稷。"这就说出了求助的根本目的。因为祭祀一定要夫妇一道亲自参加，这样内外的职分才算齐备。职分齐备了然后各项祭祀物品也要齐备。水产之物制成的菹，陆产之物制成的醢，这些小物品齐备了。俎上放的三牲，笾里盛的黍稷，这些美物备齐了。一些可食的昆虫和草木的果实，四季阴阳和气的物产也备齐了。凡是天下生的，地上长的，只要可以用来荐献的，无不都在这里，这就表示穷尽一切物品了。

　　在外能穷尽物品，在内能竭尽虔诚，这便是祭祀的用心。所以天子亲自在南郊耕种籍田，为祭祀供奉粢盛，王后亲自在北郊养蚕，为祭祀供祭服。诸侯也在东郊耕种，供奉粢盛；诸侯夫人在北郊养蚕，供祭服。天子和诸侯，并非没有人替他们耕田；王后和夫人，并非没有人替她们养蚕。他们是为了表达自己的诚信。有了诚信才算是尽心，尽了心才算是恭敬。尽心而又恭敬才能事奉神明。这便是祭祀之道。

　　到了将要祭祀的时候，君子便开始斋戒。斋戒也就是整齐的意思，调整心身达到整齐专一。君子没有大事，不须恭敬的时候，是不斋戒的。不斋戒的时候，对于外物也不必防范，嗜欲也不必加以限制。到了将要斋戒的时候，则要防范邪物，遏制嗜欲，耳朵也不听音乐。所以古书中说："斋者不乐"，就是说斋戒的时候不敢分散心思。心中无杂念，只想着合于道的事情；手足不随意乱动，只做着合于礼的事情。所以君子的斋戒，就是要专心致志表达精明的德性。所以要先用七天的"散斋"，稳定心思，再用三天的"致斋"来调整。稳定心思就是"齐",也就是斋戒。

斋戒,是精明的极点。这样才可以与神明交接。所以在祭祀前十一天,宫宰就要告诫夫人开始斋戒。夫人也要散斋七天,致斋三天。君王致斋在外,夫人致斋在内。到了祭祀时,才在大庙相会。君穿戴纯冕立在东阶,夫人也穿戴副袆立在东房。君先用圭瓒给尸斟上郁鬯,然后大宗伯再执璋瓒给尸斟第二遍酒。到了迎牲入庙的时候,君王要亲自牵绳,卿大夫则跟随在后,士则拿来刍草。宗妇捧着盎齐酒跟随夫人之后,荐上涚水。君王亲自操鸾刀,割下牲的肺肝献给尸品尝。夫人则荐上豆馈。这就是夫妇一道亲自参加祭祀。

到了舞乐开始时,君王便执着干戚走上跳舞的位置,站在东边的上方,头戴冠冕,手握盾牌,率领他的群臣起舞,供代表祖先的皇尸娱乐。所以天子的祭祀,是与天下人一道欢乐;诸侯的祭祀,是与国境内的人一道欢乐。诸侯祭祀时也要头戴冠冕,手握盾牌,率领群臣起舞,供皇尸娱乐。这就是与境内的人一道欢乐的意思。

祭祀中有三项内容特别重要:荐献祭品,以"裸"礼为最重要;声乐以"升歌"最重要;舞蹈以《武宿夜》之舞最重要。周代的礼是这样的。这三项重要内容,是借助外物来加强君子的意志。所以礼仪是随着君子的意志而升降变动的。意志轻率,礼仪也就轻率,意志庄重,礼仪也就庄重。如果意志轻率却要求外在的礼仪庄重,即使是圣人也做不到的。所以君子的祭祀,一定要自己竭尽诚心,才能表现得庄重。遵循礼的要求,奉行三项重要内容,以此荐献于皇尸,这便是圣人祭祀的道理。

祭祀中还有"馂"的仪式。"馂"是在祭祀的结束,但也不可不了解,因为古人有句话叫做"善终者如始"。"馂"正是这样一个善终。古代的君子说:"尸也是吃的鬼神剩下的祭品,这便是一种施惠的方法,从中可以观察到政治意义。"所以,当祭祀结束,尸起身离开后,君王和四位卿便去吃尸剩下的祭品。君吃毕后,大夫六人再去"馂",也就是臣吃君剩下的食品。大夫吃毕起身后,士八人再去"馂",也就是贱者吃贵者剩下的食品。士吃毕起身,便各自端着食具出来,把剩下的食品陈放在堂下,这时参加祭祀的众执事便上去"馂",吃完了再撤掉。这就是在下位的人吃上位的人剩下的食品。

馂的方法,是每变一次,馂的人数就增加一次,以此来区别贵贱等级,并作为由上而下施加恩惠的象征。所以从这四个饭器,就可以看出恩惠已经遍施于庙中,而庙中,正可以作为整个国家的象征。举行祭祀,是因为上面有大恩泽。上面有大恩泽,恩惠就一定会施及下面,只是从上而下、先上后下而已。并非上面积聚很多财富,下面却有受冻挨饿的民众。所以上面有大恩泽,民众就会一个个在下面等待,相信恩惠一定会到来。这就是从"馂"的仪式中看出的,所以说:"从中可以观察到政治意义。"

祭祀的意义是重大的,荐献物品是那样地完备。而正是因为顺了道,才能达到这样的完备。这大概也就是教化的根本吧。所以君子的教化,对外则教人尊敬君长,对内则教人孝顺父母。所以圣明的君主在上,大臣们就都能服从;重视宗庙社稷的祭祀,子孙就会孝顺。如果能尽心于此道,端正上下之义,教化也就开始了。所以君子事奉君主，必须亲身实行。上面做的事情，使自己感到不安的，就不要对下面这样做；下面做的事情使自己感到嫌恶的，自己也不要对上面这样做。如果批评别人这样做不好，而自己又这样去做，这就不是教化的方法了。所以君子的教化，一定要从自己这个根本做起，才能做到无所不顺。祭祀大概就是这样的。所以说："祭祀是教化的根本。"

祭祀有十种意义：一是体现服事鬼神的方法，二是体现君臣之间的名分，三是体现父子之间的伦理，四是体现贵贱的等级，五是体现亲疏的差别，六是体现爵赏的施行，七是体现夫妇的区别，八是体现政事的均平，九是体现长幼的次序，十是体现上下的联系。这就是祭祀的十种意义。

铺设筵席，设置同几，让鬼神依靠；在室内向神诏告祝辞，又在门外举行绎祭，这些就是与神明交接的方法。祭祀时，国君走出庙门去迎牲，但却不出去迎尸，这是为了避开嫌疑。因为尸在庙门外，仍然是充当臣子，而到了庙里则完全是君父了。同样，国君在庙门外，其身份仍然是君，而进了庙则完全是臣，完全是子了。所以国君不出来迎尸，这就是为了明确君臣的名分。

祭祀的方法，通常由孙子充当代表祖父的尸。这样，用来担任尸的人，对于主祭的人来说其实就是儿子辈。父亲站在臣子的位上事奉担任尸的儿子。用这种方式，使儿子明白应该怎样事奉父亲。这便是体现父子间的伦常关系。祭祀行九献之礼时，尸饮酒五次。君便洗了玉爵向卿献酒。尸饮酒七次，君便用瑶爵向大夫献酒。尸饮酒九次，君便用散爵向士和众执事献酒。这便是体现了尊卑的等级。祭祀时按照昭穆的顺序。安排昭穆就是为了区别父子、远近、长幼、亲疏的次序，使之不产生混乱。所以在太庙举行大祭时，众多辈分的人和神都在场，却不会乱了伦常秩序，这便是体现了亲疏的差别。

古代圣明的君主给有德的人封爵，给有功的人进禄，这种庆赏仪式都是在太庙中进行的，表示自己不敢擅自赏赐爵禄。所以有时顺便就在祭祀的日子里进行。在一献之礼行过之后，君主就下来站在东阶上，面朝南，接受爵禄的人面朝北，掌管册书的史在君王的右边，把封爵进禄的册书授给他。受爵禄的人再拜稽首之后，就把册书拿回去，在自家的宗庙里举行释奠之礼，诏告祖先。这就是施行爵赏的礼仪。祭礼时，君主穿戴礼服礼帽站立于东房。夫人荐豆时，握着豆的中间部位，而执醴者把豆授给夫人时却是拿着豆的底盘。尸向夫人回敬酒时，手持爵的柄，而夫人接受爵的时候却应握住爵的脚。夫妇之间互相传授物品，不能拿着同一个部位。回敬酒的时候一定要换一只酒爵。这就是要明确夫妇之间的区别。

分配俎案上的牲体，主要依据骨头的部位。骨头也有贵贱。殷人以后腿上部的髀为贵。周人却以前腿上部的肩为贵，周人都以前面的骨头比后面的贵。分配俎食，是用以体现祭祀时上面一定会对下面有所恩惠，所以分配时，尊贵者取贵骨，卑贱者拿贱骨。尊贵者不会分得更多，卑贱者也不致落空，以此表示公平。恩惠施行得公平，政令就能得到执行；政令执行，事情就能办成；事情办成就能建立功业。这是使功业得以建立的事，不可不知道。分配俎食是用以显示恩惠均平的，善于施行政治的人也是这样的。所以说："这里可以体现政事的均平。"太庙祭祀后聚集众人，赐助祭者饮酒，昭辈在一边，穆辈在一边。昭辈的人再按年龄排列，穆辈的人也再按年龄排列。参加助祭的诸位执事也都按年龄安排次序。这就是体现了长幼的次序。

祭祀结束时有"畀"的仪式，也即将剩余祭品赐给煇、胞、翟、阍等当差的人，这是施惠于下级的方法。只有有德的君主才会这样做，因为他的明智足以使他认识到施惠于下的重要，他的仁爱之心又足以使他能够这样做。"畀"就是给的意思，也即能够把剩余之物给予下人。煇，是皮甲工中下等的；胞，是屠夫中下等的；翟，是乐工中下等的；阍，是守门人中下等的，那时还不用受过刑的人守门。这四种人是当差的人中最低贱的，而尸却是最尊贵的，在祭祀了最尊贵的之后，不忘记最低贱的，并把剩下的祭品给与他们。所以圣明的君主在上，国内民众是不会有受冻挨饿的人的，这就是体现上下之间的关系。

祭祀也有四季的不同，春祭叫礿，夏祭叫禘，秋祭叫尝，冬祭叫烝。礿和禘，体现阳的意义；尝和烝，体现阴的意义。禘又是阳气的极盛，尝则是阴气的极盛。所以说："没有比禘、尝更重要的。"古代在禘祭的时候，颁发爵位，赏赐车服，这就是顺着阳的意义；而在尝祭的时候，便出外田猎，平明刑罚，这就是顺着阴的意义。所以书上记载说："在禘、尝的日子里，拿出公室之物施行尝赐，到了割草的季节，便开始施行墨刑。"刑罚尚未开始实行，民众便不敢割草。

所以说禘、尝的意义十分重大，是治国之本，不可不懂得。懂得禘、尝的意义的才是君主，能办好禘、尝的具体事宜的才是臣子。不懂其意义，作为君主就有所不足；不能行其事，作为臣子就有所不足。所谓明白意义，是用来使内心志向得以实现，各种品德得以显露。所以品德丰盛的人，志向也就笃厚；志向笃厚，意义就会十分显著；意义显著，祭祀也就恭敬；祭祀恭敬，那么国境之内的子孙就没有人会不恭敬。所以君子祭祀，通常一定要亲自参加；如果有特殊缘故不能参加，也可以使人代替。但虽然使人代替，君主却并没有失去祭祀的意义，这就是因为他心里懂得这个意义。若是品德浅薄的人，志向也一定轻浮不实，对祭祀的意义也一定是不理解。像这样去祭祀，想做到恭敬也是不可能的。祭祀都不能恭敬，还凭什么去为民父母呢？

祭祀用的鼎上通常都有铭文。所谓铭文，就是要自己立名。自己立名，来颂扬先祖的美德，使之明白显著地传给后人。作为先祖，都是既有美德，也会有恶行的，而铭的意义，在于只赞扬美德，不表现恶行，这是出于孝子孝孙的好心，只有贤者才会这样做的。撰写铭文，是要论述、记载先祖的美德、功绩、勋劳、奖赏和名声，使之公布于天下，并斟酌其要点，镌刻在祭器上，同时附上自己的名字，用来祭祀先祖。显扬先祖的德行，是崇尚孝道；附上自己的名字，也是名正言顺；展示给后代的人看，则是教育后代。制作铭文真是一举多得，使祖先和后代都得到益处。所以君子观看铭文，既赞美铭文中所称道的祖先业绩，同时也赞美制作铭文这件事本身。制作铭文的人，有明察的眼光能看到祖先的美德，有仁爱之心来参与制作铭文这件事，又有智慧能利用这件事使自己和后人得益，真可以算是有贤德了，有贤德而又不自夸，真可以算是谦恭了。

卫国大夫孔悝的鼎铭上说："六月丁亥，卫庄公来到太庙，他对孔悝说：'叔舅！你的祖先庄叔曾辅佐卫成公。成公命庄叔跟随他一起避难到汉阳，又一起住进宗周的宫室。那时庄叔跟随成公到处奔走，但毫不厌倦。他的德行又开导了成叔，成叔又辅佐献公归国即位。献公于是命成叔继承庄叔职位。你的父亲文叔，能振兴祖先的遗志，起来带领众卿士，努力为卫国效劳，他为公家服务，日夜不休息，受到众人一致赞扬。'卫庄公又说：'叔舅！我给你这篇铭文，你继承你父亲的职位吧！'于是孔悝下拜叩头道：'高声回答我主：我将发扬祖先的功德，努力执行您的命令，并把它刻在烝彝鼎上。'"这就是卫国孔悝的鼎铭，古代的君子，论述祖先的美德，使之昭著于后世，同时附上自己的名，尊重自己的国家，就如这篇铭文一样。继承了祖先的宗庙社稷的子孙，如果祖先没有美德而妄加称赞，便是欺骗；祖先有善行却不知道，那便是不明察；知道祖先的美德却不作宣扬，那便是不仁。这三者，是君子感到羞耻的。

从前周公旦为周朝的天下建立了大功勋。周公旦死后，成王、康王两代天子追念周公所建立的功勋，想通过尊重鲁国来纪念他。于是特准鲁国举行像天子那样隆重的祭祀。于是鲁国在外可以郊天祭地，在宗庙内可以举行大规模的尝祭、禘祭。大规模尝祭禘祭，登堂时要唱《清庙》诗，堂下用管乐吹奏《象》之舞曲。还有人拿着红色的盾牌和玉做的斧钺跳起《大武》之舞，又用八列舞队跳起《大夏》之舞。这都是天子的乐舞，为了褒扬周公，就赐给了鲁国。周公的子孙在鲁国把这些礼仪继承了下来，直到如今还没有废止，这是为了显扬周公的功德，同时也使鲁国得到了极大的尊重。

经解第二十六

【原文】

孔子曰："入其国，其教可知也。其为人也，温柔敦厚，《诗》教也；疏通知远，《书》教也；广博易良，《乐》教也；絜静精微，《易》教也；恭俭庄敬，《礼》教也；属辞比事，《春秋》教也。故《诗》之失愚，《书》之失诬，《乐》之失奢，《易》之失贼，《礼》之失烦，《春秋》之失乱。其为人也，温柔敦厚而不愚，则深于《诗》者也；疏通知远而不诬，则深于《书》者也；广博易良而不奢，则深于《乐》者也；絜静精微而不贼，则深于《易》者也；恭俭庄敬而不烦，则深于《礼》者也；属辞比事而不乱，则深于《春秋》者也。"

天子者，与天地参，故德配天地，兼利万物，与日月并明，明照四海而不遗微小。其在朝廷则道仁圣、礼义之序，燕处则听《雅》、《颂》之音，行步则有环佩之声，升车则有鸾和之音。居处有礼，进退有度，百官得其宜，万事得其序。《诗》云："淑人君子，其仪不忒。其仪不忒，正是四国。"此之谓也。

发号出令而民说谓之和，上下相亲谓之仁，民不求所欲而得之谓之信，除去天地之害谓之义。义与信，和与仁，霸、王之器也。有治民之意而无其器，则不成。礼之于正国也，犹衡之于轻重也，绳墨之于曲直也，规矩之于方圆也。故衡诚县，不可欺以轻重；绳墨诚陈，不可欺以曲直；规矩诚设，不可欺以方圆；君子审礼，不可诬以奸诈。是故，隆礼、由礼，谓之有方之士；不隆礼、不由礼，谓之无方之民。敬让之道也。故以奉宗庙则敬，以入朝廷则贵贱有位，以处室家则父子亲、兄弟和，以处乡里则长幼有序。孔子曰："安上治民，莫善于礼。"此之谓也。

故朝觐之礼，所以明君臣之义也。聘问之礼，所以使诸侯相尊敬也。丧祭之礼，所以明臣子之恩也。乡饮酒之礼，所以明长幼之序也。昏姻之礼，所以明男女之别也。夫礼，禁乱之所由生，犹坊止水之所自来也。故以旧坊为无所用而坏之者，必有水败；以旧礼为无所用而去之者，必有乱患。

故昏姻之礼废，则夫妇之道苦，而淫辟之罪多矣。乡饮酒之礼废，则长幼之序失，而争斗之狱繁矣。丧祭之礼废，则臣子之恩薄，而倍死忘生者众矣。聘觐之礼废，则君臣之位失，诸侯之行恶，而倍畔侵陵之败起矣。故礼之教化也微，其止邪也于未形，使人日徙善远罪而不自知也，是以先王隆之也。《易》曰："君子慎始，差若豪氂，缪以千里。"此之谓也。

【译文】

孔子说："进入一个国家，就可以知道这个国家教化的情况。如那里的人们温和柔顺，纯朴忠厚，那就是受了《诗》的教化。如果是开明通达，博古通今，那就是受了《书》的教化。如果是心胸舒畅，轻松和善，那就是受到了《乐》的教化。如果是清静精明，细致入微，那就是受了《易》的教化。如果是谦恭辞让、庄重严肃，那就是受了《礼》的教化。如果是善于辞令，议论是非，那就是受了《春秋》的教化。《诗》的弊端在于使人愚钝，《书》的弊端在于浮夸不实，《乐》的弊端在于使人奢侈，《易》的弊端在于伤害正道，《礼》的弊端在于纷繁琐碎，《春秋》的弊端在于造成混乱。如果为人温和柔顺、纯朴忠厚而又不愚钝，那就是深刻地理解了《诗》；开明通达、博古通今而又不浮夸，那就是深刻地理解了《书》；心胸舒畅、轻松和善而又不奢侈，那就是深刻地理解了《乐》；清静精明、细致入微而又不害正道，那就是深刻地理解了《易》；谦恭辞让、庄重严肃而又不烦琐，那就是深刻地理解了《礼》；善于辞令、议论是非而又不混乱，那就是深刻地理解了《春秋》。"

天子是与天、地并列为三，他的光辉可以与日月齐明，光芒照耀四海，无微不至。他在朝廷上，说的是仁圣礼义的道理；休息时，听的是雅、颂的音乐；走路时，则伴随着玉佩的声音节奏；上车，则伴随着车铃的声音节奏。一举一动，都合礼仪；一进一退，皆有法度。手下百官，安排适当；身边百事，有条不乱。《诗经》上说："善良的君子，礼仪无差错。礼仪无差错，四方都安定"，就是说的这种情况啊。天子发号施令，而能使人民感到喜悦，就叫做"和"。在上在下的人相亲相爱，就叫做"仁"。人民不必主动提出要求，就能得到满足，就叫做"信"，消灭天地间害人的东西，就叫做"义"。"义"与"信"，"和"与"仁"是实现霸王之业的必要条件。只有治民的心意，而没有治民的条件，事情是做不成的。

　　用礼来治国，就好比用秤来称轻重，用绳墨来量曲直，用规矩来画方圆。如果把秤认真悬起，是轻是重就骗不了人了；把绳墨认真拉起，是曲是直就瞒不了人了；把规矩认真用起，是方是圆就一目了然了。君子如果能认真地依照着礼来治国，就不会被奸邪的伎俩所欺骗了。所以重视礼、遵循礼，就叫做有道之士；不重视礼、不遵循礼，就叫做无道之民。礼也就是叫人遵循恭敬辞让的道德。在宗庙里奉行礼，必然虔诚恭敬。在朝廷上奉行礼，必然使尊贵的人和卑贱的人都安心于自己的职位。在家庭里奉行礼，必然使父子亲密、兄弟和睦。在乡邻里奉行礼，必然使长辈和幼辈不会乱了次序。孔子说："要想安定君主的地位，治理民众，没有比用礼更好的了。"这就是说的这个道理。

　　制定朝觐之礼，是为了明确君臣之间的大义；制定聘问之礼，是为了使诸侯互相尊敬；制定丧礼祭礼，是为了表示臣和子对君、父之恩的报答。制定乡饮酒之礼，是为了明确长辈和幼辈之间的秩序。制定婚姻之礼，是为了明确男女之间的区别。这些礼，都是为了禁绝祸乱产生的根由，就好像堤防可以阻止洪水的到来一样。如果认为从前的堤防已经没有用处而把它毁掉，那就一定会发生水灾；如果认为古代的礼仪已经没有用处而把它废掉，那就一定会产生祸患。废掉婚姻之礼，做夫妻就十分困难，奸淫不轨的罪行就会很多。废掉乡饮酒之礼，长辈幼辈就会不分上下，争吵斗殴的案件就会增多。废掉丧礼、祭礼，臣子对君父的恩情就会淡薄，背叛死者、忘记祖先的人就会很多。废掉朝觐、聘问之礼，君臣之间就乱了上下的位置，诸侯的行为就会十分恶劣，于是互相背叛、互相侵害的祸乱就会产生。

　　所以礼的教化，是在不知不觉中进行的，它能在邪恶尚未形成的时候就将其制止。它能使人一天一天走向善德，远离罪过，而自己却不知道。因此，先王特别重视礼。《易》书上说："君子对于事情的开始，要十分谨慎，因为开始差了毫厘，到以后就要错之千里了。"这就是说的这个道理。

哀公问第二十七

【原文】

　　哀公问于孔子曰："大礼何如？君子之言礼何其尊也？"孔子曰："丘也小人，不足以知礼。"君曰："否！吾子言之也。"孔子曰："丘闻之，民之所由生，礼为大。非礼无以节事天地之神也，非礼无以辨君臣、上下、长幼之位也，非礼无以别男女、父子、兄弟之亲，昏姻疏数之交也。君子以此之为尊敬然。然后以其所能教百姓，不废其会节。有成事，然后治其雕镂、文章、黼黻以嗣。其顺之，然后言其丧算，备其鼎俎，设其豕腊，修其宗庙，岁时以敬祭祀，以序宗族。即安其居，节丑其衣服，卑其宫室，车不雕几，器不刻镂，食不贰味，以与民同利。昔之君子之行礼者如此。"

　　公曰："今之君子胡莫之行也？"孔子曰："今之君子，好实无厌，淫德不倦，荒怠敖慢，固民是尽，午其众以伐有道，求得当欲不以其所。昔之用民者由前，今之用民者由后，今之君子莫为礼也。"

　　孔子侍坐于哀公。哀公曰："敢问人道谁为大？"孔子愀然作色而对曰："君之及此言也，百姓之德也！固臣敢无辞而对？人道，政为大。"

　　公曰："敢问何谓为政？"孔子对曰："政者正也。君为正，则百姓从政矣。君之所为，百姓之所从也。君所不为，百姓何从？"公曰："敢问为政如之何？"孔子对曰："夫妇别，父子亲，君臣严。三者正，则庶物从之矣。"公曰："寡人虽无似也，愿闻所以行三言之道，可得闻乎？"孔子对曰："古之为政，爱人为大。所以治爱人，礼为大。所以治礼，敬为大。敬之至矣，大昏为大。大昏至矣！大昏既至，冕而亲迎，亲之也。亲之也者，亲之也。是故，君子兴敬为亲；舍敬，是遗亲也。弗爱不亲，弗敬不正。爱与敬，其政之本与？"

　　公曰："寡人愿有言。然，冕而亲迎，不已重乎？"孔子愀然作色而对曰："合二姓之好，以继先圣之后，以为天地宗庙社稷之主，君何谓已重乎？"公曰："寡人固！不固，焉得闻此言也？寡人欲问，不得其辞，请少进！"孔子曰："天地不合，万物不生。大昏，万世之嗣也，君何谓已重焉！"

　　孔子遂言曰："内以治宗庙之礼，足以配天地之神明；出以治直言之礼，足以立上下之敬。物耻，足以振之；国耻，足以兴之。为政先礼，礼，其政之本与？"

　　孔子遂言曰："昔三代明王之政，必敬其妻子也，有道。妻也者，亲之主也，敢不敬与？子也者，亲之后也，敢不敬与？君子无不敬也，敬身为大。身也者，亲之枝也，敢不敬与？不能敬其身，是伤其亲。伤其亲，是伤其本。伤其本，枝从而亡。三者，百姓之象也。身以及身，子以及子，妃以及妃，君行此三者，则忾乎天下矣，大王之

道也。如此，则国家顺矣。"

公曰："敢问何谓敬身？"孔子对曰："君子过言，则民作辞；过动则民作则。君子言不过辞，动不过则，百姓不命而敬恭。如是，则能敬其身；能敬其身，则能成其亲矣。"

公曰："敢问何谓成亲？"孔子对曰："君子也者，人之成名也。百姓归之名，谓之君子之子。是使其亲为君子也，是为成其亲之名也已！"

孔子遂言曰："古之为政，爱人为大。不能爱人，不能有其身。不能有其身，不能安土。不能安土，不能乐天。不能乐天，不能成其身。"

公曰："敢问何谓成身？"孔子对曰："不过乎物。"公曰："敢问君子何贵乎天道也？"孔子对曰："贵其'不已'。如日月东西相从而不已也，是天道也。不闭其久，是天道也。无为而物成，是天道也。已成而明，是天道也。"

公曰："寡人蠢愚，冥烦，子志之心也！"孔子蹴然辟席而对曰："仁人不过乎物，孝子不过乎物。是故，仁人之事亲也如事天。事天如事亲，是故孝子成身。"公曰："寡人既闻此言也，无如后罪何！"孔子对曰："君之及此言也，是臣之福也。"

【译文】

哀公问孔子道："大礼究竟是怎样的呢？君子说到礼，为什么是那么的尊重呢？"孔子说："我孔丘只是个小人物，还不配议论礼。"哀公说："不！先生还是说说吧！"

孔子于是说道："我听说人民生活所遵循的原则，以礼为最重要。没有礼，就不能恰当地事奉天地间的神明；没有礼，就无法分辨君臣、上下、长幼的地位；没有礼就不能区别男女、父子、兄弟之间的不同感情，以及婚姻、亲疏等人际交往关系。正因为如此，所以君子才对礼特别尊敬呀。然后君子就要尽自己的能力来教化民众，使他们不失时节地进行各种礼仪活动。有了成效之后，再雕刻祭器，制作服饰，来区别尊卑上下的等级。人民顺从之后，再制定服丧的期限，准备好祭祀用的器具和供品，修建宗庙，按时举行恭敬的祭祀，并借以排列宗族里长幼亲疏的次序。于是君子自己也安心地随民众一道居住，穿起俭朴的衣服，住进低小的房屋，车子上不雕饰花边，祭器上不刻镂图纹，饮食也很简单。以这种方式来和民众同甘共苦。从前君子实行礼教，就是这样的。"

哀公又问道："现在的君子，为什么不那样实行了呢？"孔子说："今天的君主喜好财富，贪得无厌，淫乐无度，懒惰傲慢，非把民众的财力耗尽不可。违背众人的心愿，侵害有道的人，只求满足自己的欲望而不择手段。从前君主是照我前面所说的那一套做的。而现在君主却是照刚才所说的这一套做的。如今的君主，没有肯实行礼教的了。"

孔子陪坐在哀公身旁。哀公说："请问人伦之道，什么最重要呢？"孔子马上露出严肃庄重的面容说："您能问及这个问题，那便是百姓有福了。臣岂敢不认真回答呢？人伦之道，最重要的便是政治。"哀公问："请问什么是政治呢？"孔子回答说："所谓

'政',也就是'正'。君主若能做到正,百姓就会服从你的统治了。国君的行为,便是百姓所效法的榜样;国君不做的事,百姓又怎么会去效法呢?"

哀公说:"请问怎样施行政治呢?"孔子说:"夫妻有分际,父子有恩情,君臣相敬重,这三者做得端正,那么其他一切事情也就都好办了。"哀公说:"寡人虽不肖,愿领教如何做到这三点的方法,是否可以呢?"孔子说:"古人施行政治,首要的是做到爱人;要做到爱人,首要的是礼;要治礼,首先是要恭敬;恭敬的表现,首先在于大婚之礼。大婚之礼是极其重要的。大婚到来的时候,君主要穿上礼服亲自

皇室祭器,选自《皇朝礼器图册》。

去迎接,是要表示对于对方的亲爱。向对方表示亲爱,也是希望得到对方的亲爱。所以君子以恭敬的态度迎亲;如果舍弃恭敬的态度,也就会失掉对方的亲爱。没有爱,关系就不亲密,不恭敬,行为就不端正。所以仁爱和恭敬,大概就是政治的根本吧!"

哀公说:"我想问一句,像您说的这样,君主要穿了礼服亲自去迎亲,是否太隆重了?"孔子严肃地回答:"两姓结为婚姻,为前代圣主传宗接代,成为天地宗庙社稷的主人,这么大的事,您怎么能说太隆重了呢?"哀公说:"我太愚钝了,不愚钝,也不会来向您请教。我想提问,又找不到适当的词语,请您还是接着说吧!"孔子说:"天地不配合,万物就不能生育。大婚,就是为千秋万世生育后代呀,您怎么能说太隆重了呢?"

孔子进一步说道:"君主和夫人,在内,治理宗庙祭祀,功德足以和天地神明相配;出外,发布朝政命令,足以使上上下下都能恭敬听命。这样内外都有了礼,臣子有失职之事,可以纠正;国君有错误,可以复兴。所以说施行政治要以礼为先,礼是政治的根本。"孔子又说道:"从前夏商周三代圣明天子执政的时候,都很尊重他们的妻和子,这是有道理的。所谓'妻',是祭祀父母时的主妇,敢不尊敬吗?所谓'子',是父母的后代,敢不尊敬吗?君子对一切都应该尊敬,而尤其以尊敬自己为重

清光绪皇帝大婚图（局部），清人绘。

要。因为自己的身体是直接从父母这个根本上长出来的枝干，敢不尊敬吗？不能尊敬自己，也就是伤害了父母。伤害父母，就是伤害了根本。伤害了根本，枝干也就要跟着灭亡。自身和妻、子三者，也是百姓的象征。由自身要推想到百姓，由自己的儿子要推想到百姓的儿子，由自己的妻子，要推想到百姓的妻子。君子如能实行这三点，礼就会遍行于天下，过去周太王就是这样做的。能这样做，国家就安定了。"

哀公说："请问什么叫尊敬自身呢？"孔子答道："君子说错的话，民众也会模仿；君子做错的事，民众也会当做法则。君子如果能不说错话，不做错事，那么民众不须命令，就会恭敬服从了。这样就是尊敬自身。尊敬自身，实际上也是成就了父母。"哀公说："请问成就父母又怎么讲呢？"孔子答道："所谓'君子'，是人的美名。百姓如果能把美名送给他，称他为'君子之子'，那么也就是使他的父母成为'君子'了，这就是成就了父母的美名。"孔子又接着说道："古代的行政，以爱人最为重要。不能爱人，别人也就不会爱他，他就不能保住自身。不能保住自身，也就不能保住国土，不能保住国土，就要埋怨老天。埋怨老天，便不能成就自身了。"

哀公说："请问什么叫成就自身呢？"孔子答道："做任何事都没有过失，便是成就了自身。"哀公又说："请问君子为什么要崇拜天道呢？"孔子答道："这是崇拜它的永恒没有止境。比如日月东升西落永远不会停止，这就是天道。畅通无阻、天长地久，这就是天道。在无为之中生成了万物，这就是天道。天生成的一切又是那么明明白白，这也是天道。"哀公说："我真是愚蠢顽固得很，还请先生多多指教。"孔子赶紧离开坐席严肃地回答道："仁人做事没有过失，孝子做事没有过失。所以仁人事奉父母像事奉天一样，事奉天又像事奉父母一样，所以孝子能成就自己的名声。"哀公说："我已经听了您这番高论，可是以后做事还是有过失，将怎么办呢？"孔子答道："您能担心将来的过失，这就是我们臣下的福气了。"

仲尼燕居第二十八

【原文】

　　仲尼燕居，子张、子贡、言游侍，纵言至于礼。子曰："居，女三人者，吾语女礼，使女以礼周流，无不遍也。"

　　子贡越席而对曰："敢问何如？"子曰："敬而不中礼，谓之野；恭而不中礼，谓之给；勇而不中礼，谓之逆。"子曰："给夺慈仁。"

　　子曰："师，尔过；而商也，不及。子产犹众人之母也，能食之，不能教也。"子贡越席而对曰："敢问将何以为此中者也？"子曰："礼乎礼！夫礼所以制中也。"

　　子贡退，言游进曰："敢问礼也者，领恶而全好者与？"子曰："然。""然则何如？"子曰："郊社之义，所以仁鬼神也；尝禘之礼，所以仁昭穆也；馈奠之礼，所以仁死丧也；射乡之礼，所以仁乡党也；食飨之礼，所以仁宾客也。"子曰："明乎郊社之义，尝禘之礼，治国其如指诸掌而已乎！是故以之居处有礼，故长幼辨也；以之闺门之内有礼，故三族和也；以之朝廷有礼，故官爵序也；以之田猎有礼，故戎事闲也；以之军旅有礼，故武功成也。是故宫室得其度，量鼎得其象，味得其时，乐得其节，车得其式，鬼神得其飨，丧纪得其哀，辨说得其党，官得其体，政事得其施，加于身而错于前，凡众之动得其宜。"

　　子曰："礼者何也？即事之治也。君子有其事，必有其治。治国而无礼，譬犹瞽之无相与？伥伥乎其何之？譬如终夜有求于幽室之中，非烛何见？若无礼，则手足无所错，耳目无所加，进退揖让无所制。是故以之居处，长幼失其别，闺门三族失其和，朝廷官爵失其序，田猎戎事失其策，军旅武功失其制，宫室失其度，量鼎失其象，味失其时；乐失其节，车失其式，鬼神失其飨，丧纪失其哀，辨说失其党，官失其体，政事失其施，加于身而错于前，凡众之动失其宜。如此则无以祖洽于众也。"

　　子曰："慎听之！女三人者。吾语女：礼犹有九焉，大飨有四焉。苟知此矣，虽在畎亩之中，事之，圣人已。两君相见，揖让而入门，入门而县兴。揖让而升堂，升堂而乐阕。下管《象》，《武》、《夏》龠序兴。陈其荐俎，序其礼乐，备其百官。如此，而后君子知仁焉。行中规，还中矩，和鸾中《采齐》，客出以《雍》，彻以《振羽》。是故君子无物而不在礼矣。入门而金作，示情也。升歌《清庙》，示德也。下而管《象》，示事也。是故古之君子，不必亲相与言也，以礼乐相示而已。"

　　子曰："礼也者，理也。乐也者，节也。君子无理不动，无节不作。不能《诗》，

于礼缪；不能乐，于礼素；薄于德，于礼虚。"

子曰："制度在礼，文为在礼，行之，其在人乎？"子贡越席而对曰："敢问夔其穷与？"子曰："古之人与？古之人也。达于礼而不达于乐，谓之素；达于乐而不达于礼，谓之偏。夫夔，达于乐而不达于礼，是以传于此名也，古之人也。"

子张问政，子曰："师乎！前，吾语女乎！君子明于礼乐，举而错之而已。"子张复问。子曰："师，尔以为必铺几筵，升降酌献酬酢，然后谓之礼乎？尔以为必行缀兆，兴羽籥，作钟鼓，然后谓之乐乎？言而履之，礼也。行而乐之，乐也。君子力此二者以南面而立，夫是以天下大平也。诸侯朝，万物服体，而百官莫敢不承事矣。礼之所兴，众之所治也；礼之所废，众之所乱也。目巧之室，则有奥阼，席则有上下，车则有左右，行则有随，立则有序，古之义也。室而无奥阼，则乱于堂室也。席而无上下，则乱于席上也。车而无左右，则乱于车也。行而无随，则乱于途也。立而无序，则乱于位也。昔圣帝、明王、诸侯，辨贵贱、长幼、远近、男女、外内，莫敢相逾越，皆由此途出也。"

三子者，既得闻此言也于夫子，昭然若发矇矣。

【译文】

孔子坐着休息，子张、子贡、子游三人陪伴着老师，闲谈中谈到了礼。孔子于是说："坐下吧，你们三个人，我来跟你们说说礼，使你们能把礼到处运用，无所不至。"子贡马上离开坐席答应道："请问那会是怎样的呢？"孔子说："诚敬而不中于礼，就叫做粗野；恭顺而不中于礼，就叫做伪巧；勇敢而不中于礼，就叫做倔强。"孔子又说："伪巧容易给人仁慈的假象。"孔子又接着说："子张，你有时会做得过分，而子夏则往往做得不够。子产好像是民众的母亲，只会喂养，不会教育。"子贡又离开坐席问道："怎样才能做到恰到好处的'中'呢？"孔子说："礼啊礼，就是这个礼决定中与不中的。"

子贡退下来，子游又上前问道："请问所谓礼，就是治理邪恶、保全美德的吗？"孔子说："是这样。""是这样，又该怎样治理邪恶，保全美德呢？"孔子说："郊天祭地的意义，就是对鬼神表示仁爱；秋尝夏禘之礼，就是对祖先表示仁爱；馈奠之礼，就是对死者表示仁爱；乡射乡饮酒之礼，是对同乡邻里表示仁爱；食飨之礼，是对宾客表示仁爱。"

孔子说："如能明白郊天祭地的道理，懂得秋尝夏禘的意义，那么，对于治理国家的事就了如指掌了。所以，日常起居有了礼，长幼就有了分辨；家庭内部有了礼，一家三代就能和睦；朝廷上有了礼，官职和爵位就有了秩序；田猎时有了礼，军事演习就能熟练；军队里有了礼，就能建立战功。于是宫室都符合尺度，量具和祭器都符合法象，五味调和合于时节，音乐合于节拍，车辆合乎规范，鬼神各自得到享祀，丧葬的安排能表达适当的悲哀，辩论谈话有伦有类，百官各掌其职责，政事也能顺利施行。将礼运用于自身的行动和眼前一切事情，一切就都能做得恰到好处了。"

孔子说："礼是什么呢？礼就是治理事情的方法。君子办事，一定要懂得治理的方法。治理国家而没有礼，就好像盲人没人扶助，茫然失去了方向，不知往哪儿走。又好比黑夜在暗室里摸索，没有蜡烛能看见什么呢？如果没有礼，手脚就不知往哪儿放，耳目也不知怎么使用，进退揖让都没有规矩。这样一来，日常起居就分不出长幼上下，家庭内部就会三代不和，朝廷之上官爵也乱了套，田猎练武失去了指挥，军队打仗失去了控制，宫室没有尺度，量具和祭器不符合法度，五味不能按时节调和，奏乐也不合节拍，车辆也不合规范，鬼神没有供品，服丧不能表达悲哀，谈话不伦不类，百官失职，政事不行，自身的举动和眼前的事情，一切都不适宜。像这样就没有办法领导民众协调一致地行动了。"

孔子说："小心听着吧！你们三个。我对你们说：礼一共有九项之多，就其中的大飨之礼，也可再分为四项。如果有人懂了此礼，即使他是个种田人，照礼而行，他就是圣人了。当两位国君相见时，互相作揖谦让，然后进入大门。一进大门，马上钟鼓齐鸣，两人又互相作揖谦让着登上大堂。登上大堂钟鼓之声也停下了。这时大堂下又有管乐奏起《象》的乐曲，大武和夏籥的舞一个接一个进行。陈列鼎俎供品，按照礼乐安排仪式，百官执事一应俱全。像这样君子就可以从这些礼仪中看到仁爱的精神。行动周旋，都很合规矩，连车上的铃也合着《采齐》乐曲的节奏。客人出去时，奏起《雍》曲以送别，撤去供品时则奏起《振羽》之曲。所以君子没有一件事不符合礼节。进门时钟鼓齐鸣，是表示欢迎之情。登堂时演唱歌颂文王的《清庙》之诗，是表示崇高道德。堂下吹起《象》的乐曲，是表示将有大事。所以，古代两君相见，不必用言语交谈，用礼乐就可以互相传达意思了。"

孔子说："所谓礼，就是条理；所谓乐，就是调节。君子没有条理就不能行动，不加调节也做不成事。如果不懂得赋诗言志，礼节上就会出差错。如果不能用音乐来配合，礼就显得质朴枯燥了。如果道德浅薄，那么礼就只是空洞的形式了。"孔子又说："各项制度，是由礼规定了的；仪式的行为方式，也是由礼规定了的。但要实行起来，还得要靠人。"子贡又离开坐席问道："照您前面所说的，是不是夔也不能算通于礼了呢？"孔子说："你问的夔不是指古代的人吗？他是古代的人啊。精通礼而不精通音乐，叫做质朴；精通音乐而不精通礼，就叫做偏颇。夔大概是只精通音乐，礼却不太精通，所以只传下来一个精通音乐的名声。不过他毕竟是古代的人啊！"

子张问到政治的事。孔子说："子张，你上前来，我对你说。君子如果懂得了礼乐，只需把它放到政治上去运用就行了。"子张又向孔子提问。孔子说："子张，你以为必须摆下案几，铺下筵席，上下走动，献酒进馔，举杯酬酢，这样才算是礼吗？你以为必须排下队列，挥舞羽籥，敲钟鸣鼓，这样才叫做乐吗？其实，说的话能切实施行，这就是礼；行的事能使人感到快乐，这就是乐。君子努力做到这两点，那么只要在天子的位置上南面而立，就能使天下太平。诸侯都来朝拜，万事都很得体，百官没有人敢不忠于职守的。

"礼教兴起，百姓就会服从治理；如礼教毁坏，民众就要犯上作乱。从前只凭眼力测量建造的房屋，也都有堂奥和台阶之分，坐席则要分上下，乘车则要分左右，走路则要前后相随，站立也要讲究次序。这都是古代就有的道理。如房屋不分堂奥和台阶，堂屋就要混乱；坐席不分上下，坐次就要混乱；乘车不分左右，车上就要混乱；走路不分前后，路上就要混乱；站立不分次序，位置就要混乱。从前圣明的帝王和诸侯，都要分辨贵贱、长幼、远近、男女、内外的界限，不得互相超越，都是根据这个道理来的。"三位弟子听了孔子这一席话，心中豁然开朗，好像瞎子重见光明。

孔子闲居第二十九

【原文】

　　孔子闲居，子夏侍。子夏曰："敢问《诗》云'凯弟君子，民之父母'，何如斯可谓'民之父母'矣？"孔子曰："夫'民之父母'乎，必达于礼乐之原，以致'五至'而行'三无'以横于天下，四方有败，必先知之。此之谓'民之父母'矣。"

　　子夏曰："'民之父母'既得而闻之矣，敢问何谓'五至'？"孔子曰："志之所至，《诗》亦至焉。《诗》之所至，礼亦至焉。礼之所至，乐亦至焉。乐之所至，哀亦至焉。哀乐相生，是故正明目而视之，不可得而见也；倾耳而听之，不可得而闻也；志气塞乎天地。此之谓'五至'。"

　　子夏曰："'五至'既得而闻之矣，敢问何谓'三无'？"孔子曰："无声之乐，无体之礼，无服之丧，此之谓'三无'。"

　　子夏曰："'三无'既得略而闻之矣，敢问何诗近之？"孔子曰："'夙夜其命宥密'，无声之乐也；'威仪逮逮，不可选也'，无体之礼也；'凡民有丧，匍匐救之'，无服之丧也。"

　　子夏曰："言则大矣，美矣，盛矣！言尽于此而已乎？"孔子曰："何为其然也？君子之服之也，犹有五起焉。"子夏曰："何如？"孔子曰："无声之乐，气志不违；无体之礼，威仪迟迟；无服之丧，内恕孔悲。无声之乐，气志既得；无体之礼，威仪翼翼；无服之丧，施及四国。无声之乐，气志既从；无体之礼，上下和同；无服之丧，以畜万邦。无声之乐，日闻四方；无体之礼，日就月将；无服之丧，纯德孔明。无声之乐，气志既起；无体之礼，施及四海；无服之丧，施于孙子。"

　　子夏曰："三王之德，参于天地。敢问何如斯可谓参（于）天地矣？"孔子曰："奉'三无私'以劳天下。"子夏曰："敢问何谓'三无私'？"孔子曰："天无私覆，地无私载，日月无私照。奉斯三者以劳天下，此之谓'三无私'。其在《诗》曰：'帝命不违，至于汤齐。汤降不迟，圣敬日齐。昭假迟迟，上帝是祇，帝命式于九围。'是汤之德也。天有四时，春秋冬夏，风雨霜露，无非教也。地载神气，神气风霆，风霆流形，庶物露生，无非教也。清明在躬，气志如神。嗜欲将至，有开必先。天降时雨，山川出云。其在《诗》曰：'嵩高惟岳，峻极于天。惟岳降神，生甫及申。惟申及甫，惟周之翰。四国于蕃，四方于宣。'此文武之德也。三代之王也，必先〔其〕令闻。《诗》云：'明明天子，令闻不已。'三代之德也。'弛其文德，协此四国。'大王之德也。"

子夏蹶然而起，负墙而立，曰："弟子敢不承乎！"

【译文】

孔子闲坐着休息，子夏在一旁陪伴。子夏说："请问先生，《诗》上说：'凯弟君子，民之父母。'怎样才可以称民之父母呢？"孔子说："民之父母吗？他必须懂得礼乐的根源，达到'五至'，实行'三无'，并用来普及于天下。任何地方出现灾祸，定能预先知道。这样就可以称作民之父母了。"

子夏说："关于民之父母已经听了您的解释，但您说的'五至'又是什么呢？"孔子说："意志所到之处，诗也就产生了。诗所到之处，礼也就产生了。礼所到之处，乐也就产生了。乐所到之处，哀也就产生了。因为哀乐是互相引发的。这种道理，即使擦亮了眼睛，也不可能看见；即使竖起耳朵，也不可能听到。而意志是充满于天地之间的。这就叫做'五至'。"

子夏又说："关于五至已经听了您的解释，但请问所谓'三无'又是什么呢？"孔子说："无声的音乐，无形的礼仪，以及不穿丧服的丧事。"子夏说："三无的大概意思我已经明白了，但请问什么诗句跟这三无的意思比较近似呢？"孔子说："'日夜秉承天命，宽和而又宁静'。这就近似于无声的乐。'仪表威严宽和，没有挑剔之处'。这就近似于无形的礼。'看见人家有灾难，千方百计去救援'。这就近似于不穿丧服的服丧。"

子夏说："您的话说得真是伟大、完美、充分了！要说的道理都在这里了吗？"孔子说："哪能这样说呢？君子要实行这'三无'，还可以从五个方面来阐明它的含义。无声的音乐，不违背心志；无形的礼仪，从容不迫；无服的丧事，由自己内心推广到他人。无声的音乐，表达了心志；无形的礼仪，恭敬谨慎；无服的丧事，推广到四方之国。无声的音乐，使心志顺从；无形的礼仪，使上下融洽；无服的丧事，可以容纳万国。无声的音乐，一天天传播到四方；无形的礼仪，一天天成长扩大；无服的丧事，使纯洁的道德日益昭著。无声的音乐，奋发了心志；无形的礼仪，普及到四海；无服的丧事，传播到子孙后代。"

子夏说："三王的德行，与天地并列。请问怎样才能与天地并列呢？"孔子说："用三无私的精神来治天下。"子夏问："请问什么叫做三无私呢？"孔子说："天覆盖天下没有偏私，地承受万物没有偏私，日月普照天下没有偏私。用这三种精神来治天下，就叫做三无私。这才是《诗》里所谓'帝命不违背，汤王登了位；降世正适时，圣明又谨慎；光明照永久，恭敬事上帝。上帝命汤王，一统大九州。'这就是商汤的德行，天有春夏秋冬四季，普降风雨霜露以滋润万物。这就是圣人施行教化所仿效的法则，

地承受着神妙之气，变化出风雷，风雷到处流动，万物露出了生机。这也就是圣人施行教化所仿效的法则。清彻明净的德行在圣人身上，因而他的意志也有神一样的功能。心中将要有所作为，一定先有征兆出现，好像天将要下雨时，山川里便吐出云气。这在《诗》里面就有这样的诗句：'巍巍五岳，直耸云天。降下神灵：甫侯申伯。周室栋梁，国家屏障。周王恩德，四方宣扬。'这就是说的文王、武王的德行啊！三代的圣王，都是在未做王之前就有了美好的名声。《诗》上说：'光明的天子，美名永无止。'这就是说的三代圣王的德行。'施行文德教化，融洽四方之国。'这就是说的周太王的德行。"

子夏听到这里，跃然站起来，背靠墙恭敬地站立着，说道："弟子岂敢不承受先生这番教导！"

坊记第三十

【原文】

子言之："君子之道，辟则坊与！坊民之所不足者也。大为之坊，民犹逾之，故君子礼以坊德，刑以坊淫，命以坊欲。"

子云："小人贫斯约，富斯骄；约斯盗，骄斯乱。礼者，因人之情而为之节文，以为民坊者也。故圣人之制富贵也，使民富不足以骄，贫不至于约，贵不慊于上，故乱益亡。"

子云："贫而好乐，富而好礼，众而以宁者，天下其几矣。《诗》云：'民之贪乱，宁为荼毒。'故制国不过千乘，都城不过百雉，家富不过百乘。以此坊民，诸侯犹有畔者。"

子云："夫礼者，所以章疑别微，以为民坊者也。故贵贱有等，衣服有别，朝廷有位，则民有所让。"

子云："天无二日，土无二王，家无二主，尊无二上，示民有君臣之别也，《春秋》不称楚越之王丧。礼：君不称天，大夫不称君，恐民之惑也。《诗》云：'相彼盍旦，尚犹患之。'"

子云："君不与同姓同车，与异姓同车不同服，示民不嫌也。以此坊民，民犹得同姓以弑其君。"

子云："君子辞贵不辞贱，辞富不辞贫，则乱益亡。故君子与其使食浮于人也，宁使人浮于食。"

子云："觞酒豆肉，让而受恶，民犹犯齿。衽席之上，让而坐下，民犹犯贵。朝廷之位，让而就贱，民犹犯君。《诗》云：'民之无良，相怨一方；受爵不让，至于已斯亡。'"

子云:"君子贵人而贱己,先人而后己,则民作让。故称人之君曰君,自称其君曰寡君。"

子云:"利禄先死者而后生者,则民不偝;先亡者而后存者,则民可以托。《诗》云:'先君之思,以畜寡人。'以此坊民,民犹偝死而号无告。"

子云:"有国家者,贵人而贱禄,则民兴让;尚技而贱车,则民兴艺。故君子约言,小人先言。"

子云:"上酌民言,则下天上施。上不酌民言,则犯也;下不天上施,则乱也。故君子信让以莅百姓,则民之报礼重。《诗》云:'先民有言,询于刍荛。'"

子云:"善则称人,过则称己,则民不争。善则称人,过则称己,则怨益亡。《诗》云:'尔卜尔筮,履无咎言。'"

子云:"善则称人,过则称己,则民让善。《诗》云:'考卜惟王,度是镐京。惟龟正之,武王成之。'"

子云:"善则称君,过则称己,则民作忠。《君陈》曰:'尔有嘉谋嘉猷,入告尔君于内。女乃顺之于外,曰:"此谋此猷,惟我君之德。"於乎!是惟良显哉!'"

子云:"善则称亲,过则称己,则民作孝。《大誓》曰:'予克纣,非予武,惟朕文考无罪。纣克予,非朕文考有罪,惟予小子无良。'"

子云:"君子弛其亲之过,而敬其美。"《论语》曰:"三年无改于父之道,可谓孝矣。"高宗云:"三年其惟不言,言乃讙。"

子云:"从命不(忿)〔忿〕,微谏不倦,劳而不怨,可谓孝矣。《诗》云:'孝子不匮。'"

子云:"睦于父母之党,可谓孝矣,故君子因睦以合族。《诗》云:'此令兄弟,绰绰有裕。不令兄弟,交相为瘉。'"

子云:"于父之执,可以乘其车,不可以衣其衣。君子以广孝也。"

子云:"小人皆能养其亲,君子不敬,何以辨?"

子云:"父子不同位,以厚敬也。《书》云:'厥辟不辟,忝厥祖。'"

子云:"父母在,不称老。言孝不言慈。闺门之内,戏而不叹。君子以此坊民,民犹〔有〕薄于孝而厚于慈。"

子云:"长民者,朝廷敬老则民作孝。"

子云:"祭祀之有尸也,宗庙之有主也,示民有事也。修宗庙,敬祀事,教民追孝也。以此坊民,民犹忘其亲。"

子云:"敬则用祭器。故君子不以菲废礼,不以美没礼。故食礼,主人亲馈则客祭,主人不亲馈则客不祭。故君子苟无礼,虽美不食焉。《易》曰:'东邻杀牛,不如西邻之禴祭,实受其福。'《诗》云:'既醉以酒,既饱以德。'以此示民,民犹争利而忘义。"

子云:"七日戒,三日齐;承一人焉以为尸,过之者趋走;以教敬也。醴酒在室,

醴酒在堂，澄酒在下，示〔民〕不淫也。尸饮三，众宾饮一，示民有上下也。因其酒肉，聚其宗族，以教民睦也。故堂上观乎室，堂下观乎上。《诗》云：'礼仪卒度，笑语卒获。'"

子云："宾礼每进以让，丧礼每加以远。浴于中霤，饭于牖下，小敛于户内，大敛于阼，殡于客位，祖于庭，葬于墓，所以示远也。殷人吊于圹，周人吊于家，示民不偝也。"

子云："死，民之卒事也，吾从周。以此坊民，诸侯犹有薨而不葬者。"

子云："升自客阶，受吊于宾位，教民追孝也。未没丧，不称君，示民不争也。故鲁《春秋》记晋丧曰：'杀其君之子奚齐，及其君卓。'以此坊民，子犹有弑其父者。"

子云："孝以事君，弟以事长，示民不贰也。故君子有君不谋仕，唯卜之日称二君。丧父三年，丧君三年，示民不疑也。父母在，不敢有其身，不敢私其财，示民有上下也。故天子四海之内无客礼，莫敢为主焉。故君适其臣，升自阼阶，即位于堂，示民不敢有其室也。父母在，馈献不及车马，示民不敢专也。以此坊民，民犹忘其亲而贰其君。"

子云："礼之先币帛也，欲民之先事而后禄也。先财而后礼，则民利。无辞而行情，则民争。故君子于有馈者，弗能见，则不视其馈。《易》曰：'不耕获，不菑畬，凶。'以此坊民，民犹贵禄而贱行。"

子云："君子不尽利以遗民。《诗》云：'彼有遗秉，此有不敛穧，伊寡妇之利。'故君子仕则不稼，田则不渔，食时不力珍，大夫不坐羊，士不坐犬。《诗》云：'采葑采菲，无以下体。德音莫违，及尔同死。'以此坊民，民犹忘义而争利以亡其身。"

子云："夫礼，坊民所淫，章民之别，使民无嫌，以为民纪者也。故男女无媒不交，无币不相见，恐男女之无别也。以此坊民，民犹有自献其身。《诗》云：'伐柯如之何？匪斧不克。取妻如之何？匪媒不得。''蓺麻如之何？横从其亩。取妻如之何？必告父母。'"

子云："取妻不取同姓，以厚别也。故买妾不知其姓，则卜之。以此坊民，鲁《春秋》犹去夫人之姓曰'吴'，其死曰'孟子卒'。"

子云："礼，非祭，男女不交爵。以此坊民，阳侯犹杀缪侯而窃其夫人。故大飨废夫人之礼。"

子云："寡妇之子，不有见焉，则弗友也，君子以辟远也。故朋友之交，主人不在，不有大故，则不入其门。以此坊民，民犹以色厚于德。"

子云："好德如好色。诸侯不下渔色。故君子远色以为民纪，故男女授受不亲。御妇人则进左手。姑、姊、妹、女子子已嫁而反，男子不与同席而坐。寡妇不夜哭。妇人疾，问之，不问其疾。以此坊民，民犹淫泆而乱于族。"

子云："昏礼：婿亲迎，见于舅姑，舅姑承子以授婿，恐事之违也。以此坊民，妇犹有不至者。"

【译文】

孔子说:"君子的治民之道,就好比是提防吧!用来防备民众的过失。即使严密地设置提防,民众也还是有越规的。所以君子用礼来防备道德的过失,用刑罚来制裁淫邪的行为,用法令来防范人欲的泛滥。"

孔子说:"小人贫穷便感到窘迫,富裕便会有骄横之气。感到窘迫就会去盗窃,有骄横之气就要犯上作乱。礼就是顺应人之常情而设立制度仪文,作为人民的规范。所以圣人制定富贵的限度,使民众富裕而不致骄横,贫穷而不至于窘迫,有了一定地位而不至于对上级不满。所以犯上作乱的事就日益减少了。"

孔子说:"贫穷而能自得其乐,富贵而能爱好礼让;家族人多势众而能安守本分,这样的人世上是极少的。《诗》上说:'民众一心想作乱,宁可忍受苦与毒。'所以按照制度,诸侯国的兵车不得超过一千乘。都城的规模不得超过百雉。大夫家的兵车不得超过一百乘。用这种制度来对他们加以防范。然而即使这样,诸侯还是有叛乱的。"

孔子说:"礼是用来裁决断定那些疑惑不定、隐约不明的事情,用来防范民众的。有了礼,贵贱就有了等级,衣服就有了区别,朝廷就有了区分上下的爵位,民众也就会互相谦让。"

孔子说:"天上不会有两个太阳,地上不能有两个君王,一家不能有两个主人,至尊的地位只能有一个。这就是向民众显示君臣的区别。《春秋》不记载自称为王的楚、越国君的丧葬之事。礼规定诸侯不得像天子那样称为'天',大夫不能像诸侯那样称为'君',这就是担心民众对上下关系产生迷惑。《诗》中说:'看那盍旦鸟儿叫,人们尚且讨厌它。'更何况那些企图僭越的人呢?"

孔子说:"国君不跟同姓的人同乘一辆车,跟不同姓的同乘一辆车时要穿着不同的衣服。作出标志避免嫌疑。用这样的方法来防备民众,民众还是有同姓杀害君王的。"

孔子说:"君子辞让显贵而不逃避卑贱,辞让财富而不逃避贫穷。所以作乱的事就日益减少了。君子与其使俸禄超出人的才能,不如使人的才能超过所受的俸禄。"

孔子说:"分配酒肉,应该反复辞让,然后接受粗陋的一份;即使这样,民众仍然会冒犯长者。安排座次,应该再三辞让,然后坐在下方;即使这样,民众仍然会冒犯尊贵者。朝廷的爵位,应该再三辞让,然后接受卑贱的爵位;即使这样,民众仍然会冒犯君主。《诗》上说:'民众的行为不善良,互相怨恨各执一端,接受爵禄不肯辞让,到了最后一齐灭亡。'"

孔子说:"君子尊重他人而贬低自己,让他人在前面而自己居后,这样民众就学会了谦让。所以称别人的君主为'君',而称自己的国君为'寡君'。"

孔子说:"利益和荣誉,应该先给予死者,后给予生者。这样民众就不会背弃死者;先给予远方的人,后给予在国中的人,这样民众才感到国君可以信托。《诗》上说:'你应该思念死去的先君,赡养我这未亡人。'虽然用这样的方法来防范民众,而民众仍然会背弃死者,使得活着的老弱之人悲呼哀号无处诉苦。"

孔子说:"治理国家的人,重视人的品德,对有德的人,不吝啬封以爵禄;那么民众就会盛兴礼让。崇尚人的技能,对有能的人,不吝啬赐以车服;那么民众就会学习技艺。所以君子是少说话,多干事;小人则是事还没做,就先说大话。"

孔子说:"在上位的人斟酌听取民众的意愿,民众就会把上面施行的政治看得像天意一样。在上位的人不听取民众的意愿,民众就要犯上;民众不把上面的政治看得像天意,就要作乱。所以君子以信用和礼让来统治百姓,民众也会重重地以礼相报。《诗》上说:'先人有遗训,在上者要咨询及于樵夫。'"

孔子说:"有善行则归功于他人,有过错则归咎于自己,这样民众就不会发生争执。有善行则归功于他人,有过错则归咎于自己,这样怨恨就会日益减少。《诗》上说:'你占卜,你算卦,卦体上面无坏话。'"

孔子说:"有善行则归功于他人,有过错则归咎于自己。这样民众就会在荣誉面前谦让。《诗》上说:'武王考察占卜,决定建都镐京;龟能正其吉兆,武王完成大事。'这便是归功于他人。"

孔子说:"有善行则归功于君主,有过错则归咎于自己,民众就会激发忠君之心。《君陈》篇说:'你有好主意好方法,进去告诉你的君主,然后你再到外面去施行'。并且说:'这主意、这办法,都是我们君主的功德。啊!只有我们善良的君主才能这样光明伟大啊!'这便是归功于君主。"

孔子说:"有善行则归功于父母,有过错则归咎于自己。这样民众便会提倡孝道。《大誓》上说:'如果我打败了商纣,那并不是我的武功,而是由于我的父亲本来没有过错,如果商纣打败了我,那并不是我父亲有过错,而是我没有善良的德行。'"

孔子说:"君子忘掉父母的过错,而敬重父母的美德。"《论语》上说:"三年不改变父亲生前的主张,可以算是孝了。"所以高宗"在父亲死后三年不发表言论。一旦发表言论,天下都感到欢乐"。孔子说:"服从父母的命令,不怠慢,即使父母有过错,也只能慢慢地温和地劝谏。为父母担当劳苦而毫无怨言,这样就可称得上是孝了。《诗》上说:'孝子的孝心是无穷的。'"

丈夫与妻妾共食,汉画像石。

孔子说:"与父母同辈的人和睦相处,才可以称作孝。所以君子以和睦的态度聚合宗族里的人一道燕食。《诗》上说:'兄弟互相友善,大家轻松融洽;不友善的兄弟,则互相说坏话。'"孔子说:"对于和父亲同辈的人,可以乘他的车子,但不能穿他的衣服。这就是把对父亲的孝敬推广到父亲的同辈。"

孔子说:"小人也都能供养父母,如果君子也只是供养而不是孝敬,怎么能同小人区别开来呢?"

孔子说:"父亲和儿子不能处在尊卑相同的位置上,这是为了强调敬重父亲的尊严。《书》上说:'做君主却没有君主的尊严,便是污辱了祖先。'"孔子说:"父母健在,儿子不应该称老,只能谈对父母的孝敬,不要企求父母对自己的慈爱。在家庭里只应该以游戏使父母愉快,而不应该在父母面前唉声叹气。君子用这样的教导来防范民众,民众还是缺乏孝敬之心而贪图父母的慈爱。"

孔子说:"作为民众的君主,如果能在朝廷上敬重老人,那么民众也会盛行孝敬的风气。"孔子说:"祭祀时有'尸',宗庙里立有神位,是为了向民众显示事奉的对象。修建宗庙,恭敬地进行祭祀,是为了教导民众继续对死者的孝心。即使像这样教导民众,民众还是有忘记死去的父母的。"

孔子说:"为了表示对宾客的尊敬,才在宴飨时使用祭器。君子不因为物品菲薄而废弃礼仪,也不因为物品丰盛华美而超出礼仪。按照食礼,主人亲自进酒食,客才行祭食之礼,主人不亲自进酒食,客就不行祭食之礼。所以如果不符合礼仪,即使是华美的物品也不去吃。《易》上说:'东邻虽然杀了牛,却不如西邻举行禴祭能切实得到神的福佑。'《诗》上说:'既醉饮了美酒,又感受到恩德。'以此来指导民众,民众还是会争夺利益而忘记礼义。"

孔子说:"七天散斋,三天致斋,来事奉一个人,把他当做'尸',从他面前经过的人都要快步行走。这都是教导人们要恭敬。醴酒放在室内,醍酒放在堂上,澄酒放在堂下,这是为了指示人民不要贪图浓味。尸饮酒三次,众宾客才饮一次,这是为了显示要有上下尊卑的区别。借着祭祀的酒肉,聚集宗族里的人会餐,是为了教导民众和睦相处。所以堂上的人看着室内的人,作为榜样;堂下的人看着堂上的人作为榜样。《诗》上说:'礼仪都合法度,谈笑也很得体。'"

孔子说:"迎宾之礼,每进一步都更加谦让。丧葬之礼,每行一礼,死者就更加远离而去。初死时,浴尸是在室中,饭尸是在窗下,小殓在门内,大殓就到了堂上东阶,停柩又到了堂上西阶,祖奠到宗庙中庭,最后下葬到墓穴。这就是显示死者一步步地远去了。殷人只是到墓穴上去吊丧,而周人则在家中吊丧,这是为了教导民众不能背弃死者。"孔子说:"死,是人最终的一件事,我是赞同周人的丧葬之礼的。用这样的礼仪来教导民众,诸侯居然还有死了不如期而葬的情况。"

孔子说:"送葬回来后,儿子从西阶登堂,在宾位上接受吊唁。这是要教导民众继续对死者的孝心。丧期未终了,不得称为'君',这是启示民众不要与父亲争位。所以《春秋》记载晋国的丧事时说:'里克杀了他的国君的儿子奚齐以及国君卓。'用这样的方法来防范民众。民众还是有弑杀父亲的。"

孔子说："用孝道事奉君主，用悌道事奉首长，这是指示人民不得怀有二心。所以君主的儿子在君主健在时不谋求官职，避免与君主争位的嫌疑。只有在代替君主进行占卜时，才可以自称君主之副位。为父亲服丧三年，为君主服丧也是三年，这是向人民显示君主的尊严是不可怀疑的。父母健在，儿子不敢专有自己的身体，不敢私自聚积财产，这是向人民显示有上下的区别。天子在四海之内没有做客的礼节，因为没有人敢做他的主人。所以君主到臣子家里，要从主人的台阶登堂，在堂上就位。这是向人民显示臣子不能专有自己的宫室。父母健在，儿子不可以用车马等贵重财物赠送他人，这是向人民显示儿子不能专有财产。即使用这些教诲来防范民众，民众还是有忘记父母，对君主怀有二心的。"

孔子说："先行相见之礼，然后馈赠币帛，这样是希望人民先做事然后再求利禄。若是先送财物，然后才行礼，民众就会争夺。所以君子对于送礼物的人，如果不能行相见之礼，则礼物看也不必看了。《易》上说：'不耕种就有收获，不开荒而有了良田，这是不吉利的。'用这样的教导来防范民众，民众还是重视利禄，轻视道德行为。"

孔子说："君子不把所有利益全部搜刮干净，而是遗留一点给人民。《诗》上说：'那里有一把遗漏的禾，这里有几颗未收的穗，让孤儿寡妇也得点利。'君子做了官就不同时又种田，种田的，就不同时又打鱼。吃食不要求山珍海味。大夫不可无故杀羊，士不可无故杀狗。《诗》上说：'采葑又采菲，不要连根拔；好话莫违背，和你同生死。'用这样的教导来防范民众，民众还是会忘记道义，争夺利益，以至于丢了性命。"

孔子说："礼可以用来防备民众淫乱。标明男女之区别，避免发生嫌疑，从而成为民众的法纪。男女之间没有媒人，不得建立联系；没有定婚的礼物，不得互相见面。这就是害怕男女之间没有界限。虽然像这样防备民众，民众还是有私自以身相许的。《诗》上说：'怎样才能砍柴？没有斧头不行；怎样才能娶妻？没有媒人不行。怎样才能种麻？先要整理田亩；怎样才能娶妻？必先告诉父母。'"

孔子说："娶妻不娶同姓的人，以此强调血缘的区别。如果是买妾，不知道她的姓，则应该通过占卜决定是否适宜。用这种方法防范民众，鲁昭公居然还娶同姓吴国女人为妻，以至于鲁国《春秋》记载她的死，不称其姓，只说'孟子卒'。"孔子说："礼规定，不是祭祀的时候，男女不得在一起交杯敬酒。用这样的方法来防范民众，阳侯居然还杀了缪侯，占有了他的夫人，所以后来就废止了夫人参加大飨的礼节。"

孔子说："对于寡妇的儿子，如果不是见他确实很有才能，就不要跟他交朋友。这是因为君子应该远远地避开嫌疑。朋友之间交往，如果主人不在家，又不是遇到死人、失火之类的大事，就不要进入家的门。像这样来防范民众，民众还是把色看得比德更重。"

孔子说："喜好美德，应该像喜好美色一样。诸侯不应该在自己的臣民中挑选美女为妻妾，君子远离美色，为民众作出榜样。所以男女不得亲自授受东西。男子给妇人驾车，应该以左手上前。姑、姊妹及女儿等已经出嫁，回娘家时，娘家的男子就不可跟她们坐在一张席上。寡妇不得在夜间哭泣。妇人有病，男人去慰问时，不得问是什么病。用这样的礼节来防备民众，民众仍然奸淫放纵，干出败坏伦常的事情。"

孔子说："按照婚礼，娶亲时女婿要亲自到女方家里去迎接，见到岳父岳母，岳父岳母要亲自把女儿交给女婿，而且还担心女儿不能顺从丈夫。用这种方法来防范民众，还是有一些女子不肯跟随男子回去的。"

中庸第三十一

【原文】

天命之谓性，率性之谓道，修道之谓教。道也者，不可须臾离也，可离非道也。是故君子戒慎乎其所不睹，恐惧乎其所不闻。莫见乎隐，莫显乎微，故君子慎其独也。喜怒哀乐之未发，谓之中；发而皆中节，谓之和。中也者，天下之大本也；和也者，天下之达道也。致中和，天地位焉，万物育焉。

仲尼曰："君子中庸，小人反中庸。君子之中庸也，君子而时中；小人之中庸也，小人而无忌惮也。"

子曰："中庸其至矣乎！民鲜能久矣！"

子曰："道之不行也，我知之矣：知者过之，愚者不及也。道之不明也，我知之矣：贤者过之，不肖者不及也。人莫不饮食也，鲜能知味也。"

子曰："道其不行矣夫。"

子曰："舜其大知也与！舜好问而好察迩言，隐恶而扬善，执其两端，用其中于民，其斯以为舜乎！"

子曰："人皆曰'予知'，驱而纳诸罟擭陷阱之中，而莫之知辟也。人皆曰'予知'，择乎中庸而不能期月守也。"

子曰："回之为人也，择乎中庸，得一善，则拳拳服膺而弗失之矣。"

子曰："天下国家可均也，爵禄可辞也，白刃可蹈也，中庸不可能也。"

于路问强。子曰："南方之强与？北方之强与？抑而强与？宽柔以教，不报无道，南方之强也，君子居之。衽金革，死而不厌，北方之强也，而强者居之。故君子和而不流，强哉矫！中立而不倚，强哉矫！国有道，不变塞焉，强哉矫！国无道，至死不变，强哉矫！"

子曰："素隐行怪，后世有述焉，吾弗为之矣。君子遵道而行，半途而废，吾弗能已矣。君子依乎中庸，遁世不见知而不悔，唯圣者能之。君子之道费而隐。夫妇之愚，可以与知焉，及其至也，虽圣人亦有所不知焉。夫妇之不肖，可以能行焉，及其至也，虽圣人亦有所不知焉。天地之大也，人犹有所憾。故君子语大，天下莫能载焉；语小，

天下莫能破焉。《诗》云：'鸢飞戾天，鱼跃于渊。'言其上下察也。君子之道，造端乎夫妇，及其至也，察乎天地。"

子曰："道不远人。人之为道而远人，不可以为道。《诗》云：'伐柯伐柯，其则不远。'执柯以伐柯，睨而视之，犹以为远。故君子以人治人，改而止。忠恕违道不远，施诸己而不愿，亦勿施于人。君子之道四，丘未能一焉：所求乎子以事父，未能也；所求乎臣以事君，未能也；所求乎弟以事兄，未能也；所求乎朋友先施之，未能也。庸德之行，庸言之谨，有所不足，不敢不勉，有余不敢尽。言顾行，行顾言，君子胡不慥慥尔？"君子素其位而行，不愿乎其外。素富贵，行乎富贵；素贫贱，行乎贫贱；素夷狄，行乎夷狄；素患难，行乎患难。君子无入而不自得焉。在上位，不陵下；在下位，不援上。正己而不求于人，则无怨。上不怨天，下不尤人。故君子居易以俟命，小人行险以侥幸。"

子曰："射有似乎君子，失诸正鹄，反求诸其身。君子之道，辟如行远必自迩，辟如登高必自卑。《诗》曰：'妻子好合，如鼓瑟琴。兄弟既翕，和乐且耽。宜尔室家，乐尔妻帑。'"子曰："父母其顺矣乎！"

子曰："鬼神之为德，其盛矣乎！视之而弗见，听之而弗闻，体物而不可遗。使天下之人齐明盛服，以承祭祀，洋洋乎！如在其上，如在其左右。《诗》曰：'神之格思，不可度思！矧可射思。'夫微之显，诚之不可掩如此夫！"

子曰："舜其大孝也与！德为圣人，尊为天子，富有四海之内。宗庙飨之，子孙保之。故大德必得其位，必得其禄，必得其名，必得其寿。故天之生物，必因其材而笃焉。故栽者培之，倾者覆之。《诗》曰：'嘉乐君子，宪宪令德。宜民宜人，受禄于天。保佑命之，自天申之。'故大德者必受命。"

子曰："无忧者其惟文王乎！以王季为父，以武王为子；父作之，子述之。武王缵大王、王季、文王之绪，壹戎衣而有天下。身不失天下之显名，尊为天子，富有四海之内，宗庙飨之，子孙保之。武王末受命，周公成文、武之德，追王大王、王季，上祀先公以天子之礼。斯礼也，达乎诸侯大夫，及士庶人。父为大夫，子为士，葬以大夫，祭以士。父为士，子为大夫，葬以士，祭以大夫。期之丧，达乎大夫。三年之丧，达乎天子。父母之丧，无贵贱一也。"

子曰："武王、周公，其达孝矣乎！夫孝者；善继人之志，善述人之事者也。春秋修其祖庙，陈其宗器，设其裳衣，荐其时食。宗庙之礼，所以序昭穆也；序爵，所以辨贵贱也；序事，所以辨贤也；旅酬下为上，所以逮贱也；燕毛，所以序齿也。践其位，行其礼，奏其乐，敬其所尊，爱其所亲，事死如事生，事亡如事存，孝之至也。郊社之礼，所以事上帝也。宗庙之礼，所以祀乎其先也。明乎郊社之礼、禘尝之义，治国其如示诸掌乎！"

哀公问政。子曰："文武之政，布在方策。其人存，则其政举；其人亡，则其政息。人道敏政，地道敏树。夫政也者，蒲卢也。故为政在人，取人以身，修身以道，修道以仁。仁者，人也，亲亲为大；义者，宜也，尊贤为大。亲亲之杀，尊贤之等，礼所生也。（在下位不获乎上，民不可得而治矣。）故君子不可以不修身。思修身，不可以不事亲；思事亲，不可以不知人；思知人，不可以不知天。"

"天下之达道五，所以行之者三。曰：君臣也，父子也，夫妇也，昆弟也，朋友之交也，五者天下之达道也。知，仁，勇，三者天下之达德也，所以行之者（一）也。或生而知之，或学而知之，或困而知之，及其知之一也。或安而行之，或利而行之，或勉强而行之，及其成功一也。"子曰："好学近乎知，力行近乎仁，知耻近乎勇。知斯三者，则知所以修身；知所以修身，则知所以治人；知所以治人，则知所以治天下国家矣。"

"凡为天下国家有九经，曰：修身也，尊贤也，亲亲也，敬大臣也，体群臣也，子庶民也，来百工也，柔远人也，怀诸侯也。修身则道立，尊贤则不惑，亲亲则诸父昆弟不怨，敬大臣则不眩，体群臣则士之报礼重，子庶民则百姓劝，来百工则财用足，柔远人则四方归之，怀诸侯则天下畏之。齐明盛服，非礼不动，所以修身也。去谗远色，贱货而贵德，所以劝贤也。尊其位，重其禄，同其好恶，所以劝亲亲也。官盛任使，所以劝大臣也。忠信重禄，所以劝士也。时使薄敛，所以劝百姓也。日省月试，既（廪）〔禀〕称事，所以劝百工也。送往迎来，嘉善而矜不能，所以柔远人也。继绝世，举废国，治乱持危，朝聘以时，厚往而薄来，所以怀诸侯也。凡为天下国家有九经，所以行之者一也。"

"凡事豫则立，不豫则废。言前定则不跲，事前定则不困，行前定则不疚，道前定则不穷。"

"在下位不获乎上，民不可得而治矣。获乎上有道：不信乎朋友，不获乎上矣。信乎朋友有道：不顺乎亲，不信乎朋友矣。顺乎亲有道：反诸身不诚，不顺乎亲矣；诚身有道：不明乎善，不诚乎身矣。诚者，天之道也；诚之者，人之道也。诚者不勉而中，不思而得，从容中道，圣人也。诚之者，择善而固执之者也。"

"博学之，审问之，慎思之，明辨之，笃行之。有弗学，学之弗能弗措也；有弗问，问之弗知弗措也；有弗思，思之弗得弗措也；有弗辨，辨之弗明弗措也。有弗行，行之弗笃弗措也。人一能之，己百之；人十能之，己千之。果能此道矣，虽愚必明，虽柔必强。"

"自诚明，谓之性；自明诚，谓之教。诚则明矣，明则诚矣。唯天下至诚，为能尽其性；能尽其性，则能尽人之性；能尽人之性，则能尽物之性；能尽物之性，则可以赞天地之化育；可以赞天地之化育，则可以与天地参矣。"

"其次致曲，曲能有诚，诚则形，形则著，著则明，明则动，动则变，变则化。唯天下至诚为能化。"

"至诚之道，可以前知。国家将兴，必有祯祥；国家将亡，必有妖孽。见乎蓍龟，动乎四体。祸福将至：善，必先知之；不善，必先知之。故至诚如神。"

"诚者自成也，而道自道也。诚者物之终始，不诚无物。是故君子诚之为贵。诚者，非自成己而已也，所以成物也。成己，仁也；成物，知也。性之德也，合外内之道也，故时措之宜也。

"故至诚无息。不息则久，久则（征）〔彻〕，（征）〔彻〕则悠远，悠远则博厚，博厚则高明。博厚，所以载物也；高明，所以覆物也；悠久，所以成物也。博厚配地，高明配天，悠久无疆。如此者，不见而章，不动而变，无为而成。天地之道，可一言而尽也：其为物不贰，则其生物不测。天地之道：博也，厚也，高也，明也，悠也，久也。"

"今夫天，斯昭昭之多，及其无穷也，日月星辰系焉，万物覆焉。今夫地，一撮土之多，及其广厚，载华岳而不重，振河海而不泄，万物载焉。今夫山，一卷石之多，及其广大，草木生之，禽兽居之，宝藏兴焉。今夫水，一勺之多，及其不测，鼋鼍蛟龙鱼鳖生焉，货财殖焉。《诗》曰：'维天之命，於穆不已！'盖曰天之所以为天也。'於乎不显，文王之德之纯！'盖曰文王之所以为文也，纯亦不已。"

"大哉圣人之道！洋洋乎！发育万物，峻极于天。优优大哉！礼仪三百，威仪三千，待其人然后行。故曰：苟不至德，至道不凝焉。故君子尊德性而道问学，致广大而尽精微，极高明而道中庸。温故而知新，敦厚以崇礼。是故居上不骄，为下不倍。国有道其言足以兴，国无道其默足以容。《诗》曰：'既明且哲，以保其身。'其此之谓与？"

子曰："愚而好自用，贱而好自专，生乎今之世，反古之道。如此者，灾及其身者也。"非天子，不议礼，不制度，不考文。今天下车同轨，书同文，行同伦。虽有其位，苟无其德，不敢作礼乐焉；虽有其德，苟无其位，亦不敢作礼乐焉。

子曰："吾说夏礼，杞不足征也；吾学殷礼，有宋存焉；吾学周礼，今用之，吾从周。"

"王天下有三重焉，其寡过矣乎！上焉者，虽善无征，无征不信，不信民弗从。下焉者，虽善不尊，不尊不信，不信民弗从。故君子之道，本诸身，征诸庶民，考诸三王而不缪，（建）〔达〕诸天地而不悖，质诸鬼神而无疑，百世以俟圣人而不惑。质诸鬼神而无疑，知天也；百世以俟圣人而不惑，知人也。是故君子动而世为天下道，行而世为天下法，言而世为天下则。远之则有望，近之则不厌。《诗》曰：'在彼无恶，在此无射。庶几夙夜，以永终誉。'君子未有不如此而蚤有誉于天下者也。"

仲尼祖述尧、舜，宪章文、武，上律天时，下袭水土。辟如天地之无不持载，无不覆帱，辟如四时之错行，如日月之代明。万物并育而不相害，道并行而不相悖。小德川流，大德敦化。此天地之所以为大也！

唯天下至圣，为能聪明睿知，足以有临也；宽裕温柔，足以有容也；发强刚毅，足以有执也；齐庄中正，足以有敬也；文理密察，足以有别也。溥博渊泉，而时出之。溥博如天，渊泉如渊。见而民莫不敬，言而民莫不信，行而民莫不说。是以声名洋溢乎中国，施及蛮貊。舟车所至，人力所通，天之所覆，地之所载，日月所照，霜露所队，凡有血气者，莫不尊亲，故曰配天。

唯天下至诚，为能经纶天下之大经，立天下之大本，知天地之化育。夫焉有所倚？

肫肫其仁！渊渊其渊！浩浩其天！苟不固聪明圣知达天德者，其孰能知之？

《诗》曰"衣锦尚絅"。恶其文之著也。故君子之道，暗然而日章；小人之道，的然而日亡。君子之道，淡而不厌，简而文，温而理，知远之近，知风之自，知微之显，可与人德矣。《诗》云："潜虽伏矣，亦孔之昭！"故君子内省不疚，无恶于志。君子之所不可及者，其唯人之所不见乎！《诗》云："相在尔室，尚不愧于屋漏。"故君子不动而敬，不言而信。《诗》曰："奏假无言，时靡有争。"是故君子不赏而民劝，不怒而民威于铁钺。《诗》曰："不显惟德，百辟其刑之。"是故君子笃恭而天下平。《诗》云："予怀明德，不大声以色。"子曰："声色之于以化民，末也。"《诗》曰"德辅如毛"。毛犹有伦。"上天之载，无声无臭"。至矣！

【译文】

人的自然禀赋叫做"性"，顺着本性行事叫做"道"，按照"道"的原则修养叫做"教"。

"道"是不可以片刻离开的，如果可以离开，那就不是"道"了。所以，品德高尚的人在没有人看见的地方也是谨慎的，在没有人听见的地方也是有所戒惧的。越是隐蔽的地方越是明显，越是细微的地方越是显著。所以，品德高尚的人在一人独处的时候也是谨慎的。喜怒哀乐没有表现出来的时候，叫做"中"；表现出来以后符合节度，叫做"和"。"中"，是人人都有的本性；"和"，是大家遵循的原则，达到"中和"的境界，天地便各在其位了，万物便生长繁育了。

仲尼说："君子中庸，小人违背中庸。君子之所以中庸，是因为君子随时做到适中，无过无不及；小人之所以违背中庸，是因为小人肆无忌惮，专走极端。"

孔子说："中庸大概是最高的德行了吧！大家缺乏它已经很久了！"

孔子说："中庸之道不能实行的原因，我知道了；聪明的人自以为是，认识过了头；愚蠢的人智力不及，不能理解它。中庸之道不能弘扬的原因，我知道了；贤能的人做得太过分；不贤的人根本做不到。就像人们每天都要吃喝，但却很少有人能够真正品尝滋味。"

孔子说："舜可真是具有大智慧的人啊！他喜欢向人问问题，又善于分析别人浅近话语里的含义。隐藏人家的坏处，宣扬人家的好处。过与不及两端的意见他都掌握，采纳适中的用于老百姓。这就是舜之所以为舜的地方吧！"

孔子说："人人都说自己聪明，可是被驱赶到罗网陷阱中去却不知躲避。人人都说自己聪明，可是选择了中庸之道却连一个月时间也不能坚持。"

孔子说："颜回就是这样一个人，他选择了中庸之道，得到了它的好处，就牢牢地把它放在心上，再也不让它失去。"

孔子说："天下国家可以治理，官爵俸禄可以放弃，雪白的刀刃可以践踏而过，中庸却不容易做到。"子路问什么是强。孔子说："南方的强呢？北方的强呢？还是你认为的强呢？用宽容柔和的精神去教育人，人家对我蛮横无礼也不报复，这是南方的强，

品德高尚的人具有这种强。用兵器甲盾当枕席，死而后已，这是北方的强，勇武好斗的人就具有这种强。所以，品德高尚的人和顺而不随波逐流，这才是真强啊！保持中立而不偏不倚，这才是真强啊！国家政治清平时不改变志向，这才是真强啊！国家政治黑暗时坚持操守，宁死不变，这才是真强啊！"

孔子说："寻找隐僻的歪歪道理，做些怪诞的事情来欺世盗名，后世也许会有人来记述他，为他立传，但我是绝不会这样做的。有些品德不错的人按照中庸之道去做，但是半途而废，不能坚持下去，而我是绝不会停止的。真正的君子遵循中庸之道，即使一生默默无闻不被人知道也不后悔。这只有圣人才能做得到。"

君子的道广大而又精微。普通男女虽然愚昧，也可以知道君子的道；但它的最高深境界，即便是圣人也有弄不清楚的地方，普通男女虽然不贤明，也可以实行君子的道，但，它的最高深境界，即便是圣人也有做不到的地方。大地如此之大，但人们仍有不满足的地方。所以，君子说到"大"，就大得连整个天下都载不下；君子说到"小"，就小得连一点儿也分不开。《诗经》说："鸢鸟飞向天空，鱼儿跳跃深水。"这是说上下分明。君子的道，开始于普通男女，但它的最高深境界却昭著于整个天地。

孔子说："道并不排斥人。如果有人实行道却排斥他人，那就不可以实行道了。"

"《诗经》说：'砍削斧柄，砍削斧柄，斧柄的式样就在眼前。'握着斧柄砍削斧柄，应该说不会有什么差异，但如果你斜眼一看，还是会发现差异很大。所以，君子总是根据不同人的情况采取不同的办法治理，只要他能改正错误实行道就行。"

"一个人做到忠恕，离道也就差不远了。什么叫忠恕呢？自己不愿意的事，也不要施加给别人。"

"君子的道有四项，我孔丘连其中的一项也没有能够做到：作为一个儿子应该对父亲做到的，我没有能够做到；作为一个臣民应该对君王做到的，我没有能够做到；作为一个弟弟应该对哥哥做到的，我没有能够做到；作为一个朋友应该先做到的，我没有能够做到。平常的德行努力实践，平常的言谈尽量谨慎。德行的实践有不足的地方，不敢不勉励自己努力；言谈却不敢放肆而无所顾忌。说话符合自己的行为，行为符合自己说过的话，这样的君子怎么会不忠厚诚实呢？"

君子安于现在所处的地位去做应做的事，不生非分之想。

处于富贵的地位，就做富贵人应做的事；处于贫贱的状况，就做贫贱人应做的事；处于边远地区，就做在边远地区应做的事；处于患难之中，就做在患难之中应做的事。君子无论处于什么情况下都是安然自得的。

处于上位，不欺侮在下位的人；处于下位，不攀援在上位的人。端正自己而不苛求别人，这样就不会有什么抱怨了。上不抱怨天，下不抱怨人。

所以，君子安居现状来等待天命，小人却铤而走险妄图获得非分的东西。孔子说："君子立身处世就像射箭一样，射不中，不怪靶子不正，只怪自己箭术不行。"

君子实行中庸之道，就像走远路一样，必定要从近处开始；就像登高山一样，必定要从低处起步。《诗经》说："妻子儿女感情和睦，就像弹琴鼓瑟一样。兄弟关系融洽，和顺又快乐。使你的家庭美满，保你的妻儿幸福。"孔子赞叹说："这样，父母也就称心如意了啊！"

孔子说："鬼神的德行可真是大得很啊！看它也看不见，听它也听不到，但它却体现在万物之中使人无法离开它。天下的人都斋戒净心，穿着庄重整齐的服装去祭祀它，无所不在啊！好像就在你的头上，好像就在你左右。《诗经》说：'神的降临，不可揣测，怎么能够怠慢不敬呢？从隐微到显著，真实的东西就是这样不可掩盖！"

孔子说："舜该是个最孝顺的人了吧？德行方面是圣人，地位上是尊贵的天子，财富拥有整个天下，宗庙里祭祀他，子子孙孙都保持他的功业。所以，有大德的人必定得到他应得的地位，必定得到他应得的财富，必定得到他应得的名声，必定得到他应得的长寿。所以，上天生养万物，必定根据它们的资质而厚待它们。能成材的得到培育，不能成材的就遭到淘汰。《诗经》说：'高尚优雅的君子，有光明美好的德行，让人民安居乐业，享受上天赐予的福禄。上天保佑他，任用他，给他以重大的使命。'所以，有大德的人必定会承受天命。"

鲁哀公询问政事。孔子说："周文王、周武王的政事都记载在典籍上。他们在世，这些政事就实施；他们去世，这些政事也就废弛了。治理人的途径是勤于政事；治理地的途径是多种树木。说起来，政事就像芦苇一样，完全取决于用什么人。要得到适用的人在于修养自己，修养自己在于遵循大道，遵循大道要从仁义做起。仁就是爱人，亲爱亲族是最大的仁。义就是事事做得适宜，尊重贤人是最大的义。至于说亲爱亲族要分亲疏，尊重贤人要有等级，这都是礼的要求。所以，君子不能不修养自己。要修养自己，不能不侍奉亲族；要侍奉亲族，不能不了解他人；要了解他人，不能不知道天理。"

天下人共有的伦常关系有五项，用来处理这五项伦常关系的德行有三种。君臣、父子、夫妇、兄弟、朋友之间的交往，这五项是天下人共有的伦常关系；智、仁、勇，这三种是用来处理这五项伦常关系的德行。至于这三种德行的实施，道理都是一样的。比如说，有的人生来就知道它们，有的人通过学习才知道它们，有的人要遇到困难后才知道它们，但只要他们最终都知道了，也就是一样的了。又比如说，有的人自觉自愿地去实行它们，有的人为了某种好处才去实行它们，有的人勉勉强强地去实行，但只要他们最终都实行起来了，也就是一样的了。孔子说："喜欢学习就接近了智，努力实行就接近了仁，知道羞耻就接近了勇。知道这三点，就知道怎样修养自己，知道怎样修养自己，就知道怎样管理他人，知道怎样管理他人，就知道怎样治理天下和国家了。"

治理天下和国家有九条原则。那就是：修养自身，尊崇贤人，亲爱亲族，敬重大臣，体恤群臣，爱民如子，招纳工匠，优待远客，安抚诸侯。修养自身就能确立正道；尊崇贤人就不会思想困惑；亲爱亲族就不会惹得叔伯兄弟怨恨；敬重大臣就不会遇事无措；体恤群臣，士人们就会竭力报效；爱民如子，老百姓就会忠心耿耿；招纳工匠，财物就会充足；优待远客，四方百姓就会归顺；安抚诸侯，天下的人都会敬畏了。像斋戒那样净心虔诚，穿着庄重整齐的服装，不符合礼仪的事坚决不做，这是为了修养自身；驱除小人，疏远女色，看轻财物而重视德行，这是为了尊崇贤人；提高亲族的地位，给他们以丰厚的俸禄，与他们爱憎相一致，这是为了亲爱亲族；让众多的官员供他们使用，这是为了敬重大臣；真心诚意地任用他们，并给他们以较多的俸禄，这是为了体恤群臣；使用民役不误农时，少收赋税，这是为了爱民如子；经常视察考核，按劳付酬，这是为了招纳工匠；来时欢迎，去时欢送，嘉奖有才能的人，救济有困难的人，这是为了优待远客；延续绝后的家族，复兴灭亡的国家，治理祸乱，扶持危难，按时接受朝见，赠送丰厚，纳贡菲薄，这是为了安抚诸侯。总而言之，治理天下和国家有九条原则，但实行这些原则的道理都是一样的。

任何事情，事先有预备就会成功，没有预备就会失败。说话先有预备，就不会中断；做事先有预备，就不会受挫；行为先有预备，就不会后悔；道路预先选定，就不会走投无路。

在下位的人，如果得不到在上位的人信任，就不可能治理好平民百姓。得到在上位的人信任有办法：得不到朋友的信任就得不到在上位的人信任；得到朋友的信任有办法：不孝顺父母就得不到朋友的信任；孝顺父母有办法：自己不真诚就不能孝顺父母；使自己真诚有办法：不明白什么是善就不能够使自己真诚。

真诚是上天的原则，追求真诚是做人的原则。天生真诚的人，不用勉强就能做到，不用思考就能拥有，自然而然地符合上天的原则，这样的人是圣人。努力做到真诚，就要选择美好的目标执著追求：广泛学习，详细询问，周密思考，明确辨别，切实实行。要么不学，学了没有学会绝不罢休；要么不问，问了没有懂得绝不罢休；要么不想，想了没有想通绝不罢休；要么不分辨，分辨了没有明确绝不罢休；要么不实行，实行了没有成效绝不罢休。别人用一分努力就能做到的，我用一百分的努力去做；别人用十分的努力做到的，我用一千分的努力去做。如果真能够做到这样，虽然愚笨也一定可以聪明起来，虽然柔弱也一定可以刚强起来。

由真诚而自然明白道理，这叫做天性；由明白道理后做到真诚，这叫做人为的教育。真诚也就会自然明白道理，明白道理后也就会做到真诚。

只有天下极端真诚的人能充分发挥他的本性；能充分发挥他的本性，就能充分发挥众人的本性；能充分发挥众人的本性，就能充分发挥万物的本性；能充分发挥万物的本性，就可以帮助天地培育生命；能帮助天地培育生命，就可以与天地并列为三了。

比圣人次一等的贤人致力于某一方面，致力于某一方面也能做到真诚。做到了真诚就会表现出来，表现出来就会逐渐显著，显著了就会发扬光大，发扬光大就会感动他人，感动他人就会引起转变，引起转变就能化育万物。只有天下最真诚的人能化育万物。

极端真诚可以预知未来的事。国家将要兴旺，必然有吉祥的征兆；国家将要衰亡，必然有不祥的反常现象。呈现在蓍草龟甲上，表现在手脚动作上。祸福将要来临时，是福可以预先知道；是祸也可以预先知道。所以极端真诚就像神灵一样微妙。

真诚是自我的完善，道是自我的引导。真诚是事物的发端和归宿，没有真诚就没有了事物。因此君子以真诚为贵。不过，真诚并不是自我完善就够了，而是还要完善事物。自我完善是仁，完善事物是智。仁和智是出于本性的德行，是融合自身与外物的准则，所以任何时候施行都是适宜的。

所以，极端真诚是没有止息的。没有止息就会保持长久。保持长久就会显露出来，显露出来就会悠远，悠远就会广博深厚，广博深厚就会高大光明。广博深厚的作用是承载万物；高大光明的作用是覆盖万物；悠远长久的作用是生成万物。广博深厚可以与地相比，高大光明可以与天相比，悠远长久则是永无止境。达到这样的境界，不显示也会明显，不活动也会改变，无所作为也会有所成就。

天地的法则，简直可以用一个"诚"字来囊括：诚本身专一不二，所以生育万物多得不可估量。大地的法则，就是广博、深厚、高大、光明、悠远、长久。今天我们所说的大，原本不过是由一点一点的光明聚积起来的，可等到它无边无际时，日月星辰都靠它维系，世界万物都靠它覆盖。今天我们所说的地，原本不过是由一撮土一撮土聚积起来的，可等到它广博深厚时，承载像华山那样的崇山峻岭也不觉得重，容纳那众多的江河湖海也不会泄漏，世界万物都由它承载了。今天我们所说的山，原本不过是由拳头大的石块聚积起来的，可等到它高大无比时，草木在上面生长，禽兽在上面居住，宝藏在上面储藏。今天我们所说的水，原本不过是一勺一勺聚积起来的，可等到它浩瀚无涯时，蛟龙鱼鳖等都在里面生长，珍珠珊瑚等值价的东西都在里面繁殖。《诗经》说："天命多么深远啊，永远无穷无尽！"这大概就是说的天之所以为天的原因吧。"多么显赫光明啊，文王的品德纯真无二！"这大概就是说的文王之所以被称为"文"王的原因吧，纯真也是没有止息的。

伟大啊，圣人的道浩瀚无边！生养万物，与天一样崇高；充足有余！礼仪三百条，威仪三千条，这些都有待于圣人来实行。所以说，如果没有极高的德行，就不能成功极高的道。因此，君子尊崇道德修养而追求知识学问，达到广博境界而又钻研精微之处，洞察一切而又奉行中庸之道；温习已有的知识从而获得新知识，诚心诚意地崇奉礼节。所以身居高位不骄傲，身居低位不自弃，国家政治清明时，他的言论足以振兴国家；国家政治黑暗时，他的沉默足以保全自己。《诗经》说："既明智又通达事理，可以保全自身。"大概就是说的这个意思吧！

孔子说："愚昧却喜欢自以为是，卑贱却喜欢独断专行；生于现在的时代却一心想回复到古时去。这样做，灾祸一定会降临到自己的身上。"

不是天子就不要议订礼仪，不要制订法度，不要考订文字规范。现在天下车子的轮距一致，文字的字体统一，伦理道德相同。虽有相应的地位，如果没有相应的德行，是不敢制作礼乐制度的；虽然有相应的德行，如果没有相应的地位，也是不敢制作礼乐制度的。

孔子说："我谈论夏朝的礼制，夏的后裔杞国已不足以验证它；我学习殷朝的礼制，殷的后裔宋国还残存着它。我学习周朝的礼制，现在还实行着它，所以我遵从周礼。"

　　治理天下能够做好议订礼仪，制订法度，考订文字规范这三件重要的事，也就没有什么大的过失了吧！在上位的人，虽然行为很好，但如果没有验证的话，就不能使人信服，不能使人信服，老百姓就不会听从。在下位的人，虽然行为很好，但由于没有尊贵的地位，也不能使人信服，不能使人信服，老百姓就不会听从。

　　所以君子治理天下应该以自身的德行为根本，并从老百姓那里得到验证。考查夏、商、周三代先王的做法而没有背谬，立于天地之间而没有悖乱，质询于鬼神而没有疑问，百世以后待到圣人出现也没有什么不理解的地方。质询于鬼神而没有疑问，这是知道天理；百世以后待到圣人出现也没有什么不理解的地方，这是知道人意。所以君子的举止能世世代代成为天下的先导，行为能世世代代成为天下的法度，语言能世世代代成为天下准则。在远处有威望，在近处也不使人厌恶。

　　《诗经》说："在那里没有人憎恶，在这里没有人厌烦，日日夜夜操劳啊，为了保持美好的名望。"君子没有不这样做而能够早早在天下获得名望的。

　　孔子继承尧舜，以文王、武王为典范，上遵循天时，下符合地理。就像天地那样没有什么不承载，没有什么不覆盖；又好像四季的交错运行，日月的交替光明。万物一起生长而互不妨害，道路向时并行而互不冲突。小的德行如河水一样长流不息，大的德行使万物敦厚纯朴。这就是天地的伟大之处啊！

　　《诗经》说："身穿锦绣衣服，外面罩件套衫。"这是为了避免锦衣花纹大显露，所以，君子的道深藏不露而日益彰明；个人的道显露无遗而日益消亡。君子的道，平淡而有意味，简略而有文采。温和而有条理，由近知远，由风知源，由微知显，这样，就可以进入道德的境界了。

　　《诗经》说："潜藏虽然很深，但也会很明显的。"所以君子自我反省没有愧疚，没有恶念头存于心志之中。君子的德行之所以高于一般人，大概就是在这些不被人看见的地方吧！

　　《诗经》说："看你独自在室内的时候，是不是能无愧于神明。"所以，君子就是在没做什么事的时候也是恭敬的，就是在没有对人说什么的时候也是信实的。

　　《诗经》说："进奉诚心，感通神灵。肃穆无言，没有争执。"所以，君子不用赏赐，老百姓也会互相劝勉；不用发怒，老百姓也会很畏惧。

　　《诗经》说："弘扬那德行啊，诸侯们都来效法。"所以，君子笃实恭敬就能使天下太平。

　　《诗经》说："我怀有光明的品德，不用厉声厉色。"孔子说："用厉声厉色去教育老百姓，是最拙劣的行为。"

　　《诗经》说："德行轻如毫毛。"轻如毫毛还是有物可比拟。"上天所承载的，既没有声音也没有气味。"这才是最高的境界啊！

表记第三十二

【原文】

　　子言之："归乎！君子隐而显，不矜而庄，不厉而威，不言而信。"
　　子曰："君子不失足于人，不失色于人，不失口于人。是故君子貌足畏也，色足惮也，言足信也。《甫刑》曰：'敬忌而罔有择言在躬。'"
　　子曰："裼、袭之不相因也，欲民之毋相渎也。"
　　子曰："祭极敬，不继之以乐。朝极辨，不继之以倦。"
　　子曰："君子慎以辟祸，笃以不掩，恭以远耻。"
　　子曰："君子庄敬日强。安肆日偷。君子不以一日使其躬儳焉，如不终日。"
　　子曰："齐戒以事鬼神，择日月以见君，恐民之不敬也。"
　　子曰："狎侮，死焉，而不畏也。"
　　子曰："无辞不相接也，无礼不相见也，欲民之毋相亵也。《易》曰：'初筮告，再三渎，渎则不告。'"
　　子言之："仁者天下之表也，义者天下之制也，报者天下之利也。"
　　子曰："以德报德，则民有所劝。以怨报怨，则民有所惩。《诗》曰：'无言不雠，无德不报。'《大甲》曰：'民非后，无能胥以宁。后非民，无以辟四方。'"子曰："以德报怨，则宽身之民也；以怨报德，则刑戮之民也。"
　　子曰："无欲而好仁者，无畏而恶不仁者，天下一人而已矣。是故君子议道自己，而置法以民。"
　　子曰："仁有三，与仁同功而异情。与仁同功，其仁未可知也。与仁同过，然后其仁可知也。仁者安仁，知者利仁，畏罪者强仁。仁者右也。道者左也。仁者人也，道者义也。厚于仁者薄于义，亲而不尊；厚于义者薄于仁，尊而不亲。道有至，义有考。至道以王，义道以霸，考道以为无失。"
　　子言之："仁有数，义有长短小大。中心憯怛，爱人之仁也。率法而强之，资仁者也。《诗》云：'丰水有芑，武王岂不仕。诒厥孙谋，以燕翼子。武王烝哉！'数世之（人）〔仁〕也。《国风》曰：'我今不阅，皇恤我后。'终身之仁也。"
　　子曰："仁之为器重，其为道远，举者莫能胜也，行者莫能致也。取数多者，仁也。夫勉于仁者，不亦难乎！是故君子以义度人，则难为人；以人望人，则贤者可知已矣。"
　　子曰："中心安仁者，天下一人而已矣。《大雅》曰：'德輶如毛，民鲜克举之。我仪图之。惟仲山甫举之，爱莫助之。'《小雅》曰：'高山仰止，景行行止。'"子曰：

"《诗》之好仁如此。乡道而行,中道而废,忘身之老也,不知年数之不足也;俛焉日有孳孳,毙而后已。"

子曰:"仁之难成久矣!人人失其所好。故仁者之过易辞也。"子曰:"恭近礼,俭近仁,信近情,敬让以行。此虽有过,其不甚矣。夫恭寡过,情可信,俭易容也,以此失之者,不亦鲜乎!《诗》(曰)〔云〕:'温温恭人,惟德之基。'"子曰:"仁之难成久矣,唯君子能之。是故君子不以其所能者病人,不以人之所不能者愧人。是故圣人之制行也,不制以己,使民有所劝勉愧耻,以行其言。礼以节之,信以结之,容貌以文之,衣服以移之,朋友以极之,欲民之有壹也。《小雅》曰:'不愧于人,不畏于天。'是故君子服其服,则文以君子之容;有其容,则文以君子之辞;遂其辞,则实以君子之德。是故君子耻服其服而无其容,耻有其容而无其辞,耻有其辞而无其德,耻有其德而无其行。是故君子衰绖则有哀色,端冕则有敬色,甲胄则有不可辱之色。《诗》云:'惟鹈在梁,不濡其翼。彼记之子,不称其服。'"

子言之:"君子之所谓义者,贵贱皆有事于天下。天子亲耕,粢盛秬鬯,以事上帝,故诸侯勤以辅事于天子。"子曰:"下之事上也,虽有庇民之大德,不敢有君民之心,仁之厚也。是故君子恭俭以求役仁,信让以求役礼;不自尚其事,不自尊其身;俭于位而寡于欲,让于贤;卑己而尊人,小心而畏义,求以事君;得之自是,不得自是,以听天命。《诗》云:'莫莫葛藟,施于条枚。凯弟君子,求福不回。'其舜、禹、文王、周公之谓与!有君民之大德,有事君之小心。《诗》云:'惟此文王,小心翼翼。昭事上帝,聿怀多福。厥德不回,以受方国。'"

子曰:"先王谥以尊名,节以壹惠,耻名之浮于行也。是故君子不自大其事,不自尚其功,以求处情;过行弗率,以求处厚;彰人之善而美人之功,以求下贤。是故君子虽自卑而民敬尊之。"子曰:"后稷,天下之为烈也,岂一手一足哉?唯欲行之浮于名也,故自谓便人。"

子言之:"君子之所谓仁者,其难乎!《诗》云:'凯弟君子,民之父母。'凯以强教之,弟以说安之。乐而毋荒,有礼而亲,威庄而安,孝慈而敬,使民有父之尊,有母之亲,如此而后可以为民父母矣,非至德其孰能如此乎?今父之亲子也,亲贤而下无能;母之亲子也,贤则亲之,无能则怜之。母亲而不尊,父尊而不亲。水之于民也,亲而不尊,火尊而不亲。土之于民也,亲而不尊;天尊而不亲。命之于民也,亲而不尊;鬼尊而不亲。"

子曰:"夏道尊命,事鬼敬神而远之,近人而忠焉,先禄而后威,先赏而后罚,亲而不尊;其民之敝,蠢而愚,乔而野,朴而不文。殷人尊神,率民以事神,先鬼而后礼,先罚而后赏,尊而不亲;其民之敝,荡而不静,胜而无耻。周人尊礼尚施,事鬼敬神而远之,近人而忠焉,其赏罚用爵列,亲而不尊;其民之敝,利而巧,文而不惭,贼而蔽。"子曰:"夏道未渎辞,不求备,不大望于民,民未厌其亲。殷人未渎礼,而求备于民。周人强民,未渎神,而赏爵刑罚穷矣。"子曰:"虞夏之道,寡怨于民。殷周之道,不胜其敝。"子曰:"虞夏之质,殷周之文,至矣!虞夏之文,不胜其质;殷周之质，不胜其文。"

子言之曰："后世虽有作者，虞帝弗可及也已矣。君天下，生无私，死不厚其子；子民如父母，有憯怛之爱，有忠利之教；亲而尊，安而敬，威而爱，富而有礼，惠而能散；其君子尊仁畏义，耻费轻实，忠而不犯，义而顺，文而静，宽而有辨。《甫刑》曰：'德威惟威，德明惟明。'非虞帝其孰能如此乎？"

子言之："事君先资其言，拜自献其身，以成其信。是故君有责于其臣，臣有死于其言，故其受禄不诬，其受罪益寡。"

子曰："事君，大言入则望大利，小言入则望小利，故君子不以小言受大禄，不以大言受小禄。《易》曰：'不家食，吉。'"

子曰："事君不下达，不尚辞，非其人弗自。《小雅》曰：'靖共尔位，正直是与。神之听之，式榖以女。'"

子曰："事君远而谏，则谄也；近而不谏，则尸利也。"子曰："迩臣守和，宰正百官，大臣虑四方。"子曰："事君欲谏不欲陈。《诗》云：'心乎爱矣，瑕不谓矣。中心藏之，何日忘之！'"

子曰："事君，难进而易退，则位有序；易进而难退，则乱也。故君子三揖而进，一辞而退，以远乱也。"子曰："事君三违而不出竟，则利禄也。人虽曰不要，吾弗信也。"子曰："事君慎始而敬终。"子曰："事君可贵可贱，可富可贫，可生可杀，而不可使为乱。"

子曰："事君，军旅不辟难，朝廷不辞贱。处其位而不履其事，则乱也。故君使其臣，得志则慎虑而从之，否则孰虑而从之。终事而退，臣之厚也。《易》曰：'不事王侯，高尚其事。'"

子曰："唯天子受命于天，士受命于君。故君命顺，则臣有顺命；君命逆，则臣有逆命。《诗》曰：'鹊之姜姜，鹑之贲贲。人之无良，我以为君。'"

子曰："君子不以辞尽人，故天下有道，则行有枝叶；天下无道，则辞有枝叶。是故君子于有丧者之侧，不能赙焉，则不问其所费；于有病者之侧，不能馈焉，则不问其所欲；有客不能馆，则不问其所舍。故君子之接如水，小人之接如醴；君子淡以成，小人甘以坏。《小雅》曰：'盗言孔甘，乱是用餤。'"

子曰："君子不以口誉人，则民作忠。故君子问人之寒则衣之，问人之饥则食之，称人之美则爵之。《国风》曰：'心之忧矣，于我归说。'"子曰："口惠而实不至，怨菑及其身。是故君子与其有诺责也，宁有已怨。《国风》曰：'言笑晏晏，信誓旦旦。不思其反。反是不思，亦已焉哉！'"

子曰："君子不以色亲人。情疏而貌亲，在小人则穿窬之盗也与？"子曰："情欲信，辞欲巧。"

子言之："昔三代明王，皆事天地之神明，无非卜筮之用，不敢以其私亵事上帝，是故不犯日月，不违卜筮。卜、筮不相袭也。大事有时日；小事无时日，有筮。外事用刚日，内事用柔日。不违龟筮。"子曰："牲牷、礼乐、齐盛，是以无害乎鬼神，无

怨乎百姓。"

子曰："后稷之祀易富也，其辞恭，其欲俭，其禄及子孙。《诗》曰：'后稷兆祀，庶无罪悔，以迄于今。'"

子曰："大人之器威敬。天子无筮。诸侯有守筮。天子道以筮。诸侯非其国，不以筮；卜宅寝室。天子不卜处大庙。"子曰："君子敬则用祭器，是以不废日月，不违龟筮，以敬事其君长。是以上不渎于民，下不亵于上。"

【译文】

孔子说："回去吧！一个德行高尚的人即使隐身山野，他的名声也会远扬的；不必故作矜持之态，而神色却自然庄重；不必声色严厉，而威仪却自然使人敬畏；不必多说话，却自然会得到别人的信任。"孔子说："德行高尚的君子，对人的一举一动没有不得体的地方，对人的一颦一笑没有不合适的地方，对人的一言一语也没有失礼的地方。所以君子的仪容足以使人敬畏，颜色足以使人惊惧，言语足以取得别人的信任。《甫刑》说：'外表恭敬，内心戒惧，要使别人在自己身上找不到一点可以挑剔的话。'"孔子说："在行礼中，有时以露出裼衣为敬，有时以掩着上衣不露裼衣为敬，不能照样做，这样是为了使人民不彼此亵渎。"孔子说："祭祀要尽量表达敬意，虽有宴飨，但不能以欢乐为终止，而失去敬意；朝廷上的事一定要尽力处理好，虽然烦劳，但不能因疲倦而最后草草了事。"

孔子说："德行高尚的人用行为谨慎来避免祸患，用修养笃厚来解除困迫，用恭敬待人来避免耻辱。"孔子说："君子总是庄重恭敬，所以意志一天比一天强；小人总是安乐淫逸，所以才一天比一天苟且萎靡。君子绝不会使自己的身心有一天无所检束，如同小人那样好像担心无法过完一天的样子。"孔子说："斋戒然后奉祀鬼神，挑选日子去朝见君主，这样做，是因为担心人民失去恭敬之心。"孔子说："在上位的人如果轻狎侮慢而失去庄重恭敬之心，那么即使用'死'来威胁下民，下民也不会因此而畏惧的。"孔子说："朝聘聚会的时候，如果没有用言辞来互通情意，就不能互相交接；如果没有用见面礼来表达自己的真诚的感情，就不能相见。这样做，就是要使人民不要相互亵渎。《易》上说：'第一次筮占，是示凶吉的，但第二次问、第三次问，就变成亵渎了。既然亵渎了，就不再示吉凶了。'"

孔子说："仁是天下共同的仪表；义是评定天下事物的准则；互相报答，使人乐善去恶，所以是天下的大利。"孔子说："用恩惠来报答别人给自己的恩惠，这样人民就会有所劝勉而友好相待；用怨恨来回报别人对自己的怨恨，这样人民就会有所警戒而不敢对别人不好了。《诗》说：'别人跟我说话，我一定会回答；别人对我有恩惠，我一定会报答。'《大甲》上说：'人民如果没有君主，就不能得到安宁；君主如果没有人民，也不能统治四方。'"孔子说："用恩惠来报答别人对自己的怨恨，那是求苟安的人；用怨恨来报答别人给自己的恩惠，那一定是应该绳之以法的人。"

孔子说："自身没有任何私欲，而天性好仁的，以及自身无所畏惧，而天性厌恶不仁的，在人世间只有极少数这类的人。所以明达事理的君子在议论事理时，一定是从自身出发，尽自己能做到的说；在制定法律时，一定是依据人民的实际情况来制定的。"孔子说："仁的行为有三种情况，它们在仁的效果上虽然是一样的，但出发点却不同。能够造成与仁的同样的效果，这样在效果方面就看不出他们本人的修养程度；但从他们与仁的利害关系来看，就可以知道他们修养到了哪种程度。第一种是真正仁爱的人，他们的天性就是泛爱众人；第二种是有智慧的人，他们知道行仁可以得到实际利益；第三种是害怕犯罪受刑罚的人，他们只是勉强去行仁。仁就像人的右手，道就像人的左手。仁是以人的爱的天性为出发点的，而道却是以人们必须遵循的法则为出发点的。如果过分地偏重于仁，那么义就会做得不够，这样一来人们就会愿意亲近他，但却不太尊敬他；如果过分地偏重于义，那么仁就会做得不够，这样一来人们对他就会敬而远之。道有最高的道，有合于法则的道，有择取旧法而成的道。推行最高的道，就可以成就王业；推行合于法则的道，就可以称霸诸侯；至于推行择取旧法而成的道，那就只能避免过失罢了。"

　　孔子说："仁有几种，有大小之分；义也有几种，有长短之别。一个人如果遇到不幸的事情，就会从内心发出忧伤悲痛的感情，这就是真正的爱人的仁；依据法律勉强行仁，这不是真正的仁，而是借助仁来达到自己的目的。《诗》说：'丰水边有杞树，周武王又怎能不惦念天下事？留下安民的好谋略给子孙，使他们得享安乐。周武王真是英明伟大啊！'这就是嘉惠流及几代的仁。《国风》说：'我现在尚且担心不能自容，哪里还有功夫顾及到后代呢？'这就是随着自身死亡而结束的仁。"

　　孔子说："仁就像一件很重的器物，如果道路很远，那么没有谁能举着它，也没有谁能走完这段路，也只能从程度的比较上，以多的算作仁了。像这样勉力去实行仁，不是也很困难吗？所以君子如果用先王的成法来衡量一个人，那么做人就很难达到标准了；如果用今天一般人的标准来要求别人，那么就可以知道谁是贤人了。"孔子说："天性爱行仁道的人是非常少的。《大雅》说：'道德就像羽毛一样轻，但却很少有人能举起它。仔细揣摩一下，只有仲山甫能举起它，许多人虽然有心，却无力帮助它。'《小雅》说：'高山是大家所仰望的，大路是众人所共行的。'"孔子说："作诗者的爱好仁道到了这样的地步，朝着大道前进，一直到不能再继续前进，才停止；忘了自己已经衰老，也不计较自己剩下的日子不多了，仍然毫不懈怠，勉力向前，死而后已。"

　　孔子说："行仁道的难以成功，这已有很长久的时间了！因为人们已经失去了爱慕仁道的心，所以仁者如有些过失，也就很容易解脱了。"孔子说："恭敬很接近于礼，节俭很接近于仁，信实很接近于人情。做人如果能恭敬谦让，那么虽然有过错，也不会是大错。为人恭敬能少犯过错，近于人情就让人信赖，日用节俭就很容易被容纳。由于这样做而犯错误的人，不也是很少见的吗？《诗》说：'恭敬谦让的人，才是道德的基石。'"

　　孔子说："仁道的难以成功，已经有很长时间了，只有德行高尚的君子才能成功。所以君子不会用只有自己做得到的事去责备别人，也不会用别人做不到的事去讥笑别人。所以圣人规范别人的行为，不是用自己的行为做标准，而是使人民互相勉励，使人民有羞耻心，从而按照圣人所说的去做；用礼来节制他们，用诚心来团结他们，用庄敬的仪容来修饰他们，用合乎礼的服饰来影响他们，用朋友的情义来勉励他们，这样做就是想让他们一心向善。《小雅》说：'难道在别人面前不觉得惭愧？难道就不怕上天报应？'所以君子穿上他们的衣服，还要用君子的仪容来修饰；有了君子的仪容，还要用君子的言辞来文饰；言辞高雅了，还要用君子的道德来充实自己。所以君子常以光有君子的服饰而没有君子的仪容为可耻，以光有君子的仪容而没有君子高雅的辞令为可耻，以光有君子的辞令而没有君子的美德为可耻，以光有君子的道德而没有君子高尚的行为为可耻。所以君子穿了丧服，脸上就会有悲哀的表情；穿了朝服，脸上就会有恭敬的表情；穿上军服，脸上就会有威武不可侵犯的表情。《诗》说：'鹈鹕在鱼梁上捉鱼，还不曾沾湿翅膀；那些没有德行的小人，真不配穿他那一身好衣裳！'"

孔子说："君子所说的义，就是无论尊贵的人或卑贱的人，在人世上都要认真地做各人的事。譬如天子那么尊贵，还要举行亲耕的仪式，用黍稷和香酒奉侍上天，所以诸侯也要勤勉地辅佐天子。"

孔子说："在下位的事奉在上位的，是理所当然的事，然而在上位的虽有庇护人民的大德，也不敢有统治人民的心理，这才是仁爱深厚的表现。所以君子恭敬节俭，希望能实现仁道；信实谦让，希望能合于礼义，不夸耀自己的事，不抬高自己的地位，安于职位，不放纵欲望，要谦恭让贤，贬抑自己而推崇别人，小心从事而谨慎得当；希望能用这样的态度事奉君主，得意时是这样，不得意时也是这样，一由天命的安排。《诗》说：'茂密的葛藤，蔓延缠绕在树的枝干上；快乐和易的君子，修德求福，不行邪道。'这正是在说舜、禹、文王、周公啊！因为他们都有治理人民的大德，又有事奉君主的谨慎小心。《诗》又说：'周文王恭敬小心，明白应该怎样事奉上天，得到了许多福佑。他德行高尚，不走邪道，因此得到天下诸侯的拥戴。'"孔子说："先王给死去的人加一个谥号，这样做是为了尊崇那个人的名声；定谥号时，只是节取那个人的一种美行作代表，这是因为不愿意让一个人的名声超过他的行为。所以君子不夸耀自己做的事，不推崇自己的功绩，目的是求实在；即使有了超常的行为，也不要求别人把自己作为楷模而跟着做，目的是使自己保持敦厚的本性；表彰别人的优点而赞美别人的功劳，目的是对贤能的人表示敬意。所以君子虽然自己贬抑自己，但人民却反而尊敬他。"孔子说："后稷建立的是天下的宏业，因而受益的难道只是一两个人吗？但他为了使自己的行动超过名声，所以说自己只是一个懂得种庄稼的人。"

孔子说："德行高尚的君子所说的仁，大概是很难做到的吧！《诗》说：'快乐和易的君子，好比人民的父母。'凯，就是用自强不息的精神教育人民；弟，就是用欢悦的情绪安定人民。人民快乐而不荒废事业，有礼节而彼此亲近，威严庄重而安好，孝顺慈爱而恭敬。使人民像尊敬父亲一样尊敬自己，像亲近母亲一样亲近自己。像这样，然后就可以做人民的父母了。如果不是有极高尚的品德，又有谁能够这样呢？现在做父亲的爱儿子，是见儿子贤能就爱，不能干就鄙视；做母亲的爱儿子，是见儿子贤能就爱，不能干就怜爱。所以母亲容易亲近但没有尊严，父亲有尊严但却难于亲近。水对人来说，可亲近而无尊严；而火是有尊严而不能亲近；地对人来说，可亲近而无尊严，而天却是有尊严而无法接近；君主的政令对人民来说，感到亲近而没有尊严，鬼神却是有尊严而无法亲近的。"

孔子说："夏代治国是重视政教，虽然敬奉鬼神，但却不把这作为政教的内容；忠于国事而通达人情。首先是发给俸禄，其次才是施予威严；首先是赏赐，其次才是刑罚，所以他们的治国方针使人觉得亲近，但却缺少尊严。一到政教衰败的时候，人民就变得鲁钝而愚笨，骄横而放肆，粗鄙而没有修养。殷代的人尊崇鬼神，国君率领人民奉事鬼神，推重鬼神而轻视礼教，重视刑罚而轻视赏赐，所以他们的治国措施是有尊严而不可亲近，一到政教衰微的时候，人民就变得放荡而不守本分，只知道争胜免罚而不知羞耻。周代的人推崇礼法，广施恩惠，敬事鬼神，但不把这作为教化的内容；忠于国事而通达人情；赏赐或刑罚的轻重，以爵位的高低作等级，所以他们的政令使人觉得亲近，但缺少尊严。一到政教衰落的时候，人就变得贪利取巧，善于文饰而不知羞耻，相互残害和欺蒙。"

孔子说："夏代政令较简单，对人民要求不多，赋税也较轻，所以人民还没厌弃对亲人的感情。殷代的礼节简约，但却对人民要求过多。周代的人勉强人民去奉行政教，虽然没有崇尚鬼神，但赏赐进爵及刑罚却已极其烦多了。"孔子说："虞、夏的政治质朴单纯，所以人民很少有怨恨的情绪。而殷、周的政治，却繁杂到无法收拾的地步了。"孔子说："虞、夏的质朴，殷周的文饰，都达到了极点。虞、夏虽也有文饰，但远远不如质朴多；殷、周虽也有质朴，但远远不如文饰多。"孔子说："后代虽有明王出世，但再也赶不上虞舜了。他治理天下，活着的时候没有一点私心，死后也不特别优待自己的儿子；对待人民就像父母对待儿子一样，既有发自内心的慈爱，也有确实对人民有好处的教化；使人感到亲近而又不失尊严，使人感到安乐而又不失恭敬，既有威严而又感到慈爱，虽富有天下，却对下有礼貌，既能广施恩惠而又没有丝毫偏颇。他的臣下都尊崇仁而谨守义，以浪费为可耻，但并不计较财利，忠心耿耿而又不冒犯上司，循礼而顺从，文雅而持重，宽容而有分寸。《甫刑》上说：'舜德的威严使得人人都敬畏，舜德的明察善恶受到大家的尊敬。'如果不是虞舜，又有谁能做到这样？"

孔子说："事奉君主的人，应该先考虑好治国的大计，然后拜见君主，亲自阐述自己的想法，以便实现这一计划。所以君主可以责成臣下，而臣下也应该鞠躬尽瘁以实现自己提出的治国大计。所以事奉君主的人接受多少俸禄，就应该担当多大责任，这样失职的事也就很少了。"孔子说："事奉君主的人，有大的建议被采纳了，就希望得到君主大的赏赐；有小的建议被采纳了，就希望得到小的赏赐，所以，君子不会因小的建议被采纳而接受大的赏赐，也不会因大的建议被采纳而只接受小的赏赐。《易》上说：'君主家中有大积蓄，不是只跟家人享用，而应分给贤人同享，这样才能得到吉利。'"

孔子说："事奉君主的人不应向君主陈述自己的私事以图私利；也不要尽说漂亮

话；如果不是德行高尚的正直君子，就不要和他亲近交往。《小雅》说：'认真做好你的本职工作，和那些正直贤能的人亲近交往。神明能知道这些，一定会赐你福禄。'"

孔子说："事奉君主，如果越级献议，就有谄媚贵人的嫌疑；但是，如果在上司左右供职，有事而不劝谏，那就是白受俸禄不干事，像祭祀中的'尸'一样，徒有虚名了。"

孔子说："君主身边的近臣，应当调和君主德行，总理大臣整治百官；各部大臣就要谋划四方的事务。"孔子说："事奉君主，如果君主有过失，就应该劝谏而不应当宣扬他的过失。《诗》说：'我在心里爱着他，为什么总不告诉他呢？这种感情深深地埋藏在我心底，哪有一天能忘记？'"

孔子说："从政的人，遇到升官，不急急乎上任，遇到被辞退，却很快就离开了。这样职位的升降，就有秩序了。如果只图升官，不愿辞退下来，那么贤能的人和无能的人就无法分辨了。所以君子做客，三揖然后进门，而告辞一次就要离去，这样做就是要避免造成混乱。"孔子说："从政的人，如果三次与君主意见不合，都没有离开国境，那就是贪图俸禄了；即使别人说他不是有非分的企求，但我却不能相信。"孔子说："从政的人，一开始就要谨慎尽忠，一直恭敬勤勉地做到底。"孔子说："从政的人，无论使他地位尊显或卑贱，还是使他富足或贫乏，甚至可以赦免他的死罪或杀死他，他都可以接受，但却不能使他做不合理义的事。"

孔子说："事奉君主的人，在军队中不应该躲避危险的任务，在朝廷上不应该推辞低贱的工作。因为如果占据那个职位而不履行它的职责，那就会造成混乱。所以君派臣下担负某种使命，如果称心，就要仔细地谋划好，然后接受下来努力地去执行；如果不称心，就要详细地加以考虑，安排妥当，然后接受下来认真地去做，完成使命以后就引退，这是做臣子的应有的忠厚的品德。《易》上说：'并不是侍候王公诸侯，而是尊崇自己的事业。'"孔子说："只有天子是由上天任命的，而臣下都是由天子任命的，所以如果君主顺应天命，那么臣子也会顺应天命；如果君主违背天命，那么臣子就会跟着违背天命。《诗》说：'大鹑拼命地在上面争斗，小鹑也死命地在下面争斗。人们这样你争我夺，都是因为我们立了个不好的人做君主。'"

孔子说："君子是不会只根据一个人漂亮的言辞就断定他是一个尽善尽美的人。所以当社会风气淳美的时候，人们做的就比说的多；当社会风气浮华的时候，人们说的就比做的多。所以君子和那些有丧事的人在一起，如果不能资助他，就不要问他要用多少丧葬费；和那些有病的人在一起，如果无力馈赠他，就不要问他需要什么东西；有远方的客人来访，如果没有地方给他住，就不要问他住在什么地方。所以君子之间的交往就像水一样淡薄；小人之间的交情却像甜酒那样浓厚。君子之间的交情虽然很淡薄，但却能相辅相承；小人之间的交情，虽然很浓厚，但时间长了就会败坏。《小雅》说：'坏话虽然很动听，但祸乱却因此就来了。'"

孔子说："君子是不用空话来讨好别人的，这样做就会在人民中间形成一种忠实的风气。所以君子询问别人是否感觉到冷，同时就会送衣服给他穿；询问别人是否感觉到饥饿，同时就会送食物给他吃；赞誉某人品行高尚，同时就会任用他。《国风》说：

'我心里是多么忧虑啊，还是和我一起到那些忠信的君子那里去吧！'"孔子说："答应给人家的好处，却不兑现，这样做怨恨和灾难就一定会降到你身上。所以君子不轻易地答应别人的要求，宁愿受到别人的埋怨。《国风》说：'想当初你有说有笑，而且还赌咒发誓，忠实恳切，谁料到你却反复无常；既然你违背誓言，那就从此算了吧！'"孔子说："君子不会装模作样讨好别人。如果感情疏远却装作亲密的样子，这就小人来说，不就是钻墙洞的小偷了吗？"孔子说："感情要真实，言辞要和婉美巧。"

孔子说："以前夏、殷、周三代的圣明天子都事奉天地神明，一切事情都由卜筮决定，不敢以私意亵渎上帝。所以不冲犯不吉利的日子，不违背卜筮的旨意。用卜就不再用筮，二者不相重复。大的祭祀要在规定的日子和时刻；小的祭祀就没有规定的时间了，只用筮。外事要用刚日，内事要用柔日。这些都不能违背龟筮的指示。"孔子说："祭牲、各种礼仪、乐舞以及黍稷等祭品，这些都适合于鬼神，鬼神降福，所以百姓也无怨。"

孔子说："祭祀后稷是很容易置办完备的。因为他言辞恭敬，欲望简单，而且他的福禄都施及子孙了。《诗》说：'自从后稷开始祭祀，幸蒙神灵保佑，没有什么灾祸和缺憾，直到现在还是这样。'"孔子说："居高位的人用龟筮都是很恭敬的。天子用卜不用筮，诸侯在国居守，有事才用筮。天子出行，在路上用筮，而诸侯不在自己的封国内不用筮。改换居室寝宫要用卜。天子出巡，住在诸侯的太庙里就不必再用卜了。"孔子说："君子为了表示恭敬，在朝聘及款待宾客时就用祭祀的器皿。所以臣下都按着规定来卜筮谒见君长的日子，绝对不违背龟筮的指示，恭敬地事奉他们的君长。所以在上位的人对人民有尊严，在下位的人也不敢对上有所怠慢。"

缁衣第三十三

【原文】

子言之曰："为上易事也，为下易知也，则刑不烦矣。"

子曰："好贤如《缁衣》，恶恶如《巷伯》，则爵不渎而民作愿，刑不试而民咸服。"《大雅》曰："仪刑文王，万国作孚。"

子曰："夫民，教之以德，齐之以礼，则民有格心；教之以政，齐之以刑，则民有遁心。故君民者，子以爱之，则民亲之；信以结之，则民不倍；恭以莅之，则民有孙心。《甫刑》曰：'苗民匪用命，制以刑，惟作五虐之刑曰法。'是以民有恶德，而遂绝其世也。"

子曰："下之事上也，不从其所令，从其所行。上好是物，下必有甚者矣。故上之所好恶，不可不慎也，是民之表也。"

子曰："禹立三年，百姓以仁遂焉，岂必尽仁？《诗》云：'赫赫师尹，民具尔瞻。'《甫刑》曰：'一人有庆，兆民赖之。'《大雅》曰：'成王之孚，下土之式。'"

子曰："上好仁，则下之为仁争先人。故长民者章志、贞教、尊仁，以子爱百姓，民致行己以说其上矣。《诗》云：'有梏德行，四国顺之。'"

子曰："王言如丝，其出如纶；王言如纶，其出如綍。故大人不倡游言。可言也，不可行，君子弗言也；可行也，不可言，君子弗行也。则民言不危行，而行不危言矣。《诗》云：'淑慎尔止，不愆于仪。'"

子曰："君子道人以言，而禁人以行。故言必虑其所终，而行必稽其所敝，则民谨于言而慎于行。《诗》云：'慎尔出话，敬尔威仪。'《大雅》曰：'穆穆文王，於缉熙敬止。'"

子曰："长民者，衣服不贰，从容有常，以齐其民，则民德壹。《诗》云：'彼都人士，狐裘黄黄，其容不改，出言有章；行归于周，万民所望。'"

子曰："为上可望而知也，为下可述而志也，则君不疑于其臣，而臣不惑于其君矣。《尹吉》曰：'惟尹躬及汤，咸有壹德。'《诗》云：'淑人君子，其仪不忒。'"

子曰："有国者，章善瘅恶，以示民厚，则民情不贰。《诗》云：'靖共尔位，好是正直。'"

子曰："上人疑则百姓惑，下难知则君长劳。故君民者章好以示民俗，慎恶以御民之淫，则民不惑矣。臣仪行，不重辞，不援其所不及，不烦其所不知，则君不劳矣。《诗》云：'上帝板板，下民卒瘅。'《小雅》曰：'匪其止共，惟王之邛。'"

子曰："政之不行也，教之不成也，爵禄不足劝也，刑罚不足耻也。故上不可以亵刑而轻爵。《康诰》曰：'敬明乃罚。'《甫刑》曰：'播刑之不迪。'"

子曰："大臣不亲，百姓不宁，则忠敬不足，而富贵已过也。大臣不治，而迩臣比矣。故大臣不可不敬也，是民之表也；迩臣不可不慎也，是民之道也。君毋以小谋大，毋以远言近，毋以内图外，则大臣不怨，迩臣不疾，而远臣不蔽矣。叶公之顾命曰：'毋以小谋败大作，毋以嬖御人疾庄后，毋以嬖御士疾庄士——大夫、卿、士。'"

子曰："大人不亲其所贤，而信其所贱，民是以亲失，而教是以烦。《诗》云：'彼求我则，如不我得。执我仇仇，亦不我力。'《君陈》曰：'未见圣，若己弗克见；既见圣，亦不克由圣。'"

子曰："小人溺于水，君子溺于口，大人溺于民，皆在其所亵也。夫水近于人而溺人，德易狎而难亲也，易以溺人。口费而烦，易出难悔，易以溺人。夫民闭于人而有鄙心，可敬不可慢，易以溺人。故君子不可以不慎也。《太甲》曰：'毋越厥命以自覆也。''若虞机张，往省括于厥度则释。'《兑命》曰：'惟口起羞，惟甲胄起兵，惟衣裳在笥，惟干戈省厥躬。'《太甲》曰：'天作孽，可违也；自作孽，不可以逭。'《尹吉》曰：'惟尹躬天见于西邑夏，自周有终，相亦惟终。'"

子曰："民以君为心，君以民为体。心庄则体舒，心肃则容敬。心好之，身必安之；君好之，民必欲之。心以体全，亦以体伤；君以民存，亦以民亡。《诗》云：'昔吾有先正，其言明且清，国家以宁，都邑以成，庶民以生。''谁能秉国成，不自为正，卒劳百姓。'《君雅》曰：'夏日暑雨，小民惟曰怨；资冬祁寒，小民亦惟曰怨。'"

子曰："下之事上也，身不正，言不信，则义不壹，行无类也。"

子曰："言有物而行有格也，是以生则不可夺志，死则不可夺名。故君子多闻，质而守之；多志，质而亲之；精知，略而行之。《君陈》曰：'出入自尔师虞，庶言同。'《诗》云：'淑人君子，其仪一也。'"

子曰："唯君子能好其正，小人毒其正。故君子之朋友有乡，其恶有方；是故迩者不惑，而远者不疑也。《诗》云：'君子好仇。'"

子曰："轻绝贫贱，而重绝富贵，则好贤不坚而恶恶不著也。人虽曰不利，吾不信也。《诗》云：'朋友攸摄，摄以威仪。'"

子曰："私惠不归德，君子不自留焉。《诗》云：'人之好我，示我周行。'"

子曰："苟有车，必见其轼；苟有衣，必见其敝；人苟或言之，必闻其声；苟或行之，必见其成。《葛覃》曰：'服之无射。'"

子曰："言从而行之，则言不可饰也；行从而言之，则行不可饰也。故君子寡言，而行以成其信，则民不得大其美而小其恶。《诗》云：'白圭之玷，尚可磨也；斯言之玷，不可为也。'《小雅》曰：'允也君子，展也大成。'《君奭》曰：'昔在，上帝，周田观文王之德，其集大命于厥躬。'"

子曰："南人有言曰：'人而无恒，不可以为卜筮。'古之遗言与？龟筮犹不能知也，而况于人乎？《诗》云：'我龟既厌，不我告犹。'《兑命》曰：'爵无及恶德，民立而正事。纯而祭祀，是为不敬；事烦则乱，事神则难。'《易》曰：'不恒其德，或承之羞。''恒其德，侦，妇人吉，夫子凶。'"

【译文】

孔子说："如果做君主的不苛虐，臣子事奉君主就很容易；如果做臣子的无奸诈之心，君主就很容易了解臣子的实情；这样一来刑罚就不必过于苛烦了。"孔子说："如果能像《缁衣》里所说的那样喜欢贤能的人，像《巷伯》里所说的那样厌憎奸佞的人，那么君主决不会把官爵随便赏赐人，而人民也会形成忠厚纯朴的风气；不必动用刑罚，而人人也都会恭顺服从政教了。《大雅》说：'周君效法周文王，人民也就会谨厚信实。'"

孔子说："对人民来说，如果用道德来教化他们，用礼仪来约束他们，那么人民才会有向善的愿望；如果用政令来教导他们，用刑罚来制约他们，那么人民就会有逃避刑罚的念头。所以统治人民的人，如果能像对待儿女那样来爱护他们，那么人民才会亲近他；如果能用诚实的态度来结纳他们，那么人民就不会背叛他；如果能恭恭敬敬地对待人民，那么人民才会有恭顺的心理。《甫刑》上说：'苗人不肯听命，要用刑罚来制裁他们，于是制定了五种酷刑而称作"法"，因此有人由于品行低劣，终于绝了后嗣。'"

孔子说:"臣下事奉君主,并不是服从他的命令,而是看他的举动如何,然后跟着去做。君主爱好某种东西,臣下就一定会比他更甚。所以君主的爱憎,不能不十分谨慎,因为他是人民的表率。"孔子说:"禹登位才三年,老百姓就在仁的修养方面有所成就,难道他们的本性必定都是十分爱好仁的吗?《诗》说:'位高望重的尹太师啊,人民都在注视着您呢!'《甫刑》上说:'如果天子有善行,那么天下万民就会因此而得到好处。'《大雅》说:'周成王诚信笃厚,是天下人的楷模。'"孔子说:"如果在上位的人爱好仁,那么在下位的人就会争着去行仁,生怕落在别人后面。所以作为人民的尊长就应该表明自己行仁的志向,用正道教化人民,尊崇仁道,像爱护儿女那样去爱护百姓,人民就会去努力修养品行,以求得到尊长的欢心了。《诗》说:'如果君主有正直高尚的德行,那么天下的人民就会顺服他。'"

孔子说:"君王所说的本来只有丝那样细小,可是传到臣民的耳中,却变成带子那样粗大;如果君王所说的真有带子那样粗大,那么传到臣民耳中,就会变成引棺的绳索那样粗大了。所以执政的人不应提倡说空话。说得出而做不到的话,君子不说;做得到而不可告人的事,君子也不做。如果能够做到这样,那么人民就不会说的话与做的事相违背,也不会做的事与说的话相违背了。《诗》说:'好好谨慎行动,不违背礼仪。'"

孔子说:"君子用善言教导人们,使他们忠信;用美行禁约人们,使他们做的和说的一致。所以执政的人说话一定要考虑它的后果,而行动必须了解它的缺点。这样,人民就会说话谨慎,行事小心了。《诗》说:'你说话开口要谨慎,举止仪表要端正。'《大雅》说:'端庄恭敬的周文王啊,品行高尚又恭谨。'"孔子说:"作为人民的尊长,服饰要有固定的样式,举止仪表要有一定的规矩,以此来约束人民的行为,这样人民的道德才会有统一的准则。《诗》说:'那西都时代的人士,个个都在狐皮袍上罩黄衫,他们的举止仪容有规矩,说话文雅有章法,行为以忠信为本,因而受到万民的敬仰。'"

孔子说:"居上位的人光明磊落,使人一见就知道他的心思;处下位的人坦诚勤谨,可以依据他的行为使人人了解。这样君主就不会怀疑他的臣下,而臣下也不会不了解他的君主了。尹诰说:'只有我自己和汤,都有纯一的道德。'《诗》说:'善人君子的举止仪容,始终如一不走样。'"孔子说:"拥有国家的君主,表彰善良而憎恨邪恶,以此让人民知道自己治国理民的深意,这样人民就会立志向善,而不会有二心。《诗》说:'安安恭敬地做好本职工作,亲近正直贤良的人。'"

孔子说:"在上位的人是非不明,老百姓就会不知所从;在下位的人虚伪奸诈,君主尊长就会格外辛劳。所以统治人民的人,应该表明自己的爱好,以此引导人民的风俗;谨慎地表明自己的厌恶,以此控制人民的贪佚,这样人民就不会不知所从了。臣下按照义的要求事奉君主,不尚空谈,不要求君主做力所不及的事,也不烦扰他所不能知的事,这样君主就不会辛劳了。《诗》说:'如果君主反复无常,人民就都要遭殃。'《小雅》说:'臣子不行礼教,这是君主的后患。'"

孔子说:"政令之所以不能推行,教化之所以不能成功,是因为爵禄的赏赐太滥,不足以鼓励人们立功，刑罚的施行不公平，不足以使人感到羞耻。所以居上位的人不可滥用刑罚，也不可将爵禄随意赏赐人。《康诰》上说：'施用刑罚一定要谨慎公平。'《甫刑》也说：'施用刑罚，一定要公平合理。'"

孔子说："大臣不亲近君主，老百姓得不到安宁，那么就会臣不忠君，君不敬臣，而富贵却已远远超过他们应得的程度。这样一来，大臣不愿为君主治理事务，而近臣就会趁机结成私党了。所以对大臣不能不恭敬，因为他们是人民的表率；对近臣不能不谨慎防范，因为他们是人民奔走的门径。君主不能和小臣商议大臣的事，不能和远臣谈论近臣的事，也不能与内臣图谋外臣的事；能做到这样，那么大臣就不会有怨望，而近臣就不会产生妒忌，远臣也不会被人阻隔壅蔽了。祭公的临终遗嘱说：'不要因小臣的计谋而破坏了大臣的行动，不要因为宠爱的姬妾而厌弃庄重守礼的王后，也不要因为宠爱的臣子而排斥庄重得礼的忠臣。'"

孔子说："执政的人不亲近贤人，而信用卑鄙的小人；那么人民就会因此去亲近失德的人，而教化便紊乱。《诗》说：'当初君主求我从政时，唯恐得不到我；等得到我以后，却又把我晾在一边，不肯重用我。'《君陈》上说：'当人们没有见到圣道时，好像自己不可能见到；等他见到了圣道，却仍然不能照圣道行事。'"

孔子说："小人由于爱玩水常常被水淹死；君子由于喜欢议论，常常以此招致怨恨；执政的人则常常被人民所陷溺。这些都是太接近而失去戒心。水与人是那样亲近，却常常淹死人；有德的人容易接近，却很难亲近，因此也就容易陷溺于难以亲近的境地；人们喜欢说空话而且唠唠叨叨，可是话容易出口，却难以追回，所以也就容易陷溺于招祸的境地；一般的百姓不通情理，却存有卑贱的心理，要对他们恭敬而不可怠慢随便，因为很容易陷溺于怨叛的困境。所以，君子对这些不能不特别谨慎。《太甲》说：'不要轻易发布命令，使自己倾败；治理人民，应该审慎。就像打猎的人，先要张开弓弦，扣住扳机，等瞄准了目标才发射。'《说命》说：'嘴巴会招来羞辱，甲胄会引来战祸。好比衣服应收藏在箱子里，而不能随便送人；要严于反省，才能动用干戈。'《太甲》说：'上天降给我们的灾难，还是可以躲避的；自己惹来的灾难，却逃避不了。'《尹诰》说：'我伊尹的先祖曾看到夏代西邑的情况，夏代的君主用忠信治民而享有天命，辅助君主的臣子也都有善终。'"

孔子说："人民把君主当做心脏，君主把人民当做身体；心胸宽大就会身体安舒，内心严肃就会容止恭敬。内心有所爱好，身体一定会去适应；君主所爱好的，人民也一定想做到。心脏要靠身体来保护才不会受损害，但也会因身体不健康而受到损伤；君主因为有了人民才得以存在，但也会因为人民的叛离而灭亡。《诗》说：'从前我们有先贤，他讲的话通达事理而且公正严明。国家安宁，城市繁荣，人民也都安居乐业。但在今天又有哪一个人能主持国家的事情而取得成功呢？他们自己不走正道，最终只是使老百姓更加劳苦罢了。'《君牙》上说：'夏天炎热而多雨，小民只顾抱怨老天；而到了冬天酷寒，小民又埋怨不止。'"

孔子说："臣下事奉君主，如果自身不正，说话不守信用，那么道义不能齐一，人们的行为也就无法比较了。"孔子说:"说话要用事实检验,行为要合法则;所以活着的时候有坚定不移的志向,死了以后也不至于被剥夺美名。因此,君子要博闻,搞清楚了,就坚守不移。见识要多,要搞清楚,然后亲自实践。学问要精深,但只运用其主要的。《君陈》上说:'出纳政教,都应该采纳众人的意见,要使大家的意见一致。'《诗》说:'善人君子的仪容行为,始终是一致的。'"

孔子说:"只有德行高尚的君子能爱好正直的德性,品行低劣的小人最厌恶正直的德性。所以君子有志同道合的朋友,也有共同的好恶。因此,接近他们的人不会感到疑惑,远离他们的人也没有什么怀疑。《诗》说:'君子喜欢德行相同的朋友。'"孔子说:"随便地与贫贱而贤能的朋友绝交,而慎重地与富贵而邪恶的朋友绝交,这就是好贤的心不坚定,而嫉恶的行为不显明。虽然有人说这种人不是为了个人的利益,但我却不相信。《诗》说:'朋友之间的关系,是靠言行威仪来维系的。'"

孔子说:"私自把恩惠施给别人,而不合于道德的,君子是一定不会接受的。《诗》说:'爱我的人,应该指示我大道啊!'"孔子说:"人们如果有了车子,就一定可以看到车前的轼;如果是衣服,就一定可以看到衣袖;人在讲话,一定会听到声音;如果真在做事,就一定会看到成果。《葛覃》说:'旧衣裳穿不厌。'"

孔子说:"依照所说的去做,那么所说的话就无法掩饰;照着所做的去说,那么所做的事也无法掩饰。所以君子不必多讲话,而只是用行动来证实他的信实,这样人民就不能随意地夸大他的优点,而掩饰他的缺点了。《诗》说:'白玉上面有污点,还可以琢磨干净;但说出的话有了毛病,可就再也无法挽回了。'《小雅》说:'信实的君子,真诚而有大成就。'《君奭》上说:'以前上天慎重地奖励文王的德行,才将伟大的使命降在他身上。'"

孔子说:"南方人有句话说:'人如果三心二意,就不能替他卜筮。'这大概是古人留下的一句谚语吧!这种人的吉凶连龟筮都不知道,何况是凡人呢?《诗》说:'连我的灵龟都厌烦了,再也不肯把吉凶的道理告诉我了。'《说命》说:'爵禄不要赏赐给德性不好的人;如果赐爵与人,立他为卿大夫,就一定要选那些有恒心而行正道的人。不断地祭祀求神,是最大的不恭敬;事情烦杂了,就扰乱了典礼,事奉鬼神也就难以得福了。'《易》说:'如果不使德性有恒,就会受到羞辱。'又说:'依恒常之道行事,女子贞卜,则吉,男子贞卜,则凶。'"

奔丧第三十四

【原文】

奔丧之礼:

始闻亲丧，以哭答使者，尽哀；问故，又哭尽哀。

遂行，日行百里，不以夜行；唯父母之丧，见星而行，见星而舍。若未得行，则成服而后行。

过国至竟哭，尽哀而止。哭辟市朝。望其国竟哭。

至于家，入门左，升自西阶，殡东；西面坐，哭尽哀，括髪袒；降堂东，即位，西乡哭，成踊；袭绖于序东，绞带；反位，拜宾成踊；送宾，反位。有宾后至者，则拜之成踊，送宾皆如初。众主人兄弟皆出门，出门哭止，阖门，相者告就次。于又哭，括髪袒成踊。于三哭，犹括髪袒成踊。三日成服，拜宾、送宾皆如初。

奔丧者非主人，则主人为之拜宾、送宾。奔丧者自齐衰以下，入门左，中庭北面，哭尽哀；免麻于序东，即位袒，与主人哭成踊。于又哭、三哭，皆免袒。有宾，则主人拜宾、送宾。丈夫妇人之待之也，皆如朝夕哭，位无变也。

奔母之丧，西面哭，尽哀，括髪袒；降堂东，即位，西乡哭，成踊；袭免绖于序东。拜宾、送宾皆如奔父之礼。于又哭不括髪。

妇人奔丧，升自东阶，殡东；西面坐，哭尽哀；东髽，即位，与主人拾踊。

奔丧者不及殡，先之墓；北面坐，哭尽哀。主人之待之也，即位于墓左，妇人墓右。成踊尽哀，括髪；东即主人位，绖绞带，哭成踊；拜宾，反位成踊。相者告事毕。遂冠，归入门左；北面哭尽哀，括髪袒，成踊；东即位，拜宾成踊。宾出，主人拜送。有宾后至者，则拜之成踊，送宾如初。众主人兄弟皆出门，出门哭止，相者告就次。于又哭，括髪成踊。于三哭，犹括髪成踊。三日成服。于五哭，相者告事毕。

为母所以异于父者，壹括髪，其馀免以终事，他如奔父之礼。

齐衰以下，不及殡，先之墓，西面哭尽哀。免麻于东方，即位，与主人哭成踊，袭。有宾，则主人拜宾、送宾。宾有后至者，拜之如初。相者告事毕。遂冠，归入门左；北面哭尽哀，免袒成踊；东即位，拜宾成踊。宾出，主人拜送。于又哭，免袒成踊。于三哭，犹免袒成踊。三日成服。于五哭，相者告事毕。

闻丧不得奔丧，哭尽哀；问故，又哭尽哀。乃为位，括髪袒，成踊；袭，绖绞带，即位；拜宾，反位成踊。宾出，主人拜送于门外，反位。若有宾后至者，拜之成踊，送宾如初。于又哭，括髪袒，成踊。于三哭，犹括髪袒，成踊。三日成服。于五哭，拜宾、送宾如初。

若除丧而后归，则之墓，哭成踊；东括髪袒，绖；拜宾成踊，送宾；反位，又哭尽哀，遂除。于家不哭。主人之待之也，无变于服，与之哭，不踊。

自齐衰以下，所以异者，免麻。

凡为位：非亲丧，齐衰以下皆即位哭尽哀，而东免绖即位，袒成踊；袭，拜宾反位，哭成踊；送宾反位，相者告就次。三日五哭卒，主人出送宾。众主人兄弟皆出门，哭止。相者告事毕。成服拜宾。若所为位家远，则成服而往。

齐衰，望乡而哭。大功，望门而哭。小功，至门而哭。缌麻，即位而哭。

哭父之党于庙，母妻之党于寝，师于庙门外，朋友于寝门外，所识于野张帷。凡

为位不奠。

哭天子九，诸侯七，卿大夫五，士三。

大夫哭诸侯，不敢拜宾。诸臣在他国，为位而哭，不敢拜宾。与诸侯为兄弟，亦为位而哭。凡为位者壹袒。

所识者吊，先哭于家而后之墓，皆为之成踊，从主人北面而踊。

凡丧：父在，父为主；父没，兄弟同居，各主其丧。亲同，长者主之；不同，亲者主之。

闻远兄弟之丧，既除丧而后闻丧，免袒成踊，拜宾则尚左手。

无服而为位者，唯嫂叔及妇人降而无服者，麻。

凡奔丧，有大夫至，袒，拜之，成踊而后袭；于士，袭而后拜之。

【译文】

　　从外地赶回去办丧事的礼节是：一听到亲人的死讯时，就用哭声来回答报丧人，尽情哭泣；然后才询问亲人死亡的原因，听完报丧人的叙述后，又尽情哭泣。于是上路返家，每天赶一百里路，但不在夜里赶路。只有为父母奔丧的人，才能在早晨星星未隐没时上路，到黄昏星星出现时歇宿。如果听到讣告后不能立即出发，那就要把丧服准备齐全后穿着它上路。奔丧的人每过一国，到了国境上都要哭泣，哭泣必尽哀而止。在路上哭泣，要避开集市和诸侯的朝廷。在望见亲人所在国的国境时就要连续哭泣，一直到家。

　　到了家门口，从大门的左边进门，从西阶登堂，走到殡东，面向西跪坐下来，尽情哭泣，哭时要去掉头饰用麻扎住头发，袒露左臂。然后下堂，走到庭东自己该站的位置上，脸向西再哭，边哭边踩脚。哭完后到东序东穿好衣服，戴上麻首绖，系上苴麻腰带，再回到原来的位置，拜谢宾客且哭泣踩脚，然后送宾到门口，又回到原位。如果有迟来吊丧的宾客，也要拜谢，哭泣踩脚，送宾，都和前面所做的一样。送走宾客之后，庶兄弟以及堂兄弟都离开殡宫，走到大门外就停止哭泣，关上大门，赞礼就告诉大家该到守丧棚里去了。奔丧的人，在第二天哭殡时，还是括发袒露左臂哭泣踩脚，第三天哭殡时仍是如此。到第四天穿上孝服后，拜谢和送别来宾时，还都和以前一样。如果奔丧的人不是丧主，那么就由丧主替他拜宾和送宾。

　　奔丧的人如果是服齐衰以下丧服的亲属，也是从大门的左边进去，站在庭中间，脸向北，尽情哭泣，然后到东序东去掉冠戴，用麻布扎住头发，系上麻腰带，再站到自己应站的位置上袒露左臂，与丧主人一起哭泣踩脚。在第二天和第三天哭殡时，都要免，袒露左臂。如果有吊丧的宾客，就由主人替他拜宾、送宾。主人主妇在接待回来奔丧的人时，都是站在朝夕哭的位置，不要改变。

　　为母奔丧，跪坐在殡东，脸向西尽情哭泣，哭时除冠用麻扎住头发，袒露左臂。然后下堂，走到庭中东面即位，面向西哭泣踩脚，再到东序东去穿上衣服，用麻布扎住头发，系上腰带。拜宾送宾都和奔父丧的礼节一样，但从第二天哭殡起就不用麻扎头发。

妇人奔丧，从东阶升堂，跪坐在殡东，面向西，尽情哭泣。然后在东序去纚，用麻布扎发，再走到自己的哭位上，与主人轮流痛哭踊脚。

为父亲奔丧的人如果没能在死者葬前赶到家，就要先到墓上去，面朝北跪坐，尽情哀哭。在家中主办丧事的人接待奔丧者时，在墓左就位，妇人在墓右就位，哭泣踊脚，尽哀而止。奔丧者用麻束发后，才到东边就主人位，再戴上首绖，系上苴麻腰带，又哭泣踊脚。哭后拜谢宾客，拜完后回到原来位置哭泣踊脚，这时赞礼告知在墓上的礼节完毕。于是，奔丧者戴上冠回家，从大门的左半边进去，面朝北痛哭，尽哀而止，用麻束发，袒露左臂，踊脚痛哭后到东阶下就位，拜谢宾客后再哭踊。宾客出门时，主人拜送。如有迟来的宾客，主人拜谢哭泣踊脚，宾客离开时的拜送和前面一样。庶兄弟和堂兄弟都走出门，出门后就停止哭泣，赞礼告知主人该到倚庐里去了。在第二天早上哭泣时，仍须用麻束发、哭泣踊脚；第三天早上哭泣时，还是用麻束发，哭泣踊脚；第三天就穿上全套丧服。第五天早哭泣后，赞相丧礼的人宣布在灵堂的礼节完毕。为母亲奔丧和为父亲奔丧不同的地方是：只在刚到家哭泣时括发一次，其余哭泣时都用麻布束发，直到结束。其他的礼节都和为父奔丧相同。

为齐衰以下的亲属奔丧，如果没能在入葬前赶到家，也要先到墓上去，面向西痛哭尽哀，在墓东除冠，袒露左臂，用布条束发，衣上加麻绖，然后即位，和主人一起哭泣踊脚，然后穿上衣服。如果有宾客来吊，由主人拜宾、送宾。要是有迟来的宾客，拜宾送宾的仪节与前面一样。赞相丧礼的人宣布在墓上的礼节结束。于是奔丧者戴上冠回家，从大门左半边入门，站在庭中面向北痛哭尽哀，再用布条束发，袒露左臂，哭泣踊脚，走到东面就位，向宾客拜谢。宾客离开时，由主人拜送。第二天早上哭泣时，用布条束发，袒露左臂哭泣踊脚，第三天早上哭泣时也是一样。第四天穿上全套丧服，第五天早上哭泣后，赞相丧礼的人宣布奔丧的礼节结束。

听到父母的死讯而不能奔丧，所用的礼节是：一听到死讯就痛哭，尽哀而止；然后问朋死亡缘由，再痛哭尽哀。于是在庭院中排列和灵堂相同的哭位，主人去冠用麻束发，袒露左臂哭泣踊脚，再穿上衣服，戴上首绖，系上用麻拧成的腰带，走上哭位。拜宾时不在哭位上，拜后返回哭位哭泣踊脚。宾客离开时，主人在大门外拜送，然后回到哭位。如果有迟来的宾客，主人也先下拜再哭泣踊脚，宾出时，也在大门外拜送。第二天哭泣时，主人用麻束发，袒露左臂哭泣踊脚，第三天哭泣时也是如此。第四天穿上全套丧服，第五天哭泣时，拜宾、送宾和以前一样。

如果奔丧的人在家人已除丧后才归来，那就要到墓地去哀哭踊脚，在墓东即位，用麻束发，袒露左臂，戴上麻绖，再拜宾哭泣踊脚。送走宾客后，又返回原位，痛哭尽哀，然后除去丧服。到家中就不再哭泣。原先在家主持丧事的人在接待归来奔丧者时，不须改变他本来穿的服装，和奔丧者一起哭泣，但不踊脚。齐衰以下的亲属在除丧后回来奔丧的礼节，和上面说的不同的地方是：只要用布条束发，并且在衣上加麻绖。

凡是在外面按亲疏关系排定哭位的，必须不是父母的丧事，而是齐衰以下亲属的丧事，遇到这些丧事，都要站到哭位上。听到死讯后先痛哭，尽哀而止，然后到东序去用布条束发，戴上绖带，再走上哭位，袒露左臂哭泣踊脚，然后穿上衣服，接着向宾客拜谢，回到哭位上，哭泣踊脚。送走宾客之后，仍要站到哭位上，这时赞礼的人告知当进入守丧的庐舍。从听到死讯的那天起算，三天之内哭五次，就不再哭了，主人出门送宾客，庶子和堂兄弟们都跟着出门，出门后就停止哭泣，赞礼的人告知仪节已完毕。第四天穿上丧服后仍要拜宾送宾。如果排列哭位的地方离家很远，那就可以在成服之后再去报丧。

为齐衰关系的亲人奔丧，在望见家乡后开始哭泣；为大功关系的亲人奔丧，在望见家门后开始哭泣；为小功关系的亲人奔丧，在跨进家门时开始哭泣；为缌麻关系的亲人奔丧，站到哭位上才开始哭泣。同姓而无丧服关系的人死了，就到祖庙里为他哭一次；母亲或妻子的族人死了，就在寝室里为他哭一次；老师死了，就在庙门外为他哭一次；朋友死了，就在寝室门外为他哭一次；有过交往而又通过姓名的人死了，就在郊外张设帷帐，在里面为他哭一次。

凡是在外地按亲疏排列哭位而哭泣时，都不设奠。不奔丧而在外边哭泣的次数是：为天子哭九次，为诸侯哭七次，为卿、大夫哭五次，为士哭三次。大夫在别国为自己过去的君主哭泣时，不能自以为主人而拜宾、送客。做臣子的出使在别国，为自己的君主哭泣时，也不能以主人自居拜宾、送宾。诸侯的兄弟居住在外国，为诸侯也是按亲疏排列哭位哭泣。凡是在外国依亲疏排列哭位哭泣的人，只要袒露左臂一次。只是一般交往的人吊丧，先到丧家去哭，然后到墓地，无论在丧家还是在墓地哭泣，都要踊脚，其方式是跟在主人后面，面向北踊脚。

凡有丧事，父亲在世就由父亲主持，如果父已死亡，兄弟都住在一起的，就各自为自己的子孙主持丧事。如果大家与死者的亲属关系都相同，就由年龄最大的人主持丧事；如果关系不同，就由关系最亲密的人主持。听到远房兄弟的死讯，但却在除丧之后才听到的，虽然也用麻布束发，袒露左臂哭泣踊脚，但拜宾时要把左手包在右手外边。不需穿丧服但仍站在按亲疏排定的位置上哭泣的，只有嫂叔之间，以及本来有服而因出嫁降为无服的族姑姊妹们，她们都要在吊服上加麻绖。凡是奔丧者到家正在行礼的时候，有大夫来吊丧，主人就袒露左臂向大夫下拜，踊脚哭泣后再穿上衣服。如果是士来吊丧，主人要穿上衣服再下拜。

问丧第三十五

【原文】

亲始死，（鸡斯）〔笄纚〕徒跣，扱上衽，交手哭。恻怛之心，痛疾之意，伤肾、干肝、焦肺，水浆不入口。三日不举火，故邻里为之糜粥以饮食之。夫悲哀在中，故形变于外也；痛疾在心，故口不甘味、身不安美也。

三日而敛，在床曰尸，在棺曰柩。动尸举柩，哭踊无数。恻怛之心，痛疾之意，悲哀志懑气盛，故袒而踊之，所以动体安心下气也。妇人不宜袒，故发胸、击心、爵踊，殷殷田田，如坏墙然，悲哀痛疾之至也！故曰：辟踊哭泣，哀以送之，送形而往，迎精而反也。

其往送也，望望然，汲汲然，如有追而弗及也。其反哭也，皇皇然，若有求而弗得也。故其往送也如慕，其反也如疑。求而无所得之也，入门而弗见也，上堂又弗见也，入室又弗见也，亡矣，丧矣，不可复见已矣！故哭泣辟踊，尽哀而止矣。心怅焉怆焉，惚焉忾焉，心绝志悲而已矣！祭之宗庙，以鬼飨之，侥幸复反也。成圹而归，不敢入处室，居于倚庐，哀亲之在外也；寝苫枕块，哀亲之在土也。故哭泣无时，服勤三年，思慕之心，孝子之志也，人情之实也。

或问曰："死三日而后敛者，何也？"曰：孝子亲死，悲哀志懑，故匍匐而哭之，若将复生然，安可得夺而敛之也？故曰：三日而后敛者，以俟其生。三日而不生，亦不生矣，孝子之心亦益衰矣；家室之计，衣服之具，亦可以成矣；亲戚之远者亦可以至矣。是故圣人为之断决，以三日为之礼制也。

或问曰："冠者不肉袒，何也？"曰：冠，至尊也，不居肉袒之体也，故为之免以代之也。然则秃者不免，伛者不袒，跛者不踊，非不悲也；身有锢疾，不可以备礼也。故曰：丧礼唯哀为主矣。女子哭泣悲哀，击胸伤心；男子哭泣悲哀，稽颡触地无容：哀之至也！

或问曰："免者以何为也？"曰：不冠者之所服也。《礼》曰："童子不缌，唯当室缌。"缌者其免也，当室则免而杖矣。

或问曰："杖者何也？"曰：竹、桐，一也。故为父苴杖，苴杖，竹也；为母削杖，削杖，桐也。

或问曰："杖者以何为也？"曰：孝子丧亲，哭泣无数，服勤三年，身病体羸，以杖扶病也。则父在不敢杖矣，尊者在故也；堂上不杖，辟尊者之处也。堂上不趋，示不遽也。此孝子之志也，人情之实也，礼义之经也；非从天降也，非从地出也，人情而已矣！

【译文】

在父亲或母亲刚去世的时候，孝子要除掉冠饰，只留发笄和包髻的网巾，赤着脚，把深衣前襟的下摆反系在腰里，两手交叉拊心而哭。悲惨的心情，伤痛的意念，伤及肾脏、摧裂肝脏、灼焦心肺，三天一点汤水也喝不下。家中不生火做饭，所以邻居煮点稀粥给他吃。心中有悲哀，脸容形体都变得枯槁憔悴；心中有伤痛，嘴里吃饭没滋味，身上穿戴也不自在。

死后三天大殓，死人在床上叫尸，放入棺材后就叫柩，只要是移动了尸或柩，孝

子就要哭泣跺脚，没有次数规定，尽哀而止。悲切的心情，痛苦的意念，使得心中烦闷，血气郁积，所以就脱衣露臂，跺脚踊跳，用这种方式来活动肢体，安定心情。清除郁积之气。妇女不适合袒衣露体，所以就敞开衣领，以手捶胸，双脚跺地，乒乒乓乓，就像筑墙一样，悲伤哀痛到极点了。所以说：捶胸跺脚，痛哭流涕，是用以送死者。送走死者形骸，迎回他的灵魂。

在送葬的时候，孝子看着前面，显出急促的表情，就像在追赶死去的亲人而又追不上的样子；葬毕归来的时候，显出惶恐不安的表情，就像寻找亲人而又找不到的样子。所以送葬时就像小孩慕念父母那样急切，葬后回来就像拿不定主意那样疑惑不安。一路上寻找而没有找到，进了大门也看不到，登上厅堂也看不到，走进寝室也看不到，亲人真的走了，死去了，再也看不到了，所以痛哭流涕，捶胸跺脚，直到把心中的哀伤都发散出来为止。然而心中仍是充满惆怅、凄怆、恍惚、伤叹，只有心痛，意悲，别无他念。到庙中祭祀，把他当做鬼神来供奉，心存侥幸，希望亲人的灵魂能回来。

棺柩入坑，用土埋好后，孝子返回来，不敢进入自己的寝室，而住在倚庐中，是因为哀伤死去的亲人在外面；睡草垫，枕土块，是因为哀伤亲人躺在泥土之中。所以经常哭泣，没有定时，为亲人忧心劳思地服丧三年，日夜思慕，这些都是孝子尽孝的表现，也是人们感情的真实流露。

有人问道："死后三天才装殓入棺是为什么呢？"答道："孝子在亲人刚去世时，心中悲痛哀伤忧闷，所以伏在尸身上痛哭不止，好像亲人还能复活似的，怎么可以从他手里抢来装殓入棺呢？所以说三天以后装殓，是等待他复活。过了三天而没复活，也就没有复活的指望了，孝子盼望亲人复活的信心也就大为减弱了。而且过了三天，家中的备办丧事工作以及孝服等，也可以完成了，在远方的亲属也可以赶到家了。所以圣人为丧事作出规定，以三天后入殓作为礼制。"

有人问道："戴着冠的时候就不脱衣露臂。这是为什么呢？"答道："冠，是最尊贵的头饰，不能戴在脱衣露臂的人头上，所以脱衣露臂时就用麻布扎发来代替冠。但是秃子就不用免，驼背就不袒衣，跛子就不跺脚，这并不是他们不悲哀，而是身体有不可治愈的疾病，不可能完全依照礼节去做。所以说：丧礼只要以哀伤为主。女子哭得悲伤哀切，又捶胸击心；男子哭得悲伤哀切，磕头至地，袒衣露臂，这都是悲哀到极点了。"

有人问道："童子为什么要戴免呢？"答道："这是没有行冠礼的人的头饰。《仪礼》说：'小孩子不为远亲服缌麻丧服，只有父母双亡而当家的小孩才为远亲服缌麻丧服。'凡是服缌麻丧服的人都要戴免，而当家的人既要戴免，还要拿孝棒。"

有人问道："孝棒是什么做的呢？"答道："有竹子做的，也有桐木做的，而用竹用桐表示悲哀至极是一样的。所以为父亲用苴杖，苴杖是竹子做的；为母亲用削杖，削杖是桐木削制而成的。"

有人问道："为什么要拄孝棒呢？"答道："孝子在父母死后，经常哭泣，服丧忧心劳思三年，身体虚弱，用孝棒来扶持病体。然而父亲健在就不敢（为母、为妻、为长子）拄孝棒，是为了避尊者的嫌疑。在堂上不拄孝棒，是为了避开尊者所处的地方。在堂上不快步走，表示不急促。这些都是孝子尽孝的表现，是人们感情的真实流露，也是礼的含义的主要部分。这些不是从天上掉下来的，也不是从地里冒出来的，而是出于人的本性。"

服问第三十六

【原文】

《传》曰：有从轻而重，公子之妻为其皇姑。有从重而轻，为妻之父母。有从无服而有服，公子之妻为公子之外兄弟。有从有服而无服，公子为其妻之父母。

《传》曰：母出，则为继母之党服。母死，则为其母之党服。为其母之党服，则不为继母之党服。

三年之丧既练矣，有期之丧既葬矣，则带其故葛带，绖期之绖，服其功衰。有大功之丧，亦如之。小功，无变也。

麻之有本者，变三年之葛。既练，遇麻断本者，于免绖之；既免，去绖；每可以绖必绖，既绖则去之。小功不易丧之练冠，如免，则绖其缌、小功之绖，因其初葛带。缌之麻，不变小功之葛。小功之麻，不变大功之葛，以有本为税。

殇：长、中，变三年之葛，终殇之月算，而反三年之葛。是非重麻，为其无卒哭之税。下殇则否。

君为天子三年，夫人如外宗之为君也。世子不为天子服。

君所主，夫人妻、大子、适妇。大夫之适子为君、夫人、大子，如士服。君之母非夫人，则群臣无服；唯近臣及仆、骖乘从服，唯君所服服也。

公为卿、大夫锡衰以居，出亦如之，当事则弁绖；大夫相为亦然。为其妻，往则服之，出则否。

凡见人，无免绖。虽朝于君，无免绖。唯公门有税齐衰。

《传》曰：君子不夺人之丧，亦不可夺丧也。

《传》曰：罪多而刑五，丧多而服五。上附下附，列也。

【译文】

《大传》的"从服"规定说到，有的人要跟着服轻服的人服重服，比如国君的庶子的妻为国君正夫人服丧比丈夫重；有的人要跟着服重服的人服轻服，比如丈夫为岳父母服丧比妻子轻。有的人跟着没有丧服的人也要服丧，比如庶子的妻要为丈夫的外祖父母服丧，而庶子却不服丧；有的人跟着有丧服的人却不要服丧，比如国君的庶子

不为岳父母服丧，虽然他的妻是服丧的。《大传》又说：生母被父亲休弃了，儿子要为继母的娘家人服丧；如果是母亲早死，那就要为母亲的娘家人服丧。凡已为母亲的娘家人服丧了，就不再为继母的娘家人服丧。

本来已有三年之丧，到了小祥应改服轻丧服时，又遇到须服满一年的丧服，在后死者入葬以后，所穿丧服就用三年之丧改服之后的葛腰带，戴期年之丧的首绖，衣服仍用改服之后的功衰。如果遇到的是大功丧服，也和遇到期年之丧一样穿用丧服。如果遇到的是小功丧服，那就不改动已变轻的丧服。

大功以上的丧服用连根的麻腰带，变服之后就用葛腰带。小祥以后，又遇到小功以下的丧服，那么在需要除冠用布条束发时，就要加载小功的首绖；行过礼后，不用"免"，也就除去绖。以后遇到需要戴绖的时候一定要戴绖，戴过之后就可除下来。加服小功丧服的不必改换原来丧事到小祥以后变服的冠，如果遇到要去掉练冠而用布条束发时，应戴上缌麻或小功丧服的首绖，但仍用原来的葛腰带。加服丧服，不能以轻易重，所以缌麻丧服的麻带，不能替换下小功的葛带；小功丧服的麻带，不能替换下大功的葛带，因为只有带根的麻带才需要改换成轻服。

身上的三年丧服已经换成葛带后，又遇到殇死的丧服，如果是长殇或中殇，就须把葛带换成麻带，等到殇死的丧服期满，再换成原来的葛带。这并不是说殇服的麻带比葛带重，而是因为殇服没有卒哭后变麻为葛的规定。如果是下殇，就不要这样。

诸侯为天子服丧三年，诸侯的夫人为天子服丧和诸侯的兄弟之妻为诸侯服丧的时间一样，服期为一年。诸侯的嫡长子不为天子服丧。诸侯只为夫人、妻和嫡长子、嫡长子之妻主持丧事。大夫的適子为诸侯、诸侯夫人、诸侯的嫡长子服丧，用士一级的规格。国君的母亲如果不是国君父亲的正夫人，群君就不为她服丧，只有她的近臣和驾车以及车右为她服丧，所穿的丧服和国君相同。国君为卿大夫服丧时穿锡衰，在家和出门都是如此，但参加丧礼仪式时要在皮弁上加环绖。大夫为大夫服丧也是这样。国君为卿大夫的妻服丧，到丧家去吊丧时就穿丧服，出来就不穿丧服。

凡有丧服在身而外出访人，都不要除去首绖，即使是去朝见国君，也不要除去首绖。只有穿着齐衰丧服的人经过公门时，才除去麻衰。这就是《杂记》中说的"君子不剥夺他人守丧的礼节，也不减省自己守丧的礼节"。旧《传》说：虽然罪行有许多种类，但刑罚只有五种；虽然丧服关系有许多种类，但丧服只有五种。有的向上靠，有的向下靠，而归入五等中，所以刑罚和丧服等列相似。

间传第三十七

【原文】

斩衰何以服苴？苴，恶貌也，所以首其内而见诸外也。斩衰貌若苴，齐衰貌若枲，大功貌若止，小功、缌麻容貌可也。此哀之发于容体者也。

斩衰之哭，若往而不反。齐衰之哭，若往而反。大功之哭，三曲而偯。小功、缌麻，哀容可也。此哀之发于声音者也。

斩衰"唯"而不对。齐衰对而不言。大功言而不议。小功、缌麻，议而不及乐。此哀之发于言语者也。

斩衰三日不食，齐衰二日不食。大功三不食，小功、缌麻再不食。士与敛焉，则壹不食。故父母之丧，既殡食粥，朝一溢米，莫一溢米；齐衰之丧，疏食水饮，不食菜果；大功之丧，不食醯酱；小功、缌麻，不饮醴酒。此哀之发于饮食者也。父母之丧，既虞、卒哭，疏食水饮，不食菜果；期而小祥，食菜果；又期而大祥，有醯酱；中月而禫，禫而饮醴酒。始饮酒者，先饮醴酒。始食肉者，先食干肉。

父母之丧，居倚庐，寝苫枕块，不说绖带；齐衰之丧，居垩室，芐翦不纳；大功之丧，寝有席；小功、缌麻，床可也。此哀之发于居处者也。父母之丧，既虞、卒哭，柱楣翦屏，芐翦不纳；期而小祥，居垩室，寝有席；又期而大祥，居复寝；中月而禫，禫而床。

斩衰三升。齐衰四升，五升，六升。大功七升，八升，九升。小功十升，十一升，十二升。缌麻十五升去其半。有事其缕，无事其布，曰缌。此哀之发于衣服者也。斩衰三升，既虞、卒哭，受以成布六升，冠七升。为母疏衰四升，受以成布七升，冠八升。去麻服葛，葛带三重。期而小祥，练冠縓缘，要绖不除。男子除乎首，妇人除乎带。男子何为除乎首也？妇人何为，除乎带也？男子重首，妇人重带，除服者先重者，易服者易轻者。又期而大祥，素缟麻衣。中月而禫，禫而纤，无所不佩。易服者何为易轻者也？斩衰之丧，既虞、卒哭，遭齐衰之丧，轻者包，重者特。既练，遭大功之丧，麻葛重。齐衰之丧，既虞、卒哭，遭大功之丧，麻葛兼服之。斩衰之葛，与齐衰之麻同。齐衰之葛，与大功之麻同。大功之葛，与小功之麻同。小功之葛，与缌之麻同。麻同则兼服之。兼服之服重者，则易轻者也。

【译文】

斩衰丧服为什么要用苴麻做绖、带呢？因为苴麻的颜色苍黑，外表粗恶，佩带苴麻是本于内心的悲痛而表现于服饰。服斩衰的人悲痛得脸色如苴麻，服齐衰的人脸色如枲麻，服大功的人神情呆板，只有服小功和缌麻的人才有平常的脸色，这是各种不同的哀痛在容貌上的表现。

服斩衰的人哭泣，一口气一吐而尽，就像有去无还的样子；服齐衰的人哭泣，声音一高一低，好像有去有来；服大功的人哭泣，每一声有几个高低，最后还要拉长余声；服小功或缌麻的人只要哭得有悲哀的样子就行了。这是不同程度的悲哀在声音上的表现。服斩衰的人只"欸欸"地答应而不回答具体的话；服齐衰的人只回答别人的问话而不主动地说话；服大功的人可以主动地说话但不去议论；服小功或缌麻的人可以议论但不谈笑。这是不同程度的悲哀在言语上的表现。

亲人刚死，服斩衰的人三天不吃东西，服齐衰的人两天不吃东西，服大功的人停食三顿，服小功或缌麻的人停食两顿，士人如果参与小敛或大敛，也要停食一顿。所以父母死亡，在入殡以后孝子才开始吃粥，早上用一溢米煮粥，晚上也用一溢米煮粥；服齐衰的人，吃些粗疏的食物和喝一点儿水，不吃蔬菜和果品；服大功的人，可吃菜果，但不用酱醋等调料；服小功或缌麻的人，只要不喝甜酒和白酒就行了。这是不同程度的悲哀在饮食上的表现。

为父母守丧，到了举行过虞祭和卒哭祭后，可以吃粗疏的饭食和喝水，但不能吃蔬菜和果品；守丧满一年举行小祥祭后，可以吃蔬菜和果品；又过一年举行大祥祭以后，吃饭也能用酱醋等调料了；与大祥祭隔一个月举行禫祭，禫祭以后就可以喝甜酒了。开始喝酒要先喝甜酒，开始吃肉要先吃干肉。

为父母守丧，住在倚墙搭起的茅棚里，睡在草垫上，用土块作枕头，睡时也不脱下首绖和腰带；服齐衰的人守丧，居住在用土坯为墙而不涂饰的茅棚里，睡的蒲席边缘只剪齐而不反摺为边；服大功的人守丧，可以睡在平常的席上；服小功或缌麻的人守丧，可以有床。这是不同程度的悲哀在居住设备上的表现。为父母守丧的人，到了举行了虞祭和卒哭祭之后，可以把倚庐挨地的一边抬起用柱子撑高，剪齐门两边的茅草，睡到四周剪齐而不摺边的席上；守丧满一年举行小祥祭之后，就住到垩室里，睡在平常用的席上；再过一年举行大祥祭以后，就住到自己寝室里；又隔一个月举行禫祭，禫祭之后可以睡床。

斩衰用的布是三升，齐衰用的布有四升、五升、六升，大功用的布有七升、八升、九升，小功用的布有十升、十一升、十二升，缌麻用的布是十五升布的经线而抽去一半织成的稀疏麻布。只在织前加工麻线，织成之后不再加工的布就叫缌。这是不同程度的悲哀在丧服上的表现。

斩衰是用三升布制成的，到虞祭卒哭以后，就可以递减为六升成布的衣裳和七升的冠。为母亲穿的齐衰丧服是用四升布制成的，到虞祭卒哭后也可以递减为七升成布的衣裳和八升的冠。去掉麻腰带改用葛腰带，葛腰带是纠成三重的。服丧满一年举行小祥祭可戴漂练过的丝冠和领子有浅红色滚边的内衣，但腰带和首绖不能都除掉。男子先脱去首绖，妇人先解去腰带。男子为什么先除首绖？妇人为什么先除腰带呢？因为男子的首绖是丧服中最重的，妇人的腰带是丧服中最重的。除丧要先除最重的部分，而遇到新丧只改换最轻的部分。又过一年举行大祥祭，可戴生绢制的冠，穿十五升的麻布深衣。隔一个月举行禫祭，禫祭就戴黑经白纬布制的冠。自此以后，就可以佩戴各种装饰了。

改换丧服，为什么原有重丧在身遇新轻丧，改换旧丧的较轻部分呢？如果原来已有斩衰丧服，在卒哭之后，又遭齐衰丧服，改换丧服后，斩衰的较轻部分就包含在新改的丧服之内，而斩衰的重要部分只能独立地保持着。如果斩衰丧服在练祭之后，又遇到大功丧服，那么在新丧卒哭祭以前，男女都用麻绖麻带，卒哭之后，男女都用葛绖葛带。如果原来已有齐衰丧服，在虞祭卒哭祭以后，又遇到大功丧服，那么男子头上戴齐衰葛绖，腰系大功麻带；女子腰系齐衰葛带，头戴大功麻绖。

斩衰变服之后的葛带葛绖与齐衰未变服之前的麻带麻绖的粗细相同；齐衰变服后的葛带葛绖与大功的麻带麻绖粗细相同；大功的葛带葛绖与小功的麻带麻绖粗细相同；小功的葛带葛缓与缌麻的麻带麻绖粗细相同。如果变服后的葛带葛绖与新丧的麻带麻绖相同，那就可以既服旧丧的葛，又可以服新丧的麻。但兼服的原则是保留原来丧服的较重部分的葛，而较轻的部分就改成新丧的麻。

三年问第三十八

【原文】

三年之丧，何也？曰：称情而立文，因以饰群，别亲疏贵贱之节，而弗可损益也。故曰：无易之道也。创巨者其日久，痛甚者其愈迟。三年者，称情而立文，所以为至痛极也。斩衰苴杖，居倚庐，食粥，寝苫枕块，所以为至痛饰也。三年之丧，二十五月而毕，哀痛未尽，思慕未忘，然而服以是断之者，岂不送死有已、复生有节也哉？

凡生天地之间者，有血气之属，必有知。有知之属，莫不知爱其类。今是大鸟兽，则失丧其群匹，越月逾时焉，则必反巡；过其故乡，翔回焉，鸣号焉，蹢躅焉，踟蹰焉，然后乃能去之。小者至于燕雀，犹有啁噍之顷焉，然后乃能去之。故有血气之属者，莫知于人；故人于其亲也，至死不穷。将由夫（患）〔愚陋〕邪淫之人与？则彼朝死而夕忘之，然而从之，则是曾鸟兽之不若也，夫焉能相与群居而不乱乎？将由夫修饰之君子与？则三年之丧，二十五月而毕，若驷之过隙，然而遂之，则是无穷也。故先王焉为之立中制节，壹使足以成文理，则释之矣。

然则何以至期也？曰：至亲以期断。是何也？曰：天地则已易矣，四时则已变矣，其在天地之中者莫不更始焉，以是象之也。

然则何以三年也？曰：加隆焉尔也，焉使倍之，故再期也。

由九月以下，何也？曰：焉使弗及也。

故三年以为隆，缌、小功以为杀，期、九月以为间。上取象于天，下取法于地，中取则于人，人之所以群居和壹之理尽矣。

故三年之丧，人道之至文者也。夫是之谓至隆，是百王之所同，古今之所壹也，未有知其所由来者也。

孔子曰："子生三年，然后免于父母之怀。夫三年之丧，天下之达丧也。"

【译文】

"守丧三年是根据什么制定的呢？"答道："这是根据与哀情相称而制定的礼文，藉

此来表明亲属关系，区别亲疏贵贱的界限，因而是不能任意增减的。所以说这是不能更改的原则。"创伤巨大，复原的日子就长；悲痛愈深，平息的时间就迟，所以要守丧三年，这是与长久的哀情相称的礼文，也是为极度的哀痛而制定的。守丧三年，要穿斩衰，拄着粗陋的竹杖，住在倚墙搭起的茅棚里，吃稀饭、睡草垫，枕土块，用这些来表明内心的巨大哀痛。所谓守丧三年，其实是二十五月就结束，虽然人们的哀痛还没有平息，对死者的怀念还没有忘却，但丧服要在这个时候除掉，这难道不是守丧有终止的期限，恢复正常的生活也有限界吗？

　　凡是生在天地之间的，只要是有血肉有气息的动物，就一定有知觉。有知觉的动物，没有不晓得爱自己同类的。就说那些大鸟大兽吧，如果失掉同伴或死了配偶，即使过了一个月，或过了一个季节，还是一定要返回，到曾路经住过的地方时，或者盘翔号叫，或者徘徊良久，然后才肯离去。哪怕是很小的燕子、麻雀，也要鸣叫好一阵才肯离去。有血气的动物群类中，没有比人更有知觉的，所以人对于自己的亲人，到死也不会忘记。如果依着那些愚昧邪恶放荡的人吧，那他们早晨死了亲人，到晚上就会忘掉，要是顺从他们的意思规定守丧时间，那么人就连鸟兽都不如了，怎能够在一起生活而不乱呢？如果依着那些很有修养又心地纯正的人吧，他们认为三年丧服到满二十五月就除掉，就好像四匹马拉的车从缝隙一闪而过那样快，要是成全他们的意愿，那就要没完没了地服丧了。所以古代的君王根据这些情况采取折中的办法制定礼节，使大家都能够做到合乎礼又合乎理，就让人们在二十五月时除丧。

　　"为什么有满一年的丧服呢？"答道："为最亲近但不尊贵的亲属服丧就在满一年的时候除丧。"又问道："这是为什么呢？"答道："一年之中，天体星辰已循环一次了，春夏秋冬四季也已更换一轮了，在天地之间的万物，没有不重新开始的，所以满一年时除丧服，也是象征着重新开始。"

　　"那为什么有的丧服要到第三年才期满呢？"答道："是因为死者地位尊贵而特加隆重，于是使丧期延长到双倍时间，所以要服满二年。""从九月以下的丧期又是为什么呢？"答道："因为有的亲属不及至亲，于是丧期也就比不上至亲。"

　　所以三年的丧期是特加的隆重，缌麻三月、小功五月是因关系疏远而减轻的，一年或九月的齐衰、大功处在两者之间。丧期的规定，上取天象，下取地物，中取人情，人类之所以能群居生活而和睦团结的道理都表现出来了。所以守丧三年是人情中最完美的体现，也就是所说的最隆重的礼，这是历代君王都相同，古今都一致的，没有人知道是从什么时候开始的。孔子说："小孩生下三年后，才能离开父母的怀抱；为父母守丧三年，也是天下通行的丧礼。"

深衣第三十九

【原文】

古者深衣，盖有制度，以应规、矩、绳、权、衡。短毋见肤，长毋被土。续衽，钩边。要缝半下。袼之高下，可以运肘。袂之长短，反诎之及肘。带，下毋厌髀，上毋厌胁，当无骨者。

制：十有二幅，以应十有二月。袂圆以应规，曲袷如矩以应方，负绳及踝以应直，下齐如权衡以应平。故规者，行举手以为容；负绳、抱方者，以直其政、方其义也。故《易》曰：《坤》"六二之动，直以方也"。下齐如权衡者，以安志而平心也。五法已施，故圣人服之。故规、矩取其无私，绳取其直，权衡取其平，故先王贵之。故可以为文，可以为武，可以摈相，可以治军旅，完且弗费，善衣之次也。

具父母、大父母，衣纯以缋。具父母，衣纯以青。如孤子，衣纯以素。纯袂，缘，纯边，广各寸半。

【译文】

古代深衣的制作是有一定的规格的，以切合于圆规、矩尺、墨线、秤锤、秤杆。不能短到露出小腿肚，不能长得拖地，裳的衽连在右边，中间收小，呈上下广中间狭的形状，腰际的宽度是裳下摆的一半。腋下袖缝的高低，以可以使胳膊运动自如为标准。袖子在手以外的部分，以反折过来刚好到手肘为合度。腰间的大带，不能太下盖住股骨。也不能太上盖住肋骨。适当的位置，在肋骨下股骨上的无骨之处。

深衣裁制的方式：上六幅、下六幅，共十二幅，以合于一年十二个月。袖口圆，像圆规；方形的交领似矩，表示应该方正；背缝似一直线至脚后跟，表示应该正直；裳的下摆似秤锤秤杆，表示应该公平。袖口如圆规，则揖让有仪容；背缝一条直线和方形的交领，表示要为政正直，行为合于义理。《周易》中说：坤卦第二爻的动态，表示正直而且方正。裳的下摆似秤锤秤杆一样平直，用以安定心志和平正内心。深衣符合五个方面的法则，所以圣人要穿它。从规矩中取法它的方正无私；从绳墨中取法正直；从权衡中取法它的平正。所以先王看重深衣。

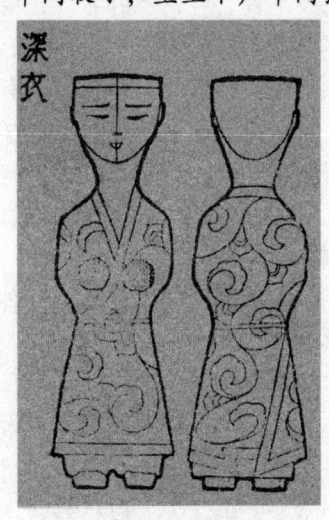

汉代着深衣女木俑

深衣可以作为文事的服装，可以作为武事的服装，可以作为接待宾客时赞礼的傧相服装，也可以作为整训部队时的服装，这种服装比较结实而且花费不多，除祭服朝服外就数深衣重要了。如果父母、祖父母都在，深衣用五采的布帛镶边；如父母双全，深衣用青色的布帛镶边；如是孤儿，深衣镶边全用白色的布帛。袖口镶边、裳的底部镶边、裳的两侧镶边，宽度都是一寸半。

投壶第四十

【原文】

投壶之礼：

主人奉矢，司射奉中，使人执壶。主人请曰："某有枉矢哨壶，请以乐宾。"宾曰："子有旨酒嘉肴，某既赐矣。又重以乐，敢辞。"主人曰："枉矢哨壶，不足辞也。敢（固）以请！"宾曰："某既赐矣。又重以乐，敢固辞！"主人曰："枉矢哨壶，不足辞也。敢固以请！"宾曰："某固辞不得命，敢不敬从？"宾再拜受，主人般还，曰："辟。"主人阼阶上拜送；宾般还，曰："辟。"已拜，受矢，进即两楹间；退，反位，揖宾就筵。

司射进度壶，（间以二矢半）反位；设中，东面，执八算兴。请宾曰："顺投为入，比投不释，胜饮不胜者。正爵既行，请为胜者立马。（一马从二马。）三马既立，请庆多马。"请主人亦如之。命弦者："请奏《狸首》，间若一。"大师曰："诺。"

左右告矢具，请拾投。有入者，则司射坐而释一算焉。宾党于右，主党于左。

卒投。司射执算曰："左右卒投。请数。"二算为纯，一纯以取；一算为奇。遂以奇算告。曰："某贤于某若干纯。"奇则曰"奇"，钧则曰"左右钧"。

命酌曰："请行觞。"酌者曰："诺。"当饮者皆跪奉觞曰："赐灌。"胜者跪曰："敬养。"

正爵既行，请立马。马各直其算，一马从二马，以庆。庆礼曰："三马既备，请庆多马。"宾主皆曰："诺。"

正爵既行，请彻马。

算多少，视其坐。筹，室中五扶，堂上七扶，庭中九扶。算，长尺二寸。壶，颈修七寸，腹修五寸，口径二寸半，容斗五升。壶中实小豆焉，为其矢之跃而出也。壶去席二矢半。矢，以柘若棘，毋去其皮。

鲁令弟子辞曰："毋幠，毋敖，毋偝立，毋逾言。偝立、逾言有常爵！"薛令弟子辞曰："毋幠，毋敖，毋偝立，毋逾言。若是者浮！"

鼓：○□○○□□○□○○□半○□○□□○○○□□○□○——鲁鼓。○□

○○○□○□○○□○□○○□○半○□○○○□□○——薛鼓。取"半"以下为投壶礼，尽用之为射礼。

司射、庭长及冠士立者，皆属宾党。乐人及使者、童子，皆属主党。

鲁鼓：○□○○□○○□半□□○□□○□○。薛鼓：○□○○○○□○□○□○○○□□□○半□□○□○○○□○。

【译文】

　　投壶的礼节：主人捧着矢，司射捧着盛筹码的筒，又让人拿着壶。主人邀请宾客说："我某人有不直的箭和不好的壶，愿供宾客娱乐。"宾客回答说："您有美酒佳肴，我某人已经受到赏赐，再蒙招待娱乐，实在不敢当。"主人又说："不直的箭不好的壶，用不到推辞，愿请一道娱乐。"宾客又答："我某人已受到赏赐招待，再蒙招待娱乐，实在不敢当。"主人再一次说："不直的箭不好的壶，用不到推辞，愿坚请您一道娱乐。"宾客答道："我某人再三推辞不了，怎敢不听从？"

　　宾客在西阶再拜接受箭，主人原地转身，并说："避礼。"主人在东阶上下拜送箭，宾客原地转身并说："避礼。"拜毕，接受箭，前进到堂的两楹之间。主人退至原来的位置，向宾客作揖，请客人上席。

　　司射上堂丈量壶放置的位置。摆好壶后司射回到西阶的位置上，将算筹筒陈设好，算筹筒上所刻兕鹿头面向东。司射手拿八个算筹站起，告诉宾客说："箭头进入壶中，才算是投入。主宾轮流投，如果一人连续投，即使投中也不算。胜的斟酒给没有投中的称喝罚酒。罚酒喝过后，替得胜的一方立一马。如果立了三马，为胜者一方喝庆贺酒。"司射也用上述的程序告诉主人。司射又告鼓瑟的人说："请奏《狸首》乐曲，乐曲每段休止的时间都要一律。"乐队之长回答说："是。"

　　司射向主人宾客双方报告箭已准备好了，请开始更替投壶。如有人投中，司射就坐下放一个算筹在筹码筒里。作为宾客一方的坐于司射的右面，作为主人一方的坐在司射的左面。

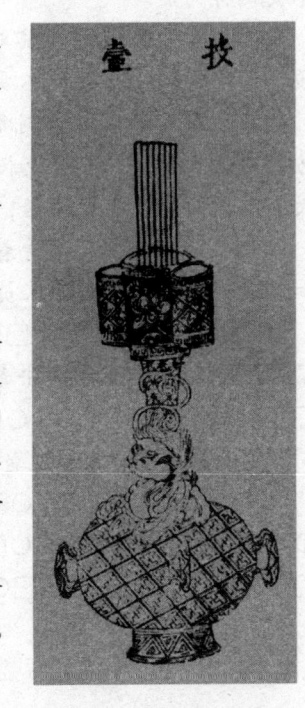

投壶，选自《三才图会》。

　　投壶结束，司射收起剩余的算筹说："主客双方都已投完，请求计算双方投入的次数。两个算筹称为一纯，一次拿一纯，只有一个算筹称为奇。"统计完毕，拿着得胜一方多出的算筹报告："某一方超过某一方多少纯。"如超过的是单数，就说："超过奇。"如双方均等，就说："主宾双方相等。"

　　司射让胜者一方的子弟斟酒时说："请斟酒。"斟酒的子弟说："是。"败方须饮罚酒的人都跪下捧着酒杯说："承蒙赏赐酒喝。"胜方亦跪下说："敬以此酒为奉养。"

正礼罚酒完毕，为得胜的一方立一马。所立的马要放在原先放置算筹的前面。如果轮番投三次以后，一方得二马，一方得一马，得一马的一方要将一马并给得二马的一方，并庆贺胜的一方。在行庆礼时，司射说："三个马已经俱备，请为得到马多的一方庆贺。"宾主双方都说："是。"庆胜酒喝过后，司射请撤去计算胜负的马。

用多少算筹，看在座参加投壶的人数而定。箭的长度，如在室中投壶用二尺的箭，如在堂上投壶用二尺八寸的箭，如在庭中投壶用三尺六寸的箭。算筹的长度为一尺二寸。投壶用的壶，壶颈长七寸，壶的腹部高五寸，壶口的直径为二寸半，壶的体积可以容放一斗五升的实物。壶中放入小豆，为的是怕箭投进后又重新跳出。壶的位置离席二根半箭的距离。箭，用柘木或棘木，而且不要刮掉树皮。

鲁国规定司射戒令主宾双方的年轻人说："不要急慢、不要傲慢、不要背转身立着、不要大声与间隔较远的人谈话，背转身和远距离与人谈话，按常例都要罚酒。"薛国规定司射戒令主宾双方的年轻人说："不要急慢、不要傲慢、不要背转身立着、不要大声与间隔较远的人谈话，触犯上述戒令的人要受罚。"

司射、司正、以及站着看投壶的成年人，他们都属于宾一方参加投壶；奏乐的、服务人员、小孩，都属于主人一方参加投壶。

击鼙鼓的鼓谱：□○○□○□○○□ 半 ○□ ○□○○○□○□这是鲁国击鼙鼓的鼓谱。○□○○○□□○○□○○□○○□○ 半 ○□○○○□。这是薛国的鼓谱。"半"字以下的鼓谱用为投壶礼，全部的鼓谱用于射礼。

又有记鲁国的鼓谱为：○□○○□□○半○□○○○○○□○○。薛国的鼓谱为：○□○○○○□○○□○□半○□○○○○○□○。

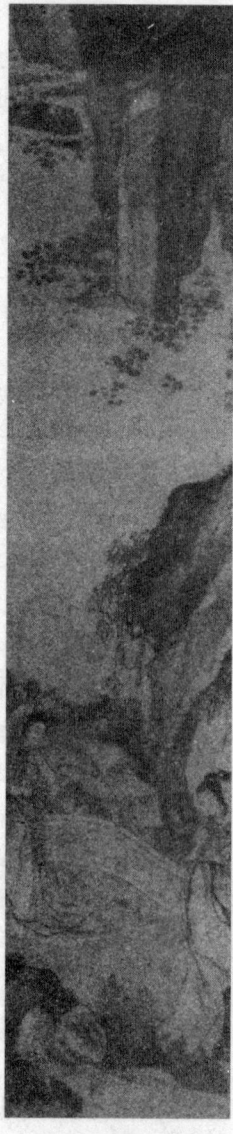

仕女投壶图

儒行第四十一

【原文】

鲁哀公问于孔子曰："夫子之服，其儒服与？"孔子对曰："丘少居鲁，衣逢掖之衣；长居宋，冠章甫之冠。丘闻之也，君子之学也博，其服也乡，丘不知儒服。"

哀公曰："敢问儒行。"孔子对曰："遽数之，不能终其物。悉数之乃留，更仆未可终也。"

哀公命席。孔子侍，曰："儒有席上之珍以待聘，夙夜强学以待问，怀忠信以待举，力行以待取。其自立有如此者。

"儒有衣冠中，动作慎。其大让如慢，小让如伪；大则如威，小则如愧。其难进而易退也，粥粥若无能也。其容貌有如此者。

"儒有居处齐难，其坐起恭敬，言必先信，行必中正；道途不争险易之利，冬夏不争阴阳之和。爱其死以有待也，养其身以有为也。其备豫有如此者。

"儒有不宝金玉，而忠信以为宝；不祈土地，立义以为土地；不祈多积，多文以为富。难得而易禄也，易禄而难畜也。非时不见，不亦难得乎！非义不合，不亦难畜乎！先劳而后禄，不亦易禄乎！其近人有如此者。

"儒有委之以货财，淹之以乐好，见利不亏其义；劫之以众，沮之以兵，见死不更其守。鸷虫攫搏，不程〔其〕勇（者），引重鼎，不程其力。往者不悔，来者不豫；过言不再，流言不极；不断其威，不习其谋。其特立有如此者。

"儒有可亲而不可劫也，可近而不可迫也，可杀而不可辱也。其居处不淫，其饮食不溽，其过失可微辨而不可面数也。其刚毅有如此者。

"儒有忠信以为甲胄，礼义以为干橹；戴仁而行，抱义而处；虽有暴政，不更其所。其自立有如此者。

"儒有一亩之宫，环堵之至；筚门圭窬，蓬户瓮牖；易衣而出，并日而食；上答之不敢以疑，上不答不敢以谄。其仕有如此者。

"儒有今人与居，古人与稽；今世行之，后世以为楷；适弗逢世，上弗援，下弗推，谗谄之民，有比党而危之者；身可危也，而志不可夺也。虽危，起居竟信其志，犹将不忘百姓之病也。其忧思有如此者。

"儒有博学而不穷，笃行而不倦；幽居而不淫，上通而不困。礼之以和为贵，忠信之美，优游之法。（举）〔慕〕贤而容众，毁方而瓦合。其宽裕有如此者。

"儒有内称不辟亲，外举不辟怨。程功积事，推贤而进达之。不望其报，君得其志。苟利国家，不求富贵。其举贤援能有如此者。

"儒有闻善以相告也,见善以相示也,爵位相先也,患难相死也,久相待也,远相致也。其任举有如此者。

"儒有澡身而浴德,陈言而伏,静而正之,上弗知也;粗而翘之,又不急为也。不临深而为高,不加少而为多。世治不轻,世乱不沮;同弗与,异弗非也。其特立独行有如此者。

"儒有上不臣天子,下不事诸侯;慎静而尚宽,强毅以与人,博学以知服;近文章,砥厉廉隅,虽分国,如锱铢;不臣不仕。其规为有如此者。

"儒有合志同方,营道同术;并立则乐,相下不厌;久不相见,闻流言不信。其行本方立义,同而进,不同而退。其交友有如此者。

"温良者,仁之本也;敬慎者,仁之地也;宽裕者,仁之作也;孙接者,仁之能也;礼节者,仁之貌也;言谈者,仁之文也;歌乐者,仁之和也;分散者,仁之施也。儒者兼此而有之,犹且不敢言仁也。其尊让有如此者。

"儒有不陨获于贫贱,不充诎于富贵,不慁君王,不累长上,不闵有司,故曰儒。今众人之命儒也妄,常以儒相诟病。"

孔子至舍,哀公馆之。闻此言也,言加信,行加义。"终没吾世,不敢以儒为戏。"

【译文】

鲁哀公问孔子,说:"先生穿的衣服,是儒者特有的服饰吗?"孔子回答说:"我孔丘小时候住在鲁国,所以穿鲁国人常穿的大袖子的单衣;长大后曾经在宋国居住过,所以戴宋国人所戴的章甫冠。我听到过这样的话,一个德行优异的君子应有广博的学识,而他的服饰则随所居地的习俗,我不知道有什么儒者特有的服装。"

哀公又问:"请问儒者的行为准则?"孔子回答说:"急匆匆地数说,很难将这些事说完全;将儒行全部数说清楚,需很长时间,等到仆侍换班,还不能说完。"

哀公命人替孔子铺上坐席,孔子侍坐一旁。说:"儒者有的像席上的国宝等待人君的聘召;早晚加强学习,以等待别人垂问;心怀忠信,以等待别人推举;身体力行,以等待别人取用。儒者修身自立有如上所说的。

"有的儒者穿戴适中,不异于常人,举止十分谨慎。对大事,在退让时,辞貌宽缓,似有傲慢之情;对小事,在退让时,却并非坚辞似假客气似的。处理大事,则有畏惧之色;处理小事,似有惭愧,惟恐做不好。不愿与人争,但愿退让,好像是无能之辈。儒者的态度表情,有如上所说的。

"有的儒者平日家居时的态度亦十分庄重恐惧,无论坐或立都非常恭敬。言必有信,行为不偏邪。在行路上,不与人争平坦险阻;冬天夏天,不与人争温暖凉爽的住处。珍潜生命,为了等待发挥作用的机会;保养身体,是希望有所作为。儒者的防祸害,行善道有如上所说的。

"有的儒者不珍重金玉,而十分珍重忠信的品德;不祈求拥有土地,而将树立德义作为安身立命的土地;不祈求聚敛财货,而以具有渊博的知识为富有。有时很难得到儒者，因为他们轻视高官厚禄；他们轻视高官厚禄，也就难以留住。不是政治清明的时代，他们隐居不仕，这不是很难得到吗？如国君的行为不合义理，他们就不与合作而离去，这不是很难留住吗？他们以事业为先，受禄为后，这不是轻视厚禄吗？儒者与人交往有如上所说的。

儒服儒行，选自《孔子圣迹图》。

"有的儒者当给他财物，或用娱乐玩好去腐蚀他时，他在利诱面前决不见利忘义；用兵众去威胁他，用武器去恐吓他，在死亡面前他也不变更操守。遇到凶禽猛兽，不先衡量自己的勇力，就奋不顾身地去搏击；遇到要举重鼎，不先衡量自身的力气就动手；对于过去的事，不再追悔；对于未来的事，不预先妄加猜测；说了错话，发现了再也不说；对于流言蜚语，不去穷根究底；他的威严不能损害；只要应该做的，不反复考虑，才决定去做。儒者立身独特有如上所说的。

"有的儒者可与相亲密，但不可以威胁；可与接近，而不可以逼迫；可以杀，而不可以侮辱。对住处不追求奢侈华丽，吃喝也不讲究，有了过失可以私下进行辨正，而不可以在大庭广众中当面指责。儒者刚毅的品德，有如上所说的。

"有的儒者将忠信的品德当做像铠甲头盔一样的护身装备，以遵循礼义当做像大小盾牌一样的防御武器；一切行动，仁义都不离身，即使遇到暴虐的政治，不改变自己的操守。儒者立身处世有如上所说的。

"有的儒者，住处只有十步见方，室屋四周的墙只有四五丈；门是树枝编成的，只有一扇小门，用蓬草来遮掩，用破瓦器的口作窗；全家只有一件像样的衣服，谁出门就换上这件衣服；一天的饭要吃两天。国君采纳他的建议，则坚信不疑，竭尽心力；国君不采用他的建议，也决不去取媚于人。儒者的从政态度有如上所说的。

"有的儒者，虽跟当今之人相处，但思想行为却与古人相合；现在身体力行的事，将成为未来人学习的榜样。如没有遇到政治清明的时代，得不到国君的提拔，基层的官吏也不加以推举；造谣谄谀之徒，又相互勾结来危害他，但只能危害他的肉体，而思想意识却决不改变。虽处险境，一举一动还是想伸展他的志向，仍然念念不忘百姓的患难痛苦。儒者的忧国忧民意识有如上所说的。

"有的儒者，有广博的学识，而仍不停止学习；虽有纯美的品德，仍不倦地提高自

己。不得志独处之时，不会有不正当的行为；如通达仕于君上，行正道而称其职守。遵循以和为贵的礼仪，并以忠信为美德，以和柔作为法则。推举贤人而又能容纳众人，做到严肃方正与柔和圆转相结合。儒者的宽容胸怀有如上所说的。

"有的儒者，对族内的贤者，不因为避讳亲属关系而不推举；对族外的贤者，不因为此人和自己有私仇而不推荐。在推举前，对被推举人的功业、历年的事迹进行考核，推举贤者力求使他们获得任用。推举贤者，并不企望对方报答；只希望国君因得到贤者的辅佐，使理想得以实现。儒者所考虑的是如何对国家有利，不求自己的富贵。儒者推贤举能的情况有如上所说的。

"有的儒者，听到有益的话就告诉他的友人，看到好的行为就指示给朋友看。在爵位面前，朋友之间互相谦让；在患难面前，争着捐躯。友人长期不得志，自己愿意等待着一同出仕，友人在远处不得志，总想方设法招致。儒者推荐友人有如上所说的。

"有的儒者，洁身自好不为污浊所染，处处以道德自厉。陈述自己意见，静待君命；默默地坚持正道。如国君不理解他，再稍稍地表达自己的意思以示启发，又不急于求成。在地位低下的人面前，不自以为高贵；不夸大自己的功绩。遇到盛世，不自轻自贱；遇到乱世，仍然坚持信念。对观点相同的人，不妄加吹捧；对观点不同的人，不妄加非议。儒者不随声附和保持独立人格有如上所说的。

"有的儒者，上不为天子之臣，下不为诸侯之吏；谨慎平静，崇尚宽和，坚强刚毅而又能与人交往，学识渊博却又能服膺贤人。亲近文章典籍，以磨砺个人方正的行为，即使将裂土分封，在他看来却像锱铢一般微不足道，不愿臣服于人和不出仕做官。儒者规范自己的行为有如上所说的。

"有的儒者，有志同道合的朋友，有用同一方法学道的同志；如与友人同有成就当然十分高兴，如互有高低，彼此亦不嫌弃。与友人长期不获相见，听到对他的流言蜚语，自己不相信。一切行为要本于方正，树立在道义之上。志同道合，就接近追随他；道不同，就退避疏远。儒者的交友之道有如上所说的。

"温柔善良，是仁者的根本；恭敬谨慎，是仁者的土壤；宽大包容，是仁者的行动；谦逊待人，乃仁者所能；一举一动都有礼貌，是仁者的外貌；说话谈吐高雅，是仁者的文采；吹歌弹唱，是仁者的谐和；分散钱财，赈济贫穷，是仁者的施与。儒者兼有以上的美德，仍然不敢说自己已达到仁。儒者恭敬谦让有如上所说的。

"儒者不因为贫贱困迫而丧失意志，不因为富贵享乐而失掉节操；不因被君王困辱，卿大夫的干涉牵制，官吏的逼害而背弃主张，所以叫做儒。现在众人对儒的看法是不正确的，常常把儒者作为笑料讲。"

孔子回到鲁国居住，鲁哀公供养招待他。听了以上的话后，对孔子的话更加相信，对他的行事觉得更加合理。鲁哀公说："我这一生，不敢拿儒来开玩笑。"

大学第四十二

【原文】

　　大学之道，在明明德，在亲民，在止于至善。知止而后有定，定而后能静，静而后能安，安而后能虑，虑而后能得。物有本末，事有终始。知所先后，则近道矣。

　　古之欲明明德于天下者，先治其国；欲治其国者，先齐其家；欲齐其家者，先修其身；欲修其身者，先正其心；欲正其心者，先诚其意；欲诚其意者，先致其知；致知在格物。物格而后知至，知至而后意诚，意诚而后心正，心正而后身修，身修而后家齐，家齐而后国治，国治而后天下平。自天子以至于庶人，壹是皆以修身为本，其本乱，而末治者否矣。其所厚者薄，而其所薄者厚，未之有也。

　　《康诰》曰："克明德。"《大甲》曰："顾諟天之明命。"《帝典》曰："克明峻德。"皆自明也。汤之《盘铭》曰："苟日新，日日新，又日新。"《康诰》曰："作新民。"《诗》曰："周虽旧邦，其命惟新。"是故君子无所不用其极。《诗》云："邦畿千里，惟民所止。"《诗》云："缗蛮黄鸟，止于丘隅。"子曰："于止，知其所止。可以人而不如鸟乎！"《诗》云："穆穆文王，於缉熙敬止！"为人君，止于仁；为人臣，止于敬；为人子，止于孝；为人父，止于慈；与国人交，止于信。

　　《诗》云："瞻彼淇澳，菉竹猗猗。有斐君子，如切如磋，如琢如磨。瑟兮僩兮，赫兮喧兮。有斐君子，终不可谖兮！""如切如磋"者，道学也；"如琢如磨"者，自修也；"瑟兮僩兮"者，恂慄也。"赫兮喧兮"者，威仪也；"有斐君子，终不可谖兮"者，道盛德至善，民之不能忘也。《诗》云："於戏前王不忘！"君子贤其贤而亲其亲，小人乐其乐而利其利，此以没世不忘也。

　　子曰："听讼，吾犹人也。必也使无讼乎！"无情者不得尽其辞，大畏民志。此谓知本。

　　此谓知本，此谓知之至也。

　　所谓诚其意者：毋自欺也。如恶恶臭，如好好色，此之谓自谦。故君子必慎其独也！小人闲居为不善，无所不至，见君子而后厌然，掩其不善而著其善。人之视己，如见其肺肝然，则何益矣！此谓诚于中，形于外，故君子必慎其独也。曾子曰："十目所视，十手所指，其严乎！"富润屋，德润身，心广体胖，故君子必诚其意。

　　所谓修身在正其心者，身有所忿懥，则不得其正；有所恐惧，则不得其正；有所好乐，则不得其正；有所忧患，则不得其正。心不在焉，视而不见，听而不闻，食而不知其味。此谓修身在正其心。

　　所谓齐其家在修其身者，人之其所亲爱而辟焉，之其所贱恶而辟焉，之其所畏敬

而辟焉，之其所哀矜而辟焉，之其所敖惰而辟焉。故好而知其恶，恶而知其美者，天下鲜矣！故谚有之曰："人莫知其子之恶，莫知其苗之硕。"此谓身不修不可以齐其家。

所谓治国必先齐其家者，其家不可教而能教人者，无之。故君子不出家而成教于国：孝者，所以事君也；弟者，所以事长也；慈者，所以使众也。《康诰》曰："如保赤子。"心诚求之，虽不中不远矣。未有学养子而后嫁者也。一家仁，一国兴仁；一家让，一国兴让；一人贪戾，一国作乱。其机如此。此谓一言偾事，一人定国。尧、舜率天下以仁，而民从之；桀、纣率天下以暴，而民从之。其所令反其所好，而民不从。是故君子有诸己而后求诸人；无诸己而后非诸人。所藏乎身不恕，而能喻诸人者，未之有也。故治国在齐其家。《诗》云："桃之夭夭，其叶蓁蓁。之子于归，宜其家人。"宜其家人，而后可以教国人。《诗》云："宜兄宜弟。"宜兄宜弟，而后可以教国人。《诗》云："其仪不忒，正是四国。"其为父子兄弟足法，而后民法之也。此谓治国在齐其家。

所谓平天下在治其国者，上老老而民兴孝；上长长而民兴弟；上恤孤而民不倍。是以君子有絜矩之道也。所恶于上，毋以使下；所恶于下，毋以事上；所恶于前，毋以先后；所恶于后，毋以从前；所恶于右，毋以交于左；所恶于左，毋以交于右。此之谓絜矩之道。《诗》云："乐只君子，民之父母。"民之所好好之，民之所恶恶之，此之谓民之父母。《诗》云："节彼南山，维石岩岩。赫赫师尹，民具尔瞻。"有国者不可以不慎，辟则为天下僇矣。《诗》云："殷之未丧师，克配上帝。仪监于殷，峻命不易。"道得众则得国，失众则失国。

是故君子先慎乎德。有德此有人，有人此有土，有土此有财，有财此有用。德者，本也，财者，末也。外本内末，争民施夺。是故财聚则民散，财散则民聚。是故言悖而出者，亦悖而入；货悖而入者，亦悖而出。《康诰》曰："惟命不于常。"道善则得之，不善则失之矣。《楚书》曰："楚国无以为宝，惟善以为宝。"舅犯曰："亡人无以为宝，仁亲以为宝。"

《秦誓》曰："若有一（个）〔介〕臣，断断兮无他技，其心休休焉，其如有容焉。人之有技，若己有之。人之彦圣，其心好之，不啻若自其口出，实能容之，以能保我子孙黎民，（尚）亦〔尚〕有利哉！人之有技，媢疾以恶之；人之彦圣，而违之俾不通，实不能容。以不能保我子孙黎民，亦曰殆哉！"唯仁人放流之，迸诸四夷，不与同中国。此谓唯仁人为能爱人，能恶人。见贤而不能举，举而不能先，命也。见不善而不能退，退而不能远，过也。好人之所恶，恶人之所好，是谓拂人之性，灾必逮夫身。是故君子有大道，必忠信以得之，骄泰以失之。

生财有大道：生之者众，食之者寡，为之者疾，用之者舒，则财恒足矣。仁者以财发身，不仁者以身发财。未有上好仁而下不好义者也，未有好义其事不终者也，未有府库财非其财者也。孟献子曰："畜马乘不察于鸡豚，伐冰之家，不畜牛羊；百乘之家，不畜聚敛之臣。与其有聚敛之臣，宁有盗臣。"此谓国不以利为利，以义为利也。长国家而务财用者，必自小人矣。彼为善之，小人之使为国家，灾害并至。虽有善者，亦无如之何矣！此谓国不以利为利，以义为利也。

【译文】

　　大学的宗旨在于弘扬光明正大的品德，在于使人弃旧图新，在于使人达到最完善的境界。知道应达到的境界才能够志向坚定；志向坚定才能够镇静不躁；镇静不躁才能够心安理得；心安理得才能够思虑周详；思虑周详才能够有所收获。每样东西都有根本有枝末，每件事情都有开始有终结。明白了这本末始终的道理，就接近事物发展的规律了。古代那些要想在天下弘扬光明正大品德的人，先要治理好自己的国家；要想治理好自己的国家，先要管理好自己的家庭和家族；要想管理好自己的家庭和家族，先要修养自身的品性；要想修养自身的品性，先要端正自己的心思；要想端正自己的心思，先要使自己的意念真诚；要想使自己的意念真诚，先要使自己获得知识；获得知识的途径在于认识、研究万事万物。通过对万事万物的认识、研究后才能获得知识；获得知识后意念才能真诚；意念真诚后心思才能端正；心思端正后才能修养品性；品性修养后才能管理好家庭和家族；管理好家庭和家族后才能治理好国家；治理好国家后天下才能太平。上自国家元首，下至平民百姓，人人都要以修养品性为根本。若这个根本被扰乱了，家庭、家族、国家、天下要治理好是不可能的。不分轻重缓急，本末倒置却想做好事情，这也同样是不可能的！

　　《康诰》说："能够弘扬光明的品德。"《太甲》说："念念不忘这上天赋予的光明禀性。"《尧典》说："能够弘扬崇高的品德。"这些都是说要自己弘扬光明正大的品德。

　　商汤王刻在洗澡盆上的箴言说："如果能够一天新，就应保持天天新，新了还要更新。"《康诰》说："激励人弃旧图新。"《诗经》说："周朝虽然是旧的国家，但却禀受了新的天命。"所以，品德高尚的人无处下追求完善。

　　《诗经》说："京城及其周围，都是老百姓向往的地方。"《诗经》又说："'绵蛮'叫着的黄鸟，栖息在山冈上。"孔子说："连黄鸟都知道它该栖息在什么地方，难道人还可以不如一只鸟儿吗？"《诗经》说："品德高尚的文王啊，为人光明磊落，做事始终庄重谨慎。"做国君的，要做到仁爱；做臣子的，要做到恭敬；做子女的，要做到孝顺；做父亲的，要做到慈爱；与他人交往，要做到讲信用。《诗经》说："看那溪水弯弯的岸边，嫩绿的竹子郁郁葱葱。有一位文质彬彬的君子，研究学问如加工骨器，不断切磋；修炼自己如打磨美玉，反复琢磨。他庄重而开朗，仪表堂堂。这样的一个文质彬彬的君子，真是令人难忘啊！"这里所说的"如加工骨器，不断切磋"，是指做学问的态度；这里所说的"如打磨美玉，反复琢磨"，是指自我修炼的精神；说他"庄重而开朗"，是指他内心谨慎而有所戒惧；说他"仪表堂堂"，是指他非常威严；说"这样一个文质彬彬的君子，可真是令人难忘啊！"是指由于他品德非常高尚，达到了最完善的境界，所以使人难以忘怀。《诗经》说："啊啊，前代的君王真使人难忘啊！"这是因为君主贵族们能够以前代的君王为榜样，尊重贤人，亲近亲族，一般平民百姓也都蒙受恩泽，享受安乐，获得利益。所以，虽然前代君王已经去世，但人们还是永远不会忘记他们。

孔子说："听诉讼审理案子，我也和别人一样，目的在于使诉讼不再发生。"使隐瞒真实情况的人不敢花言巧语，使人心畏服，这就叫做抓住了根本。

说获得知识的途径在于认识、研究万事万物，是指要想获得知识，就必须接触事物而彻底研究它的原理。人的心灵都具有认识能力，而天下万事万物都总有一定的原理，只不过因为这些原理还没有被彻底认识，所以使知识显得很有局限。因此，《大学》一开始就教学习者接触天下万事万物，用自己已有的知识去进一步探究，以彻底认识万事万物的原理。经过长期用功，总有一天会豁然贯通。到那时，万事万物的里外粗细都被认识得清清楚楚，而自己内心的一切认识能力都得到淋漓尽致的发挥，再也没有蔽塞。这就叫万事万物被认识、研究了，这就叫知识达到顶点了。

使意念真诚的意思是说，不要自己欺骗自己。要像厌恶腐臭的气味一样，要像喜爱美丽的女人一样，一切都发自内心。所以，品德高尚的人哪怕是在一个人独处的时候，也一定要谨慎。

品德低下的人在私下里无恶不作，一见到品德高尚的人便躲躲闪闪，掩盖自己所做的坏事而自吹自擂。殊不知，别人看你自己，就像能看见你的心肺肝脏一样清楚，掩盖有什么用呢？这就叫做内心的真实一定会表现到外表上来。所以，品德高尚的人哪怕是在一个人独处的时候，也一定要谨慎。

曾子说："十只眼睛看着，十只手指着，这难道不令人畏惧吗？"

财富可以装饰房屋，品德却可以修养身心，使心胸宽广而身体舒泰安康。所以，品德高尚的人一定要使自己的意念真诚。

之所以说修养自身的品性要先端正自己的心思，是因为心有愤怒就不能够端正；心有恐惧就不能够端正；心有喜好就不能够端正；心有忧虑就不能够端正。

心思不端正就像心不在自己身上一样；虽然在看，但却像没有看见一样；虽然在听，但却像没有听见一样；虽然在吃东西，但却一点也不知道是什么滋味。所以说，要修养自身的品性必须要先端正自己的心思。之所以说管理好家庭和家族要先修养自身，是因为人们对于自己亲爱的人会有偏爱；对于自己厌恶的人会有偏恨；对于自己敬畏的人会有偏向；对于自己同情的人会有偏心；对于自己轻视的人会有偏见。因此，很少有人能喜爱某人又看到那人的缺点，厌恶某人又看到那人的优点。所以有谚语说："人都不知道自己孩子的坏，人都不满足自己庄稼的好。"这就是不修养自身就不能管理好家庭和家族的道理。

之所以说治理国家必须先管理好自己的家庭和家族，是因为不能管教好家人而能管教好别人的人，是没有的，所以，有修养的人在家里就受到了治理国家方面的教育；对父母的孝顺可以用于侍奉君主；对兄长的恭敬可以用于侍奉官长；对子女的慈爱可以用于统治民众。

《康诰》说："如同爱护婴儿一样。"内心真诚地去追求，即使达不到目标，也不会相差太远。要知道,没有先学会了养孩子再去出嫁的人啊!

一家仁爱,一国也会兴起仁爱;一家礼让,一国也会兴起礼让;一人贪婪暴戾,一国就会犯上作乱。其联系就是这样紧密,这就叫做:一句话就会坏事,一个人就能安定国家。

尧舜用仁爱统治天下,老百姓就跟随着仁爱;桀纣用凶暴统治天下,老百姓就跟随着凶暴。统治者的命令与自己的实际做法相反,老百姓是不会服从的。所以,品德高尚的,总是自己先做到。然后才要求别人做到;自己先不这样做,然后才要求别人不这样做。不采取这种推己及人的恕道而想让别人按自己的意思去做,那是不可能的。所以,要治理国家必须先管理好自己的家庭和家族。

《诗经》说:"桃花鲜美,树叶茂密,这个姑娘出嫁了,让全家人都和睦。"让全家人都和睦,然后才能够让一国的人都和睦。《诗经》说:"兄弟和睦。"兄弟和睦了,然后才能够让一国的人都和睦。《诗经》说:"容貌举止庄重严肃,成为四方国家的表率。"只有当一个人无论是作为父亲、儿子,还是兄长、弟弟时都值得人效法时,老百姓才会去效法他。这就是要治理国家必须先管理好家庭和家族的道理。

之所以说平定天下要治理好自己的国家,是因为,在上位的人尊敬老人,老百姓就会孝顺自己的父母;在上位的人尊重长辈,老百姓就会尊重自己的兄长;在上位的人体恤救济孤儿,老百姓也会同样跟着去做。所以,品德高尚的人总是实行以身作则,推己及人的"絜矩之道"。

如果厌恶上司对你的某种行为,就不要用这种行为去对待你的下属;如果厌恶下属对你的某种行为,就不要用这种行为去对待你的上司;如果厌恶在你前面的人对你的某种行为,就不要用这种行为去对待在你后面的人;如果厌恶在你后面的人对你的某种行为,就不要用这种行为去对待在你前面的人;如果厌恶在你右边的人对你的某种行为,就不要用这种行为去对待在你左边的人;如果厌恶在你左边的人对你的某种行为,就不要用这种行为去对待在你右边的人。这就叫做"絜矩之道"。

《诗经》说:"使人心悦诚服的国君啊,是老百姓的父母。"老百姓喜欢的他也喜欢,老百姓厌恶的他也厌恶,这样的国君就可以说是老百姓的父母了。《诗经》说:"巍峨的南山啊,岩石耸立。显赫的尹太师啊,百姓都仰望你。"统治国家的人不可不谨慎。稍有偏颇,就会被天下人推翻。《诗经》说:"殷朝没有丧失民心的时候,还是能够与上天的要求相符的。请用殷朝作个鉴戒吧,守住天命并不是一件容易的事。"这就是说,得到民心就能得到国家,失去民心就会失去国家。

所以,品德高尚的人首先注重修养德行。有德行才会有人拥护,有人拥护才能保有土地。有土地才会有财富,有财富才能供给使用,德是根本,财是枝末,假如把根本当成了外在的东西,却把枝末当成了内在的根本,那就会和老百姓争夺利益。所以,君王聚财敛货,民心就会失散;君王散财于民,民心就会聚在一起。这正如你说话不讲道理,人家也会用不讲道理的话来回答你;财货来路不明不白,总有一天也会不明不白地失去。

《康诰》说："天命是不会始终如一的。"这就是说，行善便会得到天命，不行善便会失去天命。《楚书》说："楚国没有什么是宝，只是把善当作宝。"舅犯说："流亡在外的人没有什么是宝，只是把仁爱当作宝。"

《秦誓》说："如果有这样一位大臣，忠诚老实，虽然没有什么特别的本领，但他心胸宽广，有容人的肚量，别人有本领，就如同他自己有一样；别人德才兼备，他心悦诚服，不只是在口头上表示，而是打心眼里赞赏。用这种人，是可以保护我的子孙和百姓的，是可以为他们造福的啊！相反，如果别人有本领，他就妒嫉、厌恶；别人德才兼备，他便想方设法压制、排挤，无论如何容忍不得。用这种人，不仅不能保护我的子孙和百姓，而且可以说是危险得很！"因此，有仁德的人会把这种容不得人的人流放，把他们驱逐到边远的四夷之地去，不让他们同住在国中。这说明，有德的人爱憎分明，发现贤才而不能选拔，选拔了而不能重用，这是轻慢。发现恶人而不能罢免，罢免了而不能把他驱逐得远远的，这是过错。喜欢众人所厌恶的，厌恶众人所喜欢的，这是违背人的本性，灾难必定要落到自己身上。所以，做国君的人有正确的途径：忠诚信义，便会获得一切；骄奢放纵，便会失去一切。

生产财富也有正确的途径。生产的人多，消费的人少；生产的人勤奋，消费的人节省。这样，财富便会经常充足。仁爱的人仗义疏财以修养自身的德行，不仁的人不惜以生命为代价去敛钱发财。没有在上位的人喜爱仁德，而在下位的人却不喜爱忠义的；没有喜爱忠义而做事却半途而废的；没有国库里的财物不是属于国君的。孟献子说："养了四匹马拉车的士大夫之家，就不需再去养鸡养猪；祭祀用冰的卿大夫家，就不要再去养牛养羊；拥有一百辆兵车的诸侯之家，就不要去收养搜刮民财的家臣。与其有搜刮民财的家臣，不如有偷盗东西的家臣。"这意思是说，一个国家不应该以财货为利益，而应该以仁义为利益。做了国君却还一心想着聚敛财货，这必然是有小人在诱导，而那国君还以为这些小人是好人，让他们去处理国家大事，结果是天灾人祸一齐降临。这时虽有贤能的人，却也没有办法挽救了。所以，一个国家不应该以财货为利益，而应该以仁义为利益。

冠义第四十三

【原文】

凡人之所以为人者，礼义也。礼义之始，在于正容体、齐颜色、顺辞令。容体正，颜色齐，辞令顺，而后礼义备。以正君臣、亲父子、和长幼。君臣正，父子亲，长幼和，而后礼义立。故冠而后服备，服备而后容体正、颜色齐、辞令顺。故曰："冠者，礼之始也。"是故古者圣王重冠。

古者冠礼筮日、筮宾，所以敬冠事。敬冠事所以重礼，重礼所以为国本也。故冠于阼，以著代也。醮于客位，三加弥尊，加有成也。已冠而字之，成人之道也。见于母，母拜之，见于兄弟，兄弟拜之。成人而与为礼也。玄冠、玄端，奠挚于君，遂以挚见于乡大夫、乡先生，以成人见也。成人之者，将责成人礼焉也。责成人礼焉者，将责为人子、为人弟、为人臣、为人少者之礼行焉。将责四者之行于人，其礼可不重与？

故孝弟忠顺之行立，而后可以为人，可以为人，而后可以治人也。故圣王重礼。故曰："冠者，礼之始也，嘉事之重者也。"是故古者重冠，重冠故行之于庙。行之于庙者，所以尊重事。尊重事，而不敢擅重事；不敢擅重事，所以自卑而尊先祖也。

【译文】

人之所以成为人，因为有礼义。礼义从哪里做起呢？在于端正仪容、表情严肃、说话和顺。仪容端正、表情严肃、说话和顺，然后才进一步要求具备礼义。这样，君臣的名分得以确立、使父子的关系亲密、使长辈和晚辈更加和睦。君臣之间的名分确立、父子间相亲相爱、长辈和晚辈和睦相处，然后礼义获得成立。古时到了二十岁行了冠礼，才备齐各种服饰。服饰完备了，然后要求仪容端正、表情严肃、说话和顺。所以说冠礼是礼的开始。因为这个缘故，古代圣王十分重视冠礼。

古代举行冠礼，选择日子和请谁来主持冠礼，都要由占筮来决定，这样做是因为冠礼是件十分严肃的事，严肃对待冠礼也是重视礼。重视礼，是治理国家的根本大事。

在阼阶上行冠礼，以此表示冠者将来要代替主人成为一家之长。冠者位于客位，主人向他敬酒，加冠三次，一次比一次尊贵，这是希望以后能取得成就。加冠时，再给他起一个字号，这对成年人来说是必不可少的。冠后去见母亲，母亲要答拜；与兄弟相见，兄弟也要答拜，因为他已成人，所以要对他行礼。穿着玄冠玄端的礼服去见国君，将见面礼摆在地上，表示不敢直接交给国君。接着带上见面礼去见卿大夫等长官及德高望重的老者，这是以成人的资格与他们相见。

一个人成为成年人，就用成年人的礼来要求他。用成年人的礼要求他，就是要求对父母要行儿子的礼，对兄弟要行兄弟的礼，对君上要行臣下的礼，对长辈要行晚辈的礼。要用以上四个方面的品行来要求他，冠礼能不重要吗？

一个人做到对父母孝、对兄弟友爱、对君主尽忠、对长辈顺从，才能真正称得上是个人。成为真正的人，然后可以教导和管理别人。因此圣王十分重视礼，所以说：冠礼是成人之礼的开始，是嘉礼中重要的一项。因为这个缘故，古人十分重视冠礼。因为重视冠礼，所以要在宗庙中举行。凡是在宗庙中举行的，都表示事情是很重要的。尊崇事情的重要，就不由己专任其事。不敢专任其事，所以自谦而尊敬祖先，要于祖庙中举行。

昏义第四十四

【原文】

　　昏礼者，将合二姓之好，上以事宗庙，而下以继后世也，故君子重之。是以昏礼纳采、问名、纳吉、纳征、请期，皆主人筵几于庙，而拜迎于门外，入，揖让而升，听命于庙，所以敬慎、重正昏礼也。

　　父亲醮子而命之迎，男先于女也。子承命以迎，主人筵几于庙，而拜迎于门外。婿执雁入，揖让，升堂，再拜，奠雁，盖亲受之于父母也。降，出，御妇车，而婿授绥，御轮三周，先俟于门外。妇至，婿揖妇以入。共牢而食，合卺而酳，所以合体、同尊卑以亲之也。敬慎重正而后亲之，礼之大体而所以成男女之别，而立夫妇之义也。男女有别，而后夫妇有义；夫妇有义，而后父子有亲；父子有亲，而后君臣有正。故曰："昏礼者，礼之本也。"

　　夫礼，始于冠，本于昏，重于丧祭，尊于朝聘，和于乡射，此礼之大体也。

　　夙兴，妇沐浴以俟见。质明，赞见妇于舅姑，妇执笲——枣、栗、段脩以见。赞醴妇，妇祭脯醢，祭醴，成妇礼也。舅姑入室，妇以特豚馈，明妇顺也。厥明，舅姑共飨妇以一献之礼，奠酬，舅姑先降自西阶，妇降自阼阶，以著代也。成妇礼，明妇顺，又申之以著代，所以重责妇顺焉也。妇顺者，顺于舅姑，和于室人，而后当于夫，以成丝麻、布帛之事，以审守委积、盖藏。是故妇顺备而后内和理，内和理而后家可长久也，故圣王重之。

　　是以古者妇人先嫁三月，祖庙未毁，教于公宫；祖庙既毁，教于宗室。教以妇德、妇言、妇容、妇功。教成，祭之，牲用鱼，芼之以苹藻，所以成妇顺也。

　　古者天子，后立六宫，三夫人，九嫔，二十七世妇，八十一御妻，以听天下之内治，以明章妇顺，故天下内和而家理。天子立六官，三公、九卿、二十七大夫、八十一元士，以听天下之外治，以明章天下之男教，故外和而国治。故曰："天子听男教，后听女顺；天子理阳道，后治阴德；天子听外治，后听内职。教顺成俗，外内和顺，国家理治，此之谓盛德。"

　　是故男教不修，阳事不得，適见于天，日为之食；妇顺不修，阴事不得，适见于天，月为之食。是故日食则天子素服而修六官之职，荡天下之阳事；月食则后素服而修六宫之职，荡天下之阴事。故天子之与后，犹日之与月，阴之与阳，相须而后成者也。

　　天子修男教，父道也；后修女顺，母道也。故曰："天子之与后，犹父之与母也。"故为天王服斩衰，服父之义也；为后服资衰，服母之义也。

【译文】

婚礼的意义在于要结成两姓之好，对上以事奉宗庙，对下以继承后世，所以君子十分重视它。因此在婚礼纳采、问名、纳吉、纳征、请期的日子，女方的父母都要先在家庙中摆设几席，然后亲自出门拜迎男方的使者，入了庙门，双方揖让而登堂，在庙堂里听受使者转达男家的话，这一切都是为了使婚礼庄敬隆重。

唐代婚宴场面，敦煌莫高窟榆林25窟壁画。

父亲亲自给儿子行醮礼，吩咐他迎娶新妇。这是表示男的要先去迎娶，然后女的才跟随男的而来。儿子秉承父命去迎亲，女方的父母在家庙里设了几席，然后在门外拜迎女婿。新婿捧着鹅走进去，彼此揖让登堂，再拜置鹅在地上，因为这是奉了父母的命令。然后走下堂，出来把新妇的车驾好，并将车上的挽手绳交给新妇，然后驾着车子向前走，当车轮转了三圈时，就交给御者驾驶。自己的车先到家门外等着，新妇到了，新郎就对新妇作揖，请她进门。吃饭时，夫妇共用一牢，合饮一尊酒，这样做是为了表示夫妇二位一体，尊卑一样，彼此相亲相爱。

经过庄敬隆重的婚礼后，新婚夫妇才彼此相亲爱，这是礼的大原则。同时，也是为了划分男女之间的界限，然后建立起夫妇之间正常的关系。有了男女之间的界限，才会有夫妇之间正常的关系；有了夫妇之间正常的关系；然后才会有父子亲爱；有了父子亲爱，然后君臣才能各安其位。所以说：婚礼是礼的根本。礼，是以冠礼为起点，以婚礼为根本，以丧祭为最隆重，以朝觐、聘问为最尊敬，以射、乡饮酒为最和睦了；这些是礼的大原则。

新妇清早起床，梳洗打扮好，等待进见公婆。到天明的时候，赞礼的妇人领着新妇去见公婆，新妇拿着竹篮，里面盛着枣、栗、干肉，去拜见公婆。赞礼的妇人代公婆酌甜酒赐新妇，新妇在席上祭肉酱、祭酒之后，便完成了做媳妇的礼节。公公婆婆回到寝室后，新妇向公婆献上一只蒸熟的小猪，以表明做媳妇的孝顺。第二天，公婆以"一献之礼"飨新妇，然后"奠酬"，礼毕。公婆先由西阶下去，新妇由阼阶下去，这样是表明新妇将接替婆婆做家庭主妇了。

完成了做媳妇的礼节，表明了媳妇的孝顺，又反复地表示她可以接替婆婆做家庭主妇，这样隆重地待她；是为了让她能履行做媳妇的孝顺。所谓媳妇的孝顺，就是指要顺从公婆的意愿；并与其他女眷和睦相处；然后履行对丈夫的义务：经理丝麻布帛的事，保管家中储备的财物。所以媳妇尽到了责任，然后家庭才能和谐安定；家庭和谐安定了，然后这个家才能长久不衰；所以圣王十分重视妇女的孝顺。

所以古代女子在出嫁前三个月，如果她还在五服之内，就在宗子庙里接受婚前教育；如已在五服之外别成支族，就在支子的庙里接受婚前教育；教她有关妇女贞顺的德性、言语的应对、打扮装饰及家务事等等。学成以后，要祭告祖先。祭时用鱼作俎，用蘋藻作羹汤。这都是为了完成女子柔顺的德性。

清雍正妃行乐图，清佚名绘，私人藏。

在古代，天子的后妃设立六宫、三夫人、九嫔、二十七世妇、八十一御妻，以掌管天下家室，显示天下妇女柔顺的德性，所以内室和睦而家庭安定。天子设立六官、三公、九卿、二十七大夫、八十一元士，以掌管天下大事，显示天下臣民的政教，所以外部和谐而国家大治。因此说：天子掌管臣民的政教，后妃掌管妇女柔顺的德性；天子整理阳刚的大道，后妃治理阴柔的德性；天子掌管外部的治理，后妃掌管内部的职责。政教、柔顺形成了风俗，外部内部和顺，国与家都治理得十分有条理，这就叫做盛德。

因此，凡是政教不修治，违背了阳道，天上就会出现谴责的征兆，发生日蚀；凡是妇女柔顺的德性不修治，违背了阴道，天上也会出现谴责的征兆，发生月蚀。所以遇到日蚀，天子就穿纯白的衣服，而考核六官的职责，以清除整理天下的阳事；遇到月蚀，后妃就穿纯白的衣服，而考核六宫的职责，以清除整理天下的阴事。所以天子与后妃，就像日与月，阳与阴，互相依靠才能存在。天子推行政教，就像父亲管教儿子；后妃推行女德，就像母亲教导女儿；所以说：天子与后妃，就好比父亲与母亲，因此如果天子死了，他的臣下为他服斩衰三年，这和为父亲服丧服同样的意思；如果后妃死了，臣下为她服齐衰，也和为母亲服丧服一样的意思。

乡饮酒义第四十五

【原文】

乡饮酒之义：

主人拜迎宾于庠门之外，入，三揖而后至阶，三让而后升，所以致尊让也。盥洗、扬觯，所以致洁也。拜至，拜洗，拜受，拜送，拜既，所以致敬也。尊让、洁、敬也者，君子之所以相接也。君子尊让则不争，洁、敬则不慢；不慢不争，则远于斗辨矣；不斗辨，则无暴乱之祸矣。斯君子之所以免于人祸也，故圣人制之以道乡人、士、君子。

"尊于房户之间"，宾主共之也。尊有玄酒，贵其质也。羞出自东房，主人共之也。洗当东荣，主人之所以自洁，而以事宾也。

宾主，象天地也。介僎，象阴阳也。三宾，象三光也。让之三也，象月之三日而成魄也。四面之坐，象四时也。

天地严凝之气，始于西南而盛于西北，此天地之尊严气也，此天地之义气也。天地温厚之气，始于东北而盛于东南，此天地之盛德气也，此天地之仁气也。

主人者尊宾，故坐宾于西北，而坐介于西南以辅宾。宾者，接人以义者也，故坐于西北。主人者，接人〔以仁〕以德厚者也。故坐于东南；而坐僎于东北，以辅主人也。

仁义接，宾主有事，俎豆有数，曰圣。圣立而将之以敬，曰礼。礼以体长幼，曰德。德也者，得于身也。故曰：古之学术道者，将以得身也，是故圣人务焉。

祭荐，祭酒，敬礼也。哜肺，尝礼也。啐酒，成礼也。于席末，言是席之正，非专为饮食也，为行礼也。此所以贵礼而贱财也。卒觯，致实于西阶上，言是席之上，非专为饮食也，此先礼而后财之义也。先礼而后财，则民作敬让而不争矣。

乡饮酒之礼：六十者坐，五十者立侍，以听政役，所以明尊长也。六十者三豆，七十者四豆，八十者五豆，九十者六豆，所以明养老也。民知尊长养老，而后乃能入孝弟。民入孝弟，出尊长养老，而后成教。成教而后国可安也。君子之所谓孝者，非家至而日见之也；合诸乡射，教之乡饮酒之礼，而孝弟之行立矣。孔子曰："吾观于乡，而知王道之易易也。"

主人亲速宾及介，而众宾自从之；至于门外，主人拜宾及介，而众宾自入。贵贱之义别矣。

三揖至于阶，三让以宾升，拜至、献酬，辞让之节繁。及介，省矣。至于众宾，升受，坐祭，立饮，不酢而降。隆杀之义辨矣。

工入，升歌三终，主人献之。笙入三终，主人献之。间歌三终，合乐三终。工告乐备，遂出。一人扬觯，乃立司正焉。知其能和乐而不流也。

宾酬主人，主人酬介，介酬众宾，少长以齿，终于沃洗者焉。知其能弟长而无遗矣。

"降，说屦，升坐，（脩）〔羞〕，爵无数。"饮酒之节，朝不废朝，莫不废夕。宾出，主人拜送，节文终遂焉。知其能安燕而不乱也。

贵贱明，隆杀辨，和乐而不流，弟长而无遗，安燕而不乱，此五行者，足以正身安国矣。彼国安而天下安，故曰："吾观于乡，而知王道之易易也。"

乡饮酒之义：

立宾以象天，立主以象地，设介僎以象日月，立三宾以象三光。古之制礼也，经之以天地，纪之以日月，参之以三光，政教之本也。

亨狗于东方，祖阳气之发于东方也。洗之在阼，其水在洗东，祖天地之左海也。尊有玄酒，教民不忘本也。

宾必南乡。东方者春，春之为言蠢也，产万物者圣也。南方者夏，夏之为言假也。养之，长之，假之，仁也。西方者秋，秋之为言愁也。愁之以时察，守义者也。北方者冬，冬之为言中也，中者藏也。是以天子之立也：左圣，乡仁；右义，偕藏也。

介必东乡，介宾主也。

主人必居东方。东方者春，春之为言蠢也，产万物者也。主人者造之，产万物者也。

月者三日则成魄，三月则成时，是以礼有三让，建国必立三卿。三宾者，政教之本，礼之大参也。

【译文】

乡饮酒的礼仪是这样：主人在乡学门外拜迎宾客，宾客进门之后，作揖三次然后到阶下，彼此推让三次然后升阶，这样做都是为了表示尊敬谦让的意思。洗手洗杯，然后举杯饮酒，这是为了表示清洁。宾客到了而主人拜迎，主人洗爵而宾客拜谢，主人献酒而宾客拜受，宾客接受了而主人在阼上拜送，宾客干杯而拜，这样是为了表达敬意。彼此尊重、谦让、洁净、恭敬，这是君子相互交往的原则。君子能尊重谦让，就不会发生争斗，能洁净恭敬，就不会出现怠慢，不怠慢不争斗，就不会有争讼的事；没有争讼的事，也就没有强暴作乱的祸害了。这是君子避免祸害的方法，所以圣人用礼来加以制约。

乡大夫、州长、里正及卿、大夫、士等人行乡饮酒礼时，酒尊放在房户之间，表

示这是宾主共用的。尊里盛着水，是以质朴为贵。菜肴从东房端出来，表示是由主人供具的。在东边房檐下放个"洗"，是主人自己洁净用的，表示敬事宾客。

宾与主，象征天与地；介与僎，象征阴与阳；宾、介、僎及众宾客，象征日月星三光；彼此推让三次，像月朔后三天而月始见光明；四面对着坐，象征着春夏秋冬四时。天地间严肃寒凝的气，从西南方开始，到西北方最为强盛，这是天地间尊贵威严的气，是天地间的义气。天地间温和敦厚的气，从东北方开始，到东南方最为强盛，这是天地间盛明道德的气，是天地间的仁气。

主人尊敬宾客，所以把宾客的位置安排在西北方，而把介的位置安排在西南方，以辅助宾客，宾客是用义来待人的，所以坐在西北。主人是用仁德敦厚来待人的，所以坐在东南方。而把僎安排在东北方，以辅助主人。仁义交接，宾主各安其所，而且待客的俎豆符合数目，这就叫做圣明。既圣明，又恭敬，这就叫做礼。用礼来作规范，使长幼身体力行，这就叫德。所谓德，就是自身的行为都合于礼义。所以说：古代学习道艺的人，就是要使心身有所得。因此，圣人都努力去实行。

宾在席上祭主人所献的菜肴与酒，这是向主人表示敬意的礼仪。尝一下肺，是表示接受主人所献菜肴的礼仪。尝一口酒，是表示成就主人献酢的礼仪。移到席的末位，是说此席的真正意义不只是为饮食，而是为了行礼的，这是重礼仪而轻财物的表现。在西阶上干杯，也是说此席的意义不只是为饮食的。这都是表示先礼仪而后财物的意思。能够做到先礼仪而后财物，那么人民中就会兴起一种恭敬谦让的风气，也就不会发生互相争夺的事了。

乡饮酒的礼仪是：六十岁以上的人坐着，而五十岁的人则站着侍候，听候差使，这是为了表明对长辈的尊重。六十岁的人三盘菜，七十岁的人四盘，八十岁的人五盘，九十岁的人六盘，这是为了表明对老人的奉养。人民懂得尊敬奉养老人，然后才能在家孝顺父母，善事兄长。人民能在家中孝顺父母，善事兄长，在外尊敬奉养老人，而后教化才能成功，教化成功了，然后国家才能得到安定。君子所说的孝，并不是挨家挨户去宣扬，也不是要每天召来加以戒谕；而只要在乡饮酒和射的时候把人们集合起来，教导他们乡饮酒的礼仪就行了，这样孝顺悌爱的德行就建立了。孔子说："我参观过乡饮酒的礼仪，就知道王者的教化是很容易推行的。"

主人亲自到宾及介的家中敦请，而其他的众宾则先到宾家的门外，等着跟随宾一同前往。到了主人门外，主人拜迎宾及介，而揖请其他的宾客进去。这样做贵贱就分得很清楚了。宾主彼此三揖然后走到阶前，互相推让三次然后主人引导宾登阶。拜迎、揖让宾的来到，又酌酒献宾，宾又回敬主人，辞让的礼节十分繁富。至主人与介之间，礼节就减省了许多。至于其他众宾，只是登阶接受献爵，坐着行祭，站着喝酒，不必回敬主人就可下阶。从这些不同的做法来看，礼的繁富与省减就分得很清楚了。

乐正进来，登堂唱了三首诗歌，主人献酒给他；吹笙的人进来，在堂下吹奏了三支曲子，主人也献酒给他；乐正与吹笙的又轮流交替地各演奏了三首诗歌；然后一唱一吹配合起来各演奏了三首诗歌。于是，乐正就报告主宾，乐歌已经演奏完备，自己就退下堂来。这时主人身边管事的人对宾举杯，表示开始旅酬，于是就设立司正。由此可知，乡饮酒能使大家和谐欢乐而又不放肆失礼。宾先向主人劝酒，主人又向介劝酒，介又向众宾客劝酒，按年龄的长幼顺序饮酒，直到侍候宾主盥洗的人为止。由此可知，乡饮酒时，不论年纪长幼都不会遗漏。撤俎之后都走下堂来，脱掉鞋子，然后再登堂就坐，这时就开始无算爵，彼此劝酒，不计杯数。饮酒的限度要以早上不耽误早朝，晚上不耽误治事为准。饮酒结束，宾离去，主人拜送。至此，所有的礼仪都全部完成了。由此可知，乡饮酒可以使大家平安燕乐而不发生任何混乱。

贵贱分明了，礼的繁富和省减清楚了，和谐欢乐而又不放肆失礼，不论长幼都不会遗漏，平安燕乐而不发生混乱，这五种行为，足以规范身心而安定国家。国家安定了，天下才能安定。所以孔子说："我参观了乡饮酒的礼仪，就知道王者的教化是很容易推行的。"

乡饮酒的意义是：设立宾以象征天的崇高，设立主以象征地的低卑，设立陪客、观礼者以象征日月，设立三位长宾以象征三大辰。古代制定礼法，以天地来经营它，以日月来总理它，以三大辰来辅助它，这些是政治与教化的根本。

在堂的东方烹煮狗肉，是效法阳气起于东方。"洗"放在阼阶上，所用的水摆在"洗"的东边，这是效法天地的东方是海。酒尊里盛着水，是教导人民不要忘了本源。

宾一定要面向南坐。东方就是春天的位置，所谓春就是活动生长的意思，化育万物，是因为生气通达的缘故。南方就是夏天的位置，所谓夏就是大的意思，供养万物，生长万物，繁盛万物，这就是仁。西方是秋天的位置，所谓秋就是收敛的意思，依时节杀戮来收敛，目的是为了守义。北方是冬天的位置，所谓冬就是终了的意思，庄稼收割完毕就要收藏。所以天子站立时，都是左傍着"圣"，面向着"仁"，右靠着"义"，背依着"藏"。介一定要面向东坐，在宾主之间通达情意。主人一定要坐在东方，东方是春天的位置，所谓春天就是活动生长的意思，是化育万物的。做主人的就这个位置，是因为他也是生产万物以奉宾的。月朔后三日，然后阴暗的部分才开始恢复光明，三个月就成为一季，所以礼有推让三次的规定，建国也一定要设立三个卿位。乡饮酒时设立三位长宾，也是这个意思。这是政治教化的根本，也是礼的最大依据。

射义第四十六

【原文】

古者诸侯之射也，必先行燕礼。卿、大夫、士之射也，必先行乡饮酒之礼。故燕礼者，所以明君臣之义也；乡饮酒之礼者，所以明长幼之序也。

故射者，进退周还必中礼。内志正，外体直，然后持弓矢审固；持弓矢审固，然后可以言中。此可以观德行矣。

其节：天子以《驺虞》为节，诸侯以《狸首》为节，卿、大夫以《采𬞟》为节，士以《采蘩》为节。《驺虞》者，乐官备也；《狸首》者，乐会时也；《采𬞟》者，乐循法也；《采蘩》者，乐不失职也。是故天子以备官为节，诸侯以时会天子为节，卿、大夫以循法为节，士以不失职为节。故明乎其节之志，以不失其事，则功成而德行立；德行立，则无暴乱之祸矣。功成则国安，故曰：射者，所以观盛德也。

是故古者天子以射选诸侯、卿、大夫、士。射者，男子之事也，因而饰之以礼乐也。故事之尽礼乐而可数为以立德行者，莫若射，故圣王务焉。

是故古者天子之制：诸侯岁献，贡士于天子，天子试之于射宫。其容体比于礼，其节比于乐，而中多者，得与于祭。其容体不比于礼，其节不比于乐，而中少者，不得与于祭。数与于祭而君有庆，数不与于祭而君有让。数有庆而益地，数有让而削地。故曰：射者，射为诸侯也。是以诸侯君臣尽志于射，以习礼乐。夫君臣习礼乐而以流亡者，未之有也。故《诗》曰："曾孙侯氏，四正具举。大夫君子，凡以庶士，小大莫处，御于君所。以燕以射，则燕则誉。"言君臣相与尽志于射，以习礼乐，则安则誉也。是以天子制之，而诸侯务焉。此天子之所以养诸侯而兵不用，诸侯自为正之具也。

孔子射于矍相之圃，盖观者如堵墙。射至于司马，使子路执弓矢出延射，曰："贲军之将，亡国之大夫，与为人后者，不入。其馀皆入。"盖去者半，入者半。又使公罔之裘、序点扬觯而语。公罔之裘扬觯而语曰："幼壮孝弟、耆耋好礼、不从流俗、修身以俟死者不？——在此位也！"盖去者半，处者半。序点又扬觯而语曰："好学不倦、好礼不变、旄期称道不乱者不？——在此位也！"盖仅有存者。

射之为言者，绎也，或曰舍也。绎者，各绎己之志也。故心平体正，持弓矢审固；持弓矢审固，则射中矣。故曰：为人父者，以为父鹄；为人子者，以为子鹄；为人君者，以为君鹄；为人臣者，以为臣鹄。故射者各射己之鹄。故天子之大射，谓之"射侯"。射侯者，射为诸侯也。射中则得为诸侯，射不中则不得为诸侯。

天子将祭，必先习射于泽。泽者，所以择士也。已射于泽，而后射于射宫。射中者得与于祭，不中者不得与于祭。不得与于祭者有让，削以地。得与于祭者有庆，益以地。进爵绌地是也。

故男子生，桑弧蓬矢六，以射天地四方。天地四方者，男子之所有事也。故必先有志于其所有事，然后敢用穀也，饭食之谓也。

射者，仁之道也。射求正诸己，己正而后发；发而不中，则不怨胜己者，反求诸己而已矣。孔子曰："君子无所争，必也射乎？揖让而升，下而饮。其争也君子。"

孔子曰："射者何以射？何以听？循声而发，发而不失正鹄者，其唯贤者乎！若夫不肖之人，则彼将安能以中？"《诗》云："发彼有的，以祈尔爵。"祈，求也。求中以辞爵也。酒者，所以养老也，所以养病也。求中以辞爵者，辞养也。

【译文】

古代诸侯举行射礼，一定先举行燕礼；卿、大夫、士举行乡射礼，一定先举行乡

饮酒礼。燕礼这一礼节,是用来明确君臣之间的名分的;乡饮酒这一礼节,是用来明确长幼次序的。

射箭的人,前进、后退、转身一定要合乎礼仪的要求。思想纯正,身体挺直,然后拿起弓矢,目光专注箭靶。拿起弓矢,目光专注箭靶,然后才能谈到射中。这样在射箭过程中就可以观察到人的道德品性了。

射箭时的音乐节拍:天子射时,用《驺虞》为节拍,诸侯射时,用《狸首》为节拍,卿大夫射时,用《采蘋》为节拍,士射时,用《采繁》作为节拍。《驺虞》歌颂百官齐备;《狸首》歌颂诸侯按时朝见天子;《采蘋》歌颂遵循法度;《采繁》歌颂不荒废本职工作。所以天子用齐备百官的歌曲为节拍,诸侯用按时朝会天子的歌曲为节拍,卿大夫用遵循法度的歌曲为节拍,士用不荒废本职工作的歌曲为节拍。

明确各自伴射歌曲的思想意义,从而不荒废各自的职事,这样就能达到成就功业和确立好的品德行为。各种人都确立好的品德行为,就不会有暴虐作乱的种种灾祸发生,成就功业就可以使国家安定。所以说:举行射礼,可以用来观察美好的德行。

因此,古代天子利用射箭来考察诸侯、卿、大夫、士的德行。射箭这件事,是每一个男子都应该从事的,并用乐曲来配合修饰它。能与礼乐相配合,又可以不断反复地进行,从而确立好的品德行为的,没有比射箭更好的了。所以,圣明的君主一定致力于射这件事。

因此,古代天子规定:诸侯每年要向天子报告和进奉祭祀物品,还向天子推荐人才,天子在射宫对他们进行考核。如果仪态合乎礼仪,发射的快慢合于乐曲的节拍,射中的次数又多的人,获得参加祭祀的资格;如果仪态不合乎礼仪,发射的快慢不合于乐曲的节拍,而中靶的次数又少的人,不能参加祭祀。推荐的士,多次参加祭祀的,君主就获得褒奖;推荐的士,多次不能参加祭祀的,君主要受到责罚。多次受到褒奖的就增加封地,多次受到责罚的就削减封地。所以说:射箭这件事,它是有关诸侯的赏罚。因为如此,所以诸侯君臣们尽心于习射,藉以练习熟悉礼仪和乐曲。国君大臣都能很好地学习礼乐,却因此遭到放逐灭国的,从来没有过。

所以《诗》说:"天子的宗室诸侯,当燕礼向宾、公、卿、大夫们举杯献酒完毕后,大夫们和品德高尚的君子们、众士们,无论职位高低都不要留滞于各自的官衙内,都到君主处侍候;来参加燕礼又参加射礼,既获得安乐又获得声誉。"诗意是说君臣共同在一起专心于射,藉以练习礼乐,既安乐又有声誉。因为如此,所以天子制定射礼,诸侯全力从事于射礼。这就是天子不通过武力来治理诸侯,诸侯纠正自己行为的办法啊!

孔子演习射礼在矍相的场上,观看的人挤得像一堵墙。乡饮酒礼毕,司正改称司马行射礼时,孔子让子路拿着弓矢出来延请射箭的人说:"打败仗的将军,使国君亡国的大夫,贪图财产认人作父的不要进入,其余都进入。"离去的大概有一半人,进入的有一半人。孔子又让公罔之裘、序点举起酒杯对大众讲话,公罔之裘举杯说:"二三十岁时能做到孝顺父母敬爱兄弟,六七十岁时能爱好礼仪,不随波逐流,修养品德到老,有这样的人吗？如果有，请站到射位上。"离去的大约有一半，留下的有一半。序点又举杯说："爱好学习永不懈怠，爱好礼仪矢志不变，八十九十乃至百岁，称颂正道不受悖乱的影响，有这样的人吗？如果有，请站到射位上。"这样很少有人留下来的了。

重阳习射，清王致诚绘《乾隆射箭图》。

射的意义，是抒发的意思；又说是舍处的意思。抒发的意思，指抒发各人的志向。思想纯正、身体端正，拿起弓矢，视力集中，瞄得很准，就能射中箭靶。所以说：做父亲的，在射箭时把射中箭靶当做做好父亲的目标；做儿子的，把射中箭靶当做做一个好儿子的目标；做国君的，把射中箭靶当做做好一个国君的目标；做臣下的，把射中箭靶当做做好臣下的目标。射箭的人身份不同，各人都把射中作为符合各种身份的目标。天子举行大射之礼称作"射侯"。"射侯"的意思，是说射箭的目的是做诸侯，射中靶心符合做诸侯，射不中靶心就不够诸侯的条件。

天子将要举行祭祀，必定先演习射箭在泽宫。泽字的意思，是说利用射箭在诸侯推荐的士中选择助祭的人。在泽宫演习完毕后，然后又到射宫演习射箭。射中的人获得参与祭祀，没有射中的人不能参与祭祀。不能参加祭祀的要受到责罚，削减推举诸侯的封地。获得参加祭祀的人受到奖励，增加荐举诸侯的封地。提升爵位、减损封地都根据射箭。

生了男孩子后，一定在门口挂着桑木的弓和六根用蓬草做的箭，用来向上下及东南西北四方发射。天地四方之事，是男子应从事的事。所以一定先立这个志，然后才敢享用谷物。犹言得先做事，然后才有饭吃。

射箭这件事，包涵"仁"的道理。射先要求自己思想纯正、身体端正，自己做到思想纯正和身体端正，然后才发射。发射，没有射中，不埋怨胜过自己的人，回过头来在自身找原因罢了。孔子说："品德高尚的君子是不与人争胜的；如有所争，一定是射箭吧！揖拜谦让升堂，射后，下堂再共同饮酒，这是君子的争胜。"

孔子说："射箭的人射箭的目标是什么？耳朵注意听什么？按照音乐的节拍发射，射出后又正中靶的中心，只有贤德的人才能做到啊！至于不贤之辈，他们如何能射中目标呢？"《诗》说："射箭希望射中靶心，以免喝你的罚酒。"祈，是求的意思，希望射中，求得免喝罚酒。酒是用来养老的，或用来养病的。希望射中以免喝酒，这是推辞别人的奉养啊。

燕义第四十七

【原文】

　　古者周天子之官,有庶子官。庶子官职诸侯、卿、大夫、士之庶子之卒,掌其戒令与其教治,别其等,正其位。国有大事,则率国子而致于大子,唯所用之。若有甲兵之事,则授之以车甲,合其卒伍,置其有司,以军法治之;司马弗正。凡国之政事,国子存游卒,使之修德学道,春合诸学,秋合诸射,以考其艺而进退之。

　　诸侯燕礼之义:

　　"君立阼阶之东南,南乡尔卿;大夫,皆少进。"定位也。君席阼阶之上,居主位也。君独升立席上,西面特立,莫敢适之义也。

　　设宾主,饮酒之礼也。使宰夫为献主,臣莫敢与君亢礼也。不以公卿为宾,而以大夫为宾,为疑也,明嫌之义也。宾入中庭,君降一等而揖之,礼之也。

　　君举旅于宾,及君所赐爵,皆降,再拜稽首,升成拜,明臣礼也。君答拜之,礼无不答,明君上之礼也。臣下竭力尽能以立功于国,君必报之以爵禄,故臣下皆务竭力尽能以立功,是以国安而君宁。礼无不答,言上之不虚取于下也。上必明正道以道民,民道之而有功,然后取其什一,故上用足而下不匮也。是以上下和亲而不相怨也。和宁,礼之用也。此君臣上下之大义也。故曰:燕礼者,所以明君臣之义也。

　　席,小卿次上卿,大夫次小卿,士、庶子以次就位于下。献君,君举旅行酬。而后献卿,卿举旅行酬。而后献大夫,大夫举旅行酬。而后献士,士举旅行酬。而后献庶子。俎豆、牲体、荐羞,皆有等差。所以明贵贱也。

【译文】

　　古代周天子设置庶子官。庶子官的职责是管理诸侯、卿、大夫、士的诸子的部队,执掌他们的戒法政令,参与评定他们才艺的等第,确定他们朝位的位次。国家有大事,就率领国子到太子那里去,听凭太子任用。如果有战事,就发给他们兵车、盔甲和武器,按军队编制把他们组织起来,给他们选派将帅,一切都按军法管理,不受司马的节制。凡属国家一般赋役都可免去。国内有征役之时,让他们组织起来,勤修德行,力学道艺,春季聚集在太学,秋季集合在射宫,考核他们的学业,根据成绩的优劣,决定他们的进退。

　　诸侯饮宴群臣的礼仪是这样的:国君立在阼阶的东南方,向南揖卿,使卿靠近一些;又揖大夫,大夫稍微向前进。这是定群臣之位。国君的坐席在阼阶上面,居于主位。国君独自升席,面向西方,独自站着,这是表示没有人与他匹敌的意思。

分设宾主，这是酒宴上的礼节。国君命宰夫代替自己做主人，向宾客敬酒，这是因为参加酒宴的臣下不敢与国君行对等的礼节。不以公卿做宾，而以大夫做宾，是因为不这样就容易产生臣与君同尊的嫌疑，因而这是避嫌疑的意思。宾走入庭中的时候，国君就走下一级台阶，向宾客作揖，这是表示他对宾客以礼相待。

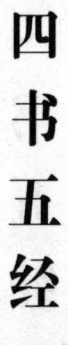

清乾隆皇帝在紫光阁赐宴群臣，清人绘。

在国君与众宾举行旅酬及国君向臣下赐爵劝饮的时候，宾及臣下都走到堂下，向国君再拜叩头，国君使小臣请他们回到堂上席位，他们还要在堂上再拜叩头，然后接受，以完成礼节，这是表明做臣子应有的礼数。国君也起来向他们答拜，礼仪中没有不答拜的，这是表明做君主的应有的礼数。臣子们竭尽力量和才能，为国立功，国君必定会赐给他们爵位和官禄作为报答，因此臣子们都竭尽力量和才能为国立功，这样一来，国家就会安定，国君也就清静无事了。礼仪中没有不报答的，意思是说在上位的人决不会白白掠取在下位的人。在上位的人必定明了用正确的治国之道去引导人民，使人民依从这条治国之道去做而有所收获，然后征收他们收获的十分之一作为赋税，就能使国库充实人民富足。这样一来，就会上下和乐亲近而不会相互怨恨了。和乐和安宁，是施行礼的结果，是君臣上下间大义之所在。所以说：燕礼，是发扬君臣间大义的重要途径。

饮宴时坐席的设置是这样的：小卿的席位次于上卿，大夫的席位又次于小卿，士及庶子则依次坐在阼阶下面。饮酒的时候，宰夫代国君做主人，先给国君敬酒，国君举杯向大家劝饮；然后又给卿敬酒，卿也举杯向大家劝饮；然后给大夫敬酒，大夫又举杯向大家劝饮；然后给士敬酒，士也举杯向大家劝饮；最后给庶子敬酒。饮宴时所用的食器、菜肴等，都因地位的不同而有所差别。这些都是用来表明尊卑贵贱的。

聘义第四十八

【原文】

　　聘礼，上公七介，侯伯五介，子男三介，所以明贵贱也。

　　介绍而传命，君子于其所尊弗敢质，敬之至也。

　　三让而后传命，三让而后入庙门，三揖而后至阶，三让而后升，所以致尊让也。

　　君使士迎于竟，大夫郊劳。君亲拜迎于大门之内而庙受，北面拜贶，拜君命之辱，所以致敬也。

　　敬让也者，君子之所以相接也。故诸侯相接以敬让，则不相侵陵。

　　卿为上摈，大夫为承摈，士为绍摈。君亲礼宾，宾私面、私觌、致饔饩、还圭璋、贿赠、飧食燕，所以明宾客君臣之义也。

　　故天子制诸侯，比年小聘，三年大聘，相厉以礼。使者聘而误，主君弗亲飧食也，所以愧厉之也。诸侯相厉以礼，则外不相侵，内不相陵。此天子之所以养诸侯，兵不用而诸侯自为正之具也。

　　以圭璋聘，重礼也；已聘而还圭璋，此轻财而重礼之义也。诸侯相厉以轻财重礼，则民作让矣。

　　主国待客，出入三积。饩客于舍，五牢之具陈于内，米三十车，禾三十车，刍薪倍禾，皆陈于外，乘禽日五双，群介皆有饩牢，壹食再飨，燕与时赐无数，所以厚重礼也。古之用财者，不能均如此，然而用财如此其厚者，言尽之于礼也。尽之于礼，则内君臣不相陵，而外不相侵。故天子制之，而诸侯务焉尔。

　　聘射之礼，至大礼也。质明而始行事，日几中而后礼成，非强有力者弗能行也。故强有力者，将以行礼也。酒清，人渴而不敢饮也；肉干，人饥而不敢食也；日莫人倦，齐庄正齐，而不敢解惰，以成礼节，以正君臣，以亲父子，以和长幼。此众人之所难，而君子行之，故谓之有行。有行之谓有义，有义之谓勇敢。故所贵于勇敢者，贵其能以立义也；所贵于立义者，贵其有行也；所贵于有行者，贵其行礼也。故所贵于勇敢者，贵其敢行礼义也。故勇敢强有力者，天下无事则用之于礼义，天下有事则用之于战胜。用之于战胜则无敌，用之于礼义则顺治。外无敌，内顺治，此之谓盛德。故圣王之贵勇敢强有力如此也。勇敢强有力而不用之于礼义、战胜，而用之于争斗，则谓之乱人。刑罚行于国，所诛者乱人也。如此，则民顺治而国安也。

　　子贡问于孔子曰："敢问君子贵玉而贱珉者何也？为玉之寡而珉之多与？"

　　孔子曰："非为珉之多，故贱之也；玉之寡，故贵之也；夫昔者，君子比德于玉焉。温润而泽，仁也；缜密以栗，知也；廉而不刿，义也；垂之如队，礼也；叩之其声清越以长，其终诎然，乐也；瑕不掩瑜，瑜不掩瑕，忠也；孚尹旁达，信也；气如白虹，天也；精神见于山川，地也；圭璋特达，德也；天下莫不贵者，道也。《诗》云：'言念君子，温其如玉。'故君子贵之也。"

【译文】

行聘礼，上公使卿出聘用七个介，侯伯用五个介，子男用三个介，这样做的目的是为了分别尊卑。介一个接一个地传达聘君的话，这是因为君子不敢对自己所尊重的人有所简慢，这是最恭敬的表示。宾辞让三次然后才传达其君主的问候，推让三次然后进入庙门，揖拜三次然后走到阶前，又推让了三次然后才登上阶，这是为了尽量表示尊敬与谦让。

主国国君派士在边境迎接来聘的使者，又派大夫在郊外慰劳他。君主又亲自在大门内拜迎，然后在庙中接受使者传达来聘之意，面朝北拜受使者带来的礼物，并拜谢对方君主特派使者前来聘问的盛情。这些都是为了表示敬让的意思。恭敬与谦让，是君子相互交往的态度。所以诸侯之间以恭敬谦让相互交往，就不会出现互相侵略欺凌的事了。

接待宾时，用卿做上傧，用大夫做承傧，用士做绍傧。行聘结束，主国的君主亲自执醴酒以礼宾。宾以个人身份会见主国的卿大夫，还要以个人身份拜见主国的君主。主国的君主又派卿致送饔饩到宾馆，还要退还宾作为信物的圭璋，并赠给宾一束纺绸。主国的君主又以飨礼、食礼及燕礼接待宾，这样做都是为了表明宾主、君臣之间的道义。

所以天子对诸侯制订制度：诸侯每年派大夫互行小聘，三年派卿互行大聘，用礼来相互勉励。如果使者来聘问时，所行礼节有错误，那么主国的君主就不亲自对使者行飨食的礼，这样做的目的是为了使来聘的使者感到羞愧而勉励他改正。诸侯之间如果能用礼来相互勉励，那么对外就不会相互侵犯，对内也不会相互欺凌。这就是天子安抚诸侯，不用武力而诸侯自相匡正的工具。

用圭璋作聘，是表示重视礼；聘礼完毕后主国的君主把圭璋归还给宾，是表示轻视财物而重视礼的意思。诸侯之间如果能用轻财重礼的道理相互勉励，那么在他们的人民中就会兴起谦让的风气了。主国对待客人，不论入境或出境，都向客人致送三次米刍一类的物品，把饔饩送到客人所住的馆舍，将五牢陈设在宾馆内，还要供给三十车米，三十车禾，刍薪粮草则又加倍，这些都陈列在宾馆的门外。又每日送家禽五双。而众介都有饩牢。在朝廷上举行食礼一次，飨礼二次；而在寝宫举行的燕礼，以及赏赐时新食物就没有一定的次数了。这些都是为了表示重视礼。古时候使用财物，并不是都这样，但在聘礼中使用财物如此丰厚，是为了说明对礼极其恭敬和重视。能做到对礼极其恭敬重视，那么在国内就不会有君臣相欺凌，在国外就不会有诸侯相侵伐的事发生了。所以天子设立了这种制度，而诸侯都愿意尽力去推行了。

聘礼与射礼，是最大的礼。天刚亮就开始行礼，差不多快到中午了礼的程序才进行完毕，倘使不是坚强有力的人便行不了。所以坚强有力的人，才能行礼。酒冷了，人们即使口渴也不敢喝；脯醢干了，人们即使饥饿也不敢吃；太阳下山了，人们虽然疲倦了，但仍容貌严肃庄重，班列整齐，不敢有丝毫懈怠，而共同完成礼节，以此使君臣各安其位，父子相互亲爱，长幼和睦相处。这是一般的人所难以做到的，而君子却能做到，所以说君子有德行。

有德行就是有义，有义就是勇敢。所以勇敢之所以可贵，就贵在能树立正义。树立正义的可贵，就贵在他有德行。有德行之所以可贵，就贵在能行礼。所以说勇敢之所以可贵，就贵在能勇敢地行礼义。所以勇敢而又坚强有力的人，在天下安定的时候，就用在礼义的方面；在天下混乱的时候，就用在战争上以克敌制胜。能用在战争上以克敌制胜，那么就天下无敌；能用在礼义方面，那么天下就会和顺而安定了。对外无敌手，国内又和顺安定，这就叫做盛德。所以贤明通达的先王这样看重勇敢与坚强有力。如果勇敢与坚强有力不用在礼义及战胜敌人上，而用在争强斗狠上，那就是作乱的人。国家实行的刑罚，所诛杀的正是这种作乱的人。如果能这样做，那么人民就会顺服安居，而国家也就可以得到安定了。

子贡向孔子请教说："为什么君子都看重玉而鄙贱似玉非玉的珉呢？是因为玉少而珉多的缘故吗？"孔子回答说："并不是因为珉多，所以鄙贱它，玉少，所以看重它。那是因为以前君子将玉与美德相比。玉温润而有光泽，像仁者的德性；细致精密而坚实，像智者的德性；方正而不伤害别人，像义者的德性；珮玉垂而下坠，像君子谦恭有礼；敲击一下，发出清脆悠扬的声音，结束时则戛然而止像音乐一样优美动听；它身上的疵斑不会掩盖自身的光彩，自身的光彩也不会掩盖本身的疵斑，就像忠实正直的品性；它的颜色就像竹上的青色，光彩外发，而通达四旁，好像信实的德性，发自内心；它的光彩，如太阳旁边垂着的像虹一样的白气，因此像天一样有无所不覆的美德；它蕴藏在地下，但精气神采却呈现在山川之间，所以又像地一样有无所不载的美德；用圭璋作为朝聘时的信物，是因为玉有币帛所没有的美德。天下的人没有不看重玉的，这正如天下的人都尊重道一样。《诗经》说：'想念我那夫君啊，他性格温柔，就像玉一样。'所以君子都看重它。"

丧服四制第四十九

【原文】

凡礼之大体，体天地，法四时，则阴阳，顺人情，故谓之礼。訾之者，是不知礼之所由生也。

夫礼，吉凶异道，不得相干，取之阴阳也。丧有四制，变而从宜，取之四时也。

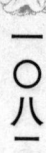

有恩、有理，有节、有权，取之人情也。恩者，仁也；理者，义也；节者，礼也；权者，知也。仁义礼知，人道具矣。

其恩厚者，其服重，故为父斩衰三年，以恩制者也。

门内之治，恩掩义；门外之治，义断恩。资于事父以事君，而敬同。贵贵尊尊，义之大者也。故为君亦斩衰三年，以义制者也。

三日而食，三月而沐，期而练，毁不灭性，不以死伤生也。丧不过三年，苴衰不补，坟墓不培。祥之日，鼓素琴，告民有终也，以节制者也。资于事父以事母，而爱同。天无二日，土无二王，国无二君，家无二尊，以一治之也。故父在，为母齐衰期者，见无二尊也。

杖者何也？爵也。三日授子杖，五日授大夫杖，七日授士杖。或曰儋主，或曰辅病。妇人、童子不杖，不能病也。百官备，百物具，不言而事行者，扶而起；言而后事行者，杖而起；身自执事而后行者，面垢而已。秃者不髽，伛者不袒，跛者不踊，老病不止酒肉。凡此八者，以权制者也。

始死，三日不怠，三月不解，期悲哀，三年忧，恩之杀也。圣人因杀以制节，此丧之所以三年，贤者不得过，不肖者不得不及。此丧之中庸也，王者之所常行也。《书》曰："高宗谅暗，三年不言。"善之也。王者莫不行此礼，何以独善之也？曰：高宗者，武丁；武丁者，殷之贤王也，继世即位，而慈良于丧。当此之时，殷衰而复兴，礼废而复起，故善之。善之，故载之《书》中而高之，故谓之"高宗"。三年之丧，君不言，《书》云"高宗谅暗，三年不言"，此之谓也。然而曰"言不文"者，谓臣下也。

礼：斩衰之丧，"唯"而不对；齐衰之丧，对而不言；大功之丧，言而不议；缌、小功之丧，议而不及乐。父母之丧，衰、冠绳缨，菅屦；三日而食粥，三月而沐，期十三月而练冠，三年而祥。比终兹三节者，仁者可以观其爱焉，知者可以观其理焉，强者可以观其志焉。礼以治之，义以正之。孝子、弟弟、贞妇，皆可得而察焉。

【译文】

凡是礼的大纲，都是依据天地，取法四季，效仿阴阳，顺应人情的，所以才叫做礼。那些诋毁礼的人，是因为他们不知道礼是从哪里产生的。在礼中，吉礼与凶礼各不相同、互不牵连，这是取法阴阳互不相干而设置的。丧服有四种原则，根据亲疏关系变通而用最适合的丧期，这是取法一年有四季而制定的。四种原则，有恩情的原则，有义理的原则，有节限的原则，有变通的原则，这是从人情上考虑的。有恩情，是仁的表现；有义理，是义的表现；有节限，是知礼的表现；有变通，是智的表现。有仁义礼智，人类的道德就都完备了。

对自己恩情深厚的人，为他服重丧，所以为父亲服斩衰三年，这是从恩情上来规定的。在有血缘关系的族人中，恩情的因素掩盖了义理的因素；在社会关系中，义理的因素制约了恩情因素。用对待父亲的礼来对待君主，并且保持同样的敬意。敬重高贵，尊崇长辈，这是义理中的重要方面，所以为君主也要服斩衰三年，这是从义理上

来规定的。

亲人死丧，三天后才吃粥，三个月后才洗头，一年后举行小祥祭时才戴练冠，悲哀憔悴但不能危及生命，不能因为死者而伤害生存的人。守丧不能超过三年，丧服坏了不必修补，坟墓筑好后就不再加土。大祥的那天，可以弹奏未加漆饰的琴，用来告诉人们守丧结束了，这表示有一定的节制。用对待父亲的方式去对待母亲，并保持同样的厚爱，但是天上没有两个太阳，地上没有两个王，一国没有两个国君，一家也不能有两个家长，都由一人统一治理。所以父亲在世时，只为母亲服齐衰一周年，就是表明一家没有两个地位最尊的人。

丧棒有什么作用呢？其一是表示执丧棒人的爵位。国君死，第三天授给世子丧棒，第五天授给大夫，第七天授给士。其二是借用丧棒表明丧主的身份，其三是给众子扶持病体的。妇人、小孩不用丧棒，因为他们不须哀伤到成病的地步。王侯的丧事，各种办事人员齐备，各种器物齐全，不须丧主吩咐而事事都有人做，丧主可以悲哀到要人扶着才站得起来的程度；大夫、士的丧事，要丧主吩咐才有人去做，丧主只能悲哀到依靠丧棒自己能站起来的程度；庶人的丧事，要靠自己亲手去办理，丧主不能悲哀得要扶着丧棒才能行走，只要蓬头垢面有哀容就行了。还有，秃头的人就不须除冠用布条束发，驼背的人不须袒衣露体，跛子哭泣时不须踩脚，年老的或有病的人不须停食酒肉。这八种规定，都是依据变通的原则而定的。

孝子在亲人刚死的三天内哭泣不停，三月之内哭泣仍不懈怠，过了一年还很悲哀，到了第三年，心中仍有忧伤，对亲人的感情逐渐淡薄。圣人便依感情逐渐淡薄的原则加以节制，这就是要守丧三年。这个限度，孝心再重的人也不准超过，忤逆不肖的人也不准达不到限度，这是丧礼中折中的地方，历代君主也都是这样做的。《尚书·说命篇》说："殷高宗守丧住倚庐，三年没有过问政事"，这是赞美他。历代君王没有不行这个礼的，为什么唯独赞美他一个人呢？回答是：高宗就是武丁，武丁是殷代的贤明君主，他继承王位时就专心守丧。而正是在他执政的时候，殷族才由衰败转为兴盛，礼也由废弛转向盛行，所以要赞美他。因为赞美他就记载在《尚书》里以尊崇他，所以称他为"高宗"。守丧三年，国君不过问政事，而国家仍能安定，《尚书》所说"高宗谅闇，三年不言"，说的就是这种情形。然而《孝经·丧亲章》说："孝子为亲人守丧，说话不宜多加文饰"，那是针对臣下而说的。

礼的规定：服斩衰的人，只是"欸欸"地答应而不回答实际内容；服齐衰的人，虽可答话但不主动说话；服大功的人，可以跟人说话但不议论他事；服小功或缌麻的人，可以议论但不谈笑。为父母服丧，要穿有缕的麻衣，丧冠用绳子做帽带，脚穿菅草鞋，三天以后才开始吃粥，三月之后才洗头，满一年后的第十三个月才戴练过的麻布冠，满了两年举行了大祥祭以后才过正常生活。能够做完这三阶段的事的人，是仁者就可看到他的爱心，是智者就可看到他的理性，是强者就可看到他的毅力。用礼数来治理丧事，用道义来指导守丧的行动。是否是孝顺的儿子、仁爱的兄弟、贞节的妇女，都可以从中看出来。

春秋左传

【导读】

《左传》是中国古代的一部编年体历史著作。全称《春秋左氏传》，原名《左氏春秋》，汉朝时又名《春秋左氏》、《左氏》。汉朝以后才多称《左传》。它与《公羊传》、《谷梁传》合称"春秋三传"。

《左传》相传是春秋末期的史官左丘明所著。司马迁、班固等人都认为《左传》是左丘明所写。唐朝的刘知几在《史通·六家》中说："左传家者，其先出于左丘明。"现在一般认为《左传》非一时一人所作，成书时间大约在战国中期，是由战国时的一些学者编撰而成，其中主要部分可能是左丘明所写。

《左传》以《春秋》为本，记叙了春秋时期自鲁隐公元年（前722年）至鲁哀公二十七年（前468年）共二百五十多年间各诸侯国的政治、军事、经济、外交等方面的历史事实，着重记叙当时诸侯列国之间的矛盾和争夺。作品比较真实地反映了当时的情况，它所记载的许多史事已经成为我国传统文化的重要组成部分。我国著名的史学泰斗顾颉刚先生曾经说过："古史书至今，《左传》价值第一。"

《春秋》书影

《左传》以《春秋》的记事为纲，增加了大量的历史事实和传说，叙述了丰富多彩的历史事件，描写了形形色色的历史人物，把《春秋》中的简短记事，发展成为完整的叙事散文。

《左传》虽是一部历史著作，但却有较高的文学价值。首先，它叙述复杂的历史事件有序，富有故事性、戏剧性，有紧张动人的情节；其次，它能通过典型事件和个性化的语言及细节描写刻画出栩栩如生的人物形象；再次，《左传》善于描写战事，它特别注重叙述战争的起因和揭示决定战争胜负的各种因素，它既注意对巨大紧张的战斗场面的描述，也不忽视对细微生动的细节的描写，因而它所描述的战争既能情节曲折、生动逼真，也能头绪分明、井井有条；最后，《左传》的语言具有精炼、形象、表现力强的特点。《左传》开创了历史文学的先河,对后代传记文学,特别是司马迁的《史记》有很大影响。

隐公

隐公元年

【原文】

元年:春,王正月。

三月,公及邾仪父盟于蔑。

夏,五月,郑伯克段于鄢。

秋,七月,天王使宰咺来归惠公、仲子之赗。

九月,及宋人盟于宿。

冬,十有二月,祭伯来。

公子益师卒。

惠公元妃孟子。孟子卒,继室以声子,生隐公。

宋武公生仲子。仲子生而有文在其手,曰"为鲁夫人",故仲子归于我。生桓公而惠公薨,是以隐公立而奉之。

元年,春,王周正月。不书即位,摄也。

三月,公及邾仪父盟于蔑,邾子克也。未王命,故不书爵。曰"仪父",贵之也。公摄位而欲求好于邾,故为蔑之盟。

夏,四月,费伯帅师城郎。不书,非公命也。

初,郑武公娶于申,曰"武姜"。生庄公及共叔段。庄公寤生,惊姜氏,故名曰"寤生",遂恶之。爱共叔段,欲立之。〔亟〕请于武公,公弗许。及庄公即位,为之请制。公曰:"制,岩邑也,虢叔死焉,佗邑唯命。"请京,使居之,谓之"京城大叔"。

祭仲曰:"都,城过百雉,国之害也。先王之制,大都不过参国之一;中,五之一;小,九之一。今京不度,非制也。君将不堪。"公曰:"姜氏欲之,焉辟害?"对曰:"姜氏何厌之有!不如早为之所,无使滋蔓。蔓,难图也。蔓草犹不可除,况君之宠弟乎?"公曰:"多行不义必自毙。子姑待之!"

既而大叔命西鄙、北鄙贰于己。公子吕曰:"国不堪贰,君将若之何?欲与大叔,臣请事之。若弗与，则请除之，无生民心。"公曰："无庸。将自及。"大叔又收贰以为己邑，至于廪延。子封曰："可矣！厚将得众。"公曰："不义，不暱。厚将崩。"

大叔完聚，缮甲兵，具卒乘，将袭郑。夫人将启之。公闻其期，曰："可矣！"命子封帅车二百乘以伐京。京叛大叔段，段入于鄢。公伐诸鄢。五月辛丑，大叔出奔共。

书曰："郑伯克段于鄢。"段不弟，故不言"弟"。如二君，故曰"克"。称"郑伯"，讥失教也。——谓之郑志。——不言"出奔"，难之也。

遂寘姜氏于城颍，而誓之曰："不及黄泉，无相见也！"既而悔之。

颍考叔为颍谷封人，闻之，有献于公。公赐之食。食舍肉，公问之。对曰："小人有母，皆尝小人之食矣，未尝君之羹。请以遗之。"公曰："尔有母遗，繄我独无！"颍考叔曰："敢问何谓也？"公语之故，且告之悔。对曰："君何患焉？若阙地及泉，隧而相见，其谁曰不然？"公从之。公入而赋："大隧之中，其乐也融融。"姜出而赋："大隧之外，其乐也泄泄！"遂为母子如初。

君子曰："颍考叔，纯孝也。爱其母，施及庄公。《诗》曰：'孝子不匮，永锡尔类。'其是之谓乎？"

秋，七月，天王使宰咺来归惠公、仲子之赗。缓，且子氏未薨，故名。天子七月而葬，同轨毕至；诸侯五月，同盟至；大夫三月，同位至；士逾月，外姻至。赠死不及尸，吊生不及哀。豫凶事，非礼也。

八月，纪人伐夷。夷不告，故不书。有蜚，不为灾，亦不书。

惠公之季年，败宋师于黄。公立而求成焉。九月，及宋人盟于宿，始通也。

冬，十月庚申，改葬惠公。公弗临，故不书。

惠公之薨也，有宋师，大子少，葬故有阙，是以改葬。卫侯来会葬，不见公，亦不书。

郑共叔之乱，公孙滑出奔卫。卫人为之伐郑，取廪延。郑人以王师、虢师伐卫南鄙。请师于邾，邾子使私于公子豫。豫请往，公弗许，遂行。及邾人、郑人盟于翼。不书，非公命也。

新作南门，不书，亦非公命也。

十二月，祭伯来，非王命也。

众父卒，公不与小敛，故不书日。

【译文】

鲁隐公元年春天，周历正月。三月，鲁隐公与邾仪父在蔑地结盟。夏天，五月，郑伯在鄢地打败了共叔段。秋天，七月，周平王派宰夫咺来鲁国赠送鲁惠公和仲子的丧葬礼物。九月，鲁国与宋国在宿国结盟。冬天，十二月，祭伯来到鲁国。鲁国公子益师逝世。

鲁隐公元年春天，王朝周历正月。《春秋》不写鲁隐公即君位，是因为隐公代替桓公理政的缘故。

三月，隐公与邾仪父在蔑地结盟，邾仪父就是邾子克。由于这次结盟不是奉周王之命进行的，所以不标明邾君的爵位。称他的字"仪父"，是为了尊重他。隐公代处君位，想跟邾国建立友好关系，所以举行了这次蔑地结盟。

夏天，四月，费伯带领军队建筑郎城。《春秋》不记载这件事，因为筑城不是隐公的命令。

当初，郑武公从申国娶来夫人，称为武姜。武姜生了庄公和共叔段。庄公难产，吓怕了姜氏，所以姜氏给他取名叫寤生，并由此讨厌他。姜氏喜爱共叔段，想要立他为太子，多次向武公请求，武公没有答应。

到庄公当了国君，姜氏又替段请求制邑这个地方。庄公说："制邑，是个险要的城市，虢叔就死在那里。若是别的都邑，就听从您的命令。"姜氏请求京邑，庄公就让段住到那里，称为京城大叔。祭仲说："都邑的城墙超过百雉，就是国家的危害。先王的制度是：大都的城墙不超过首都城墙的三分之一，中都的城墙不超过首都城墙的五分之一，小都的城墙不超过首都城墙的九分之一。现在京邑的城墙不合制度，如果不加以制止的话，您将会受不了。"庄公说："姜氏想要这样，我怎么敢逃避危害。"祭仲回答说："姜氏有什么满足！不如早点替段另外安排个去处，不要让他继续发展，再发展就难以对付了。杂草蔓延尚且不可除掉，何况是您宠爱的弟弟呢？"庄公说："多做不义的事情，一定会自取灭亡，你姑且等着吧。"

不久，大叔命令西、北两方的边邑在属于郑庄公的同时，也附属于自己。公子吕对庄公说："国家受不了两属的局面。您对这件事将怎么处置？如果想把郑国交给大叔，就请您允许我去事奉他；如果不准备给他，就请您除掉他。以免让老百姓产生二心。"庄公说："用不着这样，他将自取灭亡。"大叔又将两属的西、北边邑完全收归己有，直达廪延。子封说："应该对付他了，再扩大地盘，将会得到民众。"庄公说："叔段不义，团结不了民众，地盘扩大了将会溃散。"

大叔加固城墙，聚集粮草，修理铠甲兵器，配备步卒兵车，将要偷袭郑国首都。夫人姜氏打算作为内应替他打开城门。庄公闻知他们举事的日期，说："可以解决他了！"命令子封率兵车二百乘去攻打京城。京城百姓反叛大叔段，大叔段逃入鄢城，庄公又发兵到鄢城讨伐他。五月二十三日，大叔出逃到卫国的共邑。

《春秋》记载说："郑伯在鄢城打败段。"因为叔段不像个做弟弟的，所以《春秋》不标称"弟"；因为庄公跟叔段就如同实力相当的两个君侯，所以庄公打败叔段用"克"；称庄公为"郑伯"，是讥讽他对叔段未加教诲——可以说郑庄公有意造成这种结局；不写叔段"出奔"，是因为难于下笔。

于是把姜氏放逐到城颍，并且对她发誓说："不到地泉之下，不再见你。"不久，又对这个誓言感到后悔。

考叔是颍谷城管理边疆的官员，他听说这件事，准备向庄公献策。见到庄公后，庄公赐给他吃的，颍考叔把肉留下不吃。庄公问他为什么这样，他回答说："我有母亲，我的食物她都吃过了，但没有吃过您赐的肉，请允许我把这些肉留给她吃。"庄公

颖考叔,选自《清刻历代画像传》。

说:"你有母亲可奉送,而我却偏偏没有!"颖考叔说:"斗胆问问,您刚才说的是什么意思?"庄公跟他讲了缘故,并且告诉他自己的悔恨。颖考叔说:"您担忧什么呢?如果把地挖到见水的深度,然后打个隧道相见,那谁能说不符合誓言?"庄公依从了他。庄公进入隧道就吟诵诗句:"大隧之中,快乐和睦。"姜氏出了隧道也吟诵诗句:"大隧外面,快乐舒坦。"于是他们作为母子就像以前一样。

君子说:"颖考叔真是能行孝道啊!敬爱自己的母亲,还扩展到了庄公。《诗》说:'孝子行孝不会穷尽,永久赐予你的同类。'大概就是说的这种情况吧!"

秋天,七月,周天子派宰夫咺来赠送鲁惠公和夫人仲子的丧葬礼物。因为来得太迟,而且仲子还没有死,所以写出宰夫的名以示批评。天子死后七月安葬,诸侯国参加葬礼。诸侯死后五月安葬,建立同盟关系的诸侯国参加葬礼。大夫死后三月安葬,地位相同的大夫参加葬礼。士死后超过一月就安葬,具有婚姻关系的亲戚来参加葬礼。宰夫咺来赠送死去的人没有赶在安葬之前,慰问活着的人又没有赶在最悲哀的时候,而且预先赠送仲子的丧葬之物,都是不合礼制的。

八月,纪国军队讨伐夷国。夷国没有通报鲁国,所以《春秋》不载。同月鲁国出现了稻飞虱,因为没有造成灾害,所以也没有记载。

鲁惠公晚年,曾在宋国黄邑打败了宋军。鲁隐公摄政后,就跟宋国讲和。九月,鲁国与宋国在宿地订立盟约,这是隐公第一次与宋国通好。

冬天,十月十四日,改葬鲁惠公。隐公没有以丧主身份参加改葬哭临仪式,所以《春秋》没有记载。鲁惠公逝世的时候,有宋军侵扰,太子年纪尚小,葬礼本来不完备,所以要改葬。卫侯来参加改葬礼,但没有见到鲁隐公,所以没有记载。

郑国共叔段作乱失败的时候,公孙滑逃到了卫国。卫国替公孙滑讨伐郑国,攻取了廪延。郑人率领周王朝和西虢国军队攻打卫国南方的边邑。郑国向邾国借兵,邾子派人私下里跟鲁大夫公子豫联系。豫请求带兵前去会战,鲁隐公不答应。但公子豫最终还是去了,跟邾国和郑国在翼地订立了盟约。《春秋》不记载,因为这件事不是奉隐公之命而行的。

新建了都城的南门。《春秋》不记载,也是因为这不是隐公的命令。

十二月,祭伯来到鲁国,但不是奉周王的命令。

众父逝世，隐公没有参加小敛，所以《春秋》不写日期。

隐公二年

【原文】

　　二年：春，公会戎于潜。
　　夏，五月，莒人入向。
　　无骇帅师入极。
　　秋，八月庚辰，公及戎盟于唐。
　　九月，纪裂繻来逆女。
　　冬，十月，伯姬归于纪。
　　纪子帛、莒子盟于密。
　　十有二月乙卯，夫人子氏薨。
　　郑人伐卫。
　　二年春，公会戎于潜，修惠公之好也。戎请盟，公辞。
　　莒子娶于向。向姜不安莒而归。夏，莒人入向，以姜氏还。
　　司空无骇入极，费庈父胜之。
　　戎请盟。秋，盟于唐，复修戎好也。
　　九月，纪裂繻来逆女。卿为君逆也。
　　冬，纪子帛、莒子盟于密。鲁故也。
　　郑人伐卫，讨公孙滑之乱也。

【译文】

　　隐公二年春天，隐公跟戎人在潜这个地方相会。夏天，五月，莒国军队侵入向国。鲁卿无骇率领军队进驻极国。秋天，八月庚辰这一天，隐公跟戎人在唐地结盟。九月，纪卿裂繻来鲁国迎娶伯姬。冬天，八月，鲁女伯姬嫁到了纪国。纪国子帛跟莒君在密地结盟。十二月十五日，鲁国夫人仲子逝世。郑军攻打卫国。

　　二年春天，隐公与戎人在潜地相会，是为继承惠公建立的友好关系。戎人请求结盟，隐公推辞了。

　　莒君从向国娶了向姜，向姜不安心在莒国生活，就回到了向国。夏天，莒国军队挺进向国，抢回了姜氏。司空无骇进驻极国。费庈父趁机灭亡了极国。

　　戎人请求结盟。秋天，鲁国跟戎人在唐结盟，再一次重温与戎人的友好关系。九月，纪国裂繻来迎娶鲁女，这是卿来替国君迎娶。

　　冬天，纪国子帛和莒君在密地结盟，这是为了鲁国的缘故。郑军攻打卫国，是为了讨伐公孙滑的叛乱。

隐公三年

【原文】

三年：春，王二月己巳，日有食之。

三月庚戌，天王崩。

夏，四月辛卯，君氏卒。

秋，武氏子来求赙。

八月庚辰，宋公和卒。

冬，十有二月，齐侯、郑伯盟于石门。

癸未，葬宋穆公。

三年春，王三月壬戌，平王崩。赴以"庚戌"，故书之。

夏，君氏卒。声子也。不赴于诸侯，不反哭于寝，不祔于姑，故不曰"薨"。不称夫人，故不言葬，不书姓。为公故，曰"君氏"。

郑武公、庄公为平王卿士。王贰于虢，郑伯怨王；王曰："无之。"故周、郑交质。王子狐为质于郑，郑公子忽为质于周。王崩，周人将畀虢公政。四月，郑祭足帅师取温之麦。秋，又取成周之禾。周、郑交恶。

君子曰："信不由中，质无益也。明恕而行，要之以礼，虽无有质，谁能间之？苟有明信，涧、溪、沼、沚之毛，蘋、蘩、薀、藻之菜，筐、筥、锜、釜之器，潢汙、行潦之水，可荐于鬼神，可羞于王公；而况君子结二国之信，行之以礼，又焉用质？《风》有《采蘩》、《采蘋》，《雅》有《行苇》、《泂酌》，昭忠信也。"

"武氏子来求赙"，王未葬也。

宋穆公疾，召大司马孔父而属殇公焉，曰："先君舍与夷而立寡人，寡人弗敢忘。若以大夫之灵，得保首领以没，先君若问与夷，其将何辞以对？请子奉之，以主社稷。寡人虽死，亦无悔焉！"对曰："群臣愿奉冯也。"公曰："不可！先君以寡人为贤，使主社稷。若弃德不让，是废先君之举也，岂曰能贤？光昭先君之令德，可不务乎？吾子其无废先君之功！"，使公子冯出居于郑。八月庚辰，宋穆公卒，殇公即位。

君子曰："宋宣公可谓知人矣！立穆公，其子飨之，命以义夫！《商颂》曰：'殷受命咸宜，百禄是荷。'其是之谓乎！"

"冬，齐、郑盟于石门"，寻卢之盟也。庚戌，郑伯之车偾于济。

卫庄公娶于齐东宫得臣之妹，曰庄姜，美而无子，卫人所为赋《硕人》也。又娶于陈，曰厉妫，生孝伯，早死。其娣戴妫生桓公，庄姜以为己子。

公子州吁，嬖人之子也，有宠而好兵。公弗禁。庄姜恶之。石碏谏曰："臣闻：爱子，教子以义方，弗纳于邪。骄、奢、淫、泆，所自邪也。四者之来，宠禄过也。将立州吁，乃定之矣；若犹未也，阶之为祸。夫宠而不骄，骄而能降，降而不憾，憾而能眕者，鲜矣。且夫贱妨贵，少陵长，远间亲，新间旧，小加大，淫破义，所谓六逆也。君义，臣行，父慈，子孝，兄爱，弟敬，所谓六顺也。去顺效逆，所以速祸也。君人者，将祸是务去，而速之，无乃不可乎？"弗听。其子厚与州吁游，禁之，不可。桓公立，乃老。

【译文】

鲁隐公三年春天，周历二月初一日，发生日食。三月十二日，周天子平王逝世。夏天，四月二十四日，君氏逝世。秋天，武氏的儿子来鲁国征求助丧财物，八月十五日，宋穆公逝世。冬天，十二月，齐侯、郑伯在石门结盟。同月二十日，安葬宋穆公。

鲁隐公三年春天，周历三月二十四日，周平王逝世。因为讣告说是十二日，所以《春秋》就记载为十二日。

夏天，君氏逝世——君氏就是隐公的母亲声子。声子死后没有讣告诸侯，安葬后没有到祖庙返哭，又没有祔祭于祖姑，所以不能叫"薨"。没有称她"夫人"，所以不记载葬事，也不标称姓氏。但由于隐公的缘故，尊称她为"君氏"。

郑武公和郑庄公是周平王的执政卿士。周平王想同时委政给西虢公。郑庄公因此怨恨平王。周平王说："没有这样的事。"所以周朝和郑国互相以人质做抵押：周平王的儿子狐到郑国做人质，郑庄公的太子忽到周朝做人质。周平王逝世后，周人又想将政权委任西虢公。夏历四月，郑国派祭足率领军队割取了王畿小国温的麦子。秋天，又收取成周的谷子。周、郑由此相互怨恨。

君子说："信任不是发自内心，用人做抵押也没有益。行为明智、宽厚，用礼来约束，即使没有人质，谁又能离间他们？如果有明显的诚信，即使是涧溪小沟或沼泽池塘中生产的蘋、蘩、蒲藻之类的野菜，即使是筐、筥、錡、釜这些平常器皿所装的潢、汙及行潦之类的积水，都可以拿来进献给鬼神和王公，何况君子缔结国与国之间的信任呢？只要按照礼义来做，又哪里用得着人质？《诗经》中的《国风》有《采蘩》、《采蘋》二诗，《大雅》有《行苇》、《泂酌》二诗，都是用来表彰忠信的。"

武氏的儿子来征求助丧的财物，是因为周平王尚未下葬。

宋穆公得病，召来大司马孔父，把殇公嘱托给他。穆公说："先君不立他的儿子与夷，却立我为君，我不敢忘记这种德行。如果我托您的福，能够保全尸首而死，先君见到我若问起与夷，我将用什么话来回答呢？希望您辅助他，以统治国家。如此，我即使死了，也没有什么悔恨了。"孔父回答说："群臣希望辅助您的儿子冯即位。"穆公说："不行。先君认为我贤，让我主持国家。我如果抛弃先君的恩德而不把君位让给他的儿子，那就是败坏先君的德举，怎么能算贤？发扬先君善德的事，能不加紧实行吗？您还是不要败坏先君的功德吧！"于是，让公子冯出居到郑国。八月十五日，宋穆公逝世，宋殇公与夷即位。

君子说:"宋宣公可说是了解人了,立穆公为君,自己的儿子也享受到好处。这是依据道义来命令的啊!《商颂》说:'商授命都合乎道义,所以得到许多福禄。'大概说的就是这种情况吧!"

　　卫庄公从齐国娶了夫人,就是太子得臣的妹妹,叫庄姜。庄姜漂亮却没有生儿子,所以卫国人替她创作了《硕人》这首诗。卫庄公又从陈国娶夫人,叫厉妫,生了孝伯,但孝伯死得早。厉妫的妹妹戴妫,生了桓公,庄姜把桓公当做自己的儿子。

　　卫国的公子州吁,是国君宠妾所生的儿子。州吁依仗宠爱,喜好摆弄刀枪,卫庄公对他不加禁戒。庄姜因此而怨恨。卫大夫石碏劝诫庄公说:"我听说如果喜爱孩子,就用道义教育他,不要让他陷入邪恶。骄横、奢移、淫乱、放纵,是产生邪恶的温床。这四种坏品行的形成,又是因为恩宠太过的缘故。如果您要立州吁为太子,就赶快确定他的地位;如果还拖延不决,就会成为祸患的台阶。受到恩宠却不骄横,骄横惯了却甘愿地位下降,地位下降了却不怨恨,心里怨恨却能在行为上加以克制,这样的人实在太少。而且,低贱的人妨害高贵的人,年小的侵辱年长的,疏远的离间亲近的,时间短的取代时间长的,势力小的凌驾势力大的,淫乱的败坏道义的,这就是所谓的'六逆'——六种悖理的行为。君侯仁义,臣子奉行,父亲慈祥,儿子孝顺,兄长爱抚,弟辈恭敬,这是所谓的'六顺'——六种合理的行为。抛弃合理的而去仿效悖理的,这是招致祸患的原因。做人家君侯的人,希望务必除去祸患,而您却招它来,这恐怕不行吧?"卫庄公不听。石碏的儿子石厚跟州吁交好,石碏禁止他们往来,没有成功。卫桓公即位以后,石碏怕牵连自己,就告老退休了。

隐公四年

【原文】

　　四年:春,王二月,莒人伐杞,取牟、娄。

　　戊申,卫州吁弑其君完。

　　夏,公及宋公遇于清。

　　宋公、陈侯、蔡人、卫人伐郑。

　　秋,翚帅师会宋公、陈侯、蔡人、卫人伐郑。

　　九月,卫人杀州吁于濮。

　　冬,十有二月,卫人立晋。

　　四年春,卫州吁弑桓公而立。

　　公与宋公为会,将寻宿之盟。未及期,卫人来告乱。

　　夏,公及宋公遇于清。

　　宋殇公之即位也,公子冯出奔郑,郑人欲纳之。及卫州吁立,将修先君之怨于郑,

而求宠于诸侯，以和其民；使告于宋曰："君若伐郑以除君害，君为主，敝邑以赋与陈、蔡从，则卫国之愿也。"宋人许之。于是陈、蔡方睦于卫，故宋公、陈侯、蔡人、卫人伐郑，围其东门，五日而还。

公问于众仲曰："卫州吁其成乎？"对曰："臣闻以德和民，不闻以乱。以乱，犹治丝而棼之也。夫州吁，阻兵而安忍。阻兵无众，安忍无亲。众叛亲离，难以济矣。夫兵，犹火也，弗戢，将自焚也。夫州吁弑其君而虐用其民，于是乎不务令德，而欲以乱成，必不免矣。"

秋，诸侯复伐郑。宋公使来乞师，公辞之。羽父请以师会之，公弗许。固请而行，故书曰"翚帅师"，疾之也。诸侯之师败郑徒兵，取其禾而还。

州吁未能和其民，厚问定君于石子。石子曰："王觐为可。"曰："何以得觐？"曰："陈桓公方有宠于王。陈、卫方睦，若朝陈使请，必可得也。"厚从州吁如陈。石碏使告于陈曰："卫国褊小。老夫耄矣，无能为也。此二人者，实弑寡君，敢即图之。"陈人执之，而请莅于卫。九月，卫人使右宰丑莅杀州吁于濮，石碏使其宰獳羊肩莅杀石厚于陈。

君子曰："石碏，纯臣也。恶州吁而厚与焉。'大义灭亲'，其是之谓乎！"

卫人逆公子晋于邢。冬，十二月，宣公即位。书曰"卫人立晋"，众也。

【译文】

鲁隐公四年春天，周历二月，莒国军队攻伐杞国，夺取了杞国的牟娄城。三月十六日，卫国州吁杀了他们的国君完。夏天，鲁隐公和宋殇公在卫国的清地临时会见。宋公、陈侯及蔡国、卫国的大夫率领各自的军队一起攻伐郑国。秋天，鲁公子翚率领鲁军会同宋公、陈侯及蔡、卫大夫一起再次攻伐郑国。九月，卫国人在濮地杀死了州吁。冬天，十二月，卫国人立晋为新君。

鲁隐公四年春天，卫国的州吁杀了卫桓公而自立为国君。

隐公和宋殇公筹备会见，打算重温宿地结盟的友好。还未到预定日期，卫国人来通报国内叛乱。夏天，隐公与宋殇公在清地临时会见。

宋殇公即位的时候，公子冯逃亡到郑国。郑国想要送他回国。等到卫国州吁自立为君，打算向郑国报复前代国君结下的怨仇，并向诸侯国讨好，以便安定卫国的人民。因此，州吁派人告诉宋国说："君侯若愿攻打郑国，以消除君侯的祸害，就请您作为主人，敝邑发兵，与陈、蔡两国军队从属于您，这是我们卫国的愿望。"宋国答应了。当时陈、蔡两国正与卫国友好，所以宋公、陈侯、蔡人、卫人联合攻打郑国。包围郑国都城的东门，五天以后才回。

隐公问众仲道："卫国的州吁会成功吗？"众仲回答说："我听说用德行安定百姓，未曾听过用动乱的。用动乱来安定百姓，就好像要整理乱丝却把它弄得更纷乱了一样。州吁这个人，依仗武力而安于残忍。依仗武力就没人拥护；安于残忍就无人亲近。大众背叛，亲信离去，难以成功啊！武力这东西，就像火一样，不收敛的话，就会焚烧自己的。州吁杀了他的国君，又残暴地使用他的民众，在这种情况下还不施行美德，却想要凭借战乱来取得成功，一定不能免去祸患了。"

秋天，诸侯再次攻打郑国。宋殇公派人来鲁国请求出兵援助，隐公推辞了。羽父请求让他带兵跟诸侯会战，隐公不同意。羽父坚决请求，终于带兵而去。所以《春秋》上记载说："翚帅师。"这是表示憎恶他。诸侯联军打败了郑国的步兵，掠取了那里的谷子才回来。

州吁没有能够安定卫国民众，石厚向父亲石碏请教稳固州吁君位的办法。石碏说："朝见天王就能取得合法地位。"石厚问："怎样才能朝见天王呢？"石碏说："陈桓公正得到天王宠爱，而陈国、卫国正相友好，如果先朝见陈君，让陈君替卫国请求，一定能够办到。"石厚陪着州吁到了陈国。石碏派人告诉陈国说："卫国狭小，我年纪又老了，不能干什么了。就是这两个人杀了我们的国君，斗胆请你们趁机对付他们。"陈国人捉住了州吁和石厚，就请卫人自来陈国讨伐他们。九月，卫国派右宰官丑来到陈国，在濮地处决了州吁。石碏也派他的宰臣獳羊肩到陈国杀死了石厚。

君子说："石碏是个真正的臣子啊！痛恨州吁，把自己的儿子石厚也牵连进去。所谓'大义灭亲'，恐怕就是说的这种情况吧！"

卫人从邢国接回公子晋。冬天，十二月，卫宣公即位。《春秋》上记载"卫人立晋"，是因为立晋为君反映了众人的意愿。

隐公五年

【原文】

五年：春，公矢鱼于棠。
夏，四月，葬卫桓公。
秋，卫师入郕。
九月，考仲子之宫。初献六羽。
邾人、郑人伐宋。
螟。
冬，十有二月辛巳，公子彄卒。
宋人伐郑，围长葛。
五年春，公将如棠观鱼者。臧僖伯谏曰："凡物不足以讲大事，其材不足以备器用，则君不举焉。君，将纳民于轨、物者也。故讲事以度轨量，谓之'轨'；取材以章物采，谓之'物'。不轨不物，谓之乱政。乱政亟行，所以败也。故春蒐、夏苗、秋狝、冬狩，皆于农隙以讲事也。三年而治兵，入而振旅，归而饮至，以数军实。昭文章，明贵贱，辨等列，顺少长，习威仪也。鸟兽之肉不登于俎，皮革、齿牙、骨角、

毛羽不登于器，则公不射，古之制也。若夫山林、川泽之实，器用之资，皂隶之事，官司之守，非君所及也。"公曰："吾将略地焉。"遂往，陈鱼而观之。僖伯称疾，不从。书曰"公矢鱼于棠"，非礼也，且言远地也。

曲沃庄伯以郑人、邢人伐翼，王使尹氏、武氏助之。翼侯奔随。

夏，葬卫桓公。卫乱，是以缓。

四月，郑人侵卫牧，以报东门之役。卫人以燕师伐郑，郑祭足、原繁、洩驾以三军军其前，使曼伯与子元潜军军其后。燕人畏郑三军而不虞制人。六月，郑二公子以制人败燕师于北制。君子曰："不备不虞，不可以师。"

曲沃叛王。秋，王命虢公伐曲沃，而立哀侯于翼。

卫之乱也，郕人侵卫，故卫师入郕。

九月，考仲子之宫，将万焉。公问羽数于众仲。对曰："天子用八，诸侯用六，大夫四，士二。夫舞，所以节八音而行八风，故自八以下。"公从之。于是初献六羽，始用六佾也。

宋人取邾田。邾人告于郑曰："请君释憾于宋，敝邑为道。"郑人以王师会之，伐宋，入其郛，以报东门之役。

宋人使来告命。公闻其入郛也，将救之，问于使者曰："师何及？"对曰："未及国。"公怒，乃止，辞使者曰："君命寡人同恤社稷之难。今问诸使者，曰'师未及国'，非寡人之所敢知也。"

冬十二月辛巳，臧僖伯卒。公曰："叔父有憾于寡人，寡人弗敢忘。"葬之加一等。

宋人伐郑，围长葛，以报入郛之役也。

【译文】

五年春天，鲁隐公到棠地让人演示捕鱼。夏天，四月，卫国安葬卫桓公。秋天，卫国军队侵入郕国。九月，为仲子的宫室落成举行祭典。首次表演六佾乐舞。邾国、郑国联合攻打宋国。螟害成灾。冬天，十二月二十九日，公子驱逝世。宋军攻打郑国，围困郑邑长葛。

五年春天，鲁隐公打算到棠地去观赏渔人捕鱼。臧僖伯劝道："大凡物质，不能用来演习祭祀或军事，材料不能用来制作礼器和兵器，那君王就不取用。君王，是要把人民纳入'轨'、'物'的人。演习大事来端正法度叫做'轨'，选取材料来显示礼仪叫做'物'，国君的举动不合'轨'不合'物'就叫做'乱政'。多次施行'乱政'，就是国家衰败的原因。所以春天蒐猎，夏天苗猎，秋天狝猎，冬天狩猎，都是在农闲时候来演习武事。三年才进行一次大的军事演习，回到国都的时候要整顿军队，祭告家庙，宴请臣下，犒赏随从，数点收获的实物。使纹彩鲜艳，贵贱分明，等级清楚，少长有序，这是讲习威仪。如果鸟兽的肉不能摆上宗庙的祭器，它们的皮革、牙齿、骨角、毛羽不能用到礼器和武器上，那国君就不应射杀它们，这是古代的制度。至于山林河泽的出产，一般器物的材料，那是下等人的事情，是臣下官吏的职责，不是国

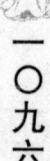

君应该涉及的。"隐公说:"我是打算到那里去巡视边地啊!"于是隐公去到棠地,让人演示捕鱼以加观赏。臧僖伯推说有病没有跟去。《春秋》记载"公矢鱼于棠",是因为这次行动不符合礼,而且暗示棠是远离国都的地方。

曲沃庄伯带领郑国人和邢国人攻打翼城,周桓王派尹氏、武氏帮助他们。翼侯逃奔到了随地。

夏天,安葬卫桓公。卫国发生内乱,所以安葬国君的仪式延迟到现在。四月,郑军侵入卫国都城郊外,以报复上年卫国等围攻郑东门的战役。卫国率领燕军攻郑。郑国的祭足、原繁、泄驾带领三军驻扎在燕军的前方,让曼伯和子元暗地里率领制地兵士绕到燕军的后方。燕人惧怕前方的郑国三军,却没有防备后方的制人。六月,郑国的两位公子率领制人在北制打败了燕军。君子说:"不防备意外,就不能够带兵作战。"

曲沃背叛周天子。秋天,周天子命令虢公讨伐曲沃,并在翼城立哀侯为晋君。

卫国发生内乱的时候,郲人曾侵犯卫国,所以现在卫国军队打入郲国。

九月,为仲子庙举行落成祭典,将要在那里表演"万舞"。隐公向众仲问执羽跳舞的人数,众仲回答说:"天子用八佾,诸侯用六佾,大夫用四佾,士用二佾。舞蹈,是用来节制八音从而播行八风的,所以跳舞人的佾数要在八以下。"隐公听从他。于是第一次表演六羽,这是鲁国用六佾的开端。

宋人夺取了邾国的田地。邾人告诉郑国说:"请君侯对宋国报仇解恨,我们邾国军队愿打头阵。"郑国人带领王朝的军队跟邾军会合,一起攻打宋国,打到了国都的外城。以此报复围攻郑国东门的那场战斗。宋国派人来以国君的名义请求救援。隐公听说邾郑联军攻到了宋国都城,打算救援宋国。隐公问来使说:"联军打到了什么地方?"回答说:"还没到达国都。"隐公因其讲话不实而发怒,就取消了救援的打算。隐公辞拒来使说:"君侯命令寡人一同为宋国的危难忧虑,现在就此事向使者询问,却回答说'军队没有到达国都',这就不是寡人敢知道的事了。"

冬天,十二月二十九日,臧伯僖逝世。隐公说:"叔父对我有怨恨。我不敢忘记。"于是提高一个等级来安葬他。

宋人攻打郑国,包围长葛,是为了报复郑国侵入宋国外城的那次战役。

隐公六年

【原文】

六年:春,郑人来渝平。
夏,五月辛酉,公会齐侯盟于艾。
秋,七月。
冬,宋人取长葛。

六年春，郑人来渝平，更成也。

翼九宗五正顷父之子嘉父逆晋侯于随，纳诸鄂，晋人谓之鄂侯。

夏，盟于艾，始平于齐也。

五月庚申，郑伯侵陈，大获。

往岁，郑伯请成于陈，陈侯不许。五父谏曰："亲仁善邻，国之宝也。君其许郑！"陈侯曰："宋、卫实难，郑何能为？"遂不许。

君子曰："善不可失，恶不可长，其陈桓公之谓乎！长恶不悛，从自及也。虽欲救之，其将能乎？《商书》曰：'恶之易也，如火之燎于原，不可乡迩，其犹可扑灭？'周任有言曰：'为国家者，见恶如农夫之务去草焉，芟夷蕴崇之，绝其本根，勿使能殖，则善者信矣。'"

秋，宋人取长葛。

冬，京师来告饥。公为之请籴于宋、卫、齐、郑，礼也。

郑伯如周，始朝桓王也。王不礼焉。周桓公言于王曰："我周之东迁，晋、郑焉依。善郑以劝来者，犹惧不蔇，况不礼焉？郑不来矣！"

【译文】

六年春天，郑国人来鲁国要求解怨结好。夏天，五月二十日，隐公齐侯相会，在艾地结盟。秋天，七月。冬天，宋人攻占了长葛。

六年春天，郑人来鲁要求解怨结好，这就是所谓"更成"。

翼地九宗五正顷父的儿子嘉父到随城迎接晋侯，把他安置在鄂城，晋国人称他为鄂侯。

夏天，在艾地结盟，这是鲁国同齐国建立友好关系的开始。五月十一日，郑伯侵袭陈国，获得很多俘虏和财物。往年，郑伯请求跟陈国结好，陈侯不答应。五父劝谏说："亲近仁义，友善邻邦，这是治国的法宝。希望君侯答应郑国。"陈侯说："我只担心宋国和卫国，郑国能干什么！"终于没有答应。

君子说："不能丢失善，不能助长恶。这大概是说的陈桓公吧！滋长恶而不思悔改，跟着自己就会遭受灾难。这时即使想要挽救，哪里还能办得到？《商书》说：'恶的蔓延，就像草原上烧起大火一样，不能挨近，哪里还能够扑灭！'周任有话说：'治理国家的人，见到恶就像农民要坚决除掉杂草一样，锄掉它堆积起来，并挖掉它们的根，叫它们不能再繁殖，这样，好的东西就会伸展了。'"

秋天，宋人攻取郑国长葛。

冬天，京城派人来报告饥荒。隐公替他向宋国、卫国、齐国和郑国请求购买粮食，这是合乎礼的。

郑伯到周朝去，这是第一次朝见周桓王。桓王不按礼分接待他。周桓公向桓王进言说："我们周室东迁的时候，完全依靠晋国和郑国。好好地对待郑国以鼓励其他国家，还恐怕来不及，何况对郑不加礼遇呢？郑国不会再来了。"

隐公七年

【原文】

七年：春，王三月，叔姬归于纪。

滕侯卒。

夏，城中丘。

齐侯使其弟年来聘。

秋，公伐邾。

冬，天王使凡伯来聘。戎伐凡伯于楚丘以归。

七年春，滕侯卒。不书名，未同盟也。凡诸侯同盟，于是称名，故薨则赴以名，告终、〔称〕嗣也。以继好息民，谓之礼经。

"夏，城中丘。"书，不时也。

齐侯使夷仲年来聘，结艾之盟也。

秋，宋及郑平。七月庚申，盟于宿。公伐邾，为宋讨也。

初，戎朝于周，发币于公卿，凡伯弗宾。冬，王使凡伯来聘。还，戎伐之于楚丘以归。

陈及郑平。十二月，陈五父如郑莅盟。壬申，及郑伯盟，歃如忘。洩伯曰："五父必不免，不赖盟矣。"

郑良佐如陈莅盟，及陈侯盟，亦知陈之将乱也。

郑公子忽在王所，故陈侯请妻之。郑伯许之，乃成昏。

【译文】

七年春天，周历三月，叔姬嫁到纪国。滕侯逝世。夏天，筑中丘城。齐侯派他的弟弟夷仲年来访问。秋天，隐公带兵攻打邾国。冬天，周王派凡伯来访问。戎军在楚丘拦击凡伯，挟持凡伯归戎。

七年春天，滕侯逝世。《春秋》不写他的名字，是因为没有跟我鲁国结盟。诸侯结盟的时候，要称名报告神灵，所以死后也要用名字讣告——即报告死亡的是谁，继位的是谁。用继续友好外交来安定国内人民，这叫做礼的大法。

夏天，建中丘城。《春秋》记载这事，是因为它不合时宜。齐侯派夷仲年来访问，是为了继续和巩固艾地的盟约。

秋天，宋国与郑国讲和。七月十七日，两国在宿地结盟。隐公攻打邾国，这是替宋国去攻打的。

当初，戎人朝见周王，并向王室公卿送礼，凡伯没有用贵宾之礼接待戎人。冬天，周王派凡伯来鲁国访问。回去的时候，戎人在楚丘拦击他，把他挟持到了戎地。

陈国跟郑国讲和。十二月，陈五父到郑国参加盟会。二日，跟郑伯结盟，歃血的时候，陈五父心不在焉。洩伯说："五父一定不免于祸，因为他盟誓不专心。"郑国的良佐到陈国参加盟约，十一日，和陈侯结盟，也看出陈将要发生动乱。

郑国的公子忽在周天子那里，所以陈侯请求将女儿嫁给他。郑伯同意，于是举行了订婚仪式。

隐公八年

【原文】

八年：春，宋公、卫侯遇于垂。

三月，郑伯使宛来归祊。庚寅，我入祊。

夏，六月己亥，蔡侯考父卒。

辛亥，宿男卒。

秋，七月庚午，宋公、齐侯、卫侯盟于瓦屋。

八月，葬蔡宣公。

九月辛卯，公及莒人盟于浮来。

螟。

冬，十有二月，无骇卒。

八年春，齐侯将平宋、卫，有会期。宋公以币请于卫，请先相见。卫侯许之，故遇于犬丘。

郑伯请释泰山之祀而祀周公，以泰山之祊易许田。三月，郑伯使宛来归祊，不祀泰山也。

夏，虢公忌父始作卿士于周。

四月甲辰，郑公子忽如陈逆妇妫。辛亥，以妫氏归。甲寅，入于郑。陈铖子送女。先配而后祖。铖子曰："是不为夫妇，诬其祖矣。非礼也，何以能育？"

齐人卒平宋、卫于郑。秋，会于温，盟于瓦屋，以释东门之役，礼也。

八月丙戌，郑伯以齐人朝王，礼也。

公及莒人盟于浮来，以成纪好也。

冬，齐侯使来，告成三国。公使众仲对曰："君释三国之图以鸠其民，君之惠也。寡君闻命矣，敢不承受君之明德！"

无骇卒，羽父请谥与族。公问族于众仲。众仲对曰："天子建德，因生以赐姓，胙之土而命之氏。诸侯以字为谥，因以为族。官有世功，一则有官族。邑亦如之。"公命以字为展氏。

【译文】

隐公八年春天，宋公跟卫侯没有预约而在垂地临时相会。三月，郑伯派大夫宛来送交祊邑。二十一日，我国进驻祊邑。夏天，六月二日，蔡侯考父逝世。十四日，宿男逝世。秋天，七月三日，宋公、齐侯、卫侯在瓦屋结盟。发生蝗虫灾害。冬天，十二月，无骇逝世。

八年春天，齐侯将要帮助宋、卫二国跟郑国讲和，已决定了约会日期。宋公用礼物向卫国请求，请求在会期之前见面。卫侯答应了他，所以临时跟宋公在犬丘相会。

郑伯请求放弃对泰山的祭礼而祭祀周公，用泰山旁边的祊地交换鲁国在许地的土田。三月，郑伯派大夫宛来鲁国交送祊地，表示不再祭祀泰山了。

夏天，虢公忌父开始到周王朝做卿士。四月六日，郑公子忽到陈国迎娶妻子妫氏。十三日，回到郑国。陈大夫针子送妫氏到郑国。公子忽与妫氏先同居而后祭告祖庙。针子说："这不能算夫妇，简直是欺骗他们的祖宗。嫁娶不符合礼，怎么能善育后代呢！"

齐人终于助成了宋、卫二国跟郑国讲和。秋天，三国在温地相会，在瓦屋结盟，抛弃了东门战役的前嫌，这是合乎礼的。八月的一天，郑伯带着齐人朝见周王，这也合乎礼。

隐公跟莒人在浮来结盟，是为成全跟纪国的友好关系。

冬天，齐侯派人来报告撮合三国讲和的事。隐公让众仲回答使者说："贵君解了三国的仇怨，使三国能够聚养他们的百姓。这是贵君的恩惠。寡君听到了这事，岂敢不承受君侯的美德！"

无骇逝世，羽父请求赐给他谥号和姓氏。隐公向众仲询问赐姓氏的事，众仲对答说："天子封有德之人做诸侯，根据他的品行赐予姓，封给他土地而又赐氏。诸侯用字作为谥号，后代又因袭谥号作为姓氏。若世代做某种官而有功绩，他的后代就以官名作为姓氏。封邑的情况也像这样。"隐公命令以无骇的字为姓氏，即展氏。

隐公九年

【原文】

九年：春，天（子）〔王〕使南季来聘。

三月癸酉，大雨，震电。

庚辰，大雨雪。

挟卒。

夏，城郎。

秋，七月。

冬，公会齐侯于防。

九年春，王三月癸酉，大雨，霖以"震"。书，始也。庚辰，大雨雪，亦如之。书，时失也。凡雨，自三日以往为霖。平地尺为大雪。

夏，城郎。书，不时也。

宋公不王。郑伯为王左卿士，以王命讨之，伐宋。宋以入郛之役怨公，不告命。公怒，绝宋使。

秋，郑人以王命来告伐宋。

冬，公会齐侯于防，谋伐宋也。

北戎侵郑。郑伯御之，患戎师，曰："彼徒我车，惧其侵轶我也。"公子突曰："使勇而无刚者尝寇而速去之，君为三覆以待之。戎轻而不整，贪而无亲；胜不相让，败不相救。先者见获，必务进；进而遇覆，必速奔；后者不救，则无继矣。乃可以逞。"从之。戎人之前遇覆者奔，祝聃逐之；衷戎师，前后击之，尽殪。戎师大奔。十一月甲寅，郑人大败戎师。

【译文】

九年春天，周天子派大夫南季来访问。三月十日，天降暴雨，电闪雷鸣。十七日，又下大雪。鲁大夫挟逝世。夏天，修筑郎城。秋天，七月。冬天，隐公与齐侯在东防相会。

九年春天，周历三月十日，大雨成霖，且有雷震。《春秋》记载的是开始的日期。十七日，下大雪，也是记载开始的日期。凡下雨、雪，连续下三天以上的叫做"霖"；平地雪深一尺的叫"大雪"。

夏天，修筑郎城。《春秋》记载此事，是因为它不合时宜。宋公不朝见天王。郑伯是天王的左卿士，所以奉王命讨伐他，攻打宋国。宋国因为"入郛战役"怨恨鲁公，所以不来报告此事。隐公发怒，就断绝了跟宋国之间的使者往来。

秋天，郑人用天王的名义前来报告攻打宋国的事。

冬天，隐公跟齐侯在东防相会，是为了商议伐宋的事。北戎侵犯郑国，郑伯率兵抵抗他们，但对戎兵有所顾忌，说："他们是步兵，我们用车兵，我担心他们突然从后面绕到前面来偷袭我们。"公子突说："派一些勇敢但没有毅力的战士，冲击一下敌军就赶紧逃离。国君您设下三批伏兵等待戎人。戎人轻率而无秩序，贪心又不团结；打胜了争功不让，打败了互不相救。前头部队看到财物俘虏，必然只顾前进；前进一旦遇到埋伏，就一定会匆忙奔逃。后头部队不加救助，敌军就没有援兵了。这样才能够达到我们战胜的目的。"郑伯听从了这个意见。戎军走在前面遇上伏兵的赶紧逃命，祝聃追击他们，把戎军夹在中间，前后夹击，全部歼灭，后面的戎军拼命逃跑。十一月甲寅日，郑人大败戎军。

隐公十年

【原文】

十年：春，王二月，公会齐侯、郑伯于中丘。

夏，翚帅师会齐人、郑人伐宋。

六月壬戌，公败宋师于菅。辛未，取郜。辛巳，取防。

秋，宋人、卫人入郑。宋人、蔡人、卫人伐（戴）〔载〕。郑伯伐取之。

冬，十月壬午，齐人、郑人入郕。

十年春，王正月，公会齐侯、郑伯于中丘。癸丑，盟于邓，为师期。

夏五月，羽父先会齐侯、郑伯伐宋。

六月戊申，公会齐侯、郑伯于老桃。壬戌，公败宋师于菅。庚午，郑师入郜。辛未，归于我。庚辰，郑师入防。辛巳，归于我。

君子谓："郑庄公于是乎可谓正矣。以王命讨不庭，不贪其土，以劳王爵，正之体也。"

蔡人、卫人、郕人不会王命。

秋七月庚寅，郑师入郊，犹在郊。宋人、卫人入郑，蔡人从之，伐（戴）〔载〕。八月壬戌，郑伯围（戴）〔载〕。癸亥，克之，取三师焉。宋、卫既入郑，而以伐（戴）〔载〕召蔡人，蔡人怒，故不和而败。

九月戊寅，郑伯入宋。

"冬，齐人、郑人入郕"，讨违王命也。

【译文】

十年春天，周历二月，隐公在中丘跟齐侯、郑伯相会。夏天，公子翚带兵会同齐人、郑人一起攻打宋国。六月七日，隐公在菅地打败宋军。十六日，收取郜地。二十六日，收取防地。秋天，宋人、卫人侵入郑国。宋人、蔡人、卫人联合攻打戴国。郑伯攻克戴地，俘获了三国军队。冬天，十月二十九日，齐人、郑人侵入郕国。

十年春天，周历正月，隐公在中丘跟齐侯、郑伯相会。二月二十五日，在邓地结盟，决定了出兵伐宋的日期。

夏天，五月，羽父在约期之前率兵会合齐侯、郑伯攻打宋国。六月戊申日，隐公在老桃与齐侯、郑伯相会。七日，隐公在菅地打败宋军。十五日，郑国军队攻入郜邑。十六日，郑伯将郜地归属于我国。二十五日，郑军又攻入防地。二十六日，防地也归属于我国。君子认为："郑庄公在这件事情上可说是做对了。用天子的命令讨伐不朝觐天王的诸侯，自己不贪求攻取的土地，而把它犒赏给受王爵位的国君，这是得到治政

的根本了。"

蔡人、卫人、郕人没有尊奉王命会师伐宋。

秋天，七月五日，郑国军队进入本国郊外。趁着郑军还在郊外，宋人、卫人侵入郑国，又叫蔡人跟从他们攻打戴邑。八月八日，郑伯包围戴地。九日，攻破戴城，在那里俘获了三国军队。——宋、卫进入郑国以后才以攻戴为名召来戴人，戴人恼怒，所以三国不和而被打败。九月戊寅日，郑伯攻入宋国。

冬天，齐人、郑人攻进郕国，这是讨伐它违背天王命令不会师伐宋。

隐公十一年

【原文】

十有一年：春，滕侯、薛侯来朝。

夏，公会郑伯于时来。

秋，七月壬午，公及齐侯、郑伯入许。

冬，十有一月壬辰，公薨。

十一年春，滕侯、薛侯来朝，争长。薛侯曰："我先封。"滕侯曰："我，周之卜正也。薛，庶姓也，我不可以后之。"

公使羽父请于薛侯曰："君与滕君辱在寡人。周谚有之曰：'山有木，工则度之；宾有礼，主则择之。'周之宗盟，异姓为后。寡人若朝于薛，不敢与诸任齿。君若辱贶寡人，则愿以滕君为请。"

薛侯许之，乃长滕侯。

"夏，公会郑伯于郲"，谋伐许也。

郑伯将伐许，五月甲辰，授兵于大宫。公孙阏与颖考叔争车，颖考叔挟辀以走，子都拔棘以逐之。及大逵，弗及，子都怒。

秋七月，公会齐侯、郑伯伐许。庚辰，傅于许。颖考叔取郑伯之旗蝥弧以先登，子都自下射之，颠。瑕叔盈又以蝥弧登，周麾而呼曰："君登矣！"郑师毕登。壬午，遂入许。许庄公奔卫。

齐侯以许让公。公曰："君谓许不共，故从君讨之。许既伏其罪矣，虽君有命，寡人弗敢与闻。"乃与郑人。

郑伯使许大夫百里奉许叔以居许东偏，曰："天祸许国，鬼神实不逞于许君，而假手于我寡人。寡人唯是一二父兄不能共亿，其敢以许自为功乎？寡人有弟，不能和协，而使糊其口于四方，其况能久有许乎？吾子其奉许叔以抚柔此民也，吾将使获也佐吾子。若寡人得没于地，天其以礼悔祸于许，无宁兹许公复奉其社稷。唯我郑国之有请谒焉，如旧昏媾，其能降以相从也。无滋他族实偪处此，以与我郑国争此土也。吾子孙覆亡之不暇，而况能禋祀许乎？寡人之使吾子处此，不唯许国之为，亦聊以固吾圉也。"乃使公孙获处许西偏，曰："凡而器用财贿，无寘于许。我死，乃亟去之！吾先君新邑于此，王室而既卑矣，周之子孙日失其序。夫许，大岳之胤也，天而既厌周德矣，吾其能与许争乎？"

君子谓郑庄公于是乎有礼。礼，经国家，定社稷，序民人，利后嗣者也。许无刑而伐之，服而舍之，度德而处之，量力而行之，相时而动，无累后人，可谓知礼矣。

郑伯使卒出豭，行出犬鸡，以诅射颍考叔者。

君子谓郑庄公失政刑矣。政以治民，刑以正邪。既无德政，又无威刑，是以及邪。邪而诅之，将何益矣！

王取邬、刘、芳、邘之田于郑，而与郑人苏忿生之田：温、原、絺、樊、隰郕、欑茅、向、盟、州、陉、隤、怀。

君子是以知桓王之失郑也。恕而行之，德之则也，礼之经也。己弗能有，而以与人，人之不至，不亦宜乎！

郑、息有违言，息侯伐郑。郑伯与战于竟，息师大败而还。

君子是以知息之将亡也。不度德，不量力，不亲亲，不征辞，不察有罪。犯五不韪，而以伐人，其丧师也，不亦宜乎？

冬十月，郑伯以虢师伐宋。壬戌，大败宋师，以报其入郑也。

宋不告命，故不书。凡诸侯有命，告则书，不然则否。师出臧否，亦如之。虽及灭国，灭不告败，胜不告克，不书于策。

羽父请杀桓公，将以求大宰。公曰："为其少故也，吾将授之矣。使营菟裘，吾将老焉。"羽父惧，反谮公于桓公而请弑之。

公之为公子也，与郑人战于狐壤，止焉。郑人囚诸尹氏，赂尹氏，而祷于其主钟巫，遂与尹氏归，而立其主。十一月，公祭钟巫，齐于社圃，馆于寪氏。壬辰，羽父使贼弑公于寪氏，立桓公，而讨寪氏，有死者。不书葬，不成丧也。

【译文】

十一年春天，滕侯、薛侯来朝见鲁公。夏天，隐公在时来会见郑伯。秋天，七月三日，隐公同齐侯、郑伯攻入许国。冬天，十一月十五日，隐公逝世。

十一年春天，滕侯、薛侯来朝见鲁公，争着排在前面。薛侯说："我国比滕国先受封，所以应该排在前面。"滕侯说："我国，是周王朝的卜正官；薛国，是庶姓国。我不能够排在它后面。"隐公派羽父跟薛侯商议，说："君侯与滕君蒙辱来看望寡人，周谚有这样的说法：'山上有树木，工匠才会去砍伐它；宾客有礼节，主人才会邀请他。'周朝的朝觐盟会，都是把异姓排在后面。寡人如果到薛国去朝见，决不敢跟任姓各国排在一起。君侯若肯施惠给寡人，就希望同意滕君的请求。"薛侯答应了，于是把滕侯排在前面。

夏天，隐公在郏地跟郑伯相会，是为了商议攻打许国的事。郑伯将要攻打许国，

五月二十四日，在祖庙里分发武器。公孙阏与颍考叔争夺兵车。颍考叔挟起兵车辕木就跑，子都拔出戟去追赶他。追到了大路口，也没能赶上。子都为此非常气愤。

秋天，七月，隐公会同齐侯、郑伯讨伐许国。初一日，兵临许城之下。颍考叔举着郑伯的旗帜——蝥弧，抢先登上城墙。子都从城下向他射暗箭，颍考叔坠下城墙而死。瑕叔盈又举着蝥弧登城，向四周挥舞旗帜大喊："国君登上城墙了！"于是郑国军队全部登上城墙。初三日，终于打进许城。许庄公逃奔到卫国。齐侯把许城让给隐公。隐公说："君侯认为许国不遵守王法，所以我跟着您来讨伐它。现许国既然已经伏罪，虽然君侯有这样的好意，我也不敢领情。"于是就给了郑国。

郑伯让许国大夫百里辅佐许叔居住在许国东部，说："上天降祸给许国，鬼神对许君也确实不满意，因而借我的手

争车射考叔，选自明刊本《新镌锈像列国志》。

来惩罚他。寡人连一两个父老兄弟也不能同心同德，怎敢把攻取许国作为自己的功劳呢？我有一个弟弟，不能和睦相处而让他流浪在外四处求食，难道还能够长久地占有许国吗？还是请您辅佐许叔来安抚这里的人民吧，我将派公孙获帮助您。如果寡人能够全寿善终，上天或许会依礼撤回加给许国的祸患，说不定会让许公重新执掌国政，到那时，即使我郑国对你们有什么请求，也希望你们像老亲戚一样，能够屈身相从。不要让别的国家住在这附近，来跟我郑国争夺这一方土地。不然，我的子孙后代连挽救自身灭亡的时间都没有，哪还能虔诚地祭祀许国呢？我让您住在这里，不只是为了许国，也是为了姑且巩固我国的边疆啊！"于是又派公孙获住在许城西部，对他说："凡是你的器用财物，不要存放在许城。如果我死了，你就赶快离开许国。我们的先君在这里建置新邑，而现在王室已经衰微了，周室子孙正在一天天地丢失祖业。许国，是四岳的后代。上天既然已经厌弃周室的德行，我们怎么能够跟许国相争呢！"

君子认为郑庄公在这件事情上合乎礼。礼，是治理国家、安定社稷、使人民有序、对后代有益的东西。许国不遵守法度就讨伐它，服罪了就宽恕它，揣度德行来处理，估测力量去办事，看准了时机才行动，不连累后人，这可以说是懂得礼了。

郑伯让每百人拿出一头猪，每二十五人拿出一条狗或一只鸡，用来诅咒射杀颍考

叔的人。君子认为郑庄公失去了政和刑。政用来治理百姓，刑用来匡正邪恶。既没有仁德的政治，又缺乏威严的刑罚，所以产生了邪恶。邪恶产生了才去诅咒它，会有什么好处呢！

周桓王从郑国取得邬、刘、蒍、邘等地的土田，却把从前属于苏忿生的土田——温、原、絺、樊、攒茅、向、盟、州、陉、隤、怀等换给郑国。君子从这件事预知周桓王将会失去郑国。按照恕道办事，是德行的准则、礼仪的常规。自己不能占有，却拿来换给别人。别人不再来亲附，不也是应该的吗？

郑、息两国发生了口角。息侯出兵攻打郑国，郑伯跟他在边境上交战，息国军队吃了大败仗回去。君子根据这件事推知息国快要灭亡了。不揣度德行，不估测力量，不亲近同姓国，不考辨言辞，不明察是非。犯下这五大错误，却去攻打别人，息国丧亡军队，不也是应该的吗？

冬天，十月，郑伯带领虢国军队攻打宋国。十四日，把宋国军队打得大败，以报复宋国侵入郑国的那次战役。宋国没有来报告这件事，所以《春秋》上不记载。凡诸侯有大事，通报的就记载，不通报的就不记载。出兵顺利不顺利，也照此办理。即使是灭国这样的大事，被灭亡的国家不通报战败，胜利的国家不通报战胜，也不记载在史册上。

羽父请求杀掉桓公，想凭着这样的功劳求取卿相的职位。隐公说："我之所以摄政，是因为他年纪太小的缘故。现在他已长成，我打算把权位交给他。派人在菟裘建造房屋，我将要到那里去养老。"羽父害怕，反过来在桓公面前诬陷隐公，请求杀掉隐公。隐公做公子的时候，曾与郑人在狐壤交战，被郑人俘获。郑人把他关在尹氏那里。隐公贿赂尹氏，并向尹氏的祭主钟巫神祷告。于是跟尹氏一起逃回，在鲁国为尹氏建立祭主。十一月，隐公将要祭祀钟巫，在社圃斋戒，在寪氏家里住宿。十五日，羽父派杀手在寪氏家里杀死了隐公。接着拥立桓公为君，并讨伐寪氏，寪氏家有人冤死。《春秋》不记载安葬隐公，是因为没有按国君的规格为隐公举行丧礼。

桓公

桓公元年

【原文】

元年：春，王正月，公即位。

三月，公会郑伯于垂，郑伯以璧假许田。
夏，四月丁未，公及郑伯盟于越。
秋，大水。

鲁桓公

冬，十月。

元年春，公即位。修好于郑。郑人请复祀周公，卒易祊田。公许之。三月，郑伯以璧假许田，为周公、祊故也。

夏，四月丁未，公及郑伯盟于越。结祊成也。盟曰："渝盟，无享国！"

秋，大水。凡平原出水为大水。

冬，郑伯拜盟。

宋华父督见孔父之妻于路，目逆而送之，曰："美而艳！"

【译文】

鲁桓公元年春天，周历正月，桓公就国君职。三月，桓公在垂会见郑伯，郑伯用璧交换许田。夏天，四月初二，桓公和郑伯在越地结盟。秋天，发生洪涝灾害。冬天，十月。

元年春天，桓公当上国君，跟郑国重修友好关系。郑人请求重新祭祀周公，完成交换祊田的事。桓公答应了他。三月，郑伯又加用玉璧来交换许田，这是为了祭祀周公和交换祊田的缘故。

夏天，四月初二，桓公跟郑伯在越地结盟，这是为祊田而建立的友好关系。盟辞说："违背盟约，不能享国。"

秋天，发生大水。凡是平原上淹了水就叫做大水。

冬天，郑伯前来拜谢结盟。

宋国的华父督在路上看见孔父的妻子，用眼睛盯着她走近来，又盯着她走开去，赞叹道："既美丽又漂亮。"

桓公二年

【原文】

二年：春，王正月戊申，宋督弑其君与夷及其大夫孔父。

滕子来朝。

三月，公会齐侯、陈侯、郑伯于稷，以成宋乱。

夏，四月，取郜大鼎于宋。戊申，纳于大庙。

秋，七月，杞侯来朝。

蔡侯、郑伯会于邓。

九月，入杞。

公及戎盟于唐。

冬，公至自唐。

二年春，宋督攻孔氏，杀孔父而取其妻。公怒。督惧，遂弑殇公。君子以督为有无君之心而后动于恶，故先书"弑其君"。

会于稷以成宋乱，为赂故，立华氏也。

宋殇公立，十年十一战，民不堪命。孔父嘉为司马，督为大宰，故因民之不堪命，先宣言曰："司马则然。"已杀孔父而弑殇公，召庄公于郑而立之以亲郑。以郜大鼎赂公，齐、陈、郑皆有赂，故遂相宋公。

夏四月，取郜大鼎于宋。戊申，纳于大庙。非礼也。臧哀伯谏曰："君人者，将昭德塞违以临照百官，犹惧或失之，故昭令德以示子孙。是以清庙茅屋，大路越席，大羹不致，粢食不凿，昭其俭也。衮、冕、黻、珽，带、裳、幅、舄，衡、紞、纮、綖，昭其度也。藻、率、鞞、鞛、鞶、厉、游、缨，昭其数也。火、龙、黼、黻，昭其文也。五色比象，昭其物也。锡、鸾、和、铃，昭其声也。三辰旂旗，昭其明也。夫德：俭而有度，登降有数，文、物以纪之，声、明以发之；以临照百官，百官于是乎戒惧而不敢易纪律。今灭德立违，而寘其赂器于大庙，以明示百官；百官象之，其又何诛焉？国家之败，由官邪也。官之失德，宠赂章也。郜鼎在庙，章孰甚焉！武王克商，迁九鼎于雒邑，义士犹或非之；而况将昭违乱之赂器于大庙，其若之何？"公不听。

周内史闻之，曰："臧孙达其有后于鲁乎！君违，不忘谏之以德。"

秋七月，杞侯来朝，不敬。杞侯归，乃谋伐之。

蔡侯、郑伯会于邓，始惧楚也。

九月，入杞，讨不敬也。

公及戎盟于唐，修旧好也。冬，公至自唐，告于庙也。凡公行，告于宗庙；反行，饮至、舍爵、策勋焉：礼也。特相会，往来称地，让事也。自参以上，则往称地，来称会，成事也。

初，晋穆侯之夫人姜氏以条之役生大子，命之曰"仇"。其弟以千亩之战生，命之曰"成师"。师服曰："异哉，君之名子也！夫名以制义，义以出礼，礼以体政，政以正民，是以政成而民听，易则生乱。嘉耦曰妃，怨耦曰仇，古之命也。今君命大子曰'仇'，弟曰'成师'，始兆乱矣。兄其替乎！"

惠之二十四年，晋始乱，故封桓叔于曲沃。靖侯之孙栾宾傅之。师服曰："吾闻国家之立也，本大而末小，是以能固。故天子建国，诸侯立家，卿置侧室，大夫有贰宗，士有隶子弟，庶人工商各有分亲，皆有等衰。是以民服事其上而下无觊觎。今晋，甸侯也！而建国，本既弱矣，岂能久乎？"

惠之三十年，晋潘父弑昭侯而纳桓叔，不克。晋人立孝侯。惠之四十五年，曲沃庄伯伐翼，弑孝侯。翼人立其弟鄂侯。鄂侯生哀侯。哀侯侵陉庭之田。陉庭南鄙启曲沃伐翼。

【译文】

二年春天，周历正月，戊申日，宋华父督杀了他的国君与夷和大夫孔父。滕国国君来朝见。三月，桓公在稷地会见齐侯、陈侯、郑伯，以成全宋国的叛乱。夏天，四月，从宋国取来原郜国的大鼎，初九日，将大鼎放进周公庙。秋天，七月，杞侯来朝见。蔡侯、郑伯在邓地相会。九月，鲁军侵入杞国。桓公跟戎人在唐地结盟。冬天，桓公从唐地回国。

二年春天，宋华父督攻打孔氏，杀死孔父而夺取他的妻子。殇公发怒，华父督害怕，就杀了殇公。君子认为华父督先心里没有了君王，然后才敢做专杀大臣的坏事，所以《春秋》先记载"弑其君"。桓公和齐侯、郑伯在稷地会见，以便成全宋国的叛乱，这是因为接收了贿赂的缘故，目的是建立华氏政权。宋殇公当国君后，十年内打了十一仗，人民忍受不了。孔父嘉做司马，华父督是大宰，所以华父督利用人民不能忍受的心理抢先散布言论说："是司马造成这种局面的。"杀了孔父和殇公之后，华父督从郑国迎来庄公立他为君，以此讨好郑国；又用郜国大鼎贿赂桓公；而且齐国、陈国、郑国都有财礼奉送；所以他最终能辅佐宋公。

夏天，四月，从宋国取来郜铸大鼎。初九日，把大鼎安置在太庙里，这是不符合礼的。臧哀伯劝说："做人国君的人，要显示善德阻塞邪恶，为百官做出榜样，如此还怕有所疏漏，所以又要发扬美德来给子孙示范。因此，太庙用茅草盖顶，辂车用蒲席垫底，肉汁不放调料，主食不舂捣加工，这是在显示他们的节俭；礼服、礼帽、蔽膝、主版、大带，裙子、绑腿、鞋子、横簪、填绳、系带、帽顶，尊卑各有规定，这是为了显示制度；缫藉、佩巾、刀鞘、刀饰、革带、带饰、旗饰、马鞅，上下多少不同，这是为了显示定数；画环形、龙形、绣斧形、弓形，都是为了显示文饰；五种颜色合成各种形象，这是为了显示色彩；锡、鸾、和、铃，都是用来表明声音的；画有日、月、星的旌旗，都是为了表现光明的。所谓美德，是节俭而有制度，增减有一定的数量，用花纹、色彩来记录它，用声音、光亮来发扬它，从而显示给百官。百官因此小心谨慎，不敢违反各项规章制度。现在却抛弃美德而树立邪恶，把宋国贿赂的鼎器放在太庙里，公然向百官显示。百官如果跟着这样做，那又惩罚谁呢？国家的失败，就是由于官吏的邪恶啊！官吏的丧失美德，则是由于宠幸和贿赂公行。把郜鼎放在太庙里，还有比这个更明显的贿赂吗？武王打败商纣，把九鼎迁到王城，正义之士尚且认为他不对，何况将违礼叛乱的贿赂器物在太庙里展示，那又会怎样呢？"桓公不听。

周朝的内史听说了这件事，说："臧孙达在鲁国大概会后继有人的。国君违背礼制，他没有忘记用道德来劝阻。"

秋天，七月，杞侯来朝见，不恭敬。杞侯回国后，鲁君就策划讨伐他。蔡侯、郑伯在邓地相会，这是由于开始害怕楚国了。九月，鲁军攻入杞国，是为了讨伐杞侯的不恭敬。桓公跟戎人在唐地结盟，这是为了重温过去的友好关系。冬天，桓公从唐地回国。《春秋》记载这件事，是因为祭告了宗庙。凡是国君出去，要祭告宗庙；回来后，要"饮至"——在宗庙里置杯饮酒，用简册记载功勋；这是礼制。鲁君单独跟另一国君相会，无论是去还是来，都要记载相会地点，因为这是相互谦让的事。如果会见的国君在三个以上，那就去别国时记载会见地点，来鲁国的话就只说相会而不记地点，这是因为一定有人主持会见的缘故。

当初，晋穆侯的夫人姜氏在条戎战役时生下太子，那次战斗失败，所以替太子取个名字叫"仇"。仇的弟弟在千亩战役时出生，这次战斗打胜了，所以给他取名叫"成师"。师服说："君侯给孩子取名取得真怪啊！命名要符合道义，道义产生礼仪，礼仪体现政治，政治使百姓正直，所以政治成功百姓就听从，否则就产生祸乱。美好的婚姻叫做"妃"，不好的婚配叫做"仇"，这是古时的名称。现在君侯给太子取名叫"仇"，他的弟弟叫"成师"，这就开始预示祸乱了。做哥哥的恐怕会衰微吧！"

鲁惠公二十四年，晋国开始发生动乱，所以把桓叔封在曲沃，靖侯的孙子栾叔辅助他。师服说："我听说国家的建立，根本大而枝节小，这样才能够巩固。所以天子分封诸侯，诸侯建立卿家，卿家设置侧室，大夫有贰宗的官职，士有做隶役的子弟，庶人、工匠、商贾也各有亲疏，都有等级差别。因此百姓能甘心事奉他们的上司，下面的人都没有非分之想。现在晋国只不过是王畿之内的一个侯国，却要另建侯国，根本已经衰弱了，难道还能够长久吗？"

鲁惠公三十年，晋国的潘父杀死昭侯而接纳桓叔，没有成功。晋国人立了孝侯。惠公四十五年，曲沃庄伯攻打翼都，杀死孝侯。翼都人立孝侯的弟弟鄂侯。鄂侯生了哀侯。哀侯侵夺陉庭的土地，陉庭南部边境的人就挑动曲沃攻打翼城。

桓公三年

【原文】

三年：春，正月，公会齐侯于嬴。

夏，齐侯、卫侯胥命于蒲。

六月，公会杞侯于郕。

秋，七月壬辰朔，日有食之，既。

公子翚如齐逆女。

九月，齐侯送姜氏于讙。

公会齐侯于讙。

夫人姜氏至自齐。

冬，齐侯使其弟年来聘。

有年。

三年春，曲沃武公伐翼，次于陉庭。韩万御戎，梁弘为右。逐翼侯于汾隰，骖絓而止。夜获之，及栾共叔。

会于嬴，成昏于齐也。

夏，齐侯、卫侯胥命于蒲，不盟也。

公会杞侯于郕，杞求成也。

秋，公子翚如其逆女。修先君之好，故曰"公子"。

齐侯送姜氏于讙，非礼也。凡公女嫁于敌国，姊妹，则上卿送之，以礼于先君；公子，则下卿送之。于大国，虽公子亦上卿送之。于天子，则诸卿皆行。公不自送。于小国，则上大夫送之。

冬，齐仲年来聘，致夫人也。

芮伯万之母芮姜恶芮伯之多宠人也，故逐之，出居于魏。

【译文】

三年春天，周历正月，桓公在嬴地会见齐侯。夏天，齐侯、卫侯在蒲地会谈。六月，桓公在郕地会见杞侯。秋天，七月十七日早晨，日食，全吃完了。公子翚到齐国迎接齐女。九月，齐侯送女姜氏到讙地。桓公在讙地会见齐侯。夫人姜氏从齐国嫁到我国。冬天，齐侯派他的弟弟年来我国访问。粮食大丰收。

三年春天，曲沃武公攻打翼都，在陉庭作短暂停留。韩万驾驭兵车，梁弘担任车右，在汾水边地追赶晋哀侯。哀侯座车的骖马被挂住而停了下来。晚上抓住了晋哀侯，连同栾共叔。桓公与齐侯在嬴地会见，是为了跟齐国订婚。

夏天，《春秋》说齐侯、卫侯在蒲地"胥命"，是因为他们没有结盟。桓公在郕地接见杞侯，是因为杞侯来请求和解。

秋天，公子翚到齐国迎接齐女，继承了先君的友好关系，所以称他为"公子"。齐侯送姜氏到鲁国的讙地，这是不合乎礼的。凡是国家公室的女子，出嫁给同等国家，如果是国君的姐妹，就由上卿送她，以表示对前代国君的尊敬；如果是国君的女儿，就由下卿送她。如果嫁给大国，即使是国君女儿，也由上卿送她。如果嫁给天子，那就各位卿臣都去送，但国君自己不送。如果嫁给小国，就由上大夫送她。

冬天，齐国的仲年来访问，这是为了看望夫人。芮伯万的母亲芮姜怨恨芮伯有许多宠姬，所以赶走了他。芮伯逃奔出去住在魏国。

桓公四年

【原文】

四年：春，正月，公狩于郎。
夏，天王使宰渠伯纠来聘。
四年春正月，公狩于郎。书，时，礼也。
夏，周宰渠伯纠来聘。父在，故名。
秋，秦师侵芮，败焉，小之也。
冬，王师、秦师围魏，执芮伯以归。

【译文】

四年春天，周历正月，桓公到郎地狩猎。夏天，天子派宰渠伯纠来访问。
四年春天，周历正月，桓公在郎地狩猎。《春秋》记载此事，是因为这事合时合礼。
夏天，周朝宰官渠伯纠来访问。因为他父亲在世，所以《春秋》称他的名。
秋天，秦军侵犯芮国，被芮国打败，这是因为小看了芮国。
冬天，周王的军队和秦国军队包围魏国，逮了芮伯回国。

桓公五年

【原文】

五年：春，正月甲戌、己丑，陈侯鲍卒。

夏，齐侯、郑伯如纪。

天王使仍叔之子来聘。

葬陈桓公。

城祝丘。

秋，蔡人，卫人、陈人从王伐郑。

大雩。

螽。

冬，州公如曹。

五年春，正月甲戌、己丑，陈侯鲍卒。再赴也。于是陈乱，文公子佗杀大子免而代之。公疾病而乱作，国人分散，故再赴。

夏，齐侯、郑伯朝于纪，欲以袭之。纪人知之。

王夺郑伯政，郑伯不朝。

秋，王以诸侯伐郑。郑伯御之。

王为中军；虢公林父将右军，蔡人、卫人属焉；周公黑肩将左军，陈人属焉。

郑子元请为左拒以当蔡人、卫人，为右拒以当陈人，曰："陈乱，民莫有斗心。若先犯之，必奔。王卒顾之，必乱。蔡、卫不枝，固将先奔。既而萃于王卒，可以集事。"从之。曼伯为右拒，祭仲足为左拒，原繁、高渠弥以中军奉公，为鱼丽之陈。先偏后伍，伍承弥缝。

战于繻葛。命二拒曰："旝动而鼓！"蔡、卫、陈皆奔，王卒乱。郑师合以攻之，王卒大败。祝聃射王中肩，王亦能军。祝聃请从之，公曰："君子不欲多上人，况敢陵天子乎？苟自救也，社稷无陨，多矣。"

夜，郑伯使祭足劳王，且问左右。

仍叔之子，弱也。

秋，大雩。书，不时也。凡祀，启蛰而郊，龙见而雩，始杀而尝，闭蛰而烝。过则书。

冬，淳于公如曹。度其国危，遂不复。

【译文】

五年春天，周历正月，甲戌或乙丑日，陈国君鲍逝世。夏天，齐侯和郑伯到纪国去。周天子派仍叔的儿子来访问。安葬陈桓公。修筑祝丘城。秋天，蔡人、卫人、陈人跟随周天子的军队讨伐郑国。举行大规模的求雨祭祀。发生大蝗灾。冬天，州国国君到曹国去。

五年春天，周历正月。甲戌日或乙丑日，陈国君侯鲍逝世。记载两个日子，是因为讣告了两次。在这段时间里，陈国发生动乱，文公的儿子佗杀掉太子免而取代他。陈桓公病危，因而动乱发生，国内的人四处逃散，所以前后发布了两次讣告。

夏天，齐侯、郑伯到纪国朝见，想趁机偷袭纪国。纪人明白这件事。

周天子剥夺了郑伯在王室的政权,郑伯因此不再朝拜天子。秋天,天子率领诸侯讨伐郑国,郑伯抵抗他们的进攻。周天子统帅中军;虢公林父率领右军,蔡人、卫人隶属于他;周公黑肩指挥左军,陈人隶属于他。

郑国子元建议组建左边方阵,以抵挡蔡国、卫国的军队;组建右边方阵,以对付陈国军队。他说:"陈国动乱,士兵们没有心思打仗。如果先攻击陈军,陈一定会败逃。天子的军队如果照顾溃逃的陈军,自己的阵脚也必定会打乱。蔡国和卫国的军队支持不住,无疑会抢先奔逃。打败左右的陈、蔡、卫军后,集中兵力来对付天子的中军,就可以成事。"郑伯听从了。曼伯布置左方阵,祭仲足指挥右方阵,原繁、高渠弥带领中军护卫郑伯。各军摆开"鱼丽"阵势。即"偏"在前,"伍"在后,"伍"承担弥补"偏"的空隙。

战斗在繻葛打响。郑伯命令左右两方阵说:"令旗挥动,就击鼓进军!"结果,蔡、卫、陈三国军队都逃奔,天子军队也发生混乱,郑军集中起来攻击天子军队,天子军队大败。祝聃射伤了天子的肩膀,但天子还能指挥军队。祝聃请求追击天子。郑伯说:"君子不希望逼人太甚,何况是敢于欺凌天子呢?如果能够挽救自己,国家不再受到损害,就足够了。"晚上,郑伯派祭足慰问天子,同时慰问天子的随从人员。

《春秋》写明"仍叔之子",是因为他还年轻。

秋天,为求雨举行大规模雩祭。《春秋》记载这件事,是因为它不合时令。凡是祭祀,昆虫惊动的时候举行郊祭,龙星出现的时候举行雩祭,秋气刚到的时候举行尝祭,昆虫蛰伏的时候举行烝祭。如果祭祀不符合时令,就加以记载。

冬天,淳于公外出到曹国。估测自己的国家会发生危难,就没有回去了。

桓公六年

【原文】

六年:春,正月,(寔)〔实〕来。
夏,四月,公会(纪)〔杞〕侯于成。
秋,八月壬午,大阅。
蔡人杀陈佗。
九月丁卯,子同生。
冬,(纪)〔杞〕侯来朝。
六年春,自曹来朝。书曰"(寔)〔实〕来",不复其国也。
楚武王侵随,使薳章求成焉,军于瑕以待之。随人使少师董成。
斗伯比言于楚子曰:"吾不得志于汉东也,我则使然。我张吾三军而被吾甲兵,以武临之,彼则惧而协(来)〔以〕谋我,故难间也。汉东之国随为大,随张,必弃小国；小国离，楚之利也。少师侈，请羸师以张之。"熊率且比曰："季梁在，何益？"斗伯比曰："以为后图。少师得其君。"王毁军而纳少师。

少师归，请追楚师。随侯将许之，季梁止之，曰："天方授楚。楚之羸，其诱我也。君何急焉？臣闻小之能敌大也，小道大淫。所谓道，忠于民而信于神也。上思利民，忠也。祝史正辞，信也。今民馁而君逞欲，祝史矫举以祭，臣不知其可也。"公曰："吾牲栓肥腯，粢盛丰备，何则不信？"对曰："夫民，神之主也，是以圣王先成民而后致力于神。故奉牲以告，曰'博硕肥腯'，谓民立之普存也，谓其畜之硕大蕃滋也，谓其不疾瘯蠡也，谓其备腯咸有也；奉盛以告，曰'洁粢丰盛'，谓其三时不害而民和年丰也；奉酒醴以告，曰'嘉栗旨酒'，谓其上下皆有嘉德而无违心也。所谓馨香，无谗慝也。故务其三时，修其五教，亲其九族，以致其禋祀，于是乎民和而神降之福，故动则有成。今民各有心，而鬼神乏主，君虽独丰，其何福之有？君姑修政而亲兄弟之国，庶免于难。"随侯惧而修政，楚不敢伐。

夏，会于成，（纪）〔杞〕来咨谋齐难也。

北戎伐齐，齐使乞师于郑。郑大子忽帅师救齐。六月，大败戎师，获其二帅大良、少良，甲首三百，以献于齐。于是诸侯之大夫戍齐，齐人馈之饩，使鲁为其班。后郑。郑忽以其有功也，怒，故有郎之师。

公之未昏于齐也，齐侯欲以文姜妻郑大子忽。大子忽辞，人问其故；大子曰："人各有耦。齐大，非吾耦也。《诗》云：'自求多福。'在我而已，大国何为？"君子曰："善自为谋。"及其败戎师也，齐侯又请妻之。固辞。人问其故，大子曰："无事于齐，吾犹不敢。今以君命奔齐之急，而受室以归，是以师昏也。民其谓我何？"遂辞诸郑伯。

秋，大阅，简车马也。

九月丁卯，子同生。以大子生之礼举之：接以大牢，卜士负之，士妻食之，公与文姜、宗妇命之。

公问名于申繻。对曰："名有五：有信，有义，有象，有假，有类。以（名生）〔生名〕为信，以德命为义，以类命为象，取于物为假，取于父为类。不以国，不以官，不以山川，不以隐疾，不以畜牲，不以器币。周人以讳事神；名，终将讳之。故以国则废名，以官则废职，以山川则废主，以畜牲则废祀，以器币则废礼。晋以僖侯废司徒，宋以武公废司空，先君献、武废二山，是以大物不可以命。"公曰："是其生也，与吾同物，命之曰同。"

冬，（纪）〔杞〕侯来朝，请王命以求成于齐。公告不能。

【译文】

六年春天，周历正月，淳于公来到鲁国。夏天，四月，桓公在郕地会见纪侯。秋天，八月八日，举行大规模阅兵仪式。蔡人杀死陈佗。九月二十四日，子同出生。冬天，纪侯前来朝见。

六年春天，淳于公从曹国前来朝见。《春秋》写作"寔来"，是因为他不再回自己的国家了。

楚武王侵犯随国，派䓕章向随国请求和谈，将军队驻扎在瑕地以等待随国使者。随人派少师来主持和谈。斗伯比跟楚王说道："我们不能够在汉水以东的国家达到目的了，是我们自己造成这种局面的。我们扩大三军，配备铠甲兵器，用武力去欺压他们。他们害怕，就会团结一心来对付我们，所以很难离间他们。汉水以东的国家，随国最大。随国要是骄傲，就必定抛弃小国。小国离散，就是楚国的利益。少师为人狂妄，建议表面损减军队来诱使他骄傲。"熊率且比说："季梁还在，有什么用？"斗伯比说："这是为以后打算，少师将会得到国君的宠信。"楚王就减损军队，然后让少师进入军队和谈。

少师回去，建议随侯追击楚军。随侯打算答应他。季梁劝止这件事，说："老天爷正在帮助楚国，楚军疲弱，恐怕是诱惑我们。君急什么呢？我听说小国能够跟大国相抗衡，是因为小国有道而大国淫乱。所谓'道'，就是对人民忠心、对鬼神诚信。君上想着为人民谋福利，就是'忠'；祝史说话正直诚实，就是'信'。老百姓挨饿而君王却要追求自己的私欲，祝史说假话来祭祀神灵，我不知道这样做能行得通啊！"随侯说："我用来祭祀的牲畜肥壮，谷物丰满齐全，怎么是'不信'？"季梁回答说："老百姓，是神灵的主人，所以圣贤的君王先成全民事然后才对神灵效力。因此进献牲畜时报告说：'博硕肥腯。'这是指老百姓的力量普遍存在，牲畜壮大繁殖，没有疾病瘦弱，各种毛色的肥壮牲畜都有。进献谷物时报告说：'洁粢丰盛。'这是指农事没有受到损害，因而百姓和乐五谷丰收。进献酒时报告说：'嘉栗旨酒。'这是指上下都有美好的德行，而没有邪恶的思想。所谓馨香，就是没有虚妄邪恶。所以致力农事，修讲五教，亲近九族，用这些行为来祭祀神灵。由于这样，百姓和乐，神灵赐给他们福气，所以做什么事都能成功。现在老百姓各有异心，因而鬼神缺乏主人，君侯即使自己丰足，又有什么福气呢？君侯如能修治政教，亲近兄弟国家，说不定能避免祸难。"随侯害怕，就努力修治政教，楚国不敢讨伐。

夏天，桓公和纪侯在成地相会，这是因为纪侯前来商议如何消除齐国灭纪的灾难。

北戎攻打齐国，齐国派人向郑国借兵。郑太子忽带兵救齐。六月，大败戎军，俘获了戎军的两个统帅大良和少良，还有戎军兵士的首级数百，一并献给齐国。当时诸侯的大夫在齐国戍守，齐国赠送他们食物，让鲁国替他排定先后次序。鲁国把郑国排在后面。郑太子忽认为自己有功劳不应排后，就发怒，所以后来发生了郎地的战争。

在桓公没有向齐国求婚以前，齐侯想把文姜嫁给郑国太子忽，太子忽辞谢。有人问这样做的缘故，太子说："人人各自有合适的配偶，齐国强大，不是我的配偶。《诗经》说：'求于自己，多受福禄。'福禄取决于我自己，靠大国有什么用？"君子说："郑太子忽善于替自己打算。"到他打败戎军的时候，齐侯又请将别的女儿嫁他，太子忽坚决辞谢。有人问为什么，太子说："没有替齐国干什么事情的时候，我尚且不敢答应齐国婚事，现在奉国君命令来替齐国救急，却娶了媳妇回去，那就是凭借军队索取婚姻啊，老百姓将会怎么说我呢？"于是通过郑伯辞谢了这桩婚事。

秋天，举行大规模阅兵，这是为了检阅战车和战马。

九月二十四日，公子同出生。用太子出生的礼仪来对待他：父亲接见儿子时用太牢，让占卜选择的吉人背负他，叫吉人的妻子喂养他，桓公与文姜以及宗妇替他取名。桓公向申繻询问取名的事。申繻回答说："名有五种，即信、义、象、假、类。根据出生时的情况取名叫信，用吉祥赞扬的字眼取名叫义，根据相似的特征取名叫象，从别的事物那儿借名叫假，从父亲那儿取名叫类。不可用本国国名为人名，不可用官职名为人名，不可用山川名为人名，不可用疾病名为人名，不可用畜牲名为人名，不可用礼器礼物名为人名。周人用避讳事奉鬼神，人的名字，死后将要避讳。所以如果用国名为人名，避讳时就要废除原取的人名；用官名为人名，避讳时就要废除原官职名；用山川名为人名，避讳时就要废除山川的神主名；用畜牲名为人名，避讳时就无法祭祀；用礼器礼物名为人名，避讳时就会废除仪礼。晋国因为僖侯名司徒而不得不改官职司徒为中军。宋国因为武公名司空而不得不改司空官为司城，我国因避先君献公、武公的名讳不得不废除具、敖二山名，因此大物之名是不能拿来给人命名的。"桓公说："这个孩子的出生，跟我是同一天，就叫他作同。"

冬天，纪侯来朝见，想请桓公求取王命来跟齐国讲和。桓公告诉他不行。

桓公七年

【原文】

　　七年：春，二月己亥，焚咸丘。
　　夏，穀伯绥来朝。邓侯吾离来朝。
　　七年春，穀伯、邓侯来朝。名，贱之也。
　　夏，盟、向求成于郑，既而背之。
　　秋，郑人、齐人、卫人伐盟、向。王迁盟、向之民于郏。
　　冬，曲沃伯诱晋小子侯，杀之。

【译文】

　　七年春天，二月二十八日，放火烧了咸丘。夏天，穀国国君绥前来朝见，邓国国君吾离也来朝见。
　　七年春天，穀伯、邓侯前来朝见。《春秋》称他们的名，是由于看不起他们。
　　夏天，盟、向两邑向郑国求和，不久又背叛郑国。
　　秋天，郑人、齐人、卫人讨伐盟邑和向邑。周天子把盟、向两邑的百姓迁到王城。
　　冬天，曲沃伯诱召晋侯小子，伏兵杀害了他。

桓公八年

【原文】

八年：春，正月己卯，烝。

天王使家父来聘。

夏，五月丁丑，烝。

秋，伐邾。

冬，十月，雨雪。

祭公来，遂逆王后于纪。

八年春，灭翼。

随少师有宠。楚斗伯比曰："可矣！雠有衅，不可失也。"

夏，楚子合诸侯于沈鹿。黄、随不会。使薳章让黄。楚子伐随，军于汉、淮之间。

季梁请下之："弗许而后战，所以怒我而怠寇也。"少师谓随侯曰："必速战！不然，将失楚师。"随侯御之。望楚师，季梁曰："楚人上左，君必左，无与王遇。且攻其右。右无良焉，必败。偏败，众乃携矣。"少师曰："不当王，非敌也。"弗从。

战于速杞。随师败绩。随侯逸。斗丹获其戎车，与其戎右少师。

秋，随及楚平。楚子将不许，斗伯比曰："天去其疾矣，随未可克也。"乃盟而还。

冬，王命虢仲立晋哀侯之弟缗于晋。

祭公来，遂逆王后于纪。礼也。

【译文】

八年春天，正月十四日，举行烝祭。周天子派家父前来访问。夏天，五月十三日，又举行烝祭。秋天，讨伐邾国。冬天，十月，下雪。祭公先来鲁国，然后到纪国迎接王后。

八年春天，曲沃伯灭亡了晋国都城翼邑。

随国少师受到国君宠信。楚国的斗伯比说："可以了。敌人有了空子，我们不应该错过。"

夏天，楚王在沈鹿会合诸侯，黄国和随国没有与会。楚王派薳章去责备黄国，他自己统兵讨伐随国，把军队驻扎在汉水和淮水之间。

季梁建议向楚国请降，说："如果楚国不答应，然后再交战。这是让我军激奋而使敌人松懈的办法。"少师对随侯说："一定要赶快交战，不这样，就会失掉战胜楚军的机会。"随侯出兵抵抗楚军，与楚军遥相对望。季梁说："楚国人尊重左边，楚王一定在左军中。不要跟楚王正面交锋，暂且攻打他的右军。右军没有良将，必定失败。右军一败，整个楚军就离散了。"少师说："国君不跟楚王正面交锋，就不是对等的战争。"随侯没有听从季梁的话。两军在速杞交战，随军打了败仗。随侯逃脱。斗丹缴获了随侯的战车，以及随侯的车右少师。

秋天，随国要求跟楚国讲和，楚王打算不答应。斗伯比说："上天已经除去随国的祸害少师了，随国是不能够灭亡的。"于是跟随国结盟然后回国。

冬天，周天子命令虢仲到晋国立晋哀侯的弟弟缗为晋侯。祭公先来鲁国，然后去纪国迎接王后。这是合于礼的。

桓公九年

【原文】

九年：春，纪季姜归于京师。

夏，四月。

秋，七月。

冬，曹伯使其世子射姑来朝。

九年春，纪季姜归于京师。凡诸侯之女行，唯王后书。

巴子使韩服告于楚，请与邓为好。楚子使道朔将巴客以聘于邓。邓南鄙鄾人攻而夺之币，杀道朔及巴行人。楚子使薳章让于邓，邓人弗受。

夏，楚使斗廉帅师及巴师围鄾。邓养甥、聃甥帅师救鄾，三逐巴师，不克。斗廉衡陈其师于巴师之中，以战，而北。邓人逐之，背巴师。而夹攻之，邓师大败。鄾人宵溃。

秋，虢仲、芮伯、梁伯、荀侯、贾伯伐曲沃。

冬，曹大子来朝。宾之以上卿，礼也。享曹大子，初献，乐奏而叹。施父曰："曹大子其有忧乎？非叹所也。"

【译文】

九年春天，纪国的季姜嫁到周王都城洛邑。夏天，四月。秋天，七月。冬天，曹桓公派他的太子射姑前来朝见。

九年春天，纪国季姜嫁到周都洛邑。凡是诸侯的女儿出嫁，只有当王后的才加以记载。

巴国国君派外交官韩服向楚国通报，请楚国帮助巴国跟邓国建立友好关系。楚王就派道朔带领韩服去邓国访问，邓国南部边邑鄾人攻击他们，夺取了他们的财物礼品，杀死了道朔和巴国的外交官韩服。楚王派薳章去责备邓国，邓国不接受指责。

夏天，楚国派斗廉带兵联同巴国军队包围鄾邑。邓国的养甥、聃甥带兵救援鄾邑。

邓军向巴军多次进攻，都没有攻破。斗廉把他的军队横摆在巴军中间去跟邓军交战，然后诈败奔逃。邓军追赶楚军，以致巴军处在背后。巴军与楚军夹攻邓军，邓军大败。鄾邑人连夜逃散了。

秋天，虢仲、芮伯、梁伯、荀侯、贾伯讨伐曲沃。

冬天，曹国太子前来朝见。鲁国用上卿礼遇接待他，这是合礼的。设宴招待曹太子，开始进酒奏乐的时候，曹太子叹气。施父说："曹太子恐怕会有忧患吧，因为这不是叹气的地方啊！"

桓公十年

【原文】

十年：春，王正月庚申，曹伯终生卒。

夏，五月，葬曹桓公。

秋，公会卫侯于桃丘，弗遇。

冬，十有二月丙午，齐侯、卫侯、郑伯来战于郎。

十年春，曹桓公卒。

虢仲谮其大夫詹父于王。詹父有辞，以王师伐虢。夏，虢公出奔虞。

秋，秦人纳芮伯万于芮。

初，虞叔有玉，虞公求旃。弗献，既而悔之，曰："周谚有之：'匹夫无罪，怀璧其罪。'吾焉用此？其以贾害也？"乃献。又求其宝剑。叔曰："是无厌也。无厌，将及我。"遂伐虞公，故虞公出奔共池。

冬，齐、卫、郑来战于郎。我有辞也。

初，北戎病齐，诸侯救之，郑公子忽有功焉。齐人饩诸侯，使鲁次之。鲁以周班后郑。郑人怒，请师于齐。齐人以卫师助之，故不称侵伐。先书"齐、卫"，王爵也。

【译文】

十年春天，周历正月六日，曹国国君终生逝世。夏天，五月，安葬曹桓公。秋天，桓公到桃丘去会见卫侯，没有见到。冬天，十二月二十七日，齐侯、卫侯、郑伯前来郎地跟我军作战。

十年春天，曹桓公逝世。

虢仲在周天子面前诬陷他的大夫詹父。詹父有理，就率领天子军队讨伐虢国。夏天，虢公逃奔到虞国。

秋天，秦人把芮伯万送入芮国。

当初，虞叔有块宝玉，虞公向他索取，虞叔不给。不久，虞叔后悔，想道："周朝的谚语有这样的说法：'百姓没有罪，怀藏的玉璧才是罪。'我要这块宝玉干什么，难道用它来买祸害？"于是就把宝玉献给了虞公。虞公又索取他的宝剑。虞叔说："这个人贪得无厌。贪得无厌，必定会给我带来祸害。"于是就攻打虞公。所以虞公逃奔到了共池。

冬天，齐、卫、郑三国联军前来郎地作战。这次战争我方是有理的，——当初，北戎侵犯齐国，诸侯去救援齐国，郑公子忽在这件事上有功劳。齐人馈送诸侯食物，让鲁国排列先后次序。鲁国依据周朝封爵的先后把郑国排在后面。郑人发怒，向齐国请求出兵，齐国就率领卫国军队援助郑国。——所以《春秋》记载时不称"侵伐"。先写齐国、卫国而后写为主的郑国，也是按照周朝封爵的次序。

桓公十一年

【原文】

十有一年：春，正月，齐人、卫人、郑人盟于恶曹。
夏，五月癸未，郑伯寤生卒。
秋，七月，葬郑庄公。
九月，宋人执郑祭仲。突归于郑。郑忽出奔卫。
柔会宋公、陈侯、蔡叔，盟于折。
公会宋公于夫钟。
冬，十有二月，公会宋公于阚。
十一年春，齐、卫、郑、宋盟于恶曹。
楚屈瑕将盟贰、轸。郧人军于蒲骚，将与随、绞、州、蓼伐楚师。莫敖患之。斗廉曰："郧人军其郊，必不诫，且日虞四邑之至也。君次于郊郢，以御四邑；我以锐师宵加于郧。郧有虞心而恃其城，莫有斗志。若败郧师，四邑必离。"莫敖曰："盍请济师于王？"对曰："师克在和，不在众。商、周之不敌，君之所闻也。成军以出，又何济焉？"莫敖曰："卜之。"对曰："卜以决疑。不疑何卜？"遂败郧师于蒲骚，卒盟而还。

郑昭公之败北戎也，齐人将妻之，昭公辞。祭仲曰："必取之！君多内宠，子无大援，将不立。三公子皆君也。"
夏，郑庄公卒。
初，祭封人仲足有宠于庄公，庄公使为卿。为公娶邓曼，生昭公。故祭仲立之。宋雍氏女于郑庄公，曰雍姞，生厉公。雍氏宗，有宠于宋庄公，故诱祭仲而执之，曰："不立突，将死！"亦执厉公而求赂焉。祭仲与宋人盟，以厉公归而立之。
秋，九月丁亥，昭公奔卫。己亥，厉公立。

【译文】

十一年春天,正月,齐人、卫人、郑人在恶曹结盟。夏天,五月七日,郑庄公寤生逝世。秋天,七月,安葬郑庄公。九月,宋人捉住郑国的祭仲。郑公子突回到郑国,郑昭公忽逃亡到卫国。鲁大夫柔在折地会见宋公、陈侯、蔡叔,并结盟。桓公与宋公在夫钟相会。冬天,十二月,桓公又在阚地会见宋公。

十一年春天,齐国、卫国、郑国、宋国在恶曹结盟。

楚国的莫敖屈瑕打算跟贰国、轸国结盟。郧人却在蒲骚布置军队,将要会同随、绞、州、蓼四国攻打楚军,莫敖为此担心害怕。斗廉说:"郧军驻扎在本国的郊区,一定不会防备,而且他们天天盼望四国前来增援。您领兵驻扎在郊郢,以便抵挡四国援军;我带精锐部队夜间偷袭郧军。郧军一心盼望救援,又依仗有城邑作保,定会缺乏战斗意志。如果打败了郧军,四国联军就一定离散。"莫敖说:"为什么不向楚王请求增加军队呢?"斗廉回答说:"军队打胜仗在于团结,不在人多。商朝和周国力量相差悬殊,这是您知道的。只要我们的军队同仇敌忾出战,又何必要增加兵力呢?"莫敖说:"占卜一下吧?"回答说:"占卜是用来决定疑虑的,没有疑虑,又占卜什么?"于是在蒲骚打败了郧军,终于跟贰、轸两国结了盟才回国。

郑昭公忽在齐国打败北戎的时候,齐君想把女儿嫁给他,昭公辞谢了。祭仲说:"一定要娶她。国君有许多宠幸的妻妾,你如果没有大国援助,将难以立为国君。因为另三个公子都有可能成为国君。"

夏天,郑庄公逝世。

当初,祭地封人仲足得到郑庄公宠信,郑庄公让他做卿。仲足替郑庄公娶回邓曼,生下昭公。所以祭仲扶立他做国君。宋国的雍氏把女儿嫁给郑庄公,叫雍姞,生下厉公。雍氏受人尊重,得到宋庄公宠信,所以他诱来祭仲逮捕了他,说:"若不立突为郑君,你就要死。"又捉住厉公突,向他索取贿赂。祭仲跟宋人结盟,带着厉公回国而立他做郑君。

秋天,九月十三日,郑昭公逃亡到卫国。二十五日,郑厉公突即位做了国君。

桓公十二年

【原文】

十有二年:春,正月。

夏,六月壬寅,公会杞侯、莒子,盟于曲池。

秋,七月丁亥,公会宋公、燕人,盟于榖丘。

八月壬辰,陈侯跃卒。

公会宋公于虚。

冬，十有一月，公会宋公于龟。

丙戌，公会郑伯，盟于武父。

丙戌，卫侯晋卒。

十有二月，及郑师伐宋。丁未，战于宋。

十二年夏，"盟于曲池"，平杞、莒也。

公欲平宋、郑。秋，公及宋公盟于句渎之丘。宋成未可知也，故又会于虚。冬，又会于龟。宋公辞平。故与郑伯盟于武父，遂帅师而伐宋，战焉，宋无信也。

君子曰："苟信不继，盟无益也。《诗》云'君子屡盟，乱是用长'，无信也。"

楚伐绞，军其南门。莫敖屈瑕曰："绞小而轻，轻则寡谋。请无扞采樵者以诱之。"从之。绞人获三十人。明日，绞人争出，驱楚役徒于山中。楚人坐其北门，而覆诸山下；大败之，为城下之盟而还。

伐绞之役，楚师分涉于彭。罗人欲伐之，使伯嘉谍之；三巡数之。

【译文】

十二年春天，正月。夏天，六月十二日，桓公会见杞侯、莒子，在曲池结盟。秋天，七月十七日，桓公会见宋公、燕君，在谷丘结盟。八月壬辰日，陈厉公逝世。桓公跟宋公在虚地相会。冬天，十一月，桓公在龟地会见宋公。十八日，桓公会见郑伯，在武父结盟。同一天，卫宣公逝世。十二月，联同郑国军队攻打宋国。十日，在宋国作战。

十二年夏天，桓公在曲池会盟，是为了调解杞国和莒国之间的矛盾。

桓公想让宋国、郑国讲和。秋天，桓公在谷丘会见宋公。由于不知宋国是否真心愿和，所以又在虚地会见；冬天，又相会在龟地。宋公拒绝讲和，所以桓公跟郑伯在武父结盟，然后带领军队讨伐宋国，在宋国交战，这是因为宋国不讲信用。君子说："如果信用跟不上，结盟是没有用的。《诗》说：'君子多次结盟，动乱由此产生。'这正是由于没有信用。"

楚国讨伐绞国，驻军在绞国的城南门。莫敖屈瑕说："绞国弱小却轻率粗心，轻率粗心就缺乏计谋。建议不派人保卫外出砍柴的人，用这种方法来引诱他们。"楚王听从了他。绞人俘获了三十个砍柴人。第二天，绞人争着出城，到山中驱赶楚国的砍柴人。楚人则在山下设置埋伏，并派兵坐在绞城北门外等候。结果大败绞人，逼迫绞人订立了城下盟约才回国。

讨伐绞国的那场战役，楚国军队从彭水分头过河。罗人想要攻击他们，就派伯嘉前往侦察楚军。伯嘉多次计点楚军人数。

桓公十三年

【原文】

十有三年：春，二月，公会纪侯、郑伯。己巳，及齐侯、宋公、卫侯、燕人战。齐师、宋师、卫师、燕师败绩。

三月，葬卫宣公。

夏，大水。

秋，七月。

冬，十月。

十三年春，楚屈瑕伐罗。斗伯比送之，还，谓其御曰："莫敖必败。举趾高，心不固矣。"遂见楚子，曰："必济师！"楚子辞焉，入告夫人邓曼。邓曼曰："大夫其非众之谓。其谓君抚小民以信，训诸司以德，而威莫敖以刑也。莫敖狃于蒲骚之役，将自用也，必小罗。君若不镇抚，其不设备乎？夫固谓君训众而好镇抚之，召诸司而劝之以令德，见莫敖而告诸天之不假易也。不然，夫岂不知楚师之尽行也？"楚子使赖人追之，不及。

莫敖使徇于师曰："谏者有刑！"及鄢，乱次以济，遂无次。且不设备。及罗，罗与卢戎两军之，大败之。莫敖缢于荒谷。

群帅囚于冶父以听刑。楚子曰："孤之罪也！"皆免之。

宋多责赂于郑。郑不堪命，故以纪、鲁及齐与宋、卫、燕战。不书所战，后也。

郑人来请修好。

【译文】

十三年春天，二月，桓公会见纪侯、郑伯。初三日，桓公跟齐侯、宋公、卫侯、燕人交战。三月，安葬卫宣公。夏天，发生大水。秋天，七月。冬天，十月。

十三年春天，楚国屈瑕领兵讨伐罗国，斗伯比为他送行。返回的时候，斗伯比对他的驾车人说："莫敖一定会失败。走路时把脚抬得很高，表明他心思浮动不安定。"于是去见楚王，说："一定要增加军队！"楚王没有答应他的请求。楚王进到屋里，把这事告诉夫人邓曼，邓曼说："斗大夫恐怕不是说的军队人数多少，而是说您要用诚信来安抚百姓，用道德来告诫官吏，用法律来约束莫敖。莫敖陶醉在蒲骚战役的胜利中，一定会自以为是，从而轻视罗国。君王如果不加镇抚，恐怕他不会设置防备啊！斗大夫一定是说您要训诫大众并好好地督察他们，召集官吏而用美好的德行鼓励他们，召见莫敖，告诉他上天不会宽大他的过错。斗大夫说的如果不是这意思，他难道不知道楚国的军队全都出动了吗？"楚王派赖人去追赶莫敖，没有追上。

莫敖派人在军队中巡回宣布命令说："敢进谏的人要受刑罚！"到达鄢水，军队次序混乱地渡河，终致不成行列，而且不设防备。到达罗国，罗军与卢戎军队两面夹击，大败楚军。莫敖吊死在荒谷，其他将军自己囚禁在冶父，等候楚王处罚。楚王说："这是我的过错。"全部赦免了他们。

宋国向郑国索取很多的财物。郑国不能忍受，所以率领纪、鲁、齐三国的军队跟宋、卫、燕军作战。《春秋》没有记载作战的地点，是因为鲁军后到。

郑国来请求建立友好关系。

桓公十四年

【原文】

十有四年：春，正月，公会郑伯于曹。

无冰。

夏，五。郑伯使其弟语来盟。

秋，八月壬申，御廪灾。

乙亥，尝。

冬，十有二月丁巳，齐侯禄父卒。

宋人以齐人、蔡人、卫人、陈人伐郑。

十四年春，会于曹。曹人致饩，礼也。

夏，郑子人来寻盟，且修曹之会。

秋，八月壬申，御廪灾。乙亥，尝。书，不害也。

冬，宋人以诸侯伐郑，报宋之战也。焚渠门，入，及大逵。伐东郊，取牛首。以大宫之椽归为卢门之椽。

【译文】

十四年春天，正月，桓公在曹国会见郑伯。没有结冰。夏天，五月，郑伯派他的弟弟语前来结盟。秋天，八月十五日，御廪发生火灾。十八日，举行尝祭。冬天，十二月二日，齐国国君禄父逝世。宋人带领齐人、蔡人、卫人、陈人讨伐郑国。

十四年春天，桓公与郑伯在曹国会见。曹国馈送他们食物，这是合于礼的。

夏天，郑子人前来重温十二年底在武父所订立的盟约，并且重温去年在曹国的会见。

秋天，八月十五日，御廪发生火灾。十八日，照常举行尝祭。《春秋》记载这件事，是由于他们并不害怕天灾。

冬天，宋国率领诸侯联军讨伐郑国，是为了报复前几年郑伐宋的那次战役。焚烧了郑国的渠门，攻入城市，到达了城内的大街上。又攻打东郊，占取了牛首。带回郑国祖庙的椽子，用它作为宋国城郊卢门的椽子。

桓公十五年

【原文】

十有五年：春，二月，天王使家父来求车。

三月乙未，天王崩。

夏，四月乙巳，葬齐僖公。

五月，郑伯突出奔蔡。

郑世子忽复归于郑。

许叔入于许。

公会齐侯于艾。

邾人、牟人、葛人来朝。

秋，九月，郑伯突入于栎。

冬，十有一月，公会〔齐侯、〕宋公、卫侯、陈侯于袲，伐郑。

十五年春，天王使家父来求车，非礼也。诸侯不贡车服，天子不私求财。

祭仲专。郑伯患之，使其婿雍纠杀之。将享诸郊，雍姬知之，谓其母曰："父与夫孰亲？"其母曰："人尽夫也，父一而已，胡可比也？"遂告祭仲曰："雍氏舍其室而将享子于郊。吾惑之，以告。"祭仲杀雍纠，尸诸周氏之汪。公载以出，曰："谋及妇人，宜其死也。"夏，厉公出奔蔡。

六月乙亥，昭公入。

许叔入于许。

公会齐侯于艾，谋定许也。

秋，郑伯因栎人杀檀伯，而遂居栎。

冬，会于袲，谋伐郑，将纳厉公也。弗克而还。

【译文】

十五年春天，二月，周桓王派家父来索取车辆。三月十一日，周桓王逝世。夏天，四月十五日，安葬齐僖公。五月，郑伯突逃亡到蔡国，郑太子忽回国复位。许叔进入许国都城。桓公跟齐侯在艾地相会。邾君、牟君、葛君前来朝见。秋天，九月，郑伯突入居郑国的边邑栎。冬天，十一月，桓公在袲地会见宋公、卫侯和陈侯，然后一起讨伐郑国。

十五年春天，周桓王派家父前来索取车辆，这是不合礼的。诸侯不应该向天子贡

献车辆服装，天子也不应该向诸侯私下索取财物。

祭仲专权，郑厉公很担心，就派祭仲的女婿雍纠谋杀他。雍纠打算在郊外宴请祭仲。雍姬知道了这个阴谋，对她的母亲说："父亲与丈夫哪一个更亲？"她母亲说："凡是男人都可以做丈夫，而父亲却只有一个，这怎么能够相比呢？"雍姬于是告诉她的父亲祭仲说："我丈夫雍氏不在自己家里却要到郊外去宴请您，我对此感到疑惑，所以把这事告诉您。"祭仲杀死雍纠，暴尸在周氏之汪。厉公载着雍纠的尸体出逃，说："跟妇人谋划大事，死得活该。"夏天，郑厉公逃奔到了蔡国。六月二十二日，郑昭公进入郑国。

许叔从许东偏进居许国都城。桓公在艾地跟齐侯相会，就是为了商议如何安定许国。

秋天，郑厉公通过栎人杀害了戍守大夫檀伯，因而就居住在栎邑。

冬天，桓公与宋、卫、陈三国国君在衰地会见，是为了谋划讨伐郑国，打算将厉公送回国都复位。没有成功，只好退兵。

桓公十六年

【原文】

十有六年：春，正月，公会宋公、蔡侯、卫侯于曹。

夏，四月，公会宋公、卫侯、陈侯、蔡侯伐郑。

秋，七月，公至自伐郑。

冬，城向。

十有一月，卫侯朔出奔齐。

十六年春，正月，会于曹，谋伐郑也。

夏，伐郑。

秋七月，公至自伐郑，以饮至之礼也。

冬，城向。书，时也。

初，卫宣公烝于夷姜，生急子，属诸右公子。为之娶于齐，而美，公取之。生寿及朔，属寿于左公子。夷姜缢。宣姜与公子朔构急子。公使诸齐，使盗待诸莘，将杀之。寿子告之，使行。不可，曰："弃父之命，恶用子矣？有无父之国则可也。"及行，饮以酒。寿子载其旌以先，盗杀之。急子至，曰："我之求也，此何罪？请杀我乎！"又杀之。二公子故怨惠公。

十一月，左公子泄、右公子职立公子黔牟。惠公奔齐。

【译文】

十六年春天，正月，桓公在曹国与宋公、蔡侯、卫侯会盟。夏天，四月，桓公领兵会同宋公、卫侯、陈侯、蔡侯的军队讨伐郑国。秋天,七月,桓公讨伐郑国后回到本国。冬天,修筑向城。十一月,卫惠公朔逃亡到齐国。

十六年春天,正月,桓公和宋公、蔡侯、卫侯在曹国会见,是为了商议讨伐郑国。

夏天,攻打郑国。

秋天,七月,桓公攻打郑国后回国。《春秋》记载"至",是因为举行了祭告宗庙宴赏臣下的"饮至"礼。

冬天,修筑向城。《春秋》记载,是因为合时。

当初,卫宣公与他的庶母夷姜通奸,生下急子,托付给右公子职。宣公替他从齐国娶媳妇,媳妇很漂亮,宣公就自己娶了她,生了寿和朔,把寿托付给左公子。夷姜上吊死了。宣姜和公子朔诬陷急子。宣公派急子到齐国出使,暗地里叫杀手在莘地等待,打算杀了他。寿子告诉急子这件事,叫他逃走。急子不肯,说:"丢下父亲的使命,还用儿子干什么?除非有没有父亲的国家才行。"等到出发的时候,寿子用酒灌醉急子,载着急子的旗号先走,杀手误认为是急子而杀了他。急子到后,说:"你们是找我的,这个人有什么罪?请杀我吧!"杀手又杀了急子。左右二公子由此怨恨惠公。十一月,左公子泄和右公子职立公子黔牟为君。卫宣公逃亡到齐国。

桓公十七年

【原文】

十有七年:春,正月丙辰,公会齐侯、纪侯,盟于黄。

二月丙午,公(会)〔及〕邾仪父盟于趡。

夏,五月丙午,及齐师战于奚。

六月丁丑,蔡侯封人卒。

秋,八月,蔡季自陈归于蔡。

癸巳,葬蔡桓侯。

及宋人、卫人伐邾。

冬,十月朔,日有食之。

十七年春,"盟于黄",平齐、纪,且谋卫故也。

及邾仪父盟于趡,寻蔑之盟也,

夏,及齐师战于奚,疆事也。于是齐人侵鲁疆,疆吏来告。公曰:"疆场之事,慎守其一而备其不虞。姑尽所备焉。事至而战,又何谒焉?"

蔡桓侯卒。蔡人召蔡季于陈。"秋,蔡季自陈归于蔡",蔡人嘉之也。

伐邾,宋志也。

冬十月朔,日有食之。不书日,官失之也。天子有日官,诸侯有日御。日官居卿

以（底）〔厎〕日，礼也。日御不失日，以授百官于朝。

初，郑伯将以高渠弥为卿。昭公恶之，固谏，不听。昭公立，惧其杀己也，辛卯，弑昭公而立公子亹。君子谓昭公知所恶矣。公子达曰："高伯其为戮乎？复恶，已甚矣！"

【译文】

十七年春天，正月十三日，桓公在黄地会见齐侯、纪侯，并结盟。二月丙午日，桓公会见邾仪父，在趡地结盟。夏天，五月五日，跟齐军在奚地交战。六月六日，蔡侯封人逝世。秋天，八月，蔡季从陈国回到蔡国。二十三日，安葬蔡桓侯。鲁军跟宋人、卫人一同攻打邾国。冬天，十月一日，日食。

十七年春天，桓公与齐侯、纪侯在黄地结盟，这是由于调解齐国和纪国的矛盾，并且商议如何对付卫国的缘故。桓公跟邾仪父在趡地结盟，则是为了重温隐公时的蔑地盟约。

夏天，鲁军跟齐军在奚地作战，这是疆界上的冲突。当时齐军侵犯鲁国边疆，守边官吏前来报告请示。桓公说："边疆这类事情，要小心地守护自己的一方，并防备别国的意外侵犯。所以要随时对这类事情做好一切准备。敌人进犯了就迎头痛击，又何必要请示呢？"

蔡桓侯逝世，蔡国人到陈国召蔡季回国。秋天，蔡季从陈国回到蔡国，因为蔡国人都赞扬他。

鲁国攻打邾国，这是宋国的意愿。

冬天，十月初一，日食。《春秋》不记载日子，这是史官的疏漏。天子有日官，诸侯有日御。日官居卿位以推算日历，这是礼的规定。日御不能使日历错漏，要原原本本地将日官推定的日历在朝廷上传授给百官。

当初，郑庄公打算用高渠弥做卿，昭公讨厌他，坚决阻止，但庄公没有听从。昭公即位，高渠弥害怕他杀自己，就在十月二十二日杀死昭公，另立公子亹为君。君子认为昭公确实了解他所讨厌的人。公子达说："高渠弥将会被杀吧，他报仇报得太过分了！"

桓公十八年

【原文】

十有八年：春，王正月，公会齐侯于泺。公与夫人姜氏遂如齐。

夏，四月丙子，公薨于齐。

丁酉，公之丧至自齐。

秋，七月。

冬，十有二月己丑，葬我君桓公。

十八年春，公将有行，遂与姜氏如齐。申繻曰："女有家，男有室，无相渎也，谓之有礼。易此，必败。"

公会齐侯与泺，遂及文姜如齐。齐侯通焉，公谪之。以告。

夏，四月丙子，享公。使公子彭生乘公，公薨于车。

鲁人告于齐曰："寡君畏君之威，不敢宁居，来修旧好。礼成而不反，无所归咎，恶于诸侯。请以彭生除之。"齐人杀彭生。

秋，齐侯师于首止。子亹会之，高渠弥相。七月戊戌，齐人杀子亹而轘高渠弥。祭仲逆郑子于陈而立之。是行也，祭仲知之，故称疾不往。人曰："祭仲以知免。"仲曰："信也。"

周公欲弑庄王而立王子克。辛伯告王，遂与王杀周公黑肩。王子克奔燕。

初，子仪有宠于桓王，桓王属诸周公。辛伯谏曰："并后，匹嫡，两政，耦国，乱之本也。"周公弗从，故及。

【译文】

十八年春天，周历正月，桓公在泺地会见齐侯。桓公与夫人姜氏趁便到了齐国。夏天，四月十日，桓公在齐国逝世。五月一日，桓公的灵柩从齐国送运回国。秋天，七月。冬天，十二月二十七日，安葬我们的国君桓公。

十八年春天，桓公打算前往会见齐侯，于是跟姜氏一起到齐国去。申繻说："女自有夫，男各有妻，不互相亵渎，就叫做有礼。如果违反这种礼节，就一定会坏事。"桓公在泺地会见齐侯，然后与文姜到齐国去，齐侯跟文姜私通。桓公责备文姜，文姜把话转告齐侯。

夏天，四月初十日，齐侯宴请桓公。而后让公子彭生帮助桓公登车，桓公就死在车里。鲁国人通告齐国说："寡君害怕齐君的威力，不敢在家安居，前来齐国重修旧好。但完成礼仪后却没有回国，我们无法追究罪责，因而在诸侯中造成了恶劣影响。请求杀掉彭生来清除这种影响。"齐人杀了彭生。

秋天，齐侯驻军在首止，子亹前往会见，高渠弥做助手。七月初三日，齐人杀死子亹，车裂高渠弥。祭仲从陈国接回子仪，立他为国君。这次前往会见齐侯，祭仲知道有事发生，所以装病没有去。人家说："祭仲是因为有先见之明才躲过了祸害。"祭仲说："确实是这样。"

周公想要谋杀庄王而另立王子克。辛伯将这事告诉庄王，于是跟庄王合力杀死了周公黑肩。王子克逃奔到燕国。当初，王子克得到桓王宠爱，桓王把他托付给周公。辛伯劝诫周公说："妾妃跟王后并列，庶子与嫡子等同，两个人共掌朝政，大城市和国都一样，这都是祸乱的根源啊！"周公不听从劝告，所以遭到了祸难。

庄公

庄公元年

【原文】

元年：春，王正月。

三月，夫人孙于齐。

夏，单伯送王姬。

秋，筑王姬之馆于外。

冬，十月乙亥，陈侯林卒。

王使荣叔来锡桓公命。

王姬归于齐。

齐师迁纪郱、鄑、郚。

元年春，不称即位，文姜出故也。

三月，夫人孙于齐。不称姜氏，绝，不为亲，礼也。

秋，筑王姬之馆于外。为外，礼也。

【译文】

鲁庄公元年春天，周历正月。三月，夫人文姜逃奔到齐国。夏天，单伯送来周天子的女儿待嫁。秋天，在都城外面修筑王姬居住的馆舍。冬天，十月十七日，陈庄公逝世。周王的女儿嫁到齐国。齐国军队迁出纪国郱、鄑、郚三邑的人民而占取其地。

鲁庄公元年春天，《春秋》不载庄公即位，是由于文姜出逃的缘故。三月，夫人文姜逃奔到齐国。《春秋》不称她"姜氏"，是因为庄公与她断绝了母子关系，不再是亲人。这是合于礼的。

秋天，在都城外修筑供王姬住居的馆舍，因为王姬不是鲁国人，这也是符合礼的。

鲁庄公

庄公二年

【原文】

二年：春，王二月，葬陈庄公。

夏，公子庆父帅师伐于余丘。

秋，七月，齐王姬卒。

冬，十有二月，夫人姜氏会齐侯于禚。

乙酉，宋公冯卒。

二年冬，夫人姜氏会齐侯于禚。书，奸也。

【译文】

二年春天，周历二月，安葬陈庄公。夏天，公子庆父领兵打于余丘。秋天，七月，嫁给齐襄公的周王女儿逝世。冬天，十二月，夫人姜氏跟齐侯在禚地相会。初四日，宋公冯逝世。

二年冬天，夫人姜氏跟齐侯在禚地相会。《春秋》记载这件事，是由于他们在那里通奸。

庄公三年

【原文】

三年：春，王正月，溺会齐师伐卫。

夏，四月，葬宋庄公。

五月，葬桓王。

秋，纪季以酅入于齐。

冬，公次于滑。

三年春，溺会齐师伐卫。疾之也。

夏五月，葬桓王。缓也。

秋，纪季以酅入于齐。纪于是乎始判。

冬，公次于滑。将会郑伯谋纪故也。郑伯辞以难。凡师，一宿为舍，再宿为信，过信为次。

【译文】

三年春天，周历正月，溺领兵会同齐军攻打卫国。夏天，四月，安葬宋庄公。五月，安葬周桓王。秋天，纪季率领酅邑人投奔齐国。冬天，庄公在滑地暂住。

三年春天，公子溺会同齐军攻打卫国，《春秋》记载不称"公子"，是由于憎恶他专命私行。

夏天，五月，安葬周桓王，这已经太迟了。

秋天，纪季率酅投靠齐国，纪国从此开始分为两国。

冬天，庄公在滑地停留，是由于打算会见郑伯，商议救助纪国的缘故。郑伯用自己国家有祸难为借口推辞了。凡是军队外出，住一宿叫做舍，住两晚叫做信，超过两晚就叫次。

庄公四年

【原文】

四年：春，王二月，夫人姜氏享齐侯于祝丘。

三月，纪伯姬卒。

夏，齐侯、陈侯、郑伯遇于垂。

纪侯大去其国。

六月乙丑，齐侯葬纪伯姬。

秋，七月。

冬，公及齐人狩于禚。

四年春，王正月。楚武王荆尸授师孑焉，以伐随。将齐，入告夫人邓曼曰："余心荡。"邓曼叹曰："王禄尽矣！盈而荡，天之道也。先君其知之矣，故临武事、将发大命而荡王心焉。若师徒无亏，王薨于行，国之福也。"王遂行，卒于樠木之下。令尹斗祁、莫敖屈重除道梁溠，营军临随。随人惧，行成。莫敖以王命入盟随侯，且请为会于汉汭。而还，济汉而后发丧。

纪侯不能下齐，以与纪季。"夏，纪侯大去其国"，违齐难也。

【译文】

四年春天，周历正月，夫人姜氏在祝丘宴请齐侯。三月，纪伯姬逝世。夏天，齐侯、陈侯、郑伯在垂地举行非正式会谈。纪侯永远离开自己的国家。六月二十三日，齐侯替纪国安葬纪伯姬。秋天，七月。冬天，庄公跟齐侯在禚地田猎。

四年春天，周历三月，楚武王摆开"荆尸"军阵，给军队颁发戟器，准备攻打齐国。武王打算斋戒,进去告诉妻子邓曼说:"我心跳得慌。"邓曼叹气说:"君王您的福寿快完了。满了才会摇动,这是自然的规律。先君大概知道了,所以在您临近战争,将要发布征伐命令的时候,让您心慌惊跳。如果军队没有什么损失,您在途中寿终,那就是国家的福气了。"武王于是出发,死在樠树下面。令尹斗祁、莫敖屈重逢山开路,遇水架桥,继续进逼随国建立军营。随国人害怕,就向楚国求和。莫敖用楚王的名义进入随国跟随侯结盟,并请随侯在汉水转弯处相会。退兵渡过汉水后,才公开楚王的丧事。

纪侯不愿意向齐国低头,就把纪国交给纪季。夏天,纪侯永远离开了他的国家,这是为了躲避齐国的祸难。

庄公五年

【原文】

五年:春,王正月。

夏,夫人姜氏如齐师。

秋,郳犁来来朝。

冬,公会齐人、宋人、陈人、蔡人伐卫。

五年秋,郳犁来来朝。名,未王命也。

冬,伐卫,纳惠公也。

【译文】

五年春天,周历正月。夏天,夫人姜氏前往齐国军中。秋天,郳君犁来前来朝见。冬天,庄公会同齐军、宋军、陈军、蔡军攻打卫国。

五年秋天,郳君犁来前来朝见。《春秋》称他的名,是因为他还没有获得周王朝的任职命令。

冬天,齐、鲁等诸侯军队攻打卫国,是为了护送卫惠公回国复位。

庄公六年

【原文】

六年:春,王正月,王人子突救卫。

夏,六月,卫侯朔入于卫。

秋，公至自伐卫。
螟。
冬，齐人来归卫俘。
六年春，王人救卫。
夏，卫侯入，放公子黔牟于周，放宁跪于秦，杀左公子泄、右公子职，乃即位。君子以二公子之立黔牟为不度矣。夫能固位者，必度于本末而后立衷焉。不知其本，不谋；知本之不枝，弗强。《诗》云："本枝百世。"
冬，齐人来归卫宝，文姜请之也。
楚文王伐申，过邓。邓祁侯曰："吾甥也。"止而享之。骓甥、聃甥、养甥请杀楚子，邓侯弗许。三甥曰："亡邓国者，必此人也。若不早图，后君噬齐，其及图之乎？图之，此为时矣！"邓侯曰："人将不食吾馀。"对曰："若不从三臣，抑社稷实不血食，而君焉取馀？"弗从。还年，楚子伐邓。十六年，楚复伐邓，灭之。

【译文】

六年春天，周历正月，周王朝官员子突救援卫国。夏天，六月，卫惠公朔进入卫国。秋天，庄公从攻打卫国的战场回国。发生蝗虫灾害。冬天，齐国人送来攻打卫国的战利品。

六年春天，周王官吏救援卫国。

夏天，卫惠公回国，把公子黔牟放逐到成周，把大夫宁跪放逐到秦地，杀死左公子泄和右公子职，然后才复位当国君。

君子认为，左右二公子扶立公子黔牟当国君这件事做得欠考虑。能够巩固国君地位的人，一定会考察候选人的各方面条件，然后从中选立合适的。不了解某人的基本情况，就不要替他谋取君位；了解到他虽有根基却没有枝叶维护，也不必勉强他当国君。《诗》中说："有本有枝，百代久传。"

冬天，齐国人送来卫国的宝器，这是由于文姜的请求。

楚文王讨伐申国。经过邓国。邓祁侯说："这是我的外甥。"就留下他，设宴款待他。骓甥、聃甥和养甥请求杀掉楚文王，邓侯不答应。三个人说："灭亡邓国的一定是这个人。如果不早点除掉他，以后您就像咬自己肚脐一样够不着，哪里还能够对付他呢？要对付他，现在是最好的时机。"邓侯说："这样做，世人将不会吃我剩下的食物。"三人回答说："如果不听从我们的意见，国家灭亡，连土神谷神都得不到祭享，国君您还到哪里去拿剩余的东西给人吃？"邓侯不听。楚文王讨伐申国回国的那一年，顺便攻击了邓国。十六年，楚国再次攻打邓国，灭亡了它。

庄公七年

【原文】

　　七年：春，夫人姜氏会齐侯于防。
　　夏，四月辛卯，夜，恒星不见；夜中，星陨如雨。
　　秋，大水。
　　无麦、苗。
　　冬，夫人姜氏会齐侯于穀。
　　七年春，文姜会齐侯于防，齐志也。
　　夏，恒星不见，夜明也。星陨如雨，与雨偕也。
　　秋，无麦、苗，不害嘉谷也。

【译文】

　　七年春天，夫人姜氏在防地跟齐侯私会。夏天，四月五日晚上，平日常见的星星没有出现。半夜的时候星星像下雨一样陨落。秋天，发生了大水，麦子失收，青苗淹没。冬天，夫人姜氏到谷地私会齐侯。

　　七年春天，文姜跟齐侯在防地私会，这是齐侯的意愿。夏天，常见的星星不出现，是因为夜空太明亮了。《春秋》说"星陨如雨"，实际上是星星跟雨水一块儿落下。秋天，麦子失收，青苗淹没，但并没有妨害黍稷的收成。

庄公八年

【原文】

　　八年：春，王正月，师次于郎，以俟陈人、蔡人。
　　甲午，治兵。
　　夏，师及齐师围郕。郕降于齐师。
　　秋，师还。
　　冬，十有一月癸未，齐无知弑其君诸儿。
　　八年春，"治兵"于庙，礼也。
　　夏，师及齐师围郕。郕降于齐师。仲庆父请伐齐师，公曰："不可。我实不德，齐师何罪？罪我之由。《夏书》曰：'皋陶迈种德。德，乃降。'姑务修德以待时乎！"

秋，师还。君子是以善鲁庄公。

齐侯使连称、管至父戍葵丘，瓜时而往，曰："及瓜而代。"期戍，公问不至。请代，弗许。故谋作乱。

僖公之母弟曰夷仲年，生公孙无知，有宠于僖公，衣服礼秩如適。襄公绌之。二人因之以作乱。连称有从妹在公宫，无宠。使间公，曰："捷，吾以女为夫人。"

冬十二月，齐侯游于姑棼，遂田于贝丘。见大豕，从者曰："公子彭生也。"公怒，曰："彭生敢见！"射之。豕人立而啼。公惧，队于车，伤足丧屦。反，诛屦于徒人费，弗得；鞭之，见血。走出，遇贼于门。劫而束之。费曰："我奚御哉？"袒而示之背，信之。费请先入；伏公而出，斗死于门中。石之纷如死于阶下。遂入，杀孟阳于床，曰："非君也，不类。"见公之足于户下，遂弑之，而立无知。

初，襄公立，无常。鲍叔牙曰："君使民慢，乱将作矣！"奉公子小白出奔莒。乱作，管夷吾、召忽奉公子纠来奔。

初，公孙无知虐于雍廪。

齐襄公出猎遇野猪，选自明刊本《新镌锈像列国志》。

【译文】

八年春天，周历正月，鲁国军队驻扎在防地，以等待陈国、蔡国的军队前来。十三日，在太庙分发武器。夏天，鲁军和齐军包围郕国。郕国向齐军投降。秋天，鲁军回国。冬天，十一月七日，齐国无知杀死了他的君王诸儿。

八年春天，在太庙里分发武器，这是合乎礼的。夏天，鲁军和齐军包围郕国，郕国向齐军投降。仲庆父请求攻打齐军。庄公说："不行。实在是我们没有德行，齐军有什么罪过？罪过是由我们产生的。《夏书》说：'皋陶努力培养德行，有了德行，别人才投降他。'我们姑且专心培养德行，等候时机吧！"秋天，鲁军回国。君子因此称赞鲁庄公。

齐侯派连称、管至父去守卫葵丘。结瓜的时候去，齐侯说："等明年结瓜的时候就派人替换你们。"可守卫了一周年，没有齐君的音讯到来。连称、管至父自己请求派人替换，齐侯也不答应。所以连称、管至父计划叛乱。齐僖公的同母弟弟叫夷仲年，生了公孙无知，得到僖公的宠爱，衣服礼仪等方面的待遇如同嫡孙一样。襄公即位后却降低了他的待遇。所以连称、管至父利用他来发动叛乱。连称有个堂妹在齐侯宫室，没有得宠，公孙无知就让她去刺探齐侯的行动，对她说："如果成功了，我就把你封为夫人。"

冬天，十二月，齐侯到姑棼游玩，接着在贝丘围猎。看见一头大野猪。随从人员说："这是死去的公子彭生。"齐侯愤怒地说："彭生竟敢来见我！"用箭射它。野猪像人一样站着啼叫。齐侯害怕，从车下摔下来，伤了脚，丢了鞋。回到驻地，齐侯叫侍人费去寻找鞋子，没有找到。齐侯用鞭子抽打侍人费，打出了血。侍人费跑出去，在门口碰上叛乱的人，叛贼劫持并捆绑他。费说："我怎么会替君王抵抗呢？"脱下衣服把背上的鞭伤给叛贼看，叛贼相信了他。费请求先进去。他把齐侯隐藏好才出来，跟叛贼拼斗，死在门内。石之纷如死在台阶下。叛贼于是进去，把假装齐侯的孟阳杀死在床上。叛贼说："这不是国君，不像。"发现齐侯的脚露在门下，就杀了齐侯，然后立无知做国君。

当初，齐襄公就位，说话做事没有一定准则。鲍叔牙说："国君使唤百姓怠慢无礼，祸乱将要发生了。"就事奉公子小白逃亡到了莒国。叛乱发生，管夷吾、召忽事奉公子纠来投奔鲁国。

当初，公孙无知虐待雍廪。

庄公九年

【原文】

九年：春，齐人杀无知。
公及齐大夫盟于蔇。
夏，公伐齐，纳（子）纠。齐小白入于齐。
秋，七月丁酉，葬齐襄公。
八月庚申，及齐师战于乾时，我师败绩。
九月，齐人取子纠杀之。
冬，浚洙。
九年春，雍廪杀无知。
公及齐大夫盟于蔇，齐无君也。
夏，公伐齐，纳子纠。桓公自莒先入。
秋，师及齐师战于乾时，我师败绩。公丧戎路，传乘而归。秦子、梁子以公旗辟于下道，是以皆止。

鲍叔帅师来言曰:"子纠,亲也;请君讨之。管、召,雠也;请受而甘心焉。"乃杀子纠于生窦。召忽死之。管仲请囚,鲍叔受之,及堂阜而税之。归而以告曰:"管夷吾治于高傒。使相可也。"公从之。

【译文】

九年春天,齐国人杀死公孙无知。庄公跟齐国大夫在蔇地结盟。夏天,庄公攻打齐国,想把子纠送回国内。齐公子小白抢先回到了齐国。秋天,七月二十四日,安葬齐襄公。八月十八日,跟齐国军队在乾时交战,我国军队打了大败仗。九月,齐国人要回子纠,杀了他。冬天,疏理洙水。

九年春天,雍廪杀了齐侯无知。庄公在蔇地跟齐国大夫结盟,是因为齐国当时没有国君。

夏天,庄公攻打齐国,想送子纠回去。可桓公小白从莒国抢先回到了齐国。

秋天,我军和齐军在乾时交战,我军打了大败仗。庄公丢掉兵车,坐上便车逃回。秦子、梁子打着庄公的旗帜躲在小道上诱骗齐军,因此都被抓住。鲍叔带着军队来鲁国说:"子纠是我们国君的亲人,我君不忍心下手,就请贵国诛杀他。管仲和召忽是我们国君的仇人,请你们交给我们带回去让国君亲自处置才甘心啊。"于是,在鲁国生窦把子纠杀了。召忽为主人殉死。管仲请求做囚犯,鲍叔同意,将他捆绑押回,一到齐地堂阜就放开他。回去后把这件事禀告齐君,说:"管仲治国才能比高傒还好,让他做宰相是可以的。"齐桓公听从了他。

庄公十年

【原文】

十年:春,王正月,公败齐师于长勺。

二月,公侵宋。

三月,宋人迁宿。

夏,六月,齐师、宋师次于郎。公败宋师于乘丘。

秋,九月,荆败蔡师于莘,以蔡侯献舞归。

冬,十月,齐师灭谭,谭子奔莒。

十年春,齐师伐我。公将战,曹刿请见。其乡人曰:"肉食者谋之,又何间焉?"刿曰:"肉食者鄙,未能远谋。"乃入见,问:"何以战?"公曰:"衣食所安,弗敢专也,必以分人。"对曰:"小惠未遍,民弗从也。"公曰:"牺牲玉帛,弗敢加也。必以信。"对曰:"小信未孚,神弗福也。"公曰:"小大之狱,虽不能察,必以情。"对曰:"忠之属也,可以一战。战则请从。"

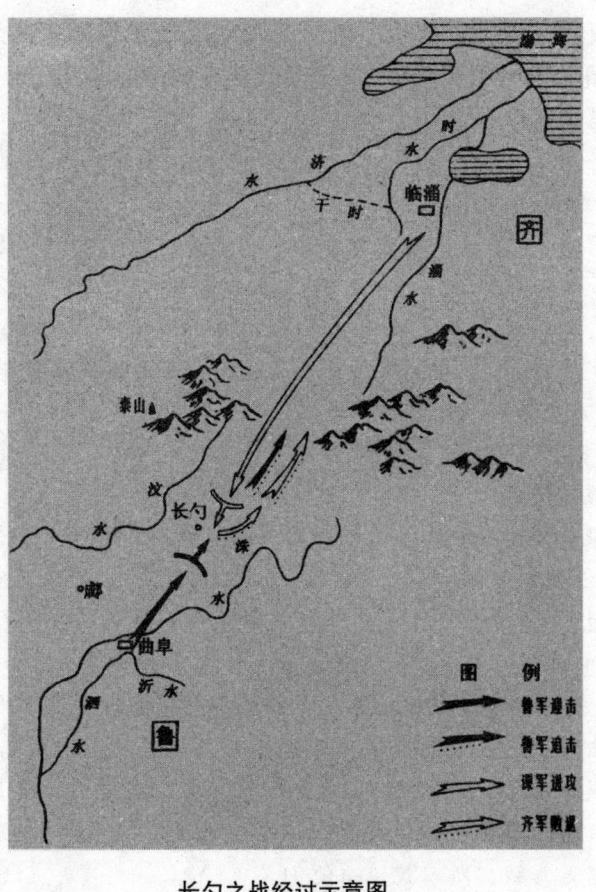

长勺之战经过示意图

公与之乘。战于长勺。公将鼓之,刿曰:"未可。"齐人三鼓,刿曰:"可矣。"齐师败绩。公将驰之,刿曰:"未可。"下视其辙;登轼而望之;曰:"可矣。"遂逐齐师。

既克,公问其故。对曰:"夫战,勇气也。一鼓作气,再而衰,三而竭。彼竭我盈,故克之。夫大国,难测也,惧有伏焉。吾视其辙乱,望其旗靡,故逐之。"

夏六月,齐师、宋师次于郎。公子偃曰:"宋师不整,可败也。宋败,齐必还。请击之。"公弗许。自雩门窃出,蒙皋比而先犯之。公从之,大败宋师于乘丘。齐师乃还。

蔡哀侯娶于陈,息侯亦娶焉。息妫将归,过蔡。蔡侯曰:"吾姨也。"止而见之,弗宾。息侯闻之,怒,使谓楚文王曰:"伐我,吾求救于蔡;而伐之。"楚子从之。秋九月,楚败蔡师于莘,以蔡侯献舞归。

齐侯之出也,过谭;谭不礼焉。及其入也,诸侯皆贺,谭又不至。"冬,齐师灭谭",谭无礼也。"谭子奔莒",同盟故也。

【译文】

十年春天,周历正月,庄公在长勺打败齐国军队。二月,庄公偷袭宋国。三月,宋人占有宿地。夏天，六月，齐军、宋军深入鲁国郎地驻扎。庄公在乘丘打败宋军。秋天，九月，楚国在莘地打败蔡军，带着蔡侯献舞回国。冬天，十月，齐军灭亡谭国，谭国国君逃奔到莒国。

十年春天，齐国军队攻打我国。庄公将要迎战，曹刿请求进见庄公。曹刿的同乡人说："有当官的考虑这些事，你又为什么要参与进去？"曹刿说："当官的人见识浅陋，不能够长远考虑。"于是，进宫见庄公，问庄公靠什么打仗。庄公说："衣服粮食这些养身的东西，我不敢独自占用，一定拿来分给众人。"曹刿回答说："这点小恩惠不能遍及所有人，老百姓是不会跟从您的。"庄公说："用来祭神的牲畜玉帛等东西，我不敢谎报，一定要诚实。"曹刿回答说："这点个人的诚实不能够形成风气，神灵是不会保佑您的。"庄公说："大大小小的诉讼案件，即使不能够一一体察实情，也一定要秉公办理。"曹刿回答说："这是忠于民事之类的行为啊，可以凭这个打一仗。打仗的时候，请让我跟在您身边。"

庄公让曹刿跟他坐同一辆车子，在长勺开战。庄公打算击鼓进军，曹刿说："还不行。"齐国人击了三次鼓，曹刿说："可以击鼓进攻了。"齐军吃了败仗。庄公打算驱车追赶齐军，曹刿说："不行。"往下观察车轮印迹，又登上车前横木眺望齐军败走的样子，然后说："可以追击了！"于是追赶齐军。打败齐军以后，庄公询问这样做的缘故。曹刿回答说："战争，靠的是勇气。第一次击鼓，士气振作；第二次击鼓，士气就会减弱一些；第三次击鼓，士气就没有了。齐军三次击鼓进攻后已没有了士气，可我军还是第一次击鼓士气正旺盛，所以能够战胜齐军。像齐国这样的大国，是难以估测的，我担心它们假装败逃而在那里设有埋伏。我看清他们的车轮印迹混乱，望见他们的旗帜东倒西歪，知道是真败，所以就追击他们。"

夏天，六月，齐军、宋军深入到郎地驻扎。公子偃说："宋国军队纪律涣散，是能够打败的。宋军一败，齐军必定退回。请攻击宋军。"庄公不答应。公子偃私自带兵从城西门偷偷出去，让兵马披上虎皮先进攻宋军。庄公闻知，只好率大军跟随公子偃出战，在乘丘将宋国军队打得大败。齐国军队于是撤回。

蔡哀侯从陈国娶了妻子，息侯也从陈国娶妻。息妫出嫁的时候，经过蔡国。蔡侯说："这是我的姨子。"就留下她跟她见面，对她不守规矩。息侯听说这件事，很生气，派人对楚文王说："您攻打我，我向蔡国求救，然后您借口攻打蔡国。"楚王同意。秋天，九月，楚国在莘地打败蔡国军队，捉拿了蔡侯献舞回国。

齐桓公逃亡的时候，经过谭国，谭国对他不礼敬。等他回国即位后，诸侯都来祝贺，谭国又不来。冬天，齐军灭亡谭国，这是因为谭国不讲礼节。谭子逃奔到莒国，是由于莒国是他的同盟国的缘故。

庄公十一年

【原文】

十有一年：春，王正月。

夏，五月戊寅，公败宋师于鄑。

秋，宋大水。

冬，王姬归于齐。

十一年夏，宋为乘丘之役故，侵我。公御之。宋师未陈而薄之，败诸鄑。

凡师，敌未陈曰败某师，皆陈曰战，大崩曰败绩，得俊曰克，覆而败之曰取某师，京师败曰王师败绩于某。

秋，宋大水。公使吊焉，曰："天作淫雨，害于粢盛，若之何不吊？"对曰："孤实不敬，天降之灾；又以为君忧，拜命之辱。"臧文仲曰："宋其兴乎！禹、汤罪己，其兴也悖焉；桀、纣罪人，其亡也忽焉。且列国有凶，称孤，礼也。言惧而名礼，其庶乎！"既而闻之曰："公子御说之辞也。"臧孙达曰："是宜为君，有恤民之心。"

冬，齐侯来逆共姬。

乘丘之役，公以金仆姑射南宫长万，公右歂孙生搏之。宋人请之。宋公靳之，曰："始，吾敬子。今子鲁囚也，吾弗敬子矣！"病之。

【译文】

十一年春天，周历正月。夏天，五月十七日，庄公在鄑地打败宋国入侵的军队。秋天，宋国发大水。冬天，周天子的女儿嫁到齐国。

十一年夏天，宋国因为乘丘战役的缘故，侵犯我国。庄公发兵还击。宋军还没有摆好阵势，鲁军就冲上去，在鄑地把宋军打败。凡是军队交战，敌方没有摆开阵势就把它打败叫"败某师"，双方都摆好了阵势的叫"战"，军队严重溃散叫"败绩"，捉到对方的勇士或将军叫"克"，设伏兵打败对方叫"取某师"，周王朝的军队战败叫"王师败绩于某"。

秋天，宋国发生水灾。庄公派人去宋国慰问，说："老天连降暴雨，损害了贵国的庄稼，我怎么能不来慰问呢？"宋君回答说："孤确实不敬，所以上天降给我灾害，又因此让贵国忧虑，屈辱前来赐命，实不敢当。"臧文仲说："宋国恐怕要兴盛了吧！夏禹商汤责罚自己，他们很快就兴盛了；夏桀商纣归罪别人，他们很快就灭亡了。再说，各国发生灾荒，对慰问者自称'孤'，这是合于礼的。说话谦恭谨慎，称名合乎礼仪，大概要兴盛了吧！"——后来听到有人说："这是公子御说说的话。"臧孙达说："公子御说这个人应该当国君，因为他有同情老百姓的思想。"

冬天，齐桓公来鲁国迎娶王姬。

乘丘战役中，庄公用金头仆姑箭射伤南宫长万，庄公的车右歂孙活捉了他。宋人请求放他回去。回去后宋公羞辱他说："从前我敬重您。但现在您是鲁国囚犯，我不敬重您了。"南宫长万由此怨恨宋公。

庄公十二年

【原文】

十有二年：春，王三月，纪叔姬归于酅。

夏，四月。

秋，八月甲午，宋万弑其君捷及其大夫仇牧。

冬，十月，宋万出奔陈。

十二年秋，宋万弑闵公于蒙泽。遇仇牧于门，批而杀之。遇大宰督于东宫之西，又杀之。立子游。群公子奔萧。公子御说奔亳，南宫牛、猛获帅师围亳。

冬十月，萧叔大心及戴、武、宣、穆、庄之族以曹师伐之。杀南宫牛于师，杀子游于宋，立桓公。猛获奔卫。南宫万奔陈，以乘车辇其母，一日而至。

宋人请猛获于卫。卫人欲勿与，石祁子曰："不可！天下之恶一也，恶于宋而保于我，保之何补？得一夫而失一国，与恶而弃好，非谋也。"卫人归之。亦请南宫万于陈，以赂。陈人使妇人饮之酒，而以犀革裹之。比及宋，手足皆见。宋人皆醢之。

【译文】

十二年春天，周历三月，纪叔姬回到酅邑。夏天，四月。秋天，八月十日，宋南宫长万杀死他的国君捷和大夫仇牧。冬天，十月，南宫长万出逃到陈国。

十二年秋天，南宫长万在蒙泽宫杀害闵公。在宫门内遇到仇牧，反手一掌将他砍死。在东宫的西面碰上大宰华督，南宫长万又把他杀了。然后立公子游做国君。众公子逃到萧邑，公子御说逃到亳邑。南宫牛、猛获领兵把亳邑包围了起来。

冬天，十月，萧叔大心和宋戴公、武公、宣公、穆公、庄公的族人率领曹国的军队攻打南宫牛和猛获。在战场上杀死南宫牛，又打到宋国都城把子游杀了。立宋桓公为国君。猛获逃到卫国。南宫长万逃往陈国——用快车拉着自己的母亲，一天就到了陈国。宋人向卫国请求交出猛获，卫国打算不给。石祁子说："使不得。天下的罪人是一样的，猛获在宋国作了恶却被我国保护，保护他有什么用？得到一个人却失去一个国家，结交恶人却抛弃友邦，这不是好主意。"卫人就把猛获交回了宋国。宋国又用贿赂向陈国请求交出南宫长万。陈国让女人把南宫长万灌醉，又用犀牛皮把他包扎起来。等押送到宋国的时候，南宫长万的手脚都挣扎着露了出来。宋人把这两个人剁成了肉酱。

庄公十三年

【原文】

　　十有三年：春,齐侯、宋人、陈人、蔡人、邾人会于北杏。
　　夏,六月,齐人灭遂。
　　秋,七月。
　　冬,公会齐侯,盟于柯。
　　十三年春,会于北杏,以平宋乱。遂人不至。夏,齐人灭遂而戍之。
　　冬,盟于柯,始及齐平也。
　　宋人背北杏之会。

【译文】

　　十三年春天,齐侯、宋人、陈人、蔡人、邾人在齐国的北杏相会。夏天,六月,齐人灭亡遂国。秋天,七月。冬天,庄公到齐邑柯会见齐侯,并结盟。
　　十三年春天,齐侯主持诸侯在北杏相会,是为了平定宋国的内乱。遂人没有来参加盟会。夏天,齐人灭掉遂国并派兵驻守在那里。冬天,庄公跟齐侯在柯邑结盟。这是自长勺之战后头一次跟齐国讲和。宋国违背了北杏会见的盟约。

庄公十四年

【原文】

　　十有四年：春,齐人、陈人、曹人伐宋。
　　夏,单伯会伐宋。
　　秋,七月,荆入蔡。
　　冬,单伯会齐侯、宋公、卫侯、郑伯于鄄。
　　十四年春,诸侯伐宋。齐请师于周。夏,单伯会之。取成于宋而还。
　　郑厉公自栎侵郑,及大陵,获傅瑕。傅瑕曰："苟舍我,吾请纳君。"与之盟而赦之。六月甲子,傅瑕杀郑子及其二子而纳厉公。
　　初,内蛇与外蛇斗于郑南门中,内蛇死。六年而厉公入,公闻之,问于申繻曰："犹有妖乎？"对曰："人之所忌,其气（焰）〔炎〕以取之。妖由人兴也。人无衅焉,妖不自作。人弃常，则妖兴。故有妖。"

厉王入，遂杀傅瑕。使谓原繁曰："傅瑕贰，周有常刑，既伏其罪矣。纳我而无二心者，吾皆许之上大夫之事，吾愿与伯父图之。且寡人出，伯父无里言；入，又不念寡人：寡人憾焉！"对曰："先君桓公命我先人典司宗祏。社稷有主，而外其心，其何贰如之？苟主社稷，国内之民其谁不为臣？臣无二心，天之制也。子仪在位十四年矣，而谋召君者，庸非贰乎？庄公之子犹有八人，若皆以官爵行赂劝贰而可以济事，君其若之何？臣闻命矣！"乃缢而死。

蔡哀侯为莘故，绳息妫以语楚子。楚子如息，以食入享；遂灭息，以息妫归。生堵敖及成王焉，未言。楚子问之，对曰："吾一妇人而事二夫，纵弗能死，其又奚言？"楚子以蔡侯灭息，遂伐蔡。秋七月，楚入蔡。

君子曰："《商书》所谓'恶之易也，如火之燎于原，不可乡迩，其犹可扑灭'者，其如蔡哀侯乎！"

冬，会于鄄，宋服故也。

【译文】

十四年春天，齐国、陈国、曹国联合攻打宋国。夏天，周大夫单伯也参与攻打宋国。秋天，七月，楚国打入蔡国。冬天，单伯在卫国鄄地会见齐侯、宋公、卫侯和郑伯。

十四年春天，诸侯攻打宋国。齐国请求周王出兵。夏天，周大夫单伯领兵跟诸侯相会，迫使宋国讲和后才回去。

郑厉公从栎地出发偷袭郑国，到达大陵，抓获了傅瑕。傅瑕说："如果放了我，我愿意帮您回国复位。"厉公跟他订立盟誓后就放了他。六月二十日，傅瑕杀死了郑国国君和他的两个儿子，把厉公接回了国都。当初，有一条城内的蛇与一条城外的蛇在郑都南门中争斗，城里的蛇死了。过了六年，厉公就进入国都重新当了国君。庄公听说了这件事，问申繻说："该不会有妖怪吧？"申繻回答说："人类的凶险祸害，是他自己的品行气概带来的，妖怪是因为人才产生的。人本身没有缺陷的话，妖怪不会自己兴起。人的言行违背了常规，妖怪就产生了，所以才有妖怪。"

郑厉公一进国都，就杀了傅瑕。然后派人对原繁说："傅瑕事奉国君三心二意，按照周朝的正常刑法，他已经伏罪受罚了。凡是助我回国却没有二心的人我都答应给他们上大夫的职务，我希望能与伯父您商议这些事。但寡人出逃在外的时候，您没有向我通报国内的消息；我回国以后，您又不亲附我。我对此感到遗憾。"原繁回答说："先君桓公命令我的祖先掌管宗庙石室。国家已有君主，却把自己的心思向着逃亡在外的人，那还有什么比这更三心二意的呢？一旦主持了国家，那国内的百姓哪个不是他的臣民？臣民不能有二心，这是上天的规定。子仪当国君已经十四年了，如果我策划请您回国重登君位，这难道不是有二心吗？庄公的儿子还有八个，如果都用官爵作为贿赂来鼓励臣下三心二意并且可以成事的话，那您将拿他们怎么办？下臣已经听到了君主的命令了。"于是上吊自杀了。

蔡哀侯因为莘地战役被俘的缘故,跟楚王谈话时有意赞美息妫。楚王就到息国去,带着食物进去宴请息国君臣,趁机灭亡了息国。带着息妫回国,生了堵敖和成王。息妫从不主动说话,楚王问她的缘故,她回答说:"我作为一个女人,却事奉两个丈夫,既然不能殉节而死,还能说什么呢?"楚王因为蔡侯的缘故灭亡了息国,接着又攻打蔡国。秋天,七月,楚王攻进蔡国。君子说:'《商书》里说:'罪恶的蔓延犹如大火在草原上燃烧,不能够接近,又怎么能够扑灭呢?'这些话指的大概就像蔡哀侯这种情况吧?"

冬天,单伯跟诸侯在鄄地会见,是由于宋国降服的缘故。

庄公十五年

【原文】

　　十有五年:春,齐侯、宋公、陈侯、卫侯、郑伯会于鄄。
　　夏,夫人姜氏如齐。
　　秋,宋人、齐人、邾人伐郳。
　　郑人侵宋。
　　冬,十月。
　　十五年春,复会焉,齐始霸也。
　　秋,诸侯为宋伐郳。郑人间之而侵宋。

【译文】

　　十五年春天,齐侯、宋公、陈侯、卫侯、郑伯在鄄地相会。夏天,夫人姜氏前往齐国。秋天,宋人、齐人、邾人联合攻打郳国。郑人袭击宋国。冬天,十月。
　　十五年春天,诸侯再次在鄄地相会,这是因为齐国开始称霸了。秋天,诸侯替宋国攻打郳国。郑人趁此机会侵犯宋国。

庄公十六年

【原文】

　　十有六年:春,王正月。
　　夏,宋人、齐人、卫人伐郑。

秋，荆伐郑。

冬，十有二月，会齐侯、宋公、陈侯、卫侯、郑伯、许男、滑伯、滕子，同盟于幽。

邾子克卒。

十六年夏，诸侯伐郑，宋故也。

郑伯自栎入，缓告于楚。秋，楚伐郑及栎，为不礼故也。

郑伯治与于雍纠之乱者。九月，杀公子阏，刖强鉏。公父定叔出奔卫。三年而复之，曰："不可使共叔无后于郑。"使以十月入，曰："良月也，就盈数焉。"

君子谓"强鉏不能卫其足"。

冬，同盟于幽，郑成也。

王使虢公命曲沃伯以一军为晋侯。

初，晋武公伐夷，执夷诡诸。蒍国请而免之。既而弗报，故子国作乱，谓晋人曰："与我伐夷而取其地。"遂以晋师伐夷，杀夷诡诸。周公忌父出奔虢。惠王立而复之。

【译文】

十六年春天，周历正月。夏天，宋国、齐国、卫国联合进攻郑国。秋天，楚国攻打郑国。冬天，十二月，庄公会合齐侯、宋公、陈侯、卫侯、郑伯、许男、滑伯、滕子，在幽地一起结盟。邾国国君克逝世。

十六年夏天，诸侯攻打郑国，是因为宋国的缘故。

郑厉公从栎地回到国内复位，过了很久才向楚国通报。秋天，楚国攻打郑国，打到了栎邑。这是由于郑国对楚国不礼貌的缘故。

郑厉公惩罚参与雍纠叛乱的人，九月，杀了公子阏，又把强鉏的脚砍断。公父定叔逃到卫国。过了三年，郑厉公让他回国，说："不能让共叔在郑国没有后人。"叫公父定叔在十月回国，说："这是个好月份，挑个满数嘛。"

君子认为强鉏不善于保护自己的脚。

冬天，诸侯在幽地订立盟约，这是因为郑国请求讲和。

周王派虢公任命曲沃武公为晋侯，建立一个军的兵力。

当初，晋武公攻打夷地，捉住夷诡诸。蒍国替夷诡诸请求，晋武公就放了他。但后来夷诡诸不报答蒍国，所以蒍国挑起战乱。蒍国对晋人说："跟我一起攻打夷地，你们占有那里的土地。"于是就率领晋国军队攻打夷地，杀了夷诡诸。

周公忌父出逃到虢国。惠王即位后才让他回朝复位。

庄公十七年

【原文】

  十有七年：春，齐人执郑詹。

  夏，齐人歼于遂。

  秋，郑詹自齐逃来。

  冬，多麋。

  十七年春，齐人执郑詹，郑不朝也。

  夏，遂因氏、颌氏、工娄氏、须遂氏飨齐戍，醉而杀之，齐人歼焉。

【译文】

  十七年春天，齐国囚禁了来访的郑詹。夏天，齐国守军在遂被全部杀死。秋天，郑詹从齐国逃来鲁国。冬天，麋鹿成灾。

  十七年春天，齐人囚禁郑詹，这是因为郑伯不曾朝见齐桓公。

  夏天，遂国的四大家族因氏、颌氏、工娄氏、须遂氏设宴招待齐国的守军，把他们灌醉后杀了，齐国守军被遂人杀光。

庄公十八年

【原文】

  十有八年：春，王三月，日有食之。

  夏，公追戎于济西。

  秋，有蜮。

  冬，十月。

  十八年春，虢公、晋侯朝王。王飨醴，命之宥。皆赐玉五瑴、马三匹，非礼也。王命诸侯：名位不同，礼亦异数；不以礼假人。

  虢公、晋侯、郑伯使原庄公逆王后于陈。陈妫归于京师，实惠后。

  夏，公追戎于济西。不言其来，讳之也。

  秋，有蜮，为灾也。

  初，楚武王克权，使斗缗尹之。以叛，围而杀之。迁权于那处，使阎敖尹之。及文王即位，与巴人伐申，而惊其师。巴人叛楚而伐那处，取之，遂门于楚。阎敖游涌而逸，楚子杀之。其族为乱。冬，巴人因之以伐楚。

【译文】

十八年春天，周历三月，日食。夏天，庄公在济水以西追击戎兵。秋天，发生蚖虫灾害。冬天，十月。

十八年春天，虢公、晋侯一起朝见周王。周王用甜酒招待他们，叫他们向自己敬酒以示亲近。并且送给他们俩每人五双玉、三匹马，这是不合礼制的。天子赐礼物给诸侯，名分爵位不同，礼物的多少也不同，不能在礼制上送人情。

虢公、晋侯、郑伯让原庄公到陈国去逆娶王后。陈妫嫁到京城，就是惠后。

夏天，庄公在济水西边驱赶戎兵。《春秋》不记载戎兵侵入，是为了避讳。

秋天，发生蚖虫，造成了灾害。

当初，楚武王攻占权国，派斗缗当权邑的长官。斗缗却凭据权邑背叛楚国，楚武王就围攻权邑，杀了斗缗。并把权邑的老百姓都迁移到楚国的那处，派阎敖去管治他们。等到楚文王当了国君，楚军跟巴人一起攻打申国，却让巴国军队受到惊吓。巴人因此背叛楚国去攻打那处，占取那处后，接着又攻打楚都城门。阎敖从涌水里游泳逃跑，楚文王杀了他。阎敖的家族因此叛乱。冬天，巴人利用阎敖的家族再一次攻打楚国。

庄公十九年

【原文】

十有九年：春，王正月。

夏，四月。

秋，公子结媵陈人之妇于鄄，遂及齐侯、宋公盟。

夫人姜氏如莒。

冬，齐人、宋人、陈人伐我西鄙。

十九年春，楚子御之，大败于津。还，鬻拳弗纳，遂伐黄，败黄师于踖陵。还，及湫，有疾。夏六月庚申，卒。鬻拳葬诸夕室；亦自杀也，而葬于绖皇。

初，鬻拳强谏楚子，楚子弗从。临之以兵，惧而从之。鬻拳曰："吾惧君以兵，罪莫大焉。"遂自刖也。楚人以为大阍，谓之大伯；使其后掌之。君子曰："鬻拳可谓爱君矣：谏以自纳于刑，刑犹不忘纳君于善。"

初，王姚嬖于庄王，生子颓。子颓有宠，蒍国为之师。及惠王即位，取蒍国之圃以为囿。边伯之宫近于王宫，王取之。王夺子禽祝跪与詹父田，而收膳夫之秩，故蒍国、边伯、石速、詹父、子禽祝跪作乱，因苏氏。秋，五大夫奉子颓以伐王，不克，出奔温。苏子奉子颓以奔卫。卫师、燕师伐周。冬，立子颓。

【译文】

十九年春天，周历正月。夏天，四月。秋天，公子结护送陪卫女嫁给陈国的鲁女到鄄地，趁便代表鲁公跟齐侯、宋公结盟。鲁夫人文姜前往莒国。冬天，齐国、宋国、陈国联合进攻我国西部边疆。

十九年春天，楚文王领兵前去抵抗巴人的进攻，在津地被打得大败。返回国都的时候，鬻拳不让楚文王进城。于是楚文王又挥师攻打黄国，在踖陵将黄国军队打败。回国的时候，到达湫邑，生了病。夏天，六月十五日，楚文王病逝。鬻拳把文王安葬在夕室。然后又自杀身亡，葬在文王陵墓的宫殿前面。

当初，鬻拳坚决劝阻楚文王，文王不听。鬻拳用兵器对着他，文王害怕就听从了。鬻拳说："我用兵器威吓君王，没有比这更大的罪行了。"于是自己砍断了脚作为惩罚。楚人让他做大阍，称他为大伯，并让他的后人长期继任这个官职。君子说："鬻拳可以说是热爱君王了：进谏后能自己让自己受刑罚，受了刑罚还不忘让君王得到好名声。"

当初，王姚被庄王宠爱，生下子颓。庄王喜欢子颓，让蔿国做他的老师。周惠王上台以后，占取蔿国的菜圃扩建成禽兽园林。边伯的府邸靠近王宫，惠王也占用了。惠王又夺取子禽祝跪和詹父的田地，没收了膳夫石速的俸禄。所以蔿国、边伯、石速、詹父和子禽祝跪发动叛乱，以对王室有意见的苏忿生为靠山。秋天，五位大夫事奉子颓去攻打惠王，没有成功，就出逃到苏氏的温邑。苏氏又护着子颓逃到卫国。卫国和燕国的军队攻打西周。冬天，立子颓为周王。

庄公二十年

【原文】

二十年：春，王二月，夫人姜氏如莒。

夏，齐大灾。

秋，七月。

冬，齐人伐戎。

二十年春，郑伯和王室，不克。执燕仲父。

夏，郑伯遂以王归，王处于栎。秋，王及郑伯入于邬。遂入成周，取其宝器而还。

冬，王子颓享五大夫，乐及遍舞。郑伯闻之，见虢叔，曰："寡人闻之：哀乐失时，殃咎必至。今王子颓歌舞不倦，乐祸也。夫司寇行戮，君为之不举；而况敢乐祸乎？奸王之位，祸孰大焉？临祸忘忧，忧必及之。盍纳王乎？"虢公曰："寡人之愿也！"

【译文】

二十年春天，周历二月，夫人文姜前往莒国。夏天，齐国发生大火灾。秋天，七月。冬天，齐国进攻西戎。

二十年春天，郑伯调和王室的矛盾，没有成功。郑伯抓住燕仲父。夏天，郑伯就带着周惠王回国。惠王住在栎邑。秋天，惠王同郑伯一起进入邬邑，接着又进入成周。郑伯拿了那里的宝器回国。

冬天，王子颓设宴招待芮国等五位大夫，演奏了所有的乐舞。郑伯听到这件事，就去会见虢叔，说："寡人听说过：悲哀或欢乐不合时宜的话，灾祸就会到来。现在王子颓没有节制地观赏歌舞，这是把祸患当做欢乐啊！连法官诛杀罪人，君王都因此而不在吃饭时奏乐，何况敢于把祸患当做欢乐呢？冒犯天子的职位，没有比这更大的祸患了！面对着祸害却忘记了忧患，忧患一定会降临到他身上。何不让惠王回国复位呢？"虢公说："这也是我的心愿啊！"

庄公二十一年

【原文】

二十有一年：春，王正月。

夏，五月辛酉，郑伯突卒。

秋，七月戊戌，夫人姜氏薨。

冬，十有二月，葬郑厉公。

二十一年春，晋命于弭。夏，同伐王城。郑伯将王，自圉门入。虢叔自北门入。杀王子颓及五大夫。

郑伯享王于阙西辟，乐备。王与之武公之略，自虎牢以东。

原伯曰："郑伯效尤，其亦将有咎！"五月，郑厉公卒。

王巡虢守。虢公为王宫于玤，王与之酒泉。

郑伯之享王也，王以后之鞶鉴予之。虢公请器，王予之爵。郑伯由是始恶于王。

冬，王归自虢。

【译文】

二十一年春天，周历正月。夏天，五月二十七日，郑伯突逝世。秋天，七月五日，夫人文姜逝世。冬天，十二月，安葬郑厉公。

二十一年春天，郑厉公与虢公在弭地约会。夏天，一同攻打王城。郑厉公事奉惠王从南门攻入王城，虢公从北门攻入。杀了王子颓和芮国等五位大夫。

郑厉公在宫门高台上的西屋设宴招待惠王，演奏了各种乐舞。惠王把从前郑武公丢失的虎牢以东的土地赐给郑厉公。原伯说："郑厉公学着犯错误，恐怕也会有报应。"五月，郑厉公果然逝世。

周惠王到虢国巡视，虢公特在珪地建筑了王宫。周惠王赐给虢公酒泉。

郑伯招待周惠王的时候，惠王把王后的装饰有镜子的大带赐给他。可虢公要求器物时，惠王却给了他饮酒的礼器爵。郑文公因为这件事开始对周惠王不满。

冬天，周惠王从虢国回到王城。

庄公二十二年

【原文】

二十〔有〕二年：春，王正月，肆大眚。

癸丑，葬我小君文姜。

陈人杀其公子御寇。

夏，五月。

秋，七月丙申，及其高傒盟于防。

冬，公如齐纳币。

二十二年春，陈人杀其大子御寇。陈公子完与颛孙奔齐。颛孙自齐来奔。

齐侯使敬仲为卿。辞曰："羁旅之臣，幸若获宥，及于宽政，赦其不闲于教训，而免于罪戾、弛于负担，君之惠也。所获多矣，敢辱高位以速官谤？请以死告。《诗》云：'翘翘车乘，招我以弓。岂不欲往？畏我友朋。'"使为工正。

饮桓公酒，乐。公曰："以火继之。"辞曰："臣卜其昼，未卜其夜，不敢！"君子曰："酒以成礼，不继以淫，义也。以君成礼，弗纳于淫，仁也。"

初，懿氏卜妻敬仲。其妻占之，曰："吉！是谓：'凤皇于飞，和鸣锵锵。有妫之后，将育于姜。五世其昌，并于正卿。八世之后，莫之与京！'"

陈厉公，蔡出也，故蔡人杀五父而立之。生敬仲。其少也，周史有以《周易》见陈侯者，陈侯使筮之，遇"观"䷓之"否"䷋，曰："是谓'观国之光，利用宾于王'。此其代陈有国乎？不在此，其在异国；非此其身，在其子孙：光远而自他有耀者也。'坤'，土也；'巽'，风也；'乾'，天也：风为天于土上，山也；有山之材而照之以天光，于是乎居土上，故曰'观国之光，利用宾于王'。庭实旅百，奉之以玉帛，天地之美具焉，故曰'利用宾于王'。犹有观焉，故曰：其在后乎！风行而著于土，故曰：其在异国乎！若在异国，必姜姓也。姜，大岳之后也。山岳则配天。物莫能两大。陈衰，此其昌乎！"

及陈之初亡也，陈桓子始大于齐；其后亡也，成子得政。

【译文】

　　二十二年春天，周历正月，赦免大罪。二十三日，安葬我们的国君夫人文姜。陈人杀死他们的公子御寇。夏天，五月。秋天，七月九日，鲁公跟齐国的高傒在防地结盟。冬天，庄公前往齐国奉送聘礼。

　　二十二年春天，陈人杀了他们的太子御寇。陈国公子敬仲和颛孙逃奔到了齐国。颛孙又从齐国逃来鲁国。

　　齐桓公让敬仲做卿。敬仲推辞说："我这个客居贵国的小臣幸运地获得原谅，碰上宽厚的政治，赦免了我的不懂教训，赦免了我的罪过，使我放下了心理负担，这些都是君王的恩惠啊！我得到的已经很多了，岂敢再接受高位而招来官员们的议论呢？斗胆冒死相告。《诗》说：'高高的车子上，有人用弓招呼我。我哪里是不想去？我是害怕我的朋友。'"于是齐桓公只让他当了个工正。敬仲招待齐桓公饮酒，饮得很高兴。天黑了，齐桓公说："点上灯火继续饮酒。"敬仲回绝说："我只占卜了白天，没有占卜夜晚，所以不敢在夜晚留君饮酒。"君子评论说："用酒来完成礼仪，却不过头过分，这就是义。让君侯成就礼仪，却不让他陷于无度，这就是仁。"

　　当初，陈国一个懿姓大夫占卜把女儿嫁给敬仲的吉凶。他的妻子亲自占卜，说："吉利。这叫做'凤凰将飞翔，鸣叫声响亮。陈国的后代，将在姜姓国度繁衍生长。第五代开始昌盛，职位跟正卿同行。第八代以后，就没有谁比他更强。'"

　　陈厉公，是蔡国女儿所生，所以蔡人杀死五父而立陈厉公为君。陈厉公即位后，生下敬仲。敬仲年轻的时候，有个周朝史官拿着《周易》拜见陈侯，陈侯让他用蓍茅占卜，遇到观卦变为否卦。说："这叫做'观赏他国的光辉，对做君王的宾客有利'。这个人恐怕要代替陈氏享有国家了吧！不是在本国，而是在别的国家。不是他本人，而是他的子孙。光，是远远地从别的地方照射来的；坤，是土地；巽，是风气；乾，是上天；风生在天上却行走在地下，这就是山。有山上的各种物质，又用天上的光来照射它们，因此啊就处在土地上面，所以说'观赏他国光辉，对做他国君王的宾客有利'。庭内摆满了各种礼品，再献上束帛玉璧，天上地下的美好东西都在那里，所以说'对做君王的宾客有利'。但还要在那里观赏，所以说恐怕要到他后人身上才可应验。风飘行才落脚在土地上，所以说恐怕他的昌盛在别的国家。如果在别的国家，那一定是姜姓的齐国。姜姓，是太岳的后代，山岳正好与天相配。事物不能够同时在两地强大，恐怕要陈国衰亡后，这个氏族才能够强大。"果然，到了陈国初次灭亡的时候，陈桓子开始在齐国强盛起来；陈国再次灭亡后，陈成子就取得了齐国的政权。

庄公二十三年

【原文】

二十有三年：春，公至自齐。

祭叔来聘。

夏，公如齐观社。

公至自齐。

荆人来聘。

公及齐侯遇于榖。

萧叔朝公。

秋，丹桓宫楹。

冬，十有一月，曹伯射姑卒。

十有二月甲寅，公会齐侯盟于扈。

二十三年夏，公如齐观社，非礼也。曹刿谏曰："不可！夫礼，所以整民也。故会以训上下之则，制财用之节；朝以正班爵之义，帅长幼之序；征伐以讨其不然。诸侯有王，王有巡守，以大习之。非是，君不举矣。君举必书。书而不法，后嗣何观？"

晋桓、庄之族偪，献公患之。士蒍曰："去富子，则群公子可谋也已。"公曰："尔试其事。"士蒍与群公子谋，谮富子而去之。

秋，丹桓宫之楹。

【译文】

二十三年春天，庄公从齐国回来。蔡叔前来访问。夏天，庄公到齐国观摩祭社仪式。庄公从齐国回来。楚国人前来访问。庄公跟齐侯在谷地举行非正式会晤。萧叔来朝见庄公。秋天，给桓公庙宇的木柱涂上朱红色的油漆。冬天，十一月，曹伯射姑逝世。十二月五日，庄公会见齐侯，在齐国扈地结盟。

二十二年夏天，庄公到齐国去观赏祭社礼仪，这是不合礼制的。曹刿劝阻说："不行啊。礼仪，是用来整顿百姓的。所以盟会用来显示上下的法则，制定财物使用的标准；朝觐用来端正爵位的仪式，遵循长幼的次序；征伐用来惩罚那些不敬的国家。诸侯有朝觐天子之礼，天子有巡视诸侯疆土的职责，都是用来熟悉这些制度的。如果不是这样，君王就不应该行动。君王的一举一动都一定要记载，记载下来却不合法度，那后代子孙学习什么呢？"

晋国的桓叔和庄伯两个家族威逼公室，晋献公为此担心。士蒍说："去掉富子，那其他公子就容易对付了。"献公说："你试着去办这件事吧。"士蒍就跟众公子谋议，诬

陷富子而铲除了他。

秋天，替桓公大庙的木柱涂上朱红色油漆。

庄公二十四年

【原文】

二十有四年：春，王三月，刻桓宫桷。

葬曹庄公。

夏，公如齐逆女。

秋，公至自齐。

八月丁丑，夫人姜氏入。

戊寅，大夫宗妇觌，用币。

大水。

冬，戎侵曹。

曹羁出奔陈。

赤归于曹。

郭公。

二十四年春，刻其桷，皆非礼也。御孙谏曰："臣闻之：'俭，德之共也；侈，恶之大也。'先君有共德，而君纳诸大恶，无乃不可乎！"

秋，哀姜至，公使宗妇觌；用币，非礼也。御孙曰："男贽：大者玉帛，小者禽鸟，以章物也。女贽不过榛、栗、枣、脩，以告虔也。今男女同贽，是无别也。男女之别，国之大节也，而由夫人乱之，无乃不可乎！"

晋士𫇭又与群公子谋，使杀游氏之二子。士𫇭告晋侯曰："可矣。不过二年，君必无患。"

【译文】

二十四年春天，周历三月，雕刻桓宫的方椽。安葬曹庄公。夏天，庄公亲自到齐国去迎娶齐女。秋天，庄公从齐国回国。八月二日，夫人哀姜进入鲁国。三日，同姓大夫的妻子都来拜见新夫人，献上玉帛等礼品。发生了水灾。冬天，戎人侵犯曹国。曹太子羁逃奔到陈国。公子赤回到曹国。郭公。

二十四年春天，在油漆桓宫庙宇的木柱之后又把方椽雕刻装饰了，这都是不符合礼制的。御孙曾劝阻说："我听到这样的话：'俭约，是一种大德；奢侈，是一种大恶。'先君建立起大德，而君主您却让它变成大恶，恐怕不太好吧？"

秋天，夫人哀姜从齐国嫁到，庄公让同姓大夫的妻子们前往拜见，使用了玉帛等见面礼，这也是不合礼制的。御孙说："男人所拿的见面礼，大的是玉帛，小的是禽鸟，用不同的礼物来显示不等的级别。女人所拿的见面礼，不过是些榛果、栗子、枣子、干肉之类，用来表示诚敬罢了。现在男女使用同样的见面礼，这就是没有区别。男女的区别，是国家的重大礼节，却由夫人来搞乱它，这恐怕不行吧？"

晋国的士蒍又跟群公子谋划，唆使他们杀死了游氏二子。士蒍报告晋侯说："行了，不用两年，您一定再没有忧患。"

庄公二十五年

【原文】

二十有五年：春，陈侯使女叔来聘。

夏，五月癸丑，卫侯朔卒。

六月辛未，朔，日有食之。鼓、用牲于社。

伯姬归于杞。

秋，大水，鼓、用牲于社，于门。

冬，公子友如陈。

二十五年春，陈女叔来聘，始结陈好也。嘉之，故不名。

夏六月辛未，朔，日有食之。鼓、用牲于社。非常也。唯正月之朔，慝未作，日有食之，于是乎用币于社，伐鼓于朝。

秋，大水，鼓、用牲于社，于门。亦非常也。凡天灾，有币无牲，非日、月之眚不鼓。

晋士蒍使群公子尽杀游氏之族，乃城聚而处之。

冬，晋侯围聚，尽杀群公子。

【译文】

二十五年春天，陈侯派女叔前来访问。夏天，五月十二日，卫惠公逝世。六月初一日，日食，人们在土地庙里击鼓，并用牲畜祭祀。伯姬嫁到杞国。秋天，发生水灾，在土地庙和城门口击鼓，并用牲畜祭祀。冬天，公子友前往陈国访问。

二十五年春天，陈国的女叔前来访问，这是第一次跟陈国建立友好关系。《春秋》赞美这件事，所以不称女叔的名。

夏天，六月初一日，日食。人们在土地庙里击鼓、用牲畜祭祀，这是不合常规的。周历的六月初一，阴气还没有发作，日食，在这时，应该用玉帛之类祭祀土地，而在朝廷内击鼓助威。

秋天，发生水灾，在土地庙和城门口击鼓，并用牲畜祭祀，这也是不合常规的。

凡是天灾，只用玉帛祭祀，不用牲畜祭祀；如果不是太阳或月亮受到伤害，就不击鼓。

晋国的士蒍唆使群公子把游氏的族人都杀了，然后修筑聚邑让群公子住在那里。冬天，晋侯围攻聚邑，把群公子全部杀死。

庄公二十六年

【原文】

二十有六年：春，公伐戎。

夏，公至自伐戎。

曹杀其大夫。

秋，公会宋人、齐人伐徐。

冬，十有二月癸亥，朔，日有食之。

二十六年春，晋士蒍为大司空。

夏，士蒍城绛，以深其宫。

秋，虢人侵晋。冬，虢人又侵晋。

【译文】

二十六年春天，庄公攻打戎人。夏天，庄公从伐戎战场上回国。曹人杀死他们的大夫。秋天，庄公会合宋国和齐国的军队攻打徐国。冬天，十二月初一日，日食。

二十六年春天，晋国的士蒍做了大司空。

夏天，士蒍修筑绛邑的城墙，并且加高那里的宫墙。

秋天，虢人侵犯晋国。

冬天，虢人又侵犯晋国。

庄公二十七年

【原文】

二十有七年：春，公会杞伯姬于洮。

夏，六月，公会齐侯、宋公、陈侯、郑伯，同盟于幽。

秋，公子友如陈，葬原仲。

冬，杞伯姬来。

莒庆来逆叔姬。

杞伯来朝。

公会齐侯于城濮。

二十七年春，公会杞伯姬于洮，非事也。天子非展义不巡守，诸侯非民事不举，卿非君命不越竟。

夏，同盟于幽，陈、郑服也。

秋，公子友如陈，葬原仲。非礼也。原仲，季友之旧也。

冬，杞伯姬来，归宁也。凡诸侯之女，归宁曰"来"，出曰"来归"，夫人归宁曰"如某"，出曰"归于某"。

晋侯将伐虢，士蒍曰："不可！虢公骄，若骤得胜于我，必弃其民。无众而后伐之，欲御我，谁与？夫礼乐、慈爱，战所畜也。夫民，让事，乐和，爱亲，哀丧，而后可用也。虢弗畜也，亟战，将饥。"

王使召伯廖赐齐侯命，且请伐卫，以其立子颓也。

【译文】

二十七年春天，庄公在洮地会见嫁到杞国的女儿伯姬。夏天，六月，庄公会见齐侯、宋公、陈侯、郑伯，一同在幽地结盟。秋天，公子友前往陈国，参加安葬原仲的葬礼。冬天，杞伯姬回到鲁国。莒国的大夫庆前来迎娶叔姬。杞伯前来朝见。庄公与齐侯在卫地城濮相会。

二十七年春，庄公到洮地会见杞伯姬，这不是民众大事。天子如果不是宣扬德义，就不巡视天下；诸侯如果不是民众大事，就不出行；公卿如果没有君王的命令，就不能越过国境线。

夏天，庄公和齐侯等一同在幽地结盟，是因为陈国和郑国已经降服。

秋天，公子友到陈国去参加原仲葬礼，这是不合礼制的。因为原仲只是公子友个人的老朋友。

冬天，杞伯姬前来，这是回国向父母请安的。凡是诸侯出嫁的女儿，回国看望父母叫做"来"，被夫家抛弃叫"来归"；当了国君夫人的回娘家看望叫"如某"，被抛弃回去的叫"归于某"。

晋侯打算攻打虢国。士蒍说："还不行。虢公骄傲，如果让他多次从我国得胜回去，他一定会抛弃他的百姓。等他没有了百姓，然后去攻打他，他即使想抵抗我军，又有谁跟从他呢？礼、乐、慈、爱，这是作战需要事先具备的。百姓谦让、和顺、对亲人爱护、对丧事哀痛，这才可以使用他们。虢公没有具备这些，如果他多次发动战争，百姓就会气馁。"

周惠王派召伯廖赐命齐侯为诸侯之伯，同时请齐侯讨伐卫国，因为卫国曾扶立子颓为王。

庄公二十八年

【原文】

二十有八年：春，王三月甲寅，齐人伐卫。卫人及齐人战，卫人败绩。

夏，四月丁未，邾子琐卒。

秋，荆伐郑。公会齐人、宋人救郑。

冬，筑郿。

大无麦、禾。臧孙辰告籴于齐。

二十八年春，齐侯伐卫，战败卫师，数之以王命，取赂而还。

晋献公娶于贾，无子。烝于齐姜，生秦穆夫人及大子申生。又娶二女于戎，大戎狐姬生重耳，小戎子生夷吾。晋伐骊戎，骊戎男女以骊姬。归，生奚齐。其娣生卓子。

骊姬嬖，欲立其子。赂外嬖梁五与东关嬖五，使言于公曰："曲沃，君之宗也；蒲与二屈，君之疆也：不可以无主。宗邑无主，则民不威；疆场无主，则启戎心。戎之生心，民慢其政，国之患也。若使大子主曲沃，而重耳、夷吾主蒲与屈，则可以威民而惧戎，且旌君伐。"使俱曰："狄之广莫，于晋为都。晋之启土，不亦宜乎！"晋侯说之。夏，使大子居曲沃，重耳居蒲城，夷吾居屈。群公子皆鄙，唯二姬之子在绛。二五卒与骊姬谮群公子而立奚齐，晋人谓之"二〔五〕耦"。

楚令尹子元欲蛊文夫人，为馆于其宫侧而振万焉。夫人闻之，泣曰："先君以是舞也，习戎备也。今令尹不寻诸仇雠，而于未亡人之侧，不亦异乎！"御人以告子元，子元曰："妇人不忘袭仇，我反忘之！"

秋，子元以车六百乘伐郑，入于桔柣之门。子元、斗御疆、斗梧、耿之不比为旆，斗班、王孙游、王孙喜殿。众车入自纯门，及逵市，县门不发。楚言而出，子元曰："郑有人焉。"诸侯救郑，楚师夜遁。郑人将奔桐丘，谍告曰："楚幕有乌。"乃止。

冬，饥，臧孙辰告籴于齐，礼也。

"筑郿"，非都也。凡邑，有宗庙先君之主曰都，无曰邑。邑曰"筑"，都曰"城"。

【译文】

二十八年春天，周历三月某日，齐国军队攻打卫国。卫国人跟齐军交战，卫国吃了败仗。夏天，四月二十三日，邾国国君琐逝世。秋天，楚国攻打郑国。庄公会同齐人和宋人救援郑国。冬天，建筑郿邑。麦子、黍稷都大大歉收。臧文仲向齐国请求购买粮食。

二十八年春天，齐侯攻打卫国，打败了卫国军队，用周天子的名义列数卫国的罪过。取得许多财物回国。

晋献公从贾国娶了夫人,没有生孩子。献公跟他的庶母齐姜私通,生下秦穆夫人和太子申生。后又从戎地娶回二女,大戎狐姬生下重耳,小戎子生了夷吾。晋国攻打骊戎的时候,骊戎君主把女儿骊姬嫁给献公,回国后,生下奚齐,陪嫁而来的骊姬的妹妹生下卓子。骊姬得宠,想要立她的儿子为太子,就收买宫外的宠臣梁五和东关嬖五,让他们对献公说:"曲沃,是君侯的宗邑;蒲和二屈,是君侯的边邑;这些城邑不能够没有主人。宗邑没有主人,百姓就不会畏惧;边疆没有主人,就会引发敌国侵犯的野心。敌国产生了野心,百姓又轻视政令,这是国家的祸患啊。如果让太子申生去主管曲沃,重耳和夷吾分别主管蒲邑和二屈,就可以让百姓敬畏而叫敌人害怕,并且能显示国君的功德。"骊姬又让梁五和东关嬖五同时劝说晋君说:"戎狄土地广阔,又跟晋国毗邻。晋国要扩张领土,不是很合适吗?"晋侯听了这些话很高兴。夏天,派太子居管曲沃,又派重耳驻守蒲城,夷吾驻守屈邑。其他公子也都派到边邑去住。只有骊姬和她的妹妹的儿子住在绛都。梁五和东关嬖五最后跟骊姬一同诬陷各位公子而册立奚齐为太子,晋国人把他们叫做"二五耦"。

楚国的令尹子元想要诱惑文王夫人,就在她的宫旁建造馆舍,在馆舍里敲击铎铃演奏万舞。夫人听到乐舞,抽泣着说:"先君使用这种乐舞,是为了演习军事的。现在令尹不把它用到仇敌身上,却在我这寡妇身边演奏,不也太出格了吗?"侍者把话告诉了子元。子元说:"妇人没有忘记仇敌,我反倒忘了!"

秋天,子元率领六百辆战车攻打郑国,没有交战就进入了郊外大门。子元、斗御疆、斗梧、耿之不比打着先锋旗走在前面,斗班、王孙游、王孙喜殿后。几百辆军车从外郭门进入,到达城外的逵市。郑国内城的闸门没有放下。楚军怕有埋伏,议论纷纷地退了出来。子元说:"郑国有能人呢!"诸侯救援郑国,楚军连夜逃跑。郑国人正打算逃奔到桐丘去,探子来报告说:"楚军帐篷上有乌鸦,肯定撤退了。"于是就停止了外逃。

冬天,发生饥荒。臧孙辰向齐国请求买粮食,这是合于礼的。《春秋》说"筑郿",是因为郿不是都城。凡城邑,有宗庙存放着先君牌位的叫"都",没有宗庙和先君牌位的叫"邑"。建造"邑"叫"筑",建造"都"叫"城"。

庄公二十九年

【原文】

二十有九年:春,新延厩。

夏,郑人侵许。

秋,有蜚。

冬，十有二月，纪叔姬卒。
城诸及防。
二十九年春，新作延厩。书，不时也。凡马，日中而出，日中而入。
夏，郑人侵许。凡师：有钟鼓曰"伐"，无曰"侵"，轻曰"袭"。
秋，有蜚。为灾也。凡物不为灾，不书。
冬十二月，城诸及防。书，时也。凡土功：龙见而毕务，戒事也；火见而致用，水昏正而栽，日至而毕。
樊皮叛王。

【译文】

二十九年春天，新建延厩。夏天，郑人侵犯许国。秋天，发生虫灾。冬天，十二月，纪叔姬逝世。建造诸邑和防邑。

二十九年春天，新建造了延厩。《春秋》加以记载，是因为这件事不合时宜。凡是马，春分时节赶出放牧，秋分时节才能入圈。

夏天，郑国人侵犯许国。凡是出兵打仗，大张旗鼓的叫做"伐"，没有旗鼓的叫做"侵"，轻装突击的叫做"袭"。

秋天，《春秋》记载"有蜚"，是因为蝗虫成灾。凡是物质，不成灾，就不加记载。

冬天，十二月，修筑诸城和防城。《春秋》记载这件事，是因为合时。凡是土木建设，苍龙星出现的时候就要结束农活做好准备，心宿出现的时候就摆出各种建筑工具，营室星黄昏出现在中天的时候就立版开工，到冬至的时候就要完成。

樊皮背叛了周天子。

庄公三十年

【原文】

三十年：春，王正月。
夏，次于成。
秋，七月，齐人降鄣。
八月癸亥，葬纪叔姬。
九月庚午朔，日有食之。鼓、用牲于社。
冬，公及齐侯遇于鲁济。
齐人伐山戎。
三十年春，王命虢公讨樊皮。夏四月丙辰，虢公入樊，执樊仲皮，归于京师。
楚公子元归自伐郑，而处王宫。斗射师谏，则执而梏之。秋，申公斗班杀子元。

斗縠於菟为令尹，自毁其家以纾楚国之难。

冬，遇于鲁济，谋山戎也，以其病燕故也。

【译文】

三十年春天，周历正月。夏天，鲁国军队临时驻扎在成地。秋天，七月，齐国人迫使纪国的郱邑投降。八月二十三日，安葬纪叔姬。九月初一日，日食，人们在土地庙里击鼓和用牲祭祀。冬天，庄公与齐侯在鲁国的济水边举行非正式会晤。齐国人攻打山戎。

三十年春天，周天子命令虢公讨伐樊皮。夏天，四月十四日，虢公攻入樊城，捉住了樊皮，把他押回京师。

楚国的公子元攻打郑国后回国，竟住在王宫里。斗班劝阻他，他就把斗班抓起来戴上手铐。秋天，申公斗班杀死公子元。斗谷於菟是令尹，他捐弃自己的家财，以便缓和楚国的灾难。

冬天，庄公与齐侯在鲁国济水边会晤，是商议攻打山戎，因为山戎侵扰燕国。

庄公三十一年

【原文】

三十有一年：春，筑台于郎。

夏，四月，薛伯卒。

筑台于薛。

六月，齐侯来献戎捷。

秋，筑台于秦。

冬，不雨。

三十一年，夏六月，齐侯来献戎捷，非礼也。凡诸侯有四夷之功，则献于王，王以警于夷；中国则否。诸侯不相遗俘。

【译文】

三十一年春天，在郎地修筑高台。夏天，四月，薛伯逝世。在薛地修建高台。六月，齐侯来赠送伐戎战役的俘虏。秋天，又在秦地修筑高台。冬天，没有下雨。

三十一年夏天，六月，齐侯前来赠送伐戎战役的俘虏，这是不合于礼制的。大凡诸侯跟四方夷族交战而有所俘获，就贡献给周天子，周天子用它来警告夷族；跟中原的国家交战就不这样。诸侯之间不可相互赠送俘虏。

庄公三十二年

【原文】

三十有二年：春，城（小）穀。
夏，宋公、齐侯遇于梁丘。
秋，七月癸巳，公子牙卒。
八月癸亥，公薨于路寝。
冬，十月己未，子般卒。
公子庆父如齐。
狄伐邢。
三十二年春，城（小）穀，为管仲也。
齐侯为楚伐郑之故，请会于诸侯。宋公请先见于齐侯。夏，遇于梁丘。
秋七月，有神降于莘。
惠王问诸内史过曰："是何故也？"对曰："国之将兴，明神降之，监其德也；将亡，神又降之，观其恶也。故有得神以兴，亦有以亡。虞、夏、商、周皆有之。"王曰：'若之何？'"对曰："以其物享焉。其至之日，亦其物也。"王从之。内史过往，闻虢请命，反曰："虢必亡矣，虐用听于神。"
神居莘六月。虢公使祝应、宗区、史嚚享焉，神赐之土田。史嚚曰："虢其亡乎！吾闻之：国将兴，听于民；将亡，听于神。神，聪明正直而壹者也，依人而行。虢多凉德，其何土之能得？"
初，公筑台，临党氏；见孟任，从之；閟。而以"夫人"言；许之，割臂盟公。生子般焉。雩，讲于梁氏，女公子观之；圉人荦自墙外与之戏。子般怒，使鞭之。公曰："不如杀之，是不可鞭。荦有力焉，能投盖于稷门。"
公疾，问后于叔牙，对曰："庆父材。"问于季友，对曰："臣以死奉般。"公曰："乡者牙曰'庆父材'。"成季使以君命命僖叔，待于鍼巫氏，使鍼季酖之，曰："饮此，则有后于鲁国。不然，死且无后！"饮之，归，及逵泉而卒。立叔孙氏。
八月癸亥，公薨于路寝。子般即位，次于党氏。冬十月己未，共仲使圉人荦贼子般于党氏。成季奔陈。立闵公。

【译文】

三十二年春天，齐国修建小谷城。夏天，宋公、齐侯在梁丘非正式会见。秋天，七月四日，公子牙逝世。八月五日，庄公在正寝逝世。冬天，十月二日，子般逝世。公子庆父前往齐国。狄人攻打邢国。

三十二年春天，齐国修建小谷城，是为了安置管仲。

齐侯因为楚国攻打郑国的缘故，请求诸侯相会商议救援之事。宋公请求先跟齐侯相见，所以两人在梁丘临时会晤。

秋天，七月，有神灵降到莘地。周惠王向内史过问道："这是什么缘故？"内史过回答说："国家即将兴盛，明神降临，是要考察他们的德行；国家将要灭亡，神灵又降到，是想观察他们的罪恶。所以有的国家得到神灵就兴盛，也有的国家得到神灵就灭亡。虞、夏、商、周各朝各代都有这种情况。"惠王说："对这神灵怎么办？"回答说："用相应的物品祭祀它。它来到的是什么日子，也就用跟那日子相应的物品。"惠王听从了他。内史过前往虢国传达惠王的命令，听说虢国已经向神灵请求赐予土田了。内史过回来后说："虢国一定会灭亡了。君主暴虐，却听命于神灵。"神在莘地居住了六个月。虢公派祝应、宗区、史嚚祭祀神，求神赐给虢国土田。史嚚说："虢国恐怕要灭亡了！我听说过这样的话：国家将兴，听命于民；国家将亡，听命于神。神是聪明正直一心一意的。它根据人的品行如何而采取相应的行动。虢国德行浅薄，它能得到什么田土呢？"

当初，庄公修筑高台，可以从上面看到党氏家。庄公见到党氏的女儿孟任，就去追她，孟任闭门不纳。庄公提出让她做夫人，孟任就答应了，并破臂出血与庄公盟誓。这样就生了子般。要祭祀求雨，先在梁氏家中演习。庄公女儿跟来观看，圉人荦从围墙外面跟她调戏。子般愤怒，叫人鞭打圉人荦。庄公说："不如杀了他，这个人是打不得的。因为荦很有力气，能把车盖抛到稷门上去。"

庄公得病，向叔牙问继承人。回答说："庆父有才能。"庄公又问季友，季友回答说："臣下用死来事奉子般。"庄公说："刚才叔牙说'庆父有才能'。"季友派人用国君的名义命令叔牙，要他到针巫的家里等着，叫针巫用毒酒毒死他。针巫对叔牙说："喝下这杯酒，你就有后人在鲁国；不喝的话，不但你死，而且没有后人。"叔牙喝了毒酒，往回走，走到逵泉就死了。册立了他的后人叔孙氏。

八月初五日，庄公在正寝逝世。子般即国君位，临时住在党氏家里。冬天，十月初二日，庆父叫圉人荦在党氏家中杀了子般。季友逃奔陈国。立闵公为国君。

闵公

闵公元年

【原文】

元年：春，王正月。

齐人救邢。

夏，六月辛酉，葬我君庄公。

秋，八月，公及齐侯盟于落姑。季子来归。

冬，齐仲孙来。

元年春，不书即位，乱故也。

狄人伐邢。管敬仲言于齐侯曰："戎狄豺狼，不可厌也。诸夏亲昵，不可弃也。宴安鸩毒，不可怀也。《诗》云：'岂不怀归？畏此简书。'简书，同恶相恤之谓也。请救邢以从简书。"齐人救邢。

夏六月，葬庄公。乱故，是以缓。

秋八月，公及齐侯盟于落姑，请复季友也。齐侯许之，使召诸陈，公次于郎以待之。"季子来归"，嘉之也。

冬，齐仲孙湫来省难。书曰"仲孙"，亦嘉之也。仲孙归，曰："不去庆父，鲁难未已。"公曰："若之何而去之？"对曰："难不已，将自毙。君其待之。"公曰："鲁可取乎？"对曰："不可。犹秉周礼。周礼，所以本也。臣闻之：'国将亡，本必先颠，而后枝叶从之。'鲁不弃周礼，未可动也。君其务宁鲁难而亲之。亲有礼，因重固，间携贰，覆昏乱，霸王之器也。"

闵公

晋侯作二军，公将上军，大子申生将下军，赵夙御戎，毕万为右，以灭耿、灭霍、灭魏。还，为大子城曲沃，赐赵夙耿，赐毕万魏，以为大夫。

士蒍曰："大子不得立矣。分之都城而位以卿，先为之极，又焉得立？不如逃之，无使罪至。为吴大伯，不亦可乎？犹有令名，与其及也。且谚曰：'心苟无瑕，何恤乎无家？'天若祚大子，其无晋乎？"

卜偃曰："毕万之后必大。万，盈数也；魏，大名也。以是始赏，天启之矣。天子曰兆民，诸侯曰万民。今名之大以从盈数，其必有众！"

初，毕万筮仕于晋，遇"屯☷"之"比☷"。辛廖占之，曰："吉！'屯'固，'比'入，吉孰大焉？其必蕃昌！'震'为土，车从马；足居之，兄长之，母覆之，众归之：六体不易，合而能固，安而能杀，公侯之卦也。公侯之子孙，必复其始！"

【译文】

闵公元年春天，周历正月。齐国人援救邢国。夏天，六月七日，安葬我国国君庄公。

秋天，八月，闵公与齐侯在落姑结盟。季友回到鲁国。冬天，齐国的仲孙来到鲁国。

闵公元年春天，《春秋》不写闵公即位，是因为鲁国发生内乱的缘故。

狄人攻打邢国。管仲对齐侯说："戎狄之国犹如豺狼，不能够让它满足。华夏诸国亲近，不应该抛弃。安逸恰似毒酒，不可以怀恋。《诗》说：'难道不想着回去，只是怕这告急文书。'告急文书，意思是要同仇敌忾、忧患与共。请您依从文书救援邢国。"于是齐国军队前往救援邢国。

夏天，六月，安葬庄公。由于内乱的缘故，所以延迟了。

秋天，八月，闵公跟齐侯在落姑结盟，是为了请齐侯帮季友回国。齐侯答应了闵公，派人到陈国去召请季友。闵公住在郎地等候他。《春秋》说"季子来归"，是对季友的褒奖。

冬天，齐国的仲孙湫前来考察鲁国的内乱，《春秋》称他"仲孙"而不写名，也是褒奖他。仲孙回国，说："不去掉庆父，鲁国的内乱不会停止。"齐侯说："怎样做才能去掉他？"回答说："内乱不停，他将会自取灭亡。您等着瞧就是了。"齐侯说："鲁国可以夺取吗？"回答说："不行。鲁国仍在实行周礼。周礼，是用来建立根本的东西。我听说：'国家将要灭亡，一定先断了根本，然后枝枝叶叶才会枯死。'鲁国没有放弃周礼，就不能够动它。君侯您应该致力于消除鲁国内乱并且亲近它。亲近有礼的国家，依靠强大坚固的国家，离间涣散不团结的国家，消灭昏乱无可救药的国家，这是成就霸王事业的策略。"

晋侯把原来的一军改建为上下两支部队。晋侯统率上军，太子申生统率下军。赵夙替晋侯驾车，毕万做晋侯的车右。统此二军相继灭亡了耿国、霍国和魏国。班师回国后，晋侯替太子修筑曲沃城池，赐给赵夙耿国，赐给毕万魏国，并把他们封为大夫。

士蒍说："太子得不到君位了。分给他曲沃这样重要的都城，又让他处于卿的高位，预先把他捧到了顶点，又怎么能站得稳呢？不如逃离晋国，以免让罪过到来。做一个吴太伯那样的人，不也可以吗？还有好的名声。何必在这里等着受祸害呢！况且古话说：'心里如果没有恶念，何愁没有自己的家！'上天若是真要佑助太子，无论身在何处都会得到晋国的！"

卜偃说："毕万的后代一定会强盛。万，是个满数；魏，是个大名。用魏作为赏赐的开端，这是上天在帮助他。天子称兆民，诸侯称万民。现在的名号之大符合这个满数，他一定会得到大众。"

当初，毕万占筮在晋国做官的吉凶，遇到屯卦䷂变为比卦䷇。辛廖解释说："吉利。屯卦坚固，比卦宜入，还有比这更大的吉利吗？他一定会繁衍昌盛。震变为土，车跟着马，脚踩大地，兄长抚育，母亲庇护，众人归附。这六种卦象不可变易，群合而能坚固，安适却又肃杀，这是公侯的卦象。他本是公侯的子孙，一定会回复到他祖先当初的地位。"

闵公二年

【原文】

　　二年：春，王正月，齐人迁阳。

　　夏，五月乙酉，吉禘于庄公。

　　秋，八月辛丑，公薨。

　　九月，夫人姜氏孙于邾。

　　公子庆父出奔莒。

　　冬，齐高子来盟。

　　十有二月，狄入卫。

　　郑弃其师。

　　二年春，虢公败犬戎于渭汭。舟之侨曰：'无德而禄，殃也。殃将至矣！"遂奔晋。

　　夏，吉禘于庄公，速也。

　　初，公傅夺卜齮田，公不禁。秋八月辛丑，共仲使卜齮贼公于武闱。成季以僖公适邾，——共仲奔莒，——乃入，立之。以赂求共仲于莒，莒人归之。及密，使公子鱼请。不许，哭而往。共仲曰："奚斯之声也！"乃缢。

　　闵公，哀姜之娣叔姜之子也，故齐人立之。共仲通于哀姜，哀姜欲立之。闵公之死也，哀姜与知之，故孙于邾。齐人取而杀之于夷，以其尸归，僖公请而葬之。

　　成季之将生也，桓公使卜楚丘之父卜之。曰："男也。其名曰友，在公之右；间于两社，为公室辅。季氏亡，则鲁不昌。"又筮之，遇"大有☰"之"乾☰"，曰："同复于父，敬如君所。"及生，有文在其手曰"友"，遂以命之。

　　冬十二月，狄人伐卫。卫懿公好鹤，鹤有乘轩者。将战，国人受甲者皆曰："使鹤！鹤实有禄位。余焉能战？"公与石祁子玦，与宁庄子矢，使守，曰："以此赞国，择利而为之。"与夫人绣衣，曰："听于二子。"渠孔御戎，子伯为右，黄夷前驱，孔婴齐殿。及狄人战于荥泽，卫师败绩。遂灭卫。卫侯不去其旗，是以甚败。狄人囚史华龙滑与礼孔以逐卫人，二人曰："我，大史也，实掌其祭。不先，国不可得也。"乃先之。至则告守曰："不可待也。"夜与国人出。狄入卫，遂从之，又败诸河。

　　初，惠公之即位也少，齐人使昭伯烝于宣姜。不可，强之。生齐子、戴公、文公、宋桓夫人、许穆夫人。文公为卫之多患也，先适齐。及败，宋桓公逆诸河，宵济。卫之遗民男女七百有三十人，益之以共、滕之民为五千人。立戴公以庐于曹。许穆夫人赋《载驰》。齐侯使公子无亏帅车三百乘、甲士三千人以戍曹；归公乘马，祭服五称，牛、羊、豕、鸡、狗皆三百，与门材；归夫人鱼轩，重锦三十两。

　　郑人恶高克，使帅师次于河上，久而弗召。师溃而归，高克奔陈。郑人为之赋

《清人》。

晋侯使大子申生伐东山皋落氏。里克谏曰:"大子奉冢祀、社稷之粢盛,以朝夕视君膳者也,故曰冢子。君行则守,有守则从。从曰抚军,守曰监国,古之制也。夫帅师,专行谋,誓军旅,君与国政之所图也,非大子之事也。师在制命而已,禀命则不威,专命则不孝,故君之嗣适不可以帅师。君失其官,帅师不威,将焉用之?且臣闻皋落氏将战。君其舍之!"公曰:"寡人有子,未知其谁立焉!"不对而退。

见大子。大子曰:"吾其废乎?"对曰:"告之以临民,教之以军旅,不共是惧,何故废乎?且子惧不孝,无惧弗得立。修己而不责人,则免于难。"

大子帅师,公衣之偏衣,佩之金玦。狐突御戎,先友为右。梁馀子养御罕夷,先丹木为右。羊舌大夫为尉。先友曰:"衣身之偏,握兵之要,在此行也,子其勉之!偏躬无慝,兵要远灾,亲以无灾,又何患焉!"狐突叹曰:"时,事之徵也。衣,身之章也。佩,衷之旗也。故敬其事,则命以始;服其身,则衣之纯;用其衷,则佩之度。今命以时卒,闵其事也;衣之尨服,远其躬也;佩以金玦,弃其衷也:服以远之,时以闵之;尨,凉;冬,杀;金,寒;玦,离。胡可恃也!虽欲勉之,狄可尽乎?"梁馀子养曰:"帅师者,受命于庙,受脤于社,有常服矣。不获而尨,命可知也。死而不孝,不如逃之!"罕夷曰:"尨奇无常,金玦不复。虽复何为?君有心矣!"先丹木曰:"是服也,狂夫阻之。曰'尽敌而反',敌可尽乎?虽尽敌,犹有内谗,不如违之。"狐突欲行。羊舌大夫曰:"不可!违命不孝,弃事不忠。虽知其寒,恶不可取。子其死之!"

大子将战,狐突谏曰:"不可!昔辛伯谂周桓公云:'内宠并后,外宠二政,嬖子配嫡,大都耦国:乱之本也。'周公弗从,故及于难。今乱本成矣,立可必乎?孝而安民,子其图之!与其危身以速罪也。"

成风闻成季之繇,乃事之而属僖公焉,故成季立之。

僖之元年,齐桓公迁邢于夷仪。二年,封卫于楚丘。邢迁如归,卫国忘亡。

卫文公大布之衣、大帛之冠,务材训农,通商惠工,敬教劝学,授方任能,元年革车三十乘,季年乃三百乘。

【译文】

闵公二年春天,周历正月,齐人迁移阳国之民而占有其地。夏天,五月六日,为庄公举行吉禘祭祀。秋天,八月十四日,闵公逝世。九月,夫人姜氏出奔到邾国,公子庆父出逃到莒国。冬天,齐国的高子前来结盟。十二月,赤狄攻入卫国。郑国丧失了自己的军队。

闵公二年春天,虢公在渭水湾边上打败犬戎。舟之侨说:"没有好的德行却享受高的俸禄,这是灾祸。灾祸快要来了。"于是逃奔到晋国。

夏天,为庄公举行定位大祭,太早了点。

当初,闵公的保傅夺取卜齮的田地,闵公没有制止。秋天,八月二十四日,庆父

派卜齮在路寝的旁门处杀死闵公。季友护着僖公逃亡去了邾国。庆父逃奔莒国后，季友才带僖公回国，立僖公为国君。用财宝向莒国请求庆父，莒国人就把庆父交还给鲁国。抵达密地时，庆父让公子鱼前去请求赦罪，僖公不答应。公子鱼哭着回去。庆父说："这是公子鱼的哭声。看来没希望了！"就上吊自杀了。

闵公，是哀姜的妹妹叔姜的儿子，所以齐国人帮助他立为国君。庆父跟哀姜私通，哀姜想要立庆父为君。闵公被杀身亡的事，哀姜早就知道，她害怕国人追究，所以逃到了邾国。齐国人把她从邾国抓到夷地杀了，带着她的尸首回国。僖公请求齐国归还哀姜尸体并安葬了她。

季友快要出生的时候，桓公让卜楚丘的父亲替他占卜。结果说："是个男孩，名字叫友，常处君王左右，身居两社之间，是朝廷的得力大臣。季氏如果灭亡，鲁国就不会繁昌。"又替他占筮，得到大有卦变为乾卦，卦辞说："尊贵与父亲等同，敬爱能赶上君王。"到生下来，果然有字在他手上，是个

懿公好鹤，选自明刊本《新镌锈像列国志》。

"友"字，于是就用"友"替他命名。

冬天，十二月，狄人攻打卫国。卫懿公喜爱养鹤，让鹤坐着大夫才能坐的高级车子。就要打仗了，被发给武器的人们都说："让鹤去打仗吧，鹤享有那么高的待遇！我们这些人怎么能作战？"卫懿公把玉玦送给石祁子，把矢交给宁庄子，让他们守护国都，说："凭这两样东西掌管国都，只要是有利的事就大胆做。"又把绣衣交给夫人，说："听这两个人的！"然后让渠孔驾车，子伯做车右，黄夷在前开道，孔婴齐在后压阵。跟狄军在荧泽展开大战。卫国军队打了败仗，于是灭亡了卫国。卫侯不肯去掉自己的旗帜，因此败得很惨。狄人囚禁卫国的史官华龙滑和礼孔，带着他们追击卫国人。两位史官说："我们是卫国的大史官，执掌卫国的祭祀。如果不先让我们回去，你们就不可能得到卫国。"于是让他俩先回到卫国首都。两人一到都城，就告诉防守的人说："不能够抵抗了！"连夜带国都里的人们逃出。狄人进入卫国都，接着追赶逃亡的卫国人，又在黄河边上打败了他们。

当初，卫惠公即位的时候，年纪还小。齐僖公指使昭伯跟君母宣姜私通，昭伯不肯，齐人强迫他就范。结果生了齐子、戴公、文公、宋桓夫人和许穆夫人。文公认为

卫国潜伏着许多祸患，就先躲避到了齐国。在卫懿公战败的时候，宋桓公到黄河岸边接应卫国的难民，连夜渡过黄河。卫国剩下的人男女一共只有七百三十人，加上共邑、滕邑的百姓，共五千人。立戴公为卫君，暂时寄居在曹邑。许穆夫人为此作了《载驰》一诗。齐侯派公子无亏带领兵车三百乘、战士三千人守卫曹邑。赠送戴公驾车用的马匹，又送祭服五套，还有牛、羊、猪、鸡、狗各三百，以及建造门户的材料等。送给夫人鱼皮装饰的漂亮车子和三十四上等丝绸。

郑文公讨厌高克，就派他带兵驻扎在黄河边上，过了很久也不召他回来。最后军队溃散逃回，高克只好投奔陈国。郑国人替他作了《清人》一诗。

晋侯派太子申生去攻打东山皋落氏。里克劝谏说："太子，是捧着祭祀礼品参与宗庙社稷大祭和早晚照看国君饮食的人，所以叫做冢子。国君外出就镇守国都，另有大臣守护国都时就跟从国君外出。跟从外出叫做抚军，在内镇守叫做监国。这是自古以来的礼制。至于领兵打仗，独自决定大小事情，号令三军上下，这是国君和执政大臣所做的事，不是太子的职分。统领军队，关键在于做决定下命令，如果让太子去做，请示君王受命而行就会没有威信，独断专行不禀报君王又会有失孝道。所以君王的嫡子不能让他统率军队。否则国君失去了任命职官的准则，嫡子领兵又没有威信，何必要这样做呢？况且我听说皋落氏将会出兵迎战，君王还是放弃这种打算吧。"晋公说："我有几个儿子，还不知道立谁呢！"里克不再作声就退了出来。见到太子。太子说："我将会被废掉吗？"里克回答说："教你治理人民和领兵打仗，担心的是不能完成使命，为什么要废除你呢？再说做儿子的只担心自己不孝，不要去考虑能不能立。严格要求自己而不去指责别人，就能够免除祸难。"

太子率领军队，晋公让他穿有一半颜色跟自己衣服相同的衣服，并把金块送给他佩带。狐突替太子驾车，先友做车右。梁餘子养替罕夷驾车，先丹木做车右。羊舌大夫担任军尉。先友对太子说："穿着有一半颜色跟君侯相同的衣服，掌握着军队的决策权，成败就在这一回了，您要努力啊！把身上颜色的一半赐给您，似乎没有什么恶意，您掌握着兵权就能够避开灾祸。君侯亲近，又没有灾祸，您还担心什么呢？"狐突感叹着说："时令，是行为的象征；衣服，是身份的显示；佩物，是内心的标志。如果真是看重这件事，就该在上半年下达命令；如果是要把自己的衣服赐给他人，就该让别人穿完全同色的衣服；如果是想表达自己的内心，就该让人家佩带合乎常规的玉珮。现在到年终时候才下达命令，这是让事情闭塞不通；让人家穿杂色的衣服，这是表明自己疏远他；用金块作为佩带，这是抛弃了自己的诚心。用服装来表示疏远，用时间来阻碍闭塞；杂色表示冷淡，冬天象征肃杀，金属性属寒凉，玦又暗示着离别。这怎么能够依靠呢？即使拼命去做，狄人又怎么能够杀光呢？"梁餘子养说："统率军队的人，要到宗庙里接受命令，在社庙中接受祭肉，而且有一定的衣服。现在得不到规定服装却赐给杂色偏衣，晋公的用意可以明白了。前去攻战的话，死了还会落得个不孝，不如逃跑。"罕夷说："杂色偏衣奇奇怪怪不合常规，金块则表示没有性命再回国。即使能回国又能干什么呢？君主已经有别的想法了！"先丹木说："这种衣服啊，就是狂人也不愿意穿它的。说'杀光敌人再回国',敌人能杀得光吗?即使杀光了敌人,还会有人从里面陷害。不如离开这里。"狐突准备护从太子离开。羊舌大夫说:"不行!违背君父的命令就是不孝,抛弃国家的事情不做就是不忠。虽然知道君主的用心寒凉,但不忠不孝的恶名不能蒙受。您还是拼死效命吧!"

太子打算前往攻战。狐突劝谏说:"不行。从前辛伯极力劝谏周桓公说:'受宠的妃妾相当于王后,受宠的大臣专政横行,庶子跟嫡子等同,大都与国都匹敌,这是祸乱的根源。'周公不听,结果遭受祸难。现在动乱的根源已经形成了,你能够肯定立为嗣君吗?行孝若能安民,那你就考虑着去做。可事情并非如此,与其危害自己而招来罪过,不如违命出逃。"

成风听说季友出生时的卦辞,就有意跟他结好,并把僖公托付给他,所以季友立僖公为君。

僖公元年,齐桓公把邢邑的百姓迁移到夷仪。第二年,又在楚丘封建了卫国。邢人迁移就像回到了自己家,卫国也忘记了自己曾被灭亡过。

卫文公穿着粗布衣服,戴着粗帛帽子,专心培植材用,引导农业生产,便利商贾,嘉惠百工,重视教育,鼓励学习,传授为官之道,任用有才之人。头一年,只有兵车三十辆,可到晚年,竟然增加到三百辆。

僖公

僖公元年

【原文】

元年:春,王正月。

齐师、宋师、曹(伯)〔师〕次于聂北,救邢。

夏,六月,邢迁于夷仪。

齐师、宋师、曹师城邢。

秋,七月戊辰,夫人姜氏薨于夷,齐人以归。

楚人伐郑。

八月,公会齐侯、宋公、郑伯、邾人于柽。

九月,公败邾师于偃。

冬,十月壬午,公子友帅师败莒师于郦,获莒(拏)〔挐〕。

十有二月丁巳，夫人氏之丧至自齐。

元年春，不称即位，公出故也。公出复入，不书，讳之也。讳国恶，礼也。

诸侯救邢。邢人溃，出奔师。师遂逐狄人，具邢器用而迁之，师无私焉。

夏，邢迁于夷仪，诸侯城之，救患也。凡侯伯，救患，分灾，讨罪，礼也。

秋，楚人伐郑，郑即齐故也。盟于荦，谋救郑也。

九月，公败邾师于偃，虚丘之戍将归者也。

冬，莒人来求赂。公子友败诸郦，获莒子之弟挐。非卿也，嘉获之也。公赐季友汶阳之田及费。

夫人氏之丧至自齐。君子以齐人〔之〕杀哀姜也为已甚矣。女子，从人者也。

【译文】

元年春，周历正月，齐国的军队、宋国的军队、曹国的军队驻扎在聂北，救援邢国。夏六月，邢国迁到夷仪。齐国的军队、宋国的军队、曹国的军队为邢国筑城。秋七月二十六日，夫人姜氏死在夷，齐国人带着姜氏的遗体回到齐国。楚国人攻打郑国。八月，僖公在柽会见齐侯、宋公、郑伯、曹伯、邾国人。九月，僖公在偃打败邾国的军队。冬十月十二日，公子友率领军队在郦打败莒国的军队，俘虏了莒挐。十二月十八日，夫人姜氏的尸体从齐国运来。

僖公

元年春，《春秋》不说即位，这是因为僖公逃亡在外的缘故。僖公逃亡又回来，《春秋》不记载，这是为了隐讳这件事。隐讳国家的坏事，这是合于礼的。

诸侯救援邢国。邢国的军队已经溃散，逃亡到诸侯的军队来。诸侯的军队于是赶走了狄人，将邢国的器物财货收聚起来，让他们迁走，军队没有私自占取。

夏，邢国迁到夷仪，诸侯为邢国修筑城墙，这是为了救援患难。凡是诸侯领袖，救援患难、分担灾害、讨伐罪人，这是合于礼的。

秋，楚国人攻打郑国，这是因为郑国亲近齐国的缘故。诸侯国在荦结盟，策划救援郑国。

九月，僖公在偃打败邾国的军队，这是邾国的那支戍守虚丘将要回去的军队。

冬，莒国人前来求取财物，公子友在郦打败了他们，俘虏了莒子的弟弟挐。挐不是卿，《春秋》这样记载是为了赞美俘获他这件事。僖公把汶水北面的田土以及费赐给

季友。

夫人姜氏的遗体从齐国运来。君子认为齐国人杀死哀姜是太过分了，妇女，本来就是听从夫家的。

僖公二年

【原文】

二年：春，王正月，城楚丘。

夏，五月辛巳，葬我小君哀姜。

虞师、晋师灭下阳。

秋，九月，齐侯、宋公、江人、黄人盟于贯。

冬，十月，不雨。

楚人侵郑。

二年春，诸侯城楚丘而封卫焉。不书所会，后也。

晋荀息请以屈产之乘与垂棘之璧，假道于虞，以伐虢。公曰："是吾宝也。"对曰："若得道于虞，犹外府也。"公曰："宫之奇存焉。"对曰："宫之奇之为人也，懦而不能强谏。且少长于君，君暱之。虽谏，将不听。"乃使荀息假道于虞，曰："冀为不道，入自颠𫐓，伐鄍三门。冀之既病，则亦唯君故。今虢为不道，保于逆旅，以侵敝邑之南鄙。敢请假道，以请罪于虢。"虞公许之，且请先伐虢。宫之奇谏。不听，遂起师。夏，晋里克、荀息帅师会虞师，伐虢，灭下阳。先书虞，贿故也。

秋，盟于贯，服江、黄也。

齐寺人貂始漏师于多鱼。

虢公败戎于桑田。晋卜偃曰："虢必亡矣！亡下阳不惧，而又有功，是天夺之鉴而益其疾也。必易晋而不抚其民矣。不可以五稔。"

冬，楚人伐郑，斗章囚郑聃伯。

【译文】

二年春，周历正月，在楚丘修筑城墙。夏五月十四日，安葬我国的小君哀姜。虞国的军队、晋国的军队灭亡了下阳。秋九月，齐侯、宋公、江国人、黄国人在贯结盟。冬十月，不下雨。楚国人侵袭郑国。

二年春，诸侯在楚丘修筑城墙，把卫国封在那里。《春秋》不记载会见的诸侯，因为僖公到会迟了。

晋国的荀息请求用屈出产的马匹和垂棘出产的玉璧向虞国借道来攻打虢国。晋献公说："这是我的宝贝啊！"荀息回答说："如果向虞国借得道路，就好像得到一座外库。"晋献公说:"宫之奇在那里。"荀息回答说:"宫之奇的为人。懦弱而不能坚决进谏,而且从小在君主身边长大,虞君亲昵他,即使进谏,虞君也不会听从。"于是派遣荀息向虞国借道,说:"冀国做不仁道的事情,从颠軨入侵,攻打虞国郲邑的三面城门。我们攻打冀国,冀国已经受到损伤,那也是为了君侯您的缘故。现在虢国做不仁道的事情,在客舍修筑堡垒,来侵犯我国的南部边境。冒昧向贵国借道,以便到虢国去问罪。"虞君答应了,而且请求先去攻打虢国。宫之奇进谏,虞君不听,就起兵攻打虢国。夏,晋国的里克、荀息率领军队会合虞国的军队,攻打虢国,灭亡了下阳。《春秋》把虞国写在前面,这是虞国接受了贿赂的缘故。

秋,在贯结盟,这是臣服了江国、黄国的缘故。

齐国的寺人貂开始在多鱼泄漏军事机密。

虢公在桑田打败戎。晋国的卜偃说:"虢国一定要灭亡了。灭亡了下阳还不害怕,而又建立武功,这是上天夺去了它的镜子,而增加它的罪恶啊!它一定会轻视晋国而不安抚它的百姓了,它过不了五年。"

假途灭虢,选自明刊本《新镌锈像列国志》。

冬,楚国人攻打郑国,斗章囚禁了郑国的聃伯。

僖公三年

【原文】

　　三年:春,王正月,不雨。
　　夏,四月,不雨。
　　徐人取舒。

六月，雨。

秋，齐侯、宋公、江人、黄人会于阳穀。

冬，公子友如齐莅盟。

楚人伐郑。

三年春不雨，夏六月雨。自十月不雨至于五月。不曰旱，不为灾也。

秋，会于阳穀，谋伐楚也。

齐侯为阳穀之会来寻盟。冬，公子友如齐莅盟。

楚人伐郑，郑伯欲成。孔叔不可，曰："齐方勤我。弃德，不祥。"

齐侯与蔡姬乘舟于囿，荡公。公惧，变色；禁之，不可。公怒归之，未〔之〕绝（之）也。蔡人嫁之。

【译文】

三年春，周历正月，不下雨。夏四月不下雨。徐国人占取了舒国。六月下雨。秋，齐侯、宋公、江国人、黄国人在阳谷会见。冬，公子友到齐国参加盟会。楚国人攻打郑国。

三年春，不下雨，夏六月才下雨。从十月不下雨一直到五月。《春秋》不说旱，因为没有成灾。

秋，齐侯、宋公、江国人、黄国人在阳谷会见，这是为了谋划攻打楚国。

齐侯为了阳谷的盟会前来寻求结盟。冬，公子友到齐国参加盟会。

楚国人攻打郑国，郑伯想求和。孔叔不同意，说："齐国正出力帮助我国，丢弃他们的恩德不吉祥。"

齐侯和蔡姬在园囿里坐船游玩，蔡姬摆动游船，使齐侯摇晃，齐侯害怕，脸色都变了；禁止蔡姬摇动游船，蔡姬不听。齐侯大怒，把她送回蔡国，但还没有断绝关系。蔡国人把她改嫁了。

僖公四年

【原文】

四年：春，王正月，公会齐侯、宋公、陈侯、卫侯、郑伯、许男、曹伯侵蔡，蔡溃。遂伐楚，次于陉。

夏，许男新臣卒。

楚屈完来盟于师，盟于召陵。

齐人执陈辕涛涂。

秋，及江人、黄人伐陈。

八月，公至自伐楚。

葬许穆公。

冬，十有二月，公孙兹帅师会齐人、宋人、卫人、郑人、许人、曹人侵陈。

四年春，齐侯以诸侯之师侵蔡，蔡溃，遂伐楚。

楚子使与师言曰："君处北海，寡人处南海，唯是风马牛不相及也。不虞君之涉吾地也何故？"管仲对曰："昔召康公命我先君大公曰：'五侯九伯，女实征之，以夹辅周室。'赐我先君履：东至于海，西至于河，南至于穆陵，北至于无棣。尔贡（包）〔苞〕茅不入，王祭不共，无以缩酒，寡人是征。昭王南征而不复，寡人是问。"对曰："贡之不入，寡君之罪也，敢不共给？昭王之不复，君其问诸水滨。"

师进，次于陉。夏，楚子使屈完如师。师退，次于召陵。

齐侯陈诸侯之师，与屈完乘而观之。齐侯曰："岂不穀是为？先君之好是继。与不穀同好，何如？"对曰："君惠徼福于敝邑之社稷，辱收寡君，寡君之愿也。"齐侯曰："以此众战，谁能御之？以此攻城，何城不克？"对曰："君若以德绥诸侯，谁敢不服？君若以力，——楚国方城以为城，汉（水）以为池；虽众，无所用之！"

屈完及诸侯盟。

陈辕涛涂谓郑申侯曰："师出于陈、郑之间，国必甚病。若出于东方，观兵于东夷，循海而归，其可也。"申侯曰："善。"涛涂以告齐侯，许之。申侯见，曰："师老矣，若出于东方而遇敌，惧不可用也。若出于陈、郑之间，共其资粮扉屦，其可也。"齐侯说，与之虎牢。执辕涛涂。

秋，伐陈，讨不忠也。

许穆公卒于师，葬之以侯，礼也。凡诸侯薨于朝、会，加一等；死王事，加二等。于是有以衮敛。

冬，叔孙戴伯帅师，会诸侯之师侵陈。陈成。归辕涛涂。

初，晋献公欲以骊姬为夫人，卜之，不吉；筮之，吉。公曰："从筮。"卜人曰："筮短龟长，不如从长。且其繇曰：'专之渝，攘公之羭。一薰一莸，十年尚犹有臭。'必不可！"弗听，立之。生奚齐，其娣生卓子。

及将立奚齐，既与中大夫成谋。姬谓大子曰："君梦齐姜，必速祭之！"大子祭于曲沃，归胙于公。公田，姬寘诸宫六日。公至，毒而献之。公祭之地，地坟；与犬，犬毙；与小臣，小臣亦毙。姬泣曰："贼由大子！"大子奔新城。公杀其傅杜原款。或谓大子："子辞，君必辩焉。"大子曰："君非姬氏，居不安，食不饱。我辞，姬必有罪。君老矣，吾又不乐。"曰："子其行乎？"大子曰："君实不察其罪。被此名也以出，人谁纳我？"十二月戊申，缢于新城。姬遂谮二公子曰："皆知之。"重耳奔蒲，夷吾奔屈。

【译文】

四年春，周历正月，僖公会同齐侯、宋公、陈侯、卫侯、郑伯、许男、曹伯侵犯蔡国。蔡国溃败,接着攻打楚国,驻扎在陉。夏,许男新臣死。楚国的大夫屈完前来同诸侯国的军队结盟,在召陵结盟。齐国人捉拿了陈国的大夫辕涛涂。秋,僖公同江国人、黄国人一起攻打陈国。八月,僖公攻打楚国回来。安葬许穆公。冬十二月,公孙兹率领军队会同齐国人、卫国人、郑国人、许国人、曹国人侵犯陈国。

四年春,齐侯率领诸侯的军队侵犯蔡国。蔡国溃败,接着攻打楚国。楚子派遣使者来到军队说:"君侯住在北方,寡人住在南方,牛马发情互相追逐也不会跑到对方境内去,没有想到您会踏上我们的土地,这是什么缘故?"管仲回答说:"以前召康公命令我们的先君太公说:'五侯九伯,你都可以征伐他们,以便辅助周王室。'赐给我们先君的边界:东边到大海,西边到黄河,南边到穆陵,北边到无棣。你们朝贡周王室的包茅不按时献纳,天子祭祀的物品供应不上,没有用来滤酒的东西,寡人来查究这件事;昭王南巡没有回去,寡人来责问这件事。"回答说:"贡品没有送来,这是我们国君的罪过,哪里敢不供给?至于昭王没有回去,您还是向汉水边的老百姓打听吧。"诸侯的军队前进,驻扎在陉。

夏,楚子派遣屈完到诸侯军营。诸侯军队后退,驻扎在召陵。齐侯陈列诸侯的军队,同屈完一起乘车观看。齐侯说:"这次起兵难道是为了我吗?是为了继承先君建立的友好关系。与我和好,怎么样?"回答说:"承蒙您向我国的土神和谷神求福,收容我们的君主,这是我们君主的愿望。"齐侯说:"用这样的军队作战,谁能够抵御?用这样的军队攻城,什么样的城不能攻克?"回答说:"您如果用德行安抚诸侯,谁敢不服?您如果用武力,楚国将把方城山作为城墙,把汉水作为护城河,您的军队虽然众多,也没有用得上的地方。"屈完同诸侯结盟。

陈国的辕涛涂对郑国的申侯说:"军队经过陈国、郑国的土地,两国必定十分困乏。如果从东方走,向东夷炫耀武力,沿着海边回国,这是可以的。"申侯说:"好。"涛涂把这个意见告诉齐侯,齐侯同意了。申侯进见齐侯说:"军队已经疲惫了,如果从东方走而遇到敌人,恐怕不能够打仗了。如果经过陈国、郑国一带,由他们供给粮食草鞋,这是可以的。"齐侯很高兴,把虎牢赐给了他。把辕涛涂抓了起来。

秋,攻打陈国,这是为了讨伐不忠。

许穆公死在军队里,用侯礼安葬他,这是合于礼的。凡是诸侯在朝会时死去的,葬礼加一等,为天子作战而死去的,加二等。在这个时候可以用衮衣入殓。

冬,叔孙戴伯率领军队会合诸侯的军队侵犯陈国,陈国求和,放回辕涛涂。

起初,晋献公想立骊姬为夫人,占卜,不吉利;占筮,吉利。献公说:"依从占筮的结果。"占卜的人说:"占筮的效果差一些,占卜的效果好一些,不如依从效果好的。而且它的占辞说:'专宠会使人变坏,将要夺走您的所爱。香草和臭草放在一起,多年之后还有臭气。'一定不可以。"献公不听,立骊姬。骊姬生奚齐,她的妹妹生卓子。

等到准备立奚齐为太子的时候,骊姬已经与中大夫定好了计谋。骊姬对太子说:"国君梦见你母亲齐姜,你必须赶快去祭祀。"太子在曲沃祭祀母亲,把祭祀的酒肉带回来献给献公。刚好献公打猎去了,骊姬把酒肉在宫里放了六天。献公回来,骊姬在酒肉里放了毒药然后献上去。献公用酒祭地，地上突起一个土堆。把肉给狗吃，狗就倒下了。给小臣吃，小臣也倒下了。骊姬哭着说："犯上作乱的人来自太子。"太子逃亡到新城。献公杀了他的保傅杜原款。

有人对太子说："您如果申辩，国君一定会弄清楚这件事。"太子说："国君如果没有骊姬，将会居处不安，饮食不饱。我如果申辩，骊姬必定获罪。君年纪老了，他不快乐，我也不会快乐。"说："那么您逃走吗？"太子说："君不能查清我的罪过，蒙受着这种恶名逃走，别人谁会接纳我？"十二月戊申，吊死在新城。

骊姬接着诬陷两位公子说："他们都知道太子的阴谋。"重耳逃到蒲，夷吾逃到屈。

僖公五年

【原文】

五年：春，晋侯杀其世子申生。
杞伯姬来朝其子。
夏，公孙兹如牟。
公及齐侯、宋公、陈侯、卫侯、郑伯、许男、曹伯会王世子于首止。
秋，八月，诸侯盟于首止。
郑伯逃归不盟。
楚子灭弦。弦子奔黄。
九月戊申朔，日有食之。
冬，晋人执虞公。
五年春，王正月辛亥朔，日南至。公既视朔，遂登观台以望。而书，礼也。凡分、至、启、闭，必书云物，为备故也。
晋侯使以杀大子申生之故来告。
初，晋侯使士蒍为二公子筑蒲与屈，不慎，寘薪焉。夷吾诉之。公使让之，士蒍为稽首而对曰："臣闻之，无丧而慼，忧必雠焉。无戎而城，雠必保焉。寇雠之保，又何慎焉？守官废命，不敬；固仇之保，不忠。失忠与敬，何以事君？《诗》云：'怀德惟宁，宗子惟城。'君其修德而固宗子，何城如之？三年，将寻师焉，焉用慎？"退而赋曰："狐裘尨茸，一国三公，吾谁适从？"
及难，公使寺人披伐蒲。重耳曰："君父之命不校。"乃徇曰："校者，吾仇也。"逾垣而走。披斩其祛，遂出奔翟。
"夏，公孙兹如牟"，娶焉。
会于首止，会王大子郑，谋宁周也。
陈辕宣仲怨郑申侯之反己于召陵，故劝之城其赐邑，曰："美城之！大名也，子孙

不忘。吾助子请。"乃为之请于诸侯而城之，美。遂谮诸郑伯曰："美城其赐邑，将以叛也。"申侯于是得罪。

秋，诸侯盟。王使周公召郑伯，曰："吾抚女以从楚，辅之以晋，可以少安。"郑伯喜于王命，而惧其不朝于齐也，故逃归不盟。孔叔止之，曰："国君不可以轻。轻则失亲；失亲，患必至。病而乞盟，所丧多矣，君必悔之！"弗听，逃其师而归。

楚斗穀於菟灭弦，弦子奔黄。于是江、黄、道、柏方睦于齐，皆弦姻也；弦子恃之而不事楚，又不设备，故亡。

晋侯复假道于虞以伐虢。宫之奇谏曰："虢，虞之表也。虢亡，虞必从之。晋不可启，寇不可玩。一之谓甚，其可再乎？谚所谓'辅车相依，唇亡齿寒'者，其虞、虢之谓也。"公曰："晋，吾宗也，岂害我哉？"对曰："大伯、虞仲，大王之昭也。大伯不从，是以不嗣。虢仲、虢叔，王季之穆也。为文王卿士，勋在王室，藏于盟府。将虢是灭，何爱于虞？且虞能亲于桓、庄乎，其爱之也？桓、庄之族何罪，而以为戮，不唯偪乎？亲以宠偪，犹尚害之，况以国乎？"公曰："吾享祀丰洁，神必据我。"对曰："臣闻之：'鬼神非人实亲，惟德是依。'故《周书》曰：'皇天无亲，惟德是辅。'又曰：'黍稷非馨，明德惟馨。'又曰：'民不易物，唯德繄物。'如是，则非德民不和，神不享矣。神所冯依，将在德矣。若晋取虞，而明德以荐馨香，神其吐之乎？"弗听，许晋使。宫之奇以其族行，曰："虞不腊矣。在此行也，晋不更举矣。"

八月甲午，晋侯围上阳。问于卜偃曰："吾其济乎？"对曰："克之。"公曰："何时？"对曰："童谣云：'丙之晨，龙尾伏辰；（均）〔袀〕服振振，取虢之旂。鹑之贲贲，天策焞焞，火中成军，虢公其奔。'其九月、十月之交乎！丙子旦，日在尾，月在策，鹑火中，必是时也。"

冬十二月丙子朔，晋灭虢。虢公丑奔京师。师还，馆于虞。遂袭虞，灭之。执虞公及其大夫井伯，以媵秦穆姬。而修虞祀，且归其职贡于王。

故书曰："晋人执虞公。"罪虞公，〔且〕言易也。

【译文】

　　五年春，晋侯杀了他的太子申生。杞伯姬使其子前来朝见。夏、公孙兹到牟国去。僖公与齐侯、宋公、陈侯、卫侯、郑伯、许男、曹伯在首止会见周王世子。秋八月，诸侯在首止结盟，郑伯逃回去没有参加结盟。楚国人灭亡弦国，弦子逃亡到黄国。九月一日，发生日食。冬，晋国人抓住了虞公。

　　五年春，周历正月初一，冬至。僖公听政以后，就登上观台观察天象，并且记载，这是合于礼的。凡是春分秋分、夏至冬至、立春立夏、立秋立冬，必定记载天象，这是为了防备灾害的缘故。

　　晋侯派遣使者前来告诉杀害太子申生的原因。

　　起初，晋侯派遣士蒍为两位公子在蒲和屈修筑城墙，不小心，在城墙里放进了木柴。夷吾把这件事告诉晋侯，晋侯派人责备士蒍。士蒍叩头回答说："我听说，没有丧事而悲伤，忧愁必然跟着而来；没有战事而筑城，国内的敌人必然据以固守。敌人占据的地方，又何必谨慎呢？在其位而不接受命令，这是不敬；坚固敌人占据的地方，这是不忠。失掉了忠和敬，怎么能事奉国君？《诗》说：'心怀德行就是安宁，公子就是边城。'国君只要修养德行，巩固公子的地位，什么样的城池比得上呢？很快就要用兵了，哪里用得着谨慎？"退下去赋诗说："狐皮袍子已蓬松，一个国家有三公，我应择谁来跟从？"

等到发生祸难，晋侯派遣寺人披攻打蒲。重耳说："国君和父亲的命令不能违抗。"于是遍告众人说："如果违抗，就是我的敌人。"跳墙逃跑。披斩断了他的袖口。于是逃亡到翟国。

夏，公孙兹到牟国去，在那里娶了亲。

诸侯在首止相会，会见王太子郑，谋求安定成周。

陈国的辕宣仲怨恨郑国的申侯在召陵出卖了他，所以怂恿他在所赐的封邑筑城。说："把城墙筑得美观，可以扩大名声，子孙都不会忘记。我帮助您请求。"于是替他向诸侯请求，筑起了城墙。很美观。接着在郑伯面前诬陷申侯说："把所赐封邑的城墙筑得很美观，是准备叛乱的。"申侯因此获罪。

秋，诸侯会盟。周天子派周公召见郑伯，说："我用要你跟随楚国的办法来安抚你，用晋国辅助你们，这样可以稍稍安定了。"郑伯对天子的命令很高兴，却又惧怕不朝见齐国，所以逃走回国不参加结盟。孔叔制止郑伯，说："国君不能轻率，轻率就会失掉亲人，失掉亲近的人，祸患必然来到。国家困难了然后去乞求结盟，丢失的东西就多了。您一定会后悔的。"不听，逃离他的军队而回国。

楚国的斗谷於菟灭亡了弦国，弦子逃亡到黄国。

在这个时候江国、黄国、道国、柏国正同齐国友好，都是弦国的姻亲。弦子仗恃着这种关系而不事奉楚国，又不设置防备，所以灭亡了。

晋侯再次向虞国借道以便攻打虢国。宫之奇进谏说："虢国，是虞国的屏障；虢国灭亡，虞国必定跟着灭亡。晋国的贪心不能启发，对敌人不能放松警惕，一次已经过分，难道还能有第二次吗？谚语说的'辅车相依，唇亡齿寒'，大概就是说的虞和虢的关系。"虞公说："晋国是我的宗室，难道会害我吗？"回答说："太伯、虞仲是太王的儿子，太伯不听从父命，所以不能继承王位。虢仲、虢叔是王季的儿子，是文王的卿士，在王室有功。在盟府藏有功勋记录。将要灭掉虢国了，对虞国还有什么爱惜的呢？而且虞国能比桓庄更亲近晋君吗？晋侯难道爱惜桓叔、庄伯吗？桓庄家族有什么罪过而把他们杀了？不就是因为晋侯感到他们太逼近的缘故吗？亲近的人而用宠势相逼，尚且杀了他们，何况用国家相逼呢？"

虞公说："我祭祀用的祭品丰盛而清洁。神灵必定保佑我。"宫之奇回答说："我听说，鬼神不亲人，只依德。所以《周书》说：'上天没有私亲，只辅助有德行的人。'又说：'黍稷不是馨香，光明的德行才是馨香。'又说："人们拿来祭祀的东西不改变，但只有有德行的人的祭品才是真正的祭品。'如果这样，那么没有德行，百姓就不和睦，神灵就不享用了。神灵所凭依的，就在于德行了。如果晋国占取了虞国，发扬美德作为芳香的祭品奉献给神灵，神灵难道会吐出来吗？"虞公不听，答应了晋国使者的要求。宫之奇带领他的族人出走，说："虞国不能举行腊祭了。就是这一次，晋国用不着再次发兵了。"

八月十七日，晋侯包围了上阳。问卜偃说："我能够成功吗？"回答说："可以攻破它。"献公说："什么时候？"回答说："童谣说：'丙子日的清晨，日光照没尾星，上下同服多繁盛，夺取虢国军旗获胜。鹑火之星贲贲，天策之星焞焞，鹑火星下挥大军，虢公将要出奔。'这日子大概在九月、十月交替的时候吧！丙子日的清晨，日在尾星的区域，月在天策星的区域，鹑火星出现在南方，必定是这个时候。"冬十二月一日，晋国灭亡了虢国，虢公丑逃亡到京城。晋国军队回国，住在虞国，便袭击了虞国，灭亡了它。抓住了虞公和他的大夫井伯，把井伯作为秦穆姬的陪嫁随从，继续虞国的祭祀，而且把虞国的赋税和贡物归于周天子。所以《春秋》记载说："晋人执虞公。"这是责备虞国，而且说明灭亡虞国很容易。

僖公六年

【原文】

六年：春，王正月。

夏，公会齐侯、宋公、陈侯、卫侯、曹伯伐郑，围新城。

秋，楚人围许，诸侯遂救许。

六年春，晋侯使贾华伐屈。夷吾不能守，盟而行。将奔狄，郤芮曰："后出同走，罪也。不如之梁，梁近秦而幸焉。"乃之梁。

夏，诸侯伐郑，以其逃首止之盟故也。围新密，郑所以不时城也。

秋，楚子围许以救郑。诸侯救许。乃还。

冬，蔡穆侯将许僖公以见楚子于武城。许男面缚，衔璧，大夫衰绖，士舆榇。楚子问诸逢伯，对曰："昔武王克殷，微子启如是。武王亲释其缚，受其璧而祓之，焚其榇，礼而命之，使复其所。"楚子从之。

【译文】

六年春，周历正月。夏，僖公会同齐侯、宋公、陈侯、卫侯、曹伯攻打郑国，包围了新城。秋，楚国人包围了许国，诸侯于是救援许国。冬，僖公伐郑回来。

六年春，晋侯派遣贾华攻打屈。夷吾守不住，和屈人订立盟约然后出走。准备逃亡到狄，郤芮说："在重耳之后出走，又逃往同一个地方，这是有罪的。不如到梁国去，梁国靠近秦国，而且受到秦国的亲幸。"于是到梁国去。

夏，诸侯攻打郑国，因为它逃离首止的结盟的缘故。包围了新密，这就是郑国在不应大兴土木的时候筑的城。

秋，楚子包围许国来救援郑国。诸侯救援许国。楚军于是回国。

冬，蔡穆公带领许僖公在武城见楚子。许男两手反绑，口里衔着玉，大夫穿着孝服，士人抬着棺材。楚子就这件事向逢伯询问，逢伯回答说："从前武王战胜殷朝，微子启就是这样的。武王亲自解开他的绳索，接受他的玉璧而为他举行除灾求福的仪式。烧掉抬来的棺材，给以礼遇和封命，恢复他原来的地位。"楚子听从了逢伯的话。

僖公七年

【原文】

七年：春，齐人伐郑。

夏，小邾子来朝。

郑杀其大夫申侯。

秋，七月，公会齐侯、宋公、陈世子款、郑世子华，盟于宁母。

曹伯班卒。

公子友如齐。

冬，葬曹昭公。

七年春，齐人伐郑。孔叔言于郑伯曰："谚有之，曰：'心则不竞，何惮于病？'既不能强，又不能弱，所以毙也。国危矣，请下齐以救国。"公曰："吾知其所由来矣。姑少待我。"对曰："朝不及夕，何以待君？"

夏，郑杀申侯以说于齐，且用陈辕涛涂之谮也。初，申侯——申出也，——有宠于楚文王。文王将死，与之璧，使行，曰："唯我知女；女专利而不厌，予取予求，不女疵瑕也。后之人将求多于女，女必不免。我死，女必速行！无适小国，将不女容焉！"既葬，出奔郑，又有宠于厉公。子文闻其死也，曰："古人有言曰：'知臣莫若君。'弗可改也已！"

秋，盟于宁母，谋郑故也。

管仲言于齐侯曰："臣闻之：招携以礼，怀远以德。德、礼不易，无人不怀。"齐侯修礼于诸侯，诸侯官受方物。

郑伯使大子华听命于会，言于齐侯曰："泄氏、孔氏、子人氏三族实违君命。（若君）〔君若〕去之以为成，我以郑为内臣，君亦无所不利焉。"齐侯将许之。管仲曰："君以礼与信属诸侯，而以奸终之，无乃不可乎？子父不奸之谓礼，守命共时之谓信。违此二者，奸莫大焉！"公曰："诸侯有讨于郑，未捷。今苟有衅，从之，不亦可乎？"对曰："君若绥之以德，加之以训；辞，而帅诸侯以讨郑：郑将覆亡之不暇，岂敢不

惧？若揔其罪人以临之，郑有辞矣，何惧？且夫合诸侯，以崇德也；会而列奸，何以示后嗣？夫诸侯之会，其德、刑、礼、义无国不记；记奸之位，君盟替矣。作而不记，非盛德也。君其勿许！郑必受盟。夫子华既为大子，而求介于大国以弱其国，亦必不免。郑有叔詹、堵叔、师叔三良为政，未可间也。"子华于是得罪于郑。

冬，郑伯使请盟于齐。

闰月，惠王崩。襄王恶大叔带之难，惧不立，不发丧，而告难于齐。

【译文】

七年春，齐国人攻打郑国。夏，小邾子前来朝见。郑国杀了它的大夫申侯。秋七月，僖公在宁母会盟齐侯、宋公、陈国的世子款、郑国的世子华。曹昭公死。公子友到齐国去。冬，安葬曹昭公。

七年春，齐国人攻打郑国。孔叔对郑伯说："谚语有这样的话，说：'心志如果不坚强，对于屈辱何必恐慌？'既不能坚强，又不能软弱，这是导致灭亡的原因。国家危急了，请向齐国屈服来挽救国家。"郑伯说："我知道他们是为什么来的了，姑且稍稍等我一下。"回答说："过了早晨不能到晚上，怎么等待君主呢？"

夏，郑国杀死申侯来取悦于齐国，同时也是由于陈国辕涛涂的诬陷。起初，申侯是申氏所生，受到楚文王的宠信。文王要死了，给他玉璧，让他走，说："只有我了解你。你垄断财货而没有满足，从我这里求取，我不指责你。后来的人将向你索取大量财货，你一定不能免于祸患。我死了以后，你一定赶快离开，不要到小国去，将不能容纳你。"楚文王安葬后，申侯逃亡到郑国，又受到厉公的宠信。斗谷於菟听说他死了，说："古人有这样的话，说：'了解臣下没有谁像国君那样清楚。'这句话是不能改变的啊。"

秋，僖公和齐侯、宋公、陈国的世子款、郑国的世子华在宁母结盟，这是为了计谋对付郑国的缘故。管仲对齐侯说："我听说，用礼招抚有二心的国家，用德使远方的国家归顺。不违背德和礼就没有人不归顺。"齐侯就依礼对待诸侯，诸侯向齐官员贡献土产以献于天子。郑伯派遣太子华在盟会听候命令。太子华对齐侯说："泄氏、孔氏、子人氏三族，违背您的命令，您如果除掉他们和郑国讲和，我把郑国作为您的臣属，您也没有不利的地方。"齐侯准备答应他。管仲说："您用礼和信会合诸侯，而用邪恶结束，大概不可以吧？儿子和父亲不相奸诈叫做礼，恪守王命、按时供给贡品叫做信，违背这两点，没有什么邪恶比这更大的了。"齐侯说："诸侯向郑国讨伐，没有取得胜利；现在如果有缝隙，利用它，不是也可以吗？"

管仲回答说："您如果用德行来安抚，加上训导，如果他们不接受，然后率领诸侯来讨伐郑国，郑国将没有时间挽救灭亡，岂敢不害怕？如果领着它的罪人来对付它，郑国就有理了，还害怕什么？而且会合诸侯，是为了尊崇德行。会合而使奸邪之人位列国君，怎么能垂示后代呢？诸侯会见时的德行、刑罚、礼仪、道义没有哪个国家不记载。如果记载了使奸邪之人居于君位，您的盟约就被废弃了。做了却不能见于记载，便不是崇高的德行。您不答应，郑国一定会接受盟约。子华既然身为太子，却要求借助大国来削弱他的国家，也一定不能免于祸难。郑国有叔詹、堵叔、师叔三位贤明的人执政，不可能钻他们的空子。"齐侯拒绝了子华的要求。子华因此获罪于郑国。

冬，郑国派遣使者向齐国请求结盟。

闰十二月，周惠王死。襄王担心太叔带发难，害怕不能立为国君，因此不发布丧事的消息，却向齐国报告祸难。

僖公八年

【原文】

八年：春，王正月，公会王人、齐侯、宋公、卫侯、许男、曹伯、陈世子款，盟于洮。郑伯乞盟。

夏，狄伐晋。

秋，七月，禘于大庙，用致夫人。

冬，十有二月丁未，天王崩。

八年春，盟于洮，谋王室也。"郑伯乞盟"，请服也。襄王定位而后发丧。

晋里克帅师，梁由靡御，虢射为右，以败狄于采桑。梁由靡曰："狄无耻。从之，必大克！"里克曰："惧之而已，无速众狄。"虢射曰："期年狄必至，示之弱也。"

夏，狄伐晋，报采桑之役也。复期月。

秋，禘而致哀姜焉，非礼也。凡夫人，不薨于寝，不殡于庙，不赴于同，不祔于姑，则弗致也。

冬，王人来告丧。难故也，是以缓。

宋公疾，大子兹父固请曰："目夷长且仁，君其立之！"公命子鱼；子鱼辞，曰："能以国让，仁孰大焉？臣不及也，且又不顺。"遂走而退。

【译文】

八年春，周历正月，僖公会同周人、齐侯、宋公、卫侯、许男、曹伯、陈国的世子款在洮结盟。郑伯请求参加盟会。夏，狄国攻打晋国。秋七月，在太庙举行禘祭，是为了把哀姜的神主放在太庙里。冬十二月十八日，周惠王死。

八年春，僖公和周人、齐侯、宋公、卫侯、许男、曹伯、陈国的世子款在洮结盟，商量安定王室。郑伯请求参加盟会，表示顺服。襄王的君位安定以后才发出讣告。

晋国的里克率领军队，梁由靡驾车，虢射作为车右，在采桑打败了狄人。梁由靡说："狄人无耻，如果追击他们，必然大胜。"里克说："使他们畏惧就行了，不要因此招来更多的狄人。"虢射说："一年以后狄人一定来到，不去追击，就是向他示

弱了。"

夏，狄国攻打晋国，这是为了报复采桑的战役。印证了虢射期年的预言。

秋，举行禘祭，把哀姜的神主放在太庙里，这是不合于礼的。凡是夫人，如果不死在正房里，不停棺在祖庙里，不向同盟国家发讣告，不附葬于祖姑，就不能把神主放到太庙里去。

冬，周人前来报告丧事，由于发生祸难的缘故，所以讣告迟了。

宋公生病，太子兹父坚决请求说："目夷年长而且仁爱，君王还是立他为国君吧！"宋公就命令立目夷为国君。目夷推辞说："能够把国家辞让给别人，还有比这更大的仁爱吗？我不如他，而且不合于立君的礼制。"于是就快步退了出去。

僖公九年

【原文】

九年：春，三月丁丑，宋公御说卒。

夏，公会宰周公、齐侯、宋子、卫侯、郑伯、许男、曹伯于葵丘。

秋，七月乙酉，伯姬卒。

九月戊辰，诸侯盟于葵丘。

甲子，晋侯佹诸卒。

冬，晋里（奚）克杀其君之子奚齐。

九年：春，宋桓公卒。未葬而襄公会诸侯，故曰"子"。凡在丧，王曰"小童"，公侯曰"子"。

夏，会于葵丘。寻盟，且修好，礼也。

王使宰孔赐齐侯胙，曰：'天子有事于文、武，使孔赐伯舅胙，"齐侯将下拜，孔曰："且有后命。天子使孔曰：'以伯舅耋老，加劳，赐一级，无下拜。'"对曰："天威不违颜咫尺，小白余敢贪天子之命，无下拜？恐陨越于下，以遗天子羞，敢不下拜？"下，拜；登，受。

秋，齐侯盟诸侯于葵丘，曰："凡我同盟之人，既盟之后，言归于好！"

宰孔先归，遇晋侯，曰："可无会也。齐侯不务德而勤远略，故北伐山戎，南伐楚，西为此会也。东略之不知，西则否矣。其在乱乎？君务靖乱，无勤于行！"晋侯乃还。

九月，晋献公卒。里克、㔻郑欲纳文公，故以三公子之徒作乱。

初，献公使荀息傅奚齐。公疾，召之，曰："以是藐诸孤辱在大夫，其若之何？"稽首而对曰："臣竭其股肱之力，加之以忠、贞。其济，君之灵也；不济，则以死继之。"公曰："何谓忠、贞？"对曰："公家之利，知无不为，忠也。送往事居，耦俱无猜，贞也。"

及里克将杀奚齐，先告荀息曰："三怨将作，秦、晋辅之，子将何如？"荀息曰："将死之！"里克曰："无益也。"荀叔曰："吾与先君言矣，不可以贰。能欲复言而爱身乎？虽无益也，将焉辟之？且人之欲善，谁不如我？我欲无贰，而能谓人已乎？"

冬十月，里克杀奚齐于次。书曰"杀其君之子"，未葬也。荀息将死之，人曰："不如立卓子而辅之。"荀息立公子卓以葬。十一月，里克杀公子卓于朝。荀息死之。

君子曰："《诗》所谓'白圭之玷，尚可磨也；斯言之玷，不可为也'，荀息有焉！"

齐侯以诸侯之师伐晋，及高梁而还，讨晋乱也。令不及鲁，故不书。

晋郤芮使夷吾重赂秦以求入，曰："人实有国，我何爱焉？入而能民，土于何有？"从之。齐隰朋帅师会秦师，纳晋惠公。秦伯谓郤芮曰："公子谁恃？"对曰："臣闻亡人无党，有党必有雠。夷吾弱不好弄，能斗不过，长亦不改，不识其他。"

公谓公孙枝曰："夷吾其定乎？"对曰："臣闻之：唯则定国。《诗》曰：'不识不知，顺帝之则。'文王之谓也。又曰：'不僭不贼，鲜不为则。'无好无恶、不忌不克之谓也。今其言多忌克，难哉！"公曰："忌则多怨，又焉能克？是吾利也。"

宋襄公即位，以公子目夷为仁，使为左师以听政，于是宋治。故鱼氏世为左师。

【译文】

九年春三月十九日，宋公御悦死。夏，僖公在葵丘会见宰周公、齐侯、宋子、卫侯、郑伯、许男、曹伯。秋七月二十九日，伯姬死。九月十三日，诸侯在葵丘结盟。十一月十日，晋侯佹诸死。冬，晋国的里克杀了他的国君的儿子奚齐。

九年春，宋桓公死。还没有安葬，襄公就会见诸侯，所以《春秋》称他为"子"。凡是在丧事期间，继位的天子称小童，继位的诸侯称子。

夏，僖公和宰周公、齐侯、宋子、卫侯、郑伯、许男、曹伯在葵丘会见，重温旧盟，并且发展友好关系。这是合于礼的。

周天子派遣宰孔赐给齐侯祭祀的酒肉，说："天子祭祀文王、武王，让我赐给伯舅祭肉。"齐侯准备下阶跪拜。宰孔说："还有后面的命令。天子派遣我说：'因为伯舅年老，应重加慰劳，赐爵一级，不用下阶跪拜。'"齐侯回答说："天子的威严不离开我的颜面咫尺之远，小白我哪里敢接受天子的命令而不下拜呢？如果不下拜，惟恐跌落下来，给天子留下羞辱，哪里敢不下拜？"齐侯走下台阶，跪拜而后登上台阶，接受祭肉。

秋，齐侯在葵丘会盟诸侯，说："凡是我们一起结盟的人，已经结盟之后，就归于和好。"宰孔先回国，遇到晋侯说："可以不参加盟会了。齐侯不致力于德行而忙于远征，所以在北边攻打山戎，在南边攻打楚国，在西边举行这次盟会。不知是否向东边征伐，攻打西边是不会了。大概是想乘其祸难吧！您应该致力于平定国内的祸难，不要忙于参加盟会。"晋侯就回国了。

九月，晋献公死。里克、㔻郑想接纳文公为国君，所以凭借三位公子的党羽作乱。起初，献公派荀息辅佐奚齐，献公生病，召见荀息，说："把这个弱小的孤儿托付给您，您怎么办呢？"荀息叩头回答说："我竭尽辅助的力量，加上忠贞。事情成功，是君主的威灵，不成功，便继之以死。"献公说："什么叫忠贞？"回答说："公室的利益，知道了没有不做的，这是忠；送走过去的，事奉活着的，两方面都没有猜疑，这是贞。"

到了里克将要杀奚齐的时候，里克预先告诉荀息说："三方面的怨恨将要发作了，秦国和晋国都帮助他们，您将怎么办呢？"荀息说："将死去。"里克说："没有用处啊！"荀息说："我同先君说过了，不可以有二心，能够想实践诺言而又爱惜生命吗？虽然没有用处，又怎么能逃避呢？而且人们想为善的，谁不是像我一样？我想没有二心，却能对别人说不要这样做吗？"

冬十月，里克在居丧的地方杀死了奚齐。《春秋》记载说："杀其君之子"，这是由于献公还没有安葬，奚齐还不能称君的缘故。荀息准备自杀，有人说："不如立卓子为国君而辅助他。"荀息立了公子卓为国君而安葬了献公。十一月，里克在朝廷杀死了公子卓。荀息自杀了。君子说："诗所说的'白圭玉上的斑点，还可以磨掉；说话有了斑点，是不可以去掉的'，荀息就是这样的啊！"

齐侯率领诸侯的军队攻打晋国，到达高梁才回国，这是为了讨伐晋国的祸乱。因为命令没有到达鲁国，所以《春秋》没有记载。

晋国的郤芮让夷吾送给秦国重礼来请求秦国帮助他回国，说："人家占有了国家，我们有什么爱惜的？回国而得到百姓，土地有什么了不起？"夷吾听从了。齐国的隰朋率领军队会合秦国的军队使晋惠公回国即位。秦伯对郤芮说："公子依靠谁呢？"回答说："我听说逃亡的人没有朋党，有朋党必然有仇敌。夷吾年轻时不喜欢戏耍，能够争斗但是不过分，长大了也没有改变。其他的就不了解了。"

秦伯对公孙枝说："夷吾可以安定国家吗？"回答说："我听说，只有行为合乎准则才能安定国家。《诗》说：'无知无识，顺应天帝的准则，'这说的是文王啊。又说：'不虚假，不伤残，很少不能做典范，'没有爱好，没有厌恶，这是说的既不会猜忌也不会好胜。现在他的言语却有很多的猜忌和好胜心，要他来安定国家，难啊！"秦伯说："猜忌就多怨恨，又怎么能取胜？这是我们国家的利益啊！"

宋襄公即位，认为公子目夷仁爱，让他做左师来处理政务，宋国因此大治。所以他的后人鱼氏世世代代承袭左师之官。

僖公十年

【原文】

十年：春，王正月，公如齐。

狄灭温，温子奔卫。

晋里克弑其君卓及其大夫荀息。

夏，齐侯、许男伐北戎。

晋杀其大夫里克。

秋，七月。

冬，大雨雪。

十年春，"狄灭温"，苏子无信也。苏子叛王即敌，又不能于狄；狄人伐之，王不救，故灭。苏子奔卫。

夏四月，周公忌父、王子党会齐隰朋立晋侯。晋侯杀里克以说。将杀里克，公使谓之曰："微子，则不及此。虽然，子（弑）〔杀〕二君与一大夫，为子君者不亦难乎？"对曰："不有废也，君何以兴？欲加之罪，其无辞乎？臣闻命矣！"伏剑而死。于是丕郑聘于秦，且谢缓赂，故不及。

晋侯改葬共大子。

秋，狐突适下国，遇大子。大子使登、仆，而告之曰："夷吾无礼。余得请于帝矣，将以晋畀秦；秦将祀余。"对曰："臣闻之：'神不歆非类，民不祀非族。'君祀无乃殄乎？且民何罪？失刑，乏祀，君其图之！"君曰："诺！吾将复请。七日，新城西偏将有巫者而见我焉。"许之，遂不见。及期而往，告之曰："帝许我罚有罪矣，敝于韩。"

丕郑之如秦也，言于秦伯曰："吕甥、郤称、冀芮实为不从。若重问以召之，臣出晋君，君纳重耳，蔑不济矣。"

冬，秦伯使泠至报、问，且召三子。郤芮曰："币重而言甘，诱我也。"遂杀丕郑、祁举及七舆大夫：左行共华、右行贾华、叔坚、骓颛、累虎、特宫、山祁，皆里、丕之党也。

丕豹奔秦，言于秦伯曰："晋侯背大主而忌小怨，民弗与也。伐之，必出。"公曰："失众，焉能杀？违祸，谁能出君？"

【译文】

十年春，周历正月，僖公到齐国去。狄人灭亡了温国，温子逃亡到卫国。晋国的里克杀了他的君主卓以及大夫荀息。夏，齐侯、许男攻打北戎。晋国杀了大夫里克。秋七月。冬，下很大的雪。

十年春，狄人灭亡温国，这是由于苏子没有信义。苏子背叛周天子而投奔狄人，又同狄人相处不来，狄人攻打他，周王不救援，所以灭亡。苏子逃亡到卫国。

夏四月，周公忌父、王子党会同齐国的隰朋立了晋侯。晋侯杀掉里克来为自己释嫌。将要杀掉里克的时候，晋侯派人对里克说："如果没有您，我就不能到这个地步。虽然如此，您杀了两个国君一个大夫，做您的君主的人，不是太难了吗？"回答说："没有人被废除，您怎么能兴起？想给人加上罪名，还怕没有理由吗？我听到了命令了。"用剑自杀而死。这时丕郑在秦国聘问,也为了推迟送礼而去致歉,所以没有碰上这场祸难。

晋侯改葬恭太子。

秋,狐突到曲沃去,遇见太子。太子让他登车,作为御者,告诉他说:"夷吾无礼,我向天帝请求并且得到同意,将把晋国送给秦国,秦国将祭祀我。"狐突回答说:"我听说:'神灵不享受别族的祭品,百姓不祭祀不是本族的人。'您的祭祀大概要断绝了吧?而且百姓有什么罪?处罚不当而又祭祀断绝,您还是考虑考虑吧!"太子说:"好,我将再次请求。过七天,新城的西边,我将依附于一个巫人出现。"狐突同意去见巫人,接着太子不见了。到时候前去,巫人告诉狐突说:"天帝答应我惩罚有罪的人了,他将败在韩。"

丕郑到秦国去后,对秦伯说:"吕甥、郤称、冀芮是不同意给秦国土地财货的,如果用重礼来召请他们,我让晋国国君出走,您使重耳回国即位,没有不成功的。"

冬,秦伯派遣泠至到晋国回聘,并给吕甥等人赠送财礼。并且召请这三个人,郤芮说:"财礼贵重而说话甘甜,这是在诱骗我们。"于是杀了丕郑、祁举及七舆大夫:左行共华、右行贾华、叔坚、骓歂、纍虎、特宫、山祁,都是里克、丕郑的党羽。丕豹逃亡到秦国,对秦伯说:"晋侯背叛大主而忌恨小怨,百姓不拥护他。攻打他,一定被赶走。"秦伯说:"失去群众,哪里还能杀掉大臣?百姓都要逃离祸难,谁能赶走国君?"

僖公十一年

【原文】

十有一年:春,晋杀其大夫丕郑(父)。
夏,公及夫人姜氏会齐侯于阳穀。
秋,八月,大雩。
冬,楚人伐黄。
十一年春,晋侯使以丕郑之乱来告。
天王使召武公、内史过赐晋侯命。受玉惰。过归,告王曰:"晋侯其无后乎?王赐之命,而惰于受瑞,先自弃也已,其何继之有!礼,国之幹也。敬,礼之舆也。不敬则礼不行,礼不行则上下昏,何以长世?"
夏,扬、拒、泉、皋、伊、雒之戎同伐京师,入王城,焚东门,王子带召之也。秦、晋伐戎以救周。秋,晋侯平戎于王。
黄人不归楚贡。冬,楚人伐黄。

【译文】

十一年春，晋国杀大夫丕郑父。夏，僖公与夫人姜氏在阳谷会见齐侯。秋八月，举行盛大的雩祭。冬，楚国人攻打黄国。

十一年春，晋侯派遣使者前来报告丕郑之乱。

天王派遣召武公、内史过赐给晋侯宠命，晋侯接受赐玉时懒洋洋的。过回去，告诉周天子说："晋侯大概没有继承人了吧！天子赐给他宠命，却懒洋洋地接受瑞玉，这是首先自己抛弃自己了，还会有什么继承人？礼，是国家的躯干；敬，是载礼的车箱。不恭敬，礼就不能实施；礼不能实施，上下就会昏乱，怎么能够延长寿命！"

夏，扬、拒、泉、皋、伊洛的戎人一起攻打京师，进入王城，焚烧东门，这是王子带引进来的。秦国、晋国攻打戎人来救援周朝。秋，晋侯使戎人和周天子讲和。

黄国人不给楚国贡品。冬，楚国人攻打黄国。

僖公十二年

【原文】

十有二年：春，王三月庚午，日有食之。

夏，楚人灭黄。

秋，七月。

冬，十有二月丁丑，陈侯杵臼卒。

十二年春，诸侯城卫楚丘之郛，惧狄难也。

黄人恃诸侯之睦于齐也，不共楚职，曰："自郢及我九百里，焉能害我？"夏，楚灭黄。

王以戎难故，讨王子带。秋，王子带奔齐。

冬，齐侯使管夷吾平戎于王，使隰朋平戎于晋。

王以上卿之礼飨管仲。管仲辞曰："臣，贱有司也。有天子之二守国、高在，若节春秋来承王命，何以礼焉？陪臣敢辞！"王曰："舅氏！余嘉乃勋。应乃懿德，谓督不忘。往践乃职，无逆朕命！"管仲受下卿之礼而还。

君子曰："管氏之世祀也宜哉！让不忘其上。《诗》曰：'恺悌君子，神所劳矣！'"

【译文】

十二年春，周历三月一日，发生日食。夏，楚国人灭亡黄国。秋七月。冬十二月十一日，陈侯杵臼死。

十二年春，诸侯在卫国楚丘的外城修筑城墙，因为害怕狄人骚扰。

黄国人仗恃诸侯同齐国的和睦关系，不供给楚国贡品，说："从郢都到我国有九百里，怎么能危害我国？"夏，楚国灭亡黄国。

天子因为戎人骚扰的缘故，讨伐王子带。秋，王子带逃亡到齐国。

天子用上卿的礼节招待管仲，管仲辞谢说："陪臣是低贱的官员，有天子任命的两位守臣国子、高子在齐国，如果他们依春、秋朝聘的时节来接受天子的命令，您用什么礼节招待他们呢？陪臣谨敢辞谢。"天子说："我嘉奖你的功勋，接受你的美德，这可以说是笃厚而不能忘记的，去履行你上卿的职务，不要违背我的命令。"管仲最终还是接受了下卿的礼节而回国。

君子说："管氏世世代代受到祭祀，这是应该的啊！谦让而不忘记爵位比他高的上卿。《诗》说：'和蔼平易的君子，是神灵保佑的人。'"

僖公十三年

【原文】

十有三年：春，狄侵卫。

夏，四月，葬陈宣公。

公会齐侯、宋公、陈侯、卫侯、郑伯、许男、曹伯于咸。

秋，九月，大雩。

冬，公子友如齐。

十三年春，齐侯使仲孙湫聘于周，且言王子带。事毕，不与王言。归，复命曰："未可。王怒未怠，其十年乎？不十年，王弗召也。"

夏，会于咸，淮夷病杞故，且谋王室也。

秋，为戎难故，诸侯戍周。齐仲孙湫致之。

冬，晋荐饥，使乞籴于秦。秦伯谓子桑："与诸乎？"对曰："重施而报，君将何求？重施而不报，其民必携。携而讨焉；无众，必败。"谓百里："与诸乎？"对曰："天灾流行，国家代有。救灾恤邻，道也。行道，有福。"丕郑之子豹在秦，请伐晋。秦伯曰："其君是恶，其民何罪？"秦于是乎输粟于晋，自雍及绛相继，命之曰"泛舟之役"。

【译文】

十三年春，狄人侵袭卫国。夏四月，安葬陈宣公。僖公在咸会见齐侯、宋公、陈侯、卫侯、郑伯、许男、曹伯。秋九月，举行盛大的雩祭。冬，公子友到齐国去。

十三年春，齐侯派遣仲孙湫到周聘问，而且要他说说王子带的事情。朝聘完了，仲孙湫没有同周天子说起王子带。回国，向齐侯回复说："还不行，天子的怒气还没有缓和，大概要等十年吧？不到十年，天子不会召回王子带。"

夏，僖公同诸侯在咸会见。这是因为淮夷使杞国担心的缘故，同时也是为了商量安定周王室。

秋，因为戎人骚扰的缘故，诸侯派兵戍守成周。齐国的仲孙湫带领军队前去。

冬，晋国连续两年发生饥荒，派人到秦国请求购买粮食。秦伯对子桑说："给他们吗？"回答说："再次给予恩惠而报答我们，您还要求什么？再次给予恩惠而不报答我们，他们的百姓必然离心，百姓离心然后讨伐他们，他们没有百姓必然失败。"秦伯对百里奚说："给他们吗？"回答说："天灾流行，总是在各个国家交替发生的。救援灾荒，抚恤邻邦，这是符合道义的。按道义办事，就会有福禄。"丕郑的儿子豹在秦国，请求秦国攻打晋国。秦伯说："厌恶他们的国君，他们的百姓有什么罪？"秦国于是把粮食输送给晋国。从雍到绛船只相连接，被称作"泛舟之役"。

僖公十四年

【原文】

十有四年：春，诸侯城缘陵。

夏，六月，季姬及鄫子遇于防。使鄫子来朝。

秋，八月辛卯，沙鹿崩。

狄侵郑。

冬，蔡侯肸卒。

"十四年春，诸侯城缘陵"而迁杞焉。不书其人，有阙也。

鄫季姬来宁，公怒，止之，以鄫子之不朝也。夏，遇于防而使来朝。

秋八月辛卯，沙鹿崩。晋卜偃曰："期年将有大咎，几亡国。"

冬，秦饥，使乞籴于晋。晋人弗与。庆郑曰："背施，无亲。幸灾，不仁。贪爱，不祥。怒邻，不义。四德皆失，何以守国？"虢射曰："皮之不存，毛将安傅？"庆郑曰："弃信背邻，患孰恤之？无信，患作；失援，必毙：是则然矣！"虢射曰："无损于怨而厚于寇，不如勿与。"庆郑曰："背施幸灾，民所弃也。近犹雠之，况怨敌乎？"弗听。退，曰："君其悔是哉！"

【译文】

十四年春，诸侯在缘陵修筑城墙。夏六月，季姬和鄫子在防相遇。季姬使鄫子前来朝见。秋八月五日，沙鹿山崩塌。狄人侵袭郑国。冬，蔡侯肸死。

十四年春，诸侯在缘陵筑城，然后把杞国迁进去。《春秋》不记载筑城的人，这是由于文字有缺。

曾季姬回来省视父母，僖公发怒，留下季姬不让她回去，因为鄫子不来朝见。夏，季姬在防与鄫子临时会见，使鄫子前来朝见。

秋八月五日，沙鹿山崩塌。晋国的卜偃说："一年后将有大难，几乎要亡国。"

冬，秦国发生灾荒，派人向晋国请求买进粮食，晋国人不给。庆郑说："背弃恩惠就没有亲人；庆幸别人的灾祸，这是不仁；贪图爱惜的东西，就会不吉祥；使邻国愤怒，这是不义。四种道德都丢掉了，用什么来守卫国家？"虢射曰："皮已经不存在，毛又依附在哪里？"庆郑说："丢掉信用、背弃邻国，谁来抚恤患难？没有信用，祸患就会发生；失去援助，一定灭亡。这件事就可以印证了。"虢射说："给了粮食不会使怨恨减少，反而增加敌人的实力，不如不给。"庆郑说："背弃恩惠、庆幸别人的灾祸，这是百姓唾弃的行为。亲近的人尚且仇视，何况怨恨的敌人呢？"惠公不听。庆郑退下来说："国君将要为这件事后悔啊！"

僖公十五年

【原文】

十有五年：春，王正月，公如齐。

楚人伐徐。

三月，公会齐侯、宋公、陈侯、卫侯、郑伯、许男、曹伯盟于牡丘，遂次于匡。公孙敖帅师，及诸侯之大夫救徐。

夏，五月，日有食之。

秋，七月，齐师、曹师伐厉。

八月，螽。

九月，公至自会。

季姬归于鄫。

己卯晦，震夷伯之庙。

冬，宋人伐曹。

楚人败徐于娄林。

十有一月壬戌，晋侯及秦伯战于韩，获晋侯。

十五年春，楚人伐徐，徐即诸夏故也。三月，盟于牡丘，寻葵丘之盟，且救徐也。孟穆伯帅师及诸侯之师救徐，诸侯次于匡以待之。

夏五月，日有食之。不书朔与日，官失之也。

秋，伐厉，以救徐也。

晋侯之入也，秦穆姬属贾君焉，且曰："尽纳群公子！"晋侯烝于贾君，又不纳群公子，是以穆姬怨之。晋侯许赂中大夫，既而皆背之。赂秦伯以河外列城五，东尽虢略，南及华山，内及解梁城，既而不与。晋饥，秦输之粟；秦饥，晋闭之籴。故秦伯伐晋。

卜徒父筮之："吉！涉河，侯车败。"诘之，对曰："乃大吉也。三败，必获晋君！其卦遇'蛊'，曰：'千乘三去。三去之馀，获其雄狐。'夫'狐蛊'，必其君也。'蛊'之贞，风也；其悔，山也。岁云秋矣，我落其实而取其材，所以克也。实落材亡，不败何待？"

三败，及韩。晋侯谓庆郑曰："寇深矣，若之何？"对曰："君实深之，可若何！"公曰："不孙！"卜右，庆郑吉。弗使。步扬御戎，家仆徒为右。乘小驷，郑入也。庆郑曰："古者大事必乘其产：生其水土而知其人心，安其教训而服习其道，唯所纳之，无不如志。今乘异产以从戎事，及惧而变，将与人易：乱气狡愤，阴血周作，张脉偾兴，外强中干；进退不可，周旋不能。君必悔之！"弗听。

九月，晋侯逆秦师，使韩简视师。复曰："师少于我，斗士倍我。"公曰："何故？"对曰："出因其资，入用其宠，饥食其粟，三施而无报，是以来也。今又击之，我怠秦奋，倍犹未也。"公曰："一夫不可狃，况国乎？"遂使请战，曰："寡人不佞，能合其众而不能离也。君若不还，无所逃命！"秦伯使公孙枝对曰："君之未入，寡人惧之；入而未定列，犹吾忧也。苟列定矣，敢不承命！"韩简退，曰："吾幸而得囚。"

壬戌，战于韩原。晋戎马还泞而止。公号庆郑，庆郑曰："愎谏，违卜，固败是求，又何逃焉？"遂去之。梁由靡御韩简，虢射为右，辂秦伯，将止之。郑以救公误之，遂失秦伯。秦获晋侯以归。晋大夫反首拔舍从之，秦伯使辞焉，曰："二三子何其戚也！寡人之从晋君而西也，亦晋之妖梦是践，岂敢以至？"晋大夫三拜稽首，曰："君履后土而戴皇天，皇天后土实闻君之言！群臣敢在下风。"

穆姬闻晋侯将至，以大子䓨、弘与女简璧登台而履薪焉；使以免服衰绖逆，且告曰："上天降灾，使我两君匪以玉帛相见，而以兴戎。若晋君朝以入，则婢子夕以死；夕以入，则朝以死。唯君裁之！"乃舍诸灵台。

大夫请以入。公曰："获晋侯，以厚归也。既而丧归，焉用之？大夫其何有焉！且晋人戚忧以重我，天地以要我：不图晋忧，重其怒也；我食吾言，背天地也。重怒难任，背天不祥，必归晋君！"公子絷曰："不如杀之，无聚慝焉。"子桑曰："归之而质其大子，必得大成。晋未可灭而杀其君，只以成恶。且史佚有言：'无始祸，无怙乱，无重怒。'重怒难任，陵人不祥。"乃许晋平。

晋侯使郤乞告瑕吕饴甥，且召之。子金教之言，曰："朝国人而以君命赏，且告之曰：孤虽归，辱社稷矣！其卜贰圉也。"众皆哭，晋于是乎作爰田。吕甥曰："君亡之不恤，而群臣是忧；惠之至也，将若君何？"众曰："何为而可？"对曰："征缮以辅孺子。诸侯闻之，——丧君有君，群臣辑睦，甲兵益多，——好我者劝，恶我者惧，庶有益乎！"众说。晋于是乎作州兵。

初，晋献公筮嫁伯姬于秦，遇"归妹☲"之"睽☲"。史苏占之曰："不吉。其繇曰：'士刲羊，亦无衁也。女承筐，亦无贶也。西邻责言，不可偿也。"归妹"之

"睽"，犹无相也。'震'之'离'，亦'离'之'震'。'为雷为火，为嬴败姬。车说其辐，火焚其旗。不利行师，败于宗丘。"归妹""睽"孤，寇张之弧。侄其从姑，六年其逋；逃归其国，而弃其家；明年其死于高梁之虚。'"

及惠公在秦，曰："先君若从史苏之占，吾不及此夫！"韩简侍，曰："龟，象也。筮数也。物生而后有象，象而后有滋，滋而后有数。先君之败德，及可数乎？史苏是占，勿从何益？《诗》曰：'下民之孽，匪降自天。傅沓背憎，职竞由人。'"

震夷伯之庙，罪之也，于是展氏有隐慝焉。

冬，宋人伐曹，讨旧怨也。

楚败徐于娄林，徐恃救也。

十月，晋阴饴甥会秦伯，盟于王城。秦伯曰："晋国和乎？"对曰："不和。小人耻失其君而悼丧其亲，不惮征缮以立圉也，曰：'必报雠！宁事戎狄。'君子爱其君而知其罪，不惮征缮以待秦命，曰：'必报德，有死无二！'以此不和。"秦伯曰："国谓君何？"对曰："小人慼，谓之不免。君子恕，以为必归。小人曰：'我毒秦，秦岂归君？'君子曰：'我知罪矣，秦必归君。贰而执之，服而舍之，德莫厚焉，刑莫威焉！服者怀德，贰者畏刑。此一役也，秦可以霸。纳而不定，废而不立，以德为怨，秦不其然！'"秦伯曰："是吾心也！"改馆晋侯，馈七牢焉。

蛾析谓庆郑曰："盍行乎？"对曰："陷君于败，败而不死，又使失刑，非人臣也。臣而不臣，行将焉入？"十一月，晋侯归。丁丑，杀庆郑而后入。

是岁，晋又饥。秦伯又饩之粟，曰："吾怨其君而矜其民。且吾闻唐叔之封也，箕子曰：'其后必大。'晋其庸可冀乎？姑树德焉，以待能者。"于是秦始征晋河东，置官司焉。

【译文】

十五年春，周历正月，僖公到齐国去。楚国人攻打徐国。三月，僖公会同齐侯、宋公、陈侯、卫侯、郑伯、许男、曹伯在牡丘结盟，接着驻扎在匡。公孙敖率领军队以及诸侯的大夫救援徐国。夏五月，僖公会盟回来。季姬回到鄫国。三十日，雷击夷伯的庙宇。冬，宋国人攻打曹国。楚国人在娄林大败徐国。十一月十四日，晋侯同秦伯在韩作战，秦伯俘虏了晋侯。

十五年春，楚国人攻打徐国，这是徐国亲近诸夏的缘故。三月，诸侯在牡丘结盟，这是为了重温葵丘的盟约，而且为了救援徐国。孟穆伯率领军队与诸侯的军队一起救援徐国，诸侯的军队驻扎在匡等待他。

夏五月，发生日食。不记载朔和日，这是史官漏记了。

秋，攻打厉国，用这样的方式救援齐国。

晋侯回国即位的时候，秦穆姬把贾君嘱托给他，并且对他说："让公子们全部回国。"晋侯与贾君淫乱，又不接纳群公子回国，因此秦穆姬怨恨他。晋侯曾答应给中大夫赠送财礼，不久却背弃了诺言。答应送给秦伯黄河以西和以南的五座城，东边到虢略，南边到华山，黄河之内到解梁城，后来又不给了。晋国发生饥荒，秦国输送粮食给晋国；秦国发生饥荒，晋国却拒绝他买粮，所以秦伯攻打晋国。

卜徒父占筮，吉利："渡过黄河，晋侯的战车毁坏。"秦伯追问，回答说："这是大吉啊！打败他们三次，必定俘虏晋国的国君。这一卦占到了蛊卦，占辞说：'千辆兵车三次被驱逐，三次驱逐之后，就一定俘虏他们的雄狐。'这个雄狐，一定是他们的国君。蛊的内卦是风；蛊的外卦是山。时节已到秋天了，我们的风吹到他们的山上，吹落他们的果实，而且取得他们的木材，因此能够取胜。果实落了，木材丢了，他们不失败还等待什么呢？"

秦军三次击败晋军，抵达韩。晋侯对庆郑说："敌人已经深入了，把他们怎么办？"回答说："您让他们深入的，能怎么办？"晋侯说："放肆！"占卜车右的人选，庆郑得吉卦，但是晋侯不用他。让步扬驾御战车，家仆徒作为车右。用小驷拉车，小驷是郑国献纳的。庆郑说："古代在战争期间，一定用本国的马驾车，出生在这块水土上，懂得主人的心意，安于主人的教训，熟悉这里的道路，随便你怎样牵动指挥它，没有不如人意的。现在用别国出产的马驾车来从事战争，等到它恐惧而发生变故，将会与人的意志相违背。出气不匀，烦躁不安，血液在全身奔流，血管涨起，紧张兴奋，外似强大，内则虚弱。不能进，不能退，不能旋转，您必定要后悔的。"晋侯不听从。

九月，晋侯迎战秦国的军队，派韩简去察看秦国的军队，韩简回来说："秦国军队比我们少，战斗人员却超过我们一倍。"晋侯说："什么缘故？"回答说："我们逃亡的时候依靠他们的资助，回来时也凭借他们的宠信，发生饥荒时又吃他们的粮食，他们三次给我们恩惠而我们却没有报答，因此他们才来。现在又要攻击他们，我国的士气懈怠，秦国的士气振奋，斗志相差一倍还不止呢。"晋侯说："一个人尚且不可以轻视，何况一个国家呢？"于是让韩简去约战，对秦伯说："我不才，能集合我的部下却不能使他们离散。您如果不回去，我们将没有地方逃避命令。"秦伯派公孙枝回答说："晋君没有回国，我为他忧惧；回来了但是君位没有定下来，还是我的忧虑。如果君位定下来了，我哪里敢不接受作战的命令。"韩简退回来说："我如果能被囚禁就是幸运了。"

十四日，在韩原作战。晋侯的小驷马陷在泥泞里盘旋不出。晋侯呼叫庆郑。庆郑说："不听劝谏，违背占卜的结果，又逃到哪里去呢？"于是离开他。梁由靡驾御韩简的战车，虢射作为车右，迎战秦伯，将要俘虏秦伯。庆郑因为救援晋侯而耽误了，于是失掉了秦伯。秦国俘虏了晋侯回国。晋国的大夫披头散发拔起帐篷跟着秦伯。秦伯派人辞谢说："你们几位为什么如此忧愁啊！我跟随晋国国君往西去，只是为了应验晋国的妖梦，难道敢做得太过分吗？"晋国的大夫拜了三次然后叩头说："您踩着后土而顶着皇天，皇天后土，都听到了您的话，我们下臣谨在下边听从您的吩咐。"

穆姬听说晋侯要到了，便带着太子罃、儿子弘和女儿简璧登上高台，踩着柴草。派人免冠束发穿着孝服去迎接秦伯，并且告诉秦伯说："上天降下灾难，使我们两国的君主不用玉帛相见而是兴动甲兵。如果晋国君主早晨进入国都，那么我晚上就死；晚上进入国都,那么我早晨就死。请您裁夺!"于是秦伯把晋侯安置在郊外的灵台。大夫请求把晋侯带进国都。秦伯说:"俘虏了晋侯,这是带着丰厚的收获回来的,但如果穿着丧服回来,这些收获有什么用呢?大夫又能得到什么好处?而且晋国人用他们的忧伤感动我,用天地约束我。不考虑晋国的忧愁,就会加重他们的愤怒;如果我自食其言,这就是违背天地。增加愤怒会使我难以承担;违背天地,就会不吉祥,一定要放晋君回国。"公子絷说:"不如杀了他,不要让邪恶再聚集在晋国。"子桑说:"让晋君回国而把他的太子作为人质,必然能得到十分有利的媾和的条件。晋国还不能灭亡而杀掉他们的君主,只会造成很坏的后果。而且史佚有话说:'不要首先挑起祸端,不要依靠祸乱谋利,不要加重别人的愤怒。'加重别人的愤怒自己会难以承当,欺凌别人自己也会不吉祥。"于是允许晋国媾和。

晋侯派郤乞向瑕吕饴甥请教,并且召见他。吕甥教郤乞怎样说话,说:"使国都的人在宫门朝见,用国君的名义给予赏赐。而且告诉他们说:'孤虽然回来,已经给国家带来耻辱了,还是占卜立太子圉吧。'"百姓听了一齐号哭。晋国于是作爰田。吕甥说:"国君不担忧自己身在异国,反而担忧群臣,这真是仁惠到了极点。我们准备怎么对待国君?"大家说:"怎么办才行?"回答说:"征收赋税,修缮甲兵,以辅助继位的人。诸侯听说我们失去了国君,又有了新的国君,群臣和睦,甲兵比以前更多,喜欢我们的人就会勉励我们,厌恶我们的人就会惧怕我们,也许会有好处吧?"大家很高兴,晋国于是改革兵制。

起初,晋献公为嫁伯姬给秦国而占筮。得到归妹卦䷵变成睽卦䷥,史苏预测说:"不吉利。卦辞说:'士人宰羊,没有血浆。女人提筐,空忙一场,秦国责备,不可补偿。归妹变睽,没人相帮。'震卦变成离卦,也就是离卦变成震卦。'又是雷,又是火,一为嬴,一为姬。车箱脱了轴钩,大火烧了军旗,出师不利,宗丘败绩。归妹嫁女,睽离则孤,敌人张开弓弧。侄子跟从姑姑,六年之后逃走,回到自己的国都,抛弃了先前的配偶,次年死在高粱山丘。'"

等到惠公在秦国,说:"先君如果听从了史苏的占卜,我不会到这个地步!"韩简随侍在旁,说:"卜龟,是依靠兆象预测吉凶的;占筮,是依靠数的排列组合来预测吉凶的。事物生长以后才会有象,有象以后才会繁演,繁演以后才会有数,先君的不好的道德,难道是象数可以解释的吗?《诗》说:'百姓的灾祸,不是从天而降,聚在一起议论,转过背去憎恨,都因世人好争强。'"

雷击夷伯的庙宇,这是归罪于他。从这里可以看出展氏有不为人知的罪恶。

冬,宋国人攻打曹国,这是为了讨伐过去结下的怨恨。

楚国在娄林大败徐国,这是因为徐国一味依靠救援。

十月,晋国的阴饴甥会见秦伯,在王城结盟。秦伯说:"晋国和睦吗?"回答说:"不和睦。小人以失掉国君为耻而哀悼战死的亲人,不怕征收赋税、修缮甲兵来立太子圉为国君,说:'宁愿事奉戎狄,也一定要报仇。'君子爱护他们的国君而知道他的罪过,不怕征收赋税、修缮甲兵来等待秦国的命令,说:'一定要报答秦国的恩德,有必死之志而无二心。'因此不和。"秦伯说:"国人对国君的命运怎么看?"回答说:"小人忧虑,认为他不会被赦免;君子宽恕,认为他一定会回来。小人说:'我们伤害了秦国,秦国难道会让国君回来?'君子说:'我们已经知罪了,秦国一定会让国君回来。有二心就抓起来,服了罪就放了他。德行没有比这更宽厚的,刑罚没有比这更威严的。服罪的怀念德行,有二心的害怕刑罚,这一回,秦国可以领导诸侯了。帮助人家回国做国君又不让他安定,甚至废掉他而不立他为国君,把恩德变成仇怨,秦国不会这样的。'"秦伯说:"这正是我的心意啊!"于是让晋侯改住宾馆,馈送他牛、羊、豕各七头。

蛾析对庆郑说:"何不逃走呢?"回答说:"使国君陷于失败,失败了却不死,反而逃亡,又让国君失去刑罚,这就不是做人臣子的本分了。做臣子而不像个臣子,又能走到哪里去?"十一月,晋侯回国。二十九日,杀了庆郑然后进入国都。这一年,晋国又发生饥荒,秦伯又送给晋国粮食,说:"我怨恨他们的君主,但是同情他们的百姓。而且我听说唐叔受封的时候,箕子说:'他们的后代一定昌大。'晋国大概还是很有希望的吧?我姑且在那里树立德行,以期待有能力的人。"在这时秦国才开始在晋国的黄河东部征收赋税,在那里设置官员。

僖公十六年

【原文】

十有六年:春,王正月戊申朔,陨石于宋,五。是月,六(鹢)〔鹢〕退飞,过宋都。

三月壬申,公子季友卒。

夏,四月丙申,鄫季姬卒。

秋,七月甲子,公孙兹卒。

冬,十有二月,公会齐侯、宋公、陈侯、卫侯、郑伯、许男、邢侯、曹伯于淮。

十六年春,"陨石于宋,五",陨星也。"六(鹢)〔鹢〕退飞,过宋都",风也。周内史叔兴聘于宋,宋襄公问焉,曰:"是何祥也?吉凶焉在?"对曰:"今兹鲁多大丧,明年齐有乱,君将得诸侯而不终。"退而告人,曰:"君失问。是阴阳之事,非吉凶所生也。吉凶由人。吾不敢逆君故也。"

夏,齐伐厉,不克,救徐而还。

秋,狄侵晋,取狐、厨、受铎,涉汾,及昆都,因晋败也。

王以戎难告于齐。齐徵诸侯而戍周。

冬,十一月乙卯,郑杀子华。

十二月,会于淮,谋鄫,且东略也。城鄫,役人病,有夜登丘而呼曰:"齐有乱!"

不果城而还。

【译文】

十六年春,周历正月一日,从天上坠落五块石头,掉在宋国境内。这一月,六只鹢鸟后退着飞,经过宋国国都。三月二十五日,公子季友死。夏四月二十日,鄫季姬死。秋七月十九日,公孙兹死。冬十二月,僖公在淮会见齐侯、宋公、陈侯、卫侯、郑伯、许男、邢侯、曹伯。

十六年春,天上坠落五块石头在宋国,这是坠落的星。六只鹢鸟倒退着飞,经过宋国国都,这是风急的缘故。周朝的内史叔兴在宋国聘问,宋襄公问他,说:"这是什么征兆?吉凶在哪里?"回答说:"今年鲁国多有大的丧事,明年齐国有动乱,君侯将会得诸侯的拥护而不能持久。"退下来告诉别人说:"国君问得不恰当。这是自然界阴阳变化的结果,并不是吉凶产生的原因。吉凶是由人造成的。我这样回答,是不敢违逆国君的缘故。"

夏,齐国攻打厉国,不能取胜,救援了徐国就回国了。

秋,狄国侵袭晋国,占取了狐、厨、受铎等地,渡过汾河,直到昆都,因为晋国打败了。

天子把戎人骚扰的消息告诉齐国,齐国调集诸侯戍守成周。

冬十一月十二日,郑国杀子华。

十二月,诸侯在淮会见,商量鄫国的事,同时也为了攻掠东方。在鄫国修筑城墙,服劳役的人困乏。有人夜里登上山丘喊叫说:"齐国发生动乱!"诸侯没有筑完城墙就回国了。

僖公十七年

【原文】

十有七年:春,齐人、徐人伐英氏。

夏,灭项。

秋,夫人姜氏会齐侯于卞。

九月,公至自会。

冬,十有二月乙亥,齐侯小白卒。

十有七年:春,齐人为徐伐英氏,以报娄林之役也。

夏,晋太子圉为质于秦,秦归河东而妻之。

惠公之在梁也,梁伯妻之。梁嬴孕,过期。卜招父与其子卜之。其子曰:"将生一男一女。"招曰:"然。男为人臣,女为人妾。"故名男曰圉,女曰妾。及子圉西质,妾

为宦女焉。

师灭项。淮之会，公有诸侯之事，未归，而取项。齐人以为讨，而止公。

秋，声姜以公故，会齐侯于卞。九月，公至。书曰"至自会"，犹有诸侯之事焉，且讳之也。

齐侯之夫人三：王姬，徐嬴，蔡姬，皆无子。齐侯好内，多内宠。内嬖如夫人者六人：长卫姬，生武孟；少卫姬，生惠公；郑姬，生孝公；葛嬴，生昭公；密姬，生懿公；宋华子，生公子雍。公与管仲属孝公于宋襄公，以为大子。雍巫有宠于卫共姬，因寺人貂以荐羞于公，亦有宠。公许之立武孟。管仲卒，五公子皆求立。冬十月乙亥，齐桓公卒。易牙入，与寺人貂因内宠以杀群吏，而立公子无亏。孝公奔宋。十二月乙亥，赴。辛巳，夜殡。

【译文】

十七年春，齐国人、徐国人攻打英氏。夏，灭亡项国。秋，僖公夫人姜氏在卞会见齐侯。九月，僖公会盟回来。冬十二月八日，齐侯小白死。

十七年春，齐国人为徐国攻打英氏，为了报复娄林的战役。

夏，晋国的太子圉在秦国作为人质，秦国把河东之地归还晋国而把女儿嫁给太子圉。惠公在梁国的时候，梁伯把女儿嫁给他。梁伯的女儿梁嬴怀孕，过了产期。卜招父和他的儿子占卜。他的儿子说："将生一男一女。"招父说："是的，男的做别人的奴仆，女的做别人的奴婢。"所以为男孩取名做圉，为女孩取名做妾。待到子圉在秦为质，妾在那里做侍女。

鲁国的军队灭亡项国。淮地的会见，因僖公同诸侯有礼节往来的事情，没有及时赶回去，结果鲁国就占取了项国。齐国人认为是僖公下令讨伐的，便不让他回国。

秋，声姜因为僖公没有回国的缘故，在卞会见齐侯。九月，僖公回国，《春秋》记载说"至自会"，好像是说在那里还有诸侯礼节往来的事情，实际上却是为僖公被拘留一事避讳。

齐侯有三位夫人，王姬、徐嬴、蔡姬，都没有儿子。齐侯喜欢女色，有很多受宠的女人，受宠的女人如同夫人的有六人：长卫姬，生了武孟；少卫姬，生了惠公；郑姬，生了孝公；葛嬴，生了昭公；密姬，生了懿公；宋华子，生了公子雍。齐侯和管仲把孝公托付给宋襄公，把他作为太子。雍巫受到卫共姬的宠信，依靠寺人貂的关系把美味的食品进献给齐侯，也受到齐侯的宠信。齐侯答应他们立武孟为继承人。管仲死，五位公子都谋求立为继承人。冬十月七日，齐桓公死。易牙进入宫中，和寺人貂一起依靠长卫姬杀了很多官吏，立公子无亏为国君。孝公逃亡到宋国。十二月八日，发出讣告。十四日，在夜间入殓。

僖公十八年

【原文】

十有八年：春；王正月，宋公、曹伯、卫人、邾人伐齐。
夏，师救齐。
五月戊寅，宋师及齐师战于甗，齐师败绩。
狄救齐。
秋，八月丁亥，葬齐桓公。
冬，邢人、狄人伐卫。
十八年春，宋襄公以诸侯伐齐。三月，齐人杀无亏。
郑伯使朝于楚。楚子赐之金，既而悔之，与之盟曰："无以铸兵！"故以铸三钟。
齐人将立孝公，不胜四公子之徒，遂与宋人战。夏五月，宋败齐师于甗，立孝公而还。
秋八月，葬齐桓公。
冬，邢人、狄人伐卫，围菟圃。卫侯以国让父兄子弟，及朝众，曰："苟能治之，燬请从焉。"众不可，而（从）〔后〕师于訾娄。狄师还。
梁伯益其国而不能实也，命曰新里。秦取之。

【译文】

十八年春，周历正月，宋公、曹伯、卫国人、邾国人攻打齐国。夏，鲁国的军队救援齐国。五月十四日，宋国的军队同齐国的军队在甗作战。齐国的军队大败。狄国救援齐国。秋八月丁亥，安葬齐桓公。冬，邢国人、狄国人攻打卫国。

十八年春，宋襄公率领诸侯攻打齐国。三月，齐国人杀无亏。

郑伯开始到楚国朝见。楚子赐给郑伯铜。不久又为这件事后悔，与郑伯盟约说："不要用来铸造兵器！"所以用它铸造了三座钟。

齐国人准备立孝公为国君，不能抵制四公子一伙人的反对，孝公逃到宋国，四公子就和宋国人作战。夏五月，宋国在甗打败了齐国军队，立了孝公然后回国。

秋八月，安葬齐桓公。

冬，邢国人、狄国人攻打卫国，包围了菟圃。卫侯把国家让给父兄子弟和朝廷众人，说："谁如果能治理国家，我就跟从他。"大家不同意，而后在訾娄摆开阵势，狄国的军队就退回去了。

梁伯开拓了国土，却不能把百姓迁到那里，把那地方取名为新里，后来被秦国占取了。

僖公十九年

【原文】

十有九年：春，王三月，宋人执滕子婴齐。

夏，六月，宋公、曹人、邾人盟于曹南。

鄫子会盟于邾。己酉，邾人执鄫子，用之。

秋，宋人围曹。

卫人伐邢。

冬，会陈人、蔡人、楚人、郑人盟于齐。

梁亡。

十九年春，遂城而居之。

宋人执滕宣公。

夏，宋公使邾文公用鄫子于次睢之社，欲以属东夷。司马子鱼曰："古者六畜不相为用，小事不用大牲，而况敢用人乎？祭祀，以为人也。民，神之主也。用人，其谁飨之？齐桓公存三亡国以属诸侯，义士犹曰薄德。今一会而虐二国之君，又用诸淫昏之鬼，将以求霸，不亦难乎？得死为幸！"

秋，卫人伐邢，以报菟圃之役。于是卫大旱，卜有事于山川，不吉。宁庄子曰："昔周饥，克殷而年丰。今邢方无道，诸侯无伯，天其或者欲使卫讨邢乎？"从之。师兴而雨。

宋人围曹，讨不服也。子鱼言于宋公曰："文王闻崇德乱而伐之，军三旬而不降；退修教而复伐之，因垒而降。《诗》曰：'刑于寡妻，至于兄弟，以御于家邦。'今君德无乃犹有所阙，而以伐人，若之何？盍姑内省德乎，无阙而后动？"

陈穆公请修好于诸侯以无忘齐桓之德。"冬，盟于齐"，修桓公之好也。

梁亡。不书其主，自取之也。初，梁伯好土功，亟城而弗处。民罢而弗堪，则曰"某寇将至"。乃沟公宫，曰："秦将袭我。"民惧而溃，秦遂取梁。

【译文】

十九年春，周历三月，宋国人抓住了滕子婴齐。夏六月，宋公、曹国人、邾国人在曹国南部结盟。鄫子在邾国参加盟会。二十一日，邾国人抓住了鄫子，用他来祭祀。秋，宋国人包围了曹国。卫国人攻打邢国。冬，僖公会同陈国人、蔡国人、楚国人、郑国人在齐结盟。

十九年春，就在新里修筑城墙而后住在那里。

宋国人抓住了滕宣公。

夏，宋公要邾文公杀了鄫子来祭祀次雎的土地神，想以此使东夷归附。司马子鱼说："古代的六畜不互相用来祭祀，小的祭祀不杀大的牲畜，何况敢用人呢？祭祀是为了人。百姓，是神的主人。杀人祭祀，哪个鬼神会享用？齐桓公保存三个将要灭亡的国家来使诸侯归附，仁义之士还说他缺少德行，现在一次会盟就伤害两个国家的国君，又拿他来祭祀邪恶昏乱的鬼神，想用这种方式求取霸业，不是太难了吗？能够善终就是幸运的了。"

秋，卫国人攻打邢国，这是为了报复菟圃那一次战役。这时卫国大旱，为祭祀山川占卜，不吉。宁庄子说："过去周室发生饥荒，打败了殷朝便获得丰收。现在邢国正是没有道义的时候，诸侯又没有领袖，上天或者是要卫国攻打邢国吧？"听从他的话，军队刚出发就下雨了。

宋国人包围曹国，这是为了讨伐曹国的不顺服。子鱼对宋公说："文王听说崇国德行昏乱便讨伐他，包围了三十天还不投降。便退回来修治教化，然后又去攻打他，依靠先前所筑的营垒就使崇国投降了。《诗》说：'在正妻面前做出典范，把它扩展到兄弟之间，来治理家和国。'现在君主的德行大概还有不足的地方，却以此攻打别人，能把它怎么办？何不姑且退回去自己反省一下德行，在没有不足以后再行动。"

陈穆公请求同诸侯建立友好关系，以此表示不忘齐桓公的德行。冬，在齐国结盟，这是为了重修齐桓公建立的友好关系。

梁国灭亡，《春秋》不记载灭亡它的人，因为是它自取灭亡的。起初，梁伯喜欢土木工程，几次筑城却又不居住，百姓疲倦得不能忍受，就说"某某敌人要来了"。于是在国君的宫室外挖沟，说："秦国将袭击我国。"百姓害怕而溃散，秦国就占取了梁国。

僖公二十年

【原文】

二十年：春，新作南门。

夏，郜子来朝。

五月乙巳，西宫灾。

郑人入滑。

秋，齐人、狄人盟于邢。

楚人伐随。

二十年春，新作南门。书，不时也。凡启塞从时。

滑人叛郑而服于卫。夏，郑公子士、泄堵寇帅师入滑。

秋，齐、狄盟于邢，为邢谋卫难也。于是卫方病邢。

随以汉东诸侯叛楚。冬，楚斗穀於菟帅师伐随，取成而还。君子曰："随之见伐，不量力也。量力而动，其过鲜矣。善败由己，而由人乎哉？《诗》曰：'岂不夙夜？谓行多露。'"

宋襄公欲合诸侯。臧文仲闻之，曰："以欲从人则可，以人从欲鲜济。"

【译文】

二十年春，重新建造南门。夏，郜子前来朝见。五月二十三日，西宫发生火灾。郑国人进入滑国。秋，齐国人、狄国人在邢国结盟。楚国人攻打随国。

二十年春，重新建造南门。《春秋》记载这件事，是因为不合时宜。凡修建城门和制造门闩，应该符合时令。

滑国人背叛了郑国而顺服于卫国。夏，郑国的公子士、泄堵寇率领军队进入滑国。

秋，齐国、狄国在邢国结盟，这是为邢国策划对付卫国的骚扰。从这时起卫国才开始把邢国当做自己的心病。

随国率领汉水东边的诸侯背叛楚国。冬，楚国的斗谷於菟率领军队攻打随国，达成和解以后回国。君子说："随国被攻打，是由于不度量自己的国力。度量自己的实力然后行动，过错就会少了。成败在于自己，难道在于别人吗？《诗》说：'难道不想早晚劳作，奈何路上露水太多。'"

宋襄公想会合诸侯。臧文仲听到这个消息，说："让欲望服从别人，那是可以的；让别人服从自己的欲望，就很少成功了。"

僖公二十一年

【原文】

二十有一年：春，狄侵卫。

宋人、齐人、楚人盟于鹿上。

夏，大旱。

秋，宋公、楚子、陈侯、蔡侯、郑伯、许男、曹伯会于盂。执宋公以伐宋。

冬，公伐邾。

楚人使宜申来献捷。

十有二月癸丑，公会诸侯，盟于薄，释宋公。

二十一年春，宋人为鹿上之盟以求诸侯于楚，楚人许之。公子目夷曰："小国争盟，祸也。宋其亡乎？幸而后败。"

夏，大旱。公欲焚巫尪，臧文仲曰："非旱备也！修城郭，贬食省用，务穑劝分，此其务也。巫尪何为？天欲杀之，则如勿生。若能为旱，焚之滋甚！"公从之。是岁也，饥而不害。

秋，诸侯会宋公于盂。子鱼曰："祸其在此乎？君欲已甚，其何以堪之！"于是楚执宋公以伐宋。冬，会于薄以释之。子鱼曰："祸犹未也，未足以惩君。"

任、宿、须句、颛臾，风姓也，实司大皞与有济之祀，以服事诸夏。邾人灭须句；须句子来奔，因成风也。成风为之言于公曰："崇明祀，保小寡，周礼也。蛮夷猾夏，周祸也。若封须句，是崇皞、济而修（祀）〔礼〕纾祸也。"

【译文】

二十一年春，狄国侵袭卫国。宋国人、齐国人、楚国人在鹿上结盟。夏，大旱。秋，宋公、楚子、陈侯、蔡侯、郑伯、许男、曹伯在盂会见。楚子抓住了宋公来攻打宋国。冬，僖公攻打邾国。楚国人派遣宜申前来报告攻宋的捷报。十二月十日，僖公在薄会盟诸侯，楚子释放宋公。

二十一年春，宋国举行了鹿上的会盟，来向楚国要求归附楚国的诸侯奉自己为盟主。楚国人答应了。公子目夷说："弱小的国家争当盟主，这是灾祸。宋国将要灭亡了吧！失败得晚一点就算幸运了。"

夏，发生大旱灾。僖公想烧死巫人和仰面朝天的畸形人。臧文仲说："这不是防备旱灾的办法。修理城墙、减少饮食、节省开支、致力农事、鼓励人们施舍，这是应该做的。巫人和畸形人能做什么呢？如果上天要杀掉他们，就应当不生他们；如果他们能够造成旱灾，烧死了他们旱灾会更加严重。"僖公听从了这个意见。这一年，虽然发生了饥荒，但没有造成危害。

秋，诸侯在盂会见宋公。子鱼说："祸端就在这里吧！国君的欲望太过分了，怎么能忍受得了呢？"在会上楚国抓住了宋公来攻打宋国。冬，诸侯在薄会盟，楚国释放了宋公。子鱼说："灾祸还没有完，不足以惩罚国君。"

任、宿、须句、颛臾，都姓风，主持太皞和济水的祭祀，而服从中原各国。邾国人灭亡须句。须句子逃亡前来，这是由于须句是成风的娘家。成风为了须句子对僖公说："尊崇太皞与济水的祭祀，保护弱小的国家，这是周的礼仪；蛮夷扰乱中原，这是周的灾祸。如果封了须句，这是尊崇太皞、济水之神而修明祭祀、解除灾祸啊。"

僖公二十二年

【原文】

二十有二年：春，公伐邾，取须句。
夏，宋公、卫侯、许男、滕子伐郑。
秋，八月丁未，及邾人战于升陉。
冬，十有一月己巳朔，宋公及楚人战于泓。宋师败绩。

二十二年春，伐邾，取须句，反其君焉，礼也。

三月，郑伯如楚。

夏，宋公伐郑。子鱼曰："所谓祸在此矣！"

初，平王之东迁也，辛有适伊川，见初发而祭于野者，曰："不及百年，此其戎乎！其礼先亡矣。"

秋，秦、晋迁陆浑之戎于伊川。

晋大子圉为质于秦，将逃归，谓嬴氏曰："与子归乎？"对曰："子，晋大子而辱于秦。子之欲归，不亦宜乎！寡君之使婢子侍执巾栉，以固子也。从子而归，弃君命也。不敢从，亦不敢言。"遂逃归。

富辰言于王曰："请召大叔。《诗》曰：'协比其邻，昏姻孔云。'吾兄弟之不协，焉能怨诸侯之不睦？"王说。王子带自齐复归于京师，王召之也。

邾人以须句故出师。公卑邾，不设备而御之。臧文仲曰："国无小，不可易也。无备，虽众，不可恃也。《诗》曰：'战战兢兢，如临深渊，如履薄冰。'又曰：'敬之敬之！天惟显思，命不易哉！'先王之明德，犹无不难也，无不惧也，况我小国乎？君其无谓邾小；蜂虿有毒，而况国乎！"弗听。

八月丁未，公及邾师战于升陉，我师败绩邾人获公胄，县诸鱼门。

楚人伐宋以救郑。宋公将战，大司马固谏曰："天之弃商久矣！君将兴之，弗可赦也已。"弗听。

冬十一月己巳朔，宋公及楚人战于泓。宋人既成列，楚人未既济。司马曰："彼众我寡，及其未既济也，请击之。"公曰："不可。"既济，而未成列，又以告。公曰："未可。"既陈而后击之，宋师败绩。公伤股，门官歼之。

国人皆咎公。公曰："君子不重伤，不禽二毛。古之为军也，不以阻隘也。寡人虽亡国之余，不鼓不成列。"子鱼曰："君未知战。勍敌之人，隘而不列，天赞我也；阻而鼓之，不亦可乎？犹有惧焉！且今之勍者，皆吾敌也。虽及胡耇，获则取之，何有于二毛？明耻教战，求杀敌也。伤未及死，如何勿重？若爱重伤，则如勿伤。爱其二毛，则如服焉。三军以利用也，金鼓以声气也。利而用之，阻隘可也；声盛致志，鼓儳可也。"

丙子晨，郑文夫人芈氏、姜氏劳楚子于柯泽。楚子使师缙示之俘馘。君子曰："非礼也！妇人送迎不出门，见兄弟不逾阈。戎事不迩女器。"

丁丑，楚子入（飨）〔享〕于郑。九献，庭实旅百，加笾豆六品。（飨）〔享〕毕，夜出，文芈送于军。取郑二姬以归。叔詹曰："楚王其不没乎？为礼卒于无别，无别不可谓礼。将何以没？"诸侯是以知其不遂霸也。

【译文】

二十二年春，僖公攻打邾国，占取了须句。夏，宋公、卫侯、许男、滕子攻打郑国。秋八月八日，僖公与邾国人在升陉作战。冬十一月一日，宋公同楚国人在泓水旁作战，宋国的军队大败。

二十二年春，攻打邾国，占取须句，让它的国君回去，这是合于礼的。

三月，郑伯到楚国去。

夏，宋公攻打郑国。子鱼说："所说的祸就在这里了。"

起初，周平王东迁洛邑的时候，辛有到伊川去，看见披着头发在野地祭祀的人，说："不到百年，这里就变成戎人居住的地方了！周的礼仪先消亡了。"秋，秦国和晋国把陆浑之戎迁到伊川。

晋国的太子圉在秦国作为人质，准备逃回去，对嬴氏说："跟您一起回去吗？"回答说："您是晋国的太子，却被秦国侮辱。您想回去，不是很应该吗？我的国君让我为您拿着手巾、梳子，是为了让您安心。跟着您回去，这是丢弃了国君的命令。我不敢跟从，但也不敢泄漏。"于是太子圉逃回晋国。

富辰对周天子说："请您召回太叔。《诗》说：'同邻居的关系能团结融洽，姻亲之间就一定能和顺有加。'我们兄弟都不融洽，怎么能埋怨诸侯不和睦呢？"天子很高兴。王子带从齐国回到京师，这是周天子把他召回来的。

邾国人因为鲁国帮助须句的缘故出兵。僖公轻视邾国，不设防备就去抵御邾国的军队。臧文仲说："国家没有弱小，不能轻视。没有防备，虽然人多，也不足依靠。《诗》说：'战战兢兢，如同面临深渊，如同踩着薄冰。'又说：'小心啊小心，上天虽然磊落光明，却并不容易得到天命！'以先王的美德，尚且没有不感到困难的事情，没有不感到忧虑的事情，何况我们小国呢？您不要认为邾国弱小，黄蜂、蝎子都有毒，何况一个国家呢？"僖公不听。八月八日，僖公同邾国的军队在升陉作战，我军大败。邾国人获得僖公的头盔，把它挂在城门上。

楚国人攻打宋国以救援郑国。宋公打算迎战，大司马固劝阻说："上天抛弃我们已经很久了，您想复兴它，这种违背天意的罪过是不能赦免的。"宋公不听。

冬十一月一日，宋公同楚国人在泓水旁交战。宋国人已经摆成队列，楚国人还没有全部渡河。司马说："对方人多，我们人少，趁他们还没有全部过河的时候，请下令攻击他们。"宋公说："不行。"楚军全部渡过了河但还没有摆成队列，司马又把请求下令进击的话告诉宋公。宋公说："还不行。"等到楚国人已经摆好了阵势，然后攻击他们，宋国的军队大败。宋公伤了大腿，门官被歼灭。

都城里的人都归罪宋公。宋公说："君子不伤害已经受了伤的人，不擒捉头发花白的人。古代作战，不凭借险要的地势。我虽然是殷商亡国的后裔，却也不能进攻没有摆开阵势的敌人。"子鱼说："您不懂得作战。强大的敌人，由于地形险要而不能摆成队列，这是上天在帮助我们。拦截他们，然后进攻他们，不也是可以的吗？即使这样，还担心不能成功呢。况且现在那些强大的人，都是我们的敌人，即使被追上的是老人，俘虏了他们，就要取下他的左耳，对于头发花白的人还有什么值得怜悯的呢？使将士知道什么是耻辱，教给他们怎样打仗，这是为了杀死敌人。敌人受了伤，但还没有到死的地步，为什么不再伤害他？如果不忍心伤害敌人的伤员，就应当一开始就不伤害他；怜悯头发花白的人，就应当顺服他们。军队在有利的时候才使用，鸣金击鼓是为了用声音鼓舞士气。只要有利的时候就使用军队，因此在险要的地方是可以使用军队的，鼓声大作可以激励士气，在敌人没有摆开阵势的时候击鼓进攻是可以的。"

十一月八日早晨，郑文公夫人芈氏、姜氏在柯泽慰劳楚子。楚子派师缙把俘虏和割下来的敌人的左耳给他们看。君子说："这是不合于礼的。妇女送迎不出房门，和兄弟相见不逾越门槛，战争中不接近女人的用具。"九日，楚子进入郑国接受款待，主宾酬酢九次，院子里陈列的礼品上百件，再加上用笾和豆盛放的食品六种。宴请完毕，夜里出来，文芈送楚子到军营里。楚子带了郑国的两个侍妾回去。叔詹说："楚王大概不会善终吧！执行礼节而最终弄到男女没有区别的地步，男女没有区别就不能说符合礼。他将怎样得到善终呢？"诸侯凭这一点就知道楚子不能完成霸业。

僖公二十三年

【原文】

二十有三年：春，齐侯伐宋，围缗。

夏，五月庚寅，宋公兹父卒。

秋，楚人伐陈。

冬，十有一月，杞子卒。

"二十三年春，齐侯伐宋，围缗"，以讨其不与盟于齐也。

夏五月，宋襄公卒，伤于泓故也。

秋，楚成得臣帅师伐陈，讨其贰于宋也。遂取焦、夷，城顿而还。子文以为之功，使为令尹。叔伯曰："子若国何？"对曰："吾以靖国也。夫有大功而无贵仕，其人能靖者与有几？"

九月，晋惠公卒。怀公立，命无从亡人，期；期而不至，无赦。狐突之子毛及偃从重耳在秦，弗召。冬，怀公执狐突，曰："子来则免！"对曰："子之能仕，父教之忠，古之制也。策名，委质，贰乃辟也。今臣之子名在重耳，有年数矣。若又召之，教之贰也。父教子贰，何以事君？刑之不滥，君之明也，臣之愿也。淫刑以逞，谁则无罪？臣闻命矣！"乃杀之。卜偃称疾不出，曰："《周书》有之：'乃大明服。'己则不明而杀人以逞，不亦难乎？民不见德而唯戮是闻，其何后之有？"

十一月，杞成公卒。书曰"子"，杞，夷也。不书名，未同盟也。凡诸侯同盟，死则赴以名，礼也。赴以名，则亦书之；不然则否，辟不敏也。

晋公子重耳之及于难也，晋人伐诸蒲城。蒲城人欲战，重耳不可，曰："保君父之命而享其生禄，于是乎得人。有人而校，罪莫大焉。吾其奔也。"遂奔狄。从者狐偃、赵衰、颠颉、魏武子、司空季子。狄人伐廧咎如，获其二女叔隗、季隗，纳诸公子。

公子取季隗，生伯儵、叔刘。以叔隗妻赵衰，生盾。将适齐，谓季隗曰："待我二十五年，不来而后嫁。"对曰："我二十五年矣，又如是而嫁，则就木焉。请待子！"处狄十二年而行。

过卫，卫文公不礼焉。出于五鹿，乞食于野人；野人与之块。公子怒，欲鞭之。子犯曰："天赐也！"稽首，受而载之。

及齐，齐桓公妻之，有马二十乘。公子安之，从者以为不可，将行，谋于桑下。蚕妾在其上，以告姜氏。姜氏杀之，而谓公子曰："子有四方之志，其闻之者，吾杀之矣。"公子曰："无之。"姜曰："行也！怀（其）〔与〕安，实败名。"公子不可。姜与子犯谋，醉而遣之。醒，以戈逐子犯。

及曹，曹共公闻其骈胁，欲观其（裸）〔裸〕。浴，薄而观之。僖负羁之妻曰："吾观晋公子之从者，皆足以相国。若以相，夫子必反其国。反其国，必得志于诸侯。得志于诸侯而诛无礼，曹其首也。子盍蚤自贰焉！"乃馈盘飧，寘璧焉。公子受飧反璧。

及宋，宋襄公赠之以马二十乘。

及郑，郑文公亦不礼焉。叔詹谏曰："臣闻天之所启，人弗及也。晋公子有三焉，天其或者将建诸，君其礼焉。男女同姓，其生不蕃。晋公子，姬出也，而至于今，一也。离外之患，而天（下）不靖晋国，殆将启之，二也。有三士足以上人，而从之，三也。晋、郑同侪，其过子弟固将礼焉，况天之所启乎？"弗听。

及楚，楚子飨之，曰："公子若反晋国，则何以报不穀？"对曰："子女玉帛则君有之；羽毛齿革则君地生焉。其波及晋国者，君之余也。其何以报君？"曰："虽然，何以报我？"对曰："若以君之灵得反晋国，晋、楚治兵，遇于中原，其辟君三舍。若不获命，其左执鞭弭，右属櫜鞬，以与君周旋。"子玉请杀之，楚子曰："晋公子广而俭，文而有礼。其从者肃而宽，忠而能力。晋侯无亲，外内恶之。吾闻姬姓唐叔之后，其后衰者也，其将由晋公子乎？天将兴之，谁能废之？违天，必有大咎。"乃送诸秦。

秦伯纳女五人。怀嬴与焉，奉匜沃盥，既而挥之。怒，曰："秦晋，匹也，何以卑我？"公子惧，降服而囚。

他日，公享之，子犯曰："吾不如衰之文也，请使衰从。"公子赋《河水》，公赋《六月》。赵衰曰："重耳拜赐！"公子降，拜，稽首。公降一级而辞焉。衰曰："君称所以佐天子者命重耳，重耳敢不拜！"

【译文】

二十三年春，齐侯攻打宋国，包围了缗。夏五月二十五日，宋公滋父死。秋，楚国人攻打陈国。冬十一月，杞子死。

二十三年春，齐侯攻打宋国，包围了缗，这是为了讨伐它不到齐国参加盟会。

夏五月，宋襄公死，这是在泓水旁作战受了伤的缘故。

秋，楚国的成得臣率领军队攻打陈国，这是为了讨伐陈国两属于宋国。于是占取了焦、夷两地，在顿筑城后回国。子文把这些作为他的功劳，让他做令尹。叔伯说："您把国家怎么办？"回答说："我用这样的方法安定国家，有很大的功劳却没有尊贵的地位，这样的人能安定国家的有几个？"

九月，晋惠公死。怀公即位，命令臣下不要跟随逃亡在外的人，规定期限，到了期限而不回来，不赦免。狐突的儿子毛和偃跟随重耳在秦国，狐突不召他们回来。冬，怀公把狐突抓起来说："儿子回来了就赦免你。"回答说："当儿子能做官的时候，父亲就教导他忠诚，这是古代的制度，把名字写在简策上，给尊长送了见面礼，如果不专一就是罪过。现在我的儿子的名字在重耳那里已经有很多年头了，如果又召他回来，这是教他不专一啊。父亲教儿子不专一，怎么能事奉君主？不滥用刑罚，这是君主圣明，是臣子的愿望。滥用刑罚来求称意，谁能没有罪？我听到命令了。"就杀了他。卜偃称病不出，说："《周书》有这样的话：'君主圣明，臣民就会顺服。'自己如果不圣明，而通过杀人来求称意，不是很难持久吗？百姓不被爱抚，只听到杀戮，还会有什么子孙的禄位？"

十一月，杞成公死。《春秋》记载称"子"，这是因为杞是夷人。不记载名字，是因为没有同鲁国结盟的缘故。凡是在一起结了盟的诸侯，死后就在讣告上写上名字，这是合于礼的。讣告上写了名字，《春秋》也就写名字，不然就不写，这是为了避免因弄不清楚而记错。

晋国的公子重耳遭到祸难的时候，晋国人在蒲城攻打他。蒲城人想迎战，重耳不许可，说："依靠国君父亲的命令才能享受养生的俸禄，于是得到百姓拥护。有了百姓的拥护却去抵抗君主父亲，没有比这更大的罪了。我还是逃跑吧。"于是逃亡到狄国。跟随的人有狐偃、赵衰、颠颉、魏武子、司空季子。

狄人攻打廧咎如，俘虏了他们的两个女儿，叔隗和季隗，把她们送给公子重耳。公子娶了季隗，生了伯儵和叔刘。把叔隗给赵衰做妻子，生了盾。将要到齐国去，对季隗说："等我二十五年，如果我不回来你再改嫁。"回答说："我已经二十五岁了，又过这些年再改嫁，那就要进棺材了。我等您。"在狄居住了十二年而后离开。经过卫国，卫文公不以礼相待。经过五鹿，向乡下人要饭，乡下人给公子土块。公子发怒，想鞭打他。子犯说："这是上天赐与的啊！"公子叩头至地，接过土块，把它装在车子里。

到达齐国，齐桓公为公子重耳娶了妻子，有马八十匹。公子安于这种生活。跟从的人认为这样不行。准备离去，在桑树下商量。养蚕的侍妾正在树上采桑叶，把这个消息告诉了姜氏。姜氏杀了她，对公子说："您有远大的志向，听到这个消息的人，我把她杀了。"公子说："没有这回事。"姜氏说："走吧！眷恋享受和安于现状，确实会败坏名声。"公子不答应。姜氏和子犯商量，把他灌醉了然后送他走。公子酒醒，用戈追逐子犯。到达曹国，曹共公听说公子重耳的肋骨连成一块，想在他裸体的时候观看。公子重耳洗澡的时候，曹共公便走近前去观看。僖负羁的妻子说："我观察那些跟随晋国公子的人，都可以辅佐国政。如果用他们为辅佐，公子必定能回到晋国做国君，一定能在诸侯中得志。在诸侯中得志，然后惩罚对他无礼的国家，曹国将是第一个受惩罚的。您何不早早自己向公子表示同曹国国君的不一致呢！"于是送给公子一盘晚餐，放上玉璧，公子接受了晚餐，退回了玉璧。

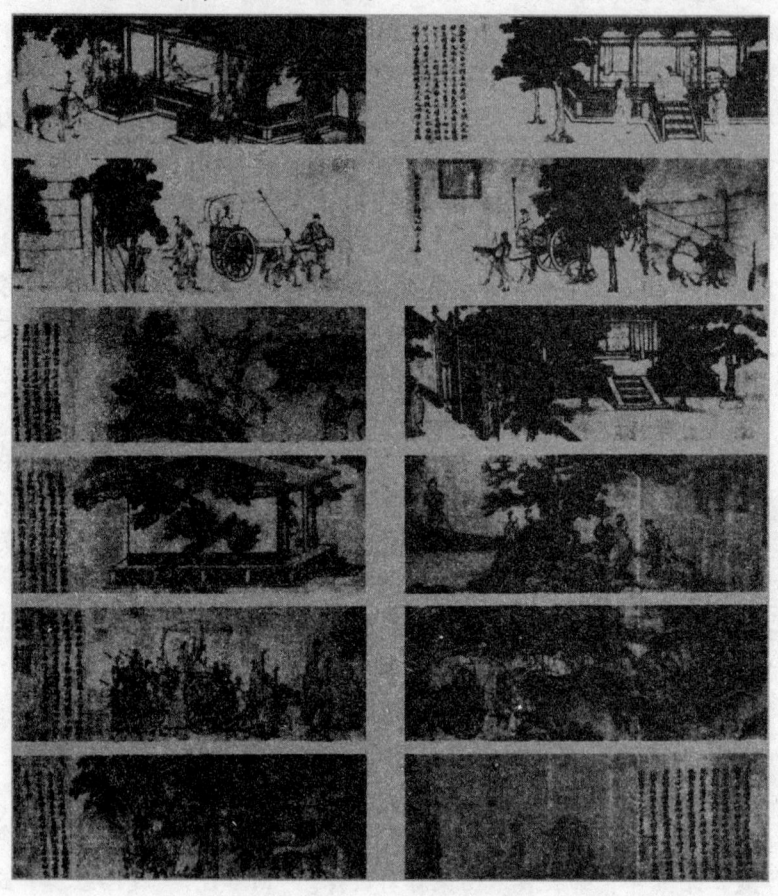

重耳流亡，北宋李唐绘。

到达宋国，宋襄公赠给他八十匹马。到达郑国，郑文公也不以礼相待。叔詹进谏说："我听说上天赞助的人，一般人比不上。晋公子有三点不同于一般人的地方，上天可能将立他做国君吧。您还是以礼相待吧！父母同姓，生育必不蕃盛。晋公子是姬姓女子所生，却能活到今天，这是一；遭到逃亡在外的患难，而上天却不让晋国安定，大概是要赞助他了，这是二；有三个贤士，足以超过一般的人，却都跟随着他，这是三。晋国和郑国是处于同等地位的国家，晋国的子弟来往经过郑国，还要以礼相待，何况是上天赞助的人呢！"郑文公不听。

到达楚国，楚子设宴招待他，说："公子如果回到晋国，那么用什么报答我？"回答说："子、女、玉、帛，那是您所拥有的；羽、毛、齿、革，那是您的土地上出产的。那些播散到晋国的，都是您剩下来的。能用什么来报答您呢？"楚子说："虽然如此，到底用什么报答我呢？"回答说："如果托您的福，能够回到晋国，晋国和楚国演习军事时在中原相遇，我将避开您九十里。如果得不到允许，将左手拿着鞭和弓，右手拿着弓袋箭袋，来同您周旋。"子玉请求杀掉他。楚子说："晋公子志向远大而严于律己，文辞华美而合于礼仪。他的随从们严肃而宽厚，忠诚而尽力。晋侯没有亲近的人，国内国外都讨厌他。我听说姬姓中唐叔的后代，将会是衰亡在最后的。这大概是因为晋公子将要执政的缘故吧！上天要使他兴盛，谁能废掉他？违背天意，一定有大的灾祸。"于是送他到秦国。

秦伯送给重耳五个女子，怀嬴也在内。怀嬴捧着匜给重耳浇水洗手。洗完后重耳挥手将水甩掉。怀嬴发怒，说："秦国和晋国是地位相等的国家，为什么轻视我？"公子恐惧，脱下上衣，自己把自己囚禁起来。有一天，秦伯设宴招待公子。子犯说："我不如赵衰的文采，请让赵衰跟随。"公子在宴会上朗诵了《河水》这首诗，秦伯朗诵了《六月》这首诗。赵衰说："重耳拜谢恩赐！"公子走下台阶，拜，叩头，秦伯走下一级台阶辞谢。赵衰说："君称引辅佐天子的诗命令重耳辅佐天子，重耳岂敢不下拜？"

僖公二十四年

【原文】

二十有四年：春，王正月。

夏，狄伐郑。

秋，七月。

冬，天王出居于郑。

晋侯夷吾卒。

二十四年春，王正月，秦伯纳之。不书，不告入也。

及河，子犯以璧授公子，曰："臣负羁绁从君巡于天下，臣之罪甚多矣，臣犹知之，而况君乎？请由此亡。"公子曰："所不与舅氏同心者，有如白水！"投其璧于河。

济河，围令狐，入桑泉，取臼衰。二月甲午，晋师军于庐柳，秦伯使公子絷如晋师。师退，军于郇。辛丑，狐偃及秦、晋之大夫盟于郇。壬寅，公子入于晋师。丙午，入于曲沃。丁未，朝于武宫。戊申，使杀怀公于高梁。不书，亦不告也。

吕、郤畏偪，将焚公宫而弑晋侯。寺人披请见。公使让之，且辞焉，曰："蒲城之役，君命一宿，女即至。其后余从狄君以田渭滨，女为惠公来求杀余，命女三宿，女中宿至。虽有君命，何其速也！夫袪犹在，女其行乎！"对曰："臣谓君之入也，其知之矣；若犹未也，又将及难。君命无二，古之制也。除君之恶，唯力是视！蒲人、狄人，余何有焉？今君即位，其无蒲、狄乎？齐桓公置射钩而使管仲相，君若易之，何辱命焉？行者甚众，岂唯刑臣！"公见之。以难告。三月，晋侯潜会秦伯于王城。己丑晦，公宫火。瑕甥、郤芮不获公，乃如河上，秦伯诱而杀之。

晋侯逆夫人嬴氏以归。秦伯送卫于晋三千人，实纪纲之仆。

初，晋侯之竖头须，守藏者也，其出也，窃藏以逃，尽用以求纳之。及入，求见。公辞焉以沐。谓仆人曰："沐则心覆，心覆则图反，宜吾不得见也。居者为社稷之守，行者为羁绁之仆，其亦可也，何必罪居者？国君而雠匹夫，惧者甚众矣。"仆人以告，公遽见之。

狄人归季隗于晋而请其二子。文公妻赵衰，生原同、屏括、（搂）〔楼〕婴。赵姬请逆盾与其母，子余辞。姬曰："得宠而忘旧，何以使人？必逆之！"固请，许之。来。以盾为才，固请于公，以为嫡子，而使其三子下之，以叔隗为内子，而己下之。

晋侯赏从亡者，介之推不言禄，禄亦弗及。推曰："献公之子九人，唯君在矣。惠、怀无亲，外内弃之。天未绝晋，必将有主。主晋祀者，非君而谁？天实置之，而二三子以为己力，不亦诬乎？窃人之财犹谓之盗，况贪天之功以为己力乎？下义其罪，上赏其奸，上下相蒙，难与处矣！"其母曰："盍亦求之？以死谁怼？"对曰："尤而效之，罪又甚焉，且出怨言，不食其食。"其母曰："亦使知之，若何？"对曰："言，身之文也。身将隐，焉用文之？是求显也。"其母曰："能如是乎！与女偕隐。"遂隐而死。晋侯求之，不获，以绵上为之田，曰："以志吾过，且旌善人。"

郑之入滑也，滑人听命。师还，又即卫。郑公子士、泄堵俞弥帅师伐滑。王使伯服、游孙伯如郑请滑。郑伯怨惠王之入而不与厉公爵也，又怨襄王之与卫、滑也，故不听王命而执二子。王怒，将以狄伐郑。

富辰谏曰："不可！臣闻之：大上以德抚民，其次亲亲以相及也。昔周公吊二叔之不咸，故封建亲戚以蕃屏周。管、蔡、郕、霍、鲁、卫、毛、聃、郜、雍、曹、滕、毕、原、酆、郇，文之昭也。邘、晋、应、韩，武之穆也。凡、蒋、邢、茅、胙、祭，周公之胤也。召穆公思周德之不类，故纠合宗族于成周而作诗，曰：'常棣之华，鄂不韡韡。凡今之人，莫如兄弟。'其四章曰：'兄弟阋于墙，外御其侮。'如是，则兄弟虽有小忿，不废懿亲。今天子不忍小忿以弃郑亲，其若之何？庸勋，亲亲，昵近，尊贤，德之大者也。即聋，从昧，与顽，用嚚，奸之大者也。弃德，崇奸，祸之大者也。郑有平、惠之勋，又有厉、宣之亲，弃嬖宠而用三良，于诸姬为近，四德具矣。耳不听五声之和为聋，目不别五色之章为昧，心不则德义之经为顽，口不道忠信之言为嚚：狄皆则之，四奸具矣。周之有懿德也，犹曰'莫如兄弟'，故封建之。其怀柔天下也，犹惧有外侮。扞御侮者莫如亲亲，故以亲屏周。——召穆公亦云。今周德既衰，于是乎又渝周、召以从诸奸，无乃不可乎？民未忘祸，王又兴之，其若文、武何？"

王弗听，使颓叔、桃子出狄师。夏，狄伐郑，取栎。王德狄人，将以其女为后。富辰谏曰："不可！臣闻之曰：'报者倦矣，施者未厌。'狄固贪惏，王又启之。女德无极，妇怨无终，狄必为患！"王又弗听。

初，甘昭公有宠于惠后，惠后将立之，未及而卒。昭公奔齐，王复之；又通于隗氏。王替隗氏。颓叔、桃子曰："我实使狄。狄其怨我。"遂奉大叔以狄师攻王。王御士将御之，王曰："先后其谓我何？宁使诸侯图之。"王遂出，及坎欿，国人纳之。

秋，颓叔、桃子奉大叔、以狄师伐周，大败周师，获周公忌父、原伯、毛伯、富辰。王出适郑，处于汜。大叔以隗氏居于温。

郑子华之弟子臧出奔宋，好聚鹬冠。郑伯闻而恶之，使盗诱之。八月，盗杀之于陈、宋之间。

君子曰："服之不衷，身之灾也。《诗》曰：'彼己之子，不称其服。'子臧之服，不称也夫！《诗》曰'自诒伊戚'，其子臧之谓矣。《夏书》曰'地平天成'，称也。"

宋及楚平，宋成公如楚。还，入于郑。郑伯将享之，问礼于皇武子。对曰："宋，先代之后也，于周为客。天子有事膰焉，有丧拜焉。丰厚可也。"郑伯从之。享宋公有加，礼也。

冬，王使来告难曰："不穀不德，得罪于母（弟）〔氏〕之宠子带，鄙在郑地汜，敢告叔父。"臧文仲对曰："天子蒙尘于外，敢不奔问官守？"王使简师父告于晋，使左鄢父告于秦。

晋文公焚绵山以求介子推出山，选自明刊本《新镌绣像列国志》。

天子无出。书曰"天王出居于郑"，辟母弟之难也。天子凶服降名，礼也。

郑伯与孔将钼、石甲父、侯宣多省视官、具于汜，而后听其私政，礼也。

卫人将伐邢，礼至曰："不得其守，国不可得也。我请昆弟仕焉。"乃往，得仕。

【译文】

二十四年春，周历正月。夏，狄人攻打郑国。秋七月。冬，周天子出奔到郑国。晋侯夷吾死。

二十四年春，周历正月，秦伯派人送重耳回国。《春秋》不记载，因为晋国没有来通报。到达黄河，子犯把玉璧还给公子，说："我背负着马络头马缰绳跟着您巡行天下，我的罪过很多了，我自己尚且知道，何况您呢？请您允许我从这里离开。"公子说："如果不和舅父一条心，有河水为证。"将玉璧投入河中。渡过黄河，包围令狐，进入桑泉，占取臼衰。二月甲午日，晋国的军队驻扎在庐柳。秦伯派公子絷到晋国军营中去，晋国的军队退走，驻扎在郇。辛丑日，狐偃同秦国、晋国的大夫在郇结盟。壬寅日，公子进入晋国的军队。丙午日，进入曲沃。丁未日，在武宫的神庙里朝见群臣。戊申日，派人在高梁杀死怀公。《春秋》不记载；也是因为晋国没有前来告知。

吕甥、郤芮怕受到重耳的迫害，准备烧掉公室而杀死晋侯。寺人披请求进见。公派人责备他，而且拒绝接见，说："蒲城那一次战役，国君命令你一夜之后到达，你马上就到了。后来我跟随狄人的君主在渭水边上打猎，你为惠公来杀我，惠公命令你三夜之后到达，你第二夜就到了。虽然有君主的命令，为什么那么快呢？那截砍下来的袖管还在，你还是走吧！"回答说："我以为您回来做了国君，有些事情都已经知道了，如果还不知道，又将要赶上灾难。执行国君的命令必须没有二心，这是古代的制度。替君主除恶，只是看自己的力量如何。蒲人或狄人，对于我来说有什么关系呢？现在您即位了，难道就没有反对您的人了吗？（就像蒲人和狄人反对献公和惠公一样反对您的人）齐桓公把射钩的事放在一边，却使管仲做了相。您如果不像齐桓公那样做，而是不忘斩袪之事，我会自己走的，哪里需要您命令呢？准备走的人很多，难道仅仅我这个受过刑的人吗？"晋侯接见了寺人披，寺人披将祸乱告诉了晋侯。三月，晋侯偷偷地在王城会见秦伯。三十日，公室发生火灾。瑕甥、郤芮没有抓住晋侯，于是就到了黄河边上，秦伯把他们骗去杀掉了。

晋侯迎夫人嬴氏回来。秦伯送给晋国卫士三千人，都是得力的仆人。起初，晋侯的小臣头须，是看守财物，晋侯逃亡在外的时候，他偷了财物逃走，这些财物全都用来设法让晋侯回国。等到晋侯回国即位，头须请求进见，晋侯借口正在洗头拒绝了他。头须对晋侯的仆人说："洗头时头向下，心就倒过来了，心倒过来了，那么想法也就相反了。我不能见到他是合乎情理的。留在国内的是国家的守卫，奔走在外的是背着马络头马缰绳的仆役，这也都是可以的，何必认为留在国内的人是有罪的呢？作为国君如果仇视普通人，那么害怕的人就很多了。"仆人把这些话告诉晋侯，晋侯马上接见了他。

狄人把季隗送回晋国，请示晋侯如何处理伯儵和叔刘。文公把女儿嫁给赵衰，生了原同、屏括、楼婴。赵姬请求迎接赵盾和他的母亲回来，赵衰拒绝。赵姬说："得到了新宠就忘记了旧好，怎么能差遣别人？一定要迎接他们回来！"坚决请求，赵衰答应了。赵盾和他的母亲回到晋国，赵姬认为赵盾很有才能，便坚决向晋侯请求，把他作为嫡子，而让她自己的三个儿子居于赵盾之下。让叔隗作为嫡妻，而自己居于叔隗之下。

晋侯赏赐跟随他逃亡的人，介之推没有要求禄位，也没有轮到他。介之推说："献公的儿子九个，只有文公在世了。惠公、怀公没有亲近的人，国内外都厌弃他。上天不灭亡晋国，一定会有君主。主持晋国祭祀的人，不是文公还会是谁呢？实在是上天安排他在这个位子上，而他们几位却以为是自己的力量，这不是欺骗吗？偷了别人的财物，尚且叫做强盗，何况贪天之功却以为是自己的力量呢？下面的人把罪恶当做正义，上面的人对奸诈给以赏赐；上下互相蒙骗，和他们相处很困难了。"他的母亲说："何不也去请求禄位，因为没有禄位而死了又怨恨谁呢？"回答说："谴责他们却又效法他们，罪又更大了！而且口出怨言，不能吃他们的俸禄了。"他的母亲说："也让他们知道你的想法，怎么样？"回答说："言语，是身体的文饰。身体都要隐藏了，哪里用得着文饰它呢？如果说出来，那是求取显达了。"他的母亲说："你能做到像这样吗？我和你一起隐居。"于是隐居一直到死。晋侯到处寻找他没有找到，就把绵上这个地方作为他的封田。说："用这样的方式记载我的过错，并且表彰品德高尚的人。"

郑国军队进入滑国的时候，滑国人听从命令。等郑国军队回国后，又去亲附卫国。郑国的公子士、泄堵俞弥率领军队攻打滑国。天子派伯服、游孙伯到郑国去替滑国求情。郑伯怨恨周惠王回到成周却不给功臣厉公爵位，又怨恨周襄王替滑国说话。所以不听天子的命令，拘捕了伯服和游孙伯。天子发怒，准备率领狄国人攻打郑国。富辰进谏说："不行。我听说：最好的办法是用德行安抚百姓，其次是亲近亲属，把这种感情推及到其他的人。从前周公伤痛管叔、蔡叔不得善终，所以把伯叔兄弟及子侄都分封土地，使他们建立国家，作为周的屏障。管、蔡、郕、霍、鲁、卫、毛、聃、郜、雍、曹、滕、毕、原、酆、郇，都是文王的儿子。邘、晋、应、韩，是武王的儿子。凡、蒋、邢、茅、胙、祭，是周的后代。

"召穆公念及周德衰微，所以集合了宗族在成周作诗，说：'常棣的花儿，花朵艳丽茂盛，现在的人们，没有比兄弟更厚的亲情。'诗的第四章说：'兄弟在墙内争吵，在墙外就共同抵御敌人。'像这样，那么兄弟之间虽然有小小的怨恨，也不会废弃美好的亲情。现在天子不忍耐小小的怨忿而抛弃对郑国的亲情，将把它怎么办呢？奖赏有功的人、亲爱自己的亲人、亲昵自己的近臣、尊敬贤能的人，这是德行中最大的德行。接近耳聋的人、跟从昏昧的人、亲近冥顽的人、使用奸诈的人，这是邪恶中最大的邪恶。抛弃德行，崇尚邪恶，这是祸患中最大的祸患。郑国有辅助周平王东迁和使周惠王回国的功劳，又有作为周厉王的儿子、周宣王的弟弟这样的亲情，郑国国君舍弃宠臣而任用三良，在众多的姬姓国中是最为亲近的，四种德行都具备了。

"耳朵不能听到五声的唱和就是聋，眼睛不能辨别五色的花纹就是昏昧，心里不能效法德义的准则就是冥顽，嘴里不说忠信的言语就是奸诈。狄人就效法这些，四种邪恶都具备了。周室具有美德的时候，还说'恩亲没有比兄弟更厚的'，所以分封土地，建立诸侯国家。当他笼络天下的时候，还害怕有外敌的侵犯。抵御侵犯的办法，没有比亲近自己的亲人更好的了，所以用亲戚作为周的屏障，召穆公也是这样说的。现在周德已经衰微，反而又改变周公、召公的做法，而跟从各种邪恶，大概不可以吧？百姓还没有忘记祸乱，您又挑起它，怎么对得起文王、武王建立的功业呢？"

夏，狄人攻打郑国，占取了栎。天子感谢狄人，准备把狄女作为王后。富辰进谏说："不行。我听说：'报答的人已经厌倦了，施恩的人还没有满足。'狄人本来就贪婪，您又引发他们的这种贪心。女人的德行没有尽头，妇女的怨恨没有终结，狄人必定成为祸患。"天子又不听。

起初，甘昭公受到惠后的宠爱，惠后准备立他为国君，没有来得及就死了。昭公逃亡到齐国，天子让他回来。昭公又同隗氏私通。天子废了隗氏。颓叔、桃子说："实在是我们指使狄人这样做的，狄人将怨恨我们。"于是事奉太叔凭借狄人的军队攻打周天子。周天子的侍卫人员准备抵御他们，周天子说："这样做先王后将会说我什么？宁可让诸侯对付他们。"周天子于是离开京都，到达坎欲，京城里的人又把周天子接回去。秋，颓叔、桃子事奉太叔凭借狄人的军队攻打京城，把周室的军队打得大败，俘虏了周公忌父、原伯、毛伯、富辰。天子逃亡到郑国，居住在汜。太叔和隗氏住在温。

郑国的子华的弟弟子臧逃亡到宋国，喜欢收集鹬鸟的毛冠。郑伯听说了就很厌恶他。派杀手诱骗他。八月，杀手把他杀死在陈国和宋国交界的地方。君子说："衣服不合适，这是自己的灾祸。《诗》说：'那个人，同他的服饰不相称。'子臧的服饰，不相称啊！《诗》说：'自己给自己留下忧愁'，这就是说的子臧了。《夏书》说：'大地普生万物，上天施与周全。'这就是相称了。"

宋国和楚国讲和，宋成公到楚国去。回国的时候，进入郑国。郑伯准备用酒宴招待他，向皇武子询问礼仪。皇武子回答说："宋国，是先朝的后裔。在周室是把他当做客人的，天子祭祀的时候，要送给他祭肉；有丧事的时候，天子要答谢宋国的吊唁。用丰厚的酒宴招待他是可以的。"郑伯听从他的意见，用酒宴招待宋成公，超过常礼，这是合于礼的。

冬，天子派人前来告知发生的祸难，说："我缺少德行，得罪了母亲宠爱的儿子带，现在住在郑国的汜这个地方，谨告知叔父。"臧文仲回答说："天子在外面蒙受尘土，哪里敢不赶紧去问候？"天子派遣简师父告知晋国，派左鄢父告知秦国。天子不说离开国都，《春秋》记载说"天王出居于郑"，这是说是躲避同母弟弟造成的祸难。天子穿着凶服、降低名分，这是合于礼的。

郑伯与孔将鉏、石甲父、侯宣多到汜地问候天子的官员，检查供应天子使用的器用。然后处理自己的政事，这是合于礼的。

卫国人准备攻打邢国，礼至说："不做他们的官，国家是不能得到的。我请求让我们的兄弟去邢国做官。"于是前往，在邢国做了官。

僖公二十五年

【原文】

二十有五年：春，王正月丙午，卫侯燬灭邢。
夏，四月癸酉，卫侯燬卒。
宋荡伯姬来逆妇。
宋杀其大夫。
秋，楚人围陈，纳顿子于顿。
葬卫文公。
冬，十有二月癸亥，公会卫子、莒庆，盟于洮。

二十五年春，卫人伐邢。二礼从国子巡城，掖以赴外，杀之。"正月丙午，卫侯燬灭邢。"同姓也，故名。礼至为铭曰："余掖杀国子，莫余敢止。"

秦伯师于河上，将纳王。狐偃言于晋侯曰："求诸侯，莫如勤王。诸侯信之，且大义也。继文之业而信宣于诸侯，今为可矣。"使卜偃卜之，曰："吉！遇黄帝战于阪泉之兆。"公曰："吾不堪也！"对曰："周礼未改。今之王，古之帝也。"公曰："筮之。"筮之，遇"大有☲"之"睽☲"，曰："吉！遇'公用享于天子'之卦（也）。战克而王飨，吉孰大焉？且是卦也，天为泽以当日，天子降心以逆公，不亦可乎？'大有'去'睽'而复，亦其所也。"晋侯辞秦师而下。三月甲辰，次于阳樊，右师围温，左师逆王。夏四月丁巳，王入于王城，取大叔于温，杀之于隰城。

戊午，晋侯朝王。王飨醴，命之宥。请隧，弗许，曰："王章也。未有代德而有二王，亦叔父之所恶也。"与之阳樊、温、原、攒茅之田，晋于是始（起）〔启〕南阳。

阳樊不服。围之。苍葛呼曰："德以柔中国，刑以威四夷，宜吾不敢服也。此谁非王之亲姻，其俘之也？"乃出其民。

秋，秦、晋伐鄀。楚斗克、屈御寇以申、息之师戍商密。秦人过析，（隈）入〔隈〕而系舆人，以围商密，昏而傅焉。宵，坎血加书，伪与子仪、子边盟者。商密人惧，曰："秦取析矣，戍人反矣！"乃降秦师。〔秦师〕囚申公子仪、息公子边以归。楚令尹子玉追秦师，弗及。遂围陈，纳顿子于顿。

冬，晋侯围原，命三日之粮。原不降，命去之。谍出，曰："原将降矣。"军吏曰："请待之。"公曰："信，国之宝也，民之所庇也。得原失信，何以庇之？所亡滋多。"退一舍而原降，迁原伯贯于冀。越衰为原大夫，狐溱为温大夫。〔晋侯问原守于寺人勃鞮。对曰："昔赵衰以壶飧从，径馁而弗食。"故使处原。〕

卫人平莒于我。十二月，盟于洮，修卫文公之好，且及莒平也。

（晋侯问原守于寺人勃鞮。对曰："昔赵衰以壶飧从，径馁而弗食。"故使处原。）

【译文】

二十五年春，周历正月二十日，卫侯燬灭亡邢国。夏四月十九日，卫侯燬死。宋国的荡伯姬前来为她的儿子迎妻。宋国杀了它的大夫。秋，楚国人包围了陈国，使顿子回到顿国。安葬卫文公。冬十二月十二日，僖公会见卫子、莒庆，在洮结盟。

二十五年春，卫国人攻打邢国，礼氏兄弟跟着国子在城墙上巡视，兄弟俩挟持国子的胳膊来到城外，杀了他。正月二十日，卫侯燬灭亡邢国。因为卫国和邢国同姓，所以《春秋》记载名字。礼至作铭文说："我挟持杀死了国子，没有谁敢阻止我。"

秦伯驻军在黄河边上，准备送周天子回京城。狐偃对晋侯说："要求得诸侯的拥护，没有什么比为王事尽力更有效的了。能使诸侯相信我们，而且符合大义。继续晋文侯的事业，同时信誉宣扬在诸侯之中，现在做可以了。"让卜偃占卜这件事，卜偃说："吉利，得到了黄帝在阪泉作战前占得的兆文。"晋侯说："我当不起啊！"卜偃回答说："周室的礼制没有改变，现在的王，就是古代的帝。"

晋侯说:"占筮!"又占筮,得到了大有䷍变为睽䷥,说:"吉利。得到'公被天子设宴招待'的卦象。战胜以后天子设宴招待,还有比这更吉利的吗?而且这一卦,天变成水泽承受太阳的照耀,天子降低自己的身份来迎接您,不是很好吗?大有变为睽然后回到大有,也就是天子回到自己的位置上。"晋侯辞别秦军,顺河而下。三月十九日,驻扎在阳樊,右翼部队包围温,左翼部队迎接周天子。

夏四月三日,天子进入王城。在温抓住太叔,在隰城杀了他。四日,晋侯朝见天子。天子用甜酒招待晋侯,又让晋侯向自己敬酒。晋侯请求死后能在墓前挖地下通道,周天子不答应,说:"这是天子的葬礼。还没有取代周室的德行,却有两个天子,这也是你所厌恶的。"赐给晋侯阳樊、温、原、欑茅等地。晋国在这时才开辟了南阳的疆土。

阳樊这个地方的人不肯臣服,郑国便包围了阳樊。苍葛叫喊着说:"用德行安抚中原国家,用刑罚威服其他各族,我们不敢臣服是应该的。这个地方的人,谁不是天子的亲戚,怎么能俘虏他们呢?"于是郑国让阳樊的百姓离去。

秋,秦国、晋国攻打鄀国。楚国的斗克、屈御寇率领申、息两地的军队戍守商密。秦国人经过析,从丹水的弯曲处进入,然后把自己的人众当做析地的俘虏捆缚起来,来包围商密,黄昏的时候接近商密。夜间,在地上挖了个坎,然后在坎上杀牲,用血盟誓,再在坎上放上盟书,这盟书是秦国人假造的同子仪、子边结盟的盟书。商密人感到恐惧,说:"秦国人已占取了析!戍守商密的人已经叛变了!"于是商密的人投降秦国的军队。秦国的军队囚禁了申公子仪、息公子边回去。楚国的令尹子玉追击秦师,没有赶上。接着包围陈国,使顿子回到顿国。

冬,晋侯包围原,只命令带三天的粮食。三天过后,原仍不投降,晋侯命令离开原。间谍从围城中出来,说:"原将要投降了。"军队中的官员说:"请等待他们投降。"晋侯说:"信用,是国家的宝贝,百姓依靠的东西。得到了原,却失去了信用,怎么依靠它呢?这样丢失的东西就更多了。"撤退三十里然后原投降。晋侯把原伯贯迁到冀。赵衰为原的守官,狐溱为温的守官。

卫国人使莒国同我国讲和,十二月,在洮结盟,这是为了重修鲁僖公同卫文公的友好关系,并且为了同莒国讲和。

晋侯向寺人勃鞮询问原的守官的人选,回答说:"过去赵衰带着壶飧跟从您逃亡,有时他一个人走小路,饿了却不吃。"所以让赵衰居住在原。

僖公二十六年

【原文】

二十有六年:春,王正月己未,公会莒子、卫宁速,盟于向。

齐人侵我西鄙。公追齐师,至酅,(不)〔弗〕及。
夏,齐人伐我北鄙。
卫人伐齐。
公子遂如楚乞师。
秋,楚人灭夔,以夔子归。
冬,楚人伐宋,围缗。公以楚师伐齐,取穀。
公至自伐齐。
二十六年春,王正月,公会莒兹丕公、宁庄子,"盟于向",寻洮之盟也。"齐师侵我西鄙",讨是二盟也。夏,齐孝公伐我北鄙,卫人伐齐,洮之盟故也。
公使展喜犒师,使受命于展禽。齐侯未入竟,展喜从之,曰:"寡君闻君亲举玉趾,将辱于敝邑,使下臣犒执事。"齐侯曰:"鲁人恐乎?"对曰:"小人恐矣,君子则否。"齐侯曰:"室如县罄,野无青草,何恃而不恐?"对曰:"恃先王之命。昔周公、大公,股肱周室,夹辅成王。成王劳之而赐之盟,曰:'世世子孙,无相害也!'载在盟府,大师职之。桓公是以纠合诸侯而谋其不协,弥缝其阙而匡救其灾,昭旧职也。及君即位,诸侯之望曰:'其率桓之功!'我敝邑用不敢保聚,曰:'岂其嗣世九年而弃命废职?其若先君何?君必不然。'恃此以不恐。"齐侯乃还。
东门襄仲、臧文仲如楚乞师。臧孙见子玉而道之伐齐、宋,以其不臣也。
夔子不祀祝融与鬻熊,楚人让之。对曰:"我先王熊挚有疾,鬼神弗赦而自窜于夔,吾是以失楚,又何祀焉?"秋,楚成得臣、斗宜申帅师灭夔,以夔子归。
宋以其善于晋侯也,叛楚即晋。冬,楚令尹子玉、司马子西帅师伐宋,围缗。
"公以楚师伐齐,取穀。"凡师能左右之曰"以"。寘桓公子雍于穀,易牙奉之以为鲁援。楚申公叔侯戍之。桓公之子七人,为七大夫于楚。

【译文】

二十六年春,周历正月九日,僖公会见莒子、卫国的宁速,在向结盟。齐国人侵犯我国西部边境,僖公追击齐国的军队,没有追上。夏,齐国人攻打我国北部边境。卫国人攻打齐国。公子遂到楚国去请求救援的军队。秋,楚国人灭亡了夔,带着夔子回来。冬,楚国人攻打宋国,包围缗。僖公同楚国的军队一起攻打齐国,占取了谷。僖公攻打齐国回来。

二十六年春,周历正月,僖公会见莒兹丕公、宁庄子,在向结盟,这是为了重温洮的盟约。

齐国的军队侵犯我国西部边境,这是为了讨伐洮和向两地的盟约。

夏,齐孝公攻打我国北部边境,卫国人攻打齐国,这是因为洮的盟约的缘故。僖公派展喜犒劳齐国的军队,让他在展禽那里接受命令。齐侯还没有进入国境,展喜就迎上去,说:"我们国家的君主听说您亲自移步,将屈尊来到我国,派我来犒劳您。"齐侯说:"鲁国人害怕吗?"回答说:"小人害怕了,君子却不害怕。"

齐侯说:"房子像悬挂的中空的磬,野地没有青草,仗恃什么而不惊恐?"回答说:"仗恃着先王的命令。从前周公、太公捍卫周王室,在左右辅佐成王。成王慰劳他们,并且赐给他们盟约,说:'世世代代、子子孙孙不要互相侵害!'这盟约放在盟府里,由太史掌管它。齐桓公因此联合诸侯,解决了他们的不和谐,弥合了他们的裂痕,救援他们的灾难,这正是昭明太公的职责。到了您即位的时候,诸侯期望着说:'将会继承桓公的事业!'我们国家因此不敢聚合兵力保卫城池,说:'难道他继承君位九年,就丢弃先王的命令、废除太公的职责吗?将怎样向他的先君交代?您一定不会这样。'仗恃着这一点而不惊恐。"齐侯于是回国。

东门襄仲、臧文仲到楚国去请求援兵,臧孙进见子玉并且引导他攻打齐国、宋国,因为齐宋两国不肯臣服于楚国。

夔子不祭祀祝融和鬻熊,楚国人责备他。夔子回答说:"我们的先王熊挚有病,鬼神不能赦免,才自己窜逃到了楚国,我们因此失掉了楚国,又为什么要祭祀他们?"秋,楚国的成得臣、斗宜申率领军队灭亡夔国,带着夔子回国。

宋国因为同晋侯友善,就背叛楚国而亲近晋国。冬,楚国的令尹子玉、司马子西率领军队攻打宋国,包围了缗。僖公率领楚国的军队攻打齐国,占取了谷。凡是军队,能随意指挥它就叫"以"。把齐桓公的儿子雍安排在谷,易牙事奉他,把他作为鲁国的后援。楚国的申公叔侯戍守谷。齐桓公的儿子七人,在楚国都做了大夫。

僖公二十七年

【原文】

二十有七年:春,杞子来朝。

夏六月庚寅,齐侯昭卒。

秋,八月乙未,葬齐孝公。

乙巳,公子遂帅师入杞。

冬,楚人、陈侯、蔡侯、郑伯、许男围宋。

十有二月甲戌,公会诸侯,盟于宋。

二十七年春,杞桓公来朝。用夷礼,故曰"子"。公卑杞,杞不共也。

夏,齐孝公卒。有齐怨,不废丧纪,礼也。

秋,入杞,责无礼也。

楚子将围宋,使子文治兵于睽,终朝而毕,不戮一人。子玉复治兵于蒍,终日而毕,鞭七人,贯三人耳。国老皆贺子文,子文饮之酒。蒍贾尚幼,后至,不贺。子文问之,对曰:"不知所贺。子之传政于子玉,曰:'以靖国也。'靖诸内而败诸外,所获几何?子玉之败,子之举也。举以败国,将何贺焉?子玉刚而无礼,不可以治民;过三百乘，其不能以入矣。苟人而贺，何后之有？"

冬，楚子及诸侯围宋。宋公孙固如晋告急。先轸曰："报施救患，取威定霸，于是乎在矣！"狐偃曰："楚始得曹，而新昏于卫。若伐曹、卫，楚必救之，则齐、宋免矣。"

于是乎蒐于被庐，作三军，谋元帅。赵衰曰："郤縠可。臣亟闻其言矣，说礼、乐而敦《诗》、《书》。《诗》、《书》，义之府也；礼、乐，德之则也。德、义，利之本也。《夏书》曰：'赋纳以言，明试以功，车服以庸。'君其试之！"乃使郤縠将中军，郤溱佐之。使狐偃将上军，让于狐毛而佐之；命赵衰为卿，让于栾枝、先轸。使栾枝将下军，先轸佐之。荀林父御戎，魏犨为右。

晋侯始入而教其民，二年，欲用之。子犯曰："民未知义，未安其居。"于是乎出定襄王，入务利民，民怀生矣。将用之，子犯曰："民未知信，未宣其用。"于是乎伐原以示之信。民易资者，不求丰焉，明征其辞。公曰："可矣乎？"子犯曰："民未知礼，未生其共。"于是乎大蒐以示之礼，作执秩以正其官。民听不惑，而后用之。出穀戍，释宋围，一战而霸，文之教也。

【译文】

二十七年春，杞子前来朝见。夏六月十八日，齐侯昭死。秋八月二十四日，安葬齐孝公。九月四日，公子遂率领军队进入杞国。冬，楚国人、陈侯、蔡侯、郑伯、许男包围宋国。十二月五日，僖公会见诸侯，在宋国结盟。

二十七年春，杞桓公前来朝见。因为杞国用的是夷人的礼节，所以《春秋》称子。僖公看不起杞桓公，认为杞桓公不恭敬。

夏，齐孝公死，虽然鲁国对齐国有怨恨，但是不废除丧事的礼节，这是合于礼的。

秋，鲁国的军队进入杞国，这是为了责备杞桓公的无礼。

楚子将要围攻宋国，派子文在睽训练军队，从早晨到中午就结束了，没有惩罚一个人。子玉又在蒍训练军队，从昼到夜才结束，鞭打了七个人，用箭刺穿了三个人的耳朵。国老都祝贺子文荐举得人，子文请大家饮酒。蒍贾还年幼，最后到场，不祝贺。子文问他原因，回答说："不知道祝贺什么。您把政事传给子玉，说：'用他安定国家。'在国内安定了，在国外却失败了，得到的有多少？子玉的失败，是您荐举的结果。荐举人却使国家遭到失败，要祝贺什么呢？子玉刚愎而没有礼节，不能用他来治理百姓。如果让他指挥超过三百辆兵车的军队作战，将不能安全地回国。如果他安全回国了，然后祝贺，能算晚了吗？"

冬，楚子和诸侯包围宋国，宋国的公孙固到晋国告急。先轸说："报答宋国的恩惠，平息宋国的祸患，获取在诸侯中的威信，稳定晋国的霸业，就在这一次了。"狐偃说："楚国刚刚得到了曹国，并且同卫国新结为姻亲，如果攻打曹国和卫国，楚国必定救援它们，那么齐国和宋国就免于祸难了。"于是在被庐检阅军队，建立上中下三军，谋求元帅的人选。赵衰说："郤縠可以。我多次听到他谈话，喜好礼、乐，崇尚《诗》、

《书》。《诗》、《书》，是义理的府库；礼、乐，是道德的准则。德、义，是利国利民的根本。《夏书》说：'普遍听取他的意见，明察他的办事能力，用车马服饰奖赏他的功绩。'您试用他看看。"于是让郤縠率领中军，郤溱辅佐他。让狐偃率领上军，狐偃辞让给狐毛而自己辅佐他。命令赵衰为卿，赵衰辞让给栾枝、先轸，让栾枝率领下军，先轸辅佐他。荀林父给晋侯驾御兵车，魏犨作为车右。

晋侯刚刚回国即位，就教化他的百姓，第二年，就想用百姓去征战。子犯说："百姓还不懂得义理，还不能安居乐业。"于是在外面稳定周襄王的王位，在国内务求对百姓有利，百姓眷恋农业生产了。晋侯又要用百姓去征战。子犯说："百姓还不懂得讲信用，不明了您的措施的用意。"于是通过攻打原向百姓昭示诚信的作用。结果百姓用来交易买卖的东西，不求高价谋利，可以明确证明价格的真实性。文公说："可以动用民众了吗？"子犯说："百姓还不懂得礼节，没有养成彼此尊敬的习惯。"于是举行大规模的阅兵仪式来向百姓演示礼仪，开始设置执秩这样的官员，来使官吏的设置走向正规。结果百姓听从命令而不迷惑，然后用百姓去征战。后来迫使楚国撤除驻守谷的军队，解除了楚国对宋国的围困，经过一次战争就成了霸主，这是晋文公施行教化的结果。

僖公二十八年

【原文】

二十有八年：春，晋侯侵曹。晋侯伐卫。
公子买戍卫，不卒戍，刺之。
楚人救卫。
三月丙午，晋侯入曹，执曹伯。畀宋人。
夏四月己巳，晋侯、齐师、宋师、秦师及楚人战于城濮，楚师败绩。
楚杀其大夫得臣。卫侯出奔楚。
五月癸丑，公会晋侯、齐侯、宋公、蔡侯、郑伯、卫子、莒子，盟于践土。
陈侯如会。
公朝于王所。
六月，卫侯郑自楚复归于卫。卫元咺出奔晋。
陈侯款卒。
秋，杞伯姬来。
公子遂如齐。
冬，公会晋侯、齐侯、宋公、蔡侯、郑伯、陈子、莒子、邾（人）〔子〕、秦人于温。
天王狩于河阳。

壬申，公朝于王所。

晋人执卫侯，归之于京师。卫元咺自晋复归于卫。

诸侯遂围许。

曹伯襄复归于曹，遂会诸侯围许。

二十八年春，晋侯将伐曹，假道于卫。卫人弗许。还，自〔南〕河（南）济，侵曹，伐卫。正月戊申，取五鹿。二月，晋郤縠卒。原轸将中军，胥臣佐下军，上德也。晋侯、齐侯盟于敛盂。卫侯请盟，晋人弗许。卫侯欲与楚，国人不欲，故出其君以说于晋。卫侯出居于襄牛。

公子买戍卫，楚人救卫，不克。公惧于晋，杀子丛以说焉。谓楚人曰："不卒戍也。"

晋侯围曹，门焉，多死。曹人尸诸城上，晋侯患之。听舆人之谋（曰）："称'舍于墓'"，师迁焉，曹人凶惧，为其所得者棺而出之。因其凶也而攻之，三月丙午入曹，数之以其不用僖负羁而乘轩者三百人也。且曰："献状！"

令无入僖负羁之宫，而免其族，报施也。魏犨、颠颉怒，曰："劳之不图，报于何有？"爇僖负羁氏。魏犨伤于胸。公欲杀之而爱其材，使问，且视之。病，将杀之。魏犨束胸见使者，曰："以君之灵，不有宁也。"距跃三百，曲踊三百，乃舍之。杀颠颉以徇于师，立舟之侨以为戎右。

宋人使门尹般如晋师告急。公曰："宋人告急，舍之，则绝；告楚，不许。我欲战矣，齐、秦未可，若之何？"先轸曰："使宋舍我而赂齐、秦，藉之告楚。我执曹君，而分曹、卫之田以赐宋人。楚爱曹、卫，必不许也。喜赂，怒顽，能无战乎？"公说，执曹伯，分曹、卫之田以畀宋人。

楚子入居于申，使申叔去穀，使子玉去宋，曰："无从晋师！晋侯在外十九年矣，而果得晋国。险阻艰难，备尝之矣；民之情伪，尽知之矣。天假之年，而除其害。天之所置，其可废乎？《军志》曰：'允当则归。'又曰：'知难而退。'又曰：'有德者不可敌。'此三志者，晋之谓矣。"

子玉使伯棼请战，曰："非敢必有功也，愿以间执谗慝之口！"王怒，少与之师，唯西广、东宫与若敖之六卒实从之。

子玉使宛春告于晋师曰："请复卫侯而封曹，臣亦释宋之围。"子犯曰："子玉无礼哉！君取一，臣取二，不可失矣！"先轸曰："子与之。定人之谓礼。楚一言而定三国，我一言而亡之，我则无礼，何以战乎？不许楚言，是弃宋也，救而弃之，谓诸侯何？楚有三施，我有三怨。怨雠已多，将何以战？不如私许复曹、卫以携之，执宛春以怒楚，既战而后图之。"公说。乃拘宛春于卫，且私许复曹、卫，曹、卫告绝于楚。

子玉怒，从晋师。晋师退。军吏曰："以君辟臣，辱也。且楚师老矣，何故退？"子犯曰："师直为壮，曲为老，岂在久（矣）〔乎〕？微楚之惠不及此，退三舍辟之，所以报也。背惠食言，以亢其仇，我曲楚直，其众素饱，不可谓老。我退而楚还，我将何求？若其不还，君退臣犯，曲在彼矣。"退三舍。楚众欲止，子玉不可。

夏，四月戊辰，晋侯、宋公、齐国归父、崔夭、秦小子憖次于城濮。楚师背酅而舍，晋侯患之。听舆人之诵曰："原田每每，舍其旧而新是谋。"公疑焉。子犯曰："战也！战而捷，必得诸侯；若其不捷，表里山河，必无害也。"公曰："若楚惠何？"栾贞子曰："汉阳诸姬，楚实尽之。思小惠而忘大耻，不如战也！"晋侯梦与楚子搏，楚子伏己而盬其脑，是以惧。子犯曰："吉。我得天，楚伏其罪。吾且柔之矣！"

子玉使门勃请战，曰："请与君之士戏。君凭轼而观之，得臣与寓目焉。"晋侯使栾枝对曰："寡君闻命矣。楚君之惠，未之敢忘，是以在此。为大夫退，其敢当君乎？既不获命矣，敢烦大夫谓二三子：'戒尔车乘，敬尔君事，诘朝将见。'"

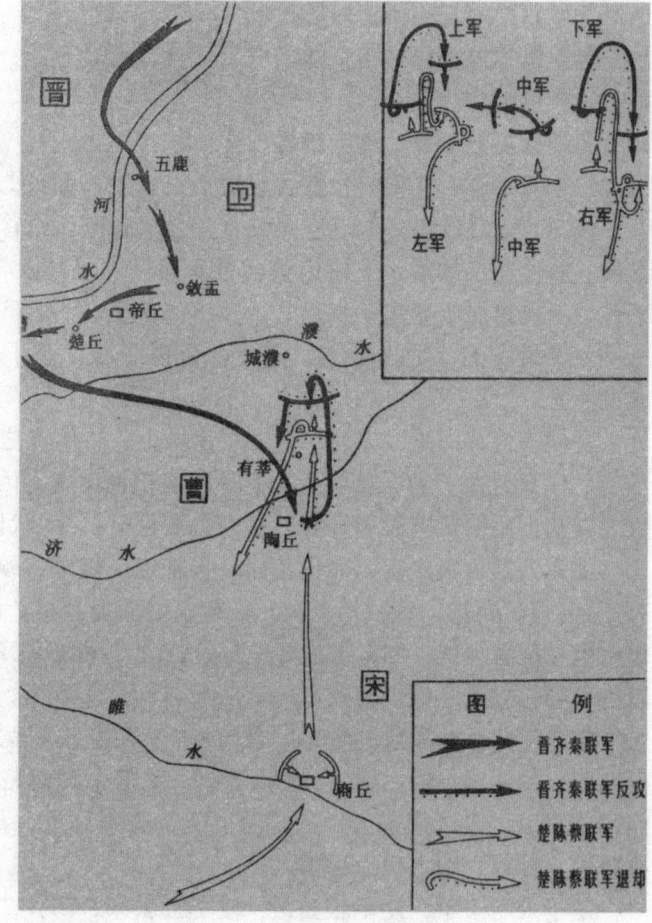

城濮之战作战经过示意图

晋车七百乘，韅、靷、鞅、靽。晋侯登有莘之虚以观师，曰："少长有礼，其可用也！"遂伐其木，以益其兵。

己巳，晋师陈于莘北，胥臣以下军之佐当陈、蔡。子玉以若敖之六卒将中军，曰："今日必无晋矣！"子西将左，子上将右。胥臣蒙马以虎皮，先犯陈、蔡。陈、蔡奔，楚右师溃，狐毛设二旆而退之。栾枝使舆曳柴而伪遁，楚师驰之，原轸、郤溱以中军公族横击之。狐毛、狐偃以上军夹攻子西，楚左师溃。楚师败绩。子玉收其卒而止，故不败。

晋师三日馆，榖，及癸酉而还。甲午，至于衡雍，作王宫于践土。

乡役之三月，郑伯如楚致其师。为楚师既败而惧，使子人九行成于晋。晋栾枝入盟郑伯。五月丙午，晋侯及郑伯盟于衡雍。

丁未，献楚俘于王：驷介百乘，徒兵千。郑伯傅王，用平礼也。己酉，王享醴，命晋侯宥。王命尹氏及王子虎、内史叔兴父策命晋侯为侯伯，赐之大辂之服、戎辂之服，彤弓一，彤矢百，旅弓矢千，秬鬯一卣，虎贲三百人。曰："王谓叔父：'敬服王命,以绥四国,纠逖王慝。'"晋侯三辞,从命,曰:"重耳敢再拜稽首,奉扬天子之丕显休命。"受策以出。出入三觐。

卫侯闻楚师败,惧,出奔楚,遂适陈,使元咺奉叔武以受盟。癸亥,王子虎盟诸侯于王庭,要言曰:"皆奖王室,无相害也。有渝此盟,明神殛之,俾队其师,无克祚国,及(其)〔而〕玄孙,无有老幼。"君子谓是盟也信,谓晋于是役也,能以德攻。

初,楚子玉自为琼弁玉缨,未之服也。先战,梦河神谓己曰:"畀余!余赐女孟诸之麋。"弗致也。大心与子西使荣黄谏,弗听。荣季曰:"死而利国,犹或为之,况琼玉乎!是粪土也,而可以济师,将何爱焉?"弗听。出,告二子曰:"非神败令尹,令尹其不勤民,实自败也。"

既败,王使谓之曰:"大夫若入,其若申、息之老何?"子西、孙伯曰:"得臣将死,二臣止之,曰:'君其将以为戮。'"及连谷而死。晋侯闻之而后喜可知也,曰:"莫余毒也已!蒍吕臣实为令尹,奉己而已,不在民矣。"

或诉元咺于卫侯曰:"立叔武矣。"其子角从公,公使杀之。咺不废命,奉夷叔以入守。六月,晋人复卫侯。宁武子与卫人盟于宛濮,曰:"天祸卫国,君臣不协,以及此忧也。今天诱其衷,使皆降心以相从也。不有居者,谁守社稷?不有行者,谁扞牧圉?不协之故,用昭乞盟于尔大神以诱天衷。自今日以往,既盟之后,行者无保其力,居者无惧其罪。有渝此盟,以相及也。明神先君,是纠是殛!"国人闻此盟也,而后不贰。

卫侯先期入。宁子先,长牂守门以为使也,与之乘而入。公子歂犬、华仲前驱。叔孙将沐,闻君至,喜,捉发走出;前驱射而杀之。公知其无罪也,枕之股而哭之。歂犬走出,公使杀之。元咺出奔晋。

城濮之战,晋中军风于泽,亡大旆之左旃。祁瞒奸命,司马杀之以徇于诸侯,使茅茷代之。师还,壬午济河。舟之侨先归,士会摄右,秋七月丙申振旅,恺以入于晋,献俘授馘,饮至、大赏;徵会讨贰;杀舟之侨以徇于国:民于是大服。

君子谓文公其能刑矣,三罪而民服。《诗》云:"惠此中国,以绥四方。"不失赏、刑之谓也。

冬,会于温,讨不服也。

卫侯与元咺讼,宁武子为辅,鍼庄子为坐,士荣为大士。卫侯不胜,杀士荣,刖鍼庄子,谓宁俞忠而免之。"执卫侯,归之于京师",寘诸深室。宁子职纳橐饘焉。元咺归于卫,立公子瑕。

是会也,晋侯召王,以诸侯见,且使王狩。仲尼曰:"以臣召君,不可以训。"故书曰"天王狩于河阳",言非其地也,且明德也。

壬申,公朝于王所。

丁丑,诸侯围许。

晋侯有疾,曹伯之竖侯獳货筮史,使曰——以曹为解:"齐桓公为会而封异姓,今君为会而灭同姓。曹叔振铎,文之昭也;先君唐叔,武之穆也。且合诸侯而灭兄弟,非礼也；与卫偕命，而不与偕复，非信也；同罪异罚，非刑也。礼以行义，信以守礼，刑以正邪：舍此三者，君将若之何？"公说，复曹伯，遂会诸侯于许。

晋侯作三行以御狄：荀林父将中行，屠击将右行，先蔑将左行。

【译文】

二十八年春，晋侯侵袭曹国，晋侯攻打卫国。公子买戍守卫国，没有戍守到最后，僖公杀了他。楚国人救援卫国。三月八日，晋侯进入曹国，抓住了曹伯。分给宋国人土地。夏四月二日，晋侯、齐国的军队、宋国的军队、秦国的军队同楚国人在城濮作战，楚国的军队大败。楚国杀了他的大夫得臣。卫侯逃亡到楚国。五月十六日，僖公会见晋侯、齐侯、宋公、蔡侯、郑伯、卫子、莒子，在践土结盟。陈侯到会。僖公在天子的住所朝见天子。六月，卫侯郑从楚国回到卫国。陈侯款死。秋，杞伯姬前来。公子遂到齐国去。冬，僖公在温会见晋侯、齐侯、宋公、蔡侯、郑伯、陈子、莒子、邾子、秦国人。天子在河阳狩猎。十月七日，僖公在天子的住所朝见天子。晋国人抓住了卫侯，把他送到京师。卫国的元咺从晋国回到卫国。诸侯于是包围许国。曹伯襄回到曹国，接着会同诸侯包围许国。

二十八年春，晋侯将攻打曹国，向卫国借路，卫国人不允许。晋军回来，从卫国的南面渡过黄河，侵袭曹国，攻打卫国。正月九日，占取五鹿。二月，晋国的郤縠死。原轸率领中军，胥臣辅佐下军，这是崇尚先轸的德行。晋侯、齐侯在敛盂结盟。卫侯请求结盟，晋国人不答应。卫侯想亲近楚国，但国都的人不同意，所以把国君从国都赶出去，以此讨好晋国，卫侯逃到襄牛住了下来。公子买戍守卫国，楚国人救援卫国，不能战胜晋军。僖公害怕晋国，杀了子丛来讨好晋国。对楚国人说："因为公子买没有完成戍守的任务。"

晋侯包围曹国，攻打城门，伤亡很多。曹国人把楚国人的尸体放在城墙上，晋侯很忧虑。听从众人的计策，说"把军队驻扎在曹人的墓地上"。晋侯把军队迁到曹人的墓地上，曹国人恐惧，把得到的晋军尸体装进棺木送出来，晋国趁着他们恐慌的时候攻打他们。三月十日，进入曹国。晋侯斥责曹共公，因为他不任用僖负羁，而乘坐轩车的人却有三百人之多。并且说："交出这些乘坐轩车的人的功劳状！"命令不要进入僖负羁的住宅，并且赦免僖负羁的族人。这是为了报答他的恩惠。魏犨、颠颉发怒说："我们从亡的功劳都不考虑，对于僖负羁又有什么值得报答的？"便烧了僖负羁的住宅。魏犨的胸部受了伤。晋侯想杀掉他，却又爱惜他这个人才。派人慰问他，并且视察他的病情。如果伤势很严重，就准备杀掉他。魏犨把胸部的伤口包扎好，出来见使者，说："托国君的福，我不是很安宁吗？"勉力直跳三次，横跳三次。于是赦免了他。杀了颠颉在军中示众。任命舟之侨为车右。

宋国人派门尹般到晋军中告急。晋侯说："宋国人告急，如果舍弃他们不管，两国的关系就会断绝，请求楚国撤军，楚国又不答应。我准备同楚国交战了，但齐国、秦国又不会同意，怎么办呢？"先轸说："让宋国撇开我们而送给齐国、秦国财物，利用齐、秦两国出面请求楚国撤军。我们抓住曹国的君主，分一部分曹国、卫国的田土给宋国人。楚舍不得曹国、卫国的田土，一定不会答应。齐、秦两国因得到宋国的财物而高兴，因楚国的顽抗而愤怒，能不参战吗？"晋侯很高兴，便抓住了曹伯，分曹国、卫国的田土给宋国人。楚子回兵住在申，命令申叔撤出谷这个地方，让子玉撤出宋国，说："不要同晋军交战！晋侯流亡在外十九年了，终于得到了晋国，艰难险阻，都尝过了；百姓的想法，他全都了解了。上天赐给他高寿，除掉国家的祸害，这是上天安排的，怎么能废掉他呢？《军志》说：'适可而止。'又说：'知难而退。'又说：'有德的人是不能抵挡的。'这三条记载，就是说的晋国目前的情况了。"

子玉派伯棼向楚王请求出战，说："并不是我们一定要建立功勋，而是希望通过这一次来防止、杜塞住那些说别人坏话的人的口。"楚王听了很生气，稍稍给他增添了一点兵力，只有西广、东宫两支军队和若敖的六百兵卒听他指挥。子玉派宛春告诉晋国的军队说："请恢复卫侯的君位，分封曹国，我也解除对宋国的包围。"子犯说："子玉没有礼貌啊！我们的国君只达到一个目的，而子玉作为臣子却要达到两个目的，不能失掉这个进攻他的机会。"先轸说："您还是答应他。安定别人的国家叫做礼。楚国一句话就安定三个国家，我说一句话就可能灭亡了它们，那就是我们无礼了，还凭什么作战？不答应楚国的要求，是背弃宋国，为了救它却又背弃了它，对诸侯怎样交代呢？楚国为三个国家施舍了恩惠，而我们却同三个国家结下了怨恨，怨仇太多，将靠什么去作战？不如私下里答应恢复曹国、卫国来离间它们同楚国的关系，抓住宛春来激怒楚国，交战以后再考虑别的问题。"晋侯很高兴，于是在卫国扣留了宛春，并且私下里答应恢复曹国、卫国的疆土，曹、卫两国宣告同楚国断绝关系。

子玉发怒，缠着晋国的军队不放。晋国的军队撤退。晋国的军官说："以国君的身份躲避臣子，这是耻辱；而且楚国的军队已经疲惫了，为什么要撤退呢？"子犯说："军队理直，士气就旺盛，理亏，士气就低落，难道在于时间的长短吗？如果没有楚王的恩惠，晋国就不会有今天，撤退九十里避开楚国的军队，这是为了报答楚国的恩惠。背弃别人的恩惠而不实践自己的诺言，来庇护楚国的仇敌，这是我们理亏，楚国理直；楚国的士兵向来士气饱满，不能说他们疲惫了。如果我们撤退而楚军回国，我们还要求什么呢？如果他们不回去，做君主的退让了，做臣子的却进犯，那么理亏的一方就在他们了。"晋军撤退九十里，楚国的士兵想停止前进，子玉不同意。

夏四月一日，晋侯、宋公、齐国的国归父、崔夭、秦小子憗驻扎在城濮。楚国的军队背靠鄀地驻扎，晋侯很忧虑。听到众人朗诵说："田野里青草绿油油，谋耕新田舍其旧。"晋侯犹豫不定。子犯说："打吧！战而胜，一定可以得到诸侯的拥护。如果不胜，晋国外有黄河，内有太行，必定不会有什么危害。"晋侯说："对楚国的恩惠怎么办呢？"栾枝说："汉水以北的各姬姓国，楚国尽数吞并了它们。思念小的恩惠而忘记大的耻辱，不如一战。"晋侯梦见同楚子搏斗，楚子伏在自己身上吸饮自己的脑汁，因此害怕。子犯说："吉利，我们得到了上天的帮助，楚国伏首认罪，我们将要安抚楚国了。"

子玉派门勃向晋侯挑战，说："请求同您的士兵角力，您扶着车前的横木观看，我也陪您看看。"晋侯派栾枝回答说："我们的国君听到您的命令了。楚国君主的恩惠，我们不敢忘记，因此才退避到这里。为了大夫尚且撤退三十里，怎么敢抵挡楚国国君呢？既然不能获得允许，就烦劳大夫转告你的手下：ّ准备好你们的战车，恭敬你们国君交付的任务，明日早晨再见面。'"晋国有战车七百辆，鞿靷鞅靽，都已齐备。晋侯登上有莘的废墟来检阅军队，说："年少的年长的都有礼貌，可以作战了。"于是砍伐树木，以增添兵器。

四月二日，晋国的军队在莘北摆开阵势，胥臣以下军副将的身份抵挡陈国、蔡国的军队。子玉以若敖的六百士卒为主力率领中军，说："今天一定要灭亡晋国了。"子西率领左军，子上率领右军。晋国的胥臣用虎皮蒙上战马，首先冲击陈国、蔡国的军队。陈国、蔡国的军队逃跑，楚国的右军崩溃了。狐毛设置两队前军击退他们。栾枝让战车拖着柴草假装逃跑，楚国的军队追击过来，原轸、郤溱率领中军主力拦腰截击楚军。狐毛、狐偃率领上军攻打子西，楚国的左军溃败。楚国的军队大败。子玉收住他的士卒停止攻击，所以中军没有溃败。晋国的军队在楚营里住了三天，吃了三天，四月六日回国。二十七日，到达衡雍，在践土为周襄王建造行宫。

城濮之役的前三月，郑伯曾经到楚国去把郑国的军队交给楚国使用。现在因为楚军已经战败而恐惧，派子人九到晋国求和。晋国的栾枝进入郑国同郑伯结盟。五月九日，晋侯同郑伯在衡雍结盟。十日，把楚国的俘虏献给周襄王：四马披甲所驾的战车一百辆，步兵一千。郑伯担任周襄王的赞礼，用周平王接待晋文侯的仪式接待晋文公。十二日，周襄王用甜酒招待晋文公。襄王命令文公为襄王劝酒。襄王命令尹氏、王子虎和内史叔兴父策命晋文公为诸侯的领袖。赐给他乘坐大辂时穿的服装，乘坐兵车时穿的服装，红色的弓一张、红色的箭一百支、黑色的弓一千张、黑色的箭一千支、黑黍酿造的香酒一卣、勇士三百人。说："襄王命令你：ّ恭敬地服从周王的命令，安抚四方诸侯，为周王检举、清除邪恶。'"晋侯辞让了三次，听从命令，说："重耳再拜稽首，接受和发扬天子伟大、光明、美善的圣命。"接受了策命出来，前后三次朝见天子。

卫侯听说楚国的军队失败，很害怕，逃亡到楚国，接着又逃到陈国，派元咺辅佐叔武来接受晋国和诸侯的盟约。五月二十六日，王子虎在王庭会盟诸侯，约言说："都要扶助王室，不要互相侵害！有违背这个盟约的，神灵将会惩罚他：让他的军队覆灭，国运不会久长，祸及他的玄孙，无论老幼都会受到惩罚。"君子说这次盟约是有信用的，说晋国在这次战役中，能凭借德行进行攻伐。

当初，楚国的子玉自己制作了琼弁、玉缨，没有使用。战斗之前，梦见黄河之神对自己说："给我，我赐给你宋国的地盘。"子玉没有把琼弁、玉缨送给河神。大兴和子西让荣黄进谏，不听。荣季说："如果个人死去却有利于国，尚且应该去死，何况是琼玉呢？这是粪土一类的东西啊！如果可以用它帮助军队，又有什么爱惜的呢？"不听。荣季出来，告诉大兴和子西说："不是河神要令尹失败，令尹不肯为百姓辛劳，实在是自取灭亡。"已经失败了，楚王派人对他说："你如果回国，对申、息两地的父老怎样交代？"子西、孙伯说："得臣准备自杀，我们两人制止他说：'君王将会杀掉你的。'"到了连谷就自杀了。晋侯听到这个消息后非常高兴是可以理解的，说："没有谁会危害我们了！芳吕臣做令尹，只保全自己而已，心思不在百姓身上。"

有人在卫侯面前诬告元咺说："要五叔武做国君了。"元咺的儿子元角跟随卫侯逃亡，卫侯派人杀了他。但元咺仍不废弃卫侯临走时的成命，事奉叔武回国摄政。六月，晋国人允许卫侯回国。宁武子与卫国人在宛濮结盟，说："上天降祸卫国，君臣不和谐，因此遭到这样的忧患。现在上天诱导我们的内心，使我们都能放弃成见来互相听从。没有留守的人，谁来守护社稷？没有随国君出行的人，谁来保卫国君携带的财产？由于不和谐的缘故，因而乞求在尊神面前明白宣誓，以求天意保佑。从今以后，在已经订立盟约之后，随从逃亡的人不要仗恃自己的功劳，留守的人不要害怕自己有罪。如有违背这个盟约的，祸难将会降临到他的头上。明神先君，将会检举、惩罚。"卫国的人听到了这个盟约，从此没有二心。

卫侯提前回国，宁武子又在卫侯之前，长牂把守城门，以为宁武子是国君的使者，和他同乘一辆车进城。公子歂犬、华仲为先行人员，叔武准备洗头，听说国君到了，非常高兴，握着头发跑出来，先行人员把他射死了。卫侯知道他没有罪，把头枕在他的大腿上哭泣。歂犬逃跑，卫侯派人杀死了他，元咺逃亡到晋国。

在城濮的战役中，晋国的中军在沼泽遇上大风，丢失了前军的左旗。祁瞒违反了军令，司马杀了他，拿他的尸体在诸侯中示众，让茅茷代替祁瞒的职务。六月十六日，渡过黄河。舟之侨先回国了，由士会代行车右的职务。秋七月某日，班师，高奏凯歌回到晋国。在宗庙中献上俘虏和敌人的左耳，犒劳三军，奖赏有功将士，征召诸侯会盟，讨伐三心二意的国家。杀了舟之侨在国都示众，百姓从此十分顺服。君子评论文公："能够严明刑罚，杀三个罪人而百姓顺服。《诗》说：'施惠于这些中原国家，来安抚四方诸侯。'说的就是没有失去公正的赏赐和刑罚。"

冬，诸侯在温会见，为了讨伐不顺服的国家。

卫侯同元咺争讼，宁武子辅佐卫侯，针庄子做卫侯的代理人，士荣做卫侯的辩护人。卫侯没有取胜，晋侯杀了士荣，砍掉了针庄子的脚，认为宁武子忠诚而赦免了他。扣留卫侯，把他带到京师，安置在幽深的房子里。宁武子负责给卫侯送衣食。元咺回到卫国，立公子瑕为国君。

在这次盟会上，晋侯召请周王，带领诸侯进见周王，并且让周王打猎。仲尼说："以臣的身份召请君主，不能把它作为规范。"所以《春秋》写道："天王狩于河阳。"是说这不是周天子狩猎的地方，而且为了显明晋侯的功德。十月七日，鲁僖公到周天子的住所朝见。

十一月十二日，诸侯包围许国。晋侯有病。曹伯的小臣侯獳贿赂晋国卜筮官，要他说晋侯生病的原因是由于灭亡了曹国："齐桓公主持会盟为异姓封国，现在您主持会盟却灭亡同姓的国家，曹国的叔振铎，是文王的儿子，晋国的先君唐叔，是武王的儿

子。而且会合诸侯而灭掉兄弟之国,这是不合于礼仪的;曹国同卫国一起得到您允许复国的命令,却不能和卫国同时恢复国家,这是不讲信用的;罪过相同而惩罚不同,这是不合于刑法的。礼是用来推行道义的,信用是用来保护礼仪的,刑罚是用来纠正邪恶的。抛弃这三项,您准备怎么办呢?"晋侯很高兴,恢复了曹伯的君位。接着在许国会盟诸侯。晋侯设置左、中、右三行来抵御戎狄。荀林父率领中行,屠击率领右行,先蔑率领左行。

僖公二十九年

【原文】

二十有九年:春,介葛卢来。

公至自围许。

夏,六月,会王人、晋人、宋人、齐人、陈人、蔡人、秦人,盟于翟泉。

秋,大雨雹。

冬,介葛卢来。

二十九年春,〔介〕葛卢来朝,舍于昌衍之上。公在会,馈之刍、米,礼也。

夏,公会王子虎、晋狐偃、宋公孙固、齐国归父、陈辕涛涂、秦小子慭,盟于翟泉,寻践土之盟,且谋伐郑也。卿不书,罪之也。在礼卿不会公侯,会伯子男可也。

秋,大雨雹,为灾也。

冬,介葛卢来,以未见公故,复来朝。礼之,加燕好。

介葛卢闻牛鸣,曰:"是生三牺,皆用之矣。——其音云。"问之,而信。

【译文】

二十九年春,介葛卢前来朝见。僖公包围许国回来。夏六月,会见周王室的人、晋国人、宋国人、齐国人、陈国人、蔡国人、秦国人在翟泉结盟。秋,下很大的冰雹。冬,介葛卢前来朝见。

二十九年春,介葛卢前来朝见,住在昌衍山上。僖公正参加盟会,赠给他草料和粮食,这是合于礼的。

夏,僖公在翟泉会见周王室的王子虎、晋国的狐偃、宋国的公孙固、齐国的国归父、陈国的辕涛涂、秦国的小子慭,重温践土的盟约,并且商量攻打郑国。《春秋》不记载参加盟会的卿的名字,是谴责他们。按照礼制规定,卿不能会见公、侯,会见伯、子、男是可以的。

秋,下很大的冰雹,造成了灾害。

冬,介葛卢前来,因为前次没有见到僖公的缘故,所以再次前来朝见。对他加以礼遇，再加上燕礼和上等货礼。介葛卢听到牛的鸣叫声，说："这牛生了三头祭祀用的牛，都用来祭祀了，听它的声音是这样的。"询问别人，果然是真的。

僖公三十年

【原文】

三十年：春，王正月。

夏，狄侵齐。

秋，卫杀其大夫元咺及公子瑕。卫侯郑归于卫。

晋人、秦人围郑。

介人侵萧。

冬，天王使宰周公来聘。

公子遂如京师，遂如晋。

三十年春，晋人侵郑，以观其可攻与否。狄间晋之有郑虞也，夏，狄侵齐。

晋侯使医衍酖卫侯。宁俞货医，使薄其酖，不死。公为之请，纳玉于王与晋侯，皆十瑴。王许之。秋，乃释卫侯。

卫侯使赂周歂、冶廑曰："苟能纳我，吾使尔为卿。"周、冶杀元咺及子适、子仪。公入，祀先君。周、冶既服，将命。周歂先入，及门，遇疾而死。冶廑辞卿。

九月甲午，晋侯、秦伯围郑，以其无礼于晋，且贰于楚也。晋军函陵，秦军氾南。

佚之狐言于郑伯曰："国危矣！若使烛之武见秦君，师必退。"公从之。辞曰："臣之壮也，犹不如人；今老矣，无能为也已。"公曰："吾不能早用子，今急而求子，是寡人之过也。然郑亡，子亦有不利焉！"许之。夜，缒而出，见秦伯，曰："秦、晋围郑，郑既知亡矣。若亡郑而有益于君，敢以烦执事。越国以鄙远，君知其难也；焉用亡郑以（倍）〔陪〕邻？邻之厚，君之薄也。若舍郑以为东道主，行李之往来，共其乏困，君亦无所害。且君尝为晋君赐矣，许君焦、瑕，朝济而夕设版焉，君之所知也。夫晋，何厌之有？既东封郑，又欲肆其西封；（若）不阙秦，（将）焉取之？阙秦以利晋，惟君图之。"秦伯说，与郑人盟，使杞子、逢孙、杨孙戍之，乃还。

子犯请击之。公曰："不可。微夫人〔之〕力不及此。因人之力而敝之，不仁；失其所与，不知；以乱易整，不武。吾其还也。"亦去之。

初，郑公子兰出奔晋，从于晋侯伐郑，请无与围郑。许之。使待命于东。郑石甲父、侯宣多逆以为大子，以求成于晋，晋人许之。

冬，王使周公阅来聘，飨有昌歜、白黑、形盐。辞曰："国君，文足昭也，武可畏也，则有备物之飨，以象其德；荐五味，羞嘉穀，盐虎形，以献其功。吾何以堪之？"

东门襄仲将聘于周，遂初聘于晋。

【译文】

　　三十年春，周历正月，夏，狄人侵袭齐国。秋，卫国杀了它的大夫元咺和公子瑕。卫侯郑回到卫国。晋国人、秦国人包围郑国。介国人侵犯萧国。冬，周天子派冢宰周公前来聘问。公子遂到京师去，接着到晋国去。

　　三十年春，晋国人侵袭郑国，以此观察郑国是否可以攻打。狄人趁着晋国要对付郑国的时候，在这年夏天侵犯齐国。

　　晋侯派叫衍的医生毒死卫侯，宁俞贿赂医生，让他少放毒药，结果卫侯没有被毒死。鲁僖公替卫侯请求，送玉给周天子和晋侯，都是十对，周天子答应了。秋，就释放了卫侯。

　　卫侯使人送给周歂、冶廑财物说："如能送我回去当国君，我让你们做卿。"周歂、冶廑便杀了元咺和子适、子仪。卫侯回国祭祀先君，周歂、冶廑已经穿好礼服，准备接受卿命。周歂先进去，走到门口，发病而死。冶廑辞去卿位。

　　九月十日，晋侯、秦伯包围郑国，因为郑国对晋国无礼，而且两属于楚国。晋国的军队驻扎在函陵，秦国的军队驻扎在氾南。

　　佚之狐对郑伯说："国家危急了！如果派烛之武去见秦国国君，秦国的军队一定会撤退。"郑伯听从他的建议。烛之武却推辞说："我年轻时，尚且不如别人；现在老了，不能做什么事情了。"郑伯说："我不能及早用您，现在事情危急了才来求您，这是我的过错。然而郑国灭亡了，对您也不利啊！"烛之武答应了。晚上用绳子缚住身子坠下城墙。见了秦伯说："秦晋两国军队包围郑国，郑国已经知道要灭亡了。如果灭亡了郑国对您有好处，那就麻烦您继续进攻。但是中间隔着晋国而把遥远的郑国作为您的边邑，您知道这是很困难的，何必用灭亡郑国的办法来增加邻国的土地呢？邻国的土地丰厚了，就等于您的土地减少了。如果保留郑国作为您的东道主，您的使者来往的时候，就能供应他们的食宿，对您也没有损害。而且您曾经对晋君赐与恩惠，答应把焦、瑕两地给您，可是他早晨渡河回国，晚上就修筑防御工事，这是您知道的。晋国哪里会有满足的时候？等到他在东边把郑国作为他的疆界以后，又会放肆向西边扩展，如果不损害秦国，又到哪里去取得土地呢？损害秦国却有利于晋国，您还是考虑考虑这件事吧。"

　　秦伯很高兴，与郑国人结盟，派杞子、逢孙、杨孙戍守郑国，就撤军回国。子犯请求攻击秦军，晋侯说："不行，如果没有这个人的力量就到不了今天。依靠了别人的力量却伤害他，这是不仁；失掉了亲近的国家，这是不智；用分裂代替团结，这是不武。我们还是回去吧。"也撤离了郑国。

　　当初，郑国的公子兰逃亡到晋国，跟着晋侯攻打郑国，请求不参与包围郑国的行动。晋侯答应了，让他在晋国的东面等待命令。郑国的石甲父、侯宣多把他接回去立为太子，来同晋国求和，晋国人答应了。

　　冬，周天子派周公阅前来聘问，宴享他的食品有菖蒲菹、稻米糕、黍米糕、虎形盐块。周公辞谢说："国君，文可以昭显四方，武可以令人畏惧，就有物品齐备的宴享，来象征他的德行；献上五味的菖蒲菹、上等粮食做成的糕点、还有外形似虎的盐，来象征他的功业，我怎么担当得起呢？"

东门襄仲将要到周室聘问，于是顺便到晋国做第一次聘问。

僖公三十一年

【原文】

三十有一年：春，取济西田。

公子遂如晋。

夏四月，四卜郊，不从，乃免牲。犹三望。

秋，七月。

冬，杞伯姬来求妇。

狄围卫。十有二月，卫迁于帝丘。

三十一年春，取济西田，分曹地也。使臧文仲往，宿于重馆。重馆人告曰："晋新得诸侯，必亲其共。不速行，将无及也！"从之。分曹地，自洮以南，东傅于济，尽曹地也。

襄仲如晋，拜曹田也。

夏四月，四卜郊，不从，乃免牲，非礼也。"犹三望"，亦非礼也。礼不卜常祀，而卜其牲、日。牛卜日曰牲。牲成而卜郊，上怠慢也。望，郊之细也。不郊，亦无望可也。

秋，晋蒐于清原，作五军以御狄。赵衰为卿。

冬，狄围卫，卫迁于帝丘，卜曰三百年。

卫成公梦康叔曰："相夺予享。"公命祀相，宁武子不可，曰："鬼神非其族类，不歆其祀。杞、鄫何事？相之不享于此久矣，非卫之罪也。不可以间成王、周公之命祀。请改祀命。"

郑洩驾恶公子瑕，郑伯亦恶之，故公子瑕出奔楚。

【译文】

三十一年春，取得济水以西的田地。公子遂到晋国去。夏四月，四次占卜郊祭，不吉利，于是不杀牲，但仍进行了三次望祭。秋七月。冬，杞伯姬前来为儿子求取妻室。狄人包围卫国。十有二月，卫国迁到帝丘。

三十一年春，取得济水以西的田地，这是分割的曹国的土地。派遣臧文仲前往，住在重这个地方的旅馆里。旅馆里的人告诉臧文仲说："晋国新近得到诸侯的拥护，一定亲近恭敬他的人，不快点去，将会赶不上。"臧文仲听从了这个意见。分割曹国的土地，自洮水以南，东边靠着济水，都是曹国的土地。襄仲到晋国去，拜谢取得曹国的土地。

夏四月，四次占卜郊祭，不吉利，于是不杀牲，这是不合于礼的。仍然进行三次望祭，这也是不合于礼的。按礼不占卜常规的祭祀，而今却既卜牲又卜日。牛在卜得吉日后便叫牲，已经成了牲却还要占卜郊祭的日期，这是在上的人怠慢了祭祀。望祭，是郊祭的细节。既然不进行郊祭，那么不举行望祭也是可以的。

秋，晋国在清原检阅部队，建立五个军来抵御狄人。赵衰为卿。

冬，狄人包围卫国，卫迁到帝丘。占卜说可以立国三百年。卫成公梦见康叔说："相夺走了我的祭品。"卫成公命令祭祀相。宁武子不同意，说："鬼神如果不是他的同族祭祀，就不会享用那种祭品。杞国、鄫国做什么去了？相在杞国和鄫国不享用祭祀已经很久了，这不是卫国的过错，不可冒犯成王、周公规定的祭祀，请您改变祭祀相的命令。"

郑国的泄驾厌恶公子瑕，郑伯也厌恶他，所以公子瑕逃亡到楚国。

僖公三十二年

【原文】

三十有二年：春，王正月。

夏，四月己丑，郑伯捷卒。

卫人侵狄。秋，卫人及狄盟。

冬，十有二月己卯，晋侯重耳卒。

三十二年春，楚斗章请平于晋，晋阳处父报之。晋、楚始通。

夏，狄有乱。卫人侵狄，狄请平焉。秋，卫人及狄盟。

冬，晋文公卒。庚辰，将殡于曲沃。出绛，柩有声如牛。卜偃使大夫拜，曰："君命大事：将有西师过轶我，击之，必大捷焉。"

杞子自郑使告于秦，曰："郑人使我掌其北门之管，若潜师以来，国可得也。"穆公访诸蹇叔。蹇叔曰："劳师以袭远，非所闻也。师劳力竭，远主备之，无乃不可乎？师之所为，郑必知之。勤而无所，必有悖心。且行千里，其谁不知？"公辞焉。召孟明、西乞、白乙，使出师于东门之外。蹇叔哭之曰："孟子！吾见师之出而不见其入也！"公使谓之曰："尔何知？中寿，尔墓之木拱矣。"蹇叔之子与师，哭而送之，曰："晋人御师必于殽。殽有二陵焉：其南陵，夏后皋之墓也；其北陵，文王之所辟风雨也。必死是间，余收尔骨焉！"秦师遂东。

【译文】

三十二年春,周历正月。夏四月十五日,郑伯捷死。卫国人侵犯狄人。秋,卫国人与狄人盟。冬十二月九日,晋侯重耳死。

三十二年春,楚国的斗章到晋国请求讲和,晋国的阳处父到楚国回聘。晋国、楚国从这时起才有外交使者的往来。

夏,狄国发生动乱。卫国人侵犯狄国,狄国请求讲和。秋,卫国人同狄人结盟。

冬,晋文公卒。十二月十日,准备停丧在曲沃。出了绛城,棺材里发出像牛叫的声音。卜偃让大夫下拜,说:"国君有大事命令我们:将有西方的部队经过我们的国境,攻击他们,必定能大获全胜。"

杞子从郑国派人告诉秦穆公说:"郑国人让我掌管北门的钥匙,如果悄悄派兵前来,就可以占取郑国了。"秦穆公就这件事征求蹇叔的意见。蹇叔说:"辛苦地调动军队去袭击远方的国家,没有听说过这样做的。军队疲劳,气力枯竭,远方的国家早有了防备,大概不行吧?我军的行动,郑国一定知道。辛苦劳累却没有所得,士兵就会产生叛逆之心。而且行程千里,哪一个不知道呢?"穆公拒绝了蹇叔的意见。召集孟明、西乞、白乙,使他们率领军队从东门外出发。蹇叔为他们哭泣,说:"孟子,我看见军队出去,却看不到军队回来了。"穆公派人对蹇叔说:"你知道什么!如果只活到中寿,现在你的坟墓上的树木都有两手合抱那么粗了。"蹇叔的儿子也参加了这支部队,蹇叔哭着送他说:"晋国人必定在崤山抵御秦国的军队。崤有两座大山:南面的山头,是夏后皋的坟墓;北面的山头,是文王躲避风雨的地方,你一定会死在那里,我在那里收拾你的尸骨吧。"秦国的军队于是向东进发。

僖公三十三年

【原文】

三十有三年:春,王二月,秦人入滑。

齐侯使国归父来聘。

夏,四月辛巳,晋人及姜戎败秦师于殽。

癸巳,葬晋文公。

狄侵齐。

公伐邾,取訾娄。

秋,公子遂帅师伐邾。

晋人败狄于箕。

冬,十月,公如齐。

十有二月，公至自齐。

乙巳，公薨于小寝。

陨霜不杀草。李梅实。

晋人、陈人、郑人伐许。

三十三年春，（晋）秦师过周北门。左右免胄而下，超乘者三百乘。王孙满尚幼，观之，言于王曰："秦师轻而无礼，必败。轻则寡谋，无礼则脱。入险而脱，又不能谋，能无败乎？"

及滑，郑商人弦高将市于周，遇之，以乘韦先，牛十二，犒师，曰："寡君闻吾子将步师出于敝邑，敢犒从者。不腆敝邑，为从者之淹，居则具一日之积，行则备一夕之卫。"且使遽告于郑。

郑穆公使视客馆，则束载、厉兵、秣马矣。使皇武子辞焉，曰："吾子淹久于敝邑，唯是脯资饩牵竭矣。为吾子之将行也，郑之有原圃，犹秦之有具囿也。吾子取其麋鹿以闲敝邑，若何？"杞子奔齐，逢孙、扬孙奔宋。

孟明曰："郑有备矣，不可冀也。攻之不克，围之不继，吾其还也。"灭滑而还。

齐国庄子来聘，自郊劳至于赠贿，礼成而加之以敏。臧文仲言于公曰："国子为政，齐犹有礼，君其朝焉！臣闻之：服于有礼，社稷之卫也。"

晋原轸曰："秦违蹇叔而以贪勤民，天奉我也。奉不可失，敌不可纵。纵敌，患生；违天，不祥。必伐秦师！"栾枝曰："未报秦施而伐其师，其为死君乎？"先轸曰："秦不哀吾丧而伐吾同姓，秦则无礼，何施之为？吾闻之：'一日纵敌，数世之患也。'谋及子孙，可谓死君乎！"遂发命，遽兴姜戎。子墨衰绖，梁弘御戎，莱驹为右。夏四月辛巳，败秦师于殽，获百里孟明视、西乞术、白乙丙以归。遂墨以葬文公，晋于是始墨。

文嬴请三帅，曰："彼实构吾二君，寡君若得而食之，不厌，君何辱讨焉？使归就戮于秦，以逞寡君之志，若何？"公许之。

先轸朝，问秦囚。公曰："夫人请之，吾舍之矣。"先轸怒曰："武夫力而拘诸原，妇人暂而免诸国，堕军实而长寇仇，亡无日矣！"不顾而唾。

公使阳处父追之。及诸河，则在舟中矣。释左骖，以公命赠孟明。孟明稽首曰："君之惠，不以累臣衅鼓，使归就戮于秦；寡君之以为戮，死且不朽。若从君惠而免之，三年将拜君赐！"

秦伯素服郊次，乡师而哭，曰："孤违蹇叔以辱二三子，孤之罪也。"不替孟明。〔曰：〕"孤之过也，大夫何罪？且吾不以一眚掩大德。"

"狄侵齐"，因晋丧也。

公伐邾，取訾娄，以报升陉之役。邾人不设备。秋，襄仲复伐邾。

狄伐晋，及箕。八月戊子，晋侯败狄于箕。郤缺获白狄子。

先轸曰："匹夫逞志于君而无讨，敢不自讨乎？"免胄入狄师，死焉。狄人归其元，面如生。

初,曰季使过冀;见冀缺耨,其妻馌之,敬,相待如宾。与之归,言诸文公曰:"敬,德之聚也。能敬必有德。德以治民,君请用之!臣闻之:出门如宾,承事如祭,仁之则也。"公曰:"其父有罪,可乎?"对曰:"舜之罪也殛鲧,其举也兴禹。管敬仲,桓之贼也,实相以济。《康诰》曰:'父不慈,子不祗,兄不友,弟不共,不相及也。'《诗》曰:'采葑采菲,无以下体。'君取节焉可也。"文公以为下军大夫。反自箕,襄公以三命命先且居将中军,以再命命先茅之县赏胥臣,曰:"举郤缺,子之功也。"以一命命郤缺为卿,复与之冀,亦未有军行。

冬,公如齐,朝,且吊有狄师也。反,薨于小寝,即安也。

晋、陈、郑伐许,讨其贰于楚也。

楚令尹子上侵陈、蔡。陈、蔡成,遂伐郑,将纳公子瑕。门于桔柣之门,瑕覆于周氏之汪,外仆髡屯禽之以献。文夫人敛而葬之郐城之下。

晋阳处父侵蔡,楚子上救之,与晋师夹泜而军。阳子患之,使谓子上曰:"吾闻之:'文不犯顺,武不违敌。'子若欲战,则吾退舍,子济而陈,迟速唯命。不然,纾我。老师费财,亦无益也。"乃驾以待。子上欲涉,大孙伯曰:"不可!晋人无信,半涉而薄我,悔败何及?不如纾之。"乃退舍。阳子宣言曰:"楚师遁矣!"遂归。楚师亦归。大子商臣谮子上曰:"受晋赂而辟之,楚之耻也。罪莫大焉!"王杀子上。

葬僖公。缓作主,非礼也。凡君薨,卒哭而祔,祔而作主,特祀于主,烝、尝、禘于庙。

【译文】

三十三年春。周历二月,秦国人进入滑国。齐侯派国归父前来聘问。夏四月十三日,晋国人同姜戎在崤击败秦国的军队。二十五日,安葬晋文公。狄人侵犯齐国。僖公攻打邾国,占取了訾娄。秋,公子遂率领军队攻打邾国。晋国人在箕击败狄人。冬十月,僖公到齐国去。十二月,僖公从齐国回来。十一日,僖公死在小寝。降霜但没有杀死草。李树、梅树结出果实。晋国人、陈国人、郑国人攻打许国。

三十三年春,秦国的军队经过周王室的北门,车上左右的士兵脱掉头盔下车步行,然而却又跟着一跃上车,三百辆兵车都是如此。王孙满还年幼,看到了这种情形,对周襄王说:"秦国的军队轻狂而没有礼貌,一定会失败。轻狂就缺少谋略,没有礼貌就会粗心大意。进入险地却粗心大意,又不能谋划,能不失败吗?"到了滑国,郑国的商人弦高准备到周城去做生意,遇上了秦军。先送上四张熟牛皮,跟着送上十二头牛,犒劳秦国的军队,说:"我们的国君听说你们要行军经过我们的国土,冒昧地慰劳您的部下,我们国家虽不富足,但因为你们在外日久,如要住下来,我们就为你们准备好每日的给养,如果你们要走,我们就为你们准备一夜的守卫。"并且派传车向郑国报告。

郑穆公派人视察客馆,原来郑国人已经捆束行装、磨利兵刃、喂饱马匹了。郑穆公派皇武子下逐客令,说:"你们长久留在我们国家,只是我们的肉、粮、牲畜都用光了，为了你们将要远行，郑国有原圃，就好像秦国有具囿一样，你们自己去猎取些麋鹿，让我们安闲安闲，怎么样？"杞子逃跑到齐国，逢孙、扬逃跑到宋国。孟明说："郑国有防备了，不能希冀了。攻它攻不下，包围它援兵又跟不上，我们还是回去吧。"灭亡滑国然后回国。

　　齐国的国庄子前来聘问。从郊劳一直到赠贿，行礼合于礼仪，处事谨慎恰当。臧文仲对僖公说："国子执政，齐国尚有礼仪，您还是朝见齐君吧！我听说：对有礼之邦敬服，是国家的保障。"

　　晋国的原轸说："秦国违背蹇叔的意见，因为贪于得郑而辛苦百姓，这是上天赐给我们的机会。天赐不可失掉，敌人不可放纵。放纵敌人，忧患就会产生，违背天意就会不吉祥。一定要攻打秦国的军队！"栾枝说："没有报答秦国的恩惠，却攻打它的军队，这难道是心里装着先君的遗命吗？"先轸说："秦国不哀悼我国的丧事却攻打我们的同姓国，这是秦国无礼，还谈得上什么恩惠？我听说：'一日放纵敌人，就会有数世的忧患。'考虑到子孙后代，这可以对先君交代了吧？"于是发布出兵命令，急速调动姜戎参战。晋襄公穿上染黑的孝服，梁弘为他驾车，莱驹作为车右。夏四月十三日，在崤山击败秦国的军队，俘虏了百里孟明视、西乞术、白乙丙回国。于是穿着黑色丧服安葬晋文公，晋国从此开始改用黑色丧服。

　　文嬴为三帅请求，说："他们确实挑拨了我们两国君主的关系，秦君如能得到他们就是吃了他们的肉，也不满足，您何必屈尊去惩罚他们呢？让他们回去让秦君杀掉他们，来满足秦君的心愿，怎么样？"晋襄公同意了。先轸上朝，问起秦国的俘虏。晋襄公说："夫人替他们请求，我放了他们。"先轸发怒说："将士们拼力在战场上抓住了他们，而夫人却一下子就从国内把他们放走了，毁掉了战争的胜利果实，却助长了敌人的势力，国家灭亡没有多久了！"不管襄公在面前就吐了一口口水。襄公派阳处父去追赶他们，追到了黄河，他们已经在船上了。阳处父解下左边的骖马，用襄公的名义赠给孟明。孟明叩头说："托晋君恩惠，不把我们这些囚臣杀了涂鼓，放我们回去让秦君杀我们，我们的国君把我们杀了，那是死而不朽。如果托晋君的恩惠得赦免，三年之后将拜谢晋君的恩赐。"秦穆公穿着白色的丧服在郊外等候，对着军队哭泣，说："我违背蹇叔的意见，因此使二三子受到侮辱，这是我的过错。"不撤掉孟明的职务。说："是我的过错，大夫有什么罪呢？况且我不会因为一点小过失就抹杀你们大的功德。"

　　狄人侵犯齐国，这是因为晋国有丧事。

弦高，清任熊绘。

僖公攻打邾国。占取了訾娄,这是为了报复升陉的战役。邾国人没有设防。秋,襄仲再次攻打邾国。

狄人攻打晋国,到达箕。八月二十二日,晋侯在箕击败狄人。郤缺俘获了白狄子。先轸说:"匹夫在国君面前放任自己的心志却没有惩罚,敢不自己惩罚自己吗?"脱掉头盔冲入狄国的军队,死在那里,狄国人送回他的头,面部颜色好像活着一样。

当初,臼季出使经过冀,看到冀缺锄草,他的妻子给他送饭到田里,很恭敬,彼此相待如宾。臼季便同冀缺一起回来,把他们的事情对文公说:"恭敬,是德行的集中表现,能够恭敬就必定有德行,德行是用来治理百姓的,请您任用他!我听说:出门遇见人如同对待宾客,接受任务就好像参加祭祀一样,这是仁的准则。"文公说:"他的父亲有罪,可以吗?"回答说:"舜惩办罪人,把鲧流放到荒远的地方,他举拔人才,却用了鲧的儿子禹。管仲,是齐桓公的敌人,举他为相却取得了成功。《康诰》说:'父亲不慈爱,儿子不诚敬,哥哥不友爱,弟弟不恭顺。'《诗》说:'采萝卜,采蔓菁,不要吃了叶子丢了根。'您选取他的长处就可以了。"文公让郤缺担任下军大夫。从箕回来,襄公以三命命先且居率领中军,以再命命将先茅的食邑赏给胥臣,说:"荐举郤缺,是你的功劳。"以一命命郤缺为卿,重新赐给他冀,但在军队中还没有职务。

冬,僖公到齐国去朝见,并且对狄军的侵袭表示慰问。回来,死在小寝,这是追求安逸的缘故。

晋国、陈国、郑国攻打许国,讨伐他们两属于楚。楚国的令尹子上侵犯陈国、蔡国。陈国、蔡国同楚国讲和,于是攻打郑国,准备把公子瑕送回卫国即位,攻打郑国的桔柣之门,公子瑕的车子翻在郑国的内池里,外面的仆人髡屯捉住了他把他献给郑文公。文公夫人收敛他然后安葬在邲城下面。

晋国的阳处父侵犯蔡国,楚国的子上救援蔡国,同晋国的军队夹着泜水而扎营。阳处父很忧虑,派人对子上说:"我听说:'有文德的人不会侵犯顺理的事,有武德的人不肯躲避仇敌。'您如果想作战,那么我撤退三十里,你渡过黄河再摆开阵势,早打晚打都听你的,不然,就放我渡过河去。军队相持太久,耗费资财,也没有好处。"于是驾着战车等待。

子上想过河,大孙伯说:"不行。晋国人没有信用,当我们渡过一半时迫近攻击我们,后悔战败哪里还来得及?不如放他们过河。"于是撤退三十里。阳子宣布说:"楚国的军队逃跑了。"于是回国。楚国的军队也回国了。太子商臣诬陷子上说:"接受了晋国的礼物而躲避他们,这是楚国的耻辱。没有比这更大的罪了。"楚王杀了子上。

安葬僖公。没有及时制作神主,这是不合于礼的。凡是君主死了,停止号哭以后就祔祭于先祖,祔祭以后就制作神主,单独向神主祭祀。在宗庙举行烝祭、尝祭、禘祭等常规祭祀。

文公

文公元年

【原文】

元年：春，王正月，公即位。
二月癸亥，日有食之。
天王使叔服来会葬。
夏，四月丁巳，葬我君僖公。
天王使毛伯来锡公命。
晋侯伐卫。
叔孙得臣如京师。
卫人伐晋。

秋，公孙敖会晋侯于戚。
冬，十月丁未，楚世子商臣弑其君頵。
公孙敖如齐。

元年春，王使内史叔服来会葬。公孙敖闻其能相人也，见其二子焉。叔服曰："穀也食子，难也收子。穀也丰下，必有后于鲁国。"

于是闰三月，非礼也。先王之正时也，履端于始，举正于中，归馀于终。履端于始，序则不愆。举正于中，民则不惑。归馀于终，事则不悖。

夏，四月丁巳，葬僖公。

王使毛伯卫来赐公命。叔孙得臣如周拜。

晋文公之季年，诸侯朝晋。卫成公不朝，使孔达侵郑，伐绵、訾及匡。晋襄公既祥，使告于诸侯而伐卫。及南阳，先且居曰："效尤，祸也。请君朝王，臣从师。"晋侯朝王于温，先且居、胥臣伐卫。五月辛酉朔，晋师围戚。六月戊戌，取之，获孙昭子。

鲁文公

卫人使告于陈。陈共公曰："更伐之，我辞之。"卫孔达帅师伐晋。君子以为古，——古者越国而谋。

秋，晋侯疆戚田，故公孙敖会之。

初，楚子将以商臣为大子，访诸令尹子上。子上曰："君之齿未也，而又多爱。黜乃乱也。楚国之举，恒在少者。且是人也，蜂目而豺声，忍人也，不可立也！"弗听。既，又欲立王子职而黜大子商臣。商臣闻之而未察，告其师潘崇曰："若之何而察之？"潘崇曰："享江芈而勿敬也。"从之。江芈怒，曰："呼，役夫！宜君王之欲杀女而立职也！"告潘崇，曰："信矣。"潘崇曰："能事诸乎？"曰："不能！""能行乎？"曰："不能！""能行大事乎？"曰："能！"

冬十月，以宫甲围成王。王请食熊蹯而死，弗听。丁未，王缢。谥之曰"灵"，不瞑；曰"成"，乃瞑。穆王立，以其为大子之室与潘崇，使为大师，且掌环列之尹。

穆伯如齐，始聘焉，礼也。凡君即位，卿出并聘，践修旧好，要结外援，好事邻国，以卫社稷，忠、信、卑让之道也。忠，德之正也。信，德之固也。卑让，德之基也。

殽之役，晋人既归秦帅，秦大夫及左右皆言于秦伯曰："是败也，孟明之罪也，必杀之！"秦伯曰："是孤之罪也。周芮良夫之诗曰：'大风有隧，贪人败类。听言则对，诵言如醉。匪用其良，覆俾我悖。'是贪故也，孤之谓也。孤实贪以祸夫子，夫子何罪？"复使为政。

【译文】

文公元年春，周历正月，鲁文公即位。二月初一，发生了日食。周天子派叔服前来参加葬礼。四月二十六日，安葬僖公。周天子派毛伯来赐给文公以策命的荣宠。晋侯讨伐卫国。叔孙得臣到京城去。卫国人攻打晋国。秋天，鲁公孙敖在卫国戚地会见了晋襄公。冬十月十八日，楚太子商臣杀了楚国君颊。公孙敖出使齐国。

元年春，周天子派内史叔服前来参加葬礼。公孙敖听说他能给人相面，就让自己的两个儿子出来见他。叔服说："谷将来可以祭祀供养您，难将来可以安葬您。谷的下颌生得丰满，将来必定在鲁国有后人。"

在这时候闰三月，这是不合礼制的。先王端正时令，年历的推算是以正月朔日开始的，把气候的正节放在每月的中旬，把多余的日数归总在一年的末尾作为闰月。年历的推算以正月朔日开始，四时的次序就不会错乱；把正节放在每月的中旬，人们就不会迷惑；把剩余的日子归并到最后，一年的行事就不会混乱。

晋文公的晚年，各诸侯都来朝见晋国，卫成公不去朝见，反而派卫将孔达率军侵略郑国，攻打绵、訾和匡地。晋襄公在举行小祥祭祀以后，派人通告诸侯而讨伐卫国，军队来到南阳。晋将先且居说："效法错误，这是祸患。请君王您去朝觐周天子，由下臣带领军队去攻打卫国。"于是，晋襄公就去到温地朝见周天子，先且居、胥臣领兵进攻卫国。五月初一，晋国军队包围了戚地。六月初八，晋军攻下了戚地，俘获了孙昭子。

卫国人派人告诉陈国，向陈国求援。陈共公说："转过去进攻他们，我再去居中跟他们说说。"于是卫国的孔达就领兵进攻晋国。君子认为这样做是很合乎古礼的，因为古代在国难期间有到远方求救的事例。

秋天，晋襄公把咸地划入了晋国版图，所以鲁大夫公孙敖也参加了。

起初，楚成王准备立商臣为太子，征询令尹子上的意见。子上说："君王的年纪还不大，而且又有很多内宠，如果立了商臣以后又改变主意而加以废除，那就是祸乱。按照楚国传统，策立太子常常选择年轻的，而且商臣这个人，两眼突出像胡蜂一样，声音像豺狼，是一个残忍的人，不能立为太子。"楚王没有听从。立了以后不久，又想立王子职而废除太子商臣。商臣听到这个消息但还没有弄确切，便告诉他老师潘崇说："怎样才能把这事弄确切呢？"潘崇说："你设宴招待你姑母江芈而故意对她表示不尊敬。"商臣听从了他老师的意见，并按照去做。结果江芈发怒说："啊！你这个奴才！难怪君王要杀掉你而立职做太子，确实有道理。"商臣告诉潘崇说："事情是真的。"潘崇说："你能臣事公子职吗？"商臣说："不能。""能逃亡外国吗？"商臣说："不能。""能够办大事吗？"商臣说："能。"

冬十月，商臣率领宫中的警卫军包围成王。成王请求吃了熊掌以后去死，商臣不答应。十八日，楚成王上吊自尽。给他上谥号称为"灵"，尸体不闭眼睛；谥为"成"，才闭上眼睛。

穆王即位，把他做太子时的房屋财产给了潘崇，让他做太师，并且做掌管宫中警卫军的长官。

穆伯到齐国去，开始聘问，这是合于礼的。凡是国君即位，卿就要出去到各国访问，为的是继续加强相互的友好关系，争取各诸侯国的支持，善待邻近的国家，借以巩固自己的国家，这是合乎忠、信、卑让的原则的。忠诚是品德的正路，信义是品德的骨干，卑让是品德的基础。

秦晋殽之战时，晋国放回了秦国主将，秦国大夫及左右侍臣对秦伯说："这次战败是孟明的罪，一定要杀死他。"秦伯说："这是我的罪过。周朝芮良夫的诗说：'旋风迅急万物摧，贪人逞欲善人危。听人说话喜答对，诵读诗书打瞌睡。贤良不用遭摒弃，使我行为背道义。'这是由于贪婪的缘故，说的就是我啊。我实际很贪婪因而使那一位受祸，那一位有什么罪呢？"重新让孟明执政。

文公二年

【原文】

二年：春，王二月甲子，晋侯及秦师战于彭衙。秦师败绩。

丁丑，作僖公主。
三月乙巳，及晋处父盟。
夏，六月，公孙敖会宋公、陈侯、郑伯、晋士縠，盟于垂陇。
自十有二月不雨，至于秋七月。
八月丁卯，大事于大庙，跻僖公。
冬，晋人、宋人、陈人、郑人伐秦。
公子遂如齐纳币。

二年春，秦孟明视帅师伐晋，以报殽之役。二月，晋侯御之。先且居将中军，赵衰佐之。王官无地御戎，狐鞫居为右。甲子，及秦师战于彭衙，秦师败绩。晋人谓秦"拜赐之师"。

战于殽也，晋梁弘御戎，莱驹为右。战之明日，晋襄公缚秦囚，使莱驹以戈斩之。囚呼，莱驹失戈，狼瞫取戈以斩囚，禽之以从公乘。遂以为右。箕之役，先轸黜之而立续简伯。狼瞫怒。其友曰："盍死之？"瞫曰："吾未获死所。"其友曰："吾与女为难。"瞫曰："《周志》有之：'勇则害上，不登于明堂。'死而不义，非勇也。共用之谓勇。吾以勇求右；无勇而黜，亦其所也。谓上不我知，黜而宜，乃知我矣。子姑待之。"及彭衙，既陈，以其属驰秦师，死焉。晋师从之，大败秦师。君子谓狼瞫于是乎君子。《诗》曰："君子如怒，乱庶遄沮。"又曰："王赫斯怒，爰整其旅。"怒不作乱而以从师，可谓君子矣！

秦伯犹用孟明。孟明增修国政，重施于民。赵成子言于诸大夫曰："秦师又至，将必辟之。惧而增德，不可当也。《诗》曰：'毋念尔祖，聿修厥德。'孟明念之矣。念德不怠，其可敌乎？"

"丁丑，作僖公主。"书，不时也。

晋人以公不朝来讨。公如晋。夏四月己巳，晋人使阳处父盟公以耻之。书曰"及晋处父盟"，以厌之也。适晋不书，讳之也。

公未至，六月，穆伯会诸侯及晋司空士縠"盟于垂陇"，晋讨卫故也。书"士縠"，堪其事也。

陈侯为卫请成于晋，执孔达以说。

秋八月丁卯，"大事于大庙，跻僖公"，逆祀也。于是夏父弗忌为宗伯，尊僖公。且明见曰："吾见新鬼大，故鬼小。先大后小，顺也。跻圣贤，明也。明、顺，礼也。"君子以为失礼。礼无不顺。祀，国之大事也；而逆之，可谓礼乎？子虽齐圣，不先父食，久矣。故禹不先鲧，汤不先契，文、武不先不窋。宋祖帝乙，郑祖厉王，犹上祖也。是以《鲁颂》曰："春秋匪解，享祀不忒：皇皇后帝，皇祖后稷。"君子曰礼，谓其后稷亲而先帝也。《诗》曰："问我诸姑，遂及伯姊。"君子曰礼，谓其姊亲而先姑也。

仲尼曰：臧文仲，其不仁者三，不知者三。下展禽，废六关，妾织蒲，三不仁也。作虚器，纵逆祀，祀爰居，三不知也。

冬，晋先且居、宋公子成、陈辕远、郑公子归生伐秦，取汪及彭衙而还，以报彭衙之役。卿不书，为穆公故，尊秦也，谓之崇德。

襄仲如齐纳币，礼也。凡君即位，好舅甥，修昏姻，娶元妃以奉粢盛，孝也。孝，礼之始也。

【译文】

二年春，周历二月七日，晋侯与秦国的军队在彭衙交战，秦国军队大败。二十日作僖公的牌位。三月十九日，文公与晋处父结盟。夏六月，公孙敖与宋公、陈侯、郑伯及晋国的士縠相会，并于垂陇结盟。从去年十二月到今年秋七月一直没有下雨。八月十三日。在周公庙里举行祭典，安放僖公的牌位到上面。冬天，晋国人、宋国人、陈国人、郑国人一起攻伐秦国。公子遂到齐国去送订婚聘礼。

二年春，秦将孟明率兵攻打晋国，以报复殽地这次战役。二月，晋襄公率军抵抗，先且居率领中军，赵衰担任副将辅助他。王官无地为先且居驾车，狐鞫居作为车右。二月七日，晋秦两军在彭衙开战，结果秦军大败。晋国人戏称秦军为"拜谢恩赐的部队"。以前在殽地作战的时候，晋国的梁弘为晋襄公驾御战车，莱驹作为车右。开战的第二天，晋襄公捆绑了秦国的俘虏，派莱驹用戈杀秦俘，俘虏大叫一声，莱驹吓得将戈掉在地上。这时，狼瞫拿起戈来砍了俘虏的脑袋，抓起莱驹追上了晋襄公的战车，于是晋襄公就让他作为车右。在箕地的战役中，先轸废黜狼瞫，而以续简伯作为车右。狼瞫发怒。他的朋友说："你为什么不去死呢？"狼瞫说："我还没有找到死的地方。"他的朋友说："我跟你一起发难造反，杀掉先轸。"狼瞫说："《周志》有这样的话：'勇敢而杀害长上的人，死后不能进入明堂。'死而不合于道义，这不是勇敢。为国家所用叫做勇敢。我因勇敢而担任车右，如今被认为不勇敢而免职，说来也是应该的。如果说上面的人不了解我，废黜得恰当，就是了解我了。您姑且等着吧。"到彭衙之战时，两军已摆好阵势，狼瞫就率领他的部下冲进秦军中壮烈牺牲。晋军跟着冲上去，把秦军打得大败。君子认为："狼瞫由于这样可以算得君子了。《诗》说：'君子如果发怒，动乱差不多可以消灭。'"又说："'文王勃然震怒，于是就整顿军旅。'发怒不去作乱，反而上去打仗，可以算是君子了。"

秦穆公还是任用孟明。孟明进一步修明政事，给百姓以优厚的好处。赵成子对大夫们说："如果秦军再一次前来，我们一定要避开它。由于畏惧而更加修明德行，这是不可抵挡的。《诗·大雅》说'时时念着你的祖先，不断修明你的德行。'孟明念念不忘这首诗，想到德行而努力不懈，难道可以抵挡吗？"

二十日，制作僖公的牌位。《春秋》所以记载这事，是由于制作不及时。

晋国人由于鲁文公不到晋国朝见而前来攻打，文公就去了晋国。夏四月十三日，晋国派阳处父和文公结盟以羞辱他。《春秋》记载说"及晋处父盟"，这是表示对晋国憎恶的意思。到晋国去的事《春秋》没有记载，这是出于隐讳。

文公还未回到鲁国，六月，穆伯在垂陇和诸侯以及晋国司空士縠结盟，这是由于

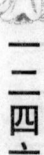

晋国攻打卫国的缘故。《春秋》记载称"士縠",是由于认为他能够胜任参与会盟这件事。陈侯为卫国向晋国求和,逮捕孔达,以作为跟晋国说和的条件。

秋八月十三日,鲁国在太庙中举行祭典,把鲁僖公的牌位安放在闵公之上,这是不合礼的祭祀。当时夏父无忌担任宗伯官,他很尊崇僖公,而且宣布他见到的说:"我见到新鬼大,旧鬼小,大的在前面,小的在后面,这是顺序,把圣贤供在上面,这是明智。明智、顺序,这是合于礼的。"君子认为这样做是失礼:"礼没有不合顺序的。祭祀是国家的大事,不按顺序,难道可以说合于礼吗?儿子虽然聪明圣哲,但不能在父亲之先享受祭品,这是由来已久的规定。所以禹不能在鲧之前,汤不能在契之前,文王、武王不能在窋之前。宋国以帝乙为祖宗,郑国以厉王为祖宗,这都是尊重祖先的表现。所以《鲁颂》说:'一年四季祭祀不懈怠,没有差错,致祭于伟大的天帝,又致祭于伟大的祖先后稷。'君子说这合于礼,是说后稷虽然亲近但却先称天帝。《诗》说:'问候我的姑母们,于是又问候到各位姐姐。'君子说这合于礼,是说姐姐虽然亲近然而却先称姑母。"

孔子说:"臧文仲,他有不仁爱的事情三件,不聪明的事情三件。使展禽这样的贤人居于下位,设立六个关口向行人收税,小老婆织席贩卖,与民争利,这是三件不仁爱的事。他花费钱财养了一个大乌龟,纵容那种不合礼的祭祀,祭祀海鸟爰居,这是三件不聪明的事。"

冬,晋国先且居、宋国公子成、陈国辕选、郑国公子归生,共同率兵攻打秦国,攻下秦地汪和彭衙然后回国,以报复上次在彭衙的战役。《春秋》上没有记载各国卿的名字,这是为了穆公的缘故。尊重秦国,叫做崇奉德行。

襄仲到齐国致献玉帛财礼,这是合乎礼的。凡是国君即位,敦睦舅甥国家间的友好关系,修结婚姻,迎娶长妃以便一起主持祭祀,这是合符孝道的。孝道,是礼的开端。

文公三年

【原文】

三年:春,王正月,叔孙得臣会晋人、宋人、陈人、卫人、郑人伐沈,沈溃。
夏,五月,王子虎卒。
秦人伐晋。
秋,楚人围江。
雨螽于宋。
冬,公如晋。十有二月己巳,公及晋侯盟。
晋阳处父帅师伐楚以救江。

三年春，庄叔会诸侯之师伐沈，以其服于楚也。"沈溃"，凡民逃其上曰溃，在上曰逃。

卫侯如陈，拜晋成也。

夏四月乙亥，王叔文公卒。来赴，吊如同盟，礼也。

秦伯伐晋，济河焚舟，取王官及郊。晋人不出。遂自茅津济，封殽尸而还。遂霸西戎，用孟明也。

君子是以知秦穆（公）之为君也，举人之周也，与人之壹也；孟明之臣也，其不解也，能惧思也；子桑之忠也，其知人也，能举善也。《诗》曰："于以采蘩？于沼于沚。于以用之？公侯之事。"秦穆有焉。"夙夜匪解，以事一人"，孟明有焉。"诒厥孙谋，以燕翼子"，子桑有焉。

"秋，雨螽于宋"，队而死也。

楚师围江，晋先仆伐楚以救江。冬，晋以江故告于周，王叔恒公、晋阳处父伐楚以救江。门于方城，遇息公子朱而还。

晋人惧其无礼于公也，请改盟。公如晋，及晋侯盟。晋侯飨公，赋《菁菁者莪》。庄叔以公降、拜，曰："小国受命于大国，敢不慎仪？君贶之以大礼，何乐如之？抑小国之乐，大国之惠也。"晋侯降，辞。登，成拜。公赋《嘉乐》。

【译文】

三年春，周历正月，叔孙得臣与晋人、宋人、陈人、卫人、郑人一起攻打沈国。沈国溃败。夏五月，王子虎死。秦国人攻伐晋国。秋天，楚国人围攻江国。宋国降落蝗虫。冬天，鲁文公到晋国去。十二月己巳，文公与晋侯结盟。晋国阳处父率领部队讨伐楚国以援救江国。

三年春，庄叔会合诸侯的军队攻打沈国，因为它投靠楚国。沈国百姓溃散，凡是百姓逃避他们上层人物叫做"溃"，上层人物逃走叫做"逃"。

卫侯到陈国去，这是为了答谢陈国所促成的卫、晋两国的和议的缘故。

夏四月二十四日，王叔文公死，发来了讣告，用同盟国的礼数去吊唁他，这是合于礼的。

秦伯攻打晋国，渡过黄河后烧掉船只，攻取了晋的王官和郊地，晋军不出战，于是秦军就从茅津渡过黄河，埋葬完前次殽之战的尸骨才回国，秦伯就此成了西戎的霸主，这都是由于任用了孟明。君子因此而知道秦穆公作为国君，提拔人才考虑全面，任用人才专一不疑；孟明作为臣子，能够努力不懈，戒惧多思；子桑忠心耿耿，他了解别人，能够推举好人。《诗》说："到哪里去采白蒿？到池塘里，到小洲上。在哪里使用它？在公侯的典礼上。"秦穆公就是这样的。"从早到晚不松懈，以侍奉天子一个人。"孟明做到了这些。"留给子孙好计谋，子孙安定受庇护。"子桑就是这样的。

秋天，宋国境内落下很多蝗虫，蝗虫落到地上就死了。

楚国的军队包围江国，晋国的先仆攻打楚国以救援江国。

冬天，晋国把楚国侵略江国的事上奏周天子，王叔桓公、晋国的阳处父去攻打楚国以救援江国。晋、周联军攻打楚国方城的门，碰见楚将公子朱就班师回国了。晋国人害怕曾经对文公无礼，请求改定盟约。文公到了晋国，和晋侯结盟。晋侯设享礼招待文公，赋《菁菁者莪》这首诗。庄叔就让文公走下台阶拜谢，说："小国接受大国的命令，怎敢对礼仪不谨慎？君王赐我们以隆重的礼数，还有什么比这更高兴的呢？小国的高兴，是大国的恩惠。"晋侯也走下台阶辞让，再登上台阶，完成拜礼。文公赋《嘉乐》这首诗。

文公四年

【原文】

　　四年：春，公至自晋。
　　夏，逆妇姜于齐。
　　狄侵齐。
　　秋，楚人灭江。
　　晋侯伐秦。
　　卫侯使宁俞来聘。
　　冬，十有一月壬寅，夫人风氏薨。
　　四年春，晋人归孔达于卫，以为卫之良也，故免之。
　　夏，卫侯如晋，拜。曹伯如晋，会正。
　　逆妇姜于齐，卿不行，非礼也。君子是以知出姜之不允于鲁也，曰：贵聘而贱逆之，君而卑之，立而废之，弃信而坏其主，在国必乱，在家必亡。不允，宜哉！《诗》曰："畏天之威，于时保之。"敬主之谓也。
　　秋，晋侯伐秦，围邧、新城，以报王官之役。
　　楚人灭江，秦伯为之降服，出次，不举，过数。大夫谏，公曰："同盟灭，虽不能救，敢不矜乎？吾自惧也。"君子曰："《诗》云：'惟彼二国，其政不获。惟此四国，爰究爰度。'其秦穆之谓矣！"
　　卫宁武子来聘。公与之宴，为赋《湛露》及《彤弓》。不辞，又不答赋。使行人私焉，对曰："臣以为肆业及之也。昔诸侯朝正于王，王宴乐之，于是乎赋《湛露》，则天子当阳，诸侯用命也。诸侯敌王所忾而献其功，王于是乎赐之彤弓一、彤矢百、玈弓矢千，以觉报宴。今陪臣来继旧好，君辱贶之，其敢干大礼以自取戾？"
　　冬，成风薨。

【译文】

　　四年春，文公从晋国回到鲁国。夏天，从齐国娶来了齐姜。狄人侵略齐国。秋天，楚国人灭了江国。晋侯攻伐秦国。卫侯派宁俞来聘问。冬十一月一日，夫人风氏死。

四年春，晋人把孔达释放回卫国。因为晋国人认为他是卫国的优秀人才，所以赦免了他。

夏，卫侯到晋国答谢释放孔达。曹伯到晋国商谈纳贡的事情。

到齐国迎娶姜氏，没有派卿去，这是不合礼的。君子因此知道出姜最终是不会被鲁国承认的。说："派身份高的公子遂去下聘礼，如今却派身份低微的去迎娶，身份是小君而轻待她，立为夫人而废弃他，背弃信用而损害内主的身份，这样的事发生在国家中国家就会动乱，发生在家族中家族必然灭亡。出姜最终不被鲁国承认而归回娘家不是很应该的吗？《诗》说：'畏惧上天的威灵，因此就能保全福禄'。说的是要恭敬国主。"

秋，晋侯攻打秦国，包围郲地、新城，以报复王官那次战役。

楚国灭了江国，秦伯为此而穿了素服，出居别室，撤去半盛膳食与歌乐，其行为超过了应有的礼数。大夫劝谏。秦伯说："同盟国被灭亡，虽然没能够去救援，又怎敢不哀怜呢？我是自己警惕呀。"君子说："《诗》说：'夏殷那两个国家哟，政治不得人心。于是这四方的诸侯，探究其中的原因。'这说的就是秦穆公啊。"

卫国的宁武子前来聘问，文公和他一起饮宴，为他诵《湛露》和《彤弓》两首诗。宁武子没有辞谢，又没有诵诗回答。文公派行人私下探问。宁武子回答说："下臣以为是练习吟诵而刚好诵到这些诗。从前诸侯在正月朝见天子，天子设宴奏乐，在这时吟诵《湛露》这首诗，那就表示天子对着太阳（南面而治），诸侯效劳听命。诸侯征讨天子的敌人而献功时，天子因而赐给他们红色的弓一把、红色的箭一百枝、黑色的弓、箭一千，以此表明这是对有功之人的报答宴会。现在陪臣只不过是前来继续过去的友好，承君王赐宴，岂敢触犯大礼而自取罪过？"

冬，成风死。

文公五年

【原文】

五年：春，王正月，王使荣叔归含且赗。

三月辛亥，葬我小君成风。王使召伯来会葬。

夏，公孙敖如晋。

秦人入鄀。

秋，楚人灭六。

冬，十月甲申，许男业卒。

五年春，王使荣叔来含且赗，召昭公来会葬，礼也。

初，鄀叛楚即秦，又贰于楚。夏，秦人入鄀。

六人叛楚即东夷。秋，楚成大心、仲归帅师灭六。冬，楚公子燮灭蓼。臧文仲闻六与蓼灭，曰："皋陶、庭坚不祀忽诸。德之不建，民之无援，哀哉！"

晋阳处父聘于卫，反过宁。宁嬴从之，及温而还。其妻问之，嬴曰："以刚。《商书》曰：'沈渐刚克，高明柔克。'夫子壹之，其不没乎？天为刚德，犹不干时，况在人乎？且华而不实，怨之所聚也。犯而聚怨，不可以定身。余惧不获其利而离其难，是以去之。"

晋赵成子，栾贞子、霍伯、臼季皆卒。

【译文】

五年春，周历正月，周王派荣叔为我小君成风送来口含之物，并赠送了助葬物品。三月十二日，安葬我国小君成风。周王派召伯来参加葬礼。夏，公孙敖到晋国去。秦国人进入鄀国。秋，楚国人灭掉六国。冬十月十八日，许男业死。

五年春，周天子派荣叔前来致送含玉及其他助葬物品，召昭公前来参加葬礼，这是合于礼的。

起初，鄀国背叛楚国而亲近秦国，后来又和楚国勾结。夏天，秦军进入鄀国。

六国人背叛楚国而亲近东夷，秋天，楚国的成大心、仲归领兵灭亡了六国。

冬天，楚国公子燮灭亡蓼国。臧文仲听到六国和蓼国灭亡的消息说："皋陶、庭诸一下子就没有人祭祀了。德行不建立，百姓没有救援，这真可悲。"

晋国的阳处父到卫国聘问，回国时路过宁地。宁嬴跟着他，到温地之后就回去了。他的妻子问阳处父是怎样的人。宁嬴说："阳处父个性太刚强了。《商书》说：'柔弱深沉的人要用刚强来克服，高亢明爽的人要用柔弱来克服。'那个人只具有刚强的个性，恐怕不会有善终。天为纯阳，属于刚强的德性，尚且不触犯四时的运行规律，何况是人呢？而且华而不实，就会聚集怨恨。触犯别人而聚集怨恨，不能够安定自身。我害怕不能得到什么利益反而遭到祸难，所以才离开他。"

晋国的赵成子、栾贞子、霍伯、臼季都死去了。

文公六年

【原文】

六年：春，葬许僖公。

夏，季孙行父如陈。

秋，季孙行父如晋。

八月乙亥，晋侯骧卒。

冬，十月，公子遂如晋。葬晋襄公。

晋杀其大夫阳处父。

晋狐射姑出奔狄。

闰月不告月，犹朝于庙。

六年春，晋蒐于夷，舍二军。使狐射姑将中军，赵盾佐之。阳处父至自温，改蒐于董，易中军。阳子，成季之属也，故党于赵氏，且谓赵盾能，曰："使能，国之利也。"是以上之。宣子于是乎始为国政，制事典，正法罪，辟狱刑，董逋逃，由质要，治旧洿，本秩礼，续常职，出滞淹。既成，以授大傅阳子与大师贾佗，使行诸晋国，以为常法。

臧文仲以陈、卫之睦也，欲求好于陈。夏，季文子聘于陈，且娶焉。

秦伯任好卒，以子车氏之三子奄息、仲行、针虎为殉。皆秦之良也，国人哀之，为之赋《黄鸟》。

君子曰："秦穆之不为盟主也，宜哉！死而弃民。先王违世，犹诒之法。而况夺之善人乎！《诗》曰：'人之云亡，邦国殄瘁。'无善人之谓。若之何夺之！古之王者知命之不长，是以并建圣哲，树之风声，分之采物，著之话言，为之律度，陈之艺极，引之表仪，予之法制，告之训典，教之防利，委之常秩，道之（以）礼则，使无失其土宜，众隶赖之，而后即命。圣王同之。今纵无法以遗后嗣，而又收其良以死，难以在上矣！"君子是以知秦之不复东征也。

秋，季文子将聘于晋，使求遭丧之礼以行。其人曰："将焉用之？"文子曰："'备豫不虞'，古之善教也。求而无之，实难。过求何害？"

八月乙亥，晋襄公卒。灵公少，晋人以难故，欲立长君。赵孟曰："立公子雍：好善而长，先君爱之，且近于秦。秦，旧好也。置善则固，事长则顺，立爱则孝，结旧则安。为难故，故欲立长君。有此四德者，难必抒矣！"贾季曰："不如立公子乐。辰嬴嬖于二君，立其子，民必安之。"赵孟曰："辰嬴贱，班在九人，其子何震之有？且为二君嬖，淫也。为先君子，不能求大而出在小国，辟也。母淫子辟，无威；陈小而远，无援：将何安焉？杜祁以君故，让偪姞而上之；以狄故，让季隗而己次之：故班在四，先君是以爱其子而仕诸秦，为亚卿焉。秦大而近，足以为援；母义子爱，足以威民：立之不亦可乎？"使先蔑、士会如秦，逆公子雍。贾季亦使召公子乐于陈，赵孟使杀诸郫。

贾季怨阳子之易其班也，而知其无援于晋也，九月，贾季使续鞫居杀阳处父。书曰"晋杀其大夫"，侵官也。

冬十月，襄仲如晋。葬襄公。

十一月丙寅，晋杀续简伯。贾季奔狄。宣子使臾骈送其帑。夷之蒐，贾季戮臾骈；臾骈之人欲尽杀贾氏以报焉。臾骈曰："不可。吾闻《前志》有之曰：'敌惠敌怨，不在后嗣。'忠之道也。夫子礼于贾季，我以其宠报私怨，无乃不可乎？介人之宠，非勇也。损怨益仇，非知也。以私害公，非忠也。释此三者，何以事夫子？"尽具其帑与其器用财贿，亲帅扦之，送致诸竟。

闰月不告朔，非礼也。闰以正时，时以作事，事以厚生，生民之道于是乎在矣。不告闰朔，弃时政也，何以为民？

【译文】

六年春，安葬许僖公。夏，季孙行父到陈国去。秋，季孙行父到晋国去。八月十四日，晋侯欢死。冬十月，公子遂到晋国去。安葬晋襄公。晋国杀了晋大夫阳处父。晋国狐射姑出逃到狄国。闰月没有举行告朔仪式，但还是举行了朝庙的仪式。

六年春，晋国在夷地阅兵，撤销了两个军。让狐射姑率领中军，赵盾辅助他。阳处父从温地回来，改在董地阅兵，并改换了中军主将。阳子原是成季的下属，所以偏向赵氏，而且认为赵盾有才能。说："任用有才能的人，这是国家的利益。"所以使赵盾居于上位。赵宣子从这时开始掌握国家政权，制定典章制度，修定法律，彰明刑狱条例，追究逃亡，使用券契，清除政治上的积弊，恢复被破坏了的等级，重建已经废弃了的官职，举拔被埋没的人才。政令法规完成以后，交给太傅阳子和太师贾佗，要他们在晋国推行，作为基本的制度。

臧文仲因陈、卫两国和睦，就想与陈国建立友好关系。夏，季文子到陈国聘问，并且娶了妻子。

秦伯任好死，用子车氏的三个儿子奄息、仲行、针虎三人殉葬，他们都是秦国的优秀人物。国都的人哀痛他们，为他们赋了《黄鸟》这首诗。君子说："秦穆公没有当上盟主是应该的啊！他死了以后还要残害臣民。以前的君主离开人世，还留下了法则，为何反而夺去百姓的好人呢？《诗》说：'贤人死亡，国家就困乏损伤。'这说的就是原本好人就不多，为什么竟要夺走他们？古代的君王知道自己的生命不能永久，所以就任命很多贤明之臣，给他们树立风气教化，分给他们旗帜服装，把对他们有益的话著录于典册，为他们制定法度，对他们公布准则，设立榜样作为他们的引导，给予他们法律条规，告诉他们先王的经典遗训。教导他们防止过多谋求私利，委任他们一定的职务，用礼的规则引导他们，使他们不违背因地制宜的原则，让大家都信赖他们，然后才离开人世。圣明的君王都是这样的。现今秦君既没有留下好的法则给后继的人，却又收取他们的突出人物来殉葬，这就难于处在上位了。"君子因此知道秦国不可能再向东征伐了。

秋，季文子将到晋国去聘问，让人代他求得如果碰到丧事应该行什么样的礼数以后才动身。随从的人说："问这个有什么用？"文子说："预备意外的事情发生，这是古代的好教训。如果临时需要而我们却没有这方面的准备，就会处于困难的境地。所以，多准备一些又有什么坏处呢。"

八月十四日，晋襄公死。灵公年幼，晋国人由于祸难的缘故，想立年长的国君。赵孟说："立公子雍。他喜爱善良的品德而且年长，先君宠爱他，而且为秦国所亲近。秦国，是晋国老朋友。立一个善良的人就稳固，事奉年长的就顺理成章，立先君所爱的人就合于孝道，结交老朋友就安定。为了祸难的缘故，所以要立年长的国君。有了固、顺、孝、安这四项条件，祸难就一定可以缓解了。"贾季说："不如立公子乐。他的母亲辰嬴曾受到两位先君的宠幸，立她的儿子为君百姓必然安定。"赵盂说："辰嬴身份低贱，在文公夫人中，位次在第九，她的儿子还会有什么威严？况且她受到两位先君的宠爱，这是淫荡。作为先君的儿子，不能求得大国而出居小国，这是邪僻行为。母亲淫荡，儿子邪僻，就谈不上威严；陈国小而且远，有事无法援助，又有什么安定可言？杜祁由于国君的缘故，才让逼姞排在她的上面。又由于狄国的缘故，让季隗居上位，而自己排在她下面。所以位居第四。先君因此喜爱她的儿子，叫他到秦国做亚卿。秦国大而且近，足以作为援助；母亲具有道义，儿子受到喜欢，足可威服百姓。立他，不也是很好吗？"派先蔑、士会到秦国迎接公子雍。贾季也派人到陈国召回公子乐，赵盂派人在郫地杀了公子乐。

贾季怨恨阳处父改变他的地位，而且知道他在晋国没有背景，九月，贾季派续鞫居杀死阳处父。《春秋》记载说"晋杀其大夫"，这是由于阳处父随便侵夺官职的缘故。

冬十月，襄仲到晋国参加襄公的葬礼。

十一月某日，晋国杀了续简伯。贾李逃亡到狄国，宣子派史骈把他的妻子儿女送去。在夷地阅兵的时候，贾季曾经侮辱史骈，史骈手下的人想杀死贾氏的全家来报仇。史骈说："不行。我听《前志》上有这样的话：'不论跟敌人有恩惠或有怨恨，这都与他们子孙无关，这就是忠诚的道德。'赵盾对贾季很有礼貌，我因为受到他宠信而报自己的私怨，恐怕不可以吧！利用人家对你的宠信，这不是勇敢。虽然出了怨气却增加了仇恨，这不是明智的作法。为了私事而妨碍公事，这不是忠的行为。舍弃了勇、智、忠这三点又用什么来事奉夫子呢？"于是就把贾季的妻子儿女以及他们的器用财货全部准备齐全，亲自率兵护卫，送到边境上。

闰月不举行告朔的仪式，这是不符合礼的。闰是用来校正四时的误差的。四时是人们据以安排农事的。农事是给人们提供丰富的生活物资的，养活老百姓的方法就在这里。不举行闰月告朔的仪式，这就是丢弃了施政的时令，又怎么能够治理人民呢？

文公七年

【原文】

七年：春，公伐邾。

三月甲戌，取须句。遂城郚。

夏，四月，宋公王臣卒。宋人杀其大夫。

戊子，晋人及秦人战于令狐。

晋先蔑奔秦。

狄侵我西鄙。

秋，八月，公会诸侯、晋大夫，盟于扈。

冬，徐伐莒。

公孙敖如莒莅盟。

七年春，公伐邾，间晋难也。三月甲戌，取须句，寘文公子焉，非礼也。

夏四月，宋成公卒。于是公子成为右师，公孙友为左师，乐豫为司马，鳞矔为司徒，公子荡为司城，华御事为司寇。

昭公将去群公子，乐豫曰："不可！公族，公室之枝叶也；若去之，则本根无所庇荫矣。葛藟犹能庇其本根，故君子以为比，况国君乎？此谚所谓'庇焉而纵寻斧焉'者也，必不可！君其图之。亲之以德，皆股肱也，谁敢携贰？若之何去之？"不听。

穆、襄之族率国人以攻公，杀公孙固、公孙郑于公宫。六卿和公室，乐豫舍司马以让公子卬。昭公即位而葬。书曰"宋人杀其大夫"，不称名，众也，且言非其罪也。

秦康公送公子雍于晋，曰："文公之入也无卫，故有吕、郤之难。"乃多与之徒卫。

穆嬴日抱大子以啼于朝，曰："先君何罪？其嗣亦何罪？舍適嗣不立而外求君，将焉寘此？"出朝，则抱以适赵氏，顿首于宣子，曰："先君奉此子也而属诸子，曰：'此子也才，吾受子之赐；不才，吾唯子之怨。'今君虽终，言犹在耳，而弃之，若何？"宣子与诸大夫皆患穆嬴，且畏偪，乃背先蔑而立灵公，以御秦师。

箕郑居守。赵盾将中军，先克佐之。荀林父佐上军。先蔑将下军，先都佐之。步招御戎，戎津为右。及堇阴，宣子曰："我若受秦，秦则宾也；不受，寇也。既不受矣，而复缓师，秦将生心。先人有夺人之心，军之善谋也。逐寇如追逃，军之善政也。"训卒利兵，秣马蓐食，潜师夜起。戊子，败秦师于令狐，至于刳首。

己丑，先蔑奔秦，士会从之。

先蔑之使也，荀林父止之，曰："夫人、大子犹在，而外求君，此必不行。子以疾辞，若何？不然，将及。摄卿以往可也，何必子？同官为寮；吾尝同寮，敢不尽心乎？"弗听。为赋《板》之三章，又弗听。及亡，荀伯尽送其帑及其器用财贿于秦，曰："为同寮故也。"

士会在秦三年，不见士伯。其人曰："能亡人于国，不能见于此，焉用之？"士季曰："吾与之同罪，非义之也，将何见焉？"及归，遂不见。

狄侵我西鄙，公使告于晋。赵宣子因使贾季问酆舒，且让之。酆舒问于贾季曰："赵衰、赵盾孰贤？"对曰："赵衰，冬日之日也。赵盾，夏日之日也。"

秋八月，齐侯、宋公、卫侯、〔陈侯、〕郑伯、许男、曹伯会晋赵盾，盟于扈，晋侯立故也。公后至，故不书所会。凡会诸侯，不书所会，后也。后至，不书其国，辟不敏也。

穆伯娶于莒，曰戴己，生文伯。其娣声己生惠叔。戴己卒，又聘于莒，莒人以声己辞，则为襄仲聘焉。

冬，徐伐莒。莒人来请盟，穆伯如莒莅盟，且为仲逆。及鄢陵，登城见之，美，自为娶之。仲请攻之，公将许之，叔仲惠伯谏曰："臣闻之：'兵作于内为乱，于外为寇。寇犹及人，乱自及也。'今臣作乱而君不禁，以启寇雠，若之何？"公止之。惠伯成之，使仲舍之，公孙敖反之，复为兄弟如初。从之。

晋郤缺言于赵宣子曰："日卫不睦，故取其地。今已睦矣，可以归之。叛而不讨，何以示威？服而不柔，何以示怀？非威非怀，何以示德？无德，何以主盟？子为正卿，以主诸侯，而不务德，将若之何？《夏书》曰：'戒之用休，董之用威，劝之以《九歌》，勿使坏。'九功之德皆可歌也，谓之《九歌》。六府、三事，谓之九功。水、火、金、木、土、穀谓之六府，正德、利用、厚生谓之三事。义而行之，谓之德、礼。无礼不乐，所由叛也。若吾子之德莫可歌也，其谁来之？盍使睦者歌吾子乎？"宣子说之。

【译文】

七年春，文公讨伐邾国。三月十七日攻取了须句国。于是修筑郚地城池。夏四月，宋公王臣死。宋国人杀宋国大夫。四月一日，晋国人与秦国人在令狐交战。晋国先蔑出奔到秦国。狄国人侵略我国的西边边境。秋八月，鲁文公会合各诸侯及晋国大夫在扈地结盟。冬，徐国攻伐莒国。公孙敖到莒国参加会盟。

七年春，鲁文公攻打邾国，这是利用晋国国内有难的空子。

三月十七日，鲁国占领了须句，把邾文公的儿子安置在这里，这是不合于礼的。

夏四月，宋成公死。在这时公子成做右师，公孙友做左师，乐豫做司马，鳞矔做司徒，公子荡做司城，华御事做司寇。

宋昭公想铲除群公子，乐豫说："不行。公族是公室的枝叶，如果去掉它，那么树干树根就没有枝叶遮蔽了。葛藟还能遮蔽它的躯干和根子，所以君子以它做比喻，何况是国君呢？这就是俗话所说的'树荫遮蔽了却又放肆使用斧子，'一定不可以。君王要好好考虑。如果用德行去亲近他们，那他们都是左右辅佐大臣，有谁敢怀二心？为什么要杀他们呢？"昭公不听。穆公、襄公的族人率领国内的人们攻打昭公，在宫里杀死

赵盾，选自《清刻历代画像传》。

了公孙固和公孙郑，六卿和公室讲和，乐豫放弃了司马的官职给昭公的弟弟公子印。昭公即位以后才为宋成公举行葬礼。《春秋》记载说"宋人杀其大夫"，不记载名字，这是由于人多而且他们无罪。

秦康公送公子雍到晋国，说："晋文公回国时没有兵力保护，所以有吕、郤发动的祸难。"于是就多给他步兵卫士。穆嬴天天抱着太子在朝廷上啼哭，说："先君有什么罪过？他的继承人又有什么罪？丢开嫡长子不立，反而到外面去求国君，你们准备怎么安置这个小孩？"出了朝廷，就抱着孩子到赵家，向赵盾叩头，说："先君捧着这个孩子嘱托给您，说：'这个孩子如果成才，我就是受了您的赐予；如果不成才，那我就只怨你。'现在先君虽死，但话还在耳朵里，就放弃不管，这事可怎么办？"赵盾和大夫们都怕穆嬴，而且害怕威逼，就背弃了先蔑所迎的公子雍而立了灵公，并发兵抵御秦国军队。箕郑留守。赵盾率领中军，先克辅助他；荀林父辅助上军，先蔑率领下军，先都辅佐他。步招为赵盾驾车，戎津作为车右。到达堇阴。赵盾说："我们如果接受秦国护送的公子雍，那秦军就是宾客；不接受，他们就是敌人。我们已经不接受了，却又迟迟不进军，秦国就会动别的念头。比敌人先有夺取人的决心，这是作战的好谋略。追逐敌人好像追赶逃犯一样，这是作战的好战术。"于是就教训士兵，磨快武器，喂饱战马，让部队吃饱，在夜里偷偷出发。四月初一，在令狐打败秦军，一直追到刳首。

四月初二，先蔑逃亡到秦国，士会跟着他。先蔑出使秦国的时候，荀林父曾劝阻他说："夫人和太子还在，反而到外边去求国君，这事一定是行不通的。你借口生病而辞谢不去，怎么样？不这样的话，您将遇上祸患。派一个代理卿前去就可以了，为什么一定您去呢？在一起做官叫'寮'，我曾经和您同寮，怎敢不替您尽心呢？"先蔑没有听从，荀林父为他赋《板》这首诗的第三章，又不听从。等到他逃亡出国，荀林父把他的妻子儿女和器用财货全部送到秦国，说："这是因为我们是同寮的缘故。"士会在秦国三年，没有去见先蔑。有人说："能和别人一起逃亡到这个国家，而不愿在这里相见，何必这样？"士会说："我和他罪过相同，并不是认为他的行为符合道义才跟他来的，又有什么必要见面呢？"一直到回国，始终没有去见士蔑。

狄人侵略我国西部边境，文公派使者向晋国报告。赵宣子派贾季去问酆舒，并且责备他。酆舒问贾季说："赵衰、赵盾哪一个贤明？"贾季回答说："赵衰是冬天的太阳，赵盾是夏天的太阳。"

秋八月，齐侯、宋公、卫侯、郑伯、许男、曹伯和晋国的赵盾在扈地结盟，这是由于晋侯即位的缘故。文公晚到，所以《春秋》不记载与会的国家。凡是和诸侯聚会结盟，如果不记载与会的国家，就是因为晚到的缘故。晚到，不记载这些国家，这是为了避免弄出错误。

穆伯在莒国娶妻，名叫戴己，生了文伯；她的妹妹声己生了惠叔。戴己死了以后，穆伯又到莒国行聘。莒国人用声己在的理由辞谢。于是就为襄仲行聘。

冬，徐国攻打莒国，莒国人前来请求结盟，穆伯到莒国参加盟会，顺便为襄仲迎娶莒女。到达鄢陵，登城见到莒女，很美丽，就自己娶了她。襄仲请求攻打穆伯，文公准备同意。叔仲惠伯劝谏说："臣听说：'战争发生在国内叫做乱，发生在外部叫做寇。寇还能够杀伤别人，乱就是自己伤自己了。'现在臣下作乱而国君不加禁止，如果因此而引起外部敌人的进攻，怎么办？"文公就阻止了襄仲的进攻。惠伯给他们调解，要襄仲舍弃莒女不娶，公孙敖把莒女送回莒国，重新作为兄弟就像以前一样，襄仲和公孙敖听从了。

晋国的郤缺对赵宣子说："过去卫国对我们不友好，所以才占取它的土地，现在已经友好了，可以归还它的土地了。背叛了不加讨伐，用什么显示声威？顺服了不加安抚，用什么显示关怀？既不显示声威又不显示关怀，用什么显示德行？没有德行，用什么主持盟会？您作为正卿，主持诸侯事务而不致力于德行，这将怎么办？《夏书》说：'用美好的事情告诫他，用威严督察他，用《九歌》劝勉他，不要让他学坏。'有关九功的德行都可以歌唱，叫做《九歌》，六府、三事叫做九功。水、火、金、木、土、谷，叫做六府；端正德行，利于使用，富裕生民，叫做三事。把这些都看成是合于道义的而加以推行，就叫做德、礼。没有礼不会快乐。这是叛变产生的原因。像您的德行没有可以歌唱的，那又有谁肯来归服？何不叫那些对我们友好的人歌颂您呢？"赵宣子很高兴。

文公八年

【原文】

八年：春，王正月。

夏，四月。

秋，八月戊申，天王崩。

冬，十月壬午，公子遂会晋赵盾，盟于衡雍。

乙酉，公子遂会雒戎，盟于暴。

公孙敖如京师，不至而复。丙戌，奔莒。

螽。

宋人杀其大夫司马。宋司城来奔。

八年春，晋侯使解扬归匡、戚之田于卫，且复致公婿池之封，自申至于虎牢之竟。

夏，秦人伐晋，取武城，以报令狐之役。

秋，襄王崩。

晋人以扈之盟来讨。

冬，襄仲会晋赵孟，盟于衡雍，报扈之盟也。遂会伊、雒之戎。书曰"公子遂"，珍之也。

穆伯如周吊丧，不至，以币奔莒，从己氏焉。

宋襄夫人，襄王之姊也，昭公不礼焉。夫人因戴氏之族，以杀襄公之孙孔叔、公孙钟离及大司马公子卬，皆昭公之党也。司马握节以死，故书以官。司城荡意诸来奔，效节于府人而出。公以其官逆之，皆复之。亦书以官，皆贵之也。

夷之蒐，晋侯将登箕郑父、先都，而使士縠、梁益耳将中军。先克曰："狐、赵之勋，不可废也。"从之。先克夺蒯得田于堇阴，故箕郑父、先都、士縠、梁益耳、蒯得作乱。

【译文】

八年春，周历正月。夏四月。秋八月二十八日，周襄王死。冬十月三日，公子遂与晋国赵盾相会并在衡雍结盟。六日，公子遂与雒戎相会并在暴地结盟。公孙敖到京都去，未到京都就回来了。七日，便出奔莒国。螽斯成灾。宋人杀了宋国大夫司马。宋国司城逃奔来鲁国。

八年春，晋侯派解扬把匡地、戚地的土田归还给卫国，而且又将公婿池划定的疆界，从申地到虎牢边境的这块原属于郑国的土地也归还给郑国。

夏。秦军攻伐晋国，占取了武城，以报复令狐的那次战役。

秋。周襄王死。

晋国人由于扈地那次结盟文公晚到而前来攻打。

冬，襄仲和晋国的赵孟相会，并于衡雍订立盟约。这是补偿扈地那次结盟的缘故。并且还和伊、雒的戎人会见。《春秋》称他为公子遂，这是表示对他的重视。

穆伯去成周吊丧，没有到成周，带着吊丧物品逃亡到莒国，跟随己氏去了。

宋襄公夫人，是周襄王的姐姐，宋昭公对她不加礼遇。宋襄夫人依靠戴氏的族人杀了襄公的孙子孔叔、公孙钟离和大司马公子卬。他们都是宋昭公的党羽。司马手里拿着符节而死，所以《春秋》记载他的官职而不写名字。司城荡意诸逃亡前来，把符节交给府人就出走。文公按照他原来的官职接待他，并且都恢复了他们原来的官职。《春秋》也记载他的官职，这都是表示尊重他。

以前在夷地阅兵的时候，晋侯准备提升箕郑父和先都的官职，而让士縠、梁宜耳率领中军。先克说："狐偃、赵衰两人的功勋不能废弃。"晋侯听从了。先克在堇阴夺取了蒯得的田地，所以，箕郑父、先都、士縠、梁益耳、蒯得发动叛乱。

文公九年

【原文】

九年：春，毛伯来求金。

夫人姜氏如齐。

二月，叔孙得臣如京师。辛丑，葬襄王。

晋人杀其大夫先都。

三月，夫人姜氏至自齐。

晋人杀其大夫士縠及箕郑父。

楚人伐郑。

公子遂会晋人、宋人、卫人、许人，救郑。

夏，狄侵齐。

秋，八月，曹伯襄卒。

九月癸酉，地震。

冬，楚子使椒来聘。

秦人来归僖公、成风之襚。

葬曹共公。

九年春，王正月己酉，使贼杀先克。乙丑，晋人杀先都、梁益耳。

毛伯卫来求金，非礼也。不书王命，未葬也。

二月，庄叔如周。葬襄王。

三月甲戌，晋人杀箕郑父、士縠、蒯得。

范山言于楚子曰："晋君少，不在诸侯，北方可图也。"楚子师于狼渊以伐郑。囚公子坚、公子尨及乐耳。郑及楚平。

公子遂会晋赵盾、宋华耦、卫孔达、许大夫救郑，不及楚师。卿不书，缓也，以惩不恪。

夏，楚侵陈，克壶丘，以其服于晋也。

秋，楚公子朱自东夷伐陈。陈人败之，获公子茷。陈惧，乃及楚平。

冬，楚子越椒来聘，执币傲。叔仲惠伯曰："是必灭若敖氏之宗。傲其先君，神弗福也。"

秦人来归僖公、成风之襚，礼也。诸侯相吊贺也，虽不当事，苟有礼焉，书也，以无忘旧好。

【译文】

　　九年春，毛伯来鲁国求取助葬的钱财。夫人姜氏到齐国去。二月，叔孙得臣到京都去。二十四日，安葬周襄王。晋国人杀了晋大夫先都。三月，夫人姜氏从齐国回来。晋国人杀晋大夫士縠及箕郑父。楚国人讨伐郑国。公子遂与晋人、宋人、卫人、许人相会来救郑国。夏，狄国侵略齐国。秋八月，曹伯襄去世。九月癸酉日，发生地震。冬，楚子派椒来鲁聘问。秦国人来赠送僖公和僖公母亲成风的丧衣。安葬曹共公。

　　九年春，周历正月初二，先都一伙派人杀先克。十八日，晋人杀了先都、梁益耳。

　　周卿士毛伯卫到鲁国来求取助丧的钱币，这是不合于礼的。《春秋》没有记载说这是天子的命令，是由于周襄王还没有安葬。

二月，庄叔去成周参加襄王的葬礼。

三月二十八日，晋人杀死了箕郑父、士縠、蒯得。

范山对楚王说："晋国国君年纪很轻，心意不在于称霸诸侯，北方是可以打主意的。"楚王发兵狼渊征讨郑国，囚禁了郑国的公子坚、公子尨和乐耳。郑国和楚国讲和。

公子遂会合晋国赵盾、宋国华耦、卫国孔达、许国大夫救援郑国，没有碰上楚军。《春秋》没有记载卿的名字，是由于他们出兵迟缓，以此惩戒他们办事不严肃认真。

秋，楚国公子朱从东夷进攻陈国，陈国军队打败了他，俘虏了公子茷。陈国害怕楚国报复，就和楚国讲和。

冬，楚国子越椒前来聘问，拿着见面礼物显出一脸的傲慢。叔仲惠伯说："这个人必然会使若敖氏的宗族灭亡。对他的先君表示傲慢，神灵不会降福给他的。"

秦国人前来向死去的僖公和成风赠送丧衣，这是合于礼的。诸侯之间互相吊丧贺喜，虽然不及时，只要是符合礼的，《春秋》都要加以记载，以表示不忘记过去的友好。

文公十年

【原文】

十年：春，王三月辛卯，臧孙辰卒。

夏，秦伐晋。

楚杀其大夫宜申。

自正月不雨，至于秋七月。

及苏子盟于女栗。

冬，狄侵宋。

楚子、蔡侯次于厥貉。

十年春，晋人伐秦，取少梁。

夏，秦伯伐晋，取北徵。

初，楚范巫矞似谓成王与子玉、子西曰："三君皆将强死。"城濮之役，王思之，故使止子玉曰："毋死！"不及。止子西，子西缢而县绝，王使适至，遂止之，使为商公。沿汉溯江，将入郢。王在渚宫；下，见之。惧而辞曰："臣免于死，又有逸言谓臣将逃。臣归死于司败也。"王使为工尹。又与子家谋弑穆王。穆王闻之，五月，杀斗宜申及仲归。

秋七月，及苏子盟于女栗，顷王立故也。陈侯、郑伯会楚子于息。冬，遂及蔡侯次于厥貉，将以伐宋。

宋华御事曰："楚欲弱我也，先为之弱乎？何必使诱我？我实不能，民何罪？"乃逆楚子，劳，且听命。遂道以田孟诸。宋公为右盂，郑伯为左盂。期思公复遂为右司马，子朱及文之无畏为左司马，命夙驾载燧。宋公违命，无畏抶其仆以徇。

或谓子舟曰："国君不可戮也！"子舟曰："当官而行，何强之有？《诗》曰：'刚亦不吐，柔亦不茹。''毋纵诡随，以谨罔极。'是亦非辟强也。敢爱死以乱官乎？"

厥貉之会，麇子逃归。

【译文】

十年春，周历三月二十一日，臧孙辰死。夏，秦国攻伐晋国。楚国杀了楚大夫斗宜申。自正月直到秋七月没有下雨。与苏子在女栗结盟。冬，狄国侵略宋国。楚王、蔡侯率军驻扎在厥貉。

十年春，晋国人攻打秦国，攻取了少梁。夏，秦伯攻打晋国，攻取了北征。

起初，楚国范地的巫人矞似预言成王和子玉、子西说："这三位都不得善终。"城濮那次战役，楚王想到这个预言，所以派人制止子玉说："不要自杀。"但没有来得及去制止子西，子西正好上吊而绳子断了。楚王的使者恰好到来，于是就阻止了他，让他做了商公。子西沿汉水而下，然后溯江而上，将要进入郢都。楚王正在渚宫，走下来接见他。子西害怕，就辩解说："臣幸免一死，但又有诬陷之辞，说下臣打算逃走，因此下臣回来请刑官把臣处死。"楚王让他做了工尹，他又和子家策划杀死穆王。穆王听到以后，在五月里杀了他和子家。秋七月，文公和苏子在女栗结盟，这是由于周顷王即位的缘故。

陈侯、郑伯在息地会见楚王。冬，就和蔡侯一起领兵驻扎在厥貉，打算攻打宋国。宋国的华御事说："楚国是想要使我们臣服，我们是不是先主动表示臣服？何必要他们教导我们？我们确实没有能耐，老百姓有什么罪，要让他们受牵累？"于是就迎接楚王，向他们表示慰劳，同时听候命令。于是就引导楚王在孟诸打猎。宋公做猎阵的右翼，郑伯做猎阵的左翼。期思公复遂担任右司马，子朱和文之无畏担任左司马，下令在车上装着取火工具清早出发。宋公不听命令，无畏鞭打宋公的仆人并在全军示众。有人对文之无畏说："国君是不能侮辱的。"文之无畏说："按照我的职责办事，有什么强横？《诗》说：'硬的不吐出来，软的不吞下去。'又说：'不要放纵狡诈的人，使放荡的行为得以检点。'这也是不避强横的意思。我岂敢舍不得一死而放弃职责呢？"

在厥貉会见的时候，麇子逃回。

文公十一年

【原文】

十有一年：春，楚子伐麇。

夏，叔（仲）彭生会晋郤缺于承匡。

秋，曹伯来朝。

公子遂如宋。

狄侵齐。

冬，十月甲午，叔孙得臣败狄于鹹。

十一年春，楚子伐麇。成大心败麇师于防渚。潘崇复伐麇，至于锡穴。

夏，叔仲惠伯会晋郤缺于承匡，谋诸侯之从于楚者。

秋，曹文公来朝，即位而来见也。

襄仲聘于宋，且言司城荡意诸而复之。因贺楚师之不害也。

鄋瞒侵齐，遂伐我。公卜使叔孙得臣追之，吉。侯叔夏御庄叔，绵房甥为右，富父终甥驷乘。冬十月甲午，败狄于鹹，获长狄侨如。富父终甥摏其喉以戈，杀之，埋其首于子驹之门。以命宣伯。

初，宋武公之世，鄋瞒伐宋。司徒皇父帅师御之。耏班御皇父充石，公子穀甥为右，司寇牛父驷乘，以败狄于长丘，获长狄缘斯。皇父之二子死焉。宋公于是以门赏耏班，使食其征，谓之耏门。

晋之灭潞也，获侨如之弟焚如。齐（襄）〔惠〕公之二年，鄋瞒伐齐；齐王子成父获其弟荣如，埋其首于周首之北门。卫人获其季弟简如。鄋瞒于是遂亡。

郳大子朱儒自安于夫钟，国人弗徇。

【译文】

十一年春，楚子攻伐麇国。夏，叔彭生在承匡与晋郤缺相会。秋，曹伯来鲁国朝见。公子遂到宋国。狄国侵略齐国。冬十月三日，叔孙得臣在咸地打败狄国军队。

十一年春，楚子攻打麇国。成大心在防渚打败麇军。潘崇又攻打麇国，一直打到锡穴。

夏，叔仲惠伯在承筐会见晋国郤缺，商量如何对付那些跟从楚国的诸侯。

秋，曹文公前来朝见，这是由于即位而来朝见的。

襄仲在宋国聘问，同时又为司城荡意诸说话而让他回国，并且为去年楚军侵略宋国但没造成任何危害而向宋国道贺。

鄋瞒侵略齐国，接着又侵略我鲁国。文公为派叔孙得臣追赶敌人这事占卜，吉利。侯叔夏为庄叔驾车，绵房孙作为车右，富父终甥作为驷乘。冬十月初三，在咸地打败敌人，俘虏了长孙侨如。富父终甥用戈抵住他的咽喉，杀死了他，把他的脑袋埋在子驹之门的下边。并用侨如作为他儿子宣伯的名。

以前，在宋武公时代，鄋瞒进攻宋国，司徒皇父领兵抵御。耏班为皇父充石驾车，公子谷生作为车右，司寇牛父作为驷乘，在长丘打败狄人，俘虏了长狄缘斯。皇父与这两位战死。宋公因此就把这座城门赏给耏班，让他征收城门税，称这城门叫耏门。

晋国灭亡潞国的时候，俘虏了侨如的弟弟焚如。齐襄公二年，鄋瞒攻打齐国，齐国的王子成父俘虏了侨如的弟弟荣如,把他的脑袋埋在周首的北门下边。卫国人俘虏了侨如的弟弟简如。鄋瞒从此就灭亡了。

郕国的太子朱儒自己安居在夫钟,国内的人们不肯对他顺服。

文公十二年

【原文】

十有二年:春,王正月,郕伯来奔。

杞伯来朝。

二月庚子,子叔姬卒。

夏,楚人围巢。

秋,滕子来朝。

秦伯使术来聘。

冬,十有二月戊午,晋人、秦人战于河曲。

季孙行父帅师城诸及郓。

十二年春,郕伯卒。郕人立君。大子以夫钟与郕邽来奔。公以诸侯逆之,非礼也。故书曰"郕伯来奔"。不书地,尊诸侯也。

杞桓公来朝,始朝公也,且请绝叔姬而无绝昏,公许之。

二月,"叔姬卒"。不言"杞",绝也。书"叔姬",言非女也。

楚令尹大孙伯卒,成嘉为令尹。群舒叛楚。夏,子孔执舒子平及宗子,遂围巢。

秋,滕昭公来朝,亦始朝公也。

秦伯使西乞术来聘,且言将伐晋。襄仲辞玉,曰:"君不忘先君之好,照临鲁国,镇抚其社稷,重之以大器,寡君敢辞玉!"对曰:"不腆敝器,不足辞也。"主人三辞,宾(客)〔答〕曰:"寡君愿徼福于周公、鲁公以事君。不腆先君之敝器,使下臣致诸执事以为瑞节,要结好命,所以藉寡君之命,结二国之好,是以敢致之!"襄仲曰:"不有君子,其能国乎?国无陋矣。"厚贿之。

秦为令狐之役故,冬,秦伯伐晋,取羁马。晋人御之,——赵盾将中军,荀林父佐之。郤缺将上军,臾骈佐之。栾盾将下军,胥甲佐之。范无恤御戎。——以从秦师于河曲。臾骈曰:"秦不能久,请深垒固军以待之。"从之。

秦人欲战。秦伯谓士会曰:"若何而战?"对曰:"赵氏新出其属曰臾骈,必实为此谋,将以老我师也。赵有侧室曰穿,晋君之婿也,有宠而弱,不在军事;好勇而狂,且恶臾骈之佐上军也。若使轻者肆焉,其可。"

秦伯以璧祈战于河。

十二月戊午,秦军掩晋上军。赵穿追之,不及;反,怒曰:"裹粮坐甲,固敌是求。敌至不击，将何俟焉？"军吏曰："将有待也。"穿曰："我不知谋，将独出。"乃以其属出。宣子曰："秦获穿也，获一卿矣。秦以胜归，我何以报？"乃皆出战，交绥。

秦行人夜戒晋师曰："两君之士皆未憗也，明日请相见也。"臾骈曰："使者目动而言肆，惧我也，将遁矣。薄诸河，必败之！"胥甲、赵穿当军门呼曰："死伤未收而弃之，不惠也。不待期而薄人于险，无勇也。"乃止。秦师夜遁。复侵晋，入瑕。

城诸及郓，书，时也。

【译文】

十二年春，周历正月，郕伯出走来到鲁国。杞柏来鲁朝见。二月十一日，子叔姬死。夏，楚国人围困巢国。秋，滕子来鲁朝见，秦伯派术来聘问。冬十二月四日，晋人、秦人在河曲交战。季孙行父率领军队修筑诸和郓两地城池。

十二年春，郕伯死，郕国人立了国君。太子率领夫钟和成郕两城作为奉献而逃亡前来。鲁文公把他作为诸侯迎接，这是不符合礼的。所以《春秋》记载说："郕伯来奔。"不记载所献的土地，这是为了尊重诸侯。

杞桓公前来朝见，这是他第一次朝见文公。同时又请求与叔姬断绝关系而不断绝两国的婚姻关系，文公答应了。二月，叔姬死。《春秋》不记载"杞"字，就是因为她跟杞国断绝了关系。写上"叔姬"是说她已经不是未嫁的女子了。

楚国的令尹大孙伯死，成嘉做了令尹。各舒国都背叛了楚国。夏，子孔逮捕了苏子平和宗子，然后又包围巢地。

秋，滕召公前来朝见，他也是第一次朝见文公。

秦伯派西乞术前来鲁国聘问，并且说打算攻打晋国。襄仲不肯接受玉，说："贵国国君没有忘记和先君的友好关系，光临鲁国，镇定安抚我们这个国家，赠给大玉器这样厚重的礼物，寡君不敢接受玉。"西乞术回答说："不丰厚的一点普通器物，不值得辞谢。"主人辞谢三次，客人回答说："寡君愿祈求贵国先主周公、鲁公的福佑来侍奉贵国君主，所以才用敝国先君一点不丰厚的普通器物，派下臣送于执事之前，以作为祥瑞的信物，相结友好。这玉是用来表达寡君的命令，缔结两国友好的，所以才敢于致送。"襄仲说："如果没有君子，难道能治理国家吗？秦国不是鄙陋的。"于是就赠给西乞术厚重的礼物。

秦国由于令狐战役战败的缘故，冬，秦伯攻打晋国，占取了羁马。晋国发兵抵抗秦军。赵盾率领中军，荀林父作为辅佐。郤缺率领上军，臾骈作为辅佐。栾盾率领下军，胥甲作为辅佐。范无恤为赵盾驾御战车，在河曲迎战秦国军队。臾骈说："秦兵不能久留，请高筑军垒巩固军营等待他们。"赵盾听从了他的意见。秦军想要交战。秦伯对士会说："怎样才能交战？"士会回答说："赵氏新近提拔他的一个部下名叫臾骈，一定是他出的这个主意，打算使我军久驻在外而疲乏。赵氏有一个旁支的子弟叫穿，是晋国国君的女婿，受到宠信而年少，不懂得作战，喜欢逞勇而又狂妄，又对臾骈作为上军辅佐忌恨在心。如果派出轻便部队去袭击，也许是可以的。"秦伯把玉璧投在黄河里向河神祈求战争胜利。

十二月初四日，秦军袭击晋国的上军。赵穿追赶秦军，没有追上。回来后愤怒地说："带着粮食，披着甲胄，本来就是要寻求敌人。敌人来了不去攻击，又还等什么呢？"军吏回答说："将要有所等待啊。"赵穿说："我不懂得计谋，我打算自己出去。"于是就带领他的部下出战。赵盾说："秦国若是俘获赵穿，就是俘获了一个卿。那样，秦国就以胜利而回去，我们回去用什么向国家交代？"于是全部出战，双方刚一接触就彼此退兵了。秦国的使者夜里告诉晋国军队说："我们两国国君的将士都没有什么损失，明天请求再相见。"史骈说："使者眼珠晃动说明内心不安，但言语却放纵，这是害怕我们，打算逃走了。把他们逼到黄河边上，一定会打败他们。"胥甲、赵穿挡住营门大喊说："死伤的人还没有收拾而丢开他们不管，这是不仁慈；不等到约定的日期而把人逼到险境，这是没有勇气。"于是就停止出击。秦军夜里逃走。后来又攻打晋国，进入瑕地。

在诸地和郓地筑城。《春秋》记载这件事，是由于合于时令。

文公十三年

【原文】

十有三年：春，王正月。

夏，五月壬午，陈侯朔卒。

邾子蘧蒢卒。

自正月不雨，至于秋七月。

大室屋坏。

冬，公如晋。

卫侯会公于沓。

狄侵卫。

十有二月己丑，公及晋侯盟。公还自晋。

郑伯会公于棐。

十三年春，晋侯使詹嘉处瑕，以守桃林之塞。

晋人患秦之用士会也，夏，六卿相见于诸浮。赵宣子曰："随会在秦，贾季在狄，难日至矣，若之何？"中行桓子曰："请复贾季，能外事，且由旧勋。"郤成子曰："贾季乱，且罪大，不如随会，能贱而有耻，柔而不犯；其知足使也；且无罪。"

乃使魏寿馀伪以魏叛者以诱士会。执其帑于晋，使夜逸。请自归于秦，秦伯许之。履士会之足于朝。秦伯师于河西，魏人在东，寿馀曰："请东人之能与夫二三有司言者，吾与之先。"使士会。士会辞曰："晋人，虎狼也。若背其言，臣死，妻子为戮，无益于君，不可悔也。"秦伯曰："若背其言，所不归尔帑者，有如河！"乃行。绕朝赠之以策，曰："子无谓秦无人，吾谋适不用也。"既济，魏人噪而还。秦人归其帑。其处者为刘氏。

邾文公卜迁于绎。史曰："利于民而不利于君。"邾子曰："苟利于民，孤之利也。天生民而树之君，以利之也。民既利矣，孤必与焉。"左右曰："命可长也，君何弗为？"邾子曰："命在养民。死之短长，时也。民苟利矣，迁也！吉莫如之！"遂迁于绎。五月，邾文公卒。君子曰："知命！"

秋七月，大室之屋坏。书，不共也。

冬，公如晋；朝，且寻盟。卫侯会公于沓，请平于晋。公还，郑伯会公于棐，亦请平于晋。公皆成之。

郑伯与公宴于棐，子家赋《鸿雁》。季文子曰："寡君未免于此。"文子赋《四月》。子家赋《载驰》之四章。文子赋《采薇》之四章。郑伯拜，公答拜。

【译文】

十三年春，周历正月。夏五月壬午日，陈侯朔死。邾子蘧蒢死。从正月直到秋七月没有下雨。周公之庙的屋子坏了。冬，文公到晋国。卫侯在沓地会见文公。狄国侵略卫国。十二月己丑日，文公与晋侯盟会。文公从晋国返回，郑伯在棐地会见文公。

十三年春，晋侯派詹嘉住在瑕地，以防守桃林这个要塞。晋国人担心秦国任用士会，夏，六卿在诸浮见面。赵宣子说："士会在秦国，贾季在狄国，祸患每天都可能发生，怎么办？"中行桓子说："请让贾季回来，他能处理外交事务，而且他父亲狐偃是文公的功臣。"郤成子说："贾季作乱，且罪行重大，不如让士会回来。士会能做到卑贱而知道耻辱，柔弱而不受侵犯，他的智谋足以使用，而且没有罪。"于是就让魏寿余假装率领魏地的人叛变，以诱骗士会。把魏寿余妻子儿女逮捕在晋国，让他夜里逃走。魏寿余请求把魏地归入秦国，秦伯答应了。魏寿余在朝廷上踩一下士会的脚。秦伯驻军在河西，魏地人在河东。魏寿余说："请派一位东边的而且能跟魏地几位官员说话的人，我跟他一起先去。"秦伯派遣士会。士会推辞说："晋国人，是老虎豺狼。如果他们违背诺言，那我就会被杀死，而在秦国的妻子也将被杀戮，这对君没有好处，而且后悔不及。"秦伯说："如果晋国违背了诺言，我不送还你的妻子儿女的话，有河神作证！"于是士会就走了。绕朝把马鞭送给他，说："您别说秦国没有人，只是我的计谋不被采用罢了。"士会等渡过黄河以后，魏人吵吵嚷嚷回去。秦国送还了他的妻子儿女。他的亲族中留在秦国的后来都改为刘氏。

邾文公占卜迁到绎地去的吉凶。史官说："对百姓有利而对国君不利。"邾子说："如果对百姓有利，也就是对我有利。上天生育百姓而为他们设置君王，就是用来使他们得利的。百姓已经得利了，孤也就必然在其中了。"左右的人说："寿命可以延长，君王为什么不做呢？"邾子说："活着就是为了抚养百姓，死的时间的早晚，那是命运的问题。百姓如果有利，那就迁居，没有比它更吉利的了！"于是就迁到绎地。五月，邾文公死。君子说："邾文公知道天命。"

秋七月，大庙的屋子坏了。《春秋》把这事记下来，是因为要表示鲁国官员的不恭敬。

冬，文公到晋国朝见，同时重温过去的友好关系。卫侯在沓地会见文公，请求文公为晋、卫两国调停达成合议。文公回国时，郑伯在棐地会见文公，也请求和晋国讲和。文公都帮助他们和晋国达成和议。郑伯和文公在棐地饮宴时，子家赋了《鸿雁》这首诗。季文子说："寡君也不能免除这种忧患。"就赋了《四月》这首诗。子家又赋了《载驰》这首诗的第四章。季文子赋了《采薇》这首诗的第四章。郑伯拜谢，文公也答拜。

文公十四年

【原文】

十有四年：春，王正月，公至自晋。

邾人伐我南鄙。叔彭生帅师伐邾。

夏，五月乙亥，齐侯潘卒。

六月，公会宋公、陈侯、卫侯、郑伯、许男、曹伯、晋赵盾。癸酉，同盟于新城。

秋，七月，有星孛入于北斗。

公至自会。

晋人纳捷菑于邾，弗克纳。

九月甲申，公孙敖卒于齐。

齐公子商人弑其君舍。

宋子哀来奔。

冬，单伯如齐。

齐人执单伯。

齐人执子叔姬。

十四年春，顷王崩。周公阅与王孙苏争政，故不赴。凡崩、薨，不赴则不书；祸、福，不告亦不书：惩不敬也。

邾文公之卒也，公使吊焉，不敬。邾人来讨，伐我南鄙，故惠伯伐邾。

子叔姬〔妃〕齐昭公，生舍。叔姬无宠，舍无威。公子商人骤施于国，而多聚士；尽其家，贷于公有司以继之。夏五月，昭公卒，舍即位。

邾文公元妃齐姜生定公，二妃晋姬生捷菑。文公卒，邾人立定公。捷菑奔晋。

"六月，同盟于新城"，从于楚者服，且谋邾也。

秋七月乙卯夜，齐商人（弑）〔杀〕舍而让元。元曰："尔求之久矣！我能事尔，尔不可使多蓄憾，将免我乎？尔为之！"

有星孛入于北斗。周内史叔服曰："不出七年，宋、齐、晋之君皆将死乱。"

晋赵盾以诸侯之师八百乘纳捷菑于邾。邾人辞曰："齐出貜且长。"宣子曰："辞顺，而弗从，不祥。"乃还。

周公将与王孙苏讼于晋。王叛王孙苏，而使尹氏与聃启讼周公于晋。赵宣子平王室而复之。

楚庄王立。子孔、潘崇将袭群舒，使公子燮与子仪守，而伐舒蓼。二子作乱，城郢，而使贼杀子孔，不克而还。八月，二子以楚子出。将如商密，庐戢梨及叔麇诱之，遂杀斗克及公子燮。

初，斗克囚于秦。秦有殽之败，而使归求成；成而不得志。公子燮求令尹而不得。故二子作乱。

穆伯之从己氏也，鲁人立文伯。穆伯生二子于莒而求复。文伯以为请，襄仲使无朝。听命，复而不出，三年而尽室以复适莒。文伯疾，而请曰："穀之子弱，请立难也。"许之。文伯卒，立惠叔。穆伯请重赂以求复。惠叔以为请，许之，将来。九月，卒于齐，告丧。请葬，弗许。

宋高哀为萧封人，以为卿；不义宋公而出，遂来奔。书曰"宋子哀来奔"，贵之也。

齐人定懿公，使来告难，故书以"九月"。齐公子元不顺懿公之为政也，终不曰"公"，曰"夫己氏"。

襄仲使告于王，请以王宠求昭姬于齐，曰："杀其子，焉用其母？请受而罪之。"冬，单伯如齐请子叔姬，齐人执之；又执子叔姬。

【译文】

十四年春，周历正月，文公从晋国回来。邾人攻伐我国南部边境，叔彭生率领军队攻伐邾国。夏五月某日，齐侯潘死。六月，鲁文公与宋公、陈侯、卫侯、郑伯、许男、曹伯、晋国赵盾会盟。秋七月，有彗星光芒四射地进入北斗。文公参加会盟回来。晋国人把捷菑送回邾国，邾国不接受。九月十日，公孙敖死在齐国。齐国公子商人杀了齐国君舍。宋国子哀出奔来鲁国。冬，单伯到齐国。齐国人拘捕单伯。齐国人拘捕子叔姬。

十四年春，周顷襄王死。周公阅和王孙苏争夺政权，所以没有发来讣告。凡是天子崩，诸侯薨，没有发来讣告，《春秋》就不加记载。吉凶祸福的事没有通知鲁国，那也不记载。这是为了惩戒不恭敬。

邾文公死的时候，鲁文公派遣使者前去吊丧而不够恭敬。邾国人前来讨伐，攻打我国南部边境，所以，惠伯进攻邾国。

子叔姬嫁给齐昭公，生了舍。叔姬不受宠爱，舍没有威望，公子商人却经常在国内施舍财物，蓄养许多门客，把家产都用光了，又向掌管公室财物的官员借贷继续施舍。夏五月，昭公死，舍即位。

邾文公的第一夫人齐姜，生了定公；第二夫人晋姬，生了捷菑。文公死，邾国人立定公为君。捷菑逃亡到晋国。

六月，文公和宋公、陈侯、卫侯、郑伯、许男、曹伯、晋国赵盾一起在新城会盟，以前附从楚国的陈、郑、宋等国。从此都改而听从晋国的号令，并且共商护送公子捷菑回邾国的事。

秋七月某日，夜里，齐国的商人杀了舍，让位给元。元说："你谋求这个位子已经很久了。我能够事奉你，不可让你多积怨恨，（如果我做了国君，你会蓄积更多的怨恨，）你会让我免于被杀吗？你去做国君吧！"

有彗星进入北斗。周内史叔服说："过不了七年，宋国、齐国、晋国的国君都将在叛乱中死去。"

晋国的赵盾率领诸侯的军队八百辆战车护送邾公子捷菑回国即位。邾国的人辞谢说："齐女生的貜且年长。"赵宣子说："言辞合于情理而不听从，不吉祥。"于是就回去了。

周公准备和王孙苏到晋国争讼，周天子违背了帮助王孙苏的诺言，而让尹氏和聃启在晋国为周公争讼。赵宣子调和了王室之间的纠纷而使他们恢复了原来的职位。

楚庄王即位，子孔、潘崇打算袭击各舒国，派公子燮和子仪留守，就进攻舒蓼。这两个人发动叛乱。加筑郢都城墙，又派人去杀死子孔，但没有成功而回。八月，这两个人挟持了楚庄王离开郢都，打算去商密，庐戢梨和叔麇设计引诱他们，于是就杀死了子仪和公子燮。起初，子仪囚禁在秦国，秦国在殽地战败，派他回国求和。和议成功以后，子仪的愿望没有得到满足。公子燮要求做令尹也没有到手，所以两个人就发动叛乱。

穆伯到莒国跟随己氏的时候，鲁国人立了文伯做继承人。穆伯在莒国生了两个儿子，要求回国。文伯代他在朝廷上向大家请求。襄仲让他不得上朝参与政事。穆伯回来以后没有外出过。过了三年又全部搬走了家里的财物再次到莒国去。文伯生病，请求说："我的儿子年纪太小，请立我弟弟难吧。"大家同意了。文伯死了后，就立了惠叔。穆伯让惠叔给大家送重礼再次请求回国。惠叔代他请求，得到允许。穆伯打算回来，九月，死在齐国。向鲁国报丧，请求归葬，没有得到允许。

宋国的高哀在萧地做封人，让他做卿，他认为宋公不讲道义而离去，于是就逃亡到鲁国，《春秋》记载说"宋子哀来奔"，这是表示尊重他。

齐国人稳定了懿公的地位，才派人前来报告祸难，所以《春秋》把商人杀舍这件事记为"九月"。齐国的公子元不服懿公执政，始终不称他叫"公"，而称之为"那个人。"

襄仲派人报告周天子，请求以周王的恩宠在齐国求取子叔姬，说："杀了她的儿子，哪里还用得着他的母亲？请把叔姬送到鲁国定罪。"冬，单伯到齐国请求送回子叔姬，齐国人把他拘捕了起来，又拘捕子叔姬。

文公十五年

【原文】

　　十有五年：春，季孙行父如晋。
　　三月，宋司马华孙来盟。
　　夏，曹伯来朝。
　　齐人归公孙敖之丧。
　　六月辛丑朔，日有食之。鼓、用牲于社。
　　单伯至自齐。
　　晋郤缺帅师伐蔡。戊申，入蔡。
　　秋，齐人侵我西鄙。
　　季孙行父如晋。
　　冬，十有一月，诸侯盟于扈。
　　十有二月，齐人来归子叔姬。
　　齐侯侵我西鄙，遂伐曹，入其郛。
　　十五年春，季文子如晋，为单伯与子叔姬故也。
　　三月，宋华耦来盟。其官皆从之。书曰"宋司马华孙"，贵之也。公与之宴，辞曰："君之先臣督，得罪于宋殇公，名在诸侯之策。臣承其祀，其敢辱君？请承命于亚旅。"鲁人以为敏。
　　夏，曹伯来朝，礼也。诸侯五年再相朝，以修王命，古之制也。
　　齐人或为孟氏谋，曰："鲁，尔亲也。饰棺置诸堂阜，鲁必取之。"从之。卞人以告。惠叔犹毁以为请，立于朝以待命。许之。取而殡之，齐人送之。书曰："齐人归公孙敖之丧。"为孟氏，且国故也。
　　葬视共仲。声己不视，帷堂而哭。襄仲欲勿哭，惠伯曰："丧，亲之终也。虽不能始，善终可也。史佚有言曰：'兄弟致美。'救乏，贺善，吊灾，祭敬，丧哀，情虽不同，毋绝其爱，亲之道也。子无失道，何怨于人？"襄仲说，帅兄弟以哭之。
　　他年，其二子来。孟献子爱之，闻于国。或谮之曰："将杀子！"献子以告季文子。二子曰："夫子以爱我闻，我以将杀子闻，不亦远于礼乎？远礼不如死！"一人门于句鼆，一人门于戾丘，皆死。
　　"六月辛丑朔，日有食之。""鼓、用牲于社"，非礼也。日有食之：天子不举，伐鼓于社；诸侯用币于社，伐鼓于朝。以昭事神、训民、事君，示有等威，古之道也。
　　齐人许单伯请而赦之，使来致命。书曰"单伯至自齐"，贵之也。
　　新城之盟，蔡人不与。晋郤缺以上军、下军伐蔡，曰："君弱，不可以怠。"戊申入蔡，以城下之盟而还。凡胜国，曰"灭之"；获大城焉，曰"入之"。

秋，齐人侵我西鄙。故季文子告于晋。

冬十一月，晋侯、宋公、卫侯、蔡侯、〔陈侯、〕郑伯、许男、曹伯盟于扈，寻新城之盟，且谋伐齐也。齐人赂晋侯，故不克而还。于是有齐难，是以公不会。书曰"诸侯盟于扈"，无能为故也。凡诸侯会，公不与，不书，讳君恶也；与而不书，后也。

"齐人来归子叔姬"，王故也。

"齐侯侵我西鄙"，谓诸侯不能也。"遂伐曹，入其郛"，讨其来朝也。季文子曰："齐侯其不免乎？己则无礼，而讨于有礼者，曰：'女何故行礼？'礼以顺天，天之道也。己则反天，而又以讨人，难以免矣。《诗》曰：'胡不相畏？不畏于天？'君子之不虐幼贱，畏于天也。在《周颂》曰：'畏天之威，于时保之。'不畏于天，将何能保？以乱取国，奉礼以守，犹惧不终；多行无礼，弗能在矣！"

【译文】

鲁文公十五年春天，季文子前往晋国。三月，宋国的华耦来鲁国结盟。夏天，曹文公来鲁国朝见。齐国人把公孙敖的灵柩送回了鲁国。六月一日，鲁国发生了日食。于是人们击鼓，宰杀牛羊祭祀社神。单伯从齐国回到了鲁国。晋国的郤缺率兵攻打蔡国。六月初八，攻入蔡国。秋天，齐国人入侵鲁国西部边境，因此季文子前往晋国告急。冬天，十一月，诸侯们在扈地结盟。十二月，齐国人把子叔姬送回了鲁国。齐懿公再次入侵鲁国西部边境。随后又攻打曹国，攻入曹国国都的外城。

十五年春，季文子去鲁国，为了单伯和子叔姬的缘故。

三月，宋国的华耦前来盟会，他的官属也都跟他一起来。《春秋》写"宋司马华孙，"这是表示尊重他。文公和他饮宴。华耦辞谢说："君王的先臣华督得罪了宋殇公，他的名字被写在诸侯的史册上。下臣继承他的祭祀，岂敢使君王蒙受耻辱？请在亚旅那里接受命令。"鲁国人认为华耦聪明敏捷。

夏，曹伯前来朝见，这是合于礼的。诸侯每五年互相朝见两次，以重温天子的命令，这是古代的制度。

齐国有人为孟氏策划说："鲁国，是你的亲属国，把公孙敖的饰棺放在堂阜，鲁国必定会取去的。"孟氏听从了。卞邑大夫把这件事作了报告。惠叔一直很哀伤，容颜消瘦，请求取回饰棺。站在朝廷上等待命令。鲁国答应了这项请求。于是取回了饰棺停放。齐国人也来送丧。《春秋》记载说："齐人归公孙敖之丧。"这是为了孟氏，同时又为了国家的缘故。公孙敖的葬礼按照安葬共仲的葬礼来进行。声己不肯去看棺材，只在堂上隔着幔帐哭。襄仲也不想去哭丧。惠伯说："丧事，是对待亲人的终结。虽不能有一个好的开始，有一个好的终结是可以的。史佚有这样的话说：'兄弟之间要各自尽自己的美德。救济困乏、祝贺喜庆、吊唁灾祸、祭祀恭敬、丧事悲哀，这些情况虽各不相同，但都旨在不断绝彼此之间的友爱，这就是敦睦亲人的原则。只要你不失去这种爱亲之道，又何必怨恨别人呢？"襄仲听了这话很高兴，就领着兄弟们一起去哭丧。后来，穆伯在莒国的两个儿子回来了，孟献子喜欢他们的事全国都知道，有人对孟献子说："这两个人打算杀害你。"孟献子把这话告诉季文子。这两个人辩说道："那个人以爱我们闻名，我们以打算杀他而闻名，这不是远远不符合礼吗？不符合礼还不如一死。"一个在句鼆守门，一个在戾丘守门，都战死了。

六月初一日，日食。人们击鼓，用牺牲在土地神庙里祭祀，这是不合于礼的。日食，天子减膳撤乐，在土地神庙里击鼓。诸侯用玉帛在土地神庙里祭祀，在朝廷上击鼓，以表明事奉神灵、教训百姓、事奉国君，表示威仪有一定的等级，这是古代的制度。

齐国人答应了单伯要子叔姬回国的请求，同时也赦免了单伯，并派他前来传送这项命令。《春秋》记载说"单伯至自齐"，这是表示尊重他。

在新城盟会时，蔡国人不参加。晋国的郤缺率领上军、下军攻打蔡国，说："国君年少，不能因此懈怠。"六月初八日，进入蔡国，在蔡国首都门下订立盟约之后回国。凡是战胜一个国家，叫做"灭之"，得到大城，叫做"入之"。

秋，齐军侵犯我国西部边境，所以季文子向晋国报告。

冬十一月，晋侯、宋公、卫侯、蔡侯、郑伯、许男、曹伯在扈地结盟，重温新城盟会的旧好，同时谋划攻打齐国。齐国人贿赂晋侯，所以没有战胜就回来了。在这时发生了齐国进攻我国的祸难，所以文公没有参加盟会。《春秋》记载说"诸侯盟于扈"，这是由于没有能救援我国的缘故，凡是诸侯会见，如果鲁国君主不参加，就不加记载，这是为了避讳国君的过失。参加了而不加记载，这是由于晚到。

齐国人前来送回子叔姬，这是为了周天子的缘故。

齐侯侵犯我国西部边境，他认为诸侯拿他没办法。并因此而攻打曹国，进入了曹国的外城，这是讨伐它曾经前来朝见鲁国。季文子说："齐侯恐怕难以免除祸难吧！自己本来就不合于礼，反而讨伐有礼的国家，说：'你为什么要行礼？'礼是用来顺服上天的，这是上天的常道。自己就违反上天，反而讨伐别人，这就难免要遭受祸难了。《诗》说：'为什么不互相畏惧，是因为不畏惧上天。'君子不虐待幼小和卑贱，这是由于畏惧上天。在《周颂》里说：'畏惧上天的威灵，就能保有福禄。'不畏惧上天，又能保得住什么？用动乱取得国家，奉行礼来保持君位，还害怕不得善终；多做不合礼的事情，这是不能有好结果的。"

文公十六年

【原文】

十有六年：春，季孙行父会齐侯于阳穀。齐侯弗及盟。
夏，五月，公四不视朔。

六月戊辰，公子遂及齐侯盟于郪丘。

秋，八月辛未，夫人姜氏薨。

毁泉台。

楚人、秦人、巴人灭庸。

冬，十有一月，宋人弑其君杵臼。

十六年春，王正月，及齐平。公有疾，使季文子会齐侯于阳穀。请盟，齐侯不肯，曰："请俟君间。"

夏五月，公四不视朔，疾也。公使襄仲纳赂于齐侯，故盟于郪丘。

有蛇自泉宫出，入于国，如先君之数。

秋八月辛未，声姜薨。毁泉台。

楚大饥，戎伐其西南，至于阜山，师于大林。又伐其东南，至于阳丘，以侵訾枝。庸人帅群蛮以叛楚。麇人率百濮聚于选，将伐楚。于是申、息之北门不启。

楚人谋徙于阪高。蒍贾曰："不可！我能往，寇亦能往，不如伐庸。夫麇与百濮谓我饥不能师，故伐我也；若我出师，必惧而归。百濮离居，将各走其邑，谁暇谋人？"乃出师。旬有五日，百濮乃罢。

自庐以往，振廪同食。次于句澨。使庐戢梨侵庸，及庸方城。庸人逐之，囚子扬窗。三宿而逸，曰："庸师众，群蛮聚焉。不如复大师，且起王卒，合而后进。"师叔曰："不可。姑又与之遇以骄之。彼骄我怒，而后可克：先君蚡冒所以服陉隰也。"又与之遇，七遇皆北，唯裨、儵、鱼人实逐之。庸人曰："楚不足与战矣。"遂不设备。

楚子乘驲，会师于临品。分为二队：子越自石溪，子贝自仞，以伐庸。秦人、巴人从楚师。群蛮从楚子盟，遂灭庸。

宋公子鲍礼于国人。宋饥，竭其粟而贷之。年自七十以上，无不馈诒也，时加羞珍异。无日不数于六卿之门。国之材人，无不事也。亲自桓以下，无不恤也。

公子鲍美而艳。襄夫人欲通之，而不可；（夫人）〔乃〕助之施。昭公无道，国人奉公子鲍以因夫人。

于是华元为右师，公孙友为左师，华耦为司马，鳞鱹为司徒，荡意诸为司城，公子朝为司寇。初，司城荡卒；公孙寿辞司城，请使意诸为之。既而告人曰："君无道。吾官近，惧及焉。弃官则族无所庇。子，身之贰也，姑纾死焉。虽亡子，犹不亡族。"

既，夫人将使公田孟诸而杀之。公知之，尽以宝行。荡意诸曰："盍适诸侯？"公曰："不能其大夫，至于君祖母以及国人，诸侯谁纳我？且既为人君，而又为人臣，不如死！"尽以其宝赐左右（以）〔而〕使行。

夫人使谓司城去公。对曰："臣之而逃其难，若后君何？"

冬十一月甲寅，宋昭公将田孟诸。未至，夫人王姬使帅甸攻而杀之。荡意诸死之。书曰："宋人弑其君杵臼。"君无道也。

文公即位，使母弟须为司城。华耦卒，而使荡虺为司马。

【译文】

　　十六年春，季孙行父在阳谷与齐侯盟会，齐侯没有参加会盟。夏五月，文公有四次没有在朔日听政。六月四日，公子遂和齐侯在郪丘盟会。秋八月八日，僖公夫人姜氏死。捣毁泉台。楚人、秦人、巴人灭掉庸国。冬十一月，宋人杀了他们的君主杵臼。

　　十六年春，周历正月，鲁和齐国讲和。文公有病，派季文子和齐侯在阳谷会见。季文子请求盟誓，齐侯不肯，说："请等贵国国君病好了再行盟誓。"

　　夏五月，文公已有四次没有在朔日听政了，这是由于生病的缘故。文公派襄仲向齐侯馈送财礼，所以就在郪丘结盟。

　　有蛇从泉宫出来，进入国都，和先君的数字一样多，有十七条。秋八月初八日，声姜死，因此就把泉台拆毁了。

　　楚国发生大饥荒，戎人攻打楚国西南部，到达阜山，军队驻扎在大林。又进攻楚国的东南部，到达阳丘，以进攻訾枝。庸国人率领群蛮背叛楚国，麇国人率领百濮聚集在选地，打算攻打楚国。在这时候，申地、息地的北门不再打开。楚国人商量迁到阪高去。蒍贾说："不行。我们能去，敌人也能去，不如攻打庸国。麇和百濮，认为我们遭受饥荒而不能出兵，所以来攻打我们。如果我们出兵，他们必然害怕而回去。百濮分散各地居住，将各自奔回自己的地方，谁还有空来打别人的主意？"于是就出兵。过了十五天，百濮就罢兵回去了。

　　从庐地出发以后，每到一地就打开粮仓让将士一起食用。军队驻扎在句澨。派庐戢梨进攻庸国，到达庸国的方城。庸国人反攻楚军，囚禁了子扬窗。过了三个晚上，子扬窗逃回来了，说："庸国的军队人数众多，所有蛮族都聚集在那里，不如再发大兵，而且出动国君的直属部队，会集各路兵马以后再进攻。"师叔说："不行。姑且再跟他们周旋以使他们骄傲。他们骄傲，我们奋发，然后就可以战胜，先君蚡冒就是用这样的方法使陉隰归服的。"楚又和他们接战，七次接战都败走，蛮人中只有裨、鯈、鱼人追赶楚军。庸国人说："楚军不堪一击。"就不再设防。楚王乘坐驿站的传车，在临品和前敌部队会师，把军队分成两队，子越从石溪出发，子贝从仞地出发以进攻庸国。秦军、巴军跟随着楚军。各蛮族部落与楚王结盟，于是就灭了庸国。

　　宋国的公子鲍对国人加以礼待，宋国发生饥荒，他把粮食全部拿出来施舍。凡是年纪在七十岁以上的，没有不馈送的，还按时令加送珍贵食品。没有一天不是多次进出于六卿的大门。对国内有才能的人，没有不加事奉的，亲属中从桓公的子孙以下，没有不加以抚恤的。公子鲍长得漂亮艳丽，襄夫人想和他私通，公子鲍不肯，于是襄夫人就帮助他施舍。宋昭公无道，国内的人们都事奉公子鲍来依附襄夫人。在这时华元担任右师，公子卬担任左师，华耦担任司城，鳞鱹担任司徒，荡意诸担任司卿，公子朝担任司寇。起初，司城荡死了，公子寿辞去司城的官职，请求让儿子荡意诸担任。后来告诉别人说："国君无道，我的官接近君主，害怕祸难落到头上。如果丢弃这个官职，那家族就没有庇护。儿子是我身子的副本，姑且由他代替我让我晚点死。这样虽然丧失了儿子但还不至于丧失家族。"

不久以后，夫人打算让宋昭公在孟诸打猎而趁机杀死他。宋公知道以后，就带上全部财宝而出行。荡意诸说："何不到诸侯那里去？"宋公说："不能与自己的大夫以至君祖母及国人们相亲善，诸侯谁肯接纳我？而且已经做了国君，现在又做人家的臣子，那不如死。"把他的财宝全部赐给左右侍从而让他们离开。襄夫人派人告诉司城离开宋公。他回答说："做他的臣下而躲开他的祸难，怎么能事奉以后的国君？"

冬十一月二十二日，宋昭公准备在孟诸打猎，还未到达，夫人王姬派帅甸进攻并杀死了他。荡意诸为此而死去。《春秋》记载说"宋人弑其君杵臼"，这是由于国君无道的缘故。宋文公即位，派同母弟须做了司城。华耦死，派荡虺做了司马。

文公十七年

【原文】

十有七年：春，晋人、卫人、陈人、郑人伐宋。

夏，四月癸亥，葬我小君声姜。

齐侯伐我（西）〔北〕鄙。六月癸未，公及齐侯盟于穀。

诸侯会于扈。

秋，公至自穀。冬，公子遂如齐。

十七年春，晋荀林父、卫孔达、陈公孙宁、郑石楚伐宋，讨曰："何故弑君？"犹立文公而还。卿不书，失其所也。

夏四月癸亥，葬声姜。有齐难，是以缓。

齐侯伐我北鄙，襄仲请盟。六月，盟于穀。

晋侯蒐于黄父，遂复合诸侯于扈，平宋也。公不与会，齐难故也。书曰"诸侯"，无功也。

于是晋侯不见郑伯，以为贰于楚也。郑子家使执讯而与之书，以告赵宣子，曰：

寡君即位三年，召蔡侯而与之事君。九月，蔡侯入于敝邑以行。敝邑以侯宣多之难，寡君是以不得与蔡侯偕。十一月，克减侯宣多，而随蔡侯以朝于执事。十二年六月，归生佐寡君之嫡夷，以请陈侯于楚而朝诸君。十四年七月，寡君又朝以藏陈事。十五年五月，陈侯自敝邑往朝于君。往年正月，烛之武往，朝夷也。八月，寡君又往朝。以陈、蔡之密迩于楚而不敢贰焉，则敝邑之故也。虽敝邑之事君，何以不免？在位之中，一朝于襄而再见于君。夷与孤之二三臣相及于绛。虽我小国，则蔑以过之矣。今大国曰："尔未逞吾志。"敝邑有亡，无以加焉。

古人有言曰："畏首畏尾，身其余几？"又曰："鹿死不择音。"小国之事大国也：德则其人也，不德则其鹿也。铤而走险，急何能择？命之罔极，亦知亡矣。将悉敝赋以待于鯈，唯执事命之。

文公二年六月壬申，朝于齐。四年二月壬戌，为齐侵蔡，亦获成于楚。居大国之间而从于强令，岂其罪也？大国若弗图，无所逃命！

晋巩朔行成于郑，赵穿、公婿池为质焉。

秋，周甘歜败戎于邥垂，乘其饮酒也。

冬十月，郑大子夷、石楚为质于晋。

襄仲如齐，拜穀之盟。复曰："臣闻齐人将食鲁之麦。以臣观之，将不能。齐君之语偷。臧文仲有言曰：'民主偷，必死。'"

【译文】

十七年春，晋人、卫人、陈人、郑人攻伐宋国。夏四月四日，安葬我国小君声姜。齐侯侵划我国西部边疆。六月二十五日，文公和齐侯在谷地盟誓。诸侯在扈地相会。秋，文公从谷地回来。冬，公子遂到齐国去。

十七年春，晋国荀林父、卫国孔达、陈国公孙宁、郑国石楚攻打宋国，讨伐说："为什么杀死你们国君？"最后还是立了宋文公而回国。《春秋》没有记载卿的名字，这是由于他们处置失当。

夏四月初四日，安葬声姜。由于有齐国侵犯的祸难，所以推迟了。

齐侯攻打我国北部边境，襄仲请求结盟。六月，在谷地结盟。

晋侯在黄父阅兵，就因此再次在扈地会合诸侯，为的是平定宋国的乱事。文公没有参加会合，是因为当时齐国正侵略鲁国的缘故。《春秋》记载说"诸侯"而没有记载名字，这是讥讽他们并没有取得成功。当时晋侯不肯和郑伯相见，认为他和楚国有勾接。郑国的子家派执讯去晋国并且给他一封信，以告诉赵宣子说："寡君即位三年，召请蔡侯并和他一起事奉贵国国君。九月，蔡侯到了我郑国准备前行，我国由于发生侯宣多的祸难，寡君因此没能和蔡侯同行。十一月，平定了侯宣多的祸难，就随蔡侯一道朝觐执事。十二年六月，归生辅佐寡君的嫡子夷，到楚国请求陈侯一起朝见贵国国君。十四年七月，寡君又来贵国朝见，以完成关于陈国的事情。十五年五月，陈侯从我国前去朝见贵国国君。去年正月，烛之武前去贵国，这是为了让夷前往朝见贵国国君。八月，寡君又前去朝见。就拿陈、蔡两国这样紧紧挨着楚国而不敢对晋国三心二意，那都是由于有敝国的缘故。虽然敝国如此侍奉贵国国君，但为什么却不能免于祸患呢？寡君在位期间，一次朝见贵国先君襄公，两次朝见贵国国君。夷和孤的几个臣下先后到绛城来。虽说郑国是个小国，但却再没有比敝国对贵国更好的了。现在大国说：'你们没能让我快意。'那敝国只有灭亡，再没有什么增加的了。

古人有话说：'怕头怕尾，身子还剩多少？'又说：'鹿死的时候的哀叫是不会选择声音的。'小国事奉大国，如果大国以德相待，那我们就是那种恭顺而不多考虑自己的人；如果不是以德相待，那我们就是那种死不择音的鹿了，突怒狂奔，直赴险地，急迫的时候哪能有什么选择？贵国的命令没有个止尽，我们也知道要灭亡了，只好准备全部派出敝国的士兵在儵地等待着,只等执事对他们发布命令。文公二年六月二十日,我们到齐国朝见。四年二月某日,为齐国攻打蔡国,也和楚国取得媾和。处于齐、楚两个大国之间而屈从于强横的命令,难道是我们的罪过吗?大国若不体谅,我们是没有地方可以逃避你们的命令的。"

晋国的巩朔到郑国讲和,赵穿、公婿池作为人质。

秋,周朝的甘歜在邥垂打败戎人,是乘他们喝酒不备的机会。

冬十月,郑国的太子夷、石楚到晋国作人质。

襄仲到齐国去,拜谢谷地的结盟。回来报告说:"下臣听说齐国人打算去吃鲁国的麦子。但以下臣看来,恐怕做不到。齐国国君的话毫无远虑。臧文仲有话说:'百姓的主人毫无远虑,必然很快就死。'"

文公十八年

【原文】

十有八年:春,王二月丁丑,公薨于台下。

秦伯䓨卒。

夏,五月戊戌,齐人弑其君商人。

六月癸酉,葬我君文公。

秋,公子遂、叔孙得臣如齐。

冬,十月,子卒。

夫人姜氏归于齐。

季孙行父如齐。

莒弑其君庶其。

十八年春,齐侯戒师期而有疾。医曰:"不及秋,将死。"公闻之,卜,曰:"尚无及期!"惠伯令龟,卜楚丘占之,曰:"齐侯不及期,非疾也。君亦不闻。令龟有咎。"二月丁丑,公薨。

齐懿公之为公子也,与邴歜之父争田,弗胜。及即位,乃掘而刖之,而使歜仆。纳阎职之妻,而使职骖乘。夏五月,公游于申池。二人浴于池。歜以扑抶职,职怒。歜曰:"人夺女妻而不怒,一抶女庸何伤?"职曰:"与刖其父而弗能病者何如?"乃谋,弑懿公,纳诸竹中。归,舍爵而行。齐人立公子元。

六月,葬文公。

秋,襄仲、庄叔如齐。惠公立故,且拜葬也。

文公二妃。敬嬴生宣公。敬嬴嬖,而私事襄仲,宣公长而属诸襄仲。襄仲欲立之,叔仲不可。仲见于齐侯而请之。齐侯新立而欲亲鲁,许之。冬十月,仲杀恶及视而立宣公。书曰"子卒",讳之也。

仲以君命召惠伯。其宰公冉务人止之,曰:"入必死。"叔仲曰:"死君命可也。"公冉务人曰:"若君命,可死。非君命,何听?"弗听,乃入。杀而埋之马矢之中。公冉务人奉其帑以奔蔡,既而复叔仲氏。

夫人姜氏归于齐,大归也。将行,哭而过市,曰:"天乎!仲为不道,杀嫡立庶。"市人皆哭。鲁人谓之"哀姜"。

莒纪公(子)生大子仆,又生季佗;爱季佗而黜仆,且多行无礼于国。仆因国人以弑纪公,以其宝玉来奔,纳诸宣公。公命与之邑,曰:"今日必授!"季文子使司寇出诸竟,曰:"今日必达!"公问其故。季文子使大史克对曰:

先大夫臧文仲教行父事君之礼,行父奉以周旋,弗敢失队,曰:"见有礼于其君者,事之,如孝子之养父母也;见无礼于其君者,诛之,如鹰鹯之逐鸟雀也。"先君周公制《周礼》曰:"则以观德,德以处事,事以度功,功以食民。"作《誓命》曰:"毁则为贼,掩贼为藏。窃贿为盗,盗器为奸。主藏之名,赖奸之用,为大凶德,有常无赦。在'九刑'不忘!"

行父还观莒仆,莫可则也。孝敬忠信为吉德,盗贼藏奸为凶德。夫莒仆:则其孝敬,则弑君父矣;则其忠信,则窃宝玉矣。其人则盗贼也,其器则奸兆也。保而利之,则主藏也。以训则昏,民无则焉。不度于善而皆在于凶德,是以去之。

昔高阳氏有才子八人,苍舒、隤敳、梼戭、大临、尨降、庭坚、仲容、叔达;齐,圣,广,渊,明,允,笃,诚,天下之民谓之"八恺"。高辛氏有才子八人,伯奋、仲堪、叔献、季仲、伯虎、仲熊、叔豹、季狸;忠,肃,共,懿,宣,慈,惠,和,天下之民谓之"八元"。此十六族也,世济其美,不陨其名。以至于尧,尧不能举。舜臣尧,举八恺,使主后土,以揆百事,莫不时序,地平天成;举八元,使布五教于四方,父义、母慈、兄友、弟共、子孝,内平外成。

昔帝鸿氏有不才子,掩义隐贼,好行凶德;丑类恶物,顽嚚不友,是与比周,天下之民谓之"浑敦"。少皞氏有不才子,毁信废忠,崇饰恶言,靖谮庸回,服谗蒐慝,以诬盛德,天下之民谓之"穷奇"。颛顼氏有不才子,不可教训,不知话言;告之则顽,舍之则嚚;傲很明德,以乱天常:天下之民谓之"梼杌"。此三族也,世济其凶,增其恶名。以至于尧,尧不能去。缙云氏有不才子,贪于饮食,冒于货贿;侵欲崇侈,不可盈厌;聚敛积实,不知纪极;不分孤寡,不恤穷匮:天下之民以比三凶,谓之"饕餮"。舜臣尧,宾于四门,流四凶族——浑敦、穷奇、梼杌、饕餮,投诸四裔,以御魑魅。

是以尧崩而天下如一,同心戴舜以为天子,以其举十六相、去四凶也。故《虞书》数舜之功,曰"慎徽五典,五典克从",无违教也;曰"纳于百揆,百揆时序",无废事也;曰"宾于四门,四门穆穆",无凶人也。

舜有大功二十而为天子,今行父虽未获一吉人,去一凶矣。于舜之功,二十之一也,庶几免于戾乎!

宋武氏之族道昭公子，将奉司城须以作乱。十二月，宋公杀母弟须及昭公子，使戴、庄、桓之族攻武氏于司马子伯之馆，遂出武、穆之族。使公孙师为司城。公子朝卒，使乐吕为司寇，以靖国人。

【译文】

十八年春，周历二月二十三日，文公死于台下。秦伯罃死。夏五月十五日，齐国人杀了他们的国君商人。六月二十一日，安葬我国国君文公。秋，公子遂、叔孙得臣到齐国去。冬十月，文公儿子恶死。夫人姜氏从齐国回来。季孙行父到齐国去。莒国杀了它的国君庶其。

十八年春，齐侯发布了出兵日期的命令，就得了病。医生说："不到秋天就要死去。"鲁文公听到了，占卜，说："希望他不到发兵的日期就死！"惠伯就用文公这样的话令告龟甲。卜楚丘占卜，说："齐侯不到发兵日期就会死，但不是因为疾病。国君也听不到齐侯的死讯。令告龟甲一定要显示某种迹兆就会有灾祸。"二月二十三日，文公死。

齐懿公做公子的时候，和邴歜的父亲争夺田地，没有胜利。等到即位以后，就掘出尸体而砍去它的脚。而又让邴歜为他驾车。夺取了阎职的妻子而又让阎职做骖乘。夏五月，懿公在申池游玩。邴歜、阎职两个人在池子里洗澡，邴歜用马鞭抽打阎职。阎职发怒。邴歜说："别人夺了你的妻子你不生气，打你一下又有什么损伤呢？"阎职说："比砍了他父亲的脚而不敢怨恨的人怎么样？"于是两人就策划杀了懿公，把尸体放在竹林里。回去以后，摆好酒杯痛饮一番然后出走。齐国人立了公子元为国君。

六月，安葬文公。

秋，襄仲、庄叔去齐国，这是由于齐惠公即位的缘故，并且也为了拜谢齐国前来参加葬礼。文公有两个妃子，敬嬴生了宣公。敬嬴受到宠爱，而私下结交襄仲。宣公年长，敬嬴把他嘱托给襄仲。襄仲要立他为国君，仲叔不同意。襄仲就去进见齐侯而请求。齐侯新近即位，想亲近鲁国，也就同意了襄仲的请求。冬十月，襄仲杀死了太子恶和他的弟弟视，而立宣公为国君。《春秋》记载说"子卒"，这是为了隐讳真相。襄仲用国君的名义召见惠伯，惠伯的家臣长官公冉务人劝止他，说："去了肯定死。"叔仲说："死于国君的命令是可以的。"公冉务人说："如果是国君的命令，可以死；不是国君的命令，为什么要听从？"惠伯不听，就进去了。被杀死后埋在马粪里面。公冉务人事奉惠伯的妻子儿女逃亡到蔡国，不久又重新立了叔仲氏。

夫人姜氏归回鲁国，这是永远回到娘家不再到夫家了。她哭着经过集市，说："天哪，襄仲无道，杀死嫡子而立了庶子。"集市上的人都跟着哭泣。鲁国人称她为哀姜。

莒纪公生了太子仆，又生了季佗，喜爱季佗而废黜了太子仆，而且在国内做了许多不合于礼的事情。太子仆依靠国内的人们杀死了纪公，拿了他的宝玉前来逃亡，把宝玉献给宣公。宣公命令给他城邑，说："今天一定得给！"季文子让司寇把他赶出国境，说："今天一定要把他赶出国境。"宣公询问这样做的原因。季文子让太史克回答说:"先大夫臧文仲教导行父事奉国君礼数,行父拿它作为处事的准则,不敢违背。先大夫说:'见到对他的国君有礼的人,就事奉他,如同孝子事奉父母一样;见到对他的国君无礼的人就诛灭他,如同鹰鹯追逐鸟雀一样。'先君周公制定《周礼》说:'礼仪准则用来观察德行,德行用来处置事情,事情用来衡量功劳,功劳用来取食于民。'又制作《誓命》说:'毁弃礼仪就是贼,隐匿奸贼就是窝藏,偷窃财物就是盗,偷盗国宝就是奸。有窝藏的名声,利用奸人的宝器,这是很大的凶德,对此有规定的刑罚不可赦免,这些都记录在九刑之中,不能忘记。'"

行父仔细观察莒仆,没有一样是可以用礼则衡量的。孝敬、忠信是吉德,盗贼、藏奸是凶德。那个莒仆,衡量他的孝敬,那他却是个杀国君父亲的;衡量他的忠信,那他又是个偷窃宝玉的。他这个人,就是盗贼;他拿来的器物,就是赃证。如果保护这样的人而贪图他的器物,那就是窝赃。以此来教育百姓就会造成昏乱,老百姓就无所取法了。上面这些都不属于好的范围,而都属于凶德,所以才把他赶走。以前高阳氏有有才能的儿子八个:苍舒、隤敱、梼戭、大临、尨降、庭坚、仲容、叔达,他们敏捷、通达、宽宏、深远、明察、公允、厚道、诚实,天下的百姓称他们八恺。高辛氏有有才能的儿子八人:伯奋、仲堪、叔献、季仲、伯虎、仲熊、叔豹、季狸,他们忠诚、恭敬、勤谨、端美、周密、慈祥、仁爱、宽和,天下的百姓称他们为八元。这十六个家族,世世代代继承他们的美德,没有丧失前世的名声,一直到尧的时代。但是尧没有举拔他们。舜做了尧的臣子以后,举拔八恺,让他们主持管理土地的官职,以处理各种事物,没有一样不是处理得既及时又有条理。大地和上天都平静无事。又举拔八元,让他们在四方之国宣扬五种教化,父亲有道义,母亲慈爱,哥哥友爱,弟弟恭敬,儿子孝顺,里里外外都平静无事。

以前帝鸿氏有个顽劣的儿子,掩蔽道义,包庇奸贼,喜欢干属于凶德的事情,把坏东西视为同类,那些愚昧奸诈,不友好的人,也就和他混在一起。天下的百姓称他叫浑敦。少皞氏有一个顽劣的儿子,败坏信用、废弃忠诚,专说花言巧语,惯听谗言,任用奸邪,造谣中伤,掩盖罪恶,以诬陷有盛德的人,天下百姓称他为穷奇。颛顼氏有个顽劣的儿子,没办法教训,不知道什么是好话。开导他,他愚顽不化;不管他,他又习恶奸诈;倨傲违逆美好德行,以搅乱上天的常道,天下的百姓称他为梼杌。这三个家族,世世代代继承他们的凶恶,增加了他们的坏名声,一直到尧的时代,尧也不能铲除他们。缙云氏有一个顽劣的儿子,贪图吃喝,贪求财货,恣意奢侈,不能满足;聚财积谷,没有限度。不分给孤儿寡母,不周济贫穷困乏的人,天下的百姓把他比做三凶,称他为饕餮。舜做了尧的臣下以后,在四方城门接待宾客,流放四个凶恶的家族。把浑敦、穷奇、梼杌赶到四边荒远的地方。让他们去抵御妖怪。所以,尧以后天下如同一个人一样,同心拥戴舜做天子,是因为他举拔了十六相而去掉四凶的缘故。所以《虞书》数列舜的功业,说"谨慎地弘扬五典,五典都能顺从"。这是说没有错误的教导。"放在处理各种事物的岗位上,各种事情都能处理顺当。"这是说没有荒废的事情。说"在四方的城门接待宾客,四门的宾客都恭敬肃穆"。这是说没有凶顽的人物。舜有大功二十件而做了天子。现在行父虽没有得到一个好人，但已赶走了一个凶人。这和舜的功业相比，是他的二十分之一，差不多可以免于罪过了吧！

宋国武氏的族人领着昭公的儿子，打算奉事司城须以发动叛乱。十二月，宋公杀了同母弟须和昭公的儿子，让戴公、庄公、桓公的族人在司马子伯的客馆里攻打武氏，于是就把武公、穆公的族人赶出国去，派遣公孙师做司城。公子朝死，派乐吕做司寇，以安定国内的人们。

宣公

宣公元年

【原文】

元年：春，王正月，公即位。
公子遂如齐逆女。三月，遂以夫人妇姜至自齐。
夏，季孙行父如齐。
晋放其大夫胥甲父于卫。
公会齐侯于平州。
公子遂如齐。
六月，齐人取济西田。
秋，邾子来朝。
楚子、郑人侵陈，遂侵宋。晋赵盾帅师救陈。宋公、陈侯、卫侯、曹伯会晋师于棐林，伐郑。
冬，晋赵穿帅师侵崇。
晋人、宋人伐郑。
元年春，王正月，公子遂如齐逆女，尊君命也。三月，遂以夫人妇姜至自齐，尊夫人也。
夏，季文子如齐，纳赂以请会。
晋人讨不用命者，放胥甲父于卫而立胥克。先辛奔齐。
会于平州，以定公位。
东门襄仲如齐拜成。
"六月，齐人取济西之田"，为立公故，以赂齐也。

宋人之弑昭公也，晋荀林父以诸侯之师伐宋。宋及晋平，宋文公受盟于晋。又会诸侯于扈，将为鲁讨齐，皆取赂而还。

郑穆公曰："晋不足与也。"遂受盟于楚。陈共公之卒，楚人不礼焉。陈灵公受盟于晋。

秋，楚子侵陈，遂侵宋。晋赵盾帅师救陈、宋，会于棐林，以伐郑也。楚蒍贾救郑，遇于北林，囚晋解扬。晋人乃还。

晋欲求成于秦。赵穿曰："我侵崇。秦急崇，必救之；吾以求成焉。"冬，赵穿侵崇。秦弗与成。

晋人伐郑，以报北林之役。

于是晋侯侈；赵宣子为政，骤谏而不入。故不竞于楚。

公子遂

【译文】

元年春天，周历正月，宣公即位。公子遂到齐国去迎接齐女。三月，遂带着夫人妇姜从齐国回到鲁国。夏天，季孙行父到齐国去。晋国把大夫胥甲父放逐到卫国，宣公在平州会见了齐侯。公子遂去到齐国。六月，齐国人得到了济水以西的土地。秋天，邾子来到鲁国朝见宣公。楚王、郑国人侵犯陈国，又侵犯宋国。晋国赵盾率领军队救援陈国。宋公、陈侯、卫侯、曹伯在棐林与晋国军队会合，攻打郑国。冬天，晋国赵穿率领军队侵犯崇国。晋国人、宋国人攻打郑国。

元年春天，周历正月，公子遂到齐国去迎接齐女。（《春秋》称他作"公子遂"，）是由于尊重国君的命令。

三月，遂带着夫人妇姜从齐国回国，（《春秋》称他作"遂"，）是由于尊重夫人。

夏天，季文子到齐国，进献财礼来请求参加盟会。

晋国人惩罚不肯卖命的人，放逐胥甲父到卫国，而立胥克。先辛逃到齐国。

（宣公与齐侯）在平州会盟，以此来确定宣公的合法君位。

东门襄仲到齐国答谢会盟的成功。

六月，齐国人得到了济水以西的土地，这是为了确立宣公的合法君位，而以此答谢齐国。

宋国人杀死了昭公，晋国的荀林父率领诸侯的军队讨伐宋国，宋国和晋国讲和，宋文公在晋国接受了盟约。又在扈地会合诸侯，将要为鲁国讨伐齐国。两次都得到了财礼便班师回国。郑穆公说："晋国不值得与它交往。"就在楚国接受盟约。陈共公死了，楚国不行诸侯国之间互相吊丧的礼仪。陈灵公在晋国接受盟约。

秋天，楚王侵袭陈国，又乘机侵袭宋国。晋国赵盾率领军队救援陈国、宋国。宋公、陈侯、卫侯、曹伯与晋军在棐林会合，攻打郑国。楚国芳贾救援郑国，与晋军在北林相遇，俘虏了晋国的解扬。晋军就回国了。

晋国想要与秦国修好讲和。赵穿说："我们侵袭崇国，秦国为崇国担忧，一定救援崇国。我们以此与秦国求和。"冬天，赵穿侵袭崇国。秦国不与晋国讲和。

晋军攻打郑国，来报复北林的那次战役。这时晋侯奢侈，赵宣子执政，屡次劝谏都不听，所以不能与楚国相争。

宣公二年

【原文】

二年：春，王二月壬子，宋华元帅师及郑公子归生（帅师）战于大棘。宋师败绩。获宋华元。

秦师伐晋。

夏，晋人、宋人、卫人、陈人侵郑。

秋，九月乙丑，晋赵盾弑其君夷皋。

冬，十月乙亥，天王崩。

二年春，郑公子归生（受）命于楚，伐宋。宋华元、乐吕御之。二月壬子，战于大棘，宋师败绩。囚华元，获乐吕，及甲车四百六十乘，俘二百五十人，馘百（人）。

狂狡辂郑人，郑人入于井。倒戟而出之，获狂狡。君子曰："失礼违命，宜其为禽也。戎，昭果毅以听之之谓礼。杀敌为果，致果为毅。易之，戮也。"

将战，华元杀羊食士，其御羊斟不与。及战，曰："畴昔之羊，子为政。今日之事，我为政。"与入郑师，故败。君子谓羊斟非人也，以其私憾败国殄民，于是刑孰大焉！《诗》所谓"人之无良"者，其羊斟之谓乎，残民以逞！

宋人以兵车百乘、文马百驷以赎华元于郑。半入，华元逃归。立于门外，告而入。见叔牂，曰："子之马然也？"对曰："非马也，其人也。"既合而来奔。

宋城，华元为植，巡功。城者讴曰："睅其目，皤其腹，弃甲而复。于思于思，弃甲复来！"使其骖乘谓之曰："牛则有皮，犀兕尚多，弃甲则那？"役人曰："从其有皮，丹漆若何？"华元曰："去之！夫其口众我寡。"

"秦师伐晋"，以报崇也。遂围焦。夏，晋赵盾救焦，遂自阴地，及诸侯之师侵郑，以报大棘之役。

楚斗椒救郑，曰："能欲诸侯而恶其难乎？"遂次于郑以待晋师。赵盾曰："彼宗竞于楚，殆将毙矣。姑益其疾。"乃去之。

晋灵公不君。厚敛以雕墙。从台上弹人而观其辟丸也。宰夫胹熊蹯不（熟）〔孰〕，杀之，寘诸畚，使妇人载以过朝。赵盾、士季见其手，问其故而患之。将谏，士季曰："谏而不入，则莫之继也。会请先，不入，则子继之。"三进及溜，而后视之，曰："吾知所过矣，将改之。"稽首而对曰："人谁无过？过而能改，善莫大焉。《诗》曰：'靡不有初，鲜克有终。'夫如是，则能补过者鲜矣。君能有终，则社稷之固也，岂唯群臣赖之？又曰：'衮职有阙，惟仲山甫补之。'能补过也。君能补过，衮不废矣。"

犹不改，宣子骤谏。公患之，使鉏麑贼之。晨往，寝门辟矣，盛服将朝。尚早，坐而假寐。麑退，叹而言曰："不忘恭敬，民之主也。贼民之主，不忠；弃君之命，不信。有一于此，不如死也！"触槐而死。

秋九月，晋侯饮赵盾酒，伏甲将攻之。其右提弥明知之，趋登，曰："臣侍君宴，过三爵，非礼也。"遂（扶）〔趎〕以下。公嗾夫獒焉，明搏而杀之。盾曰："弃人用犬，虽猛何为？"斗且出。提弥明死之。

初，宣子田于首山，舍于翳桑。见灵辄饿，问其病。曰："不食三日矣。"食之，舍其半。问之。曰："宦三年矣，未知母之存否。今近焉，请以遗之。"使尽之，而为之箪食与肉，寘诸橐以与之。既而与为公介，倒戟以御公徒而免之。问何故，对曰："翳桑之饿人也。"问其名居，不告而退，遂自亡也。

乙丑，赵穿（攻）〔杀〕灵公于桃园。宣子未出山而复。太史书曰："赵盾弑其君。"以示于朝。宣子曰："不然。"对曰："子为正卿，亡不越竟，反不讨贼，非子而谁？"宣子曰："乌呼！'我之怀矣，自诒伊慼。'其我之谓矣！"孔子曰："董狐，古之良史也，书法不隐。赵宣子，古之良大夫也，为法受恶；惜也！越竟乃免。"

宣子使赵穿逆公子黑臀于周而立之。壬申，朝于武宫。

初，丽姬之乱，诅无畜群公子，自是晋无公族。及成公即位，乃宦卿之適（子）而为之田，以为公族；又宦其馀子，亦为馀子；其庶子为公行。晋于是有公族、馀子、公行。

赵盾请以括为公族，曰："君姬氏之爱子也。微君姬氏，则臣狄人也。"公许之。冬，赵盾为旄车之族，使屏季以其故族为公族大夫。

【译文】

宣公二年春天，周历二月壬子，宋国的华元和郑国的公子归生各率兵在大棘作战。宋军大败，宋国的华元被俘获。秦军讨伐晋国。夏天，晋国人、宋国人、卫国人和陈国人入侵郑国。秋天九月二十六日。晋国的赵盾谋杀了他的国君夷皋。冬天十月六日，周匡王去世。

二年春天，郑国的公子归生受楚国的命令攻打楚国。宋国的华元、乐吕奉命抵御。二月壬子，在大棘交战，宋军大败。郑国生擒了华元，得到了乐吕的尸首，缴获兵车四百六十辆，俘虏二百五十人，割了死俘的一百只耳朵。

狂狡迎战郑国人，有个郑国人躲到井里。狂狡把戟柄给他想拉他出来，那个人出来后反而俘获了狂狡。君子说："违背作战规律和命令，活该他被擒获。战争，显示果敢坚毅而听从命令叫做礼。杀死敌人就是果敢，达到果敢就是坚毅。反之，就要被杀。"

当宋、郑两军准备交战时，华元杀羊犒劳士兵，却不给他的驾车人羊斟吃。等到战斗开始，羊斟说："前天的羊，是你做主，今天的战斗，可由我做主。"于是羊斟载着华元驰入郑军，所以战败。君子认为羊斟"不是人，因个人私仇，而使国家战败百姓受害，还有比这更大的罪行吗？《诗》所说的'没有良好品行的人'，大概说的就是羊斟吧！以残害百姓来发泄自己的私愤"。

宋国人用一百辆兵车和四百匹毛色漂亮的马向郑国赎取华元。赎物送去一半，华元逃回来了，他站在都门外，通报身份后进了城。见到羊斟，说："你的马不听使唤才闯入敌阵的吗？"羊斟回答说："不是马的缘故，而是人。"说完就逃奔到了鲁国。

宋国修筑城池，华元为负责人，巡视工程。筑城人歌唱道："瞪着大眼睛，挺着大肚皮，丢盔弃甲而回。胡须长满腮，丢盔弃甲跑回来。"华元派他的陪乘回答说："有牛就有皮，犀牛还有很多，丢盔弃甲又有什么关系？"筑城的人说："即使有牛皮，又到哪里找丹漆？"华元说："离开他们，他们人多口众，我们人少。"

秦军讨伐晋国，以报崇地一战之仇，于是包围了晋国的焦地。夏天，晋国赵盾援救焦地，便从阴地出发，与诸侯的军队入侵郑国，以报大棘一战之仇。楚国的斗椒救援郑国，说："岂能又想称霸诸侯，而又置他们的危难于不顾呢？"于是楚军驻扎在郑国，等待晋军。赵盾说："斗椒他们的若敖氏族在楚国一直很强盛。大概就要垮台了。姑且加剧他们自以为是的毛病吧。"于是率军离开了郑国。

晋灵公放狗咬赵盾，汉画像石，山东嘉祥武氏祠。

晋灵公不守为君之道，横征暴敛，用来装饰宫墙，从台上用弹弓击人而观看他们躲避弹丸。厨师没把熊掌煮烂，便杀了他，把他放在畚箕里，让宫女顶在头上从朝廷走过。赵盾、士季看见了尸体的手，询问缘故，以此为忧，准备入宫进谏。士季说："如果我们俩人一同进谏，不被采纳，就没有人再继续进谏了。让我先谏，君王不接受，你再接着进谏。"士季一连行礼三次，直到屋檐下，灵公才抬头看他。说："我知道自己所犯的错误了，打算改正。"士季叩头回答说："一个人谁无过错？犯了错误能改正，没有比这更好的事情了。《诗》说：'做事往往容易有一个好的开头，而难得有一个好的结尾。'如果像这样，那么能改正过错的人就很少了。君王若能有始有终，那就是国家的保障了，难道仅仅是我们臣子依靠它。又说：'天子的礼服有了破损，仲山甫把它补好。'这是说仲山甫能弥补天子的过错。君王能弥补过错，君位就不会废弃了。"

晋灵公还是不改正。赵盾屡次劝谏，灵公厌恶他，便派钼麑去刺杀他。钼麑早晨潜入赵宅，赵盾的卧房门已经开了，赵盾穿戴整齐准备上朝，时间还早，正坐着打瞌睡。钼麑退了出来，感叹地说："不忘恭敬，他是百姓的主人。刺杀百姓的主人，就是不忠；而违背国君的命令，就是不信。只要具备了这两条中的一条，都不如死了的好。"便撞在槐树上死了。

秋天九月，晋灵公请赵盾喝酒，埋伏甲士准备袭杀他。他的车右提弥明察觉了这个阴谋，快步登上殿堂说："臣子侍奉君主饮酒，超过三杯，就不合礼仪。"说完便扶赵盾下殿。灵公嗾使猛狗扑向他们，提弥明与狗搏斗，杀死了它。赵盾说："不用人而用狗，狗虽凶猛，又有什么用呢？"二人边与甲士搏斗边向外退出，提弥明在搏斗中死去。

当初，赵盾在首阳山打猎，在翳桑住宿。看见灵辄饿得厉害，问他有什么病。灵辄说："三天没吃东西了。"赵盾给他食物吃，灵辄留下一半。问他这是为什么，他说："为人奴仆三年了，不知母亲还在不在人世，现在快到家了，请允许我把这一半送给她。"赵盾叫他把食物吃完，又准备了一篮饭和肉，装在袋子里送给他。不久灵辄参加禁卫军做了灵公的甲士，这次灵辄掉过兵器来抵御灵公的甲士，才使赵盾免于祸难。赵盾问他什么缘故。灵辄回答说："我就是翳桑那个挨饿的人。"问他的姓名和住址，他不通报就走了，自己逃亡去了。

九月二十六日，赵穿在桃园击杀了晋灵公。此时赵盾逃亡还没走出晋国国境，听说这一息后就回来了。太史董狐记载这件事为"赵盾弑其君"，并拿到朝廷上让众人看。赵盾说："不是这样的。"董狐回答说："你是正卿，逃亡还未

董狐直书"赵盾弑君"，选自明刊本《新镌绣像列国志》。

出国境，回来后又不惩罚杀死国君的凶手，那么凶手不是你又是谁呢？"赵盾感叹说："天啊！《诗》说：'因为我眷恋祖国，反而给自己带来灾祸。'这大概就是说的我吧！"孔子对此评论说："董狐是古代优秀的史官，他不隐讳事实，秉笔直书。赵盾是古代一位优秀的大夫，他因为史官的法度而蒙受恶名，真是可惜，如果他当时走出了国境，这个恶名就可以避免了。"

赵盾派赵穿从周王朝迎接公子黑臀回国，立为国君。十月三日，公子黑臀到晋武公的庙中拜祭。

当初，骊姬乱政时，曾在家庙内诅咒，不许收留公子们，从此晋国没有了公族这一官职。到成公即位后，就把这一官职授予给卿的嫡子，并分给他们田地，让他们做公族大夫。又把余子的官职授给卿的其他嫡出之子，把公行之职授给卿的庶出之子。晋国从此又有了公族、余子、公行之职。

赵盾请求让赵括担任公族，说："赵括是赵姬的爱子。如果没有赵姬，那么我早就成了狄人了。"成公同意了赵盾的请求。冬天，赵盾成为掌管旌车的余子，让赵括统率他的旧族成为公族大夫。

宣公三年

【原文】

三年：春，王正月，郊牛之口伤，改卜牛；牛死，乃不郊。犹三望。

葬匡王。

楚子伐陆浑之戎。

夏，楚人侵郑。

秋，赤狄侵齐。

宋师围曹。

冬，十月丙戌，郑伯兰卒。

葬郑穆公。

三年春，不郊，而望，皆非礼也。望，郊之属也。不郊，亦无望可也。

晋侯伐郑，及郔。郑及晋平，士会入盟。

楚子伐陆浑之戎，遂至于雒，观兵于周疆。定王使王孙满劳楚子。楚子问鼎之大小、轻重焉。对曰："在德，不在鼎。昔夏之方有德也，远方图物，贡金九牧，铸鼎象物，百物而为之备，使民知神、奸。故民入川泽、山林，（不逢）〔禁御〕不若。螭魅罔两，莫能逢之。用能协于上下，以承天休。桀有昏德，鼎迁于商，载祀六百。商纣暴虐，鼎迁于周。德之休明，虽小，重也。其奸回昏乱，虽大，轻也。天祚明德，有所厎止。成王定鼎于郏鄏，卜世三十，卜年七百，天所命也。周德虽衰，天命未改。

鼎之轻重，未可问也。"

"夏，楚人侵郑"，郑即晋故也。

宋文公即位三年，杀母弟须及昭公子，武氏之谋也。使戴、桓之族攻武氏于司马子伯之馆，尽逐武、穆之族。武、穆之族以曹师伐宋。秋，宋师围曹，报武氏之乱也。

冬，郑穆公卒。

初，郑文公有贱妾曰燕姞，梦天使与己兰，曰："余为伯鯈。余，而祖也。以是为而子。以兰有国香，人服媚之如是。"既而文公见之，与之兰而御。辞曰："妾不才，幸而有子。将不信，敢徵兰乎？"公曰："诺！"生穆公，名之曰"兰"。

文公报郑子之妃曰陈妫，生子华、子臧。子臧得罪而出。诱子华而杀之南里，使盗杀子臧于陈、宋之间。又娶于江，生公子士。朝于楚，楚人鸩之，及叶而死。又娶于苏，生子瑕、子俞弥。俞弥早卒。泄驾恶瑕，文公亦恶之，故不立也。公逐群公子。公子兰奔晋，从晋文公伐郑。

石癸曰："吾闻姬、姞耦，其子孙必蕃。姞，吉人也，后稷之元妃也。今公子兰，姞甥也；天或启之，必将为君，其后必蕃。先纳之可以亢宠。"与孔将钼、侯宣多纳之，盟于大宫而立之，以与晋平。

穆公有疾，曰："兰死，吾其死乎！吾所以生也。"刈兰而卒。

【译文】

鲁宣公三年春天，周历正月，准备举行郊祭。用于祭礼的牛，口受了伤，于是另择牛再卜问吉凶。另择之牛又死了，于是取消了郊祭。但还是举行了祭东海、泰山与淮水的望祭。安葬周匡王。楚庄王讨伐陆浑戎人。夏天，楚国人入侵郑国。秋天，赤狄侵犯齐国。宋军旬围了曹国。冬天十月二十三日，郑穆公去世。安葬郑穆公。

鲁宣公三年春天，没有举行郊祭却举行了望祭，这都不合乎礼法。望祭是郊祭的一种。既然不举行郊祭，也就可以不举行望祭。

晋成公攻打郑国，到达郏地。郑国和晋国讲和，晋国的士会到郑国订立盟约。

楚庄王攻打陆浑戎人，于是到达洛水，在周王朝疆域内陈兵示威。周定王派王孙满慰劳楚庄王。楚庄王问起九鼎的大小和轻重。王孙满回答说："得天下在于德而不在于鼎。从前当夏朝实行德政的时候，远方的方国把当地的器物绘制成图，献给朝廷，九州的长官进贡青铜，夏王铸造了九座鼎并把各种图像铸在鼎上，各种事物都具备在上面了，让百姓认识各种鬼神妖怪。所以百姓进入川泽山林，不会遇到不利的事情。山魔石怪也不可能碰到，因此能上下协力同心，享受上天的福佑。夏桀昏庸，九鼎移到商朝，达六百年之久。商纣王暴虐无道，九鼎又移到了周朝。如果德政美好，鼎虽然小，也是很重的。如果奸邪昏乱，即使鼎大，也是轻的。上天赐福给有德之君，也是有限度的。成王把九鼎安置在郏鄏，占卜的结果是传世三十代，享国七百年，这是上天的旨意。周王朝的德行虽然衰亡，但天的旨意还未改变，九鼎的轻重，是不能问的。"

夏天，楚国人攻打郑国，这是因为郑国与晋国重归于好的缘故。

宋文公即位后第三年，杀了同母弟弟公子须和昭公的儿子，公子须和昭公的儿子发动叛乱，这都是武氏的策划。文公派遣戴氏、桓氏的族人到司马子伯的客馆里攻打武氏，把武氏、穆氏的族人全部驱逐出国。武氏、穆氏家族后来领着曹国军队攻打宋国。秋天，宋军包围了曹国，这是报复曹国支持武氏之乱的行为。

冬天，郑穆公去世。

当初，郑文公有一个地位卑贱的小老婆叫燕姞，她梦见天使送给她兰草，说："我是伯鯈，是你的祖先，你把兰草作为你的儿子。因为兰草最香，佩带着它，人们就会像爱它一样地爱你。"不久文公见到燕姞，给她兰草并让她侍寝。燕姞对文公说："妾地位低下，侥幸怀了孩子。如果别人不相信，能请您以兰草作为信物吗？"文公说："好。"燕姞生了穆公，就取名叫兰。

文公与叔父子仪的妃子陈妫奸淫，生了子华、子臧。子臧因犯罪而逃出了郑国。文公在南里诱杀了子华，指使盗匪在陈、宋两国交界处杀死了子臧。文公又从江国娶妻，生了公子士。公子士到楚国朝见，楚国人用毒酒毒害他，他走到叶地就死了。文公又从苏国娶妻，生了子瑕、子俞弥。子俞弥死得早。泄驾厌恶子瑕，文公也讨厌他，所以未立他为太子。文公驱逐公子们，公子兰逃亡到了晋国，曾跟随晋文公攻打郑国。石癸说："我听说姬、姞两姓婚配，他们的子孙一定繁衍众多。姞，就是吉利之人，后稷的嫡妻就是姞姓。如今公子兰是姞姓的外甥，上天某一天开导他，他必将成为国君，他的后代一定繁衍，如果先把他接回来立为国君，我们就可以保持宠幸地位。"于是石癸就和孔将鉏、侯宣多把公子兰接回国，在祖庙里盟誓后立他为国君，并以此与晋国讲和。

穆公有病，说："如果兰草死了，我大概也要死了，它是我生命的保障。"割掉了兰草，郑穆公就去世了。

宣公四年

【原文】

四年：春，王正月，公及齐侯平莒及郯。莒人不肯。公伐莒，取向。
秦伯稻卒。
夏，六月乙酉，郑公子归生弑其君夷。
赤狄侵齐。
秋，公如齐。公至自齐。
冬，楚子伐郑。
四年春，公及齐侯平莒及郯。莒人不肯。公伐莒，取向，非礼也。平国以礼不以乱。伐而不治，乱也。以乱平乱，何治之有？无治，何以行礼？

楚人献鼋于郑灵公。公子宋与子家将见。子公之食指动，以示子家，曰："他日我如此，必尝异味。"及入，宰夫将解鼋。相视而笑。公问之，子家以告。及食大夫鼋，召子公而弗与也。子公怒，染指于鼎，尝之而出。公怒，欲杀子公。

子公与子家谋先。子家曰："畜老犹惮杀之，而况君乎？"反谮子家。子家惧而从之。夏，弑灵公。书曰"郑公子归生弑其君夷"，权不足也。君子曰："仁而不武，无能达也。"凡弑君：称君，君无道也；称臣，臣之罪也。

郑人立子良。辞曰："以贤则去疾不足，以顺则公子坚长。"乃立襄公。

襄公将去穆氏而舍子良，子良不可，曰："穆氏宜存，则固愿也。若将亡之，则亦皆亡，去疾何为？"乃舍之，皆为大夫。

初，楚司马子良生子越椒。子文曰："必杀之！是子也，熊虎之状而豺狼之声；弗杀，必灭若敖氏矣。谚曰：'狼子野心。'是乃狼也，其可畜乎！"子良不可。子文以为大戚；及将死，聚其族，曰："椒也知政，乃速行矣，无及于难！"且泣曰："鬼犹求食，若敖氏之鬼不其馁而！"

及令尹子文卒，斗般为令尹，子越为司马。蒍贾为工正，谮子扬而杀之。子越为令尹，己为司马。子越又恶之，乃以若敖氏之族圄伯嬴于轑阳而杀之。遂处烝野，将攻王。王以三王之子为质焉，弗受。

师于漳澨。秋七月戊戌，楚子与若敖氏战于皋浒。伯棼射王，汰辀，及鼓跗，著于丁宁；又射，汰辀，以贯笠毂。师惧，退。王使巡师曰："吾先君文王克息，获三矢焉。伯棼窃其二，尽于是矣。"鼓而进之，遂灭若敖氏。

初，若敖娶于䢵，生斗伯比。若敖卒，从其母畜于䢵。淫于䢵子之女，生子文焉。䢵夫人使弃诸梦中，虎乳之。䢵子田，见之，惧而归。夫人以告，遂使收之。楚人谓乳穀，谓虎於菟，故命之曰斗穀於菟。以其女妻伯比。实为令尹子文。

其孙箴尹克黄使于齐。还，及宋，闻乱。其人曰："不可以入矣！"箴尹曰："弃君之命，独谁受之？君，天也；天可逃乎？"遂归，复命，而自拘于司败。王思子文之治楚国也，曰："子文无后，何以劝善？"使复其所，改命曰"生"。

冬，楚子伐郑，郑未服也。

【译文】

宣公四年春天，周历正月，宣公和齐惠公出面调停让莒国和郯国和好，莒国人不同意。宣公率军攻打莒国，夺取了向地。秦共公去世。夏天六月二十六日，郑国的公子归生杀了他的国君灵公。赤狄侵犯齐国。秋天，宣公去齐国。宣公从齐国回国后到祖庙祭告。冬天，楚庄王攻打郑国。

鲁宣公四年春天，宣公与齐惠公出面调停莒国和郯国的矛盾，莒国人不同意。宣公便率军讨伐莒国，夺取了向地，这是不合礼法的。平息两国之间的矛盾，应依据礼法，而不应凭借战乱，讨伐而引起不安定，这就是战乱。以战乱平息战乱，还有什么

安定？没有安定，凭什么来实行礼法？

楚国人献给郑灵公一只鳖。公子宋和子家准备进宫朝见，公子宋的食指自己动了一下，把它给子家看，说："以往我发生这种情况，一定能品尝到奇异美味。"当二人进宫后，只见厨师正准备切割鳖肉，二人相视而笑。灵公问他们为什么笑，子家就把进宫前发生的事告诉了他。等到让大夫们吃鳖的时候，灵公把公子宋召来而偏不给他吃。公子宋很愤怒，把手指伸到鼎锅里蘸了一下，尝了鳖味就出宫了。灵公对此也很气愤，想杀掉公子宋。公子宋与子家谋划先下手。子家说："畜牲老了，人们还不忍心杀它们，何况是国君呢？"公子宋反过来在灵公面前诬陷子家，子家因为害怕，只好听从公子宋。夏天，二人杀了郑灵公。

《春秋》记载说："郑国公子归生杀了他的国君灵公。"这是由于公子归生权力不足的缘故。君子认为："只有仁爱而没有勇武，是不可能达到仁爱之道的。"凡是杀了国君，如果只写国君的名字，说明国君无道；如果写了臣子的名字，说明是臣子的罪过。

公子宋与陈灵公，选自明刊本《新镌绣像列国志》。

郑国人要立子良为国君，子良推辞说："以贤能而论，那么我去疾是不够的，以长幼顺序而论，那么公子坚比我年长。"于是立了公子坚，即襄公。

襄公准备驱逐他的兄弟们，而赦免子良一人。子良认为不可，说："穆公的后代应该留下来，这是我本来的愿望。如果要使他们逃亡国外，那么也应该都逃亡，我为什么单独留下？"襄公于是赦免了所有的兄弟，让他们都做了大夫。

当初，楚国的司马子良生了子越椒。他的哥哥令尹子文说："一定要杀掉他。这个孩子样子像熊虎，而声音像豺狼，不杀掉，一定会导致若敖氏家族的灭亡。谚语说：'豺狼的儿子具有野心。'这个孩子就是一条狼，难道可以养着他吗？"子良不同意杀掉。子文对此十分忧虑。到子文临死之时，他把族人召集在一起说："如果子越椒掌握了政权，你们就赶快逃离楚国，以免遭到灾难。"又哭着说："鬼如果也需要求食，那么若敖氏的鬼神，不是要挨饿了吗？"

等到令尹子文去世，他的儿子斗般做了令尹，子越椒做了司马，蒍贾做了工正。蒍贾为了讨好子越椒而在楚王面前诬陷斗般，并杀害了他。于是子越椒任令尹，蒍贾自己做了司马。不久，子越椒又讨厌蒍贾，就率领若敖氏族人把蒍贾囚禁在辖阳并杀了他，于是子越椒驻扎烝野，准备攻打楚王。楚王以文王、成王、穆王的子孙为人质送给他，不接受，于是楚王在漳澨发兵。秋天七月九日，楚庄王和若敖氏在皋浒作战。子越椒用箭射王，箭矢飞过车辕，穿过鼓架，射中了铜钲。又射一箭，飞过车辕，穿透了车盖上木毂。楚王的军队十分害怕，往后退却。楚王派人在军中巡视。对士兵们说："我们的先君文王战胜息国时，缴获了三支利箭，子越椒偷去了其中的两支，这两支箭在这里被他用完了。"击鼓而进军，于是消灭了若敖氏。

当初，若敖从䢵国娶妻，生了斗伯比。若敖去世后，斗伯比跟着母亲生活在䢵国，与䢵国国君的女儿私通，生下了子文。䢵夫人派人把子文扔到云梦泽中，有一只老虎给他喂奶。䢵子打猎，看到了这一情景，恐惧而归，夫人把实情告诉了他，䢵子就让人收养了他。楚国人称奶为"穀"，称虎为"於菟"，因此给子文起名"斗穀於菟"。䢵子把他的女儿嫁给斗伯比为妻。斗穀於菟就是令尹子文。

子文的孙子箴尹克黄出使齐国，回国经过宋国时，听到了子越椒叛乱被杀的消息。随从说："不能回国了。"克黄说："背弃国君的使命，还有谁肯收留我呢？国君就是天，天难道可以逃避吗？"于是回到楚国，汇报出使情况，然后主动到司法官那里受囚禁。楚庄王想到子文治理楚国的功绩，说："如果让子文没有后代，还凭什么来劝人为善呢？"于是让克黄官复原职，更改他的名字为"生"。

冬天，楚庄王攻打郑国，因为郑国还没有顺服。

宣公五年

【原文】

五年：春，公如齐。
夏，公至自齐。
秋，九月，齐高固来逆叔姬。
叔孙得臣卒。
冬，齐高固及子叔姬来。
楚人伐郑。
五年春，公如齐。高固使齐侯止公，请叔姬焉。
夏，公至自齐。书，过也。
秋九月，齐高固来逆女，自为也。故书曰"逆叔姬"，（即）〔卿〕自逆也。
冬"来"，反马也。
楚子伐郑。陈及楚平。晋荀林父救郑，伐陈。

【译文】

宣公五年春天，宣公前往齐国。夏天，宣公从齐国回来。秋天九月，齐国的高固前来迎娶叔姬。叔孙得臣去世。冬天，齐国高固带着妻子叔姬前来鲁国。楚国人讨伐郑国。

鲁宣公五年春天，宣公前往齐国，高固让齐惠公挽留宣公，目的是迫使宣公答应将女儿叔姬嫁给他。

夏天，宣公从齐国回来，《春秋》记载这件事，是批评宣公的过错。

秋天九月，齐国的高固前来迎娶宣公女儿，这是自己为自己。所以《春秋》记载为"逆叔姬"，意思是卿大夫自己为自己迎娶妻子。

冬天，高固和叔姬回到鲁国，这是行"反马"之礼。

楚庄王攻打郑国。陈国和楚国讲和。晋国的荀林父发兵救援郑国，又攻打陈国。

宣公六年

【原文】

六年：春，晋赵盾、卫孙免侵陈。

夏，四月。

秋，八月，螽。

冬，十月。

六年春，晋、卫侵陈，陈即楚故也。

夏，定王使子服求后于齐。

秋，赤狄伐晋，围怀，及邢丘。晋侯欲伐之，中行桓子曰："使疾其民，以盈其贯，将可殪也。《周书》曰'殪戎殷'，此类之谓也。"

冬，召桓公逆王后于齐。

楚人伐郑，取成而还。

郑公子曼、满与王子伯廖语：欲为卿。伯廖告人曰："无德而贪，其在《周易》'丰䷶'之'离䷝'，弗过之矣。"间一岁，郑人杀之。

【译文】

宣公六年春天，晋国赵盾和卫国孙免侵犯陈国。夏天四月。秋天八月，患虫灾。冬天十月。

鲁宣公六年春天，晋国和卫国攻打陈国，这是因为陈国亲近楚国的缘故。

夏天，周定王派子服到齐国请求娶齐女为王后。

秋天，赤狄攻打晋国。包围了怀地和邢丘。晋成公想反攻他们。中行桓子说："让他危害他的百姓，以至恶贯满盈，到时就可以灭绝了。《周书》说：'灭绝大国殷。'说的就是这个意思。"

冬天，召桓公到齐国迎接王后。

楚国人攻打郑国，得到郑国求和才回国。

郑国公子曼满对王子伯廖说，他想做卿。伯廖告诉别人，并说："没有德行而又贪婪，那正好应在《周易》由丰卦变成离卦这一卦象上，不过三年，他必然灭亡。"隔了一年，郑国人杀了公子曼满。

宣公七年

【原文】

　　七年：春，卫侯使孙良夫来盟。

　　夏，公会齐侯伐莱。

　　秋，公至自伐莱。

　　大旱。

　　冬，公会晋侯、宋公、卫侯、郑伯、曹伯于黑壤。

　　七年春，卫孙桓子来盟。始通，且谋会晋也。

　　"夏，公会齐侯伐莱"，不与谋也。凡师出，与谋曰"及"，不与谋曰"会"。

　　赤狄侵晋，取向阴之禾。

　　郑及晋平，公子宋之谋也，故相郑伯以会。冬，盟于黑壤。王叔桓公临之，以谋不睦。

　　晋侯之立也，公不朝焉，又不使大夫聘。晋人止公于会，盟于黄父。公不与盟，以赂免。故黑壤之盟不书，讳之也。

【译文】

　　鲁宣公七年春天，卫成公派遣孙良夫来鲁国结盟。夏天，宣公会合齐惠公讨伐莱国。秋天，宣公从讨伐莱国的战场回国。久旱不雨。冬天，宣公在晋国的黑壤会见晋成公、宋文公、卫成公、郑襄公和曹文公。

　　鲁宣公七年春天，卫国的孙桓子来鲁国结盟，两国开始通好，并且商量和晋国会盟之事。

　　夏天，宣公会合齐惠公攻打莱国，鲁国事先没有参与策划。凡是出兵，参与策划叫做"及"，没有参与策划叫做"会"。

　　赤狄侵犯晋国，抢掠了晋国向阴一地的谷子。

　　郑国和晋国讲和，这是公子宋的主意，所以公子宋作为郑襄公的礼仪官参与盟会。冬天，在黑壤举行了会盟。周王朝的王叔桓公到会监临，以便商讨对付诸侯之间可能出现的不和睦的事件。

晋成公即位时，宣公没有前去朝见，又没派大夫去聘问，所以晋国人在会上囚禁了他。在黑壤结盟时，宣公没有参加，在送了财礼之后才得以回国。所以《春秋》不记载黑壤之盟，是由于隐讳耻辱的缘故。

宣公八年

【原文】

　　八年：春，公至自会。
　　夏，六月，公子遂如齐，至黄乃复。
　　辛巳，有事于大庙，——仲遂卒于垂。壬午，犹绎。万人，去籥。
　　戊子，夫人嬴氏薨。
　　晋师、白狄伐秦。
　　楚人灭舒蓼。
　　秋，七月甲子，日有食之，既。
　　冬，十月己丑，葬我小君敬嬴。雨，不克葬。庚寅，日中而克葬。
　　城平阳。
　　楚师伐陈。
　　八年春，白狄及晋平。夏，会晋伐秦。晋人获秦谍，杀诸绛市，六日而苏。
　　"有事于大庙"，襄仲卒而绎，非礼也。
　　楚为众舒叛故，伐舒蓼，灭之。楚子疆之，及滑汭，盟吴、越而还。
　　晋胥克有蛊疾，郤缺为政。秋，废胥克，使赵朔佐下军。
　　冬，葬敬嬴。旱，无麻，始用葛茀。"雨，不克葬"，礼也。礼：卜葬先远日，辟不怀也。
　　城平阳，书，时也。
　　陈及晋平。楚师伐陈，取成而还。

【译文】

　　宣公八年春天，宣公从会盟地回国。夏天六月，公子遂前往齐国聘问，到达齐国黄地后便因病返回。十六日，在太庙举行禘祭，公子遂死在齐国的垂地。十七日，又祭。祭祀时跳万舞，因卿佐之丧不应作乐，所以用来节舞的籥管并不发声。二十三日，夫人嬴氏去世。晋军和白狄进攻秦国。楚国人灭亡了舒蓼。秋天七月甲子，发生了日全食。冬天十月二十六日，安葬我国小君敬嬴。下雨，不能安葬。二十七日，太阳正中时才得以安葬。鲁国在平阳筑城。楚军进攻陈国。

　　宣公八年春天，白狄和晋国讲和。夏天，白狄联合晋国攻打秦国。晋国人抓获了秦国的一个间谍，在绛城的街市杀掉了他，但六天后又死而复生了。

鲁国在太庙举行禘祭，襄仲去世后连续祭祀了两天，这是不合礼法的。

楚国因为舒姓诸国背叛的缘故而讨伐舒蓼，并灭掉了它。楚庄王重新划定他的疆界，直达滑水的弯曲处，又与吴国、越国结盟后才回国。

晋国的胥克患了蛊疾，郤缺代替他执政。秋天，免了胥克的职务，派赵朔出任下军副帅。

冬天，安葬敬嬴。因大旱，没有麻，从此开始用葛代替麻做牵引棺材的绳索。下雨，不能安葬，但这是合乎礼法的。根据礼法，卜占安葬日期，先从远日开始，这是为了避免不怀念死者的嫌疑。

鲁国在平阳筑城。《春秋》之所以记载此事，是因其合乎时宜。

陈国和晋国讲和。楚军便攻打陈国，直到陈国求和后才回国。

宣公九年

【原文】

九年：春，王正月，公如齐。

公至自齐。

夏，仲孙蔑如京师。

齐侯伐莱。

秋，取根牟。

八月，滕子卒。

九月，晋侯、宋公、卫侯、郑伯、曹伯会于扈。

晋荀林父帅师伐陈。

辛酉，晋侯黑臀卒于扈。

冬，十月癸酉，卫侯郑卒。

宋人围滕。

楚子伐郑。晋郤缺帅师救郑。

陈杀其大夫泄冶。

九年春，王使来徵聘。夏，孟献子聘于周，王以为有礼，厚贿之。

秋，取根牟，言易也。

滕昭公卒。

会于扈，讨不睦也。陈侯不会，晋荀林父以诸侯之师伐陈。晋侯卒于扈，乃还。

冬，宋人围滕，因其丧也。

陈灵公与孔宁、仪行父通于夏姬，皆衷其衵服以戏于朝。泄冶谏曰："公卿宣淫，民无效焉。且闻不令。君其纳之！"公曰："吾能改矣。"公告二子，二子请杀之。公弗禁，遂杀泄冶。孔子曰："《诗》云：'民之多辟，无自立辟。'其泄冶之谓乎！"

楚子为厉之役故，伐郑。

晋郤缺救郑。郑伯败楚师于柳棼。国人皆喜，唯子良忧曰："是国之灾也。吾死无日矣！"

【译文】

九年春天，周历正月，宣公前往齐国，又从齐国回国。夏天，孟献子前往王都。齐惠公讨伐莱国。秋天，鲁国占取了根牟国。八月，滕昭公去世。九月，晋成公、宋文公、卫成公、郑襄公、曹文公在扈地会见。晋国的荀林父率领军队攻打陈国。辛酉，晋成公黑臀在扈地去世。冬天十月十五日，卫成公郑去世。宋国人包围了滕国。楚庄王攻打郑国。晋国郤缺率兵援救郑国。陈国杀掉了大夫泄冶。

宣公九年春天，周王使者来鲁国，示意鲁国派使者前往周王朝聘问。夏天，孟献子到周王朝聘问，周王认为他有礼貌，便重赏了他。

秋天，鲁国占取了根牟国。《春秋》记载"取根牟"，说明很容易。

滕昭公去世。

晋成公等在扈地会见，是为了研究如何讨伐不顺服晋国的国家。陈灵公没有参加会见。晋国的荀林父便率领诸侯联军攻打陈国。晋成公在扈地去世，于是就撤军回国了。

冬天，宋国人趁滕国忙于办理滕昭公的丧事之机包围了滕国。

陈灵公和孔宁、仪行父与夏姬通奸，都穿着夏姬的内衣在朝廷上嬉戏取乐。泄冶劝谏说："公卿宣扬淫乱，百姓将无所效法，而且这样名声不好，您就把那内衣收起来吧！"陈灵公说："我能改正错误。"灵公把这件事告诉了孔宁和仪行父，这两个人请求杀掉泄冶，灵公不加禁止，于是杀掉了泄冶。

孔子说：'《诗》说：'如果百姓邪恶不善，就不要自立法度，否则将危及自身。'这大概就是说的泄冶吧！"

楚庄王因为厉地之战的缘故攻打郑国。晋国郤缺援救郑国。郑襄公在柳棼打败了楚军。郑国人都高兴，只有公子去疾感到忧虑，他说："这次胜利很可能导致国家的灾难，我离死已经为期不远了。"